U0216168

吉林人民出版社

新元史

卷一八九——卷二五七

（五）

〔民国〕 柯劭忞 撰

余大钧 标点

新元史卷一八九
列传第八六

程钜夫　袁桷

　　程钜夫,名文海,避武宗御名,以字行。其先,自徽州徙鄱州京山,后又徙建昌。宋德祐元年,钜夫叔父飞卿,以军器监知建昌军,大兵至,迎降。钜夫入为质子,授宣武将军、管军千户。世祖召见,问:"宋何以亡?"对曰:"贾似道误之。"又问:"似道何如人?"对曰:"为边将一似道也,为宰相又一似道也。"帝悦,命给笔札书之。钜夫即御前,以银盆磨墨,书二十余纸以进。帝问居何官,以千户对。帝曰:"卿儒者,授非所宜。"特命改直翰林,且谕之曰:"自今政治得失,廷臣邪正,卿为朕直言无隐。"钜夫顿首谢。十六年,授应奉翰林文字。明年,进修撰,寻迁集贤直学士、中议大夫,兼秘书少监。钜夫条陈五事:

　　一,取会江南仕籍

　　昨者钦奉圣旨,许令江南曾有官人赍告敕赴省换授,此最良之法。奸邪卖弄,遂至颠倒。求仕者凭外省之咨,而外省贪饕尤为不法,有卖家丧业,而卒不沾一命者;亦有全无根脚,白身而受宣敕者。又有外省官将空头咨示旋来内省,寻趁有钱人员,书填姓名;亦有内省通同作计,公行添插人员。又有一等奸人,置局京师,计会保官,诬写根脚,保明而得者。吏治之弊,至此已极。省府欲行考究,似觉费力。今有捷法,可以永除病根。乞选清强通晓官员,无论南北,每省差两员前去,同本道按察司,取会江南州县城郭乡村邻甲,保明诣实元在亡宋有官人员姓名,一概置籍明书本人乡贯、三代及入仕根脚,赍来省部,以凭照勘。遇有求仕人员,一阅而知真伪,极为便当。仍与申饬外省,遇有求仕者,合与行下本郡,令乡都乡甲保明本人是何出身,即量轻重咨来,不许邀阻。其有邀阻者,许令求仕人赴御史行台及按察司论诉。庶几公私两得便当。籍成之后,却与商略白身人求仕格式,行下江南。

一,通南北之选

圣主混一车书,南北之人皆得入仕。惜乎北方之贤者,间有视江南为孤远,而有不屑就之意。故仕于南者,除行省、宣慰、按察诸大衙门,出自圣断选择,而使其余郡县官属指缺愿去者,半为贪污狼藉之辈。南方之贤者,列姓名于新附,而冒不识体例之讥,故北方州县并无南方人士。且南方归附已七八年,是何体例,难识如此。欲乞令省部,刷具南北府州县官员脚色参对,今后南北选房,流转定夺。若以南人为未识体例,则乞于北方州郡,每处且与参用一二人,秩满却与通行定夺。其北人注南缺而不赴者,重与罪过。庶几吏称民安,可以上副圣主兼爱南北之意。

一,置考功历

国朝建御史台,虽有考课之目,而未得其要,莫可致诘。欲乞照前朝体例,应诸道府州县,下至曹掾等,各给出身印纸历子一卷,书本人姓名、出身于前,俾各处长吏联衔结罪保明,书其历任月日,在任功过于后。秩满,有司详视而差其殿最。则人之贤否,一览而知。考核得实,庶无侥幸。

一,置贪赃籍

国朝内有御史台,外有行台、按察司,其所以关防贪官污吏者,可谓严矣。而贪污狼藉者,往往而是,何也?盖其弊在于:以征赃为急务,以按劾为具文。故今日斥罢于东,明日擢用于西,随仆随起,此弃彼用。多方计置,反得美官。相师成风,愈无忌惮。欲乞省台一体,应内外诸路官员,有以贪赃罢者,置籍稽考,不许收用。其吏人犯赃者,重置于法,内外一体照应,庶几官吏知所警戒。

一,给江南官吏俸钱。

仕者有禄,古今定法。无禄而欲责之以廉,难矣。江南州县官吏,自至元十七年以来,并不曾支给俸钱,直是放令推剥百姓。欲乞自今并与支给各合得官俸钱,其有贪赃者重罪不恕,人自无词。

奏上朝廷,皆采而行之。

二十年,加翰林集贤直学士,同领会同馆事。二十三年,改集贤直学士,进少中大夫。入见,乞建国学,又请搜访江南遗逸,御史台、按察司宜南北人参用。帝并嘉纳之。二十四年,立尚书省,拜参知政事,钜夫固辞,又命为御史中丞。台臣言:"钜夫南人,且年少。"帝怒曰:"汝未用南人,安知南人不可用?"遂拜侍御史,行御史台事,奉诏求士于江南。初,诏书皆用蒙古字,至是特命以汉字书之。帝素闻赵孟頫、叶李名,密谕钜夫,必致此二人。钜夫又荐赵孟頫、余恁、万一鹗、张伯淳、胡梦魁、曾晞颜、孔洙、曾冲子、凌时中、包铸等二十余人,帝皆擢置清要。入都复命,时宫门已闭,世祖闻之喜甚,不觉起立曰:"程秀才来矣!"钜夫奏民间利病七事:

一,江南买卖宜许用铜钱或零钞

窃维江南贫民多而用钱细,初归附时,许用铜钱,当时每钞一贯准铜钱四贯,自铜钱不用,每钞一贯所直物件比归附时不及十分之二。在前上司指挥官收铜钱有私藏者,坐以重罪,其拘收到官者必多,或民间尚有窖藏,亦难尽知。计江南铜钱,比故宋时虽或熔废,其到官者宁无十分之五,在民者无十分之一。若尽废在官之钱,使民间以钞一贯就官买钱若干,添贴使用,其有民间窖藏者,立限出首纳官免罪,如限外不首,私自发掘行用,许邻右主首诸色人捕告,验实坐以元罪。有诬告者,亦反坐之。试行一二年,如公私果便,永远行用。如其不便,然后再禁,公私亦无所损。如不复用铜钱,更宜增造小钞。比来物贵,正缘小钞稀少。如初时直三、五分物,遂增为一钱。一物长价,百物随之。省府分有小钞发下,而州县库官不以便民为心,往往惮劳而不领取,提调官亦置而不问。于是民日困,而钞日虚,宜令增造小钞,分降江南各路,特便细民博易,亦利民重钞之一端也。

一,军人作过甚者,责其主将仍重各路达鲁花赤之权

各路管民官与管军官不相统一,军卒肆凶,小民受害,管军官不肯问,管民官不敢问。甚则如临江之兵挥刃以拟总府,吉州之兵奋拳以殴府官,此风何可浸长!国家置达鲁花赤,本令兼管军民。江南诸路达鲁花赤固多失职,亦缘地远军骄,故不能制。宜特降旨,今后诸处经过屯戍军兵,敢于民间剽夺奸污者,本路达鲁花赤即将犯人准法处断。如漏失本人姓名,具管军官姓名呈省,自其牌子头至百户定罪有差。若十人以上同罪,罪其主将。庶几每翼头目,各务钤束其下,不致生事,军民相安,远方幸甚。

一,百姓藏军器者死,而劫盗止杖一百单七,故盗日滋,宜与藏军器同罪

盗之害民,劫盗为甚。故自古立法,劫盗必死。江南比年杀人放火者,所在有之。被害之家才行告发,巡尉吏卒名为体覆,而被害之家及其邻右先已骚然。及付有司,则主吏又教以转摊平民,坐延岁月。幸而成罪,不过杖一百单七,而蔓延逮捕平人死狱中者,乃十之四五。况劫盗幸免,必图报复,而告发之家无遗种矣。被贼劫者,谁敢告发。盗势日张,其祸何可胜言!夫诸藏兵器者处死,况以兵器行劫,而罪乃止于杖,此何理也?故盗无所畏,党日以多。今后强盗持军器劫人财物,赃证明白,只以藏军器论罪,郡府以便宜从事,并免待报。庶使凶人警畏,平民安帖,其于治势实非小补。

一,江南和买物件及造作官船等事,不问所出地面,一切

遍行合属，处处扰害，合令拣出产地面行下

凡物各有所出所聚处，非其处而谩求，如缘木求鱼，凿冰求火，无益于官，徒扰百姓。如纻丝、邵绰、木锦、红花、赤藤、桐鱼、鳔胶等物，非处处皆出，家家俱有者也。而行省每遇和买，不问出产在何地面，件件都是遍行合属。其各道宣慰司承行省文字如此，亦遍行合属总管府。总管府又遍行合属州县。遂使江南百姓，因遍行二字，处处受害。及申到和买诸物，又行移体覆，动辄半年、一年。及上司放支价钱，官吏通同，不复给散于民，虚写收管，粘入卷中，以备照刷，公私俱弊。欲令省家先计必合和买物件，某物出于何处，聚于何处，采之公论，置簿籍记。如在江东，止行下江东，在两浙，止行下两浙。量远近，立限期，仍令本处宣慰司止行下所出、所聚去处，委廉正官一员，依时给价，于系官钱内即行放支，结保申呈。如后经手官吏作弊事发，依至元十九年圣旨条画盗官财物罪犯追断。又造船一事，其弊与前略同。自至元十八年至今，打造海船、粮船、哨船，行省并不问某处有板木，某处无板木，某处近河采伐利便，又有船匠，某处在深山采伐不便，又无船匠；但概验各道户口，敷派船数，遍行合属宣慰司，仍前遍行合属总管府。以江东一道言之，溧阳、广德等路，亦就建康打造，信州、铅山等处，亦就饶州打造，勾唤丁夫，远者五、六百里，近二、三百里，离家远役，辛苦万状。兼木植或在深山穷谷，去水甚远，用人扛抬过三、五十里山岭，不能到河，官司又加以箠楚。所以至元二十一年，宁国路旌德县民余社等，因而作哄，亦可鉴也。又所用铁、炭、麻、灰、桐油等物，官司只是桩配民户，不问有无，其造成船只，并系仓卒应办，元不牢固，随手破坏，误事尤多。宜令凡是海船，止于沿海州郡如建德、富阳等处打造，粮船、哨船止于江西、湖南、湖北等处打造。乃乞照故宋时打造官船体例，差官领钱与河、海船匠，议价打造，每人愿造若干船只，领若干钱，写立文书，须管十分坚牢。如有违约，即追罚价钱，依法治罪。所委官在彼守待了毕，交领而回，则民户无远役之费，匠户无差役之苦，官吏无催督之劳。或有欺盗发觉，照盗官财物例追断，公私两便。而所造船只，亦可为长久之用。

一，江南诸色课程多虚额妄增，宜与蠲减

江南茶、盐、酒、醋等税，近来节次增添，比初归附时十倍以上，今又逐季增添。正缘一等管课程官，虚添课额，以诏上司，其实利则大概入己，虚额则长挂欠籍。姑以酒课言之，自前日有司陆增酒课，每米一石，收息钞十两，而江南糯米及所用曲蘖等工本，通仅七两。以七两工本，而官先收十两和息，宁有此理。所以杭州、建康城里酒价，不半月间，每瓶骤增起二百文。其他可类推也。前来钦奉圣旨，诸色课程从实恢办，既许从实，岂可虚增。除节次累增课额实数，及有续次虚增数目，特与查照，并蠲减、从实恢办。庶将来不致陷失岁课，亦不致重困民力。

一，建昌路分小于抚州，而杂造段匹三倍抚州，工役不均，宜只依抚州例，诸处凡似此不均者，比附施行

窃惟建昌虽名一路，而在宋时止称为军，宋初本是抚州属县。两处民户物产，大不相侔。况建昌四县近又割出管内，南丰一县以为州，事力小弱甚矣。今江西却令建昌路安机一百张，每年造生熟段匹二千二百五十段，而抚州路止安机二十五张。建昌何重，抚州何轻？抚建甚近，土性相同，非建昌独宜织造也。缘建昌曾有一路官，刻下民、媚上司，妄添数额，遂不可减，作俑有自，流毒无穷，本郡不堪其扰。臣昔家此，实所备知。如令比附抚州体例，特与末减，似望公私易为趁办，段匹又加精好，而本路之民少得一分之宽。然此，特建昌一路，与织造一事也。其他路分及工匠等事，似此不均者，亦乞令各处有司，比附上项事理施行，生民幸甚。

一，江南官吏家远俸薄，又不能皆有职田，故多贪污之吏，宜于系官田地拨为职田

江南官吏多是北人，万里携家，钞虚俸薄，若不侵渔，何以自赡中。前曾令依腹里州县体例，各给与职田，而行省行下，必令于荒闲田地内摽拨。夫江南州县安得处处有荒闲田地，只为此语糊涂浮泛，得职田者，遂无几人。今欲一一添俸，则费钞愈多，虚钞愈甚，莫若职田之为便也。宜令行省遍下诸道诸路州县，凡各处系官田，即拨与各官充合得职田，比腹里例毋令减少，使洁己守官者既免饥寒之忧，其病民蠹国者自甘惩汰之罚。如此，然后治平可冀也。

其言皆切中当时之弊，帝韪之，超授集贤学士仍兼行御史台。

时桑哥专政，法令苛急，钜夫入朝奏言：

天子之职，莫大于择相，宰相之职，莫大于进贤。苟不以进贤为急，而以殖货为心，非为上为德，为下为民之意也。昔汉文帝以决狱及钱谷问丞相周勃，勃不能对，陈平进曰：“陛下问决狱责廷尉，问钱谷责治粟内史。宰相上理阴阳，下遂万物之宜，外镇抚四夷，内亲附百姓。”观其所言，可以知宰相之职矣。今权奸用事，立尚书省钩考钱谷，以割剥民生为务，所委任者皆食饕嗜利之人。江南盗贼窃发，良以此也。臣窃以为，宜革尚书之政，损行省之权，罚言利之官，行恤民之事，于国为便。

桑哥大怒，留钜夫不遣，奏请杀之。凡六上，帝皆不许，命钜夫归。

二十九年，又诏钜夫与胡祗通、姚燧、王恽、雷膺、陈天祥、杨恭懿、高凝、陈俨、赵居信十人赴阙，召对便殿，劳问甚悉。三十年，出为福建海北道肃政廉访使。大德四年，改江南湖北道肃政廉访使。湖广行省平章纵家奴害民，钜夫按治之，榜其罪于市，民大悦。八年，召为翰林学士、知制诰同修国史。明年，加商议中书省事。时亢旱，风灾尤甚，钜夫应诏陈言，奏敬天尊祖、清心持体更化五事。十一年，出为山南江北道肃政廉访使。

武宗即位，留翰林学士，加正奉大夫。凡朝廷大议，必咨之。每议事归家，人占其颜色，以知时政之得失。至大三年，复拜山南江北道肃政廉访使。

仁宗即位，召老臣十六人赴阙，钜夫与焉。帝素重钜夫为人，每呼程雪楼而不名。雪楼，钜夫别字也。未几，改浙东海右道肃政廉访使，留为翰林学士承旨、资善大夫、知制诰兼修国史。二年，旱，钜夫应诏陈桑林六事，忤宰相意。明日，帝遣中使赐上尊劳之曰："昨中书集议，惟卿言最当。后遇事，其尽言无隐。"皇庆元年，进荣禄大夫，诏钜夫与李孟、许师敬等议贡举法。钜夫言："朱子贡举私议，可损益行之。"又言："取士当以经学为本，经义当用程、朱传注。唐、宋词章之弊，不可袭。"从之。二年，以疾乞归，不允，命尚医给药物，官其子大本郊礼署令。三年，疾益剧，平章政事李孟亦为之请。特加光禄大夫，赐上尊，命廷臣以下饯于文明门外，大本乘驿护侍南还，仍敕所在有司常加存问。五年，卒，年七十。泰定二年，赠光禄大夫、大司徒、柱国，追封楚国公，谥文宪。

钜夫博闻强识，文章议论为海内宗尚者四十余年。临大事，决大议，风采懔然，不为利害所动。常曰："士生天地间，当以利人济物为心，奈何琐琐为身家之计？"论者谓钜夫不愧其言。有《雪楼集》四十五卷。

子大年，金豁县尹；大本，秘书监著作郎。孙世京，集贤修撰。

袁桷，字伯长，庆元鄞县人。曾祖韶，宋同知枢密院事。祖似道，宋知严州。父洪，字季源，七岁通《诗》、《书》、《春秋》，宋京尹马光祖辟为掾，以敏达闻，累迁太社令。贾似道不乐四明人，洪与同州六十余人皆被废。咸淳九年，起为建康路通判，大帅赵溍委以府事。诸将桀傲，数以语侵，洪请较射，洪三发三中，众惊服。后为制置司参议官，不拜而归。至元十五年，授同知邵武路总管府事；二十年，改温州；并以疾辞。卒，年五十四。

桷，幼好学，读书常达旦不寐。稍长，师事王应麟、舒岳祥，其学精深核实。以行台荐，授丽泽书院山长，不就。大德初，阎复、程钜夫、王构俱荐之，擢翰林国史院检阅官。成宗初建南郊，桷进郊祀十

议,其序曰:

五帝不相沿乐,三王不相袭礼,所由来尚矣。损益之道,其旨同焉。嬴政绝灭三代典礼,臆为之制,《礼经》废缺,残灰断壁,收合于西汉之世,名为宗周,而祠祭广衍,皆祖秦旧。逮王莽尊信《周官》,后汉二郑申释名义,违异于五经者,旁傅曲会,皆得以合。自汉而降,言礼者悉本于此。愚尝绅绎经传,审问慎思,綮儒先是,证郊社大典,秦、汉而下,莫有疑义,惟合祭,同异其详,可得闻矣。若郊非圜丘,帝非天帝,沿袭旧说,卒无与正。夫天无二日,是天尤不得有二也,五帝非人也,然不得谓之天,作《昊天五帝议》。祭天岁或为九,或为二,或以变礼者为正,作《祭天名数议》。圜丘不见于五经,郊不见于《周官》,作《圜丘非郊议》。后土,社也,先儒言之而复疑焉,作《后土即社议》。三岁一郊,非古也,作《祭天无间岁议》。燔柴,古经之可见者也,《周官》以禋祀为天,其义各旨,作《燔柴泰坛议》。祭天之牛角茧栗,用牲于郊,牛二,合配而言之也,礼成,于周公未之有,改增群祀而合祠焉,非周之制矣,作《郊不当立从祀议》。郊,质而尊之义也,明堂,文而亲之义也,作《郊明堂礼仪异制议》。郊用辛,鲁礼也,卜不得常为辛,犹至日之不常为辛,作《郊非辛日议》。北郊不见于《三礼》,尊地而遵北郊,郑玄之说也,作《北郊议》。多闻阙疑,先圣有训。私不自量揆,妄为之说,实有恶焉。鸿藻硕儒,洽通上下,其必有以折衷而深证之。大德五年春三月,具官袁桷序。

昊天五帝议

言昊天者有三说。郑玄六天之妄,攻之者众矣。王肃谓祭天有二,冬郊圜丘,春祈农事。若明堂迎气,皆祭人帝。历唐而下,则谓郊祀配在者为昊天,明堂配上帝者为五帝。甚者因其说之不通,并《孝经》后稷配天本文,而非之。其说纷杂,良由天与帝之号不明故耳。夫在郊者,谓之天,在明堂者,谓之帝。河南程氏曰:万物本乎天,人本乎祖。故冬至祭天而以祖配之,以冬至者，气之始也，万物成形于帝，人成形于父。故季秋飨帝，而以父配之，以季秋者，物成之时也。胡宏氏曰："天言其气，帝言其性。"其说是矣。故由其在郊，则以其远祖配，尊而无文之义也。由其在明堂，则以其父配，尊而亲之之义也。郑氏六天，本于谶纬，攻之者虽力，而卒莫敢废。汉、魏以来，名号不一。汉初曰上帝，曰太一元始，曰皇天上帝。魏初元间，则曰皇皇天帝。梁则曰天皇大帝。至唐，始曰昊天上帝，从长孙无忌之议，而废六天之谬。后复尊郑，而不敢废者，盖郑氏谓星经之天皇，即《周官》之昊天，上以合夫《周官》，而下复合夫从祀。于是郊之所主为昊天，而其坛之二等，复有天皇焉。此存郑之说，至于唐、宋而不敢废者，以此也。王肃言：明堂为人帝者，固非，而攻王者未尝不泥于五帝，至以明堂之祀五常，其来已久。或者又谓禋祀五帝为祭天，以此病肃，然卒无以归于一当之论。愚尝独谓五帝非人帝，其所谓人帝者，五帝之配耳。且五帝非天也。新安朱氏之定五帝，有取夫家语五帝之说。天有五行，木、火、土、金、水，分时化育，以成万物，其神谓之五帝，而不敢加天以混之。唐永昌之敕亦曰：天无二称，帝是通名。承前诸儒互生同异，乃五方之帝亦谓为天。自今郊祀唯昊天上帝称天，余五帝皆称帝。证以二说，则六天之说不攻而自破，五帝之误，可证而不诬矣。独黄干泥夫郑学，谓飨帝于郊，而风雨节、寒暑时，非人帝所能为。殊不知五人帝者，若太皞是也。五人神者，若句芒是也。今以五行之官名佐成上帝，而称五帝，何忧不能寒暑节、风雨时。独不可称天帝以混夫昊天上帝之号耳。陈祥道言：五帝无预乎昊天上帝，其说良是。而下文言上帝则五帝兼存焉，此亦泥夫郑说。又谓明堂之上帝兼昊天与五帝而一之，其说又不通。独三山林岊言：古之祭上帝，与祭五之礼，以经推之，礼莫盛于周。周之祭上帝，亦曰祀天，郊祀之天，明堂之上帝，即一也。郊祀从简，为报本反始，以稷配明堂从备，为大飨报成。以文王配稷王，业所始，文王王业所成，从其类也。祭于郊曰天，于明堂曰上帝，天言兆朕，帝言主宰也。《周官》先言祀上帝，次言祀五帝，亦如之。谓大臣之赞相，有司备具，至其圭弊，则五帝各有方色，未尝于上帝混同也。愚尝妄谓《周官》无明堂郊天之文，先儒必欲合于五经，其说愈不可解。天官大宰祀五帝，则掌誓戒，后云祀大神示，亦如之。郑谓大神示，即天地也，是重五帝于大神示也。五帝之说，盛于吕不韦之《月令》，《诗》、《书》所载未尝有五帝之号。尊上帝而黜五天帝，要不为无据也。

祭天名数议

天岁有九祭，郑玄之说也。何以谓之九祭？祀昊天于圜丘，五天帝于四郊，复立郊祀，明堂而为二，龙见而雩帝于南郊，此九祭也。王肃谓天惟有一，岁有二祭，南郊之祭为圜丘以冬祭，其祈农事也以春祭，谓之二祭。梁崔灵恩宗郑而黜王，不过谓郊丘不可为一，而五帝之祀同为天帝，明堂之不可废，犹大雩之不可废也。自唐以后，非六天者皆是，而九祭之名微与郑异者，则谓春祈谷，夏大雩，秋明堂，冬圜丘，兆五帝于四郊，为九祭。历代尊黜异同，不过出于三者之说。愚独以谓其说皆无足取证。郑氏之五天帝不得为天，前已辨之详矣。以圜丘南郊为二者，分帝为太微，为天皇，而非昊天之本名也。王肃之祈农事，先儒之言大雩，愚请得而论之。按《月令》元日祈谷于上帝，噎嘻之，《小序》春夏祈谷于上帝，祈谷之，祭非郊与明堂之比也。善乎庐陵胡氏之论曰：“郑谓此即郊，按《特牲》又云郊迎长日之至，注引《易》说，谓春分日渐长，则此未春分也。《易》说三王之郊，一用夏正。孟献子云：启蛰而郊，则此未启蛰也。献子又云：郊祀后稷以祈农事，此不祀后稷而祀帝也。足明此。但祈谷非郊天，大祭诗云：春夏祈谷，岂谓郊乎？先儒亦言：祈者，以民食之重，有求于天，不得于南郊、明堂并而大雩之，祭尤不宜与二大祭同议。按《春秋》之书雩旱祭也，司巫女巫之舞雩，皆不得已吁嗟而求之，其甚者，则歌哭而请之，礼之变也。《尔

雅》曰:"雩号祭也。《春秋》书雩之例,三传虽有异同,大较纪其
旱灾之极。若昭公之季年一月,而两书焉,足以见夫旱之极矣。
谓夫子纪鲁之僭者,非也。鲁之雩坛舞咏而归者,非欤?又按
郑注,周雩坛在南郊之旁,则非郊天之坛明矣。《诗》之《小序》,
自欧阳氏、苏氏、朱氏疑而去之者已久,详《小序》之笺。则先已
有疑于本文,故其笺曰:"《月令》孟春祈谷于上帝,夏则龙见而
雩,是与?"夫"是与"者,疑之之辞也。春犹得以祈谷言,夏不得
以祈谷言矣。孔疏知"是与"为若不审之辞,复引仲夏大雩,以
祈谷实为证。是徇小序之失,不若郑氏之置疑也。祀天之礼,
有常有变,有因事之祭,若国故之旅于上帝,师行之类于上帝,
天地之大灾、疾病、水旱,皆不得不祷于天。孰谓雩旱而可谓常
祭者也?今定以南郊为一,明堂为二,此为一岁之大祭。若祈
农事,虽非变礼,要为祭之次者。吕令固有议之者矣。独祈农
于上帝,诚不可废。而元日之祭,不得与郊祭并。故两存而复
议之。

　　圜丘议

　　圜丘之名,独见于《周官·大司乐》,《诗》、《书》、《春秋》、
《仪礼》之所不载。二戴《礼》,先儒谓出于汉儒,今不复引。以
《周官》考之,圜丘非祀天之地。其本文曰:"凡乐,圜钟为宫,黄
钟为角,太族为徵,姑洗为羽。雷鼓、雷鼗,孤竹之管,云和之琴
瑟,云门之舞。冬日,至于地上之圜丘奏之。若乐六变,则天神
皆降,可得而礼矣。函钟为宫,太蔟为角,姑洗为徵,南宫为羽。
灵鼓、灵鼗,孙竹之管,空桑之琴瑟,咸池之舞。夏日,至于泽中
之方丘奏之。若乐八变,则地示皆出,可得而礼矣。"郑康成释
以为禘祭,又谓天神为北辰,地示为昆仑。历代相承,皆谓祀天
于圜丘。王肃之徒,虽难郑说,能知禘之非祀天,而谓郊即圜
丘,圜丘即郊,其说率杂而不能定。愚按圜丘非郊也。圜丘非
祀天之所,独郑康成言之,既不能合于《诗》、《书》、《仪礼》,而
于《周官》复有所背。以《周官》之本文言之,止言于地上圜丘奏

之，不闻其祀天于圜丘也。况《大司乐》前云奏黄钟，歌大吕，舞云门，以祀天神；奏太蔟，歌应钟，舞咸池，以祭地示。夫祀天神、祭地示，其乐与圜丘所奏实异。则当以黄钟、大吕、云门为祀天，不当用圜丘降神之所，而遽言为祀天之所也。其祭地也，亦当以太蔟、应钟、咸池为祭地，不当用方丘降神之所为祭地之所也。郑康成知其说之不通，遂释前天神为五帝，日月星辰圜丘之天神为北辰。后来纷纷沿袭其说。而王肃六天之辨，复泥于祀天圜丘之说，不能详明其本文而折其谬，乃谓郊即圜丘，圜丘即郊。故崔灵恩、孔颖达咸宗郑而黜王。夫《大司乐》既无祀天圜丘之文，而郑氏天神复释为二，有不待辨而明。按释圜丘者，谓为自然之丘，非人力所为，其说与《尔雅》合。雍镐近郊宜或有此，若后代国都于平衍之地，将人力而为之耶？抑亦为坛以象之耶？或曰圜丘祀天，郑康成必本于前代。愚曰《诗》《书》《易》《春秋》《仪礼》之所无者，不必信郑氏之说。本于秦始皇祠八神地主之圜丘，又汉武帝作十九章之歌，以正月上辛用事甘泉圜丘二者，皆非祀天。郑氏阴取之，而不敢明证其事。若谓南郊即圜丘，北郊即方丘，不知《周官》四郊非南北郊之郊，《诗》、《书》、《春秋》之郊非圜丘之制，不得合而为一。谓祀天于圜丘者，特郑氏之说，初非《周官·大司乐》之本文。陈祥道《礼书》谓祭祀必于自然之丘，所以致敬，燔瘗必于人为之坛，所以尽文，亦宗郑之说而微异。崔灵恩、义宗亦宗郑、黜王。而所谓郊即圜丘，圜丘即郊之误，乃不能正其说。历汉至宋诸儒，悉不过以《周官》傅合于《诗》、《书》、《春秋》，滋以启后来之误。故为之辨。

后土即社议

《周官》无祭地之文，先儒言之详矣。而其言近于地者，有五，曰地示、大示、土示、后土、社是也。郑氏之释地示，则曰：北郊神州之神及社稷。夫以北郊为祀地，此祀之大者，不得合社与稷而言，合社与稷，是为三祀，非祭地明矣。曰大示，郑无明

释。或谓大祇，乃地祇之大者。祀地以北郊为大，则地祇之大
者，将何以祀之？曰土祇，郑谓原隰平地之神，此又非祀地矣。
曰后土，郑氏则直谓：后土，黎所食者，后土官名，死为社而祭
之。又曰：后土，土神，不言后土社也。其答田琼则曰：此后土，
不得为社者，圣人制礼，岂得以世人之言著大典，明后土土神
不得为社。至于太祝建邦国告后土，郑复曰：后土社神，独此说
违戾特甚，启历代之讹谬，实自此始。按《尚书》曰："告于皇天
后土。"孔注曰：社也。《泰誓》之宜于冢土，亦社也。《召诰》之
社于新邑者，亦后土也。甫田之以社以方，注：社，后土也。后
土与社，皆地之称，今悉疏经文之可证者而言之。《泰誓》曰：郊
社不修，礼曰祭地于郊，所以定天位也，祀社于国，所以列地利
也。又曰：郊所以明天道，社所以神地道。又曰：郊社所以事上
帝。又曰：明乎郊社之义。又曰：礼行于郊，而百神受职；礼行
于社，而百货可极。若然，则社即后土，后土即社。郑氏之释
《大宗伯》，既以黎所食者为是，而复有所疑而不决，于是答田
琼之问，以后土不得为社。四者之说，更相背戾。而方丘、北郊
复为二说，终莫能定。至胡宏氏始定郊、社之义，以为祭地于
社，犹祀天于郊也。故《泰誓》曰：郊社不修，而周公祀于新邑。
亦先用二牛于郊，后用太牢于社。记曰：天子将出类乎，上帝宜
乎社。而《周礼》以禋祀祀昊天上帝，以血祭祭社稷，别无地祇
之位。四圭有邸，舞云门以祀天神，两圭有邸，舞咸池以祭地
祇。而别无祭社之说，则以郊对社可知。后世既立社又立北郊，
失之矣。此说足以破千古之惑。故新安朱氏《中庸》郊社，亦以
社为祭地，取夫胡氏，而独以其废北郊之说为未然。愚按北郊
不见于经，独见于郑氏。郑氏之北郊，非至日方丘之祭。攻郑
氏神州之说者多，而不能辨郑氏北郊之不经。攻合祭之说者
力，而不考以地为郊之失，亦始于王氏。郊以祀天，社以祀地。
谓郊为祀地，吾知其不出于六经也。《春秋》书鲁之郊止于郊
天，不闻其郊地也。用牲币于社，间于两社，皆天子之制也。谓

鲁为僭郊社,则可;以鲁郊为祀地,则不可。云汉之诗曰:祈年孔夙,方社不莫。又曰:"自郊徂宫,宫社宫也。告天地之礼,郊、宫为二,则诗之郊,亦非祀地也。朱氏亦曰:"《周官》止言祀昊天,不言祀后土。先儒之言,祭社者为是。其言《周官》礼大神、祭大示,皆无明文,是深有疑于《周官》之非全书也。或谓社不足以尽地,此盖因诸侯大夫皆得宜社,遂因此以致疑。按《大宗伯》:"王大封,则先告后土。"又曰:"建邦国,先告后土。"谓之后土者,建国之始称。若武城之告于后土者是也。左祖、右社,亲地之道也。此言社之名成于告后土之后也。先儒谓尊无二上,故事,天明独行于天子,而无二事地察,故下达于庶人,而且有公私焉。胡宏氏曰:"诸侯之不敢祭天,犹支庶之不敢断祖也;诸侯之得祭地,犹支庶之各母其母也。"其说为是。且社有等差,至于州党族间,愈降愈少。独天子之社,为群姓而立。王社之说,孔疏谓,书传无文,其说莫考。陈祥道释社、后土之辨,终泥于郑氏。至谓建邦国先后土为非社,曾不知社之未立,其不谓之后土,其可乎?

祭天无间岁议

古者,天必岁祭。三岁而郊,非古制也。然则曷为三岁而郊也?三岁之礼,始于汉武。其祀天也,不于泰坛,而于甘泉坛。有八觚席,有六采文章采镂之饰,玉女乐石之异,鸾辂骍驹之靡,瑄玉宝鼎之华,其礼也侈,其用民也劳,如之何其勿三年也?至于后世,不原其本,而议其末。三年之祭,犹不能举其能力行者。若唐之太宗,享国长久,亦不过三、四。至宋仁宗以后,始克遵三年之制。夫三年一祭,已不得为古,则一、二举者,尤非礼也。苏氏曰:"秦、汉以来,天子仪物,日以滋多,有加无损,以至于今,非复如古之简易也。今所行,皆非周礼。三年一郊,非周礼也。先郊二日而告原庙,一日而祭大庙,非周礼也。郊而肆赦,非周礼也。优赏诸军,非周礼也。自后妃以下至文武官皆得荫补亲属,非周礼也。自宰相宗室已下至百官皆有赐赍,非周礼也。"先儒又曰:古之郊礼,以事天也,以报本反始,以教民尊上也。天子前期斋戒,命冢宰誓百官而莅事焉,事之莫尊者也。近世则变矣。三年而一郊,其所事者,则军旅亿丑之赏赉耳。事军旅亿丑之赏赉,则诚不专于享帝,制不一于报本。夫郊,以报一岁生物之功也。夫岂三岁一生物,而三岁一报耶?古者,大路素而越席,大圭不琢,大裘不饰,牲用茧栗,器用陶匏,谓德产精微,物所以称,故其文至简,而其诚至懿。近世盛銮辂冕服,珠玉金缯之饰,唯惧不华,内阙观宫一夕之具,唯恐不工。其文至繁,而其费至广,岂所以降格天神之意邪!如是,则郊天之礼,自汉而下皆非古制。礼乐百年而后兴,诚能如三代之礼,其茧栗、陶匏,费不为甚广,罢坛陛从祀之位,止以始祖为配,则千百年之废礼坠典,由是而举,岂不甚盛!其或不与祭,则如《大宗伯》所谓:"若王不与祭祀,则摄位。"郑氏之释量人亦曰:"冢宰位佐王,祭亦容摄祭。"庶几破千古之陋,上以合于天道,而下足以解诸儒之疑议云

　　燔柴泰坛议

　　《仪礼·觐礼》曰:"祭天燔柴,祭山丘陵,升祭川沈。"《祭地瘗祭法》亦曰:"燔柴于泰坛,祭天也,瘗埋于泰折,祭地也。"《尔雅》曰:"祭天曰燔柴,祭地曰瘗薶。"《祭法》、《尔雅》虽各自为书,而其说与《仪礼》合者,独燔柴无异。《周官》曰:"以禋祀祀昊天上帝,实柴祀日月星辰,槱燎祀司中、司命、禋师、雨师。"夫《周官》之柴归于日月星辰,而以禋祀为祀天,是不与《仪礼》合也。《礼器》曰:"至敬不坛,扫地而祭。"不坛,非燔柴也;扫地而祭,非《周官》之祀也。合《礼仪》《周官》、《礼器》三书而言之,实有不同。自郑氏必欲合三礼之说为一,而后人附会者曲为之迁就。崔灵恩则谓:先燔柴及牲玉于丘讫,次乃扫地而祭。祭天之法,皆于地上,以下为贵,故不祭于人功之坛。陆佃则曰:"祭天之礼,升禋于泰坛,奏乐于圜丘,所以致天神也。天神皆降,可得而礼,然后扫地而祭。乐者阳也,其声无形,故

奏于自然之圜丘。烟者，阳中之阴，其气有象，故燔于使然之泰坛。至于禋祀实柴，有异于《仪礼》。郑氏则云：禋，烟也。三祀皆积柴实牲体于日月，言实柴于祀天，言禋三祀互相备矣。其释《觐礼》则曰："燔柴祭天，祭日也，祭天为祭日，则祭地瘗者，祭月也。日月而云，天地灵之也。敢各疏其穿凿，以从古礼经之正。《周官》之不与《仪礼》、《易》、《诗》、《书》、《春秋》合者，不止于祀天地，今止因三礼之异同，诸儒之附会而言其非是。夫《周官》之圜丘，乃奏乐之所，非坛也。自汉而下，皆祀于圜丘，已失《周官》之意。崔氏谓圜丘即坛，为人功之坛。按释圜丘者为自然之丘，非人功之坛，崔说与释圜丘者异矣。使果从坛下扫地而祭，则燔柴于人功之坛，不可谓质，而独扫地之祭，得谓之质矣。若然，则《仪礼》之燔柴为末，而扫地之祭为本。历考梁、陈以来，不闻有祭于圜丘之下者。是崔氏之说，不得以行也。陆氏谓自然者为丘，使然者为泰坛，是祀天之地有二。愚尝谓：合于《周官》，则泰坛之制未尝有合于《仪礼》，则燔柴之制无圜丘。历代之失祀于圜丘，非是。陆氏独不能证其误，是为二坛者，亦非也。郑氏谓：烟，禋也。《诗》生民之禋祀，《书》之"禋于六宗，禋于文武。"释者谓：禋，敬也。又曰："精意以享"之谓也。使从郑说，以禋为烟，则六宗之祀不得与上帝并，而祀文武于宗庙，又难与燔柴之祭同也。郑氏之释燔柴，以祭天为日，祭地为祭月，其说尤妄。是殆尊《周官》之书，其不可合者，遂臆说以非古礼。如夏正郊天迎长日之至圜丘，南郊二天帝之说，类皆若是。古《礼经》独觐礼为天子礼，舍燔柴为祭天。则此书又如王安石之罢黜不能，以用于世。戴记之合于经传者，先儒类皆取之。若《王制》、《礼器》、《儒行》、《明堂位》等篇，固有疑之者矣。独燔柴泰坛为祭天，与古礼合，特取其说。郑泰坛虽不见于《仪礼》，然从古传袭，未尝不以坛墠为正。觐礼之坛十有二寻，周公之三坛，同墠司仪之为坛，三成去桃为坛。下至周末，齐侯为柯之盟，有坛先君适四国，未尝不为坛。况祀天钦崇之实,其可废坛壝哉!

　　郊不当立从祀议

　　郊有从祀,西汉未之见也。礼之失,始于建武。建武采元始之制而为之。元始,王莽之政也。王莽之失,在分牢,在同祭,不闻其从祀也。社佑尊时王之礼,而深知其非,谓:从祀之坐,近古皆有,梁、陈及于国朝,始相尚袭。夫谓之近古者,非古明矣。开元之礼,成于徐坚之徒,而开宝所作,祖于开元。大较从祀损益,咸取于建武。今因开元所定而论著其非是。其第一坛曰五帝,曰大明夜明。以《周官》言之,五帝之祀在四郊,大明夜明以实柴,而朝日夕月之制,复见于经传,此不得混而一之之证也。坛之第二与第三,皆以星经为之制。杜佑谓:天有万一千五百二十星,地亦如之。考其所祭,知其坛壝之不足以容也。遂为外官、内官以别,而节其数。开宝以后,又复增五狱、四渎、讽师、雨师之类,而并祭之。其坛愈广,其牲牢愈繁,而其礼愈失。考于《周官》,则《大宗伯》之实柴槱燎,此又不得混而为一之证也。今考于《虞书》,其类上帝之后,则行六宗、山川群神之祀,不闻其合祭也。汤之元牲,武成之柴望,皆若此矣。《召诰》用牲于郊牛二者,后稷配天之始也,若鲁之三望,虽为非礼,亦皆无总祀之理。自汉而下,牲牷、尊罍之数不胜其烦,其郊礼之费,竭九州之贡赋,不足以供。由是,虽三年之祭亦不能举,坛壝繁杂,宫县四立,有司临事,登降逼仄,惧不能以周旋,跛倚颠仆,无所不至。昔之儒,先能议合祭天地之非,而不能正合祭群祀之失;能以亲郊为是,而不能以三年一郊为非;能知牛羊供给之费广,而不能尽角茧栗之诚悫。甚者配帝之争不决,遂有二配帝于坛上。依违莫从,一至于是。今若悉如三代典礼,不伤财,不害民,一岁一郊,则何惮其不可行也!

　　明堂与郊天礼仪异制议

　　晋挚虞议曰:郊丘之祀,扫地而祭,牲用茧栗,器用陶匏。事反其始,故配以远祖明堂之祭备物以祭,三牲并陈,笾豆成列,礼同人理,故配以近考。新安朱氏曰:为坛而祭,故谓之天,祭于屋而以神示祭,故谓之帝。晋傅元亦云:于郊尚质,于明堂尚文。若然,则仪文悉皆有异矣。郊以牲,明堂以牛羊。诗曰:"我将我享,维羊维牛。"此牲之异者也。燔柴以报阳也,犹宗庙之祼鬯也。明堂与宗庙近,则燔柴乎。何有?席用藁秸,器用陶匏,象天之质也。玉爵代匏尊罍笾俎之属,一以宗庙。此元丰议礼之得也。郊之祭,用气也。进孰之失,始于唐。自唐以降,未之有改也。记曰:郊血大飨,腥三献焖。一献孰。解者曰:郊祭天也,大飨祫祭也,三献社稷五祀也,一献群小祀也。郊不以血,而以孰荐,礼之亵而失之甚者也。然则明堂之祭,其不进孰与?曰圣人亨,以享上帝。上帝,明堂之称也。用于明堂,而不用于郊,其义明矣。特牲少牢之始于荐孰,大夫之礼也。用大夫之礼于郊不可也,用于明堂,近宗庙也。配群祀于郊非礼矣。明堂,国中也,邑外曰郊,引而近之,其渎莫大焉。尊罍尚质也,彝以盛郁鬯,郊得以用之也。记曰:黄目郁气之上尊,彝得谓之尊也。定尊罍于天地,六彝于宗庙,郑氏之说也。开元遵而不用于郊,犹曰以质不以文。明堂,宗庙之近,而文物之极也。其不用也,则野矣。凡此,皆礼仪文质之异,不可以不辨也。

郊非辛日议

郊特牲,曰郊之至也,迎长日之至也,又曰郊之用辛也。周之始郊日以至。郑玄谓迎长日为日者,建卯而昼夜之分也。三王之郊,一用夏正。其释周之始郊日以至,则谓鲁无冬至祭天圜丘之事,是以建子之月,郊天示先有事也。夫以迎长日为建卯,胡氏非之至矣。三王之郊以寅,则冬至圜丘之祭,是周以冬为春矣。正月正岁,犹日以子为首,若以冬为春,是非矣。盖郊之用辛,言鲁礼也。周之始,郊日以至,言周以冬至而郊也。易周为鲁,以附夫臆凿之论,则大有所不可。周为周王,鲁为鲁公,合周、鲁为一礼,曷不曰鲁之始郊日以至。叶梦得氏曰:以郊为迎长日之至,下言郊之用辛。周之始郊日以至,正以别鲁礼。郑氏反之，强以建卯为日至，甚矣其好诬也。冬至祭天，此周之正礼不可易者。孟春建寅之郊，盖祈谷之祭。鲁虽得郊，不得同于天子。是以因周郊之日，以上辛，三卜不从，至建寅之月，正鲁郊，殆周祈谷之祭故。左氏谓，启蛰而郊也。或曰郊雩必以辛，周之制与？曰以至日而祭，则至日非常以辛也。鲁之郊雩皆辛，是鲁之礼也。然则周郊非辛与？曰周官祀大神则卜日。崔灵恩谓，卜日以至，为主不吉，始用它日。是有疑于卜也。横渠张氏谓，日至不必卜日，周之始郊日以至，言日至则不容卜，言月至则有卜，卜日则失气至之时矣，是定以为卜日也。《曲礼》曰："大飨不用，卜吕大临。"谓天时阴阳之至，日月素定，故不问卜。若他飨，则问卜矣。或又曰："周之不用辛，有所本与？《召诰》曰："越三日，丁巳用牲于郊。"非辛也。至翼日而社，非卜也。五经异义，《春秋公羊》说，礼郊及日皆不卜，常以正月上丁成，王命鲁使卜从乃郊。故鲁以上辛郊，不敢与天子同也。是足以明周郊之非辛矣。历代之月时不一，独唐武德以冬至祀天，孟春辛日祈谷于南郊，能取二就而裁正之，号为近古。故特表而出之。

　　北郊议

　　北郊之名，不见于五经。谓北郊见于《周官》，郑玄之论也。《周官》无北郊之本文，因郑玄谶纬之说，而与《周官》并行者，王莽、刘歆实为之始也。先儒能攻王莽南北合祭之义，而不知立北郊之说者，始于匡衡，成于王莽。舍其大，而议其细，相承谬误，今千七百余年矣。敢推其本始而详言之。夫周官圜丘、方丘为奏乐之地，非祭之所。圜丘之辩详矣。郑氏祭地之法有二：夏至之日，祭昆仑之神于泽中之方丘，一也；正月祭神州地示于北郊，二也。是方丘、北郊为二。今合而言之，不知其何所始也。按《大宗伯》之本文，郑氏之不能释者有二：曰以狸沈以疈辜，则曰：不言祭地，此皆地示祭地，可知。以黄琮礼地，则曰：礼地以夏至，谓神在昆仑者。至于大司乐之地示，则又曰：

"祭于北郊"。郑氏既以方丘、北郊为二,而后人之尊郑者,未尝不以方丘、北郊合而为一,神州谶纬非之者至矣。至若方丘之不为祭所,北郊之无所经见,皆泥其说而无有辨之者。或曰:"北郊始于匡衡,非王莽自为之说。谨按《汉志》,高帝因北畤而备五帝,至武帝时,后土犹未立,建始之际,方立南北郊。匡衡、张谭以天随王者所居,援据《礼经》皆自为损益。若所引祭地于泰折在北郊就阴位之说,今戴记无北郊之文。陈祥道《礼书》知其说之无所据,遂谓南郊祀天,则北郊祭地,祀天就阳位,则祭地就阴位,以强合夫郑氏北郊之说。夫郊非天不足以言,社非地不足以尽,二者相对,如天之不可以合祭也。谓之郊地,其何所据哉? 先儒能明祭之不可以合,而不能辨社之不可以为郊,沿袭建始之弊。自汉而降,无有知其非者。祀地之为社,详见于后土之议。尊地之说,莫先于罢方丘、废北郊,以全古礼之正。王肃之攻郑玄,其说虽行于泰始,惜犹以郊、丘为一,故宗郑者多,而王说复废。驯致今日,郊社盛礼,方由是损益,以承三代之正。罢北郊之谬,其不在兹乎!

礼官推其博洽,多采用之。擢应奉翰林文字、同知制诰兼国史院编修官,迁待制,拜集贤直学士,移疾归。复以集贤直学士召,改翰林直学士、知制诰同修国史。至治元年,迁侍讲学士。时拜住当国,重桷学识,欲使撰辽、金、宋三史,桷上采访遗书条例。未几,英宗遇弑,事不果行。泰定初,告归,卒于家,年六十二。赠中奉大夫、江浙行省参知政事、护军,追封陈留郡公,谥文清。

桷于近代礼乐之沿革,官吏之迁次,士大夫之族系,百家诸子之目录,悉能推本源委,详言之。文章奥雅,与虞集、马祖常以议论相师友,当时文体为之一变。有《清容居士集》五十卷。

子瓒,同知奉化州事。后至元中,修三史,桷孙旸进家藏书数千卷,擢秘书监著作郎。

史臣曰:程钜夫条时政得失,事核而词直,虽文采不耀,然切用

之言也。遭遇世祖，事多施行江南，新附之民，实被其泽，仁言利溥，
信矣哉！袁桷议郊祀典礼，斟酌古今，为当时所采用，故著其十议，
以备一朝之掌故焉。

新元史卷一九〇
列传第八七

赵孟頫 赵与罴 赵大讷　叶李

　　赵孟頫,字子昂,湖州归安人。宋太祖裔孙秀王子偁五世孙也。幼聪敏,读书目成诵。

　　宋亡,益自力于学。吏部尚书夹谷之奇荐为翰林编修,不就。侍御史程钜夫奉诏搜江南遗逸,又荐之。入见。孟頫神采秀异,世祖称为神仙中人,使坐于右丞叶李上。御史中丞奏:"孟頫亡宋宗室,不宜侍左右。"钜夫曰:"立贤无方,乃陛下之盛德,此言将陷臣于不忠。"帝曰:"彼何知!"命左右宣敕逐之出。

　　会立尚书省,使孟頫草诏颁天下。帝览之,喜曰:"卿言皆吾所欲言者。"诏集百官于刑部议赃律,以至元钞二百贯为满,论死。孟頫曰:"始造钞时以银为本,虚实相权,今则轻重相去至数十倍,故改中统钞为至元钞。异日至元钞必复如中统,计钞抵法,疑于太重。古律以米、绢论赃,谓之二实,最为适中。钞乃宋人所造,施于边郡,今袭用之,以此断人死命,恐非良法。"或以孟頫南人年少,议国法不便,厉色责之。孟頫曰:"人命至重,立法不当,人将不得其死。孟頫奉诏与议,不敢不言。"其人默然。议罢,出谢曰:"吾失在不学。细思之,公言是也。"执政拟孟頫为吏部侍郎,参议高明持不可。

　　二十四年,授兵部郎中。至元钞滞不行,诏遣尚书刘宣与孟頫乘驿至江南,责行省慢令之罪,左右司及诸路官则径笞之。孟頫不笞一人,复命。桑哥为丞相,钟初鸣,即坐尚书省治事,六曹官后至者笞。孟頫一日后至，断事官引受笞。孟頫入诉于右丞叶李，李责桑哥曰："古者，刑不上大夫，所以养入廉颊。公笞郎中，是辱朝廷也。"桑哥惭，慰遣孟頫。自后，惟曹史以下始受笞。孟頫行东御墙外，道狭，马踬坠于河。帝闻之，赐钞五十锭，命移筑御墙。其为帝眷厚如此。

二十七年，拜集贤直学士。是岁地震，北京尤甚。帝幸龙虎台，深忧之，遣平章阿剌浑撒里驰还上都，召问集贤、翰林两院官致灾之由，戒毋令桑哥知。两院官畏桑哥，莫敢言。孟頫与阿剌浑撒里善，密告之曰："今理算钱粮，民不聊生。地震之变，殆由于此。宜大赦天下，尽与蠲除，庶几天变可弭。"阿剌浑撒里入奏，帝从之，已草诏，桑哥怒谓必非上意。孟頫曰："凡钱粮未征者，其人死亡已尽，何所从取？不及是时免之，他日言事者以失陷钱粮数千万归咎尚书省，丞相何以自解？"桑哥悟，乃曰："吾料不及此。"诏下，民大悦，咸额手相庆。

宋故相留梦炎降，帝用为礼部尚书。一日，帝问梦炎与叶李优劣，孟頫对曰："梦炎，臣之父执，其人重厚，笃于自信，好谋而能断，有大臣器。李所读之书，臣皆读之，所知所能，臣皆知之能之。"帝曰："卿以梦炎贤于李耶？梦炎在宋为状元，位至丞相，贾似道误国罔上，梦炎依阿取容；李布衣，乃伏阙上书，请斩似道；是李贤于梦炎，明矣！卿以梦炎父执，不欲斥言，可赋诗刺之。"孟頫赋诗曰："状元曾受宋家恩，国困臣强不尽言。往事已非那可说，且将忠直报皇元。"帝称善。

孟頫退谓奉御彻里曰："上论贾似道误国，责留梦炎不言。今桑哥误国之罪，甚于似道，我等不言，他日何以辞责？然我疏远之臣，言必不听，公为上所亲任，读书知义理，能为天下除残贼，真仁者之事也。公必勉之！"既而，彻里至帝前数桑哥罪恶，帝怒命卫士批其颊，血涌口鼻，仆于地。少间，复呼而问之，彻里执奏如初。会大臣亦有继言者，帝大悟，遂按诛桑哥。后彻里与孟頫论及此事，叹曰："使我有万世名，子昂之力也！"尚书省罢，执政多以罪去。

　　中书参知政事贺胜以不通文字,请帝早简辅相。帝周视左右,乃属目于孟頫曰:"卿可至中书参决庶务。"孟頫固辞。帝问阎复、宋渤何如?孟頫对曰:"皆非相才。"诏孟頫出入宫门无禁,且谓孟頫曰:"朕年老,聪明有所不逮。大臣奏事,卿必与俱入,或欺罔,卿即为朕言之。"孟頫谢不对,后乃力请补外。

　　二十九年,出为同知济南路总管府事。佥廉访司事哈剌哈孙素苛虐,孟頫不相能,以事中之。会修《世祖实录》,召孟頫至京师,乃解。大德二年,除汾州知州,未行,召书金字《藏经》,仍命举能书者自随。事竣,改集贤直贤士,行浙江等处儒学提举。至大元年,迁泰州尹。

　　仁宗在东宫,素知孟頫贤,召为翰林侍读学士、知制诰同修国史。及即位,擢集贤侍读学士。皇庆元年,改翰林侍讲学士,转集贤侍读学士。是年,河间路进嘉禾,有一茎数穗者,诏孟頫绘图,藏于秘府。延祐元年,迁集贤学士、资德大夫,进拜翰林学士承旨、荣禄大夫。帝眷孟頫甚厚,字而不名,尝以孟頫比唐李白、宋苏轼,又言孟頫过人者数事:一帝胄,二美姿仪,三博学,四操履纯正,五文词高古,六书画绝伦,七旁通佛老之学。或言孟頫为赵太祖子孙,帝作色曰:"汝言赵子昂,岂家世不及汝耶!"其人惶惧而退。又有言国史载兵谋战策,不宜使孟頫与闻。帝曰:"赵子昂,世祖所简拔,朕悯其老,隆以礼貌,使典司著作,传之后世,汝辈妒之何也?"孟頫常累月不朝,帝问左右,对以年老畏寒,敕御府赐貂鼠翻披。

　　初,孟頫用程钜夫荐起家,后钜夫以翰林学士承旨致仕,孟頫代之,先往拜钜夫,而后入院,时入称为衣冠盛事。六年,谒告归。帝遣使赐衣币,趣之还朝,以疾不果行。至治元年,诏孟頫即其家,书《孝经》。赐上尊及衣二袭。是岁卒,年六十九。赠江浙中书省平章政事,追封魏国公,谥文敏。有《松雪斋文集》十三卷。

　　杨载称孟頫之才为书画所掩,知其书画,不知其文章,知其文章,不知其经济之学。人以为知言。孟頫妻管氏、子雍,并以书画知名。仁宗取孟頫及管氏与雍所书,装为一帙,识之曰:"使后世知我朝有一家善书者。"雍官至集贤待制。孟頫弟孟吁,字子俊,亦工书画。

宋宗室仕元者,又有赵与𥲄、赵大讷。

赵与𥲄,字晦叔,宋宗室子。登进士第,为鄂州教授。至元十一年,伯颜渡江,与𥲄率其族人诣军门上书,力陈不杀人可以一天下,且乞全其宗族。后伯颜入朝,世祖问宋宗室之贤者,伯颜以与𥲄对。

十三年秋九月,遣使召至上都,与𥲄幅巾深衣以见,言宋亡由于误用奸臣,词旨激切,世祖为之感动。即授翰林待制,进直学士,转侍讲。疏陈江南科敛,及发宋攒宫,宜禁之。帝虽不能用,然不以为忤也。二十七年,京师雾塞,明年正月甲寅,虎入南城。与𥲄又疏言权臣专政之咎,退而家居待罪。

未几桑哥败,平章不忽木奏与𥲄贫窭有守,世祖曰:"得非指权臣为虎者耶?"赐钞万三千贯,岁给其妻子粮。累迁翰林学士。成宗即位,特命官其子孟实以终养。大德七年卒,命有司赙钞五千贯。赠通议大夫、礼部尚书、上轻车都尉、天水郡侯,谥文简。

赵大讷,一名良胜,字敬汉,浦阳人。宋周王元俨十世孙。有学行。由全州录事,累转龙溪尹。俗尚鬼,垒石为紫衣神祠,黠者藉为奸利。大讷投其像江中,移石修孔子庙。邑豪杀人,郡守其赇出之。大讷抱案牍诣府,历数其奸;守怒,中以他罪。改永春尹。俄调永嘉。永嘉计口赋盐,民病之,大讷建议令富商转售瑞安,猾吏伪为官书,诬贫民盗贩,民自杀者三人。府下大讷讯之,卒正猾吏罪。除温、台等海运千户,改知永新州。境内鹄湖、罗陂为群盗渊薮,大讷用奇计获其渠魁,余党奔散。后告老归,卒于家。民为立生祠。

叶李,字太白,一字舜玉,杭州钱唐人。少受学于义乌施南,补京学生。宋景定五年,彗出于柳,理宗下诏罪己,求直言。是时,世祖南伐,命贾似道御之。会宪宗崩,世祖班师,似道自诡以为己功,益骄肆,创置公田关子,其法病民甚,中外毋敢言者。李与同舍生康棣等八十三人,伏阙上书,劾似道。似道大怒,知稿出于李,嗾临安尹刘良贵,诬李僭用金饰斋扁,锻炼成狱,窜漳州。似道既败,乃放还,与似道遇诸途,李以小词赠之。宋亡,归隐富春山。江淮行省辟署苏、杭等郡教授,不应。

至元十四年,世祖命御史大夫相威行台江南,且求遗逸,以李姓名上。初,李劾似道书,世祖习闻之,每拊掌称叹。及是,以姓名闻,世祖大悦,即授浙西道儒学提举。李闻命,欲遁去,而使者致丞相安童书,有云:"先生在宋,以忠言谠论著,简在帝心。今授以五品秩,士君子当隐见随时,其尚悉心,以报殊遇。"李乃就职。

二十三年,侍御史程文海奉命搜江南遗逸。世祖谕之曰:"此行必致叶李来。"李既至京师,敕集贤大学士阿尔浑萨里,馆于院中。及召见香殿,劳问"卿远来良苦",又询治道安出?李历陈自古帝王得失成败之由。世祖嘉纳之,赐坐锡宴,更命五日一入议事。一日议事朝堂,李病足不在列,帝命以所御五龙车召之。李奏请复立提举司提调学官,课诸生讲明治道,而上其成才者,以备录用,凡徭役一切蠲免。从之。

是时,乃颜叛,诏李庭讨之,将校多用国人,或其亲昵,立马相向语,辄释仗不战,逡巡退却。帝患之。李密奏请以汉军列前步战,而联大军断其后。帝用其谋,师果奏捷。自是,帝益奇李。每罢朝,必召见论事。

二十四年,特拜御史中丞,兼商议中书省事。李以足疾辞,帝笑曰:"卿足艰于行,心岂不可用耶?"李固辞,因奏:"若监察御史奏疏、西南两台咨禀,事关军国,利及生民,宜令便宜上闻,以广视听。臣请诏台臣言事,各许实封,幸甚。"又曰:"宪臣以绳愆纠缪为职,苟不自检,于击搏何有!倘有贪惏败度之人,宜付法司增条科罪,以惩欺罔。"由是台宪得实封言事,其受赇者付法司科断。

会议立尚书省,李奏:"平章政事桑哥宜为右丞相。"帝从之。桑哥既为右丞相,奏以李为尚书左丞,李固辞,谓"臣之资格,不宜遽至此。"帝曰:"商用伊尹,周举太公,岂循资格耶?卿其勿辞。"赐大、小车各一，许乘小车入禁中，仍给扶升殿。始定至元钞法，并取钞样颁行。又荐周砥等十人为祭酒等官。帝皆从之。帝欲徙江南宋宗室及大姓于北方，李乘间言："宋已归命，其民安于田。今无故远徙，必将疑惧，万一有奸人乘衅而起，非国之利也。"帝悟，事遂寝。迁右丞，转资德大夫。时淮、浙饥馑，谷价腾跃，李奏免江淮租税之半，运湖广、江西粮十七万石至镇江，以振饥民。帝伐安南，召李入议，李以为："军旅一兴，糜费钜万，今深入敌境，万一蹉跌，非所以威示远人。"帝不听。

二十五年，迁平章政事，李又固辞，赐以玉带，秩视一品，及平江田四千亩。时桑哥专国政，李与之同事，无所匡救。会桑哥败，事颇连及同列。久之，李以疾得请南还。扬州儒学正李淦上书言："叶李本一黥徒，受皇帝简知，可谓千载一遇。而才近天光，即以举桑哥为第一事，禁近侍言事，以非罪杀参政郭佑、杨居宽，逼御史中丞刘宣自杀，变钞法，拘学粮，征军官俸，减兵士饷，立行司农司、木棉提举司，增盐酒醋税课，官民皆受其祸。尤可痛者，要束木祸湖广，沙不丁祸江淮，木呼里祸福建。又钩考钱粮，民怨而盗发，天怒而地震，水灾洊至。尚赖皇帝圣明，更张政化。人皆知桑哥误国之罪，而不知叶李举桑哥之罪。李虽罢相权，刑戮未加，宜斩李以谢天下。"书闻，驿召淦诣京师。

二十九年二月，李南还，至临清，帝复召为平章政事，佐丞相完泽治省事，李上表力辞。寻卒，年五十一。李既卒，而淦至，诏以淦为江阴路教授，以旌直言。

李前后赐赉虽多，自奉甚俭，尝戒其子曰："吾世业儒，甘贫约。汝曹其清慎自持，勿增吾过。"指所赐物曰："此终当还官也。"比卒，悉表上之。至正八年，赠资德大夫、江浙等处行中书省右丞、上护军，追封南阳郡公，谥文简。

史臣曰：赵孟頫以宋宗室之俊，委贽事元，跻于通显。其在《大雅》之诗曰："殷士肤敏，祼将于京。"刘向以为悯微子之朝周，故君子不责孟颊，而为赵氏悯也。叶李以劾贾似道受知于世祖，及为宰相，党附桑哥，不发其奸。传曰："君子不以言举人"，信夫！

新元史卷一九一
列传第八八

王构 士熙 士点　　魏初　　刘敏中
宋衟　　焦养直　　杨桓　　尚野
师简 李之绍　　谢端　　曹鉴

　　王构，字肯堂，东平人。父公渊，金末山东大乱，其三兄皆携妻孥南迁，公渊独愿守坟墓，不肯从。

　　构少以词赋入乡学，行台从事贾居贞一见器之，使其子受学，遂从居贞至京师。

　　至元十一年，授翰林国史院编修官。丞相伯颜伐宋，命构草诏，声其罪甚称帝旨。宋亡，诏构与翰林学士李槃访贤才。构至临安，言于董文炳：“宋三馆图书及太常礼器卤簿，宜辇于京师。”从之。宋实录、国史得不亡。擢翰林应奉文字，迁修撰。构受业于东平李谦，推谦先擢应奉，构始受命，士论贤之。和礼霍孙拜司徒，辟为司直。阿合马死，和礼霍孙当国，划除蠹弊，构之力居多。历吏部、礼部郎中。改太常少卿，定亲享太庙仪注。俄拜江北淮东道提刑按察副使，召见便殿，帝亲授敕书，赐上尊以遣之。入为治书侍御史。时桑哥秉政，嫉士之方直者，檄构与不忽木检核燕南钱谷，限一月治办。事竣已逾期，构谓不忽木曰：“有罪我当任之，不以累公也。”会桑哥伏诛，乃免。再入翰林为侍讲学士。

　　成宗即位，迁学士，参议中书省事。有请括江南田赋者，执政欲听之,构与平章政事何荣祖力言不可,事获已。后以病去官。久之,起为济南路总管。诸王官属怙势横行,民莫敢忤视;构闻诸朝,徙王于北边。武宗即位,以纂修国史,趣召入都,拜翰林学士承旨。卒,年六十六。

构文章典雅,练习朝廷掌故,撰追谥太祖册、世祖谥册、武宗立皇后册,尤为世所传诵。好汲引寒士。孔颜孟学教授陈俨年几五十,以构荐,擢为监察御史,迁翰林直学士、国史院编修官。王恺年七十,请于朝,俾以待制致仕。其门下士官清要者,亡虑数十人。后赠大司徒,追封鲁国公,谥文肃。有文集三十卷。

子士熙,字继学。泰定中累官治书侍御史、中书参知政事。致和元年,泰定帝崩于上都,士熙与中书左丞朵朵等留守大都,金枢密院事燕铁木儿举兵立文宗,执士熙等下狱,流于远州,并籍其家。天历二年,与朵朵等十二人放还乡里。后起为南台御史中丞。卒。

士点,字继志,金淮西廉访司事,迁云南廉访使,再擢江东廉访使。卒。赠中书平章政事,追封赵国公。士点善篆书,为当时第一。

魏初,字大初,弘州顺圣人。祖珪,金进士。父思廉,金甄官署令。从祖璠,金翰林修撰。世祖居潜邸,闻璠名,征至和林,访以当世之务。璠条陈便宜三十余事,如定官号、颁俸禄、功罪有赏罚、能否有升降、重农业、严告讦、杜侥幸,复汉之常平、宋之经筵,皆当时急务。又举名士六十余人以对。世祖嘉纳之。以疾卒于和林。赐谥靖肃。璠无子,以初为后。

初,好读书,尤长于《春秋》。中统元年,始立中书省,辟为掾史,兼掌书记。未几,以祖母老,辞归隐居教授。会诏左丞许衡、学士窦默及京师诸儒各陈经史、前代帝王嘉言善政,选进读之士,有司以初应诏。帝雅重璠名,询知初为璠孙,叹奖久之,即授国史院编修官。寻拜监察御史。首言:"法者,持天下之具,御史台则守法之司也。方今法有未定,百司无所持循,宜参酌考定,颁行天下,"时论韪之。

　　帝宴群臣于上都行宫，有不能醻大卮者，免其冠服。初上疏曰：
"臣闻君犹天也，臣犹地也，尊卑之礼，不可不肃。方今内有太常、有
史官、有起居注，以议典礼、记言动；外有高丽、安南使者入贡，以观
中国之仪。昨闻锡宴大臣，威仪弗谨，非所以尊朝廷、正上下也。"疏
入，帝嘉纳之。时襄樊未下，将括民兵，或请自大兴始。初言："京师
天下之本，要在殷盛，建邦这初讵宜骚扰！"从之。初又言："旧制，常
参官诸州刺史，上任三日，举一人自代。况风纪之职与常员异，请自
今监察御史、按察司官在任一岁，各举一人自代，所举不当有罚，不
惟砥励风节，亦可为国得人。"遂举劝农副使刘宣自代。

　　出金陕西四川按察司事，历陕西河东按察副使，入为治书侍御
史。又以侍御史行御史台事于扬州，擢江西按察使。寻征拜侍御史。
行台移建康，出为中丞。卒年六十一。子必复，集贤侍讲学士。

　　刘敏中，字端甫，济南章丘人。张荣行台掾刘鼎之孙也。幼卓
异不凡，年十三，语其父景石曰："昔贤足于学，而不求知，丰于功，
而不自炫，此后人所弗逮者。"父奇之。敏中尝与同侪言志曰："自幼
至老，相见而无愧色，乃吾志也。"至元十一年，由中书掾擢兵部主
事，拜监察御史。权臣桑哥秉政，敏中劾其奸邪，不报，遂辞职归。既
而，起为御史台都事。时同官王约以言去，敏中杜门称疾，台臣请视
事，敏中曰："使约无罪而被劾，吾固不当出。诚有罪，则我既为同
僚，又为交友，不能谏止，亦不为无过也。"出为燕南肃政廉访副使。
召拜国子司业，迁翰林直学士，兼国子祭酒。

　　大德七年，诏遣宣抚使巡行诸道，敏中出使辽东山北。守令恃
贵幸贪暴者，一绳以法。锦州雨水为灾，辄发廪振之。事竣，除东平
路总管。擢陕西行台治书侍御史。九年，召为集贤学士，商议中书
省事。上疏陈十事，曰整朝纲、省庶政、进善良、剔奸蠹、显公道、杜
私门、广恩泽、实钞法、严武备、举封赠，帝嘉纳之。

　　武宗即位，召敏中至上京，庶政多所咨访。授集贤学士，兼太子

赞善,仍商议中书省事。赐金币有加。顷之,拜河南行省参知政事。俄改中台侍御史。出为淮西肃政廉访使,转山东宣慰使。遂召为翰林学士承旨。诏公卿集议弭灾之道,敏中疏陈七事,皆当时要政。以疾还乡里。

敏中义不苟进,进必有所匡救,援据今古,雍容不迫。或郁而弗伸,则戚形于色,中夜叹息至泪湿枕席。延佑五年卒,年七十六。赠光禄大夫、柱国,追封齐国公,谥文简。

宋衜,字宏道,潞州长子人。祖元吉,金兵部员外郎。衜幼好学,年十七避地襄阳。已而北归,屏居河内者十有五年。赵璧经略河南,闻其名,礼聘之。

中统三年,擢翰林修撰。李璮畔,璧行中书省事于济南,至元五年大兵围襄阳,璧行元帅府事,衜皆从行,军事多所咨访。六年,高丽权臣林衍废国王而立其弟温。诏遣国王头辇哥暨璧将兵讨之,以衜为行省员外郎,赍诏徙江华岛居民于平壤。复命,帝甚悦,赐衣段。授河南路总管府判官,不赴。十三年,入为太常少卿。属省并官制,兼领籍田署事。

十六年,皇太子召见,应对详雅,自是数蒙顾问。十八年,除秘书监。十九年,江西分地当署郡县守令,太子皆命衜铨举。二十年,初立詹事院,迁衜为太子宾客。二十三年,卒。有《妲山集》十卷,行于世。

焦养直,字无咎,东昌堂邑人。凤以才器称。至元十八年,世祖改符宝郎为典瑞监,思得一儒者居之。近臣有以养直荐者,帝即命召见,奏对称旨,以真定路儒学教授超拜典瑞少监。

二十四年,从征乃颜,自北道赴行在,路险梗,上甚悯之,赐生口、貂衣帽、玉带、镔刀各一。二十八年,赐宅一区。入侍帷幄,陈说帝王政治,帝听之忘倦。尝语及汉高帝起自侧微,养直从容论辨,帝然之。

大德元年，成宗幸柳林，命养直进讲《资冶通鉴》，因陈规谏之言，赐酒及钞万七千五百贯。二年，赐金带、象笏。三年，迁集贤侍讲学士，赐通犀带。七年，诏傅太子于宫中，启沃诚恳，帝闻之大悦。八年，代祀南海。九年，进集贤学士。十一年，迁太子谕德。至大元年，授集贤大学士，告老归，卒于家。赠资德大夫、河南等处行中书省左丞，谥文靖。

子德方，以荫为兴国路总管府判官。

杨桓，字武子，兖州人。幼警悟，读《论语》至宰予昼寝章，慨然有立志。由是终身非疾病未尝昼寝。中统四年，近侍坚通使济南，见桓贤，荐之补济州教授。后由济宁路教授召为太史院校书郎。奉敕撰仪表铭历日序，文辞典雅，赐楮币千五百缗，辞不受。迁秘书监丞。至元三十年，拜监察御史。有得玉玺于木华黎曾孙硕德家者，桓辨识其文曰“受命于天，既寿永昌”，乃顿首言曰：“此历代传国玺，亡久矣。今宫车宴驾，皇太孙龙飞，而玺复出，天其彰瑞应于今日乎！”即为文述传国玺始末，表上于徽仁裕圣皇后。

成宗即位，桓疏上时务二十一事：一曰郊祀天地。二曰亲享太庙，备四时之祭。三曰先定首相。四曰朝见群臣，访问时政得失。五曰诏儒臣，以时侍讲。六曰设太学及府州儒学，教养生徒。七曰行诰命，以褒善叙劳。八曰异章服，以别贵贱。九曰正礼仪，以肃宫庭。十曰定官制，以省内外冗员。十一曰讲究钱谷，以裕国用。十二曰访求晓习音律者，以协太常雅乐。十三曰国子监不可隶集贤院，宜正其名。十四曰试补六部、寺、监及府、州、司、县吏。十五曰增内外官吏俸禄。十六曰禁父子骨肉奴婢相告讦。十七曰定婚姻聘财。十八曰罢行用官钱营什一之利。十九曰复笞杖，以别轻重之罪。二十曰郡县吏自中统前仕宦者，宜加优异。二十一曰为治之道，宜各从本俗。疏奏，帝嘉纳之。未几，擢秘书少监，预修《大一统志》。秩满，归兖州，以资业悉让弟楷，乡里称焉。大德三年，以国子司业召，未赴，卒，年六十六。

桓为人宽厚，事亲笃孝。博览群籍，尤精篆籀之学。著《六书统》、《六书溯源》、《书学正韵》，大抵推明许慎之说，皆行于世。

尚野，字文蔚，其先保定人，徙满城。至元十八年，以处士征为国史院编修官。二十年，兼兴文署丞。出为汝州判官。廉介有守，宪司屡荐之。二十八年，迁南阳县尹。初至，狱讼充斥，野裁决如流，旬日遂无事。改怀孟河渠副使，会遣使问民疾苦，野建言水利有成法，宜隶有司，不宜复置河渠官。事闻于朝，河渠官遂罢。

大德六年，迁国子助教。诸生入宿卫者。岁从幸上都，丞相哈剌哈孙始命野分学于上都，以教诸生，仍铸印给之。上都分学，自野始。俄迁国子博士。野谓诸生曰：“学未有得，徒事华藻，若持钱买水，所取有限。能自凿井及泉而汲之，不可胜用矣。”士论称之。

武宗即位，仁宗为皇太子，召野为太子文学，多所裨益。时从宾客姚燧、谕德萧𡎉入见，太子为加礼。至大元年，除国子司业。近臣奏分国学西序为大都路学，帝已可其奏，野谓国学、府学同署，不合礼制，事遂寝。四年，拜翰林直学士、知制诰同修国史。诏野赴吏部试用荫补官，野多所优假。或病其太宽。野曰：“今初设此法，冀将来者习《诗》、《书》，知礼义耳，非必责效目前也。”众乃服。

皇庆元年，迁翰林侍讲学士。延祐元年，改集贤侍讲学士，兼国子祭酒。二年夏，移疾归。满城四方来学者益众。六年，卒于家，年七十六。赠通奉大夫、太常礼仪院使、护军，追封上党郡公，谥文懿。野事继母以孝闻。文辞典雅，一本经术。

子师易，蕲州路总管府判官；师简，字虞仲，以荐为大都学正，拜监察御史，至正初擢奎章阁侍书学士、同知经筵事，卒，赠翰林侍读学士、护军，追封上党郡公，谥文肃。

李之绍，字伯宗，东平平阴人。自幼颖悟，从东平李谦学。家贫，教授乡里。至元三十一年，纂修《世祖实录》，以谦与马绍荐，授将仕佐郎，翰林国史院编修官。直学士姚燧欲试其才，凡翰林应制文字积十余事，并付之。之绍援笔立成，燧惊喜曰："可谓名下无虚士也！"

大德二年，闻祖母疾，辞归。复除编修官，累迁太常博士。九年，丁母忧。起复，终不能夺。至大三年，仍授太常博士。迁翰林待制。皇庆元年，迁国子司业。延祐三年，擢奉政大夫、国子祭酒。四年，擢朝列大夫、同金太常礼仪院事。六年，改翰林直学士，复以疾还。七年，召为翰林直学士。至治二年，迁翰林侍讲学士、知制诰同修国史。三年，告老归。泰定三年八月，卒，年七十三。子勖，荫父职，同知诸暨州事。

谢端，字敬德，其先遂宁人，后徙武昌。祖父元贲，精于数学，制使孟珙敬礼之。一夜，叩门，谓珙曰："流星出下阶，没西方，占为天士亡，吾必当之。明年大将卒，公是也。"已而果然。

端，幼颖异。弱冠与尚书宋本同学，又同教授江陵城中，以文学齐名，时号谢、宋。史杠宣慰荆南，荐之姚燧。燧方以文章自负，少所许可，以所为文示端。端一读，即指插其用意所在，燧叹奖不已。

延祐五年，擢进士乙科，授承事郎、同知湘阴州事。岁满，入为国子博士，迁太常博士。泰定四年夏四月，盗入太庙，失第八室黄金主。明日，当时享，众议为位祀之。端言："四时之祭，皆用孟月，有故则用仲月。今盗入祐室，震惊神灵，当用仲月。"上从之。寻除翰林修撰，迁待制，以选为国子司业，遂为翰林直学士，阶太中大夫。

端史事精敏，在湘阴，猾吏束手，不敢舞文法。盗有杀贾人而攘其财，其家累讼于官，皆以无佐证不为理。端自往捕之，盗不伏，鞫其妻，妻时时仰视屋椽。端曰："赃在是矣！"发屋椽，获脏，盗始吐实。一州神之。部使者行部旁郡，滞讼皆委端谳，端剖决如流，有能名。

其文章体裁严谨，居翰林久，至顺、元统以来制册，多出其手。预修文宗、明宗、宁宗三朝《实录》及累朝功臣列传。初，文宗建奎章阁，搜罗中外才俊置其中，尝语阿荣曰："当今文学之士，朕惟未识谢端。"亡何,文宗崩,竟不及用端。端卒于后至元六年,年六十二。赠国子祭酒、陈留郡侯,谥文安。

曹鉴,字克明,大都宛平人。幼颖悟。既冠,通五经大义。

大德五年,用翰林侍读学士郝彬荐,为镇江路淮海书院山长。十一年,南行台中丞廉恒辟为掾,除兴文署令。伴送安南使者,应对捷敏,使者叹服,以为中国有人。

至治二年,授江浙行省左右司员外郎。明年,奉旨括释氏白云宗田,不数月而事集,纤毫无扰。迁湖广行省左右司员外郎。时丞相忽剌歹怙势作威福,僚属畏之,鉴遇事不为回挠。湖北廉访司举鉴宜居风纪,不报。

天历元年,调江浙财赋府副总管。属大水,鉴减其赋什六七,势家因而诡免者,鉴核实,谕令首输。

元统二年,擢同金太常礼仪院。鉴明习掌故,集议明宗皇后祔庙,援据《礼经》,辩析精审,君子多之。至元元年,以中大夫进礼部尚书。卒,年六十五。追封谯郡侯,谥文穆。

鉴性纯孝,亲族贫乏者周恤恐后。历官三十余年,僦屋以居,殁之日家无余资,惟蓄书数千卷,皆手自校定者。鉴官湖广行省,有主簿顾渊白馈辰砂一包,鉴受之,未及启封。后有同僚过鉴,欲求辰砂合药,鉴取视之,乃黄金三两,惊叹曰:"渊白以我为何如人!"时渊白已卒,呼其子归之。其廉慎如此。

新元史卷一九二
列传第八九

安藏　　迦鲁纳答思　　大乘都
唐仁祖　　洁实尔　<small>兀玉都实</small>
脱烈海牙　　燕只不花
忙兀的斤　　普颜

安藏，字国宝，畏兀氏，世居别失八里。幼习浮屠法，兼通儒学，一目十行俱下，日诵万言。宪宗闻其名，召之，奏对称旨，赐坐。

世祖即位，进《宝藏论元演集》十卷，并劝上宜亲经史，以知古今之治乱，正心术，以示天下之向背。译《尚书无逸》及《贞观政要》、《申鉴》各一通以献。阿里不哥潜谋不轨，帝以骨肉之亲，使安藏往谕之。既而反状益闻，乃遣近侍孟速思、帖木不花亟召安藏返，曰："毋害善人。"既至，帝慰劳久之。安藏因举"任贤勿贰，去邪勿疑；有言逆于汝志，必求诸道；有言逊于汝志，必求诸非道"以谏。

至元八年，与许衡共进"知人、用人，德业盛，天下归"之说，帝嘉纳之。特授翰林学士、知制诰同修国史，寻商议中书省事。奉旨译《尚书》、《资治通鉴》、《难经》、《本草》。进承旨，加正奉大夫，领集贤院、会同馆、道教事。至元三十年，卒。延祐二年，赠太师，追封秦国公，谥文靖。

子斡儿妥迪钦，同知徽州路总管府事。其门人最著者为国师天藏沙津密护赤。集贤大学士陈颢，亦从安藏受学云。

迦鲁纳答思，畏吾氏。通天竺教及诸国语。翰林学士承旨安藏、扎牙答思荐于世祖，召入朝，命与国师讲法。国师西番人，言语不通，帝命迦鲁纳答思从国师习其法及言语文字，期年皆通。以畏兀字译番经既成，进其书，帝命锓板赐诸王、大臣。西南夷星哈剌的威二十余国来朝，迦鲁纳答思于帝前诵其表章，夷酋惊服。朝议兴兵讨逼国、罗斛、马八儿、俱蓝、苏木都剌诸国，迦鲁纳答思奏："此皆蕞尔之国，得之何益。兴兵徒残民命。莫若遣使谕以祸福，不服而攻之，未晚也。"帝嘉纳之。

至元二十四年，丞相桑哥奏为翰林学士，帝曰："迦鲁纳答思之官，非汝所当奏也。"既而擢翰林学士承旨、中奉大夫，遣侍成宗于潜邸，命以节饮戒之。成宗即位，迁荣禄大夫、大司徒，怜其老，命乘舆入殿。仁宗即位，廷议汰冗官，独迦鲁纳答思为司徒如故，仍加开府仪同三司，赐玉鞍。是年八月卒。

大乘都，别失八里人，世为畏兀贵族。中统初，大乘都自畏兀入觐，帝知其家世贵盛，又应对称旨，大器之，即命入侍禁中，赐貂裘、金银器、白玉佛，且谓皇孙阿难答曰："遗尔良师，尔愿学否？"对曰："有良师，乃所愿也。"遂以大乘都为阿难答师。未几，忙哥太子卒，阿难答嗣为安西王，出镇平凉。顺圣皇后请于帝，使大乘都从行。帝曰："大乘都，我所用者，他人则可。"后固请，始允之，命其子大理都侍裕宗，大慈都直宿卫，以文学备顾问。

大乘都至平凉，皇孙按滩不花、阿都直皆师之。久之，王出征土番，曰："八哈室老矣，其留平凉少休。"八哈室，译言博士也。大乘都亦曰："吾老矣，思见至尊。"遂自平凉返京师。时世祖已崩，成宗即信，拜嘉议大夫、翰林学士，赐第于京师。大德三年卒，年七十二。皇庆初，赠太傅、秦国公，谥文敏。

子大理都，枢密院参议；大慈都，中书平章政事；别怯木，陕西怯怜都管;僧奴,乌程县达鲁花赤。

　　唐仁祖,字寿卿,本畏兀人。祖曰唐古直,其后遂为唐氏。唐古直,年十七给事太祖。太祖尝语睿宗:"唐古直,人可用。"睿宗未及用,庄圣皇后擢为达鲁火赤。顷之,卒。

　　仁祖,少颖悟,其母教之,通诸国方言。中统初,世祖亲阅贵胄质子,见仁祖曰:"是唐古直孙,聪明无疑也。"命习国书。未几,中书省选为蒙古掾。至元十六年,录囚于平阳,平反冤狱,免死者十七人。十八年,授翰林直学士。时阿合马在中书,奏真定、保定两路钱谷逋负,屡岁不决,遣仁祖案之。仁祖阅其牍,皆中统间积逋,亟奏罢之。转工部侍郎,除中书右司郎中。

　　二十五年,拜参议尚书省事。仁祖侃侃持正,屡忤丞相桑哥,人皆危之,仁祖自若也。桑哥欲以繁剧困之,迁为工部尚书。寻奉使云州,桑哥考工部织课缓,怒曰:"误国家岁用,罪不赦。"遗驿骑追仁祖还,就见桑哥于私第,命直吏拘仁祖,即往督工,且促其期日,逾期必致汝于法。仁祖退召诸署长,谕之曰:"丞相怒在我,不在汝等,宜勉为之。"众感激,昼夜倍其功,未及期而办。已而桑哥系狱,命仁祖往籍其家。明日,桑哥以左右之援得释,众骇然,目仁祖曰:"乳虎之威可再犯耶?"皆逾垣以遁,仁祖独不为之劝。桑哥竟败。

　　二十八年,拜翰林学士承旨。辽阳饥,命与近侍速哥、左丞忻都往赈。忻都欲按户籍大小口给之,仁祖曰:"不可,籍上之小口今已大矣,宜皆给以大口。"忻都曰:"汝要善名,而陷我于恶耶?"仁祖曰:"吾二人善恶,众所凤知,岂待今日,我知恤民而已。"卒以大口给之。俄除将作院使。大德五年,再授翰林学士承旨,进阶资善大夫,知制诰兼修国史。以疾卒,年五十三。赠荣禄大夫、中书平章政事,追封洹国公,谥文贞。子恕,累官亚中大夫、侍仪使。

　　洁实弥尔,回鹘氏。年十八,与兄兀玉笃实俱至京师。世祖召见,命兀玉笃实给事左右,洁实弥尔侍裕宗于东宫。中书省奏立延

庆司,授同知延庆司事。洁实弥尔廉谨,裕宗爱之,尝谓之曰:"高昌
回纥人皆贪,独汝不染其俗,倘日用不足,可于我取之。"洁实弥尔
顿首谢。台、省有机事,命洁实弥尔传旨辞,裕宗曰:"以汝厚重,言
不泄漏,是以命汝。"裕宗卒,事徽仁太后。

　　成宗即位,太后命洁实弥尔护显宗就国。复命,成宗曰:"汝善
处吾兄弟之间。"擢嘉议大夫,赐玉鞶带、香串带各一。未几,晋资善
大夫、同知宣政院事,领延庆使。宣政院掌僧徒,往往黩货营私,洁
实弥尔约束严如台、省,人皆曰宣政院为御史台治事,帝闻而嘉之。
帝寝疾,洁实弥尔与尚医侍医药,期年寝不解带,常病喝。或劝其还
家治疾,曰:"圣体未康,臣敢自爱乎?"事闻,赐平江田五十顷。进荣
禄大夫、宣政使,领延庆使。

　　至大初,兴圣太后以洁实弥尔为先太后旧臣,复使领延庆使,
辞不许。延祐改元,议封洁实弥尔国公,又固辞,于是升延庆司为正
二品以褒之。二年卒,年六十三。赠推诚佐理功臣、太师、开府仪同
三司、上柱国,追封齐国公,谥文忠。子答儿麻失里,同知宣政院事;
散散,翰林侍读学士;速速,湖广行省右丞。

　　兀玉笃实,初授功德使司经历,未几擢同知司事,改同知总制
院事。迁宣政副使,并同知功德使司如故。后擢资德大夫、同知宣
政院事。卒。赠存诚秉德功臣、太傅、开府仪同三司、上柱国,追封
齐国公,谥忠穆。

　　脱烈海牙,畏吾氏,世居别失八里。曾祖阔华八撒术当,太祖西
征,导亦都护迎降,帝嘉其有识,欲官之,辞以不敏。祖八刺术,始徙
真定,仕至帅府镇抚,富而乐施,贷不偿,则火其券,人称为长者。父
阇里赤。

　　脱烈海牙,性整暇,虽仓卒未尝见其急遽。喜从文士游,犬马声
色之娱一无所好,由中书宣使出为宁晋主簿,改隆平县达鲁花赤,
有惠政,及满去,民勒石颂之。拜监察御史。时江西参知政事胡颐
孙杀其弟,讼久不决,脱烈海牙一讯而伏。出金燕南道肃政廉访

事，务存大体，不事苛察。在任六年，黜污吏百四十余人。召为户部郎中，转右司员外郎，升右司郎中。

仁宗在东宫，知其嗜学，出秘府经籍及圣贤图像以赐，时人荣之。母霍氏卒，哀毁骨立。事闻，赐钞五万贯给葬事。起为吏部尚书，改礼部尚书，领会通馆事。进中奉大夫、荆湖北道宣慰使。岁大饥，脱烈海牙先发廪赈之，而后以闻。朝议韪之。至治三年，迁淮东宣慰使。七月，以疾卒，年六十有七。赠通奉大夫、河南江北等处行中书省参知政事、护军，追封恒山郡公。弟观音奴，有干才，亦仕至清显。

燕只不花，字延真，回鹘氏，居哈剌和卓，为北庭大族。曾祖布克布呼托克托，祖达尔布呼托克托，父阿布纳托克托，相继为锡勒沁城酋长。太祖时，亦都护纳款入朝，阿布纳托克托从之，太祖授为锡勒沁城达鲁花赤，使领其部众。寻内徙，留直宿卫。燕只不花与其兄曲出皆得出入禁中。曲出累迁中书省断事官，恩幸无比。

世祖即位，曲出面奏：“臣弟年力壮，愿备奔走，效犬马之劳。”帝素知燕只不花才，欲因事试之。会营新都，命也速不花董其役，而以燕只不花副之。至元七年，诏领校尉十人、卒五百人巡都城迤北顺州拜郊台、羔糜店、咸宁庄等处苜蓿近地，兼典御厩。八年，帝幸五台山，也速不花奏：“燕只不花宣劳日久，贵而能贫。”命给真俸二千两，赐尚方铸印。十五年，江南平，大会廷臣，赐燕只不花白金五十两、衣一袭。十六年，建太庙司天台及皇城内外桥梁，中书省复荐燕只不花董之。

十八年，出佥福建广东道提刑按察司事。十九年，巡部至临漳，值建宁贼黄华叛，连陷政和、松溪，入古田县，燕只不花曰：“事急矣，不应拘常法。”乃擅发铺递，檄东、李二万户邀击于建安尤溪口，贼败遁。二十一年，改授佥山南湖北道提刑按察司事。辰、沅驿路自北寺至白牛堡，相距七十里，由五现岭而上，岩谷深险，过者或战慄失足。燕只不花曰：“是岂置邮传地耶！”于是凿山通道四十余里，直抵沅州,行旅便之。二十七年,迁岭北湖南道提刑按察司副使。武冈獠据绥宁县城,为十五团以自保,湖南行省命万户孙定远会武冈,集义军讨之。燕只不花持不可,且曰:"愚民无知,宜以恩信诱之,多杀何为?"乃遣人赍榜招谕之,徭众大喜,皆出降。二十九年,除广南西道宣慰副使。

大德元年,改葛蛮军民安抚使。丁内忧,去官。久之,除沅州路总管府达鲁花赤。大军讨乌蒙诸蛮,使燕只不花开道给馈饷,军以不乏。十年,除南安路总管府达鲁花赤,累迁海北广东道肃政廉访使、广东道宣慰使副元帅。其子衮布巴勒以父年高,宜致仕,乘间率诸弟言之。燕只不花太息曰:"吾老矣,岂耽荣进者,顾朝廷侍我厚臣子之义,东西惟命,马革裹尸,吾志也。"诸子乃不敢复言。延祐元年卒,年七十二。广东人肖其像于观音寺,岁时祀之。

子衮布巴勒,岭北湖南道肃政廉访副使;多尔济巴勒,同知江阴州事。

忙兀的斤,畏兀氏。父朵罗术,从亦都护内附,用畏兀字教授部人。世祖在潜邸,亦从学焉。及即位,朵罗术已卒,召忙兀的斤入见,谓昭睿顺圣皇后曰:"是儿容仪壮伟,且侍朕左右,朕不忘朵罗术也。"以宫人忽都花妻之。至元十年,命提点资成库,主尚方幄殿。十五年,改资用库为尚用监,拜忙兀的斤为太监,阶中顺大夫。十九年,迁太府太监。二十五年,又改尚用为中尚监,忙兀的斤仍为太监。未几,迁中尚卿,寻命兼知太府监事,进通议大夫。

成宗即位,以旧恩特授正奉大夫。武宗即位,拜中尚院使。未几,拜大司徒,阶荣禄大夫,忙兀的斤固辞,不许。初,仁宗奉昭宪元圣皇后入平内难,召忙兀的斤计事,忙兀的斤多援祖训以对,仁宗嘉纳之。皇庆元年,复拜中尚监,敕中书赐钞万缗,忙兀的斤辞不受。是年卒,年七十六。元统元年,赠银青光禄大夫、太保、上柱国,追封蓟国公,谥忠简。

子十人:曰明理,泸州达鲁花赤;曰八札不花,安丰路达鲁花赤；曰秃忽赤，裕州达鲁花赤；曰德奴，光州达鲁花赤；曰塔纳，监察御史。

普颜，字君卿，畏兀氏。祖普颜脱忽怜，从太祖西征，战死，赠中书左丞，追封恒山郡公，谥靖忠。父爱全，受知于宪宗，尤为庄圣太后所敬礼，命徙居汤沐邑，赠司徒，追封赵国公，谥文靖。

普颜幼给事北平王，授石城县达鲁花赤，以治称。后宿卫仁宗潜邸，帝一见器之，补东宫必阇赤。及即位，拜监察御史，纠劾无所惮。狃儿坚元帅亦剌思受赇，普颜承诏鞫之，正其罪。正旦纠朝仪，有二品而立于一品班首者，普颜斥使退，其人不从，即劾罢之。上行幸次大口，问宰相：“御史七品，普颜散官正八，何也？”对曰：“初仕当尔。”乃特授承事郎，擢金河北河南道肃政廉访司事。陛辞，赐鱼篮观音像。灵壁民李甲杀刘乙，系狱，狱卒嗾使诬其兄授意，普颜谳得其实，释之。黜污吏四百人。移浙西道。白云宗僧人蠹浙尤剧，普颜上其事，朝廷为夺印罢之。运使李英恃势贪虐，普颜发其赃。部使者牒普颜诣行台，行台复命普颜告于中台。帝已幸上都，普颜又驰至上都。事闻，帝深嘉之，亲酌酒以赐，且命上方赐食，敕省台择能吏与本道杂问，英始罢黜。改燕南道。英过行幸定兴、五台，皆以行部进见，赐赉厚渥。改奉元路总管，以疾去，移守吉安。岁大旱，民食且尽，普颜祷雨辄应，黍稷穗生稿节，民为德政碑纪之。召入，迁奉政大夫、淮西江北道肃政廉访使。未几，致仕归。后至元三年八月卒。赠嘉议大夫、礼部尚书、上轻骑都尉，追封恒山郡公，谥正肃。

长子黄头，同知诸暨州事。弟忽都鲁笃尔弥实，奎章阁大学士，赵国公，谥文穆。惠宗尝闵普颜职不逮弟，欲擢以显官，普颜固辞，尤为人所重云。

史臣曰：唐之中叶，回纥改称回鹘，唐末回鹘衰，西并高昌而居其地，又改称畏兀儿。故畏兀儿地为高昌人，为回纥，或曰高昌之遗种,则称高昌人,回纥之旧部,则称畏兀儿氏、回鹘氏云。

新元史卷一九三
列传第九〇

赵天麟　郑介夫

赵天麟,东平人,博学能文。世祖至元末,以布衣进《太平金镜策》,前后数万余言,议论政事多切时宜。今撮其大要曰:

国家铺张治具,整顿条纲,内焉三公九卿,外而庶疆诸尹,例皆举贤推德,揆务分司,盖欲有生皆乐,无物不安,旁推恻隐之心,续迓文明之治。至于中书一令,枢密一使,尝使东宫领之,连旬累月,望储闱铜辇之临,虚榭空帷,设银榮金墀之坐,事专归于副相,政并决于同僚。臣以为,中书者机务之关津,天门之锁钥;枢密者,疆场之守卫,熊虎之纲维。军民二柄,治乱所关,非其才尚恐难行,旷其官云何可治?且太子正名之后,虽诸王莫得而同,有三师、三少之徒,立詹事属官之院。君行则守,有官则从,从曰抚军,守曰监国。又何必列一品之高阶,占大臣之上位,名为重之,适所以轻之也。若谓藉其重以镇之,则太师、太保、太傅、司徒勋旧大臣亦尝任之矣,观彼四职,不下于此,皆令异姓为之,何独他人不可居此职哉?况太子之道,春诵夏弦,秋习礼,冬读书,龙楼问寝,殷勤于内竖之前,甲观尊师,恳恻于春官之侧,以徽柔为本,以仁孝为先。及其既冠,则有记过之只,彻膳之宰,进善之旌,敢谏之鼓。此所以周公示法于成王,贾谊忠告于汉文。伏望慎选耆硕,早加辅导,无令降居臣职,则乾符来握,黔黎知大本之安,震德维新,天地有长男之美。更望陛下近择宗室，旁及岩穴，举大贤充令、使之官，即以锡军民之福也。

礼，天子立七庙，在都内之东南。太祖中位乎北，三昭在东，三穆在西，庙皆南向，主皆东向。都宫周于外以合之，墙宇建于内以别之。门堂室寝分方庭砌，唐陈异地，山节藻棁，以示崇高，重檐刮楹，以示严肃，斫砻其桷，以示丽而不奢，覆盖用茅，以示俭而有节。盖庙之制度也，祖功宗德，百世不易。亲尽之庙，因新而祧，祧旧主于太祖之夹室，祔新主于南庙之室中。昭以取其向明而自班乎昭，穆以取其深远而常从其穆，穆祔而昭不动，昭祔而穆不迁。二世祧，则四世迁于二世，而六世迁于四世，以八世祔昭之南庙矣。三世祧，则五世迁于三世，而七世迁于五世，以九世祔穆之南庙矣。孙以之祔于祖父，孙可以为王父尸，由其昭穆之同，非有尊卑之辨。故祧主既藏祫则出，余则否祔。庙贵新易，其檐改其涂。盖庙之祧祔也，散斋七日，致斋三日。牲牷肥腯，旨酒嘉粟，粢盛丰洁，器皿具备，衣服既鲜，水火又明。祀宜羔豚膳膏，芗秴宜腒鱐膳膏，臊尝宜犊麛雉膳膏，腥蒸宜鱻羽膳膏。膻设守祧所掌之，遗衣陈奕，世递传之宗器。王后及宾礼成九献，辟公卿士奔执豆笾，此庙之时祭也。太祖庙主循常东面，移昭南、穆北而合食，就已毁未毁而制礼，四时但陈未毁而祭之，五年兼其已毁而祭之，此庙之祫祭也。三年大祭，祭始祖之所出，以始祖配之，此庙之禘祭也。

臣闻祭祀者，人之大端，衣食者，人之常理。圣朝立太常之正卿，设司农之大寺，职尸三礼，望重三农，钦乃攸司，可谓备矣。但今藉田之礼尚未施行，公桑之仪似犹亏阙。至如郊天祀祖，奚为具丰洁之粢盛，有事致斋，何以得鲜明之衣布，则将发仓廪而取粟，向坊局而求衣，是皆农夫之所树艺，红女之所操织。虽有藉田，而实非陛下之所耕也。虽备服物，而实非后宫之所出也。以之对越神祇，享于祖祢，道或未尽，礼不徒成，陛下之心能无少歉乎？谨按《礼经》之义，远稽前古之文，适三阳

交泰之春，当是月上辛之日，祈谷于太微之帝，再择乎吉亥之
辰，封人壝宫，掌舍设柢，太仆秉辔，保介从行，缀黛耜于绀辕，
冠朱纮之华冕，平秩东作，爰至南郊，天颜咫尺，恭就三推，黎
庶三百，遂终千亩。公卿以下，随爵秩而亦耕，燕饮之宜，布龙
光于既返，内宰献稑于厥后，神仓敛获于西成，一旦用之，中心
足矣。此天子藉田之礼也。载按古经之文，周达王后之制，衣
服不备，不敢以祭。天子有公桑之地，地逼于川，筑蚕室于其
旁，建后宫于其上，宫高一丈，棘绕垣墉，外户扇而掩之。禁伐
桑柘，因具植筐，后妃斋戒而临焉，戕斧由斯而动矣。浴蚕乎
水，庤叶乎风，蚕卒眠矣，岁既单矣，吉妇之勤就矣，奉茧献于
后矣。后于是而言曰：此以为君服与？遂副祎而受之，少牢以
礼之。复诠良日，后乃亲操手既三盆。事终，群下染以玄黄朱
绿为之黼黻文章，君王致祭从而服之。此后妃公桑之制也。望
陛下勿怒虢公之直谏，式同汉帝之亲耕，于彼大田，成兹盛事。
更望中宫协圣仿古亲蚕，大增助日之月光，深尽配天之坤厚，
如此则下使田家服勤，上获宗庙垂佑矣。

　　井田之法，六尺为步，步百为亩，亩百为夫，夫三为屋，屋
三为井。井方一里，凡九百亩，其中为公田，八家皆私百亩，同
养公田。井百为成，成方十里，成百为同，同方百里，同百为畿，
畿方千里。臣尝计方千里之地，提封百万井，山川城市等除百
分提封之三十六外，定六十四万井，中为私田五万一千二十万
亩。其井中区，除宅居二十亩之余，为公田五千二十万亩。又
乘除粟稻等子粒之多寡，每亩岁率一石五斗计之，则私田子粒
可得七万六千八百万石，公田子粒可得七千六百八十万石。其
鳏寡孤独无告者，尤先赈惠焉。上下相睦，贫富相均。此隆周
所以旁作穆穆迓衡，而孟子所以不惮区区告人也。自嬴秦变法
之后，富者田连阡陌，贫者无置锥之地。越至于今，迫于豪富，
官贵而不能复圣朝。东西南北，地境无穷，国家用费之资，仅足
下民愁叹之声未除。且古者方千里之地，得公田子粒七千六百

八十万石，今能得之乎？臣知其断不能也。方今之务，莫如兴复井田。尚恐骤然骚动，宜限田以渐复之。望陛下一新田制，凡宗室王公之家，限田几百顷。无族官民之家，限田几十顷。凡限外退田者，赐其家长以空名告身，每田几顷官阶一级，不使居实职。凡限外蔽欺田亩者，坐以重罪。至限外之田有承佃者，即令佃户为主。其未经开垦者，令无田之民占而辟之，本年免其租税，次年减半，三年始依例科征。所占田亦不得过限。其无田之民，不欲占田者听。以后有卖田者，买田亦不得过限。是私田既定，乃定公田。公田之法，凡九等：一品者二十顷，二品者十八顷，三品者十五顷，四品者十二顷，其下俱以二顷为差，至九品但二顷而止。庶乎民获恒产，官足养廉，行之五十年后，井田可复兴矣。

方今御史台官，内有监察院以隶之，外有廉访司以承之，所以整齐百僚，激扬百姓。御史之职，非天子视听之官，而何哉？是以霜兰露车，柏林石室，昭其清也。授以立秋，象以荧惑，昭其严也。鹰击之喻，豸冠之服，昭其威也。千步清道，王公逊避，昭其重也。中书门下，并为三司，昭其贵也。五者备矣，然后能触邪指佞，使雄奸巨猾胆破声消，封豕长蛇骨寒心颤，将狐狸眇、害蜂蚕微，毒不工而自息矣。顾阿合马擅政于前，桑哥弄权于后，台官以下闭口吞声，寡居高坐。幸而太原侠客揖聂政之高风，大理名卿致皋陶之淑问，一旦凶渠顿蹶，赤子更生，美则美矣，未尽善也。且我国家建兹台班，岂徒稽朝祭之末仪，纠案牍之细事已哉！然而不言，盖由省府之职秩悬殊，而不敢抗衡故也。况权臣之计百纲千机，崔斌、杨居宽等同为执政，犹陷之于死地。进而守正，则徒遭刑戮，而令圣朝有杀直之名；退而引病，则诬以不忠，而谓不肯效皇家之力。伏望厉宪台之丰采，俾行省以齐阶，则委任既专，而体统自肃矣。

臣闻设纪张纲，莫如清简，建官置吏，切戒繁多。夫爵者，官之尊也；阶者，官之次也；品者，官之序也；职者，官之掌也；

位者，官之居也；禄者，官之给也；吏者，官之佐也。虽曰事非官
不办，亦有事因官多而益紊。此圣王所以贵寡不贵众，欲静不
欲躁也。唐虞稽古建官，惟百夏商官倍亦克用乂，周卿分职，各
率其属。厥后官愈多，而治愈不古。是以汉废四百县，而下民
业定；隋废五百郡，而天下政行；皆以官不用多，而在乎得贤；
政不徒烦，而贵乎省事也。今国家立制，自宗王及国王、郡王、
国公以下，为爵自特进、崇进至将军、大夫、校尉、郎，为阶自正
一至从九，为品掌典当行，为职各职所居，为位各位养廉之资，
为禄各司赞佐行文之史，为吏其制亦详矣。然文武二等，分部
中外，本欲图宁，而似乎难宁也。伏见京师不急之司、院，无用
之署、局，及随朝台、省、院、部以下诸有司官吏，可兼而不兼，
可并而不并者有之矣。畿外行省，随省诸有司，宣慰、廉访等
司，路、府、州、县、仓、库、局、监诸衙门，官吏亦有冗者矣。武臣
万户所统不满万人，千户所管不及千人之类，亦已有之矣。臣
窃以冗官之大弊有三：一曰选法之弊，二曰政事之弊，三曰军
民之弊。夫文武官吏员数既多，当考满之时，近春秋之选，资格
之簿扰攘纷纭，保荐之文交错旁午，有司行文且未暇，奚暇顾
孰果有才，孰果有德而考校之哉。既不遑考校，则取准于官牒
荐书之所陈布已耳。于是杂流之途进，货贿之窦开，遂致员多
阙少，无如之何。经营者是得迁除，养高者坐淹岁月，此选法之
弊也。夫文武官吏人数既多，有当决之事而不决，有当行之事
而不行，问其职，则曰："我职也。"问其施，则曰："僚属非一，岂
我所能独主？"及乎朝廷闻之，遂立稽违期限之罚，不亦甚与？
此政事之弊也。夫国家用人路广浮滥，得升使之临莅，在下必
不能敷宣政化，如是则刻剥之苦，役使之烦，为害良多。此军民
之弊也。三弊不绝，而徒立法以防之，不知法立而惧法之人奸
欺之计益生矣。伏望察此三弊，凡内外不急之官吏、无用之衙
门，可罢者罢之，可并者并之，然后以慎重名器之法，择人而
用，又以黜幽陟明之法，顺理而考，则典选者易见其人，易程其

效,而选法清矣,临政者事有所归,职有所主,而政绩成矣,在下者省于烦役,免于苦刻,而民业定矣。民者,天下之本,民业定而天下不太平者未之有也。

又曰:赦者,欲以荡涤瑕秽,与民更始。以负罪者言之,则为莫大之深恩;以致治者论之,则非太平之常事也。近世以来,郊天、祝宗、建储、立后,未有不肆赦者。侥幸之子,逆知期会,能不起非滥之心哉?且罹狱者,皆人之切心侧目者也。及乎啼乌夜启,驿马宵流,玉籥告灵,金鸡树伏,雷雨一解,例皆释之,名为嘉吉之符,实皆变异之征也。遂使攘劫服赃而诧议,善人屏息以唧冤,养稂莠于良田,纵豺狼于当道。独不念害嘉谷而伤平民乎?又况大赦之后,邪奸未尝衰止,朝脱图圄,夕撄缧绁其不能承化自新,亦已明矣。今国家哀囚徒之孳苦,悯小民之庸骏,频降赦条,此盖朝廷不忍人之心形于外,而不能自已也。推此以及良民,顺大道以正生杀,则周文之治不难同矣。若当罪而宥之,当杀而生之,亦犹来暄风于霜雪之辰,行春令于秋冬之际,如此而欲天道之成,臣不知其可也。伏望明罚饬法,振纪肃纲,俾奸人贪吏革面洗心,不敢觊非常之恩,作幸邀之想,天下幸甚!

臣闻尧居茅屋,禹戒雕墙,周王之卑服,汉帝之皂绨,非徒尽质素之本心,亦以杜人民之奢汰也。下至晋武焚雉头裘,宋武碎琥珀枕,隋文帝同土价于黄金,唐太宗悲苦寒之鹦鹉,斯中主之雄,匹夫之圣,犹能卓然特立。而国家乃使纂组绫锦浇其身,全珠璧玉浇其心,禽鸟犀象浇其视,俳优丝竹浇其耳,珍馐异馔浇其口腹,臣窃危之。

今国家官阶各异,服色惟三。是故有紫,有红,有绿,有碧者,实唐朝之公服也。意或水一、火二、木三、金四者,用四方之间色也。今又举三等之色,而遗其碧者,从当时之宜也。至于玉犀、金角之饰带,金银锡错之殊节,象板以为简,银铜以为章,此在公之品级也。山节藻棁,复室重檐,黻绣偏诸肩绘日月，皆古天子宫室衣服之制也。今市井藏获皆敢居之、服之，此臣所以惜之也。车马者，古之命物也。今六合为一，冀、代多马，天下之人皆得乘之，无足深怪。然大夫不敢徒行，是以有车。今市井之家，往往骖服驾车而乘之，与士大夫无异，此臣所以惜之也。上自省、台，下及州、府中人，前世皆用黛色为区别，今犹阙焉，也入公庭与庶人无异，此臣所以惜之也。僧、尼、道士之服，自有其宜，今不遵本教，杂混常俗，此臣所以惜之也。古者五十方衣帛，七十方食肉，今富人墙屋被文绣，鞍辔饰金玉，婢妾曳丝履，犬马食菽粟，甚至权吏滥官，豪富子弟，大率以贞廉为愚，以节俭为耻，此臣所以惜之也。

奏上，多为时所采用。

成宗即位，天麟复上逃民策曰：

伏读辛酉诏命，中统建元以前逃户复业者户下差税，本年全免，次年半征，三年复始例起科。自此累颁诏文，优恤逃户，蠲免积逋，斯皆先帝之惠也。臣谓逃民之故有五：一曰天，二曰官，三曰军，四曰钱，五曰愚。盖有田之家，田为恒产，屡经饥馑，粮竭就食。如此而逃者，天为之也。守令苛刻，役敛烦兴，富以赂免，贫难独任。如此而逃者，官为之也。军资不赡，鬻卖田产，无以供给。如此而逃者，军所致也。生理不周，举债乾没，子本增积，不能速偿。如此而逃者，钱所致也。弗恤艰难，损坠遗业，悔恨莫追，穷困失所。如此而逃者，乃自愚也。夫逃民皆无奈之民也，倘稍能自存活，岂肯逃哉。又诏云：苟避差发，臣谓此则非民之罪，实官长之罪耳。昔汉倪宽为内史，军发负租，课殿当免，民闻之，大家牛车，小家担负，输租繈属课，更以最此。盖民信爱之故也，岂有苟避差发者哉。伏望陛下一新污俗，再整淳风，下哀痛之诏，察化导之义，从前逋负差税并行除免。凡有田而逃者听复本业，无田而逃者听于旷土占田，其间贫无牛种及田器者，官为贳而颁之，限三年外酬其贳主之直而无息，凡因军而逃者，验实贫为助资之户，凡欠负他人钱债者，复

业之后,限五年外一本一利偿还,有既复业而尚游手荒废农务
者,乡三老举于官而罪之。逃民已定,于是慎名器以绝滥虚之
官,限田产以绝兼并之路,重农桑以绝失业之人,设义仓以绝
凶岁之厄。向之逃民虽赏之,亦不复逃矣。此谓之务本。

云南金齿路进驯象,天麟又上策曰:

　　当今殊方异物,禽鸟犀象,自山海而来者多矣。其间为害
不一,试略陈之。夫牛马鸡犬之类,中国之所常有,上下之所共
育畜之,无失其时,则可以充国用而利民生。彼异域之产,有之
不足以增光,无之不足以滋歉者。近年以来,骈罗而至,梯山航
海,辇赆舆金,或重译而来呈,或望风而并凑,府无虚月,史不
绝书。若以冠带百蛮车书万里而论,则百世之嘉猷,莫大之神
功。若以帝王大体,古今论议而言,则受之而不却,启之而不
杜,亦非所以尽圣明之本心也。按夏禹任土作贡,而召公之戒
其主且曰:“不作无益害有益,功乃成;不贵异物贱用物,民乃
足。珍禽异兽不育于国,不宝远物,则远人格。”真知言者也。东
周之际,楚子不臣,包茅不至,无以缩酒,齐桓仗义而问其罪,
《春秋》大之。西汉之时,大宛未服,天马未来,怒激中国,武帝
恃力而侵其域,当代病之。此二者,足以审中国之贡,乃所当
然,而远人之物,未宜取之也。岂惟远人之物未宜取哉,即中国
无益之物亦不可取。是以孝文还千里马,元帝罢齐三服官,仁
俭之名,如扬日月,虽欲下民之不感,岂可得哉!且异物荡心,
其害一也。使外国闻之,而以国家为有嗜好,其害二也。水陆
转运,役人非细,其害三也。有三害,而无一利,亦何尚之有。伏
望陛下昭播徽声,俾扬遐境。凡四远之纳款者,听书檄奏闻,而
不求其献物,听子弟入朝,而不求其纳贿,则化天下以德,示天
下以无欲,将见西番东徼之渠长承恩而来享,慕道而来王矣。

又言:

　　训宗室在教行而知礼,法明而畏罪。阀阅子弟例得补荫
者,宜严定试法。至于献商计羡余者,莫非掊克之臣被笞杖复

官者,类皆无耻之辈。其大夫以上有罪者,先禁卒徒晋辱,当刑者听其自裁,籍没者子孙免禁锢之限,家财给无告之人。

其论人材,辨三德而分为九科,简八材而分为二十六等。其论建官行省,革藩镇诸侯之专,中书为公卿大臣之任。其论选法,当以贤能为先,称职是尚,而不计资序之浅深。又如立社仓、置谏院、定军役、除差税、惜农时、开武科、设天驷监、广群牧所,皆裨益时政之大者。天麟所著诗文尤富,皆不传于世。

郑介夫,字以居,衢州开化人。性刚直敢言。成宗大德七年,上《太平策》一纲二十目,略曰:

昔齐桓五子争立,而霸业遂微。晋献谗废申生,至国乱数十年。始皇以扶苏不定,致使灭宗。惠帝以继子不明,几至易姓。自后由此败亡者,不可胜计。草茅之士,犹不能忘情;而秉均当轴之臣,略不及此,何邪?今皇太子嗜欲未开,心术未定,宜择端人正士以傅翼之,与之居处出入,使通古今治乱之成迹,明君子小人之情伪。所谓教得而太子正,太子正而天下定矣。古者建东宫,立太子,将以重国本、定民志,非泛然之美称也。今诸王公子例呼太子,嫡庶亲疏略无差别。昔晋申允曰:太子统天下之重,而与诸王齐冠远游,非所以辨贵贱也。同衣冠犹不可,况可同名号哉!

吏之与儒可相有,而不可相无者也。儒不通吏,则为腐儒;吏不通儒,则为俗吏。必儒吏兼通,而后可以莅政临民。《汉书》称以儒术饰吏治,正此谓也。今吟一篇诗,习半行字,即名为儒;检举式例,会计出入,即名为吏。吏则指儒为不识时务之书生,儒则诋吏为不通古今之俗子。儒、吏本出一途,析而为二,遂致人员之冗,莫甚此时。久任于内者,但求速化,未知民瘼之艰难;久任于外者,惟务苟禄,不谙中朝之体统。今朝廷既未定取人之科,当思所以救弊之策。百官自三品以下,九品以上,并内外互相注授。历外一任,则升之朝;随朝一任,则补之外。凡任于外者,必由内发;任于内者,必从外取。庶使儒通于吏,吏出于儒,儒吏不致扞格,内外无分重轻矣。

古者自州县官以上，皆天子自选，故铨曹每拟一官，必先禀命于天子。天子欲用一人，亦询其可否于执政。今乃以省部除授之官，指为常选；以天子委用之人，指为别里哥选。夫天下之官，孰非天子之臣，安得一以朝省，而自分为两途邪？

汉以铜钱而权皮币之重，皮币为母，铜钱为子。宋以铜钱而权交会之重，交会为母，铜钱为子。国初以中统钞五十两为一锭者，盖别乎银锭也，以银为母，中统为子。既而银已不行，所用者惟钞，遂以至大钞为母，小钞为子。今以至元一贯准中统五贯，是以子胜母，以轻加重。以后逾前，势不至于大坏，极弊不止。夫钞为一时之权宜，钱为万世之长计。盗贼难以赍行，水火不能消减，世世因之，以为通宝。说者谓铸一钱费一钱，无利于国。不知费一钱，可得一钱，利在天下，即国家无穷之利也。

唐刘晏专用榷盐，以充军国之用，其言曰：“官多则民扰。但于出盐之乡，置盐官，收盐户所煮之盐，转鬻于商，任其所之。自余州县，不复置官，或商绝盐贵，则减价鬻之，谓之常平盐。由是国用充足，民不困敝。”此已验良法也。今宜祖其遗规，将盐运司衙门及各场所设官吏、团军、巡卒尽归有司管领，选省部内才干官一员，充榷盐使，于各州县摘佐贰官一员，提调盐务，于产盐处所设乡官一员，专掌支发。但签取本处富家应当亭户，分认周岁盐额，令亭户自行收贮，灶户任便煎煮，随处立仓交纳，亭户不致逃亡，灶户可免追剥，民户亦无团巡诬逮之扰，自皆乐于应办。若非亭户、灶户自煎者，方为私盐，许令盐户告发，依条治罪。商人获利既厚，贩者必多，而民间亦可得贱盐食用。古今盐法，不过为办课耳。使课而无亏，何必广布衙门，自取多事。今盐有定额，户有定数，私煎有定罪，若一委之有司取办亭户，既省俸给工本，自可全收课程，官享其利，而民安其业矣。

今市街之间，名曰嫁汉，曰把手合活，曰坐子人家，十室而九，各路争相仿效，此风尤为不美。且抑良为贱者，待告而禁，终不能绝，若令有司觉察，或许诸人陈首，但有此等，尽遣从良。此可厚俗之一也。

南北风俗不同，北方以买来者谓之躯口，南方以受役者即为奴婢。故唐法，奴告主者，皆勿受。此可厚俗之二也。

古者，宗庙四时之禴祀蒸尝，皆天子亲享，不敢使有司摄也。宜检讨旧典，亲行享庙之仪。仍令天下无论官庶之家，有亲在，而诸子忍于分析，及居官客外，而违于生事死葬者，并坐以不孝之罪。此可厚俗之三也。

父子夫妇，纲常之大。今鬻子休妻，视同犬豕。虽有抑良买休之条，而转售者则易其名曰过房，受财者则易其名曰聘礼。今大都、上都有马市、羊市、牛市，兼有人市，致使人畜相等，极为可怜。宜严行禁绝，使各相保守，无弃天伦。此可厚俗之四也。

九品之官，定为九等，士农工商僧道定为六等，下而臧获定为一等，使服饰各安分，限贫富不得僭逾。此可厚俗之五也。

汉立常平仓，谷贱，增价而籴以利农；谷贵，减价而粜以利民。朱文公常行之，浙东最为得法。然不可行于今矣，何也？官吏为奸。若官入官出，民间未沾赈济之利，且先被克减计点之扰，适以重困耳。宜于各处验户口多寡，设立义仓，令百姓各输己粟，自掌出入之数。凡入一石之粟，自得一石之用。不费公钱，亦无损于私蓄。犹虑风俗不古，急义者少，则官为之立式。有地百亩者，限以一岁出粟一石，令本甲户执其纲领，择乡里廉干者掌其收支。岁添新粟，则旋广仓廪，每遇阙乏，如取诸寄。其中或有侵欺，则令司县官依窃盗例科断。或司县官因而挟势借贷，则令巡按官依枉法赃例定罪。若所在官司有能效率成效，优加升赏，诚为安民定业之长策。至于目前所急，尤思先有以救之。虽官司贱价赈粜，以有限之粟，应未已之荒，所济无几。若勒令富家平粜，则大户纵贿而求免，小户力贫以奉行，流害滋甚。今被灾之处虽多，而江淮、湖广皆稔熟，及此秋成之余，急为立法，收米四百余万石，半运赴都，半留随省，以备明年之荒可也。或仿汉时输粟为郎，宋时官卖度牒之例。二者但费朝廷之一纸，不动声色，而数百万粮可立致矣。

　　国家立政，必以刑书为先。今天下所奉行者，有例可援，无法可守。官吏因得并缘为欺。内而省部，外而郡府，抄写格条多至数十。间遇事有难决，则检寻旧例，或中无所载，则旋行比拟，是百官莫知所守也。民间自以耳目所得之敕旨、条令，杂采类编，刊行成帙，名曰《断例条章》，曰《官民要览》，家置一本，以为准绳。试阅二十年间之例，较之三十年前，半不可用矣。更以十年间之例，较之二十年前，又半不可用矣。是百姓莫知所避也。号令不常，初降随没，遂致民间有一紧、二慢、三休之谣。京都为四方取则之地，法且不行，况四方乎？如往年禁酒，而私酤者比屋，禁牛而私宰者盈市。奸盗杀人罪在不赦，而每岁放秃鲁麻婚姻聘财，明有官庶高下折钞之例。而今之嫁女者重索财物，与估卖躯口无异。买卖田宅，旧有先亲后邻之条，而今民业多归势要。推此数端，天下概可知矣。今有司每视刑名为重，而户婚、钱价略不加意。殊不知民间争竞之端，无不始于户婚、钱债而因之，以至于奸盗杀人者也。宪司巡按，每以赃罚为重，而一切民词，略不省察。殊不知百姓负冤，上无所诉，是开官吏以受赃之路也。更兼衙门纷杂，事不归一，正宫位下自立中政院，匠人自隶金玉府，校尉自归拱卫司，军人自属枢密院，诸王位下自有宗正府、内史府，僧则宣政院，道则道教所，又有宣徽院、微政院、都护府、白云宗所管户计诸司，头目布满天下，彼此不相统摄。无法之弊，莫此为甚。昔先帝尝命修律，未及成书。近议大德律，所任非人，讹舛益甚。宜于台阁省部内，选择通经术、明治体、练达时宜者，酌以古今之律文，参以建元以来制敕命令，采以南北风土之宜，修为一代令典，使有所遵守，生民知所畏避，庶政体归一，狱无久淹矣。

　　古者立刑，必先施于赃吏，盖赃吏为患甚于酷吏之肆虐。赃既不行，则刑自平矣。昔国家定为枉法、不枉法之例。今则枉法者除名不叙，不枉法者并殿三年。制法虽明，而犯者未已，终莫能禁其万一。且如司县官困于正从七品、八品间，终老无受宣之望。吏员困于路县，终老无受敕之期。凡人之自爱其身，而重于犯法者，以清议之可畏，前程之尚远也。既无所畏，又无所慕，则仕而为贫耳，复何所惜。在昔有剌配籍没之法，文其面前则终身不齿于乡里，籍其资则全家不免于饥寒，治赃吏无出此法之善也。

赃吏固严其罪矣，而廉吏则未见赏。今省部置立过名簿，不闻有功绩簿；宪司岁报赃罚册，不闻有廉能册。朝廷虽有封赠之典，未见举行。嗣后内外大小官，有至廉无扰者，历一考，则封赠其父母，历再考，则封赠其妻妾。不过邀朝廷一命之恩光，而可收激劝人材之实效矣。

当今之弊，不在俸禄之薄，而在俸禄之未均。不患俸禄之未敷，而患设官之太滥。均有余以周不足，取滥设之米以给合设之官，则国无所损，而官有所利。议事之臣若能裒多益寡，截长补短，则职田所收自可敷用。今又额外多出俸米二十八万余石，徒损国储，无益官吏。且丞相职居人臣之右，每月得俸八锭有零，一日之俸不满十四两，若仿晋之何曾，日食万钱，虽竭私帑不能自给矣。天子立相，必须厚禄以优崇大臣，律身自宜戒奢，而从俭岂可先处以约，而薄其所养哉。今俸自三锭以上者，不得添米，官益高而俸益薄，甚非尊尊贵贵之道。又如随朝大小官及各行省、宣慰司，皆枢要重臣，既无所取于民，又无职田可收，纵添俸米，何足养廉。宜尽取元拨职田，合计子粒，官为收贮，将中外人员差等而普及之。内外台察廉访司事烦而形神劳，官清而交往绝，比之有司，量加优厚，所以重风宪也。和林、上都、山后、河西诸路，不系产米之地，依本处时估折价，不拘以定数，所以重边鄙也。军民各色官吏，但请俸钱者，随所给钞数，按月支米。元无俸钱者，随所授品从，依例增支。将官收职田钱粮，先尽外任数足，其余尽令起运赴都，以给随朝官吏。计其所得，倍多于前，又可不费太仓之粟，此利国利官之要道也。

昔田千秋一言寤主，即登侯相，郑然明一言见知，便获赏识。古人际遇，往往皆然。若必待羔雁以为先容，币帛以将厚意，则千秋老死于郎官，然明终役于堂下耳。今之隶名儒籍者，不知壮行本于幼学，而谓借径可以得官，皆曰何必读书然后富贵。仕路既不出于儒，何须虚费日力，但厚赂翰林、集贤院，求一保文，或称茂异，或称故官，或称先贤子孙，其人即保教授。才入州选，便求升路，才历一任，便干提举，但求迁转之速，何问教养之事。学校遂成废弛，言者皆归咎于差役所致。不思唐宋盛时，儒人未尝免差，而士风甚盛，人材甚广，无他声名诱之于前，利禄引之于后也。使前数年不当差役，亦未见有一人成材者，果业儒而获用，则人自慕尚，虽当役不足以抑之。苟业儒而无用，则人皆厌弃，虽免役亦不足以励之也。比者，如编《一统志》、写金字经，非有追章琢句之巧，考古证今之难也，愚夫下流但能缮书者，皆可与选，给食赏钞已足以酬其劳，更与之升职减资，是朝廷开天下以奔竞之路也。

明诏：德行文学高出时辈者，有司保举，廉访司体覆相同，以备擢用。年来中外所举不为少矣，未见擢一才，拔一士，岂非虚文求人乎？明诏：上书陈言者，皆得实封进献。年来官庶所陈，不为少矣，未闻纳一谏，从一事，岂非虚文求言乎？格例：诸县尹以五事备者为上选，三事成者为中选，五事俱不举者黜。今实备五事而无力者，止常调；虚称五事而有力者，则引例升等；岂非虚文考绩乎？国家立御史台及肃政廉访司纠弹诸人，无得沮坏。今所纠者仅可施之卑官、下吏，所荐者呈省到部俾同故纸，而外任巡按书吏人等反借风宪之威，徇私纳贿，无所畏忌，其为民患，过于有司，岂非虚文重台察乎？《至元新格》：常事五日程，中事七日程，大事十日程。今小事动经半年，大事辄以数岁，岂非虚文议狱乎？诏书累降停罢劳民不急之役，存恤鳏寡孤独之人，今之隶名官籍者皆坊正巷长，略举市井所知，以应故事，其实穷而无告者未尝登籍沾惠也，岂非虚文爱民乎？国家立司农司以敦农政，路县正官衔内加以兼劝农事，每岁仲春令亲行劝课。今官吏出郊，借此游宴，里正、社长科敛供给，岂非虚文务农乎？

国家仿古，立翰林院、集贤院、秘书监、太常司，可谓得彬彬文物之盛矣。今翰林多不识字之鄙夫，集贤为群不肖之渊薮，编修、检阅皆归门馆富儿，秘监署丞半是庸医、缪卜。职奉常者，谁明乎五礼、六律？居成均者，谁通乎《诗》、《书》、六艺？他如医学、儒学、蒙古学,各置提举司,尤为无益。国政岂非虚文设官乎？国家设立太史、司天,以明占测；崇奉国师、宗师,以严祈祷；可谓尽事天之诚矣。今日月薄蚀,则期集鼓奏以彰信；推历未尝克定其应验,星象失躔,但托辞禳度,以分受官物；未尝指称其变故,罄竭帑藏以供西僧好事；盛陈金帛,以副黄冠醮筵；岂非虚文对越乎？

圣朝定夺诸色户计,何尝一毫损民。如水、马站户与之除粮免差,粮资足以补办,祇应可抵里役。如金户办金,则就准本户合纳之税；匠户当工,则官支口粮以资赡养；灶户烧盐,则给以工本；银场炼煅,既给工本,又与口粮。计所入课程,正与买价无异,爱民之厚,于此可见。今各处巡尉司设弓手,各路县狱司设禁子,牧民官各衙门设祇候、曳剌,既免粮以优之,而有司不与开除,反令税户分任包约,于各输额粮之外,别立名项曰包米,诚古今所未见。且各户劳逸相悬,如站有消乏,金须本色,灶欲办课,匠不离局,设有不及,诃责踵至,所准税粮,岂足供给？而弓手、祇候、曳剌、禁子等户,役甚优闲,无费于己,且可肥家,不知何自而与之免粮也？

古称侍卫禁、直左右前后之人,今谓之怯薛歹。以今仿古,古者数多名繁,今视古颇简。《周礼·天官冢宰》曰膳夫、庖人,曰内饔、外饔,日浆人,曰烹人,笾人,今之博儿赤也。曰幕人,曰司服、司裘,曰内宰,今之速古儿赤也。曰掌舍、掌次,今之阿察赤也。曰阍人,今之哈勒哈赤也。曰缝人、屦人,曰典妇功,今之玉烈赤也。曰宫人,今之烛剌赤也。古者分以职役,定以等差,用当其人,人当其任。是以人无觊觎,各守分义。今则不限以员,不责以职,但挟重资有梯,援投门下,便可报名请粮,获邀赏赐,皆名曰怯薛歹。是各官门下之怯薛,非天子御前之怯薛也。比者朝省严行分拣,如有职役定员,则挟资投入者无所容力,有出身定例,则别里哥选不禁自绝矣。

今国家财赋,半入西番,红帽禅衣者公然出入宫禁。道家以老子为宗,惟在清净无为,辟谷弃人间事,今张天师纵情姬爱,广置田园,招揽权势,凌烁官府,此江南一大豪霸也。朝廷前立宣政院、道教所,以其弃俗出家,非有司所宜统摄,而乃恃宠作威,公行贿赂,僧道词讼数倍。民间如奸盗杀人不法事，往往见告。各寺既有讲主、长老，各观既有知观、提举，足任管领之责。随路又滥设僧录司、道隶司，各县皆置僧纲，威仪反为僧、道之蠹，并宜革去。且僧道另设衙门，三代以下所未有。亡金弃人尚鬼，帮置二司与民官鼎立而三，岂谓圣朝踵其弊政。僧道既全免徭税，愚民多出财产托名诡寄，以求避役。驱国家之实利，归无用之空门。视民间输税之外，又当里正、主首、和顾、和买，非惟弃本逐末，实且劳逸不均。今后寺观常住税粮，宜准古法，尽令输官。外有白云宗一派，既自别于俗人，又复异于僧道，朝廷不察其伪，特为另立衙门，亦宜革去，以除国蠹，以宽民力。

春秋二百二十四年之间，灾变迭出，地震者五。国家自十数年来，凡三见之。以今考古，未有若此之数数也。汉史翼奉言："地变为阴气太盛，宜疏后党，亲同姓，出后宫，损阴气。"李寻曰："地震有上中下，上位应后妃，中位应大臣，下位应庶民。宜弱外戚，强本支，崇阳抑阴，以救其咎。"或以言游畋土木，或以言宦官嬖幸，或以言小人党盛，各因时弊而指斥之耳。以今日人事观之，阃仪严肃，女谒不行，如吕韦之专，赵、杨之宠，无有也。后宫列陈，名不盈数。如三千、一万之充满，无有也。秉国钧者，皆色目，汉人未尝一官任舅后之族，如吕、霍、上官之僭奢，无有也。敷奏出纳，非台、省不得与闻，未尝一事出阉寺之口，如恭显鱼程之专擅，无有也。春秋出畋，循行故典，宫墙殿宇，一安旧规，如阿房、复阁之兴，楼船、锦缆之侈，无有也。然则致是变也，既皆非此之故，意当归之执政大臣乎？季路问事鬼神，子曰："未能事人，焉能事鬼？"敢问死，曰："未知生，焉知死？"此一章，乃三教是非之所由分也。况达摩面壁九年，维摩不二法门，止为身计，何尝施祸福于人？张道陵远处深山，萨真人一瓢自随，厌与俗接，何曾妄有希求？往年帝师之死，驿取小帝师来代，不过一庸厮耳，举朝郊迎，望风罗拜，荣遇之过，一至如此。昔达摩自南天竺来，梁武帝问曰："朕造寺、舍经、度生不可胜纪，有何功德？"师曰："并无功德，此但天人小果有漏之因，如影随形，虽有非实。"

此语足以解求福田利益者之惑。陈搏隐华山，宋太宗召至，使宰相
宋琪等问以修养之道，对曰："炼养有术，纵使白日升天，何益于治？
今圣上洞达古今，深究治乱，正君臣合德致治之时，勤行修炼，无以
逾此。"斯言可为求神仙者之鉴。唐会昌间，为僧尼耗蠹天下，命并
省佛寺，上都、东都各留二寺，上州留一寺，中下州并废。寺分三等，
上等留僧二十人，中等十人，下等五人，余僧及尼皆勒归俗。通毁招
提兰若四万余区，收良田数千万亩、奴婢十五万人、归俗僧尼二十
六万五百人，真是快活条贯，宜体此意。

　　今日未尝无边远选，固有准保定夺者矣。但保举之初，忽于立
法防奸，选用之后，失于计功核实。如云南甘肃，八番，两江等处统
帅、藩臣，一赴阙下，便行保人，以所保之品级，定价值之轻重，多者
百锭，少亦三之二。或当时取盈，或先与其半，或立利钱文书呈解到
省，官可立得。街市富子每闻一帅臣至，则争先营求，并未尝涉历塞
庭，练习边事也。近者两江元帅累保得除者，几及百人，各镇蹈其故
辙，公然卖保，遂致边鄙失得才之实，朝廷负滥爵之名，皆诸帅不忠
误国之故。

　　自古天下之田，无不属官。先王受田，使贫富强弱不相过，得以
自耕，故天下无甚富、甚贫之民。至成周时，其法大备，画地为井，八
鸠、五规、二牧、九夫，以等其高下，沟洫、畎浍、川涂、轸径，以立其
堤防。疆井既定，虽欲贪，并不得也。商鞅用秦，已不复有井田之旧。
于是阡陌既开，乃有豪强兼并之患，然犹不明言田在民也，官不得
治而民得自占为业耳。汉亡，三国并立，兵火之余，人稀土旷。当是
时，天下之田既不在官，亦终不在民。以为在官，则无人；以为在民，
又无簿籍契券，但随其力所能至而耕之。元魏行均田，唐因而损益
之，为法虽善，然令民得卖其口分永业，日渐一日，而公田尽变为私
田矣。田既属民，乃欲夺富者之田以与无田之民，祸乱群兴，必然之
理也。董仲舒在武帝朝，去古未远，乃曰："井田虽难卒行，宜少近
古，限民名田以赡不足。"言甚善而未果行。至哀帝时，孔光、何武
曰："吏民名田无过三十顷，期尽三年，而犯者没入官。"时丁傅用

事,董贤隆贵,不便于己,遂寝其议。三十顷之田,周民三十夫之田也。以一人而兼三十夫之田,亦已过矣,而期之三年似太迫。为今之计,豪强卒难禁止,惟有限田之法可以制之。酌古准今,宜为定制。

古者,给价换马,已非良策。今乃刷马民间,尤为弊政。且南北风土不同,生长于南者则不禁其冷,生长于北者则不禁其热。若刷东南之马以供西北用,则立见其死亡耳。且牧于野者,安于水草,习于驰骤,以之临敌,易于鞭策。畜于家者,饱以刍豆,勤以剪拂,一旦置之荒郊,便已无力。朝廷不循广马之成规,而行刷马之下策,虽曰和买,何异白夺。且政出亡金,其时邻敌交攻,疆土滋削,未免刷之民间,以应一时之急。堂堂天朝,岂宜出此,兼以刷至之马实无所用,而民怨皆归于国,甚非经久之计。唐初得牝马三千匹,徙之陇右,命张万岁掌之,蕃息至七十万匹,分为八坊、四十八监,各置使领之。是时天下以一缣易一马。及玄宗以王毛仲为内外闲厩使,东封之日有马四十三万匹,牛羊称是,此已然之明验也。今国家土宇,数倍于唐,水甘草美之处,尽在版图。若择宜牧之地,各设牧马监,官给牝马,选用能吏,使专牧养之权,重职任,优俸禄,责以成效,不十数年,马不可胜用矣。
奏上,多见采纳。后以省臣荐,授金溪县丞,卒。

史臣曰:唐刘蕡对策,忤宦官,宜其不遇也。赵天麟、郑介夫,议论足以从政,文章足以经国,又无奸人妒嫉,蔽日月之明,然其不遇,乃与蕡无以异。呜呼！以世祖之用人,成宗之待士,而使野有遗贤,不亦惜乎。

新元史卷一九四
列传第九一

陆垕　李拱辰　潘泽　李廷
王道　郭郁　任仁发
苗好谦　韩冲 中

　　陆垕，字仁仲，江阴人。父涣，宋江阴军安抚副使。大军南下，垕从父降，授江阴军判官。

　　至元十六年，入觐，除朝列大夫、同知徽州路总管府事。垕儒家子，又年少，民易之。及莅事，发摘奸伏，明断如神，众乃大服。有争山葬者，各指一冢，莫知其岁月远近。垕视之曰："必发尔冢。"争者曰："法不许也。"垕曰："吾固欲发之。"命具畚锸，争者逸，发之果虚冢也。县解官钱，夜为人盗去，莫知主名。垕召役夫诘之，指其一曰："讯彼。"一讯而伏，赃具在。或问何以知之，垕曰："吾以色听耳。"官命江南路造船，集升州之龙湾，垕白宣慰司："徽州道险远，请就太白渡，便。"从之。役中止，又欲运其材于京师，垕持不可。未几旌德募民运木，乱者蜂起，卒如垕吉。

　　二十五年，迁江东宣慰副使。旋改江南浙江道提刑按察副使。垕劾去贪吏数十人，追赃以巨万计。织染局官受贿，事连行省胥吏十余人。垕移文右司逮之，右司诉于参政，谓分司不当案省吏，以违制论。垕曰："分司不得案省吏，固也。吏受赇，御史亦不得问乎？"白其事于行台，论如律。按察司改肃政廉访司，垕以例去官。久之，起中顺大夫、同知台州路总管府事。

元贞元年，改江东建康道肃政廉访副使。垕治办有声，台、省交荐之，垕益感激，遇事侃侃不挠。部使者市红、蓝，受贾人金；又奉旨造浮屠像者，攫官吏金币逾五万锭；垕俱劾罢之。由是权幸侧目。时检覆诸县水灾，垕檄一令往，令以病卒于道，仇家嗾其子诉垕，谓垕实死之，用事者将中以危法，垕不自辩，以母老乞养归。舟行至湖口，行省遣使者逮之，不知垕在舟中，及入城，垕已去。使者曰："余知其无罪也，天相之矣。"以追不及返命。垕知其事，自至京师，诉于御史台。人皆知无罪，畏用事者，莫敢言。寻降三官，改授岭北湖南道肃政廉访副使。湖南俗尚竞渡，岁有溺死者，峒丁以盗牛相斗讼，垕皆禁之。有里妇，僧出入其家，夫久出，或诬妇与僧杀之，指道傍尸为验。僧不任笞，已诬服。垕阅其牍，尸死于夏月，而衣冬服。疑之，根究得实，乃何人，先数月受杖而踣于道，非其夫。僧得讼系，免死。逾年，湖南吏部送军粮至鄂州，遇其夫，趣使还家自首，僧之冤始白。垕平反疑狱多类此。未几，擢海南广东道肃政廉访使，复以母老去官。

垕持身廉介，扁所居曰义斋，尝曰吾平生受用义字不尽。家居，患差役不均，为立式推排，除诡寄虚桩之弊，分户九等，各出助田，先后差次，每岁充里正者，即以助田义粟畀之，岁终稽其出入，数年后义粟有羡，乃买田如助田之数，归助田于本户，乡人德之，至今守其法不变。大德十一年卒，年五十。延祐中赠嘉议大夫、上轻车都尉、吴兴郡侯，谥庄简。

子铠，德清县尹；铨，规运提点大使。

李拱辰，字廷弼，本磁州人。曾祖仪为滏阳令，因家于滏阳。祖瑴，以驸马忒木台采地在磁州，为驸马人匠局提领。父著，袭瑴职。

拱辰，幼聪慧好学。著卒，当袭提领，叹曰："是可以行吾所学耶？"遂弃去，游京师，以善译语，入直宿卫。大德三年，授高邮府判官。高邮初为路，隶淮东宣慰司，后改为散府，宣慰司仍役属之，吏民以为病。拱辰白于宣慰使,复隶宣慰司便。事闻中书,奏从其请。会福院设营田提举司,为民害,用拱辰言罢之,而责其事于有司,民德之。

至大元年,迁绍兴路新昌县尹。拱辰患经界不正,核其地图,与保甲册印分两券,官执左,民户执右,鬻产则券随之,隐设诡缗之弊悉除。新昌去郡远,不通舟楫,拱辰请以土产布代粮。县民惑于阴阳之说,亲死至数十年不葬,拱辰下令:不葬其亲者以不孝论,其俗遂革。新昌人以为自设县以来,未有及拱辰之为政者。

皇庆二年,擢湖州归安县尹。有京师贵人指县民某甲妻为逃婢,督捕甚急。拱辰留不遣,卒完其夫妇。经理田土令下,奉行者率务增多,拱辰独听民自占,仅增田百五十顷。行省又议倍赋,拱辰曰:“吾官可去,民不可病也。”竟格其事不行。台、省交章荐拱辰廉能。

延祐四年,除中书户部司计。六年,擢监察御史。有以药术媒进,躐迁翰林学士承旨,拱辰曰:“承旨职任亲密,岂彼所堪?”同列嗫不敢一语,拱辰独抗疏劾之,帝初不以为忤。会内府市庄炭乾没钱十余万缗,拱辰发其奸,章再上,不报。遂解印绶去。谮者因诬拱辰按奏不实,执政素重拱辰,多方营救,始获免。未几,起为金福建闽海道廉访司事,仍进三品为奉议大夫。丁忧,不赴。七年冬,复拜监察御史。英宗夙闻拱辰名,至治二年特授御史台都事,又以丁忧去官。泰定元年,卒于家,年七十七。子益,江浙行省检校官。

潘泽,字泽民,顺宁宣德人,从许衡受学。由太府监掾史,累迁知宏州诸军奥鲁。有盗八人系狱,泽一谳知其枉,皆出之。未几,真盗尽获。太原民从贵家奴得伪钞,获罪,过宏州,号于市曰:“神明如潘公,独不能活我乎?”泽闻之,竟雪其冤。转兴中州,入为监察御史。时桑哥用事,及得罪,御史台召按不能致,泽从卒捕之,论如律。

转金山北辽东道提刑按察司事。有佃户杀其主,狱已具。泽覆谳之,则其妻与奸夫所为,乃出佃户,抵二人罪。又有讼为豪家奴,其一族十七人者,有司数年不能决。泽以鬻奴皆画男女左右食指横理于券,以其疏密,判人长短壮少。索其券,内有十三岁儿指理如成人,泽曰伪也,召郡中儿年十三者十人,以符其指,皆不合。豪理屈,毁券还之。

或言高丽王谋反,诏近侍偕泽按之。泽谓王尚公主,设举事,公主必上变,安能噎默从之。未几,公主果遣使辩诬。入为御史台都事,迁江北提刑按察司副使,转江南浙西道。至元二十九年卒,年五十五。

李廷,字瑞卿,本广州人,后迁于大都。廷早孤,樵薪养母。其母亦有贤名。大都人柴好礼闻之曰:"母贞子孝,不兴何待?"遂以女妻之。历左司吏部掾。太子詹事完泽荐于裕宗,得召见,用为南昌尹。复入为詹事及中书掾。累迁泉府司丞。受诏核江南赋,赋平,擢同知河南府事,祠二程、张、邵、司马于府学,士论称之。三迁为户部郎中,进中议大夫、江州路总管。岁饥,发廪粟赈之,又使医载药疗饥民之疾,全活甚众。改两淮屯盐总管。田之没于民者二十余顷,户之入于他籍者千二百余户,逃于他郡者九千余户,皆复之。粮之逾于额者六千四百余石,皆除之。岁省公帑十七八,而盐课日增。世祖知其贤,数赐币奖之。召为兵部尚书,改刑部尚书,拜淮东道宣慰使。以老乞致仕。卒。赠通奉大夫、江西行省参知政事、护军,追封潞阳郡公,谥忠靖。

王道,字之问,先世京兆终南人,后迁潍州北海县。至元初,以布衣上书,请置执法官则吏畏政肃。六年,建御史台,辟为掾史,道耻之,引疾去。窦杰荐为东宫讲书。

十三年,宋平,除福建行省左右司郎中。宋宗室赵元章等六十三家,有诬与山贼通者,行省欲尽杀之,道抗言:"宋之宗室累诏恩恤,今以暧昧拏戮,伤国家好生之德。"遂获免。陈吊眼据漳州叛,招讨使逾城走,行省以失守罪缚出,将斩之。道曰:"招讨使三品大吏,

有罪当禀命朝廷,不可擅杀。"行省遣甲士环道而诟之曰:"若不署
字,当从坐。"道乃具朝服,望阙再拜曰:省臣不有朝廷,胁我以兵,
欲将何为?吾宁死不署字也。"招讨使竟得减死论。由是豪强气慑,
民间画道像祀之。

二十四年,授泉州路总管。先是,安溪士贼张大老、方德龙啸聚
畬洞,为一方之患,垂三十年。闻道至,相谓曰:"王老子来,宜谨避
之勿轻出。"道布耳目,设方略,不逾月擒贼首二十余人,悉榜杀之,
余党骇散。百姓歌颂之。后卒于官。

郭郁,字文卿,汴梁封丘人,金末徙于大名。性颖悟,六岁读书,
博通经史。年十九,辟充江淮行枢密院令史。元贞元年,河南行省
丞相卜怜吉歹荐为行省掾,中书丞相哈剌合孙留于都省。定水门料
工者多虚计,郁核实,省官费一千三百锭。车驾幸缙山,奸人刘甲等
冒领纳钵草料,省臣使郁治之。既伏罪,郁乃白省臣,奏闻利病,置
孛哥孙分司印,御史刷籍,冒领之弊遂革。又以缙山民饥,请赈之。

大德九所,除宣徽院都事。本院岁买汤羊多虚额,郁以实价买
羊,增买三千只,省钞三千余锭,以此忤长官意。十一年,出为江浙
行省都事。考核荒田,增科粮四万余石。

至大元年,漕吴松江,役夫岁一人除粮十五石,郁视其牍曰:
"役不过二月、三月耳,而除一岁之粮何也?"于是追理十六万石,以
充海运。四月,立卫率府,摘发一万五千人,期九月至都。郁曰:"今
军士饥窘在道,迁延非计之得者,宜听其还家收蚕麦,如期至都可
也。"比至,则军资整备,最诸省。初行至大钱,拘民间铜器,郁白于
大臣:"广济库藏旧钱数百万,例许使用,止拘废铜足矣,何必毁已
成之器。"从之,上下称便。

皇庆元年,擢浮梁知州,括隐漏田二百余亩、米三千余石,以为
诸生饩廪,广弟子员百余。赋役验实,有户以定上中下之则,于是诡
名规避者无所隐匿,官田额重者折收轻赋,以剔偏负虚包之弊,民
翕然颂之。省、台考绩,升秩一等。

　　延祐五年，入为中书检校官。丁父忧，去官。服除，授中顺大夫、知高邮府。莅官五月，垦田六万余亩，逃民归者千二百余家。至治三年，进阶中宪大夫、同知两浙都转运盐使司事。建言减盐额五万锭以宽灶户，又平反盐徒十七家，由是课程增羡额外至二万二千四百锭。

　　泰定元年，擢佥江西湖东道肃政廉访司事，举劾务存大体，不以苛察为事。吉、赣、南安饥，郁经营赈济，活者数十万人。二年，除亚中大夫、庆元路总管，兼劝农事。始下车，决疑狱三百余事，民为立德政碑。四年，进嘉议大夫、福建等处都转运盐使。是时，盐法久弊，民不堪命。郁曰："水不清者，宜澄其源。"乃白于省府，裁冗滥职事百余人，请给分司印，以革私盐之弊，禁预辨增余带耗。又盐徒犯法，辄妄引平民，株连者众，郁谳之，止坐犯事之家，应时科断，不增入一人。由是狱无冤滞，民安其业。未几，卒。

　　郁廉洁自持，不可干以私，所至有声，为元明善、马祖常诸人所重。

　　任仁发，字子明，松江上海人。幼颖悟，异群儿。年十八，袖刺谒平章游显，一见奇之，辟宣慰司掾。至元二十五年，以荫袭为海道副千户，转正千户。从征安南，改海船上千户。

　　时浙西淫潦为灾，仁发白省臣，以为河沙汇乃吴淞江咽喉，必先治此而后事集。省臣不从，后果湮塞，水患日甚。大德中，仁发陈利弊、疏浚之法于中书省。江浙平章政事彻里委仁发浚之，凡四月，工竣。入觐成宗，赐赉有差，进都水监丞。

　　至大元年，除嘉兴府同知。又明年，迁中尚院判官。大都通惠河闸底坏，水汹涌，讹言中有水怪，省臣束手，檄仁发按视。仁发缮补坏闸，卒无他患。时会通河亦淤，仁发疏泉脉，钁僵沙，役不浃旬而毕。升都水少监。二年，河决归德及汴梁之封丘县，诏仁发董其役。仁发缚蓬渠凤扫滨河口，筑堤五百余里以御横流，河防始固。

　　延祐初，出知崇明州。调筑盐官州海岸，又疏镇江练湖淤积。泰定元年,诏赐银币,与江浙行省左丞朵班疏吴淞二道,大盈、乌泥二河。以年七十乞致仕,帝不听,特授都水庸田使司副使。凡创石闸六,筑塍围八千,浚沟汊千有奇。仁发治河为天下最,大工大役,省臣皆委之。累迁浙东道宣慰副使,秩中宪大夫。卒,年七十三。著有《浙西水利议答录》十卷,切中时弊,行于世。子贤佐,台州判官。

苗好谦,东平城武人。大德中,由大宗正府都事累擢佥江北淮南道廉访司事。弹劾不法,甚有名誉。至大二年,佥淮西道廉访司事,献种桑之法:分农民为三等,上户地十亩,中户五亩,下户二亩或一亩,周筑垣墙,以时收采桑椹,依法种之。武宗善之,颁其法于各路。延祐三年,以好谦所至种桑,皆有成效,申命各路著为令。入为司农丞。五年,大司农买住等进好谦所撰《栽桑图说》,帝曰:“农桑衣食之本,此图甚善。”命刊印千帙散之。后迁江北淮南道廉访使,卒于官。

韩冲,字进道。其先大都人,辽金世族,与刘六符、马人望、赵思温等为四大姓。祖珍,金昌武军节度使,金亡,始徙家卫州。父天麟,兵部郎中。

冲,夙为丞相完泽所知,累擢工部主事、陕西行省左右司郎中。有家奴怨其主岁给衣食不均,杀其主之子,诬他奴,积十余年,狱不决。冲一谳而服。中使笞馆人,馆人夜杀之。有司疑为盗,弗获,按其从者诬服。冲验之,乃问之众曰:“中使过此,曾虐汝乎?”对曰:“尝笞馆人。”冲徐召其人诘之,遂得实,临洮富人子有妾方娠,妻卖之,二十余年,夫死,官主其家资。忽一人至曰:“我遗腹子也。”冲疑之,检其家,得佛书一册,背有书云:“某年月日,妾有孕,卖于巩昌某家。”遣人至巩昌,求得遗腹子,询其岁月皆合。一郡叹服。

大德初,选为安西王相府郎中令,王敬礼之。十一年,改知沔阳府,擢峡州路总管府。六年,以工部尚书致仕。弟中,为陕西行台侍御史,亦请老。兄弟同时归里,士论荣之,为画《二老出关图》。卒年八十三。赠通议大夫、礼部尚书、南阳郡侯,谥康靖。子汝霖,陕西行台掾。

中,字大中。由中台掾累擢监察御史,拜山东道廉访副使,转淮东道。以母疾辞归,丁母忧,服除,三迁为汉中道廉访使,又转陕西行台侍御史。中事母至孝,庭竹生芝,姚燧、萧斢皆赋诗美之,谓中诚孝所感。卒年七十九。赠集贤直学士、亚中大夫,追封南阳郡侯,谥贞孝。

史臣曰:自陆垕以下,其人皆有吏能,勤于民事,故撮其施为方略著于篇,以补旧史之缺。

新元史卷一九五
列传第九二

陈思济　梁贞　申屠致远
雷膺　徐毅　滕安上
萧泰登　张完　权秉忠
王兴祖　黄肯播

　　陈思济，字济民，睢州柘城人。幼读书，即知大义。世祖在潜邸，闻其名，召之以备顾问。廉希宪等行中书省于陕西，命思济佐之。中统三年，召希宪入中书，思济还。会阿合马入省，希宪去位，省臣晨集，掾属皆惮阿合马，不敢前。思济独先以文牍进，阿合马辄于希宪位署押，思济掩以手曰："此非相公署位也。"阿合马怒目视之，众为之惧，思济神色自若。除右司都事，从希宪行省山东。

　　至元五年，迁同知高唐州事，以绩最闻，拜监察御史。时阿合马立尚书省，权在中书右，思济与魏初等劾其不法。帝命近臣诘之，御史各以次对，思济独厉声曰："御史言官也，非为辩讼。"设拂袖而去。

　　出知泌州，为政简要，不务苛察。迁同知绍兴路总管府事。承檄谳狱。桐庐有囚羸瘵将死，纵还家，侯期来决。囚拜请曰："闻公名久矣，若不早决，恐终不可保。"乃阅其案，而释之。时盗起新昌玉山，宣慰陈祐率师讨之，中流矢卒。或诬城中少年将与外寇合谋变，军帅欲杀少年千余人，思济曰："若辈无反状，以无罪杀之，人心危乱，变恐不止此，请以全家保之。"事乃止。转同知两浙都转运司事，调陕西汉中道提刑按察副使，丁母忧去官。

二十三年，加少中大夫、同知浙东道宣慰司事。时浙西大水，民饥，浙东仓廪殷实，即转粟赈之，全活者众。两淮盐课不敷，授嘉议大夫、两淮都转运使，奸弊尽革，商贾通行，岁课以充。擢岭北湖南道肃政廉访使，改池州路总管。江浙行省平章也速答儿摘淘金户三千，括民间田亩，檄下，抗章止之。累迁中议大夫、佥河南江北等处行中书省事。大德五年，卒，年七十。赠正议大夫、吏部尚书、上轻车都尉，追封颖川郡侯，谥文肃。子诚，监察御史，佥广西道肃政廉访司事。

梁贞，字干臣，彰德人。父璧，为贾人，有持金镀银贸物者，误为银，璧断而视之，金也，追贸物者返之，人称其信义。

贞，以宣抚司推择，为中书左三部提控令史。闻父疾，六日驰千二百里至家，父已卒，哀毁逾礼庐墓侧。部檄三至，力请终制。中书省下本郡，加优礼以旌之。服除，授济源县令。始入境，从人求田妇所负水饮马，妇难之。贞问，对以地无井，得水不易。贞曰："吾岂可以因马扰民。"遂纵马，任其所之。马前蹴地以待，贞凿地，得泉甘冽，民为立祠，号梁公井。济源民赵成诉虎食牛，乞蠲徭役，贞戚然曰："令不善之所致也。"偿其牛直。未几，虎毙于神祠下。贞为令三年，决笞罪止二十七人。蝗大起河朔，独不入济源境。许衡在中书，两荐贞。时廷议郡县吏治最者，仅二人，其一贞也。俄以疾去，县人立碑纪之。

至元初，始立御史台，世祖御广寒殿，召拜监察御史。遇事敢言，不畏强御。八年，遥授中山府判官，行河南等路行尚书省部事。十一年，出为代州知州，引滹沱水浇瘠田，皆为沃土。禁昏嫁论财及火葬，民尤颂之。十四年，擢奉议大夫、江北淮东道提刑按察副使，未逾月，劾属吏不职者二人，同僚震慑，贞处之泰然。十八年，移山南湖北道,进阶朝靖大夫,以母老请终养,母卒,遂不出。大德十一年卒,年七十九。孙迁,黄岩知州。

申屠致远,字大用,其先开封人,金末迁东平寿张。致远肄业东平府学,与李谦、孟祺等齐名。世祖南征荆湖,经略使乞实力台荐为经略司知事,赞画军中机务。师还至随州,所俘男女,致远悉纵遣之。

至元七年,崔斌守东平,聘为学官。十年,御史台辟为掾,不就。授太常太祝兼奉礼郎。帝遣太常卿孛罗问毛血之荐,致远对曰:"毛以告纯,血以告新,礼也。"

宋平,焦友直、杨居宽宣慰两浙,举为都事,首言:"宋图籍宜运之京师,江南学田宜仍以赡学校。"行省从之。转临安府经历。临安改杭州,迁总管府推官。宋驸马杨镇从子玠节家富于资,守藏吏姚溶窃其银,惧事觉,诬玠节与宋广、益二王通。有司榜笞,诬服,狱具。致远瀫之,得其情,溶服辜。玠节以贿为谢,致远怒绝之。杭人金渊者,欲冒入儒籍学教授彭宏不从,渊诬宏作诗有异志,揭书于市,逻者以上。致远察其情,坐渊诬告。属县械反者十七人,致远一讯,知为违误,皆释之。西僧杨琏真加作浮图于宋故宫,欲取高宗所书九经石刻以筑基,致远力拒之。改寿昌府判官。

二十年,拜江南行台监察御史。江淮行省宣使郜显、李兼诉平章忙兀台不法,宪司不问,仍以显等付忙兀台鞫之,系于狱,抵死罪。致远虑囚浙西,知其冤状,将纵之。忙兀台胁之以势,致远不为动,亲脱显等械,使从军自赎。桑哥当国,治书侍御史陈天祥劾平章要束木,桑哥摘其疏中语,诬以不道,遣使往讯之。天祥就逮。时行台遣御史按部湖广,莫敢往,致远慨然请行。比至,累疏极论之。桑哥方促定天祥罪,会致远疏上,桑哥气沮。江西行省平章马合谋于商税外横加征取,转运使卢世荣榷茶牟利,致远并劾之。又言:占城、日本与内地隔绝,涉海远征,徒劳中国;铨选限以南北,优苦不均,宜考其殿最,量地远近定为制,则铨衡平而吏弊革。他如罢香莎米、弛竹限禁，设司狱官、医学职员，皆致远发之。二十八年，丁父忧，起复江南行台都事，以终制辞。二十九年，佥江东建康道肃政廉访司事，未至，移疾还。

元贞元年，纂修《世祖实录》，召为翰林待制，不赴。大德二年，佥淮西江北道肃政廉访司事。行部至和州，得疾卒。

致远清修苦节，耻事权贵。聚书万卷，名曰墨庄。家无余产，教诸子如严师。所著《忍斋行稿》四十卷，《释奠通礼》三卷，《杜诗纂例》十卷，《集验方》二十卷，《集古印章》二卷。

子伯骐，岭北湖南道肃政廉访司知事；骥、骊，俱为学官；駉，兵部员外郎。

雷膺，字彦正，大同浑源人。父渊，金监察御史。膺生七岁而孤，母侯氏挈膺北归浑源，织纴为业，课膺读书。膺笃志于学，事母以孝闻。太宗时，诏选试占儒籍者复其家，膺年甫弱冠，得与选，愈自砥厉，遂以文学称。丞相史天泽辟为万户府掌书记。

世祖即位，初置十路宣抚司，授膺大名路宣抚司员外郎。中统二年，翰林学士承旨王鹗荐膺为翰林修撰、同知制诰兼国史院编修官。至元元年，调陕西四川按察司参议。二年，改陕西五路转运司参议。四年，佩金符，参议左璧总帅府事，师还，迁同知恩州事。宪府表荐其能，入拜监察御史。首以"正君心、正朝廷百官"为言，又斥聚敛之臣不宜为相。十一年，出佥河东山西道提刑按察司事，以称职闻。

十四年，进朝列大夫、山南湖北道提刑按察副使。是时江南新附，诸将利俘获，往往滥及无辜，或强籍新民以为奴隶。膺下令，得还为民者以数千计。十八年，转淮西江北道提刑按察副使，以母老辞。二十年，迁行台侍御史，奉母之官，分司湖广、江西，奏劾按察使二人及行省官吏之不法者。二十二年，丁母忧去官。明年，起复，授中议大夫、江南浙西道提刑按察使。时苏、湖二州饥，膺请于朝，发廪米二十万石赈之。江淮行省以发米太多，议留三之一，膺曰："宣

布皇泽,惠养困穷,行省臣职也,岂可效有司出纳之吝。"行省不能
夺。时年六十二,即致仕归老山阳。二十九年,征拜集贤学士。

成宗即位,朝会上都,召诸故老咨询国政,瞽多所建白。一日,
延见便殿,奏对称旨,赐白玉带环一。明年赐钞五千贯,进秩二品。
大德元年夏六月,卒于京师,年七十三。赠通奉大夫、河南江北等处
行中书省参知政事、护军,追封冯翊郡公,谥文穆。

子肇,顺德路总管府判官。孙豫,南阳府穰县尹。

徐毅,字伯宏,平阳赵城人。祖玉,河东南路常平仓提举。父德
举,重然诺,负气尚侠。李璮叛,平阳路总管李毅受其伪檄,坐诛。幼
子青童徙辽东,德举哀之,率其家僮讼于枢密院,得释归。世祖遣使
者谕大理,为所杀,以蛮口数十人赏使者之子,为郡豪所冒领已三
十年。德举白其事于提刑按察司,坐豪罔上受恩,官吏见知藏匿皆
罪黜。二事尤为人所推服。

毅,幼颖异,从许衡受业于太学。辟通政院掾,调同知檀州事。
时阿合马当国,征敛苛急,州县惴惴奉令恐后,毅独不阿其意,为政
务尚宽大。世祖闻其名,擢监察御史。疏言:"江南新附未久,宜隐
恤流亡,以固民心。京师天下根本,宜蠲除地税,以厚民力。检核灾
伤,宜以时发仓廪之储,捐山泽之利,申明酒禁,以修荒政。鳏寡孤
独宜有养。宜遣使问民所疾苦。"又言:"宪司监治官吏,不可因人之
诬告,遽行降黜。行枢密院、行大司农、行通政院及尚书省理算受赏
进官者,皆可罢。"又以日食、地震,乞罢诸行省官,其妄启边衅以邀
功生事者,宜勿听。军官承袭,皆膏粱子弟,不知兵,当别议铨授法。
增国子之员,重教官之选,以兴学校。治宗庙以崇典礼,修国史以存
故实。他如择官吏、减钱粮、理词讼,马禁、水利、盐钞诸法其弊当救
者,前后上七十余疏,多见施行。

世祖崩,毅奏封事于太皇太后曰:"四海不可一日无君,大行皇
帝奄弃天下已五日矣,苟非早定大策,万一或启奸觎,变生不测,实
可寒心。皇孙抚军朔漠,先帝既授以皇太子宝,圣意可知,伏愿明谕

宗藩大臣，叶谋推戴，遣使奉迎归正大统，上以副先帝之遗意，下以慰四海万民之所属望。"廷议韪之。

成宗即位，毅疏请早正东朝尊号，以严孝养。因言："陛下方虚心求治，而大臣不肯任事。人主之职在于论相，今宰相员太多，议论不一。伯颜乃先帝旧臣，留以遗陛下者，宜亟相之。为治不必过求高远，但当遵守旧制，其要有四：亲贤、远佞，信赏必罚而已。"又请建立储贰，敦睦宗藩，选任台谏，教习亲军，勿事西南夷，而专备北边，凡十余事，上皆嘉纳焉。擢佥陕西汉中道肃政廉访司事，未行，改吏部员外郎。时选曹事多壅滞，毅不避权势，凡铨量注拟，必准其资历才品，人皆悦服。奉诏使甘肃给军需，毅籴买转输，规措有法，事办而民不扰。除佥河东山西道肃政廉访司事，入为徽政院长史。旧例，台察于徽政院一无所问，毅谓："法者，天下公器，宜共遵而行之。台察者执法之司，何独不预闻徽政之事。"有与毅不合者，力诋之，毅即谢病去。寻除枢密院经历，再迁右司郎中，出为西台治书侍御史，并以丁父忧不赴。服除，召为左司郎中，迁治书侍御史。时监察御史郭章劾郎中哈剌哈孙，赃罪具伏，哈剌哈孙密结权要，以枉问诬章。毅力申辩，有沮之者，疏入报闻，毅以言不用，自引去。召还，授陕西汉中道肃政廉访使。入为刑部尚书，疏言："有国者必定律令，使有司知所遵守。今承平日久，宜参酌古今，立一代之成法。"允之，仍命毅总其事。未几，改授河北河南道肃政廉访使。复入为刑部尚书、佥枢密院事。

仁宗在东宫，素知毅。及即位，拜江南行台侍御史，召入参议中书省事。俄拜陕西行台御史中丞，毅力辞，以疾致仕。延祐元年卒于家，年六十一。上闻毅卒，嗟悼不已。特赠资政大夫、中书右丞、上护军，追封平阳郡公，谥文靖，仍命为赞以褒之。子宗义，衡州路总管。毅有奏议五卷，诗文集二十六卷。

史臣曰：世祖崩，徐毅请立皇孙以杜奸觊，可谓安社稷之言矣。世祖晚年，许文正之门人多获擢用，如毅者亦其一人也。或谓儒者无益人国，曷观世祖崇儒之效乎！

滕安上，字仲礼，中山安喜人。少孤，自力于学。以荐授定州教授，累迁国子博士，擢监丞，迁太常寺丞。

世祖崩，南郊请谥及升祔太庙诸典礼，皆安上所拟，朝廷采而用之。元贞元年，拜监察御史。京师地震，上疏曰："君失其道，责见于天。其咎在内廷干外政，小人厕于君子之列，刑赏僭差，名实混淆。宜侧身修行，反昔所为，以尽弭灾之道。"其言反覆深切，有司不以上闻。安上曰："吾不得于言，可去矣。"遂辞职归。寻起为国子司业，以疾卒，年五十四。赠昭文馆大学士，谥文穆。有《东庵类稿》十五卷。吴澄谓其文为有学行之言。

萧泰登，字则平，其先长沙人，后徙安成。父元永，琼州路安抚副使。泰登早颖拔，试吏，授永丰县丞。行省荐其才，迁湖南道儒学副提举。擢金广东提刑按察司事。獠贼反攻城，众惶惑无所措，泰登奋曰："督捕盗贼，独非按察司职耶？"即上马出城，将吏从之，贼退走，因按潜通獠贼及他奸利事，守令以下抵罪者八十七人。又建议减韶州岁赋银条，并历举广东积弊二十事，自诣行台上之。会丁母忧去官。

成宗即位，召泰登为兵部郎中，副礼部侍郎李衎往谕安南。抵其境，迎馈者麕至，泰登悉却之。安南君臣既喻朝廷德意，泰登又廉敏开亮，不与前使等，益大喜过望，归所侵地二百里，遣其臣奉表贡献谢罪。既复命，授连州知州，未拜，丁父忧。起江西儒学提举，改迁广西廉访司佥事。始至，条便宜二十五事。行都元帅薛阇干贼杀不辜，泰登劾之，诏泰登鞫其事，出薛阇干所掠生口六百七十五人、牛马三千六百有奇，薛阇干论如律。柳州白莲道人谋反，应死者二百人，泰登察其冤，释一百三十七人。未几，拜南台监察御史，分按江浙行省，卒于舟中，年三十八。

泰登精悍细密，发必中节。或劝以太刚必折，泰登曰："人患不刚耳，折不折天也，"故自号方崖，以见其志云。

　　张完,献州交河人。性简重。事成宗于潜邸,授兴国路判官,廉明有声。迁户部司计,点视仓站,见鹰房官为民害,白于执政斥罢之。再迁监察御史,纠劾无所避忌。超拜治书侍御史,劾尚书省臣脱虎脱等,举朝愕眙。会仁宗立,罢尚书省,始获免。丁父忧,起为河东道廉访使,辞不赴。服除,拜工部尚书。卒。谥端恪。

　　完劾尚书省时,吴澄为国子司业,完子彝肄业国学,澄遣彝告完曰:"人臣惟忠与智,忠者危身奉国,智者有益于国,不危其身。"完复澄曰:"吾宁死,不顾也。"澄嘉叹之。

　　权秉忠,安伯庸,潞州黎城人。祖垣,金怀远大将军、隰州刺史,行黎城令。

　　秉忠幼从栾城李冶学,工文辞。至元十三年,试诸路儒士于真定,秉忠中高等,山东西道提刑按察使姜彧辟为掾。调封丘尹。大德四年,迁同知钧州事。十年,调海陵尹。俱有声。海陵岁饥,赈以私粟,饥民露宿,分官舍居之,民皆感悦。

　　至大三年,拜陕西行台监察御史,所至申冤抑、纠贪墨,甚著风采。皇庆二年,以中书平章政事李孟荐,擢翰林待制,并国史院编修官。以年劳应迁四品,秉忠不自言,翰林学士承旨程钜夫将荐为直学士,会卒,年六十六。

　　王兴祖,字景先,卫辉胙城人。以文学荐为汝州学正,辟枢密掾。朝廷议行科举,其条例多兴祖所定。延祐四年,以恩例超一资,授奉训大夫、礼部主事。改大宗府左右司员外郎。六年,拜监察御史,按河南,廉得参知政事你咱马丁酗酒虐民事,劾罢之。召为吏部员外郎。未几,出金燕南河北道肃政廉访司事,建言"敦本成化,在尊崇儒术。"又集汉、唐谏臣遗事上之,曰《宪览》。帝称其知要。虑囚至大名,有彭四自诬为盗,系狱逾年,兴祖阅其辞,遽曰:"此非盗,盗未获耳。"已而得真盗。论长吏失,入褫其官。复召为礼部郎中。卒年五十二。子毅,国子典籍。

黄肯播,字允蓛,利州人。初为锦州儒学正。累迁中书检校,改吏部主事。延祐四年,擢拜监察御史。丞相铁木迭儿以受赇得罪,匿于兴圣宫,肯播谓同列曰:“丞相受赇,罪固当治。然其罪之大者,盍悉陈之。”即疏言:“铁木迭儿违世祖制,括江南地,致汀漳民叛。阴夺阿撒罕太师,致关陕弗靖。降诸王监郡监县,致宗亲不睦。增江淮盐课,致黎民困穷。引用贪邪小人,致朝廷政乱。”台臣以闻,仁宗震怒,罢铁木迭儿政事,黜其党与。由是肯播名震天下。

明年春,诏御史长哥偕肯播巡行上都。先是,太府丞监造云州佛寺,盗上所赐军匠金帛,军匠诉之。肯播鞫其狱,词连平章政事乌列赤;乃入言于上,以沮格修造佛寺为肯播罪。帝召至京师,传旨责之。寻授云州知州。州当南北之冲,车驾岁幸上都,供张悉赋于民,肯播取之有制,民不以为扰。

仁宗崩,铁木迭儿再相,诬肯播诽谤先朝,械至上都,免肯播官,籍其家。泰定元年,起为辽阳行省左司郎中。三年卒,年五十八。子谦,秘书监管勾。

新元史卷一九六
列传第九三

李元礼　赵璧　秦起宗
席郁　韩国昌 元善　董纳
赵师鲁　于钦　宋翼
杨按札儿不花　杨焕　胡彝

李元礼，字庭训，真定人。历易州、大都路儒学教授，太常太祝、博士。撰世祖皇帝、昭睿顺圣皇后、裕宗皇帝尊谥议，体质温雅，请谥圜丘、升祔太室礼文，皆元礼所详定。元贞元年，擢拜监察御史。诏建五台山佛寺，皇太后将临幸。元礼上疏曰：

古人有言曰：生民之利害，社稷之大计，惟所见闻而不系职司者，独宰相得行之，谏官得言之。今朝廷不设谏官，御史职当言路，即谏官也，乌可坐视得失而无一言，以裨益圣治万分之一哉！伏见五台创建寺宇，土木既兴，工匠夫役，不下数万，附近数路州县，供亿烦重，男女废耕织，百物踊贵，民有不聊生者。

伏闻太后亲临五台，布施金币，广资福利，其不可行者有五：时当盛夏，禾稼方茂，百姓岁计，全仰秋成，扈从经过千乘万骑，不无蹂躏，一也。太后春秋已高，亲劳圣体，往复暑途数千里，山川险恶，不避风日，轻冒雾露，万一调养失宜，悔将何及,二也。今上登宝位以来,遵守祖宗成法,正当兢业持盈之日,上之举动,必书简册,以贻万世之则,书而不法,将焉用之,三也。夫财不天降,皆出于民,今日支持调度,方之曩时百倍,而又劳民伤财,以奉土木,四也。佛本西方圣人,以慈悲方便为教,不与物竞,虽穷天下珍玩奇宝供养,不为喜,虽无一物为献而一心致敬,亦不为怒。今太后为国为民,崇奉祈福,福未获昭受,而先劳圣体,圣天子旷定省之礼,轸思慕之怀,五也。

伏愿中路回辕,端居深宫,俭以养德,静以颐神,上以循先皇后之懿范,次以尽圣天子之孝心,下以慰元元之望。如此,则不祈福而福至矣。

台臣以其言切直,不敢奏。

大德元年,侍御史万僧与御史中丞崔彧不合,诣架阁库取前章封之,入奏曰:"崔中丞私党汉人李御史,为大言谤佛,不宜建寺。"帝大怒,遣近臣赍其奏,敕右丞相完泽、平章政事不忽木等鞫问。不忽木以国语译而读之,完泽曰:"其意正与吾同,往吾尝以此谏,太后曰:"我非喜建此寺,盖以先皇帝在时,尝许为之,非汝所知也。'"彧与万僧面质于完泽,不忽木抗言曰:"他御史惧不肯言,惟一御史敢言,诚可嘉尚。"完泽以章上闻。帝沉思良久曰:"御史之言是也。"乃罢万僧,复元礼职。未几,改国子司业,以疾卒,赠亚中大夫、翰林直学士、轻车都尉,追封陇西郡侯。子端,仕至礼部尚书。

赵璧,字国宝,东平阳谷人。相威为江南行台御史大夫,辟为掾。改浙东提刑按察司知事,迁经历。苴事有威名,入拜监察御史。方卜相,中事省与台臣论难上前,或言未易口决,宜稽之案牍。璧诘之曰:"按牍乃文奸之具,何足征耶?"上深然之。又劾东昌府达鲁花赤非其人,倚内援骫法为奸利事。讯之,具得赃罪,诏褫之,一郡称快。转御史台都事,璧守法严,同列皆惮之。

出为山东廉访司佥事。山东置宣慰司,使者缘近幸,擅作威福,璧劾其不法十事。诏璧与使者辨于上前,璧面数其恶,时论壮之。寻改金燕南路廉访司事，入为户部员外郎、刑部郎中、中书省右司员外郎。丁忧归，起为礼部郎中。武宗元年，出为淮安路总管，赐虎符，晋阶中议大夫，卒。

秦起宗，字元卿，潞州上党人，后徙广平。金末兵起，其曾祖凿山麓为洞，奉其父母以居，傍凿大洞，匿里中百人，闭之，具牛酒出待兵。兵入索，惟见其父母，曰："孝人也"，释之去。里人曰："秦父生我。"

起宗生长兵间，学书，无从得纸。父顺，削木为简，写以授之成诵，削去，更书。会立蒙古字学，辟武卫译史。御史中丞塔察儿爱其才，迁中台史。仁宗即位，转中书史。累迁太子家令司典簿官，上言："东宫官属辅导德义，财赋非所治也。"朝廷是之。迁南台御史，核水灾虚实，人不能欺。

文宗初，命威顺王征八番，是时四川囊加台拒命未平，起宗极言："武昌重镇，宜备上流，亲王不可远去。"力止之。及王入见，帝谓曰："八番之行，非秦元卿，几为失计。"廷议以起宗治蜀，忘其名，曰秦元卿，帝引笔改曰起宗，其眷注如此。拜中台御史，劾中丞和尚受人妇人、贱买县官屋，不报。起宗从台官入见，踞辩久之，敕令起，起宗不肯。会日暮出。明日，立太子，有赦起宗，又奏："不罪和尚，无以正国法。"和尚卒抵罪。帝曰："为御史当如是矣。"元会赐只孙服，令得与大宴。又劾臧卜咱耳窃父妾以逃，渎乱天常；流之岭南。起宗尽言无讳，多见听用。擢都漕运使，帝召谕之曰："漕输事多废阙，赖御史治之。"迁抚州路总管。至官，有司供帐甚盛，问其费从所出，小吏不敢隐曰："借办于民。"遂亟使归之，因谕众曰："我素农家，安俭约，务安静，庶使吾民化之。"居一岁，以兵部尚书致仕。卒。谥昭肃。子钧，西台御史；镛，延徽寺经历；铨，都省掾。

席郁，字士文，大名人。以御史荐为殿中知班。御史中丞崔斌尝目之曰："是读书明理，吾知其不回挠也。"累迁秘书郎。

　　至大三年，郁为澄源书数千言，以贻两府。大要谓："正已以格君，任人以谋国，是在两府。宰相元气也，台臣药石也，元气受病，则有药石以辅之。彼此相维，然后君心可正，治道可成。"识者韪之。

　　延祐三年，出为辉州知州，未行，拜监察御史，上言："选官之法，宜循名而责实，察言而观行。"又论："兴学所以立教。师道不严，蒙养不正，望其成功难矣。"

　　延祐四年，畿辅旱，和宁诸路大雪，人畜多死。郁上言："应天惟以至诚，爱民莫如实惠，阴阳偏胜，理有致然。宜令近臣经事多、而计虑审者，杂议之。凡政令得失、民生休戚，咸得上闻，庶有以挽回天意。"仁宗嘉纳之。五年卒，年六十。

　　郁少受学于胡祗遹，告之曰："士所以贤于人者，以义理养心，以学问养才，能以名位养功业，以道养天下，以著述养万世。"故郁之学醇然不杂，其立身如古独行君子焉。

　　韩国昌，字励夫，汴梁太康人。以孝廉辟廉访司掾，累迁中书省掾。论事持正不挠，所至有声。刑部缺主事，众咸推国昌。或疑其资浅，执政曰："用贤何以资为？"卒授之。

　　有兄弟五人为盗，皆论死，国昌阅其牍，戚然曰："兄从弟者也，今若是，几于族矣。"乃议最幼者减死。谳上，执政从之，同僚皆叹服久之。有嫉其专者，国昌曰："上絜其纲，下任其繁，此朝廷之通制。余何专？"遂举人自代。改太常太乐署令，旋拜监察御史。建言皇子师友非人、起居注不举其职及省官节用、审令、慎罚数事，皆切当时务。

　　延祐元年，河东廉访司为属吏所讦，台臣以为失风宪体，奏遣国昌讯之。时国昌有疾，或止之，国昌慨然曰："御史与散吏不同，岂可以疾病旷官守。"乃力疾往，归及半途而卒，年四十三。

　　国昌性端介，临事踔厉奋发，人或以为狷云。子元善。

　　元善，字大雅。由国子监生积分中程，除新州判官，累擢江南行台监察御史，历中书左司郎中、吏部侍郎、吏部尚书、金枢密院事。

至正三年，拜中书参知政事。五年，迁大司农卿。寻出为江南行御史台中丞、燕南肃政廉访使。九年，召拜中书左丞、同知经筵事。十一年，以论事忤丞相脱脱，遂与右丞玉枢虎儿吐华分省彰德。十二年，至卫辉病卒。

元善明达政体，扬历台阁三十余年，论议侃侃，不附和上官，朝廷倚之为重。尝谒告居家，效范文正公遗规，置田百亩为义庄，以周贫族。至正交钞初行，赐近臣各三百锭，元善复买田六百亩为义塾，延名士教族人子弟云。

董纳，字仁甫，赵州柏乡人。皇庆初，由中书掾迁工部主事。时官廨土木之功，岁月不绝，官钱隐没于吏牍，纳皆追征之，得楮币三万余锭、黄金千两。近臣请于禁中海子筑水殿，以备乘舆游观，为傀儡之戏。纳言："唐太宗命功曹选巧匠，尚书段纶教作傀儡。太宗曰：'向选巧匠，本以供国利民。今造戏具，甚失官师相规之意。'诏免纶官，史氏以为美谈。方今圣明在上，岂宜作此。"宰相韪其言，役遂罢。擢监察御史。

延祐二年冬，彗星见，纳言："宰相之职，代天理物，今天象示变，盖由燮理非人所致。"时宰相为铁木迭儿，闻纳言憾之。三年元旦，陈朝仪，殿廷百官将序班行礼，铁木迭儿乘轿坐殿中，纳适纠仪，乃前问曰："此百官朝会之所，丞相不宜坐此。"铁木迭儿怒而去。不数日，左迁大都路总管府判官。改陕西行台都事，召还，除中书省左司都事。

英宗为皇太子，选为詹事院中议，进奉议大夫，迁工部郎中。铁木迭儿欲以劳困之，出为上都副留守，兼本路都总管府治中。纳勤于职事，掎摭无所得。尝迎车驾于北郭，铁木迭儿问有司办供张者谁也，左右以府判对，乃故求其过，杖之。明日，知受杖者非纳，心甚惭。

台臣以纳忤权贵，改金河东道廉访司事。泽州高平民诉盗窃藏金，官诬执一家五人为盗，榜掠无完肤，父子二人已瘐死，而赃竟不获。纳阅其文书,察其辞色,遽释之。召其主人问曰:"盗未发前,何人曾至汝家?"对曰:"邻村五人者,曾来贷粟。"纳即擒五人至,并脏获之,狱遂具,官吏坐罪有差。邑方大旱,即日雨。

未几,进朝列大夫、江西道廉访副使。江西民好讼,闻纳严明,皆慑不敢犯。明年,行部至抚州,无一人控诉者。纳以为有司止之,亲询之,亦然,始知民之好讼,非其本意也。至治二年冬,诏拜吏部侍郎。泰定初,改右司郎中,寻改左司。岁余,拜吏部尚书,奉使宣抚山北辽东道。远朝,拜江西道廉访使。泰定四年卒。

纳喜荐拔人才,如欧阳玄、李好文、吴炳等,皆当世知名士。奉使山北辽东,黜陟公允,民尤颂之。子庸,大乐署令。

赵师鲁,字希颜,霸州文安人。父趾,秘书少监。师鲁在太学,力学如寒士。延祐初,为兴文署丞,迁将作院照磨,辟为御史台掾,后补中书掾。师鲁练习掌故,临事明决。执政才之,擢工部主事。迁中书省检校官。

泰定中,拜监察御史,奏言:"天子亲祀郊庙,所以通精诚,逆福厘,生蒸民,阜万物,百王不易之理。宜讲求故事对越以格纯嘏。"帝曰:"朕遵世祖旧制,其令大臣摄之。"元夕,命有司张灯山为乐,师鲁又言:"燕安怠惰,肇荒淫之基;奇巧珍玩,发奢侈之渐。观灯事虽微,然纵耳目之欲,则上累日月之明。"疏入,帝遽命罢之,赐酒一上尊,且命御史大夫传旨奖其忠直。是时,宰相倒剌沙专命,师鲁言:"古之人君,将有言也,必先虑之于心,咨之于众,决之于故老大臣,然后断然行之,涣若汗不可反,未有独出柄臣之意者也。"不报。倒剌沙虽刚狠,亦称其敢言。迁枢密院都事,改经历。致和初,进奉政大夫、参议枢密院事。

天历中,迁枢密院判官,改兵部侍郎。丁父忧,特旨起为同金枢密院事,师鲁固辞不就。服除,复为枢密院判官,持节治四川军马,大阅于郊,宽简有法,士卒怀其恩信。迁中顺大夫、刑部侍郎,枢密院复奏为判官。久之,出为河间路转运盐使,法度修饬,岁课大增。

暇日率僚属新孔子庙,遣吏往江西制雅乐,聘工师,春秋释奠,士论翕然。师鲁由从官出为外吏,恒郁郁不乐,以疾弃官归,卒于家,年五十有二。赠嘉议大夫、礼部尚书、天水郡侯,谥文清。

于钦,字思容,宁海文登人。祖祥,为李全弟二太尉所掠,全妻杨氏开府山东,署祥为从事。父世杰,有学行,宋平,慨然曰:"中原礼乐尽在江南,吾将往观之。"遂徙家于平江。

钦少力学,有才名。集贤大学士高贯、浙江行省平章高昉皆荐之,征为国子助教。擢山东廉访司照磨。丁母忧。服除,授翰林国史院编修官,三迁为江南行台监察御史,改詹事院长史,就拜监察御史。

泰定初,预铁失逆谋者未尽伏法,钦上书数百言,请亟正其罪,闻者为之咋舌。

天历元年,钦与同僚撒里不花、锁南班、张士宏上言:"朝廷政务,赏罚为先,功罪既明,天下斯定。国家近年自铁木迭儿窃位擅权,假刑赏以遂其私,纲纪始紊。迨至泰定,爵赏益滥。比以兵兴,用人甚急,然而赏罚不可不严。功之高下,罪之轻重,皆系天下之公论。愿命有司务合公议,明定黜陟。功罪既明,赏罚攸当,则纲纪振举,而天下治矣。"帝嘉纳之。迁中书左司都事,改御史台都事。

钦据经守律,不务刻深,忌者因其骤进,造蜚语构之。遂除同知寿福院总管府事。未几,复拜兵部侍郎。至顺四年卒,年五十。撰《齐乘》十卷,传于世。

宋翼,字云举,泽州高平人。

父景祁,德州教授,以经学授徒,家居七年,时论高之。擢国史院编修官。阿合马死,世祖严治党羽,左司郎中杜昌翁居官十余年不迁,好汲引士类,至是缘坐。景祁言于执政曰:"昌翁在众中,宜见简别,不然何以劝善?遂获免,且擢集贤学士。昌翁每语人曰:"吾善遇天下士,惟得一宋景祁耳。"景祁历晋城、乡宁、南漳三县尹,所至称廉平，专务德化，不事鞭朴。卒于官。

翼，沈静好学。初除大都路儒学正，迁中山、怀庆两府教授。仁宗出居河内，翼从众郊迎，帝一见奇之，问长髯者为谁，李孟对曰："怀庆教授也。"帝赐以卮酒。俄改永宁县主簿。有寡嫂讼其叔侵暴，有司受叔赂不问，翼穷治之。由是讼冤者必侦翼出，乃白事，否则袖讼牒而出。陕西行台闻其名，辟为掾。

延祐二年，召为国史院编修官，进应奉翰林文字。四年，任满当代，以荐留，转从事郎。至治二年，迁修撰，俄拜监察御史。翼居翰林七年，未尝一谒权贵。及拜御史，叹曰："世之清要官，亦有不求而得者。然既得之又患失之，乃不如求而不得，犹可以自遂也。"三年，劾中丞雪雪贪淫，免其官。又与御史盖继元同劾铁木迭儿。时铁木迭儿矫杀萧拜住、杨朵儿只等，翼历数其恶，士论壮之。先是，御史观音保、锁咬儿哈的迷失、成圭、李谦亨谏造寿安山佛寺，英宗杀观音保、锁咬儿哈的迷失，杖圭、谦亨而窜之。至是，翼讼其冤。诏观音保、锁咬儿哈的迷失恤赠有差，召圭、谦亨还。

泰定元年，出为金淮西江北廉访司事。时浙江行省置左丞相，翼引五大不在边之说，谏阻其事。不报。镇南王将至历阳观香菱塘，翼按部闻之，移廉访司，言："秋禾未刈，王出，恐从骑践踏，病民，请止其行。"廉访司不敢言，而遣翼迎劳，翼论列不已，会王以疾不果来，乃止。翼纠劾属吏赃罪，比迁，罢黜者二百余人。二年，征为国子监司业，为教宽严适中，学者悦服，祭酒虞集举以自代。

天历二年，转奉政大夫、同金太常礼仪院事。文宗郊祀，翼与同知太常普华奉祝册，帝见翼笃老，问参政阿荣："白须者何人也？"对曰："宿儒宋同金。"上慰劳久之。三年，进金太常礼仪院事。卒，年六十六。

子泉昌，东安县尹；绍昌，国史院编修官。

延祐中劾帖木迭儿者，又有杨安札尔不花。杨安札尔不花，西夏人，为行台御史，劾铁木迭儿罪恶，不报。入为中台监察御史，又劾之。累迁户部尚书、治书侍御史，出为江西行省右丞，召为同知宣政院事使,卒。

杨焕,字文伯,汴梁祥符人。父敬直,江浙行省参知政事,赠宣忠守正奉德功臣、护军、宏农郡公,谥忠肃。

焕以后至元初宿卫东宫,除翟县尹。避祖讳,辞改通事舍人,转太庙署令,又以父疾辞,寻除管勾河南行省承发架阁库。河南饥,焕告于朝,忤省臣,不为报。焕得见上,卒如所请。历籍田令,请籍田植柳为薪,免伐桑枣。召见便殿,赐御酒、金绮。拜南台监察御史,纠劾不法者七人,分司官皆惮之,多自劾去。移西台,按云南省臣脏,置之法。复入中台,上言官冗吏弊、病民蠹国等事,皆切中时弊。指挥马马沙横行不法,焕收捕笞之。分司上都,赐中统钞五十锭、银五十两、金龙币一。台臣檄焕开水门造石坝,以泄蔡河夏秋之潦,复旧闸六,导蔡水入圭河,民便之。

出佥江东肃政廉访司事,池州达鲁花赤贪黩,焕发其脏罪,论如律。移佥湖北道,湖南饥民徐万六为盗,吏当以强劫罪,焕力争之,得不死。复移浙西道,以父敬直年高,请终养,改河南行省员外郎,寻迁郎中。敬直卒,庐墓三年。服阕,复拜监察御史,出为闽海道肃政廉访司副使,移湖南,擢江西榷茶都转运使。以正议大夫、兵部尚书致仕。至正九年卒,年七十五。子圭,知湘潭州。

胡彝,字安常,彰德安阳人。父景先,有志节,隐居不仕。

彝以文学,授大都路儒学录,累擢中书省右司掾、工部主事,迁河南行省左右司员外郎。河南大饥,郡县请先发廪后入奏,行省格其事不下。彝方代判省椟,即发三十二万石赈之,活五十万余人。未几,佥河西陇右道肃政廉访司事,拜监察御史,迁右司都事。有张甲陈言,伏道左,乘舆马惊,将诛之,彝抗议,卒免其死。上都狱有妻弑夫者,西僧用佛法曲宥之,中贵人传旨引至内廷,将脱械,彝白宰相之狱,卒正其罪。

再迁工部侍郎。潞州仓没于水,作渠分势,彝所董万人,夜忽举火欢噪,同僚惶骇,彝坐至旦,戮其为首者,众复安。丁父忧,去官。服除,拜陕西行省治书侍御史。又丁母忧,遇大祥,起为江西湖广道肃政廉访使,未行,改户部尚书。明宗入正大统,未几崩,文宗即位,逾月再颁赏赉,当事者请括民间金帛充之,彝力谏,建议以盐易银,事办而民不扰。拜治书侍御史,复除河南行省参知政事,未行,改江北淮东道肃政廉访使。至正十二年卒,年五十五。

　　史臣曰:世祖建御史台。分置察院,以监察御史专司耳目,非有时望者不能预其选。故自至元迄于泰定,御史多称职者。燕帖木儿援立文宗,专愎自恣,非其党羽辄风御史劾去之。元统以后,沿为陋习,哈麻杀脱脱,搠斯监杀贺太平,皆先以御史之纠劾,显倒是非,肆意诬蔑,是特奸人之鹰犬而已。呜呼! 岂世祖所及料者哉。

新元史卷一九七
列传第九四

和礼霍孙　　完泽
阿鲁浑萨里　岳柱　彻里
秃忽鲁

　　和礼霍孙,佚其氏族。至元五年,中书省臣请设起居注,以和礼霍孙与独胡剌并为翰林待制,兼充起居注官。十年,兼领会同馆事,主朝廷咨访及降臣之表奏。累擢翰林学士承旨。十五年,帝谕和礼霍孙:"以后用宰相及统兵将帅,与侍从老臣同议之。"十七年,枢密副使张易荐妖人高和尚能役鬼为兵,帝信之,命和礼霍孙偕高和尚赴北边,和礼霍孙知其妄,不能强谏也。未几,召还。十一月,奏:"俱蓝、马八、阇婆、安南等国俱遣使奉表入朝,宜礼而归之。"帝韪其言,诏赐安南使者职名及弓矢、鞍勒。十八年,奏设蒙古提举学校官于扬州、隆兴、鄂州、泉州四路。是年,以翰林学士承旨守大司徒。

　　十九年,王著、高和尚杀阿合马,命和礼霍孙至中书省,与省、台官同议阿合马所管财赋,和礼霍孙等请先封籍府库,帝从之。四月,拜中书右丞相,降右丞相瓮吉剌带为上都留守。五月,籍阿合马党七百一十四人,褫其官。时阿合马之弊政尽为和礼霍孙所划革,又请依刘秉忠、许衡所定官制,凡阿合马所增置者,一切罢之;诉事者赴省台陈告,有敢上匿名书者,罪死。中山人薛宝住为匿名书,妄效东方朔,捕下刑部狱,和礼霍孙言:"此奸诡之民,欺君侮上,罪不可道。"敕即诛之。和礼霍孙以儒雅为世祖所礼重,凡奏事多蒙俞允,惟论占城行省宰相至七人违制,忤帝旨,不报。

二十一年正月,率百官奉册上帝尊号。是年,和礼霍孙建议兴科举,事下中书省议,会安童自北庭返,十一月帝罢和礼霍孙,以安童代之,科举议遂寝。未几,和礼霍孙以病卒。后赠保德协课佐理功臣、太师、开府仪同三司,进封齐鲁国公,谥文忠。

和礼霍孙喜荐人材,麦术丁、温迪罕、张雄飞等,后皆至宰相,有时名。

完泽,土别燕氏。

祖土薛,从太祖平诸部。睿宗伐金,以土薛为先锋,越汉江,略方城而北,破金兵于阳翟。金亡,从攻宋兴元、阆、利诸州,拜都元帅,克成都,斩其将陈隆之。赐食邑六百户。

父线真,宿卫禁中,掌御膳。中统初,从世祖北征。四年,拜中书右丞相。后罢为宣徽使。有问以朝政者,线真曰:"我为朝廷守大官庖,岂敢论时政。"其慎密如此。赠太师,追封秦益国公,谥忠献。

完泽,以大臣子选为裕宗府僚。裕宗为皇太子,署詹事长,太子甚重之。一日,燕会宗室,指完泽语众曰:"亲善远恶,君之急务,善人如完泽,群臣中不易得者。"自是常典东宫宿卫。裕宗卒,从成宗抚军北边。至元二十八年,桑哥伏诛,世祖咨于廷臣,特拜中书右丞相。完泽入相,革桑哥弊政,自中统初积岁逋负之钱粟悉蠲免之。

三十一年,世祖崩,完泽受遗诏,合宗戚大臣之议,启皇太后迎成宗即位,诏谕中外罢安南之师。元贞以来,朝廷谨守成法,诏书屡下,散财发粟,济人饥困,百姓翕然以贤相称之。惟导成宗用兵于八百媳妇,致刘深丧师而返,为人所訾云。大德四年,加太傅、录军国重事。七年,枢密断事官曹拾得诬告朱清、张瑄有异志,诏逮之。初,完泽奉世祖遗诏:清、瑄有大功,命完泽保护之。至是,完泽以遗诏为言,不从,清、瑄俱坐死。是年四月,完泽卒,年五十八。追封兴元王,谥忠宪。子长寿,中书右丞。

史臣曰：阿合马败，世祖相和礼霍孙；桑哥败，世祖相完泽；皆以扫除秕政，获当时之誉。然和礼霍孙之荐士，则非完泽所及也。

阿鲁浑萨里，回鹘人。父乞台萨里，早受浮屠法于智全末利可吾坡地沙，业既成，其师字之曰万全。至元十二年，入为释教都总统，拜正议大夫、同知总制院事，加资德大夫、统制使，卒。

阿鲁浑萨里，以父字为全氏，幼聪慧，受业于国师八思马。不数月，尽通其学，且解诸国语。世祖闻其才，俾习汉文，于是经史、百家及阴阳、历数之书，靡不淹贯。后国师西还，携与俱。岁余，乞归，国师送之曰："汝之学，非为我弟子者，我敢受汝拜乎。"比至上都，国师已上书荐之，裕宗召入宿卫，以笔札侍左右。

至元二十年冬，有西域二僧，自言知天象，译者不能通其说。世祖问："谁可与语者？"侍臣脱烈对曰："阿鲁浑萨里可。"诏与问难，二僧皆屈服，世祖大说，令宿卫内廷。有江南人告宋宗室谋反，命使者逮捕至都，使已行，阿鲁浑萨里趣入谏曰："言者必妄。"世祖问："何以知之？"对曰："言者不告于州县，径赴阙廷，必其仇也。且江南初定，民未附，一旦信浮言，辄捕之，恐人人自危，适中言者之计。"世祖悟，立召使者还，械言者鞫之，果以贷钱不遂，诬人谋反。世祖曰："非汝言，几误，但恨用汝晚耳！"自是，命日侍左右。

二十一年，擢左侍仪奉御。阿鲁浑萨里劝世祖以儒术治天下，访求亡宋遗臣及山泽道艺之士，以备任使。世祖嘉纳之。命阿鲁浑萨里领馆事，让于司徒撒里蛮，乃迁为中顺大夫、集贤馆学士，兼太史院事，仍兼奉御如故。阿鲁浑萨里又言："国学，人才之本，请置国子监学官，增博士、弟子员，优其廪饩。"世祖从之。二十三年，进集贤大学士。

明年春，立尚书省，桑哥用事。诏阿鲁浑萨里佐之，固辞，世祖不许，授尚书右丞，兼太史院事。冬，拜荣禄大夫、平章政事，兼集贤大学士、太史院使。桑哥奏立征理司，征百姓逋欠，州县囹圄皆满，道路侧目，无敢言者。会上都地震，阿鲁浑萨里请罢征理司，以塞天变。诏从之，都人皆市酒相庆。未几，桑哥败，阿鲁浑萨里以坐累籍没。世祖问："桑哥暴横如此，汝何无一言？"对曰："陛下方信任桑哥，彼所忌只臣一人，臣言不用，如抱薪救火，势益张，不如弥缝其际，俟陛下自悟。"世祖意乃释。桑哥临刑，吏以阿鲁浑萨里为问，桑哥曰："我惟不听彼言，故致于败，彼何与焉？"世祖益知其无罪，诏还所籍资。裕圣皇后闻其廉正，以金帛赐之，辞，帝又使张九思赍金帛赐之，亦辞。

二十八年秋，乞罢政事，拜集贤大学士，兼奉御如故。司天监丞告阿鲁浑萨里在太史院数言灾祥事，预国休戚，大不敬。世祖大怒，以为诽谤大臣，当抵罪，阿鲁浑萨里顿首曰："臣赖天地含容之德，虽万死莫报。然欲被言者罪，恐自后无为陛下言事者。"其人始获免。三十年，复领太史院事。

明年，世宜崩，成宗在北边，裕圣后命为书趣成宗入践大位，又命率翰林、集贤、太常礼官，备礼册命。元贞元年，以翊戴功，加守司徒、集贤院事，领太史院事，赐楮弊二十万缗。初，裕宗殂，世祖未知所立，问于阿鲁浑萨里，以成宗对，且言成宗仁孝恭俭之德，于是大计遂决，裕圣皇后及成宗皆不知其事。数召阿鲁浑萨里谢，不往，及储位已定，成宗索棋具于阿鲁浑萨里。始一至，成宗曰："人谁不求知于我，汝独不来。我非为棋具，欲见汝耳，汝可谓知大臣体者。"自是召对不名，赐坐视诸侯王等，常谓左右曰："若全平章者，可谓全才矣，于今殆无其比。"左右或呼其名，帝怒责之曰："汝何人，敢称其名耶！"大德三年，复拜中书平章政事。七年，罢。十一年，卒，年六十三。

阿鲁浑萨里历事两朝二十余年，通夕未尝安寝，或一夕再三召见，日居禁中，其所言虽妻子不知也。延祐四年，赠推忠佐理翊亮功臣、太师、开府仪同三司、上柱国，追封赵国公，谥文定。

子岳柱、久住、迈住。阿鲁浑萨里兄回鹘萨里，累官资德大夫、中书右丞、行泉府太卿，弟岛瓦赤萨里。

岳柱，字止所，一字兼山。性颖悟，八岁观画师何澄画《陶母剪发图》，岳柱指陶母手中金钏，诘之曰："金钏可易酒，何用剪发为也？"何大惊异之。既长，就学，日记千言。年十八，从丞相答失蛮备宿卫，出入禁中，如老成人。至大元年，授集贤学士、正议大夫，即以荐贤才为事。皇庆元年，进中奉大夫、湖广道宣慰使。延祐三年，进资善大夫，有欺之者，恬不为意。或问之，则曰："彼自欺也，我何与焉？"母部氏亦常称之曰："吾子古人也。"

子四：普达，同金行宣政院事；次答黑麻；次安僧，为久住后，章佩监丞；次仁寿，中宪大夫、长秋寺卿。

彻里，燕只吉台氏。

曾祖塔赤，从太宗定中原，又败宋将彭义斌。太宗分功臣土地，以徐、邳户不盈万，授为徐、邳二州达鲁花赤。至治三年，追封襄安王。

祖纳忽，从宪宗伐宋，攻合州钓鱼山，有战功。

父奇鲁，俱袭达鲁花赤。

彻里，幼孤，其母蒲察氏教之读书。蒲察氏性方严，彻里虽贵显，犹受杖。至元十八年，世祖召见彻里，应对敏捷，悦之，命侍左右。乃颜叛，从世祖亲征，军中夜惊，彻里宣上命抚定之，将士帖然。师还，奏言："大军所过，民不胜扰累，宜加振恤。"世祖从之，赐边民谷帛牛马有差，擢彻里利用监。二十三年，奉使江南，访遗逸之士。时行省鬻所在学田，以价输官。彻里曰："学田所以供祭祀、育人才者，安可鬻？"遂止之。还朝，奏闻其事，世祖嘉纳焉。

二十四年，桑哥为相，分中书省为尚书省，钩考天下钱粮，凡阿合马用事时通欠者，举以为中书失征，奏诛参政郭佑、杨居宽。行省承风旨，督责尤峻，或逮及亲邻，械系搒掠，民不胜其苦，自杀及死于狱中者以千百计，中外汹汹，廷臣皆莫敢言。彻里乃于帝前具陈桑哥奸贪蠹国害民状，言辞激烈。世祖怒谓其毁诋大臣，命左右批其颊，彻里辩愈力，且曰："臣与桑哥无仇，所以数其罪而不顾身家者，为国计耳。苟畏圣怒而不复言，则奸臣何由而去。且朝廷置群臣，犹人家畜犬，贼至犬吠，主人不见贼而箠犬，犬遂不吠，岂主人之福？”世祖悟，命卫士三百人往籍桑哥家，得珍宝如内藏之半。桑哥既伏诛，枉系者得释。复命彻里往江南籍桑哥姻党江浙省臣乌马尔、蔑列、忻都、王济，湖广省臣要束木等弃市，天下快之。

江浙平章政事沙不丁与台臣有嫌，乘世祖怒，从旁激之，谓湖广廉访使盗烧钞八百锭，堂帖屡下，赃终未入，抱文书至世祖前曰：“稽是可见。”裂卷为两，缝留半印。彻里进曰：“缝用印者以杜欺罔，汝为执政，执半印文书以讼人，余半安在？”沙不丁语塞，世祖叱之退，台臣诬始白。明日，拜御史中丞。未几，进荣禄大夫、福建行省平章政事，赐金五十两、银五千两。汀、漳剧贼欧狗，积岁未平，彻里引兵讨之，所过秋豪无犯，降者则劳以酒食而慰遣之，他栅闻之，望风款附。未几，欧狗为其党缚致军前，枭首以徇，汀、漳平。

三十一年，世祖不豫，彻里驰远京师侍医药。世祖崩，与诸王大臣共立成宗。大德元年，拜江南行台御史大夫。既莅事，谓都事贾钧曰：“御史不知大体，巡按以苛为明，征赃以多为贵，至有近子证父，奴讦主者，伤风败俗甚矣。君为我语诸御史，勿庸效也。”帝闻而善之。

七年，改江浙行省平章政事。吴淞江久淤，豪民封土为田，水道愈窒，由是泛滥为诸郡灾。海运千户任仁发条其利病、疏浚之法，中书省以闻，诏发卒万人，命彻里董其役。凡四月而工毕，置闸以时启闭，民便之。九年，召为中书平章政事。时帝久不豫，彻里见左丞相阿忽台等阿附中宫，事事专决，乃引疾不出。十年卒，年四十七。卒之日，家资不满二百缗，人服其廉。赠推忠守正佐理功臣、太傅、开府仪同三司、上柱国，追封徐国公，谥忠肃。至治二年，加赠宣忠同德弼亮功臣、太师、开府仪同三司，追封武宁王，谥正宪。

子朵儿只，江浙行省左丞。

秃忽鲁，字亲臣，康里亦纳之孙，亚里大石第九子。亦纳，部长之称，大石则部长之嫡子也。自幼给事世祖，命与不忽木、也先帖木

儿从许衡学。帝一日问其所学,秃忽鲁与不忽木对曰:"三代治平之
法。"帝喜曰:"康秀才,朕初使汝就学,不意汝即知此。"除蒙古学
士、客省使,迁兵部郎中,佥太史院事。至元二十年,迁中书右司郎
中。未几,用大宗正薛彻干荐,掌宗正府判署。一日归,愀然不乐,
家人问之,曰:"今日所议罪应死,我意有所疑,欲活之,未得其方
耳。"他日归,喜曰:"我得之矣,法当流徙也。"擢吏部尚书。

　　哈剌哈孙为湖广行省平章政事,荐以自辅,拜湖广行省右丞。
时湖南北多盗,哈剌哈孙患之,秃忽鲁曰:"树茂则鸟集,伐则散,戮
其渠魁足矣。"盗首乔大使在九江,擒而尸诸市,阖境肃然,远近无
剽掠者。二十九年,辰州獠叛,官军屡战不利,移文索辰、沅弩手三
千人。哈剌哈孙弗许,秃忽鲁曰:"汉人不习弩,习弩者皆蛮户也。以
蛮攻蛮,何不可之有?"力请与之,獠患遂平。

　　成宗即位,迁浙江行省右丞。平章政事不忽木卒,帝问左右,孰
有似不忽木者?贺胜对曰:"秃忽鲁其人也。"召入都,拜枢密副使。
大德七年卒,年四十八。赠推忠翊运佐理功臣、荣禄大夫、江浙行省
平章政事、柱国、大司徒,追封赵国公,谥文肃。

　　子山僧,晋宁路总管。

新元史卷一九八
列传第九五

哈剌哈孙　　不忽木 回回　嵬嵬

　　哈剌哈孙，斡剌纳儿氏，太祖功臣乞失里黑之曾孙也。祖博理
察，父囊家台，并见《乞失里黑传》。

　　哈剌哈孙威重，不妄言笑，善骑射，尤雅重儒术。至元九年，世
祖录勋臣后，命掌宿卫，袭号答剌罕。自是人称答剌罕而不名。尝
从猎，马踢伤面，入直如平常，帝命医疗之，眷益重。帝尝谕之曰：
"汝家勋载天府，行且大用汝矣。"又语皇太子曰："答剌罕非常人
比，可善遇之。"十八年，以钦、廉二州益其食邑。

　　二十二年，拜大宗正，用法平允。尝遣使决各路狱囚，哈剌哈孙
按狱词不具者，悉令复勘，仅奏决六十人。大同民殴鹰房三人死，左
右以闻，帝怒，亟遣哈剌哈孙治之，止坐其为首者。京师造伪钞者连
富民百余家，哈剌哈孙尽释之。时相请以江南狱隶宗正府，哈剌哈
孙言其不便，事遂止。

　　二十八年，以丞相安童荐，拜荣禄大夫、湖广行省平章政事。台
臣言："哈剌哈孙在宗正，决狱平，即去，恐难其继者。"帝曰："湖广
非斯人不可。"命勿留，遂行。初，枢密置行院于各省，分兵、民为二，
哈剌哈孙入觐，极陈其不便，帝为罢之，因问曰："风宪之职，人多言
其挠吏治，信乎？"对曰："朝廷设此以纠奸蠹，贪吏疾之，妄为此
言。"帝然之。三十年，平章刘国杰征交趾，哈剌哈孙戒将吏无扰民。
有夺民鱼菜者，杖其千户，军中肃然。俄敕发湖广富民万家屯田广

西,以图交趾,哈剌哈孙密遣使奏曰:"往年远征失利,疮痍未复,今又徙民瘴地,必将怨叛。"使还,报罢,民皆感悦。及广西元帅府请募南丹五千户屯田事上行省,哈剌哈孙曰:"此土著之民,诚为便之,内足以实空地,外足以制交趾之寇,不烦士卒而馈饷有余。"即命度地,立为五屯,统以屯长,给牛种农具与之。湖南宣慰使张国纪建言,欲按唐、宋末征民间夏税,哈剌哈孙曰:"亡国弊政,失宽大之意,圣朝岂可行耶?"奏止之。

大德二年,入朝上都,拜江浙行省左丞相,视事七日,征拜中书左丞相,进阶银青光禄大夫。既拜命,斥言利之徒,一以节用爱民为务,有大政事必引儒臣共议。京师无孔子庙,国学寓他署,乃奏建庙学,选名儒为学官,使近臣子弟入学。又集群议建南郊,为一代定制。

五年,云南行省左丞刘深建议征八百媳妇,右丞相完泽以帝未有武功,请从之。哈剌哈孙曰:"山峤小夷,可喻之使来,不足以烦中国。"不听,竟发兵二万,命深将以往。及次顺元,深使雍真葛蛮土官宋隆济备馈运夫马,刻期严急,民不堪命。遂围深于穷谷,首尾不能相救。事闻,遣刘国杰往援,擒斩隆济等,然士卒存者十仅一、二。帝始悔不用其言。会赦,有司议释深罪,哈剌哈孙曰:"微功首衅,丧师辱国,非常罪比,不诛无以谢天下。"奏诛之。

七年,进中书右丞相,尝言:"治道必先守令。"乃精加遴选。定官吏赃罪十二章,及丁忧、婚聘,盗贼等制,禁献户口及山泽之利,著为令。车驾幸上都,哈剌哈孙必留守京师。帝不豫,政出中宫,群邪党附之,哈剌哈孙匡救其间,天下晏然。十年,加开府仪同三司、监修国史。冬十一月,帝疾甚,入侍医药,出总宿卫。诸王请入侍疾,不听。

十一年春正月,成宗崩。时武宗抚军北边,仁宗侍太后在怀庆,左丞相阿忽台议请皇后垂帘听政,立安西王阿难答。哈剌哈孙密遣使北迎武宗,收京城百司符印,封府库,称疾卧省中。内旨日数至,并不听,文书皆不署。众欲害之,未敢发。及仁宗至近郊,众犹未知。

三月朔,列牍诸署皇后以三月三日御殿听政,哈剌哈孙立署之,众大喜,莫知所为。明日,迎仁宗入,执阿忽台及安西王阿难答等,诛之,内难悉平。自冬至春,未尝至家休沐。

夏五月,武宗至,即皇帝位,拜太傅、录军国重事,仍总百揆,赐宅一区,以其子脱欢入侍。初,仁宗之入也,阿忽台有勇力,人莫敢近,诸王秃剌手缚之,以功封越王,三宫尽幸其第,赐与甚厚,以庆元路为其食邑。哈剌哈孙力争曰:"祖制,非亲王不得加一字封。秃剌疏属,岂得以一日之功,废万世之制。"帝不听,秃剌因谮于帝曰:"方安西王谋干大统,哈剌哈孙亦署其文书。"由是罢相,出镇北边。

诏曰:"和林为北边重镇,今诸部降者又百余万,非重臣不足以镇之,念无以易哈剌哈孙者。"赐黄金三百两、白银三千五百两、钞十五万贯、帛四万端、乳马六十匹,以太傅、右丞相行和林省事。太后亦赐帛二百端、钞五万贯。至镇,斩为盗者一人,分遣使者赈降户,奏出钞帛易牛羊以给之。近水者,教取鱼食之。会大雪,命诸部置传车,相去各三百里,凡十传,转米数百石以饷饥民,不足则益以牛羊。又度地置内仓,积粟以待来者。浚古渠,溉田数千顷。复称海屯田,岁得米二十万石。北边大治。

至大元年,赐斡尔朵如诸王制。十一月,寝疾,语其属曰:"吾不能治行省事矣,汝曹勉之!"卒年五十二。帝闻之,惊悼曰:"丧我贤相。"赙钞二万五千贯,诏归葬昌平。追赠推诚履政佐运功臣、太师、开府仪同三司、上柱国,追封顺德王,谥忠献。

子脱欢,由太子宾客拜御史中丞,袭号答剌罕,进御史大夫,行台江南,寻拜平章政事,行省江浙,进左丞相,兼领行宣政院。重厚有父风,喜读书,为政不尚苛暴,得众心。致和元年卒,年三十七。子蛮蛮。

不忽木,康里氏。世为其部大人。

祖海蓝伯,事克烈王汗。王汗灭,率所部遁去,太祖使招之,不从,后莫知所终。

　　父燕真，海蓝伯第十子，方六岁，为太祖所获，分赐庄圣皇后。性恭谨，善为弓衣，侍世祖于潜邸，配以高丽女金氏名长姬。及长，从征伐有功。宪宗将伐宋，命世祖居守，燕真谏曰："上素疑殿下，今上亲征，殿下不从可乎？"世祖请从，宪宗悦，使世祖分兵趋鄂州。宪宗崩，燕真统世祖留部，知阿里不哥有异志，奉皇后至上都。世祖即位，未及擢用而卒。后赠太傅、河南行省左丞相，追封晋国公，谥忠献。

　　不忽木，幼事裕宗。年十二，进止详雅，已如成人。师事赞善王恂。恂扈驾北征，诏不忽木入国学，受业于祭酒许衡。衡以为有公辅之器，名之曰时用，字用臣。世祖命诸生献其所习字，不忽木年十六，书《贞观政要》数十事以进，世祖嘉叹久之。至元十三年，与同舍生疏请："宏展国学，择蒙古人年十五以下、十岁以上质美者百人，百官子弟与凡民俊秀者百人，定其饩廪之制，选司业、博士、助教教之。其诸生学业成就者，听学官保举，依例入仕。未成就者，令照旧学习，其终不可教者，听出学。凡学政因革损益，皆得不时奏闻。"疏上，世祖嘉纳之。十四年，授利用少监。

　　十五年，出为燕南河北道按察副使。世祖遣通事脱脱护送西僧过真定，僧箠驿吏几死，按察使不敢问。不忽木受驿吏状，下僧于狱，脱脱欲出之，词气倔强，不忽木责以不职，使免冠跪庭下。脱脱逃归以闻，世祖曰："不忽木素刚正，必汝辈犯法故也。"已而不忽木奏至，世祖曰："朕固知之。"十九年，擢按察使。静州守吏盗官钱，诏不忽木按之，归报称旨，赐银钞有差。

　　二十一年，召参议中书省事。时卢世荣党附桑哥，扬言能用己，则国赋可十倍于旧。世祖问于不忽木，对曰："聚敛之臣，操术以罔其君，及罪恶稔，国与民俱困，虽悔无及。"世祖不听，以世荣为中书右丞，不忽木辞参议不拜。

　　二十二年，世荣伏诛，世祖谓不忽木曰："我殊愧卿！"擢吏部尚书。时方籍阿合马家，其奴张缫札尔等当死，谬言阿合马家资寄顿者多，尽得之可充国用。于是钩考隐匿，逮及无辜。不忽木曰："此奴为阿合马爪牙,死有余罪,为此言欲侥幸不死耳,岂可复受其诳,嫁祸良善耶?"丞相安童以其言入奏,世祖悟,命不忽木鞠之,具得情实,缴札尔等伏诛。

二十三年,改工部尚书,迁刑部尚书。河东按察使阿合马贷官钱,抑取部民资产偿之。遣使者数辈按问,皆不伏。不忽木往,发其奸赃百余事。会大同饥,不忽木便宜出廪粟赈之。阿合马所善幸臣劾不忽木擅发军储,又锻炼阿合马之狱使诬服。世祖曰:"发粟赈饥,何罪之有?"命逮阿合马至京师,鞠之,竟伏诛。土土哈求钦察人为奴者充其军,籍滥及良民,中书遣金省王遇核其籍汰之。土土哈奏遇有不逊语,世祖怒欲杀之,不忽木力谏,遇得免死。

二十四年,桑哥奏立尚书省,诬杀参政杨居宽、郭佑,不忽木争之,不能得。桑哥深忌之,尝指不忽木谓其妻曰:"他日籍我家者,必此人也。"使西域贾人诈为讼冤者,赂不忽木珠一箧,不受。既而知其事出于桑哥,遂以病免。二十七年,拜翰林学士承旨、知制诰兼修国史。

二十八年春,世祖猎于柳林,不忽木之弟野礼审班及彻里等劾奏桑哥罪状,世祖召问不忽木,具以实对,世祖始决意诛之,罢尚书省,复以六部隶于中书。世祖欲相不忽木,固辞,世祖问:"孰任为相?"不忽木荐太子詹事完泽。是时,上春秋高,成宗抚军北边,位号未正,不忽木谓相东宫旧臣,可以杜奸义之觊觎。世祖默然良久,曰:"卿虑及此,社稷之福也。"乃拜完泽右丞相,不忽木平章政事。不忽木议革桑哥弊政,召用旧臣为桑哥所贬斥者,尤重文学知名之士,使更相引荐,布列台省。桑哥之党,惟忻都、纳速丁蔑理、王济等罪状尤著诛之,其余随材擢用,待之无间,于是人情翕服。上都留守蔑巴尔思言改按察置廉访司不便,擿宪臣赃罪以动上听。世祖责中丞崔彧,彧谢病不知。不忽木面斥之,极论廉访司不宜罢,世祖意始释。

王师征交趾失利,复谋大举,不忽木谏曰:"兽穷则噬,势使之然,今陈日燇袭位,若遣使谕以祸福,彼必听命,如不悛,加兵未

晚。"世祖从之,已而日燳感惧,遣使诣阙请罪,献前六岁之贡物。世
祖曰:"卿一人之力也。"以其半赐之,不忽木固辞,惟受沉香假山、
象牙镇纸、水晶数事。

平章政事麦术丁请复立尚书省,专领户、工、刑三部,不忽木诘
之曰:"阿合马、桑哥身戮家败,前鉴不远,汝奈何又效之?"事获寝。

又有言京师蒙古人,宜与汉人间远,以示制防。不忽木曰:"此
奸人欲擅贸易之利,借为忠言,以荧上听耳。"乃图蒙古人第宅与民
居相错之状奏之,事亦寝。

达剌海求征理钱谷逋悬,省臣请入止之,不忽木曰:"无庸,宜
听其所为,彼不久自败也。"已而果以贿诛。有请加江南包银者,不
忽木曰:"江南履亩纳税,输酒醋课及门徭、水马驿递。又增包银则
重敛矣,民将不堪!"其议始罢。

三十年,有星孛于帝座,世祖忧之,夜召不忽木,问以塞天变之
道,对曰:"陛下,天之子也,父母怒人子,不敢疾怨,惟起敬、起孝而
已。故《易》曰:'君子以恐惧修省。'《诗》曰:'敬天之怒',凡克谨天
戒者,鲜不有终。汉文帝之世,同日山崩者二十有九,频岁日食、地
震,文帝能戒慎,天亦悔过,海内乂安。臣愿陛下法之。"因诵文帝日
食求言诏,世祖悚然曰:"此言深合朕意。"明日进膳,以盘珍赐不忽
木。

世祖每与不忽木论古今成败之理,至忘寝食,或危坐达旦,谓
不忽木曰:"曩与许仲平论治,不及卿远甚,岂仲平有隐于朕耶?抑
卿过于师耶?"不忽木谢曰:"臣师见理甚明,臣所知何足以企万一。
臣师起于布衣,君臣分严,召对有时言不克究。臣托先臣之荫,朝夕
侍陛下左右,故得尽言。"世祖又谓之曰:"太祖有言:国家之事,譬
右手执之,复佐以左手,犹恐失坠。今朕为右手,左手非卿乎?"又尝
拊髀叹曰:"天生卿为朕辅弼,何不前三十年及朕未衰用之?"已而
顾左右曰:"此朕子孙之福也。"

或谮完泽徇私,世祖问于不忽木,对曰:"臣等待罪中书,有发
其隐慝者,陛下宜面质之,明示责降,若内蓄疑猜,非驭臣下之道

也。"言者果屈,世祖使批其颊而出之。是日,寒甚,解所御貂裘赐之。

又有请讨流求国者,诏百官集议,不忽木力言不可,乃止。

世祖每称赛典赤伯颜之能,不忽木问之,世祖曰:"宪宗时常阴以财用资朕,卿父所知也。"不忽木曰:"是所谓二心之臣。今有以内府财物私与亲王,陛下以为何如?"帝急挥以手曰:"朕失言。"

世祖不豫,故事非蒙古勋臣不得入卧内,特诏不忽木侍医药。及大渐,与太傅伯颜、御史大夫月鲁吕诺延受遗诏,留禁中。丞相完泽至,不得入,伺伯颜出,问之曰:"我年位俱在不忽木上,而不预顾命何也?"伯颜叹息曰:"使丞相有不忽木之识虑,吾辈何至劳苦如此!"完泽不能对,入白皇太后,召三人问之。月鲁吕诺延曰:"臣等受顾命,如误国,甘伏诛。宗社事大,非宫中所当预也。太后韪之。其后发引、升祔、请谥、南郊,皆不忽木领之。

成宗即位,躬亲庶政,每廷议大事,多采不忽木之言。河东路献嘉禾,完泽欲奏以为瑞。不忽木诘之曰:"汝部内所产尽然耶?"曰:"只此数茎尔。"不忽木曰:"此无益于民,何足为瑞!"遂罢遣之。西僧为佛事,释罪人祈福,谓之秃鲁麻。豪民犯法,辄赂以求免。有奴杀主,妻杀夫者,僧被以御服,乘黄犊车出禁门,释之。不忽木曰:"伦常者,人治之本,岂可使乱法如此。"成宗责丞相曰:"朕戒汝,勿使不忽木知,今甚愧其言。然自是以为故事。"不忽木在中书,为同僚所严惮,有干以私者,辄正色拒之。由是怨者日众,遂构于完泽,出为陕西行省平章。成宗闻知其故,大怒,责完泽面欺,命不忽木复入中书。不忽木称疾不出。

元贞二年,拜昭文馆大学士、平章军国重事,辞曰:"本朝惟史天泽如此,臣不敢当。"诏去"重"字。大德二年,行御史中丞事。三年,兼领侍仪司事。久之,完泽知为同列所误,引咎自责,至于垂涕。不忽木在御史台,监察御史及各道廉访使多择士人为之,患吏不读书,令通一经一史者试吏,按官吏犯赃不施笞责,子不得证父,妻不得证夫,皆比附经义以改当时之法,人称其平恕焉。

　　武宗出镇北庭，百官郊饯，欲与不忽木易骑，谢不敢，第献其所乘马。明年，复遣使赐不忽木名鹰。大德四年，以病卒，年四十六。武宗即位，赠纯诚佐理功臣、开府仪同三司、太傅、上柱国，追封鲁国公，谥文贞。惠宗时，加赠太师，进封东平王。初世祖临崩，赐不忽木白璧，曰：“他日持此见朕。”及卒，遂以璧殉葬云。子回回、猱嶙。

　　史臣曰：成宗席世祖之余烈，哈喇哈孙辅之，黜营私罔利之臣，戮贪功生事之将，休养生息，海内晏然。不忽木笃守许衡之学，献可替否，本于经术，方之前代，庶几司马光、范纯仁。元之贤相，前为安童、廉希宪，后为哈剌哈孙、不忽木，百余年来未有及之者也。

　　回回，字子渊。以大臣子直宿卫，拜集贤学士，以幼辞。大德初，用荐者言，擢朝列大夫、太常少卿，进太常卿，阶嘉议大夫。以藩邸旧臣出使，称旨。寺改为院，擢太常院使，辞不拜。

　　武宗即位，海盗梗漕运，廷议设康里卫镇其地，欲以回回为万户。回回曰：“弭盗在用人，不必设卫分屯，以糜廪粟。”帝从之。至大初，调大司农。御史台议选廷臣为诸道肃政廉访使，回回入侍，帝问之，对曰：“中台表也，诸道景也，表正则景正。陛下宜慎选正人，以长中台，次用刚毅有为者以使诸道，则有司知畏法矣。”帝曰：“卿言得之。”即日除山南江北道肃政廉访使。有妇人以杀夫系狱，回回疑其枉，重鞫之，乃仇家所杀，立雪妇冤。同列多贪墨，恶回回，数以言语侵之，回回乃乞病归。未几，同列皆以赃败，人始服其先识。

　　至大末，改江南行台治书侍御史。御史大夫铁木迭儿怙权自尊，凡议事，自中丞以下皆侍立，莫敢相可否。回回独坐，与之言事，有不直必执法以折之，铁木迭儿衔之。还朝，帝问台臣优劣，遂诬奏回回不法之事。帝怒唾其面，出之。即遣中使，赐回回上尊。复迁淮西江北道肃政廉访使。有从事以受赇被逮，累讯不引伏，回回一问，即吐实曰：“吾不即伏者，以诸使者与吾无大相远，冀迁延幸免耳。公至，尚何言？”遂伏其辜。再改河南廉访使。行省郎中纳璘为丞相所恶，欲出之。回回察其贤，抗疏论荐，后卒为名臣。

英宗即位，丞相拜住首荐为户部尚书。寻拜南台侍御史，改参议中书省事。英宗愤铁木迭儿舞法，不及诛而死，命法司磔其尸。回回奏曰："斯人元恶，万磔莫赎，但初春发育之时，不宜戮遗骸，干天地之和气。"帝称善。帝欲选拔人材，丞相拜住命百僚各举所知，有以中使子为言者。回回曰："君不见左悺、杨复光之事乎？上重惜名爵，君乃进此辈，何也？"拜住叱其人出之。高丽王兄弟不睦，帝欲废其国为郡县，回回曰："宜谕使改过自新，不从，然后择其宗室之贤者立之。"拜住偕回回入奏，不听，复叩头力争，始寝其事。

司徒刘夔以讼田受赂，帝怒欲赐之死，回回曰："受赂而按田不实，罪准枉法论，不至死。"拜住入奏如回回言，帝怒，欲穷究建议者，既而知其守法，释不问。回回入谢，帝曰："朕虽不用卿言，知卿之忠也。"会日食，帝问其故，对曰："今征理田赋，劳师边塞，无罪杀杨朵儿只、萧拜住，皆足以致天变。惟陛下察之。"帝韪其言。回回性峭直，略无顾忌，拜住尝称其有经济才，谓人曰："吾以非才，致位宰相，每惭见子渊。"拜住退朝，执政皆送至私第，回回曰："是不过为谄耳。"独不往。拜住益贤之。

英宗遇弑，泰定帝践阼，诏捕斩构逆者。回回惧有变，即夜至中书，与大臣定计，昧爽就其家执之，无一脱者。泰定初，拜太子詹事丞，进阶中奉大夫，疏言："太子，国家之本，宜择正人如赞善王恂、谕德刘因者，为辅导。"从之。后以病免，改山东东西道肃政廉访使，未行，擢翰林侍讲学士、知制诰同修国史。回回与宰相倒剌沙议不合，固辞，迁江浙等处中书右丞，进资德大夫，又以病免归。

文宗即位，拜荣禄大夫、宣政院使，擢中书右丞。时太师燕铁木儿权势赫奕，回回待之无加礼，乃出为陕西行省平章政事，回回度不为所容，力辞不就。元统元年，卒于家，谥忠定。

子祐童，济南路总管；帖木列思，江南行台治书侍御史。

嵘嵘，字子山。由宿卫授集贤待制，迁兵部郎中，转秘书监丞。

奉命往核泉舶。改同金太常礼仪院事，拜监察御史，累迁礼部尚书、监群玉内司、领会同馆事，寻兼经筵官。复除江南行台治书侍御史，未行，留为奎章阁学士院承制学士，仍兼经筵官。升侍书学士、同知经筵事。复拜奎章阁学士院大学士、知经筵事。除浙西廉访使，复留为大学士、知经筵事，寻拜翰林学士承旨，提调宣文阁、崇文监。

文宗励精图治，巙巙日以圣贤格言讲诵帝前。

惠宗即位，巙巙侍经筵，益劝帝务学。帝欲宠以师礼，巙巙力辞。凡经书所载治道，为帝言之，必使敷畅旨意而后已。帝暇日欲观古名画，巙巙取郭忠恕《比干图》以进，因言商王受不听忠臣之谏，遂亡其国。帝一日览宋徽宗画，称善，巙巙奏：“徽宗多能，惟一事不能。”帝问：“何谓一事？”对曰：“独不能为君尔。身辱国亡，皆由不能为君所致。人君贵能为君，它非所尚也。”或遇天变民灾，必乘间进言，谓：“天心仁爱，人君因变示儆。譬如慈父于子，爱则教之，子能起敬起孝，则父怒必释。人君侧身修行，则天意必回。”帝嘉纳之，特赐只孙燕服九袭及玉带、楮币，以旌直言。

巙巙尝谓人曰：“天下事在宰相，宰相不言，则台谏言之。台谏不言，则经筵言之。备位经筵，得言人所不敢言于天子之前，吾愿足矣！”大臣议罢奎章阁学士院及艺文监，巙巙进曰：“民有千金之产，犹设家塾延馆客，岂有富有四海，一学房乃不能容耶！”帝闻而深然之，即日改奎章阁为宣文阁，艺文监为崇文监，就命巙巙领之，又置检讨等职十六员以备进讲。一日，进读司马光《资治通鉴》，因言国家当及斯时修辽、金、宋三史，岁久恐阙逸。后置局纂修，实由巙巙发之。又请行乡饮酒于国学，使民知逊悌，及请褒赠唐刘蕡、宋邵雍；帝从其请，为之下诏。

既而，出为江浙行省平章政事。未几，复以翰林学士承旨召还。时中书平章阙员，近臣欲有所荐用，以言觇帝意，帝曰：“平章已有其人，今行半途矣。”近臣知帝意在巙巙，不复荐人。至京七日，感热疾卒，年五十一。家贫，无以为敛。帝闻，为震悼，赐赙银五锭。其所负官中营运钱，台臣奏以罚布为之代偿。谥文忠。

　　子维山,材质清劭,侍禁廷,由崇文监丞擢给事中,迁同金太常礼仪院事,调崇文太监,卒。

新元史卷一九九
列传第九六

铁哥　乞台普济　也克吉儿
斡罗斯　博罗不花　庆童　爱薛
曲枢　伯都　伯帖木儿　脱虎脱
三宝奴　察罕

铁哥，伽乃氏，迦叶弥儿人。

父斡脱赤，与叔父那摩俱学浮屠法。兄弟相谓曰："吾国将亡，东北有天子气，盍往归之。"乃来降，太宗礼遇之。定宗师事那摩，以斡脱赤佩金符，巡行各路。宪宗即位，尊那摩为国师，授玉印，总天下释教。斡脱赤亦贵用事，领迦叶弥儿万户，奏曰："迦叶弥儿西陲小国，今尚未诚服，请往谕之。"诏偕近侍以往，其部酋不从，怒而杀之。帝发兵讨平迦叶弥儿。元贞元年，追封斡脱赤代国公，谥忠遂。

铁哥，少孤，从那摩入见宪宗。帝方食鸡，辍赐铁哥，铁哥奉而不食。问之，对曰："将以遗母。"帝奇之，加赐一鸡。

世祖即位，幸香山永安寺，见书畏兀字于壁，问之。僧对曰："国师兄子铁哥书也。"帝召见，伟其容止，命直宿卫。宪宗晚年，以谗言稍疏世祖，那摩密白世祖，宜加敬慎，遂友爱如初。至是，帝将用铁哥，谓左右曰："吾以酬国师也。"时铁哥年十七，诏择贵家女妻之，辞曰："臣母汉人，欲得汉人女为妇，臣不敢伤母心。"乃为娶冉氏女。久之，命掌御膳汤药，日亲密。

至元十六年，铁哥奏："武臣佩符，古制也，今长民者亦佩符，请省之。"从之。十七年，进正议大夫、尚膳监，帝谕之曰："朕闻父饮药，子先尝之，君饮药，臣先尝之。今卿典朕膳，凡饮食汤药，卿宜先尝。"诏赐第于大明宫之左，留守段圭言："赐第逼木局，不便。"帝曰："铁哥第近禁闼，便于宣召。木局稍隘，曷害？"高州人言：州多野兽害稼，愿捕以充贡。铁哥白其扰民，不可听。从之。

十九年，迁同知宣徽院事，领尚膳监。内府食用圆米，铁哥奏："粳米一石，仅获圆米四斗，请非御用，止给常米。"帝韪之。进司农寺达鲁花赤。从猎巴雅尔之地，猎者亦不刺金射兔，误中名驼，驼死。帝怒命诛之，铁哥曰："杀人偿畜，刑太重。"帝亟命释之。庾人盗凿粳米者，罪死。铁哥谏曰："臣鞫庾人，其母病，盗粳米食母耳，请贷之。"诏免死。二十二年，司农寺升为大司农司，秩二品，进资善大夫、大司农。时有司供膳，多扰民，铁哥奏曰："屯田，则诸物立供。"从之。

二十四年，从征乃颜，至苏尔图之地，叛王塔布岱率兵奄至。铁哥请设疑兵以退敌，于是帝张曲盖，据胡床，铁哥从容进酒。塔布岱觇之，惧有伏，遂引去。帝以金章宗玉带赐之。

二十九年，进荣禄大夫、中书平章政事，以病足，听舆轿入殿门。初，诏遣新附民种蒲萄于野马川鸿和尔布拉克之地，铁哥以北地苦寒，奏岁赐衣服，从之。

成宗即位，以先朝旧臣，赐银千两、钞十万贯。他日，又赐以玛瑙碗，诏曰："此器，先帝所用，朕今赐卿，以卿久侍先帝故也。"大德元年，加光禄大夫。三年，乞解机务，从之，仍授平章政事、议中书省事。时诸王朝见，未有知故事者，帝曰："惟铁哥知之，使专司其事。凡禀饩金帛之数，皆遵世祖旧制。

八年，复拜中书平章政事。平滦大水，铁哥奏加赈恤。十年，丁母忧，诏夺情起复。辽王托托入朝。从者执兵入大明宫，铁哥劾止之，王惧谢。从幸晋山，饥民相望，铁哥辄发廪赈之，已而自劾专擅，帝称善不已。

武宗即位，赐金一百两，加金紫光禄大夫，遥授中书右丞相。有告宁远王阔阔出谋反者，铁哥知其诬，廷辩之，由是阔阔出得释，徙高丽。二年，领度支院，寻赐江州稻田五千亩。

仁宗即位，授开府仪同三司、太傅、录军国重事。奏："世祖诸子，惟宁远王在，宜赐还。"从之。二年，奉命诣万安寺祀世祖神御殿，感疾归，皇太后令内臣问疾，铁哥附奏曰："臣死无日，愿太后辅陛下布惟新之政，社稷之福也。"未几，卒。赠太师、开府仪同三司、上柱国，追封秦国公，谥忠穆。加赠推诚守正佐理翊戴功臣，进封延安王，改谥忠献。

六子：忽察，淮东宣慰使；平安奴，大平路达鲁花赤；也识哥，同知山东宣慰司事；虎里台，同知真定总管府事；亦可麻，同知都护府事；重喜，隆禧院副使。孙八人，伯颜，中书平章政事。

乞台普济，河西人，本姓史氏。祖拉吉尔威，宿卫太祖。父考算尔威，材勇绝人，事世祖于潜邸，从平云南，又从渡江攻鄂州。世祖即位，从讨阿里不哥，授蒙古、唐兀军民达鲁花赤。

乞台普济，幼从父出入世祖帷幄，后选侍裕宗，以敬慎闻。武宗生，是为皇曾孙，诏乞台普济保育之。皇曾孙幼学，以其子也克吉儿侍读。或游戏废学，则挞也克吉儿以诫之。每大会，宗王读世祖大训，必谓皇曾孙曰："此汝异日所应为者，其谨识之勿忘。"裕圣皇后以乞台普济善于辅导，命四卫番直官，事必谘之。

大德二年，武宗镇抚北庭，军事悉委于乞台普济。四年，以文移无印宝，入朝白其事，得裕宗信宝以归。五年，海都入寇，败之。令军士表红衣于甲，以自别；自是，贼望见红甲军，辄退走。

十一年，成宗崩，武宗欲弃大军奔丧，乞台普济曰："使者但来告哀，须俟皇太后诏赴。"已而，仁宗奉皇太后削平内难，诏武宗入继大统。即日，假乞台普济平章政事。武宗即位，拜荣禄大夫、中书平章政事，封庆国公。七月，进仪同三司、太子太保。九月，加开府、太子太傅。至大元年二月，拜中书左丞相，加上柱国。四月，拜太保。

六月,进太子太师。七月,加录军国重事。十一月,进右丞相。又授
其兄阿拉克普济荣禄大夫,兼都元帅;弟昂吉,荣禄大夫、司徒,遥
授平章政事;日尔塞,荣禄大夫、宣政院使。期年之内,贵震一时。二
年八月,立尚书省,进太傅、尚书右丞相。是年十二月,以病罢。皇
庆二年,进封安吉王。延祐五年四月,卒。

　　子也克吉儿、纳里日、尔禄。纳里日,光禄大夫,遥授中书左丞
相,兼将作院使;尔禄,幼为沙门,后赐御服帽,不祝发,佥宣政院
事。

　　也克吉儿,年二十二,从武宗于北庭。海都逾金山至库布哩,也
克吉儿将左卫射士为前锋,当贼骁将。既接战,搏贼将堕马,斩其首
而还。武宗解御衣及马鞍勒赐之。贼夜袭他部辎重,又将数百骑追
败之。四年,败贼于昂吉尔图。获人畜无算。五年,海都大举犯和
林,战于哈喇台,以数十骑出入敌阵,武宗乘之,贼始却。十年,从武
宗逾金山,斩获万余。十一年,第诸将功,以也克吉儿为冠。

　　武宗即位,授资德大夫、同知枢密院事。六月,赐虎符、大府院
使、唐兀亲军都指挥使。七月,加特进、遥授中书左丞,又进知枢密
院事,兼典瑞院使。至大元年五月,兼仁虞院使。十一月,拜御史大
夫。仁宗即位,改知枢密院事。卒。

　　斡罗思,康里氏。曾祖哈失伯,国初款附,为庄圣太后牧官。祖
海都,从宪宗伐宋,战殁于钓鱼山。父明里帖木儿,世祖时为必阇
赤,累迁太府少监,追封益国公。

　　斡罗斯,初为内府必都赤。二十一年,拜监察御史,出为云南行
省理问,领云南王府事。忤桑哥,被谮,籍其家。惟金,玉带各一,黄
金五十,皆上所赐者,乃以公用系官孳畜罪之。帝寝而不问。二十
六年,置八番罗甸宣慰司,以斡罗思为宣慰使,诸蛮悉平,立安抚等
司以守之。晋中奉大夫,赐虎符。迁八番顺元等处宣慰司都元帅,
赐三珠虎符。大德六年,授通奉大夫,兼管万户,晋正奉大夫。武宗

立，召为中书左丞，领武卫亲军都指挥使、大都屯田府事。寻晋荣禄大夫、中书右丞，兼翰林学士承旨，仍领武卫屯田。屡赐资产、第宅，皆固辞。迁四川行省平章政事。至大二年，召还，以病乞归。皇庆二年卒，赠光禄大夫、益国公。子博罗不花、庆童。

博罗不花，初直宿卫为速古儿赤。至大元年，累迁翰林侍讲学士，以父疾乞养归。延祐四年，起为速古儿赤札撒孙，迁速古儿赤五十人之长，兼领皇后宫宝儿赤。出为河南府同知。子察罕不花领其所掌宿卫。见文宗于汴，入为温都赤。拜监察御史，累迁御史台经历、中书右司郎中，授中宪大夫、隆禧总管府副达鲁花赤。卒。

庆童，字明德。早以勋臣子孙受知仁宗，给事内廷，掌宿卫。累迁判大宗正府，兼上都留守，江西、河南二行省平章政事。入为太府卿，复为上都留守，又为辽阳行省平章政事。

至正十年，迁江浙行省平章政事。十二年，蕲黄贼攻陷杭州，庆童与行省丞相达实特穆尔遁走。城既复，省都事以下皆罢黜不叙，而庆童等释不问。庆童大治官廨，募民为工役，偿之以钱，杭民赖以存活。

十四年，脱脱以大兵围张士诚于高邮，军资取给于江浙，庆童规措有方，转输相属，军中赖之。

十六年，平江、湖州俱陷，义兵元帅方家奴屯杭州北关，所部白昼杀人，日肆劫掠，民患之。庆童白丞相达识帖睦尔曰："师无纪律，何以克敌，必斩方家奴，乃可出师。"与达实帖睦尔入其军，数而斩之，民大悦。既而苗军元帅杨完者求娶庆童女，时达识帖睦尔方倚杨完者御张士诚，强为主婚，庆童不得已与之。后杨完者益骄，达实帖睦尔不能堪，又使张士诚袭杀之，士诚遂据杭州。俄召庆童为翰林学士承旨，改淮南行省平章政事，未行，仍留江浙。十八年，迁福建行省平章政事，又拜江南行台御史大夫。

二十年，召还，由海道至京师，拜中书平章政事。有谮其子刚僧与宫人乱,帝怒杀之。庆童遂移疾家居。

二十五年,起为陕西行省左丞相。庆童在江南,逼于张士诚、方国珍,在陕西,逼于李思齐,不能有所表见,但拥台、省虚位而已。

二十八年,召还京师。七月,明师至通州,帝出奔,命淮王帖木儿不花监国,庆童为中书左丞相以辅之。或问何以捍御,庆童曰:“吾知死所,尚何言哉!”城陷,庆童与帖木儿不花、平章政事迭儿必失、朴赛因不花、中书右丞张康伯,御史中丞满川等,均不屈死之。

史臣曰:元季群盗蜂起,受抚于官则号为义军。然大者据郡县,小亦贼良民,以恣搏噬。而朝廷又以官爵宠之,故凭籍王命益无忌惮,此奖乱之道也。使元之君相能如庆童之待方家奴,则降贼慑于威令,虽张士诚、方国珍可使之驯服,况其余之小丑!惜乎其不知出此也。

爱薛,拂菻人,祖不阿里,父不鲁麻失。

爱薛通拂菻语及星历、医学。有列边阿答者以本俗教法事定宗,荐爱薛贤,召侍左右,直言敢谏。世祖在潜邸,深重之。

中统三年春,诏二月八日作佛事,集教坊伎乐及銮舆法驾迎之。爱薛谏曰:“今高丽新附,李璮复叛,天下疲弊,糜此无益之费,非所以为社稷计也。”

帝嘉纳之。是月,帝幸长春宫,欲驻跸,爱薛趣入,复力谏。帝愕然,拊其背曰:“非卿不闻此言。”促驾还。自是日见亲近。

五年春,帝猎于保定之新安,日且久,乃从容于帝前,问供给之民,曰:“得勿妨尔耕乎?”帝为罢猎。从幸上都凉亭,大宴,诸王、群臣竞起行酒。爱薛进曰:“此可饮乎?”上悟,抱爱薛置膝上,啐其顶,左手挽其须,以酒饮之,顾谓皇太子曰:“有臣如此,朕复何忧。”

八年,以爱薛副孛罗使于西北诸王,还,为贼所邀截,与孛罗相失。二年,始达京师。召见,以阿鲁浑王所赠宝装束带进,帝大悦,谓左右曰:“孛罗生吾土,食吾禄,而安于彼。爱薛生于彼,家于彼,而忠于我。何相去之远耶？"孛罗为阿鲁浑所留，遂用事。后合赞与贝杜争国，贝杜遣孛罗使于贝杜，事具诸王传。故世祖斥其安于彼云。爱薛拜平章政事，固辞。

十二年，拜秘书监。十三年，伯颜平江南还，阿合马以飞语构之，爱薛叩头谏，事得释。十四年，领崇福院使。十九年，进翰林学士承旨，兼修国史。

大德元年，遥授平章政事。七年，帝不豫，秋八月地震，皇后召问："卿知天象，灾异殆民所致。"爱薛曰："此天示警诚，民何与？愿熟思之。"皇后曰："卿何不早言。"曰："臣事世祖及皇帝，虽寝食未尝不见。臣今累月不入，侍言何由达？"皇后默然。

十一年，成宗崩，内旨索星历秘文，爱薛厉色拒之。武宗即位，进金紫光禄大夫，封秦国公。至大元年六月，卒于上都，年八十二。皇庆元年，赠推诚协力赞治功臣、太师、开府仪同三司、上柱国，追封拂林王，谥忠献。

六子：也里牙，光禄大夫、秦国公、崇福院使，领司天台事，以与文宗逆谋，惠宗时诏暴其罪；腆哈，翰林学士承旨、兼修国史；黑厮，光禄卿；阔里吉思，同知泉府院事；鲁哈，广惠司提举；咬难，宿卫兴圣宫。

曲枢，西域人。性缜密，为徽仁裕圣皇后宫臣。仁宗幼，以曲枢可任保傅，命侍仁宗。曲枢入典饮膳，出则抱负之，晨夕无间。大德九年，仁宗侍皇太后居怀孟，未几复之云中，曲枢俱随扈。

成宗崩，仁宗入靖内难，迎武宗即位。仁宗为皇太子，拜曲枢荣禄大夫、平章政事，行大司农。未几，进光禄大夫、领詹事院事，加特进，封应国公。至大元年，拜开府仪同三司、太子詹事、平章军国重事、上柱国，依前大司农。又加太子太保，领典医监事。明年，授太保、录军国重事、集贤大学士，领崇祥院、司天台事。延祐四年，诏于京师健德门外构园亭，以赐曲枢，名曰贤乐堂，且曰："可为朕往来驻跸之地。"后卒于官，赠太师，追封祁连王，谥忠惠。

子二人:长伯都,大德十一年,特授学士、嘉议大夫。迁中奉大夫、典宝监卿,加资德大夫、治书侍御史。至大元年,晋荣禄大夫,遥授中书平章政事。改侍御史。明年,拜中书参知政事。三年,进右丞。年三十二卒。子咬住。

次伯贴木儿,大德十一年,特授正议大夫、怀孟路总管府达鲁花赤,兼管诸军奥鲁、管内劝农事,改府正。至大二年,迁中奉大夫、陕西等处行尚书省参知政事。三年,入为太子家令,迁正奉大夫。四年,迁资德大夫、大都留守,兼少府监。拟擢侍御史,改除翰林学士承旨、知制诰兼修国史。未几,复为大都留守,兼少府监、武卫亲军都指挥使,佩金虎符。皇庆元年,加荣禄大夫。卒,赠太傅,追封文安王,谥忠宪。子二人:桓泽都、蛮子,

脱虎脱,畏兀氏族。武宗即位,以潜藩之旧,授宣政院使。

是年九月,诏立尚书省,分理财用,以脱虎脱、教化、法鲁忽丁三人任省事,令其自举官属。御史台臣言:"至元中阿合马综理财用,立尚书省,三年并入中书。其后桑哥用事,复立尚书省,事败,又并入中书。自大德五年以来,四方地震、水灾,岁仍不登,百姓重困,便民之政,正在今日。顷又闻立尚书省,必增置所司,滥设官吏,殆非益民之事也。且理财在人,若止命中书整饬,未见不可。臣等隐而不言,惧将获罪。"帝曰:"卿言良是,脱虎脱等愿任其事,姑听之。既而,诏脱虎脱仍为宣政使,教化留京师,其余尚书省官各任以职事,遂中格。

至大二年,迁中书左丞。是年,乐实言:"钞法大坏,请变法以维之。"且图新钞式以进。又与保八议立尚书省,诏乞台普济、塔思不花、赤斤铁木儿、脱虎脱集议以闻。保八奏:"政事得失,皆前日省臣所为。彼惧为罪,孰愿更张?陛下若矜恤臣等所议,请立尚书省,旧事从中书,新政从尚书。请以乞台普济、脱虎脱为尚书丞相,三宝奴、乐实为平章,保八为右丞,王罴参知政事。"帝并从之。塔思不花言:"此大事,乞与老臣详议。"不听。

八月癸酉，遂立尚书省，以脱虎脱为左丞相。是月，命脱虎脱兼领右卫率府事。脱虎脱等奏："中书省有逋欠钱粮、应追理者，宜存断事官十人，余皆并入尚书。"又言："往者大辟狱具，尚书省议定，令中书省裁酌以闻，宜依旧制。"从之。诏：天下敢有沮挠尚书省事者，罪之。改造至大宝钞，颁行天下。事具《食货志》。已而以大都建佛寺，立行工部，命脱虎脱领之。脱虎脱等又奏："三宫内降之旨，中书省奏请勿行，臣等请仍旧行之。倘于大事有害，则奏闻可也。"又奏："中书政务，乞尽归臣等。至元二十四年，凡宣敕亦尚书省掌之。今臣等议：乞从尚书省任人，而以宣敕散官委之中书。"帝并韪其言。其揽权罔上，事多类此。

三年，迁右丞相，定税课法及脱课官等第，以历代铜钱与至大钱并用。六月，加太师。诏与三宝奴总理百司庶务。脱虎脱等奏："宣徽院廪给日增，宜分减。"帝曰："比见后宫饮膳，与朕无异，有是理耶？其核实减之。"又敕：尚书省事繁重，诸司有才识明达者，先从尚书省选任。十一月，加录军国重事，封义国公。是年，诬奏都指挥使郑阿思兰等十七人谋不轨，尽杀之，天下冤之。

四年正月，武宗崩。越三日，仁宗罢尚书省，以脱虎脱等变乱旧章，与三宝奴、乐实、保八、王罴俱伏诛。

三宝奴者，至大元年封渤国公，六月，加录军国重事。二年，拜尚书平章政事。先是三宝奴以罪谪武昌，与翟万户妻刘氏往来。及为执政，刘氏至京师上谒，不为所礼，见榻上有逃婢所窃鞍帕，即诣御史台诉三宝奴夺其所进亡宋玉玺一、金椅一、夜明珠二。鞫之，亡实，杖刘氏，斩书状人乔瑜。

三年，进尚书左丞相，加太保，又赐号答拉罕。奏："省部官惰窳，请敕其晨集暮散，后至者便宜罢之，不必奏闻。其抵任一二月称病者，杖免。"从之。三宝奴等密劝废仁宗，立周王为皇太子，事具《亦纳脱脱传》。仁宗深恶之。及武宗崩，与脱虎脱等同日伏诛。

子哈剌拔都儿，累官知枢密院事。追封三宝奴郓城王，谥荣敏。

史臣曰：自世祖至武宗，凡三立尚书省。聚敛之臣灾及其身，无足论者。然脱虎脱等视阿合马、桑哥罪，宜末减。仁宗以私憾杀之，过矣。

察罕，西域板勒纥城人。

父伯得那，太宗十年旭烈兀伐宋，围安丰，裨将伯要台薄城下，城人执长钩及之，悬以上，伯得那在后队，奋出助伯要台，引却，人、钩俱坠，戮于阵前，宋人为之夺气。旭烈兀壮之，赐名拔都。河东陕右诸路为旭烈兀分地，以重合剌为总管，治解州，至是命伯德那为副总管。伯德那因家焉。僧人诬道士置酒谋毒旭烈兀，有司逮捕数百人治之。伯德那以事至和林，见旭烈兀，白其诬，事得释。旭烈兀欲使代重合剌为总管，伯德那固辞，赐西锦名马以旌其让。重合剌者，旭烈兀之爱将，贤伯德那之让，以养女李氏妻之，生六子。

察罕，其长子也。幼颖悟，诵诸国字书。为行军府奥鲁千户，湖广参知政事奥鲁赤辟为蒙古都万户府知事。奥鲁赤进平章，复辟为理问，政事悉委裁决，且令诸子受学。

至元二十四年，从镇南王征安南，师次富良江，安南世子遣其叔父诣军门，自陈无罪。王命察罕数其罪而责之，使者辞屈，世子率众遁。

二十八年，授枢密院经历。未几，从奥鲁赤移治江西宁都。民言："某乡石上云气五色，视之，玉玺也。不以兵取，恐为居人所有。"众惑之。察罕曰："妄也，是必构害仇家者。"核之，果然。前后从奥鲁赤出入湖广、江西两省，凡二十一年。

大德四年，御史台奏金湖南按察司事，中书省奏为武昌路治中。丞相哈剌哈孙曰："察罕廉洁，固宜居风宪，然武昌大郡，非斯人不可治。"竟除治中。广西妖贼高仙道以左道惑众，平民讹误者以数千计。既败，湖广行省命察罕与宪司杂治之，议诛首恶数人，余悉纵遣，且焚其籍。众难之，察罕曰："吾独当其责，诸君无累也。"以治最闻,擢河南省郎中。

武宗即位,河南平章襄家台荐之。驿召至上都,赐厩马二匹、钞一千贯、银五十两,曰:"卿少留,行用卿矣。"仁宗为皇太子,授察罕詹事院判,进金詹事院事,赐银百两、锦二匹,遗先还大都,立詹事院。仁宗至,谓曰:"上以故安西王地赐我,置都总管府,卿其领之。勿以詹事位高,不屑此也。进卿秩资德大夫。"察罕辞,改正奉大夫,授以银印。至大元年,命阅户口江南,还,进太子府正,加昭文馆大学士,迁家令。

武宗崩,仁宗哭泣不已,察罕启曰:"天下重器悬于殿下,纵自苦,如宗庙、太后何?"仁宗辍泣曰:"曩者大丧,必命浮屠,何益?吾欲发府库以赈鳏寡孤独,若何?"曰:"发政施仁,文王所以为圣。殿下行之,幸甚!"东宫故有左右卫兵,命察罕与襄加台总右卫,且令慎择官属。

仁宗即位,拜中书参知政事,总持纲纪,识者谓得大臣体。帝尝赐枸杞酒,曰:"以益卿寿。"又语宰相曰:"察罕清素,可赐金束带、钞万贯。"前后赏赍不可胜计。皇庆元年,进荣禄大夫、平章政事,商议中书省事。乞归解州,立碑先茔。许之。

晚居德安白云山别墅,以白云自号。及入觐,帝望见曰:"白云先生来矣。"其宠遇如此。帝尝问:"张良何如人?"对曰:"佐高帝兴汉,功成身退,贤者也。"又问狄仁杰,对曰:"当唐室中衰,能保社稷,亦贤相也。"因诵范仲淹所撰狄仁杰碑,帝叹息良久,曰:"察罕博学如此。"已而译《贞观政要》以献,帝大悦,诏缮写,遍赐左右,且诏译《帝范》。又命译《脱必赤颜》名曰《圣武开天纪》,及《纪年纂要》、《太宗平金始末》等书俱付史馆。后以病请告。暨还朝,帝御万岁山圆殿,与平章李孟入谢,帝曰:"白云病愈邪?"顿首对曰:"老臣衰病,无补圣明,荷陛下哀矜,放归田里,幸甚!"命赐茵以坐,顾李孟曰:"知止不辱,今见其人。朕始以答剌罕、不怜吉台、襄加台等言用之,诚多裨益。有言察罕不善者,其人即非善人也。"又语及科举并前古帝王赐姓命氏之事,因赐察罕姓白氏。

　　初,察罕生,其夜月白如昼,相者贺曰:"是儿必贵。"国人谓白为察罕,故名察罕。既致仕,优游八年,以寿卒。

　　子外家奴,太中大夫、武冈路总管;李家奴,早卒;忽都笃,承直郎、高邮府判官。孙九人,知名者:阔阔不花、哈撒。察罕弟朵罗台,性至孝,高尚不仕,朝廷旌其闾为孝子。

新元史卷二○○
列传第九七

阿沙不花　亦纳脱脱 铁木儿塔识
达识帖睦迩　伯撒里

　　阿沙不花，康里氏。初，太祖亲征康里而有其地。阿沙不花祖母苦灭古麻里氏，有孤子二：曰曲律，曰牙牙，皆幼，置褚中，负以橐驼来朝。时太祖已崩，乃以二子觐于太宗，曰："此康里之遗胤，不可为人所得，辱于奴隶。幸陛下矜恤之。"遂留居和林。宪宗即位，召二子入直宿卫，领昔宝赤，遣古麻里氏归康里。九年，古麻里氏再至和林，世祖赐以田宅，使居兴和天城之大罗镇。牙牙生六子：曰孛别舍儿；曰和者吉，追封荣王，谥忠武；曰不别，遥授甘肃行省右丞；曰斡秃蛮；曰阿沙不花；曰亦纳脱脱。

　　阿沙不花年十四，入侍世祖，占对详明，特被亲幸。西番遣使者奏事，已行一日。帝问大臣，前使者何所请，皆不能对。阿沙不花从旁代奏，帝怒曰："卿等任天下之重，反不及一童子耶！"后故令门者勿纳，以试之，阿沙不花自水窦入。帝嘉之，谕门卫听其出入勿禁。

　　乃颜叛，诸王纳牙等皆应之。帝问计于阿沙不花，对曰："宜先抚定诸王，使叛者势孤。"帝曰："善。"遣阿沙不花使于纳牙，纳牙请降，诸王亦次第反正。乃颜平，以阿沙不花为西手千户，领昔宝赤。帝欲徙兴和桃山之民，空其地为昔宝赤牧厂。阿沙不花固请留三千户以给鹰食，民德之。

　　至元三十年，从成宗讨海都，有功。入为大宗正府也可札鲁忽赤。前札鲁忽赤脱儿速以赃闻，帝命阿沙不花鞫之，论如律，就命阿沙不花代其位。帝目之曰：阿即速，译言阎罗王也。朱清、张瑄有罪抵死，命阿沙不花籍其家，具以实，奏赐宅一区、钞一万五千缗，兼两城兵马指挥司达鲁花赤。

成宗崩，皇后及丞相阿忽台等谋立安西王阿难答。是时武宗遣脱脱至京师，丞相哈剌哈孙使亟归报命。皇后已密谕通政使不给脱脱驿马，阿沙不花知事急，与同知枢密院事察乃先一日署文书，脱脱始乘驿而返。仁宗至京师，有飞语安西王将因贺仁宗生日谋为变。阿沙不花与哈剌哈孙前期白仁宗，诈称受成宗遗命，召阿难答计事，至即执送上都，尽诛阿忽台等，内难始平。仁宗以皇弟监国，遣使迎武宗不至，告太后，非阿沙不花往不可。乃使奉衣服、尚酝见武宗于野马川，具奏监国所以防他变，臣万死保其无他。帝悦，解御衣赐之，拜中书平章政事，军国大事并听裁决。

帝至上都，加特进太尉，依前平章政事，命与塔思不花治阿难答党与，奏释囊加真等三十余人。一日，帝出内府钞十五锭，赐近臣蹴鞠者。阿沙不花力谏，竟阻之。有盗内府金者，阿沙不花退朝遇之，见其惶遽，诘之，得黄金五十两、白金百两。帝命赐阿沙不花，辞曰："此非臣所应得者，请入金赎盗死罪。"帝允之。

入侍于五花殿，见帝容色日悴，乃进曰："八珍之味不知御，万金之躯不知爱，此古人所戒也。陛下曲糵是耽，嫔嫱是好，犹两斧伐孤树，未有不颠仆者。陛下纵不自爱，如宗庙社稷何？"帝大悦曰："非卿不闻此言。"命进酒。阿沙不花顿首谢曰："臣欲陛下节饮而反劝之，是臣言不足信也。"帝为罢饮。进右丞相，行御史大夫、平章政事，加录军国重事，兼广武康里卫亲军都指挥使，封康国公，累迁知枢密院事。至大二年十月卒，年四十七。至正元年，赠纯诚一德正宪保大功臣、太师、开府仪同三司、中书右丞相、上柱国，追封顺宁王，谥忠烈。

其继室别哥伦氏亦有至行，嫠居三十余年，未尝妄言笑，诏旌其门。子海亦儿，顺宁府达鲁花赤；伯嘉讷，大都尹民梅冻儿诬海商

一百十六人为盗,掠其资,伯嘉讷谳之,平反其狱,累迁翰林侍读学
士、中政院使,卒。

亦纳脱脱,少从其兄斡秃蛮猎近畿,斡秃蛮使献所获于世祖。
帝伟其仪状,留直宿卫。成宗即位,奉诏赐太傅伯颜名鹰,伯颜深重
之,谓脱脱曰:"吾老矣,他日可大用者,未见汝比也。"

大德三年,武宗出镇北庭,脱脱从行。五年,从武宗败海都于杭
海,将战,帝欲策马先登,脱脱执辔力谏,帝怒挥鞭抶其手,不退。帝
不得已而止。后与大将朵儿答哈语及之,对曰:"太子在军中,如身
有首,衣有领,设或不虞,众安所附,脱脱之谏可谓忠臣。"帝悦。

成宗大渐,脱脱适以事入都,丞相哈剌哈孙使驰报武宗,且劝
进。事具《哈剌哈孙传》。仁宗既定内难,太后以两皇子星命付术士
推算,问所宜立,曰:"重光大荒落有灾,旃蒙作噩长久。"旃蒙作噩
者仁宗年干也。太后颇惑其言,遣近侍朵耳告于武宗曰:"汝兄弟二
人,皆我所出,岂有亲疏,术士所言运祚修短,不可不思。"帝默然,
屏人谓脱脱曰:"我捍御边陲,勤劳十年,又次序居长,宜登大位。今
太后以星命休咎为辞,天道茫昧,谁能豫知?设我即位之后,上合天
心,下副民望,虽祚短亦足以垂名万世,术士之言,殆恐奸人教之。
汝为我往察其事,疾归报我。"脱脱既行,帝亲率大军由西道,命大
将按灰由中道,床兀儿由东道并进。

脱脱至大都,以帝语奏闻。太后愕然曰:"修短之说,乃我为太
子远虑。今议已定,太子不速来何为?"既而太后与仁宗密谕脱脱,
令解释帝之嫌疑。帝至旺古察都,遇脱脱,使骖乘。脱脱具奏太后、
仁宗之语,帝感悟。及即位,立仁宗为皇太子,三宫卒无间言。

先是,帝命脱脱同知枢密院事,及还,问已视事否?对曰:"今德
音未下,而扈从之臣揵取爵位,诚恐有累圣德,故不敢受。"帝嘉叹
之。帝素衔知枢密院只儿哈忽,欲诛之。脱脱谏曰:"陛下新即位,
遽杀大臣,知者以为彼有罪,不知者以为报怨,恐人人自危。况只儿
哈忽习先朝掌故,今固不可少也。"乃宥之。进中书平章政事,拜御

史大夫。六月,遥授左丞相。八月,封秦国公,又改江南行台。至大元年,复入为御史大夫。二月,改仁虞院使。六月,加上柱国、太尉。十一月,拜中书左丞相。二年,改知枢密院事。

三年,海都子察八儿来朝,宴于内廷。故事,大宴必命近臣敷宣训辞,脱脱荐只儿哈忽具训辞以进,甚称帝意。叹曰:“博尔术、博尔忽先朝人杰,脱脱今之人杰也。”即以其词授脱脱。及就席,脱脱陈西北诸王始终离合之由,去逆效顺之节,听者倾服。是年,迁尚书省右丞相,脱脱固辞,乃奏曰:“爵及比德,赏及罔功,缓急之时何所倚赖。又中书掌钱粮、工役、选法、刑律十二事,若从臣言恪遵旧制,则臣可黾勉从事。不然,用臣何补。”帝乃令滥受宣敕者赴所司缴纳,侥幸之路为之一塞。宗王南忽里为部人所讦,脱脱辨其诬,抵言者罪。宗王牙忽秃索逃民于齐王八不沙部内,邻藩欲奉齐王攻牙忽秃,齐王惧,奔于牙忽秃以避之,牙忽秃遂告齐王谋反。脱脱按验得实,释齐王,而徙牙忽秃于岭南。边将脱火赤请以新军万人益宗王丑汉,廷议使脱脱给其资装。脱脱言,时方宁谧,不宜挑衅生事,辞不行。乃使左丞相秃忽鲁、平章政事也先帖木儿往给之,几至激变,人皆服其有识。是时左丞相三宝奴等劝武宗立周王为皇太子,脱脱谓三宝奴曰:“国家大计,不可不慎。皇太子亲平内难,功在社稷,且储位已定,兄弟叔侄世世相承,孰敢紊其序者?”三宝奴曰:“今日兄授弟,异日叔当授侄,能保之乎?”脱脱曰:“在我不可食言,彼如失信,天实鉴之。”事遂寝。四年,复拜中书左丞相。

仁宗即位,出为江浙行省左丞相。铁木迭儿既议立英宗为皇太子,乃谮脱脱武宗旧臣有贰心。诏逮至京师,既至,帝察其无他,复遣归。未几,迁江西行省左丞相。

英宗即位,召拜御史大夫,铁失阴忌之,奏改江南行台。复嗾言者劾其擅离官守,杖一百七,徙云南。会铁失伏诛,事乃解。泰定四年卒,五十六。脱脱阶至开府仪同三司、上柱国,封冯国公。至正初,加赠推诚全德守义佐运功臣、太师,开府仪同三司、上柱国如故,追封和宁王,谥忠献。

九子：曰霸都，仁虞都总管府达鲁花赤；曰铁木儿塔识；曰玉枢虎儿吐华，由中书右丞拜中书平章政事，分省彰德，出为四川平章政事；曰达世帖睦迩；曰哈答不花；曰阿鲁辉帖木儿；曰脱烈，太府太监；曰哈达帖木儿，大都留守；曰汪家闾，金资正院事。

脱脱兄和者吉四子：曰燕不怜，辽阳行省平章政事、太保、兴国公，赠推诚效节佐运翊亮功臣、太师，追封兴宁王，谥忠襄；曰燕八思，提调大司农；曰别不花，岭北行省平章政事；曰伯撒里。

铁木儿塔识，字九龄，资禀宏伟，读书颖悟绝人，事明宗于潜邸。文宗即位，由同知都护府事累迁礼部尚书、参议中书省事，擢陕西行台侍御史，留为奎章阁侍书学士，再迁同知枢密院事。后至元六年，拜中书右丞。初伯颜议废科举，铁木儿塔识力争，讫不署其奏牍。至是复奏行之。金山大雪，遣铁木儿塔识与知枢密院众家奴赍银钞及衣表里赈之。铁木儿塔识闻命即行，不惮鞍瘃，民德之。

至正元年，进平章政事。每入直，帝为御宣文阁，询以治道，至夜分乃罢。二年，帝有事于南郊，铁木儿塔识奏，熙事庆成，宜均惠于下。诏赐民明年田租之半。岭北不产五谷，岁募商民和籴为兵饷，费官盐多，铁木儿塔识请输京仓米百万石于和林，由是兵食足而官盐不耗。闽浙盐额日增，课日绌，铁木儿塔识请岁减十万引，以纾亭户之力；从之。日本商百余人，遇风漂入高丽，高丽人掠其资，表请没入为奴。铁木儿塔识持不可，资遣之，日本上表称谢。俄日本僧告其王使人刺探国事，铁木儿塔识曰：“刺探在敌国则可，今四海一家，何用刺探。果有之，使睹中国之盛，亦可令远人慑服。”僧叹息曰：“真宰相之言也。”

五年，拜御史大夫，奏言：“近岁大臣获罪，重者夷族，轻者籍其妻孥。皇祖圣训：‘父子罪不相及，请除之。’”著为令。未几，复为平章政事，位次右丞相。旧法，细民籴于官仓，月出印券给之，其直斗三百文，谓之红帖米，颁筹给之，尽三月止；其直斗五百文，谓之散筹米。豪民买筹帖以为利。铁木儿塔识请别出米二十万石为官市，以钞五十易米一升，奸弊遂绝。

七年，拜中书左丞相、录军国重事，兼领经筵。铁木儿塔识固辞，不允，乃拜命。铁木儿塔识修饬纲纪，立内外通调之法，朝臣外补者许陛辞，责以成效，外吏有名绩者，亦次第甄拔，登之台、省。先是僧与齐民均受役于官，其法中变，铁木儿塔识奏复其旧。衍圣公阶四品，奏升二品。中书，故事用老臣参议大政，事久不行，奏荐腆合、张元朴等四人用之，皆当时凤望也。帝尝问：“为治何先？”对曰：“莫先于法祖宗。”帝曰：“王文统奇才也，朕恨不见其人。”对曰：“世祖行仁义，而文统言利，此乃世祖之罪人。文统复生，犹当远之，何足尘圣念乎？”帝为改容。是年九月，从幸上都，卒，年四十六。赠开诚济美同德翊运功臣、太师、中书右丞相、开府仪同三司、上柱国，追封冀宁王，谥文忠。

铁木儿塔识既卒，执政奏：“相位不可久虚。”帝曰：“铁木儿塔识有兼人之才智，后难为继。朕当徐思之。”诸王月尼别使者入见，帝顾谓知枢密院阿直剌曰：“铁木儿塔识筹边事皆与朕意合，斯人岂可复得？”因俯首叹息久之，其为帝所眷如此。子拔都儿，袭领昔宝赤。

达识帖睦迩，字九成。与其兄铁木儿塔识俱肄业太学，通经史文义，尤善书。由太府监提点，擢治书侍御史，以言事罢。除同知枢密院事，擢中书右丞、翰林学士承旨，迁大司农卿。至正七年，出为江浙行省平章政事。初达识帖睦迩父脱脱，浚杭州运河以通舟楫，大为民利。至是，达识帖睦迩复浚之，父老思脱脱遗爱，为之感泣。明年，又入为大司农。九年，除湖广行省平章政事。沅、靖、柳、桂等路徭贼就抚，达识帖睦迩以贼反覆不可料，奏请置三分省：一治静江，一治沅、靖，一治柳、桂，以左右丞、参政分驻其地，罢靖州路总管府，改立靖州军民安抚司，设万户府，益以戍兵。从之。俄召还，复为大司农。

十一年，命与浙东宣慰使泰不华招谕方国珍。十二年，拜河南行省平章政事,旋改淮南行省。达识帖睦迩在淮南数年,帝遣使慰劳,加开府仪同三司。十五年,入为中书平章政事,又出为江浙行省左丞相,加金紫光禄大夫。寻兼知枢密院事,许以便宜从事。时江淮盗起,南北阻绝。达识帖睦迩任用非人,卖官鬻爵,视贿之轻重以为高下,所部郡县沦陷,亦不以为意。

十六年,张士诚逼杭州,达识帖睦迩遁走富阳,独万户普贤奴婴城固守。时杨完者屯嘉兴,引兵击败士诚,达识帖睦迩乃还。完者军无纪律,所至钞掠,民怨之。然士诚畏其强,乃遣蛮子海牙以书诈降,达识帖睦迩持不可,完者固劝,乃许之。士诚要王爵,不许,又请授为三公,达识帖睦迩曰:"三公非有司所得请,我不敢专。"达识帖睦迩言虽持正,然实幸其降。乃授士诚太尉。帝以士诚降,为达识帖睦迩功,亦加达识帖睦迩太尉。

士诚欲图完者,达识帖睦迩以完者强娶平章庆童女,亦厌之,乃密与士诚定计,袭杀完者。事具《杨完者传》。未几,士诚遂据杭州,自立为吴王。

其弟士信勒达识帖睦迩移咨省院,自陈老病乞退,又言丞相之任非士信不可。士信乃自为左丞相,徙达识帖睦迩至嘉兴,峻其垣墙锢之。

士诚讽行台请于朝,实封己为吴王。御史大夫普化帖木儿不从,索印,又不与,遂仰药死。后数日,达识帖睦迩闻之,叹曰:"大夫且死,吾不死何为?"亦饮药酒死。

伯撒里,至顺二年由燕王宫相拜中书平章政事。后至元二年,出为江西平章政事。盗起海南,遣诸将平之,五年,城西大火,伯撒里登城望拜,反风火熄。明日,出私财以振灾民,江西为立惠政碑。进左丞相。至正二十五年,召拜中书右丞相。九月,封永平王。未几卒。

史臣曰:阿沙不花谏武宗,脱脱责三宝奴,咸不愧大臣之言。然仁宗废先君之举,脱脱不谏,亦不免于困辱。盖前直而后诎者欤?铁木儿塔识敦崇儒术,为时名相。达识帖睦迩用张士诚,卒为士诚所卖,自经沟渎,何足算哉!

新元史卷二〇一
列傳第九八

李孟　敬俨_铉　郭贯　刘正
王毅　高昉

李孟，字道复，潞州上党人。曾祖执，金末举进士不第，以行义称于时，祖昌祚，授金符、潞州宣抚使。父唐，夔州经历，以历官秦蜀，徙家汉中。

孟生而敏悟，十岁能文，倜傥有大志。博通经史，善论古今治乱，一时名儒商挺、王博文、魏初等，皆折行辈兴交。唐友郭彦通，名知人，语唐曰："此儿骨相异常，宰辅器也。"至元十九年，四川行省辟为掾，不赴，调晋原县主簿，又辞。行台交荐，亦不就。后以事至京师。中书参知政事杨吉丁一见奇之，荐于裕宗，得召见东宫。未几，裕宗卒，不及擢用。选授梓潼县主簿。

成宗即位，命采访先朝圣政，以备史官纪述。陕西省臣使孟讨论编次，奏进之。时武宗、仁宗皆未出阁，微仁裕圣皇后求名儒辅导，有荐孟宜为太子师傅，用召孟侍左右。大德元年，武宗抚军北方，仁宗留宫中，孟日进格言，多所裨益。诏授太常少卿，执政以孟未尝一造其门，沮之。改礼部侍郎，命亦中寝。

仁宗侍昭献元圣皇后居怀州，又如官山，孟常单骑以从，每奏曰："尧舜之道，教弟而已。今大兄在朔方，大母居外，殿下当先意承志，以慰亲心，则孝弟之道得矣。"仁宗深纳其言，有暇，辄就孟讲论前朝得失成败及君臣父子之义。后仁宗即位，尝与群臣语，握拳示之曰："所重乎儒者,为其维持纲常,如此其固也。"帝崇儒重道,实孟启之。

成宗崩,安西王阿难答与左丞相阿忽台密谋构乱,右丞相哈剌哈孙哈剌罕遣使来告,仁宗疑而未行,孟曰："支子不嗣,世祖之训也。今宫车晏驾,大太子居万里之外,宗庙社稷危在旦夕,殿下当奉大母急还京师,以折奸谋,固人心。不然,国事未可知也。"仁宗犹豫未决,孟复进曰："邪谋既成,以一纸书召还,则殿下母子且不自保,岂暇论宗社乎?"仁宗曰："先生言及宗庙社稷之福。"遂奉太后还京师。

时哈剌哈孙称病坚卧,仁宗遣孟往候之,适皇后使人问疾,络绎不绝,孟入,长揖而坐,引手诊其脉,众以为医者,不之疑。既知皇后临朝有日,还告曰："事急矣,先发者制人,后发者制于人,不可不早图之。"

左右皆不能决,惟曲出、伯铁木儿与孟同。或曰："皇后八玺在手,四卫之士,一呼而应者累万,安西府王府中从者如林。殿下侍卫寡弱,不过数十人,兵仗不备,赤手而往。事未必济,不如静守以俟阿合之至,然后图之未晚也。"阿合,译言兄,谓武宗。孟曰："群邪背弃祖训,党附中宫,欲立庶子。天命人心,必皆不与。殿下入内庭,以大义责之,则凡知君臣之义者,无不为殿下用,何求而弗获?清宫禁,以迎大兄之至,不亦可乎?且安西王既正位号,纵大兄至,彼安肯退就藩服,京师必有喋血之祸,宗社危矣!危身以及其亲,非孝也。遗祸难于兄,非弟也。得时弗为,非智也。临机不断,非勇也。仗义而动,事必万全。"

仁宗曰："当以卜决之。"命召卜人,既至,孟出语之曰："大事待汝而决,但言吉可也。"入筮,皆九。孟曰："筮不违人,是谓大同,时不可以失!"仁宗喜,乃上马。孟及诸臣皆步从,入自延春门,哈剌哈孙自东掖门来就之。至殿廊,收首谋及同恶者悉下于狱,奉御玺北迎武宗,中外翕然。

仁宗监国,授孟参知政事。孟久在民间,知闾阎疾苦,损益庶务,悉中利病,速近无不悦服。然特抑绝侥幸,群小多怨之,孟不为动。事定,乃言于仁宗曰:"执下舌臣,当自天子亲用,今銮舆在道,孟未见颜色,不敢冒当重任。"固辞,弗许,遂遁去,隐于许州陉山。

夏五月,武宗即位,有言于帝曰:"内难之初定也,李孟尝劝皇弟自取,如彼言,岂有今日。"武宗察其诬,弗听。仁宗亦不敢复言孟。

至大二年,仁宗为皇太子,尝侍帝同太后内宴,饮半,仁宗戚然改容,帝顾语曰:"吾弟今日不乐,何所思耶?仁宗从容起谢曰:"赖天地祖宗神灵,神器有归,然成今日母子兄弟之欢者,李道复之功为多,适有所思,不自知其变于色也。"帝友爱,感其言,怒命搜访之。

三年春正月,入见武宗于玉德殿。帝指孟,谓宰执大臣曰:"此皇祖妣命为朕师者,宜速任之。"三月,特授荣禄大夫、中书平章政事、集贤大学士、同知徽政院事。

仁宗嗣位,真拜中书平章政事,进阶光禄大夫,谕之曰:"卿,朕之旧学,其尽心以辅朕不及。"孟以国事为己任,节赐与,重名爵。贵戚近臣恶其不便于己,而心服其公,无间言。孟言:"人君之柄,在赏与罚,赏一善而天下劝,罚一恶而天下惩,乃不失所施。若赏罚不足劝惩,何以为治?"遂奏雪冤死者,复其官荫,滥冒名爵者,悉夺之,罢僧道官,使释老之徒不敢与有司抗,天下翕然颂之。

仁宗夙知吏弊,欲痛为划除。孟进言曰:"吏亦有贤者,在乎变化激厉之而已。"帝曰:"卿儒者,宜与吏气类不合,而曲相庇护如此,真长者之言也。"时承平日久,风俗奢靡,车服僭拟,上下无章,近臣恃恩,求请无厌。宰相不为裁制,更相汲引,耗竭公储,以为私惠。孟言:"贵贱有章,所以定民志;赐与有节,所以劝臣工。请各为之限制。"又请停罢土木营缮,帝皆从之。

孟在政府,自视常若不及。每因间请曰:"臣学圣人之道,遭遇陛下,陛下尧、舜之主也。臣不能使天下为尧、舜之民,上负陛下,下负所学,乞罢政权,避贤路。"帝曰:"朕在位,必使卿在中书,朕与卿

相与终始，自今其勿复言。"赐孟爵秦国公，帝亲授印章，命学士院
降制。又图其像，敕词臣为之赞，及御书"秋谷"二字赐之。入见，必
赐坐，语移时，称其字而不名。帝常语近臣曰："道复以道德相朕，致
天下太平。"赐钞十万贯，令将作为治第。孟辞不受。皇庆元年正月，
授翰林学士承旨、知制诰兼修国史，仍平章政事，赐潞川田二十顷。
未几，请告归葬其父母，帝饯之曰："事已，速还，毋久留，孤朕所
望。"十二月，入朝，帝大悦，慰劳甚至，因请谢事，优诏不允，请益
坚，乃命以平章政事议中书省事，依前翰林学士承旨。

　　二年夏，气还秦国公印，奏三上，始如所请。帝与孟论用人之
方，孟曰："人材所出，固非一途，然唐、宋、金科举得人为盛。今欲兴
天下之贤能，莫如科举，又必先德行经术，乃可得真材也。"帝深然
其言，决意行之。延祐元年十二月，复拜平章政事。二年春，命知贡
举，及廷策进士，为监试官。七月，进金紫光禄大夫、上柱国，改封韩
国公。四年七月，以衰病不任事，乞解政权，帝不得已从所请，复拜
翰林学士承旨、知制诰兼修国史。

　　延祐七年，仁宗崩，英宗初立，铁木迭儿复相，以孟不附已，构
于太皇太后，尽收前后封拜制命，仍仆其祖父墓碑，降授集贤侍讲
学士、嘉议大夫，度孟必辞，因中伤之。孟拜命欣然，适翰林学士刘
赓来慰问，即与同入院。宣微使以闻曰："李孟今日供职，旧例当赐
酒。"帝愕然曰："李道复乃肯俯就集贤耶？"时铁木迭儿子八尔吉思
侍帝侧，帝顾谓曰："尔父谓彼不肯为是官，今定何如！"由是谗不得
行。尝语人曰："老臣待罪中书，无补于国，圣恩宽宥，不夺其禄，今
老矣，何以报称。"帝闻而善之。至治元年卒，年六十七。御史累章
辩其诬，诏复元官。后赠旧学同德翊戴辅治功臣、太保、仪同三司、
上柱国，追封魏国公，谥文忠。

　　孟宇量闳廓，材略过人，三入中书，中外利弊，知无不言。皇庆、
延祐之世，每一政之秕，皆以为铁木迭儿所为，一事之善，必归之于
孟焉。

　　子献，字伯征，由参议中书省事，拜治书侍御史，累迁御史中

丞、同知经筵事。

史臣曰："张珪、李孟，俱称贤相。珪忤铁木迭儿，至于困辱，孟鉴珪之受祸，逡巡引避，不敢复论其奸。然铁木迭儿再相，孟亦不免于降黜。是以守道之君子，宁为珪之直，不为孟之诎也。

敬俨，字威卿，其先河东人，后徙易州。五世祖嗣徽，金参知政事。父元长，有学行，官至太常博士。

俨，其仲子也。幼嗜学，善属文。御史中丞郭良弼荐为殿中知班，受知于月吕鲁那演，累辟太傅、太师两府掾，调高邮县尹，未赴，选充中收省掾。朱清、张瑄为海运万户，以俨典文牍，致厚赂，俨怒拒之。二人后坐事诛，台、省官多以贿连坐，独俨不与。

大德二年，授吏部主事。改集贤司直。会湖南盗起，丞相哈剌哈孙遣俨奉诏抚循诸路，宣布恩泽，甚称帝意。六年，擢礼部员外郎。有以父荫补官者，继母诉非嫡子，俨察其诬，斥之。

七年，拜监察御史。时中书平章政事伯颜、梁德珪等，并受朱清、张瑄贿，俨劾其黩货，俱罢去。江浙省臣与宪司相讦事闻，命俨与阿思兰海牙按其事，议不合，两上之，朝廷卒题俨议。七月，迁中书左司都事，扈从上京。有贾人以运饷得官，盗谷数十万石，主者匿不发，俨征偿其谷，输于边。

九年，授吏部郎中，以父病辞。父卒，终丧，复入御史台为都事。中丞何玮与执政有隙，省议欲核台选当否。俨曰："迩者，省除吏千余人，台臣亦当分别之邪？"语闻，议遂寝。建康路总管侯珪贪纵虐民，俨亟遣官决其事。珪夤缘近幸奏请原之，命下，已无及矣。除山北道廉访副使，入为右司郎中。

武宗即位，湖广省臣有伪为警报，驰驿入奏，以图柄用者。俨面诘之曰："汝守方面，既有警，岂得离职守，是必虚诞耳。"其人竟以诬奏被斥。民因饥为盗，有司捕治，皆论死。狱既上，廷议互有从违，俨曰："民饥而盗，迫于不得已，宜矜贷。"用是减死者甚众。

至大元年，授左司郎中，擢江南诸道行御史台治书侍御史。先是，俨以议立尚书省，忤宰相意，适两淮盐法久滞，乃左迁俨为转运使，欲陷之。比至，首劾场官贪污者，增羡至二十五万引。河南行省参政来会盐策，将以羡数为岁入常额。俨谓盐户凋弊，以羡为额，民力将殚，病人以为己，非大臣事，事遂止。

仁宗践阼，召为户部尚书。廷议欲革尚书省弊政，俨言："遽罢钱不用，恐细民失利。"不从。以疾辞。皇庆元年，除浙东道廉访使。钱塘退卒诈服僧衣，称太后旨，建婺州双溪石桥。俨命有司发其奸赃，杖遣之，仍奏罢其役。郡大火，焚数千家，俨发廪赈之。取宪司所储材木及诸路学廪之羡者，建孔子庙。

二年，拜江西等处行中书省参知政事。旧俗，民有争往往越诉于省，吏得缘为奸利。俨下令省府，非有司，不得侵民，讼事遂简。延祐元年，诏设科举，俨荐崇仁吴澄，金陵杨刚中为考试官。其年冬，移疾退居真州，除江南诸道行御史台侍御史，不赴。

四年春，诏促就前职，以疾辞。七月，召为侍御史。十月，迁太子副詹事，御史大夫脱欢答剌罕奏留之。湖广省臣以赃败，俨一日五奏，卒正其罪。台臣有劾罢复职者，御史再劾之，命中书、枢密共议其事。俨曰："如是则台纲堕矣！"即帝前奏黜之，因伏殿上，叩头请代。帝谕之曰："事非由汝，其复位。"

五年夏四月，拜中书参知政事，台臣复奏留之，俨亦辞，不允。赐《大学衍义》及所服犀带。每入见，帝以字呼之曰威卿而不名。旧制：诸院及寺监得奏除僚属，岁久多冒滥，富民或以赂进，有至大官者。俨以名爵当慎，奏请追夺，著为令。六年，乞病归，赐衣一袭，遣医视疗。

至治元年，起为陕西诸道行御史台中丞；泰定元年，改江南诸道行御史台。皆不赴。年六十五，即告老。四年春，遣赐上尊，征为集贤大学士、荣禄大夫、商议中书省事，俨令使者先返，而挈家归易州。九月，帝特署为中政院使，复赐上尊，召之，乃舆疾入见，赐食慰劳，亲为差吉日视事，命朝会日无下拜。

天历元年，拜中书平章政事，复以老病辞，不从。廷议欲尽戮朝臣之在上京者，俨抗言："是皆循例从行，无死罪。"众赖以免。居月余，伤足，告归。家居十余年，痹不能行，犹读书不辍。临卒，戒子弟清白自守，无急仕进，衣冠端坐而逝。赠翰林学士承旨、光禄大夫、柱国，追封鲁国公，谥文忠。

子自强，礼部员外郎。俨叔祖铉与太原元好问同登金进士第，元初为中都提学，著《春秋备忘》四十卷，仁宗朝命刻其书，行于世。

郭贯，字安道，保定清苑人。父希泰，以孝友知名，尝营楼居。或谓："君有弟，可为二楹，易析居。"希泰谢曰："兄有即弟有也。奚分为！"言者叹服。

贯幼从郝经学，以才行推择为枢密中书掾，调南康路经历，擢广西道提刑按察司判官。会例格，授济南路经历。

至元二十七年，拜监察御史。奉诏分江北沿淮草地。刻淮西宣慰使昂吉儿父子专权，久不迁调，蠹政害民，不报。又言："江淮之俗，多发掘祖墓，改售于人；合同恶逆定罪，买地人知情者减二等科罪。"刑曹韪其言，著为令。三十年，佥湖南肃政廉访司事。

大德初，迁湖北道，言："四省军马以数万计，征八百媳妇，深入炎瘴万里不毛之地，无益于国。"不听。五年，迁江西道，赈恤饥民，有惠政。入为御史台都事。八年，迁集贤待制，进翰林直学士。奉诏与辽阳行省平章政事别速合彻里帖木儿镇抚高丽。十一年，召为河东廉访副使。

至大二年，仁宗至五台山，贯进见，仁宗因问："廉访使灭里吉歹何以有善政？"左右对曰："皆副使郭贯教之。"乃赐贯玛瑙数珠、金织文币。入为吏部考功郎中，遂拜治书侍御史。四年，除礼部尚书。帝亲书其阶曰嘉议大夫，以授有司。

皇庆元年，擢淮西廉访使，寻留不遣，改侍御史。俄迁翰林侍讲学士。明年，出为淮西廉访使。延祐二年，召拜中书参知政事。明年，迁左丞，加集贤大学士。五年，除太子詹事。贯言："皇太子受金宝已三年，宜行册礼。又辅导之官，早宜选置。"从之。六年，加太子宾客，谒告还家。

至治元年，复起为集贤大学士，寻致仕。泰定元年，迁翰林学士承旨，不起。至顺二年，以疾卒，年八十有二。赠光禄大夫、河南行省平章政事、柱国，追封蔡国公，谥文宪。贯博学，精于篆籀，当世册宝碑额，多出其手云。

刘正，字清卿，清州人。初辟制国用使司令史，迁尚书户部令史。至元八年，罢诸路转运司，立局考核逋欠，正掌其事。大都运司负课银五百四十七锭，逮系倪运使等四人，征之，视本路岁入簿籍，实无所负，辞久不决。正察其冤，检吏牍，得至元五年李介甫关领课银文契七纸，适合其数，验其字画皆司库辛德柔所书也。德柔交结权贵，莫敢诘问。正廉得其实，始白尚书省鞫之，于是四人皆得释。正由是知名。转枢密院令史，辟中书掾。十四年，分省上都。会诸王昔里吉叛。至居庸关，守者告前有警急，正曰："吾不往，后至者益怯矣。"驰出关，至上都。边将请金银符充战赏，中收檄工部造给，事后奏闻，帝以为欺罔，欲诘治。正曰："军赏贵速，先造符印而后禀命，非罪也。"帝韪之。

十五年，擢左司都事。时阿合马当国，与江淮行省阿里伯、崔斌有隙，诬以盗官粮四十万，命刑部尚书李子忠与正驰驿，按其事，狱弗具。阿合马复遣北京行省参知政事张澍等四人，杂治之，竟置二人于死。正乃移疾去官。十八年，征为左司员外郎。十九年春，阿合马并中书左右司为一，改左右司员外郎。三月，阿合马败，和礼霍孙为右丞相，复为左司员外郎，谒告归。九月，中书捕正与参政匝喜鲁丁等，偕至帝前，问曰："汝等皆党于阿合马，能无罪乎？"正曰："臣未尝阿附，惟法是从耳。"会日暮，车驾还内，俱械系于阙前。逾数日，奸党伏诛，复械系正于拱卫司，和礼霍孙曰："上尝谓，刘正衣白衣，行炭穴十年，有谓廉洁者。"乃免归。二十年春，枢密院奏为经历，擢参议枢密院事。二十五年，桑哥立尚书省，擢为户部侍郎，迁户部尚书,复移疾归。

二十八年,桑哥败,完泽为丞相,召为户部尚书,迁参议尚书省事。省罢,仍参议中书省事。湖南马宣慰庶子因争荫,诬告其兄匿亡宋官银,正察其诬,罪之,仍荫其兄。济南张同知子求为两淮运使,正弗与。张作飞语构其事,帝召正诘之,曰:“匿银事在右司,争事在左司,参议乃幕长,寝右而举左,宁无私乎”正辨析分明,事遂释。三十年,御史台奏为侍御史,中书省奏为吏部尚书,已巳而复留为侍御史。迁江南行御史台中丞。

大德元年,改同金检密院事。寻出为云南行中书省左丞。右丞忙兀突鲁迷失请征缅,正以为不可。俄俱被征,又极言其不可。不从,师果无功。云南民岁输金银,甸寨远者,则遣官往徵,人马刍粮往返之费,岁以万计。徵收金银之数,必十加二,而折阅之数如之,其送迎馈赆之数又如之。正首疏其弊,给官秤,俾土司诣输纳,其弊始革。始至,官储财二百七十万索、白银锭。比四年,得财一千七十万索、金百锭、银三千锭。七年秋,谢病归。八年六月,起为江西行省左丞。冬十月,改江浙。

武宗即位,召为中书左丞,迁右丞。二年,立尚书省,复谢病归。

仁宗即位,召诸老臣人议国事,正诣阙言八事:一曰守成宁,二曰重省台,三曰辨邪正,四曰贵名爵,五曰正官符,六曰开言路,七曰慎赏罚,八曰节财用。仁宗初政,风动天下,正与诸老臣襄赞之力居多。累乞致仕,不许。拜荣禄大夫、平章政事、议中书省事。

时议经理河南、淮浙、江西民田,增茶监课额,正极言不可,弗从。岁大旱,野无麦谷,种不入土,台臣言:“燮理非人,奸邪蒙蔽,民多冤滞,感伤和气所致。”诏会议。平章李孟曰:“燮理之责,儒臣独孟一人,请避贤路。”平章忽都不丁曰:“台臣不能明察奸邪,以裨时政,可还诘之。”正言:“台、省一家,当同心献替,择善而行,岂容分异耶?”孟不从,竟如忽都不丁言。右丞相帖木迭儿传旨:“廉访司权太重,故按事失实,自今不许专决六品以下官。”忽都不丁、李孟议行之,正言:“但当择人,法不可易也。”事始寝。延祐六年卒。后赠宣力赞治功臣光禄大夫、司徒柱国，追封赵国公，谥忠宣。

子秉德，官秘书监丞，历兵、工二部侍郎，出为安庆路总管；秉仁，以荫为中书架阁管勾，累官工部尚书，致仕。

王毅，字粟夫，东平汶上人。以大臣荐，累官翰林学士承旨、太子詹事。武宗欲幸寿安山佛寺，毅疏谏止之。仁宗即位，劾铁木迭儿营私蠹政，伏阙极论之，不报。以亲老告归，用御史台荐，召还，延祐三年，拜中书右丞。四年，出为江浙行省右丞，迁中书平章政事。六年，复以亲老致仕。仁宗崩，铁木迭儿复相，诬以徵理钱谷不实，欲奏杀之，英宗不从，始获免。后卒于家。

初毅召用时，父玉附诏使奏曰：“臣玉虽老尚健，谨遣毅一心事陛下。”仁宗大喜，特授玉集贤学士，阶资德大夫，士论荣之。

高昉，字显卿，其先辽东人，后徙大名。父昂，朝城尉。

昉美风仪，神观高朗，涉猎文史，为经世之学，辟集贤院掾擢都省掾。

平章何荣祖器之，调吏部主事。建言：“仕者历履岁月，治行无由核实，吏得并缘为奸。宜书于册，置局司之，每遇迁转，以为黜陟。”执政韪其言，著为令。再迁左司员外郎、郎中。臣囚燕南道，平反冤狱，时论称之。改吏部郎中，时选授无法，昉请除儒人为长吏，杂进者贰之，由是选法一清。擢礼部侍郎，奉命按治浙江白云宗僧民经，凡夺民田庐悉返之，又得贿赂没官者若干万，浙民大快。迁左司郎中，出为潭州路总管。奸民有诈称敕制者，逮击数百人，昉详谳之，止坐二人，余皆释不问。

武宗即位，召为同知中政院事。旋拜中书参知政事。至大二年，尚书省立，议更钞法。昉言：“纸币已虚数倍，若再抑之，则钞愈轻，而物愈贵，非半之善也。”时不能用其言，出昉为江浙行省参知政事。敕范供佛铜器，行省官欲销库钱以充其用，昉曰：“历代钱货，孰敢擅废！”未几，钱、钞兼行，众乃服昉有先识。进行省左丞。会平章张驴请括江南民田，昉言："承平日久，赋税皆有常经，民心一摇，恐生他变。"已而果如昉言，赣州蔡五九等乱作。延祐元年，召为中书参知政事，昉以母老乞归养，帝不允，改集贤学士、商议中书省事。是年，丁母忧。明年，起为江南行台侍御史，又拜枢密副使，皆不就。又明年，帝遣使召之曰："卿以大祥日至，则能为朕来矣。"昉不敢固辞，既至，入见便殿，即日拜中书参知政事。五年，进右丞。

七年春，帝不豫。铁木迭而谮于皇太子，言仓库空虚，命具钱谷大数以闻。昉曰："某等备位执政，进贤黜不肖，乃其职也。至于钱谷，自有主者。"铁木迭而益怒。仁宗崩，铁木迭而遂为右丞相，以昉及前平章政事王毅、参议韩若愚征理钱谷不实，请于英宗，欲仿桑哥奏诛执政，杀昉等。赖帝知其无罪，得放还。

泰定初，昉等始获昭雪，起拜荣禄大夫、湖广行省平章政事，佩金虎符，节制诸军。时两江岑毅、黄圣许等数叛，昉请于朝，以前广西金提刑按察司事奥屯忽都鲁有威惠，命为本道安抚使，岑、黄等果相帅归附。岁余，改江浙行省平章政事。天历元年，偕行省臣五人入觐，至陵州，以疾卒，年六十有五。至正中，赠推诚效节秉义佐理功臣、光禄大夫、河南行省平章政事、柱国，追封魏国公，谥文贞。

子履，江浙行左右司郎中；恒，河间路总管府治中。

新元史卷二〇二
列传第九九

张孔孙　张养浩　曹伯启
王寿　谢让　吴元珪
畅师文　曹元用

　　张孙孔,字梦符,其先出辽之乌若部,为金人所并,迁隆安。父之纯,为东平万户府参议,夜梦谒孔子庙,赐以嘉果,已而孔孙生,丐名于衍圣公,遂以孔孙名之。既长,以文学名,辟万户府议事官。时太常乐师流寓东平,乐章缺落,止存登歌一章。世祖居潜邸,尝召乐师至日月山观之。至是,徐世隆奏请宜增设宫县及文武二舞,以备大典。因诏世隆为太常卿,而孔孙以奉礼郎为之副,肄乐献于京师。廉希宪居政府,辟为掾。及安童为相,尤礼重之,授户部员外郎。出为南京总管府判官。

　　时襄樊未下,朝廷急于用兵,孔孙谓越境私贩坐罪者动以千数,宜开其自新之路,使效力赎死。朝论采之。迁孔孙金四川道提刑按察司事,寻擢湖北道提刑按察副使。行部巴陵,县民龚乙建言兴银冶,众怒,发其祖坟烧乙家,死者三人,有司以图财害命坐之,逮系三百人,孔孙原情减罪,多所全活。迁浙西道提刑按察副使,改同知保定路总管府事。俄拜侍御史,行御史台事。

　　至元二十二年,安童复入相,言于帝曰:“阿合马颛政十年,迎合者往往骤登显位,独刘宣、张孔孙二人恬守故常,终始如一。”乃除宣吏部尚书,孔孙礼部侍郎。寻擢孔孙礼部尚书,改燕南道提刑按察使。二十八年,提刑按察司改肃政廉访司,仍为使,拜金河南江北行中书省事。未几,除大名路总管,兼府尹。有献故河堤三百余里于太后者,也孙请悉还于民,从之。擢淮东道肃政廉访司使。泰州民尹执中兄弟诬为强盗,平反之。召还,拜集贤大学士、中奉大夫,商议中书省事。丞相完泽卒,孔孙与陈天祥同上封事,荐哈剌合孙可为相。会地震,诏问弭灾之道,孔孙条上八事,曰:"蛮夷诸国,不可穷兵远讨;滥官放遣,不可复加任用,赏善罚恶,不可数赐赦宥;献鬻宝货,不可不为禁绝;供佛无益,不可虚费财用;上下豪侈,不可不从俭约;官冗吏繁,不可不为裁减;太庙神主,不可不备祭享。"帝悉嘉纳之,赐钞五千贯。又累疏言:"凡七十致仕者,宜加一官;丁扰服阕者,宜待起复;宿卫冒滥者,当革之;州郡之职,当遴选久任;达鲁花赤,宜量加迁转;又宜增给官吏俸禄、修建京师庙学、设国子生徒,给赐曲阜孔庙洒扫户;宰相宜参用儒臣,不可专任文吏,故相安童、伯颜、和礼霍孙、廉希宪等各宜赠谥。"

久之,请老,拜翰林学士承旨、资善大夫致仕,集贤大学士如故。大德十一年卒,年七十有五。孔孙善琴,工画山水、竹石,尤精于骑射云。

张养浩,字希孟,济南章丘人。幼遇人遗钞于路,追而还之。十岁自力于学,父母恐其过勤,止之。养浩画则默诵,夜则张灯窃读。及弱冠,遂博通经史。按察使焦遂闻之,荐为东平正。游京师,上书于平章不忽木,大奇之,辟为礼部令史,仍荐入御史台。一日,病,不忽木亲至其家问之,四顾壁立,叹曰:"此真台掾也。"迁中书省掾。选授堂邑县尹。到官,首毁淫祠三十余。罢旧盗之参朔望者,曰:"彼皆良民,饥寒所迫,不得已而为盗耳。既罹于刑,犹以盗目之,是绝其自新之路也。"众皆感泣。有李虎者,常杀人,聚党横行为民害,旧尹莫敢诘问。养浩至,尽置诸法。去官十年,民犹为立碑颂德。

仁宗在东宫,召为司经,未至,改文学,拜监察御史。初议立尚书省，养浩言其不便，既立，又言变法乱政，将祸天下，台臣抑而不闻。时武宗将亲祀南郊，不豫，遣大臣代祀，忽大风，人多冻死，养浩扬言曰：“代祀非人，故天示之变。”大忤宰相意。时省臣奏用御史大夫中丞，养浩叹曰：“尉专捕盗，纵不称职，使盗目选可乎？遂疏时政万余言：“一曰赏赐太侈，二曰刑禁太疏，三曰名爵太轻，四曰台纲太弱，五曰土木太盛，六曰号令太浮，七曰幸门太多，八曰风俗太靡，九曰异端太横，十曰取相之术太宽。言皆切直，当国者不能容。遂除翰林待制，复构以罪罢之。戒省、台勿复用。养浩恐及祸，乃变姓名遁去。尚书省罢，始召为右司都事。迁翰林直学士，改秘书少监。

延祐初，设进士科，以礼部侍郎，知贡举进士。谒见，皆谢之。使阍人告之曰：“但思报国，无以私谒为也。擢陕西行台治书侍御史，改右司郎中，拜礼部尚书。

英宗即位，命参议中书省事。会元夕，帝欲于内庭张灯为鳌山。即上疏，托左丞相拜住代奏曰：“世祖临御三十余年，每值元夕，间阎之间灯火亦禁，况阙庭之严，宫掖之邃，尤当戒慎。今灯山之构，臣以为所玩者小，所系者大，所乐者浅，所患者深。伏愿以崇俭虑远为法，以喜奢乐近为戒。”拜住袖其疏入，帝大怒，既览而喜曰：“非张希孟不敢言。”即罢之，仍赐尚服金织币一、帛一，以旌其直。先一日，御史观音保等以谏五台山建佛寺获罪，翼日养浩疏入，人皆危之。已而竟荷嘉奖，当时以为殊眷云。后以父老，弃官归养。召为吏部尚书，不拜。丁父忧，未终丧，复以吏部尚书召，力辞不起。

泰定元年，以太子詹事丞、兼经筵说书召，又辞。改淮东道廉访使，进翰林学士，皆不赴。

天历二年，关中大旱，饥民相食，特拜陕西行台中丞。既闻命，即散家财，与乡里贫乏者登车就道，经华山，祷雨于岳祠。及到官，复祷于社坛，大雨水深三尺，秦人大喜。时斗米直十三缗，民持钞出籴，稍昏即不用，诣库换，则易十与五，且累日不可得。养浩检库中未毁钞文可验者，得一千八百万五千余缗，悉以印记其背，又刻，十贯、伍贯为券,给散贫乏,命米商视印记出粜,诣库验数以易之,于是吏弊不行。又率富民出粟,因上章请行纳粟补官之令。闻民有杀子以奉母者,养浩闻之大恸,出私钱济之。到官四月,未尝家居,夜则祷于天,昼则出赈饥民。以劳瘥疾卒,年六十。秦人哀痛如失父母。至顺二年,赠摅诚宣惠功臣、荣禄大夫、陕西等处行中书省平章政事、柱国,追封滨国公,谥文忠。著有《三事忠告》三卷,《归田类稿》十四卷。二子:强、引。

史臣曰:张希孟以道事君,自度不能行其志,屡征不起。及闻陕西灾,投袂赴之,甘以身殉。孟子有言:"禹思天下有溺者,犹己溺之;稷思天下有饥者,犹己饥之。"推希孟之用心,其庶几禹、稷乎。

曹伯启,字士开,济宁砀山人。弱冠从东平李谦游,笃于问学。

至元中,历仕为兰溪主簿,尉获盗三十,伯启以无左验,末之信。俄得真盗,尉以是黜。累迁常州路推官。豪民黄甲杀人,赂佃客诬伏,伯启谳得其情,卒论甲死罪。迁河南行省都事、台州路治中。御史潘昂霄、廉访使王俣交荐,擢拜西台御史。改都事,请建许衡祠以表其教士之功。四川廉访佥事阔阔木以苛刻闻,伯启劾罢之。

延祐元年,擢内台都事。迁刑部侍郎。丞相铁木迭儿专政,一日,召刑曹官问曰:"西僧讼某之罪,何为久弗治?"众莫敢对,伯启徐进曰:"犯在赦前,故不治。"铁木迭儿怒甚,左丞阿礼海牙曰:"曹侍郎素廉直,某罪诚如所言。"铁木迭儿怒始解。宛平县尹盗官钱,铁木迭儿欲并诛守者,伯启执不可,杖遣之。八番帅擅杀起边衅,朝廷已选用代者,命伯启往诘其事。次沅州,道梗,伯启恐新帅以兵往,乃遣令史杨鹏与新帅言之,止奏前帅擅杀罪,边民以安。大同宣慰使法忽鲁丁扑运岭北粮岁数万石,肆为欺罔,累赃巨万。朝廷遣使督征,前后受赂,皆庇之。最后,伯启往,其人已死,谓其子弟曰:"负官钱,虽死必征。与其纳赂于人,曷若偿之于官。第条汝父所赂之数,官为征之。"诸受赂者皆惧,潜归赂于其子,得钞五百余万缗,以偿民之逋负。出为真定路总管。

延祐五年,迁司农丞。奉诏至江浙议盐法,罢检校官,置六仓于浙东、西,设运盐官,输运有期,出纳有次,船户、仓吏盗卖漏失者有罚。归报,著为令。寻拜南台治书侍御史。伯启言,讼冤一切不问,非风宪定制。忤御史大夫意,乃自免归。召为福建道廉访使,旋改右司郎中。

英宗即位,迁辽东道廉访使。时敕建西山佛寺,御史观音保等以岁饥请缓之,近臣激上怒,遂诛观音保等。伯启曰:"主上聪明睿断,是不可以不净。"乃劾台臣缄默,使朝廷有杀谏臣名。帝为之悚听。俄拜集贤学士,迁侍御史。有诏同刊定《大元通制》,伯启言:"五刑者,异五等,今黥杖徒役于千里之外,百无一还者,是一人身备五刑,法当改易。"丞相拜住曰:"御史言是也。"会伯除浙西道廉访使,不果行。

泰定初,告老,砀山人表所居为曹公里。伯启为侍读学士,考试国子生,首取吕思诚、姚缓,后皆为名臣。云南金事范震言:"宰相欺上罔下。"不报,震饮恨死。伯启具其事,书于国史。真州知州吕世英以刚直获罪,伯启白其枉,擢居风宪,士论称之。其好彰人之善率类此。

天历中,起伯启为淮东道廉访使,陕西行台中丞使驿敦遣,伯启喟然曰:"吾年且八十,尚忘知止之戒乎!"终不起。至顺三年卒,年七十九。赠体忠守宪功臣、河南行省左丞、鲁郡公,谥文贞。有诗文集十三卷行世。五子:震亨,晋宁县尹;贲亨,临江儒学教授;泰亨,福建盐司经历;复亨,江南行台御史;履亨,陕西行台掾。

王寿,字仁卿,涿州新城人。幼颖敏,嗜学,长以通国文为中书掾。既而用朝臣荐,入侍裕宗,眷遇特异。

至元十九年,授兵部员外郎。二十二年,擢吏部郎中。以分置尚书省,去官。二十八年,罢尚书省。归中书,复任吏部郎中,以婿康里不忽木柄用,又自免去。明年,授大司农丞,不赴。元贞二年,出为燕南河北道廉访副使。大德二年,不忽木为御史中丞,复弃官归。三年,授集贤直学士,迁侍读学士。俄擢御史台侍御史,论事剀切。

六年二月,召寿代祀江南岳渎,密旨:去岁风水为灾,百姓艰食,凡所经过,采听入对。使还,具奏:"民之利病,系于官吏善恶。今宜选公廉材干、存心爱物者专抚字,刚方正大深识治体者居风宪。天灾代有,赈济以时,无劳圣虑。"又奏:"豪右之家仍据权要,宜处于京师,以为保全之地。"奏入,成宗嘉纳之。九年,参议中书省事。十年,改吏部尚书。

十一年,武宗即位,首拜御史中丞。寿与台臣奏:"宰相位尊任重,不可轻假非人。三代以降,国之兴衰,民之休戚,未有不由相臣贤否者。世祖初置中书省,以忽鲁不花、塔察儿、线真、安童、伯颜等为丞相,史天泽、刘秉忠、廉希宪、许衡、姚枢等实左右之,当时称治比唐贞观之盛。迨至阿合马、郝祯、耿仁、卢世荣、桑哥、忻都等坏法黩货,流毒亿兆。近者阿忽台、伯颜、八都马辛、阿里等煽惑中宫,几摇神器。君子、小人已试之验,较然如此。臣愿惩其既往,知所进退,则天下之事可从而理也。"未几,拜中书右丞。俄复拜御史中丞。至大三年,迁太子宾客、集贤大学士。秋九月卒,年六十。明年赠银青荣禄大夫、平章政事、上柱国,追封蓟国公,谥文正。

谢让,字仲和,颍昌人。幼颖悟好学。及壮,推择为吏,补宣慰司令史。大兵伐宋,立行中书省于江西,让以选为令史。调河间等路都转运盐司经历。先是,灶户在军籍者,悉除其名,以丁多寡为输盐额。其后,多雇旧户代煮盐,而雇钱甚薄。让言:"军户既落籍为民,当与旧灶户均役。既令代役,岂宜重困,自今雇人必厚与佣直。"又逃亡户率令见户包纳其盐,由是豪强者以计免,贫弱愈困。让令验物力多寡,比次甲乙以均之,民大悦。擢南台御史。举湖广行省平章政事哈剌哈孙可为御史大夫,山东廉访使陈天祥可为中丞,右

司员外郎高昉可为监察御史。劾江浙省臣受诏不敬及不法事。帝
遣使杂问，既款服，诏令让与俱来，人皆危之，让恬然若无事者。由
是台纲始振。

　　大德间，立陕西行御史台，以让为都事。凡御史封章及文移，其
可否一决于让。入为中书省右司都事，迁户部员外郎。时东胜、云、
丰等州民饥，乞籴邻郡。宪司惧贩鬻为利，遏其籴。事闻于朝，让请
罪遏籴者，三州之民赖以全活。四年，授宗正府郎中。擢监察御史，
迁中书省右司员外郎，为湖广行省左右司郎中。湖广宣慰使张国纪
建言科江南夏税，让极论其病民事，遂巳。迁河南行省左右郎中。是
时，江淮戍军二十余万，亲王分镇扬州，皆以两淮民税给之，不足则
漕于湖广、江西。是岁会计军饷，缺三十万石，让请以淮盐三十万引
鬻之，收其价钞赡军。不劳远运，公私便之。

　　至大元年，转户部侍郎。时京仓主计吏以久雨米坏，请覆糠秕
其上，因杂于米中以给内外工人及宿卫者，让以藁秸易之，奸弊遂
除。二年，拜西台治书侍御史。三年，入为治书侍御史，未上，改同
金枢密院事。寻拜户部尚书。仁宗在东宫，以让先朝旧臣，召见，赐
卮酒。四年，改刑部尚书。

　　仁宗即位，加正议大夫，入谢，又赐卮酒，让痛饮之。帝曰："人
言老尚书不饮，何饮耶？"让曰："君赐不敢违。"少醉不能起，命扶出
之。翌日，让人谢，帝曰："老尚书诚不饮也。"初，尚书省臣构杀郑阿
尔思兰，籍其家，中外冤之。仁宗即位，省臣皆以罪诛，阿尔思兰家
奴赵一德讼主冤事。下刑部，让明其无罪，以所籍赀产给还之，诏六
部事疑不决者，须让共议而后上闻。于是户部更定钞法，礼部议正
英礼，让皆与焉。刑部有文书，让未署字而误用印，吏惧，遂私效让
署，事觉，度无损于事，且怜吏以罪废，视之曰："吾署也。"其宽厚多
类此。让上言："古今有天下者，皆有律以辅治。堂堂圣朝，岂可无
法以准之，使吏任其情，民罹其毒。"帝嘉纳之。乃命中书省纂集曲
章，以让精律学，使为校正官，赐青鼠裘一袭、侍宴服六袭。皇庆二
年，朝廷以吏事多滞，责曹司按不如程者。令下，讲曰："刑狱非钱

谷、铨选之比，宽以岁月，尚虑失实，岂可律以常法。"乃入白宰相，由是刑曹独不责稽迟。拜陕西行省参知政事，未几，拜西台侍御史。命甫下，诏罢西台，就拜侍御史。延祐元年十月，卒于官，六十有六。赠正奉大夫、河南行省参知政事，追封陈留郡公，谥宪穆。子好古，奉政大夫、覆实司提举。

吴元珪，字君璋，广平永年人。父鼎，世祖求通书算学者，郡以鼎应命，参议汉地公事，多所全宥。著农桑辑要》，行于世。官至河北道按察副使追封寿国公，谥恭惠。

元珪，少简重。至元十四年，世祖召见，命侍左右，授卫经历，佩金符。十七年，从幸上都，受命取御药于大都万岁山。元珪乘传，未尽一书夜而至。帝嘉其速，擢枢密都事。迁经历。尝从同知枢密院事俺伯进西蕃铠甲。帝问其制度，元珪应对详明，帝益奇之。枢密院奏京师五卫、行省万户府设官有差，均俸禄，给医药，设学校，置屯田；多元珪所论建。二十六年，参议枢密院事。时缮修宫城，尚书省奏役军成�，留守司主之。元珪亟陈其不便，请立武卫，以留守段祯兼都指挥使，凡有与作，必闻于枢密。从之。寻擢枢密院判官，奏官万户用军士人，千户四人，百户二人，多役者有罚。二十八年，除礼部侍郎。迁左司郎中。三十一年，参议中书省事。时中书征逋赋不能如额，丞相完泽患之。元珪进曰："此前政之失，今当明言其故蠲之。"乃依元珪议人奏。

大德元年，拜吏部尚书。选曹铨注，多私其乡里，元珪力矫之，时论推其公充允。累迁工部尚书。河朔连年水旱，五谷不登，元珪言："《春秋》之义，以养民为本，凡用民力必书。盖民力息，则生养膇，生养遂，则孝化行，而风欲美。"宰相韪其言，土木之工稍为休息。六年，佥河南行中书省事，将行，拜江浙行省参知政事。初朱清、张瑄遍以金币赂当道，及败，具籍受赂者姓名，惟元珪一无所染。

武宗即位，由佥枢密院事拜枢密副使。诏议政中书，若惜人力、严选举、节财用、定律令、谨赏罚、建科举、课农桑、汰冗员、易封赠，

皆切于世务者。初，诏发军万人屯田称海，海都之乱，被俘者众。至
是，来归者饥寒不能存，至鬻妻子以活，元珪奏其事，诏赐钱赎之。
帝在军中，闻元珪名，至是特加平章政事，赐白金二百五十两、只孙
衣四袭。

仁宗即位，诏元珪与十六人议时政。皇庆元年，出拜江浙行省
左丞。江淮漕臣言："江南殷富，盖由多匿腴田，若再行检覆之法，当
益田亩累万计。"元珪曰："南之平几四十年，户有定籍，田胃定亩，
一有动摇，其害不细。"固争月余，不能止，移疾去。召拜枢密副使。
延祐元年，出为甘肃行省左丞。岁余，召还，使宣抚辽阳诸路。复为
枢密副使，召见嘉禧殿。帝曰："卿先朝旧臣，宜在朕左右。"特加荣
禄大夫，赐钞五千缗、貂裘二袭。元珪奏曰："昔世祖限田四百亩以
给军南非，余田悉供赋税。今经理江淮田亩，第以增多为能，有司头
会箕敛，俾元元之民困苦日甚，臣恐变生不测，非国之福，"由是军
田始遵旧制。

英宗即位，元珪与知枢密院事帖木儿不花上言："诸王、贵近不
可干军政，将校不可侵渔军户，军官之材者当迁用之，有司赋军民
役宜均一，军官袭职宜传适嗣。"帝并嘉纳之。元珪以年老致仕。至
治二年，起商议中书省事。三年，卒。泰定元年，赠光禄大夫、河南
等处行省平章政事、上柱国，追封赵国公，谥忠简。三年，复加推诚
佐理功臣、光禄大夫、大司徒。

元珪从弟元瑜，集贤直学士，亦有时名。子复，太庙署令。

畅师文，字纯甫，其先开封人，后徙河南洛阳。父讷，有时名，著
《地理指掌图》，仕于金为省掾。

师文幼警悟，家贫，借书手录，过目不忘。弱冠谒许衡，与衡门
人姚燧、高凝友善。

至元五年，陈时政十六策，丞相安童奇其才，辟为右三部令史。
从丞相伯颜伐宋，编平宋事迹上于朝。十四年，除东川行构密院都
事。

十六年，安西王承制改四川北道宣慰司经历。寻除承直郎、潼川路治中。辟王朝纲、韩伯昌等为掾吏，后皆至达官。修府舍，发地得银五十锭，同僚分师文十锭，不受，以修庙学，余为酒器给公用。十九年，承制改同知保宁路事。二十二年，佥西蜀四川道提刑按察司事。

二十三年，拜监察御史。诏曰："畅纯甫不贪，佳士也。其令与玉昔帖木儿为友。"师文纠劾不避权贵，台纲肃然。二十四年，迁陕西汉中道巡行劝农副使，置义仓，教民种艺法。二十八年，改佥陕西汉中道提刑按察司事。时更提刑按察司为肃政廉访司，就佥本道肃政廉访司事。兴元军监贪婪，师文得其赃证，奏决之。

三十一年，徙山南道。时副使为高克恭，移文言不可居师文上者有三：一，师文官五品，先克恭十余年；二，从伯颜平宋者皆取富贵，独师文贫苦，无异寒士；三，克恭兄事师文，今官居其上，实不自安。即日辞职去，时人两贤之。松滋、枝江有水患，岁发民防堤，往返数百里，苦于供给，师文悉罢其役。驸马亦都护家人怙势不法，师文杖而流之。

大德二年，改山东道。入为国子司业。七年，出为陕西行中书省理问官。始至决滞狱三百余事，凡强悍恃势，官不能制者，皆置于法。顷之，以病归家居。九年擢陕西汉中道肃政廉访副使，又以病不赴。十年，改太常少卿，转翰林侍读学士、朝请大夫，知制诰同修国史。

至大元年，修《成宗实录》，赐钞一百锭，不受。二年，加少中大夫。三年，请补外任，除太平路总管。时大旱，师文捐俸祷雨，不数日，澍雨降，遂为丰年。当涂人坐杀牛祈雨，逮系六十余人，师文悯而出之。

皇庆二年，复召为翰林侍读学士、中奉大夫，知制诰同修国史。除燕南河北道肃政廉访使，以病去官。延祐元年，征拜翰林学士、资德大夫，行至河南，复以病归襄阳。四年秋八月，聘校河南乡试。归，卒于襄县传舍，年七十一。泰定二年，赠资政大夫、河南江北等处行中书省左丞、上护军,追封魏郡公,谥支肃。后至元八年,加赠推忠守正亮节功臣。子笃,江南道廉访副使。

曹元用,字子贞,世居东阿县,后徙东平汶上。元用资禀俊爽,幼嗜书,每夜读书,常达曙不寝。父忧其致疾,乃以衣蔽窗,默观之。

始以镇江路儒学正考满,游京师。翰林承旨阁复于四方士少所许可,及见元用,出所为文示之,元用辄指其疵,复大奇之,因荐为翰林国史院编修官。即论史官多不称职,请较试,取其优者用之。御史台辟为掾史。元用初不习吏事,而论事明决,吏反师之。转中书省右司掾,与清河元明善、济南张养浩同时号为三俊。除应奉翰林文字,迁礼部主事。时累朝皇后无谥,元用言:"后为天下母,岂可直称其名,宜加徽号以彰懿德。"改尚书省右司都事,转员外郎。

延祐六年,授太常礼仪院经历。英宗躬修祀事,其亲祀,仪注、卤簿、舆服之制,皆元用所裁定。初,太庙九室合飨于一殿,仁宗崩,无室可祔,乃于武宗室前结彩为帖典。英宗召礼官集议,元用言:"古者宗庙有寝有室,宜以今室为寝,更营大殿为十五室。"帝韪之。授翰林待制,迁直学士。

至治三年八月,铁失弒英宗,贼党赤斤铁木儿至京师收百司印,趣召两院学士北上。元用独不行,曰:"此非常之变,吾宁死不可曲从。"未几,贼果败,人皆称其有识。

泰定二年,授太子赞善。转礼部尚书经筵官。及大朝会,为纠仪官,申卷班之令,俾以序退。又谓太医、仪凤、教坊等官,不当序正班,宜自为一列。后皆行之。夏,帝以日食、地震、星变,诏议所以弭灾者。元用谓,应天以实不以文,修德明政,应天之实也。宜撙浮费,节财用、选守令、恤贫民、严禋祀、汰佛事、止造作,以纾民力,慎赏罚以示劝惩。皆切中时弊。又论科举取士之法,当革冒滥、严考核,俾得真才之用。议上,时论称之。拜中奉大夫、翰林侍讲学士,兼经筵官,预修仁宗、英宗两朝《实录》,又奉旨纂集甲令为《通制》,译唐《贞观政要》为国语。凡大制诰,率元用之笔。

文宗时,草宽恤之诏,帝览而善之,赐金织文锦。天历二年二月,遣祀曲阜孔子庙,还,以孔子为司寇像及代祀记献,帝甚说,是年八月,太禧宗禋院副使缺,中书奏以元用为之,帝不允曰:"此人翰林中所不可无者,将大用之。"会卒,帝嗟悼良久,谓侍臣曰:"曹子贞尽忠宣力,今亡矣,可赐赙钞五千缗。"赠正奉大夫、江浙等处行中书省参知政事、护军,追封东平郡公,谥文献。有诗文四十卷,号《超然集》。二子:伟、仪"伟,官大兴县尹。

新元史卷二〇三
列传第一〇〇

王利用　刘事义　郭明德
马煦　韩若愚　尉迟德诚
刘德温　吴鼎　刘润　陈端
卜天璋　王艮　吴恭祖
宋崇禄

　　王利用，字国宾，通州潞县人。辽赠中书令籍之七世孙。高祖以下皆仕金。

　　利用幼颖悟，弱冠与魏初同学，遂齐名。初事世祖于潜邸，中书省辟为掾，辞不就。

　　中统初，命监铸百司印。历太府内藏官，出为山东经略司详议官。迁北京奥鲁同知，历安肃、汝、蠡、赵四州知州，入拜监察御史。蓟州有禁地，民不得射猎其中，逻者诬州民冒禁，籍其家。利用纠之，逻者诉于上，利用辩愈力，卒以所没入悉归之民。擢翰林待制，兼兴文署。奉命程试上都、隆兴等路儒士。迁直学士，与耶律铸同修《实录》。出为河东、陕西、燕南三道提刑按察副使，四川提刑按察使。都元帅塔海抑巫山县民数百口为奴，民屡诉不决，利用承檄覆问，尽出为民。

　　大德二年，改安西、兴元两路总管。在兴元，减职田租额，站户之役于他郡者悉除之。有妇毒杀其夫，问药所从来，吏教妇指为富商所货。狱上，利用曰："家富而货毒药，岂人情乎？"卒雪其冤。未几，致仕，居汉中。

武宗即位，起为太子宾客，首以切于时政者疏上十七事，曰：谨畏天戒，取法祖宗，孝事母后，敬奉至尊，抚爱百姓，敦本抑末，清心听政，寡欲养身，酒宜节饮，财宜节用，有功必赏，有罪必罚，杜绝逸言，求纳直谏，官职量材而授，工役相时而动，近侍时赴经筵讲读经史。帝及皇太子皆嘉纳之。皇后闻之，命录别本以进。利用以老病不能朝，帝遣医诊视之。利用谓弟利贞、利亨曰："吾受国厚恩，愧不能报，死生有命，药不能为也。"遂卒，年七十七。

利用每自言平生读书，深得力于恕字。廉希宪，当时名相，简重，慎许可，尝语人曰："方今文章政事兼备者，王国宾其人也。"仁宗即位，以官僚旧臣，赠荣禄大夫、柱国、中书平章政事，追封潞国公，谥文贞。

刘事义，字伯宣，济南邹平人。曾祖信，其母失明，信日汲井水浸舌舐之，月余遂愈，人谓孝思所感，祖震，有学行，为严实行台令。实雅重之。后擢邹平县详议官，又改监本府税。父璧，京畿都漕运司知事，迁经历。时漕司赃私狼籍，至以空钥相授受，璧尽革其弊，冒滥无所施。时论称其廉敏。累擢建德路推官，卒。

事义，少好学，鲠亮有风概。由礼部掾，辟中书省掾。时当国者遇下严，掾吏多罹刑辱，事义以勤慎，犹无所及。出为大都酒课副提举，迁禹城县尹。有讼，庭决之，蠹吏敛手，不得为奸利。产嘉禾一茎，九穗，民勒德政碑纪之。迁辽阳行省左右司都事。

累擢监察御史。先是，山东宣慰使乐实暴横，事义尹禹城时，知其恶。及为御史，发其奸状以闻，卒按诛之。未几，转中书省右司都事，改秘书少监。执政以秘书散局，非事义所宜，复奏授兵部郎中，阶中顺大夫。又以大都宣课提举司所入多不实，命事义监之，税课果增倍蓰，赍银币有差。迁太中大夫、浙西廉访副使，改两浙盐运使,以病去官,起为陕西行台治书侍御史,改嘉议大夫、湖南廉访使。

至治三年,拜江南行台治书侍御史,晋中奉大夫,改陕西行台侍御史,又拜陕西行省参知政事。卒,年六十七。

郭明德,字德新,中山无极人。至元初,大兵围襄阳,募民兵。明德应募中选,县尹冯岵试以策论,署为总管府掾。从讨乃颜,擢断事官知事。

大德初,累迁工部员外郎。五年,京师大水,芦沟河决牙梳堰,中书省檄明德塞之,伐荆为巨围,实石于中,以杀水势,堤遂固。六年,叛王海都入寇,拜宣慰副使,上疏陈边备曰:

> 安边之策,务在屯田积谷,且耕且战。今兵屯北边,运米一石,值中统钞百余贯,使山后每岁有秋输米者,仅可供一岁之用。苟或不然,利害非细。今和林之北,地宜麦禾,农器所在有之,京师六卫,每年抽步兵二人屯田,可供八人之食。和林寒苦,非汉军所能堪,若于蒙古诸军拣其富强者戍边,贫弱者教之稼穑,俟其有成,如汉军法以相资养。和林之钱或不足偿,以江浙盐引偿之,则数万之粟可坐而致矣。此外别立转运,买牛万头、车一万辆,用兵四千人,月给米三斗。自大同至和林,止四千里。百里置一驿,用兵百人、车五百辆,配牛五百头,可运米二千五百石。三日一返,一月运米二万五千石,何患军需之不足也。

又曰:

> 海都之众,不及国家百分之一,反能为患,何哉?号令不专,人心不一,机会失宜故也。中统初,令宗王征李璮,出金银符数十,赏有功者,矧今日边防,非璮可比。若仍前制授之将帅,使赏罚明信,则士卒可倍其勇,何有于克敌乎?"

又曰:

> 守边之道,必当高城深堑。今沿边无城堡,欲屯田积粟以

备敌，是委肉于虎也。近年兵少失利，以应固守之地，逡巡引退千有余里，致令敌人深入。今当规度敌所必由之路，或五十里，或百里，各筑一城，俟秋熟则贮刍粟于中，分兵屯守。如敌来攻，各城抽兵救之。则我有守备之资矣。

廷议难之。

未几，谢病归。复起为左司都事，进拜同金枢密院事。至大元年卒。年六十一。

马煦，字得昌，磁州滏阳人。父和，磁州提领劝农官。煦幼从乡人杨震亨学，与兄曙、弟昕并有时名。

至元初，辟御史掾。十五年，拜行台监察御史。时行省官私籍良民为奴至万余家，莫敢诘问，煦按籍还之。军兴，运饷者匿粟五万石，以覆溺为辞，煦劾其侵冒，时论称之。秩满，金江西提刑按察司事。

二十二年，除荆湖行省员外郎。改泸州同知。宋亡，正江南户口版籍，期限严急，民多惊扰。煦令州民以纸疏丁口、产业之实，揭门外，遣吏取之，即日事竣。

二十六年，迁江淮行省理问官。擢江西行省郎中。值行省复为中书，尽去尚书旧吏，独留煦一人。先是，尚书省以聚敛病民，择甲户主仓库，岁满，往往偿累负至破产。煦曰：“富民狃于安逸，不败何待！宜以精强吏代之。”著为令，由是仓库官无累负，吏更以年劳进用。

元贞元年，改山南道廉访副使。三迁为中书左司郎中。大德六年，出为济宁路总管。

至大元年，移湖州路，富商雇舟师至他郡，溺死。其妻讼商杀其夫，吏索商贿，不与，诬商抵罪。又豪客殴人至死，纳井中，贿吏以溺闻。煦皆平反其狱，胡安定墓夺于浮屠，煦迁葬高原，为立祠，置守冢三家，哈剌哈孙为行省丞相，雅敬煦，使其子师事之。三年，召拜刑部尚书。

延祐三年，以户部尚书致仕，是年卒，年七十三。

兄曙，河南儒学提举。弟昕，国子助教。

韩若愚，字希贤，保定满城人，由武卫府史授通惠河道所都事，开河有功，赐锦衣一袭。迁留守司都事，寻升经历，出知蓟州，改中书左司都事。时监烧昏钞者，欲取能名，概以新烧钞为伪钞，使管库者诬服。狱既具，若愚知其冤，覆之，得免死者十余人。迁刑部郎中、提举诸路宝钞库，擢吏部郎中。

仁宗即位，故事，凡潜邸官不次迁转，若愚以岁月定其资品，遂著为令。皇庆元年，迁内台都事。改刑部侍郎，寻擢中书左司郎中。时议禁民田猎，犯者抵死。若愚曰："昔齐宣王之囿，方四十里，杀其麋鹿者如杀人之罪，孟子非之。"众以为然，遂改从轻律。参政曹鼎新辞职。帝曰："若效韩若愚廉勤足矣，何辞为？"继命若愚参议中书省事。

铁木迭儿为右丞相，以憎爱进退百官，恨若愚不附己，罗织以事。帝知其枉，不听，拜户部尚书。延祐六年，命理河间等路囚，轻重各得其情。复拜参议中书省事。铁木迭儿再入相，以旧憾诬若愚罪，欲杀之，帝不从，复奏夺其官，除名归乡里，至治三年，诏雪其冤。

泰定元年，命复官，寻拜刑部尚书。迁湖广行省参知政事。未行，改詹事丞。八月，命宣抚江浙，留为侍御史。时左丞相倒剌沙擅威福，以事诬侍御史亦怜真等下狱，无敢言其冤者。故事，朝廷重臣必为御史大夫，若愚乃奏请以左丞相倒剌沙为御史大夫，事遂解。三年，擢浙西廉访使，未行，拜河南行省左丞。

从文宗平内难，进资政大夫。天历三年，迁淮西江北道廉访使。九月卒，年六十八。赠资德大夫、江浙等处行中书省左丞、上护军，追封南阳郡公，谥贞肃。

尉迟德诚，字信甫，绛州人。祖天泽，仕金为库官。郡王带孙拔绛州，天泽降，道见兵死者。辄收瘗之。带孙令佩金符，授霍州御衣局人匠总管。父甝，潞州知州。

德诚，历官太子率更丞，至大元年，改詹事院都事。二年，迁家令司丞。仁宗以为谨恪，常赐酒帛。数荐士。出则未尝语人。擢家令。四年，选为河东山西道宣慰司同知，上计京师，入见，帝方食，赐以馂余。擢工部尚书，未拜，改陕西行台治书侍御史。

延祐元年，迁京畿都漕运使。二年，拜辽东道肃政廉访使。上疏条时政，曰：劳诸王以笃宗亲，防出入以严宫禁，立谏官以远谗佞，崇科举以求人材，立常平以备荒年，汰僧道以宽民力，举贤良以励忠孝，抑奢侈以厚风俗，及拯钞法、裁冗官等事，未报而卒，年五十三。

刘德温，字纯甫，大都大兴人。初为中书省宣使。大德十一年，以年劳，授内宰司照磨，监建兴圣宫，调掌仪署令。未几，擢内宰司丞，奉中旨，征河南逓粮，德温平其价，使民输钞以偿，民便之。转延福寺丞，代祀岳渎。

迁同知大都路总管府事，辇毂之下，供亿浩繁，德温措置有方，民以不扰。累擢同知上都留守司事。省檄和籴，民恐不偿其值，彼此观望，德温下令曰："粮入价出，吏敢为弊，罪不赦。"于是不逾期而粮集。

转大司农丞，德温以耕藉之仪未备，欲考据典礼，集为一书，未毕，出为永平路总管。滦漆二水为患，有司岁发民筑堤，德温曰："流亡始集而又役之，是重困吾民。"遂罢其役。然水亦不复至。

永平，古孤竹国，元初郡守杨阿台请于朝，谥伯夷曰清惠，叔齐曰仁惠，为庙祀之。至是，德温复奏请春秋具牢礼致祭。著为令，赐庙额曰圣清。至顺四年卒，年六十九。赠正议大夫、礼部尚书、上轻车都尉，朝城郡侯，谥清惠。

吴鼎，字鼎臣，大都大兴人。至元十七年，见裕宗于东宫，命入宿卫。二十五年,授织染杂造局总管府副总管。后积官至礼部尚书、宣徽副使。大德十一年,山东诸郡饥,诏鼎往赈之。朝廷议发米四万石、钞千锭折米一万石,鼎谓同使者曰:"民得钞,将何从易米。"曰:"朝议已定,恐不可复得。"鼎曰:"人命岂不重于米耶!"言于朝,卒从所请。

至大元年,改正奉大夫、保定路总管。时皇太后欲幸五台,言者请开保定西五回岭以取捷径,遣鼎相视地形、计工费,鼎言:"荒山斗入,人迹久绝。非乘舆所宜往。"还报,太后喜,为寝其役。

三年,召授资善大夫、同知中政院事。两浙财赋隶中政者巨万计,前往者率多取其赢,鼎治之,一无私焉。朱清、张瑄多贷与民钱,其后清、瑄诛没,而券之已偿者亦入于官。官惟验券征理,民不堪命。鼎力为辩白,始获免。四年,改京畿漕运使。皇庆二年,复命金宣徽院事。四月,进资政大夫、崇祥院使。延祐三年,卒,年五十三。赠荣禄大夫、平章政事、柱国,追封蓟国公,谥孝敏。

刘润,字澍甫,河间盐山人,辟吏部掾,累迁工部主事。武宗城中都,事讫,赐银劳之,辞不受。擢奉训大夫、工部员外郎。至大三年,改奉议大夫、同提举万亿广源库。润曰:"世谓管库之任易致污累,苟无所私,适足以昭吾洁耳。"任事数年,无毫发之兖。时吏部铨选,讼不平者众,吏至不敢夜行。执政奏润为吏部主事,人咸服其公允。

延祐二年,迁朝列大夫、辽阳行省左右司郎中。先是,惠州民孙让杀人,赂长吏为误杀,由赦得出。润廉知其事,移官覆讯,论如律。方旱而雨,人谓决狱所感。五年,晋中顺大夫、大都路同知,俄拜监察御史,改工部侍郎。明年,又拜左司郎中,出为山东都运盐使。至治二年卒。年五十八。

子荣祖,保定路总管府判官;光祖,枢密院掾。

陈端,字正卿。汴梁原武人。由掾吏累迁工部员外郎,擢左司都事,占对详敏,成宗大器之,敕中书省凡奏事必与陈都事俱。端姿容白晰,帝称为察罕细立笃必阇赤,译言白晰掾也。俄迁户部郎中,出为大名路治中,有能名。仁宗为皇太子,雅知端,擢湖广行省郎中,阶奉政大夫。延祐二年,以朝散大夫,同佥徽政院事。三年,拜吏部尚书。四年,擢中书参知政事。

英宗即位,出为湖广行省参知政事,进中奉大夫。至治元年,奉旨理算盐政于海南、北两道。二年,又理算市舶于泉州。入为集贤侍读学士。泰定元年,拜同知宣政院事。二年,引疾归。起为四川行省左丞,固辞,士论贤之。卒于家。子士杞,唐州知州。

卜天璋,字君璋,河南洛阳人。

父世昌,仕金为河南孔目官,宪宗南征,率众款附,授镇抚,统民兵二千户,擢真定路管民万户。宪宗六年,籍河北民徙河南者三千余人,俾专领之,遂家于汴。

天璋,幼颖悟,长负直气。至元中,为南京府史。时河北饥民数万人,集河上,欲南徙。诏令民复业勿渡,众汹汹不肯还。天璋虑其生变,劝总管张国宝听其渡,国宝从之。河南按察副使程思廉察其贤,辟为宪史,后为中台掾。有御史发侍御史奸赃,天璋主文牒,未及奏,反为所潜,俱拘内廷。御史对食悲哽,天璋问故,御史曰:"吾老,唯一女,心怜之,闻吾系不食数日矣,是以悲耳。"天璋曰:"死职,义也,奈何为儿女子泣。"御史惭谢。俄见原免。

大德四年,为工部主事,蔚州有刘帅,豪夺民产,吏不敢决。省檄天璋往询之,田竟归民。五年,以枢密副使暗伯荐,授都事,引见,赐锦衣、鞍辔、弓刀。后以扈从劳,加奉训大夫,赐侍燕服二袭。秩满,当代,枢密院奏留之,特以其代者为增员。

累迁刑部郎中。时盗贼充斥,吏议犯者并家属咸服青衣巾,以别民伍。天璋曰:"赭衣塞路,秦弊也。尚足法耶!"有告诸王谋不轨者,敕天璋讯正之,赏赉优渥。尚书省臣得罪,仁宗召天璋入见。时兴圣太后在座,帝指曰:"此不贪贿卜天璋也。"因问:"今何官?"天璋对曰:"臣待罪刑部郎中。"复问:"谁所荐者?"对曰:"臣不才,误蒙擢用。"帝曰:"先朝以谢仲和为尚书,卿为郎中,皆朕亲荐也。卿宜奉职勿怠。"即以中书刑部印章付之。既视事,入觐,赐酒隆福宫,及锦衣三袭。后被命治谋反狱,帝顾左右曰:"君璋廉慎人也,必得其情。"已而天璋察其冤诬,果为平反。

皇庆初,出为归德知府,时群盗据河津渡,商旅不通,天璋擒百数人,悉磔以徇,盗为止息,擢浙西道廉访副使,到任阅月,以更田制,改授饶州路总管。天璋既至,听民自实,事无苛扰,民大悦,版籍为清。省臣妄作威福,郡县争赂之,觊免谴,独饶州赂不至,省臣衔之,将中以危法,求其罪无所得。县以饥告,天璋命发廪,僚佐持不可,天璋曰:"民饥如是,必俟得请而后赈,民且死矣。"竟发廪赈之。以治行第一,迁广东廉访使。先是豪民濒海筑堰,停商舶以射利,官得赂置不问,天璋至,发卒决去之,岭南地素无冰,天璋至,始有冰,人谓政化所致云。寻乞致事。

天历二年,拜山南廉访使。是时谷价翔涌,乃下命勿损谷价,听民自便。于是舟车争集,米价顿减。复止宪司赃罚库缯钱,留赈饥。御史至,民遮道称颂。会诏三品官言时政得失,因列上二十事,凡万余言,目之曰中兴济治策,因自引去。既归,以余禄施其族党家,无儋石。至顺二年卒。赠通议大夫、礼部尚书、上轻车都尉,河南郡侯,谥正献。

王艮,字止善,绍兴诸暨人。由廉访司书吏调卢州录事司判官,淮东宣慰使司辟为令史。诏遣都水监浚运河,艮从宣慰副使之盐城。有司部夫役三千人,束手以候都水之来,艮言,不宜坐糜廪食,促令兴工。立法:每十夫,一治爨,九操畚锸。比都水至,河可行舟者已四十五里,自新兴、五祐两场属于高邮,次第讫功。他州役尚未定,乃准艮法行之。

累迁江浙行省掾史。会复立市舶司,艮建言:买旧船以付船商,则费省而工易集。从之。省官钱五十余万缗。再迁两浙都转运盐使经历。绍兴路总管王克敬以民苦计口食盐,言于行省,未报,克敬迁转运使,议减额以纾民力。沮之者皆谓:有成籍不可改。艮毅然曰:"民实寡,而多赋之,今逃亡已众,犹据成籍而轻弃民命乎?且均其赋于商旅,何不可之有?"于是岁减盐额五千六百余引,丁忧归,服阕,擢海道漕运都万户府经历。

累迁江浙行省检校官。有讼松江瞿氏包隐田土为粮一百七十余万石,沙荡为钞五百余万缗,请立行大司农司营田水利总管府以收之。中书移行省,议遣使者核其地。松江地占十九,艮至松江,七日而归,具言:"奸人之意,不过欲多桩田荡钞,以竦朝廷之听,而报宿怨耳。万一民心摇动,变生不测。愿国家培养根本,为长治久安之计。"行省以艮言上中书,事遂寝。

迁广州市船司提举,擢江西行省左右司员外郎。安福州奸吏诬州民诡寄田租九十余石,官按验,知其虚诳,犹勒民具报合征粮六百余石。艮言于行省,悉蠲之,州民感颂,相率立生祠祀之。未几,以中奉大夫、淮东宣慰副使致仕。至正八年卒,年七十一。

子仲扬,如皋县主簿;仲至,福建宣慰司令史;仲淮,大宁路儒学正。

吴恭祖,字景庄,孟州河阳人。祖益,以医术侍世祖左右。

恭祖,年十八,近臣也里失班、贺伯颜引见,帝一见奇之,曰:"是儿不类汉人。"赐名忙古觯,命直宿卫。至元二十九年,彻里出为福建行省平章政事,奏请以恭祖为理问官,大德二年,迁台州路治中,换衢州。至大二年,擢中顺大夫、福宁州尹,以廉平闻。累迁兴化路总管,丁忧。

泰定二年,起为汀州路总管。初至,吏以空牍请署,恭祖署讫觉之,取而纳州于佩囊。吏愕然,谓必不免笞已。而恭祖竟不问,由是吏悦服,不忍为欺。地瘠,官仰廪不往返之资,率不问丰歉,责成数于民,民苦之。恭祖下令,田租视岁事登耗无额,民皆感颂。

至顺初,改福州路总管。富民郑氏素恣睢,恭祖逮置于法。有行省掾,素嗛郑,数风示恭祖论郑死,恭祖执法不从。掾谮于行省,责恭祖纵驰。恭祖太息曰:"总管司一路之平,刑罚宜当其罪,彼虽恶人其罪止于是而已,何可加耶?"命吏抱案牍诣行省,具白其事,省臣悦服,称恭祖平允焉。未几,谢病归。后至元五年卒,年七十,至正四年,特赠兵部尚书、上轻车都尉,追封渤海郡侯,谥正肃。

宋崇禄,字寿卿,滑州白马人。幼为左丞何玮所知,由中书掾除同知乐平州事,以决断称,凡他县难决之狱,皆属之。出松江民匿田租四万五千余石,以活常州饥民。正饶州贫民代大姓输田租。民尤颂之。调处州路推官,擢浙江行省都事,入为户部主事,升员外郎。节省金谷以百万计,御史台奏为都事。因检察省部事,为省臣所怒,以文法中伤之。既而事白,擢燕南道廉访副使,赐文绮。黜郡县吏之不法者,甚有能名。

迁潭州路总管,三月决九百余事。改都漕运使,潭民诣阙留之。拜江南行台治书侍御史,改山南道廉访使。入为户部尚书,丁母忧。服除,授四川、江西廉访使,皆以疾辞。起为陕西行台治书侍御史,进侍御史。延祐初,行限吏之法,崇禄请展至三品,以疏滞才。未几,致仕。至正八年,卒,年八十五。崇禄屡陈时政得失及救荒之法,为时名臣。

子讷,至正中进士,盐山县尹,入明为文渊阁大学士。

新元史卷二〇四
列传第一〇一

旭迈杰　倒剌沙

　　旭迈杰，宗室诸王也，事泰定帝于潜邸。至治三年八月，泰定帝猎于土剌河，铁失等谋弑英宗，密遣斡罗思以其事告于倒剌沙，且言："汝与马速忽知之，勿令旭迈杰得闻。"旭迈杰不与倒剌沙等党附，故铁失之言如此。泰定帝执斡罗思，遣使赴上都告变。未至，英宗已为铁失等所弑。

　　泰定帝即位于龙居河，以旭迈杰为宣政院使，及还上都，拜中书右丞相，遣至大都，执铁失、失都儿、赤斤铁木儿、脱火赤、章台等诛之，并戮其子孙，籍入家资。未几，命旭迈杰兼阿速卫达鲁花赤。是年十二月，旭迈杰言："近也先铁木儿之变。诸王买奴奔赴潜邸，愿效死力，且言不除元凶，则陛下讨贼之名不著天下。后世何从闻知。上契圣衷，尝蒙奖谕，今臣等议：宗戚之中能自拔逆党，尽忠朝廷者，惟有买奴，请加封赏，以示激励。"诏以泰宁县五千户封买奴为泰宁王。未几，赏讨逆功，赐旭迈杰金十锭、银三十锭、钞七十锭。时倒剌沙已拜左丞相，位次于旭迈杰，帝常责之曰："朕即位以来，无一人能执成法为朕言者，知而不言则不忠，且陷人于罪。自今凡有所知，宜为朕言之。"又曰："凡事防之于小则易，救之于大则难，尔其以朕言告于众，俾知所慎。"倒剌沙虽为帝所亲爱，然敬礼则不及旭迈杰云。

　　泰定元年春，以风灾地震，中书省臣兀伯都剌、张珪、杨廷玉皆抗疏乞罢。旭迈杰言:"比者灾异,陛下以忧天下为心,遵祖宗圣训修德慎行,敕各勤乃职。手诏至大都,居守省臣引罪自劾。臣等才识愚黯,当国大任无所赞襄,以致天灾,咎在臣等,所当罢黜。诸臣无罪。"帝曰:"卿等皆引避而去,国家大事朕孰与图之,宜各相谕,以勉乃职。"秋,奏言:"东宫卫士,先朝止三千人,今增至万七千人,请命詹事院汰去,仍依旧制。"从之。

二年,又言:"江南民贫僧富。诸寺观之田。非宋旧制并累朝所赐者,请与民均役。"又言:"国用不足,宜罢不急之费。"冬,以岁祲旭迈杰又请罢皇后营缮。皆从之。是年十二月卒。

泰定帝诛逆臣铁失等,旭迈杰实佐之,既秉政,谨守先朝法度,节用爱民。为一时贤相焉。

倒剌沙,西域人。事泰定帝于潜邸,为王府内史,深见亲信。仁宗时,以其子合散事丞相拜住,得入宿卫,常以朝廷机事报王。

至治三年三月,铁失遣宣徽使探忒来为倒剌沙言:"主上将不容于晋王,汝盍思之。"八月二日,晋王猎于土剌河,铁失复遣斡罗思告倒剌沙曰:"我与阿散、也先铁木儿、失都儿等谋已定,事成,推王为帝。"王闻之,囚斡罗思,遣别烈弥失赴上都,以逆谋告,未至,英宗已遇弑。诸王按梯不花、淇阳王也先铁木儿奉皇帝玺绶来迎。九月癸巳,帝即位,以倒剌剌沙为平章政事。是年冬,车驾至大都,拜中书左丞相,旋改御史大夫。

时倒剌沙擅威福,其党与受赇,御史台都事李思明奏其事,倒剌沙怒,欲沮之。会参知政事杨庭玉亦以官市锦受赇,事觉,词连倒剌沙婿。倒剌沙奏请御史台与中书省、宗正合鞫之。台臣言:"世祖之制,官吏贪墨者,惟令御史台劾治。今与中书省、宗正共之,是违祖宗旧制。"章屡上,帝始从之。庭玉等伏辜,倒剌沙益怒。

已而御史奏天下水旱,贫民流徙,乃执政大臣不能调燮之咎。倒剌沙袖其封事,入见曰:"曩者,丞相拜住与御史大夫铁失议论异同,构成大祸。今御史诬诋大臣,紊乱朝纲,宜鞫问。"乃矫制下御史中丞及侍御史亦怜真等于狱，无敢白其冤者。侍御史韩若愚以国制宰相必历御史大夫，乃奏丞相倒剌沙未入台，请迁为御史大夫。倒剌沙悦，狱始解。十一月，复由御史台大夫拜左丞相，加开府仪同三司、平章军国重事。

二年，旭迈杰卒，倒剌沙以左丞相当国，帝宠任之。倒剌沙与平章兀伯都剌皆西域人，党于贾胡。有胡人售宝石求增其值，同知大禧宗禋院事傅岩起力争之，倒剌沙不听。

三年，倒剌沙言："比郡县旱蝗，臣等不能调燮，故天灾屡降。今当恐惧修省，力行善政，亦冀陛下祗敬厥德，闵恤生民。"帝嘉纳焉。四年，复以天灾乞罢黜，不允，以倒剌沙兼内史府、四斡耳朵事。

致和元年，倒剌沙请蒙古、色目人效法汉人丁忧者除名，从之。

秋七月庚午，帝崩于上都，倒剌沙受顾命立皇太子阿速吉八，年甫九岁，时诸王大臣未会集，故未颁即位诏。佥知枢密院事燕帖木耳留守大都，谋立武宗之子，遂于八月甲午胁诸王大臣，遣使分道，迎怀王于江陵，迎周王于漠北，严兵守居庸关、古北口、大和岭、潼关，河南行省平章政事伯颜举兵应之。倒剌沙奉皇后命，发兵讨燕帖木儿，遣梁王王禅、右丞相塔失帖木儿、御史大夫纽泽、太尉不花等以兵次榆林，战屡不利。燕帖木儿阴使人约上都诸王满秃、阿马剌台，大臣阔阔出、买驴等为内应。事觉，倒剌沙悉诛之。

九月，颁即位诏于四方，改元天顺。陕西行省杀燕帖木儿所遣使者，以应上都，分兵入河中府。诸王失剌，平章政事马台，詹事钦察等与大都兵战，失利。复遣诸王也先帖木儿、平章秃满迭儿以辽东兵攻入迁民镇，又遣诸王忽剌台攻崞州。梁王王禅袭破居庸关，游兵至大口，燕帖木儿与战于红桥之北，又大战于白浮之野，梁王败走昌平，倒剌沙复遣知枢密院事竹温台以兵入古北口。又遣靖安王阔不花等将陕西兵袭潼关南水门，入之。分据陕州，进攻洛阳。辽东兵复败脱脱木儿于蓟州，遂抵大都，燕帖木儿分兵守御。陕西行台御史大夫也先帖木儿引兵从大庆关渡河，河东官吏皆弃城走。是月，怀王已至大都，称尊号，改元天历。四方多拒不受命。

　　冬十月，湘宁王八剌失里闻难，与赵王马札罕、诸王忽剌台各率兵勤王。湘宁王入冀宁。陕西行省官再焚大都诏书，下其使于狱，辽东兵复入古北口。燕帖木儿以上都兵南下，守备空虚，覆其根本，则四方瓦解，乃遣齐王月鲁帖木儿径袭上都，梁王王禅遁，辽王脱脱战死。倒剌沙肉袒奉玉玺出降，至京师，下之狱。籍没倒剌沙及其兄马某沙，子泼皮、木八剌沙家资。十二月，倒剌沙及马某沙等皆弃市，磔其尸。

　　史臣曰：旭迈杰、倒剌沙俱为泰定潜蕃之旧，而贤否不同。帝执斡罗思告变于上都，固免于乱贼之诛。然倒剌沙则与闻乎故者也，不然铁失之谋何独告于倒剌沙，而不使旭迈杰知之乎？旭迈杰卒，倒剌沙当国，无勘乱之才，而任托孤寄命之重，卒为奸雄所篡，肉袒乞降，身婴大戮，悲夫！小人乘时徼利，未有善其始终者矣。

新元史卷二○五
列传第一○二

阿礼海涯　脱因纳　和尚

刺刺拔都儿　**教化**　者燕不花　**万家驴**

阇里帖本儿　兀鲁思

　　阿礼海涯，回鹘氏。父脱烈，集贤大学士。脱烈生二子：长野纳，次阿礼海涯。

　　阿礼海涯，早事武宗为宿卫，以清慎受知。皇庆元年九月，参议中书省事，擢参知政事。二年，晋左丞。延祐三年，迁右丞。四年，拜平章政事。七月，罢为湖广行省平章政事。至治初，历河南、陕西行省。入为翰林学士承旨。丁父忧去官。

　　天历元年秋，文宗入承大统，阿礼海涯至汴上谒，即拜河南行省平章政事。是时，靖安王阔不花与陕西行省平章政事探马赤起兵应上都，东攻潼关。阿礼海涯使参知政事秃列秃、廉访副使万家间犒军洛阳御之，又使都镇抚卜伯巡行高门、武关、荆子口诸隘，万户苧罗守潼关。阔不花等潜由水门入，苧罗走，分军据阌乡、灵宝诸城，河南大震。

　　阿礼海涯曰："汴在南北之交，使西人至此，则江南之道不通，必为天下大患。"乃征湖广之平阳、保定两翼军，与河南之邓州新翼，庐州、沂、郯之炮弩手诸军，以备虎牢，裕州哈喇娄、邓州孙万户两军以备武关、荆子口，以芍陂等处屯兵自襄、邓诸州来田者，还之，益以民丁，使守襄阳、白土、峡州诸隘。府库不足，命郡县贷于富室。安丰等郡之粟溯黄河运于陕州，粂于汴、汝，近者则运于荥阳，以达虎牢。使廉访使董守中、佥事沙沙屯南阳，右丞图卜帖木儿、廉访使伯颜屯虎牢，以听调用。

是月，西军逼河南，战于巩县之石渡，两军杀伤相等，西军遂入虎牢。阿礼海涯声色不动，扬扬如平时，众赖以安。

会使者自京师还，言齐王已克上都，奉天子宝玺来归。阿礼海涯大喜，遣人赍书入西军谕之，西人犹榜掠使者，讯其虚实，而朝廷亦遣月鲁帖木儿奉诏放散西军，西人杀其从者之半，械月鲁帖木儿送于荆王。朝廷又使参政冯不花亲谕之，阔不花兵始退，河南解严。阿礼海涯敛余财以还民，从西军赎民之被俘者归其家，凡数千人。陕西将史之被获者，亦还之。以功迁陕西行台御史大夫。

二年正月，入为中书平章政事，改太禧宗禋院使。至顺元年，复拜中书平章政事。二年正月，以本官兼侍正。是年，敕河南行省为立政绩碑。元统二年，出为河南行省丞相。三月，改江浙行省左丞相。卒。

脱因纳，答答拉氏。从世祖征乃颜有功。大德七年，授钦察卫亲军千户所达鲁花赤，赐金符。八年，改太仆少卿，兼前职。至大二年，拜甘肃行省参知政事，阶通奉大夫。四年，入为太仆卿。皇庆元年，授阿鲁儿万户府、襄阳汉军达鲁花赤，仍领太仆卿。延祐三年，拜甘肃行省右丞。至治二年，改通政使。转会福院使。寻复为通政使。

致和元年，扈从上都。秋七月，泰定帝崩。文宗自立于大都，诸王满秃等谋应文宗。脱因纳预其谋，事觉，为倒剌沙所杀。天历元年，特赠宣力守义功臣、荣禄大夫、上柱国、中书平章政事，追封冀国公，谥忠景。子定童、只沈哈朗。

定童，袭父职阿儿鲁万户府兼襄阳万户府达鲁花赤，佩金虎符。

只沈哈朗,初授钦察亲军千户所达鲁花所,佩金符,改朝列大夫、通政院副使,历同知,擢院使,累官中奉大夫,卒。

和尚,乃蛮台氏。

伯父兀鲁不花,至元七年从大军伐宋,以功擢百户,从阿里海涯攻樊城。十一年,从攻新城,又从攻鄂州东门,屡立战功。二十五年,赐银符,授后卫军百户。卒,弟怯烈吉袭。

怯烈吉卒,子和尚袭。至大三年,进后卫亲军副千户,赐金符。延祐三年,江西宁都贼起,从元帅乞住等讨之,生擒贼酋蔡五九。

致和元年八月,从丞相燕帖木儿擒平章乌伯都剌等。九月,战于通州,以功赏名马。又从燕帖木儿与上都枢密副使阿剌帖木儿、指挥忽都帖木儿战于红桥。阿剌帖木儿槊剌燕帖木儿,燕帖木儿以刀格其槊,就斫之,中左臂。和尚击忽都帖木儿,亦中左臂。二人皆上都骁将也,敌为夺气。又与纽邻等战于白浮,和尚言于燕帖木儿曰:“两军相对,宜有辨。今号缨俱黑,我军宜易白。”从之。战于昌平栗园,又与亚失帖木儿战于石桥,又从击秃满迭儿于檀州南桑口,俱有功,擢万户。

十月,湘宁王八剌失里引兵入冀宁,敕和尚将兵由故关援之。冀宁守将募民兵迎敌,和尚殿之,杀获甚众。会上都援兵至,和尚退至故关,冀宁遂陷。十一月,命领八卫把总金鼓,都领祭祠事。

后至元元年,伯颜杀唐其势,和尚从答里举兵反,兵败伏诛。

又燕帖木儿部将剌剌拔都儿,素骁悍,率所部屯上都,伯颜率三百骑自往袭之,短兵接,剌剌拔都儿拔刀于鞘,刀已折,遂为伯颜所杀。

教化,阿速氏。

祖捏古剌,宪宗朝与也里牙、阿速三十人来归。后从征钓鱼山、讨李璮,皆有功。

父阿塔赤,世祖时围襄阳、下江南及征乃颜,皆以功受赏。仁宗时历官至左阿速卫千户,卒。

教化,初为速古儿赤。继袭父职,从讨必里阿秃,平之,凯还,赐衣一袭。天历元年八月,从丞相燕帖木儿战居庸北,有功。九月,进拱卫直都指挥使。寻迁章佩卿。卒。

子者燕不花,初事仁宗为速古儿赤。英宗时,为进酒宝儿赤。天历元年,迎文宗于河南,赐白金、彩段,命为温都赤。九月,往居庸关侦敌,道逢二人,谓探马赤诸军曰:"今北兵且至,其避之。"者燕不花恐摇众心,即拔所佩刀斩之。授兵部郎中,招集阿速军四百余人。十月,进兵部尚书,赐双珠虎符,领军六百人,从丞相燕帖木儿于檀子山击败秃满迭儿。迁大司农丞,卒。

万家驴,准台氏。父撒喀都,福州新军千户。万家驴当袭父职,让于弟纳罕。由宿卫累迁陕西行台监察御史,转金云南肃政廉访司事。丽江路达鲁花赤燕只不花横甚,激叛洞蛮。惧而亡匿。万家驴奏罢之,叛者皆听命。建庙学二十有四,以兴文教。丁母忧。改江西道,又改燕南道,皆以母丧辞。

天历初,河南行省授为行省郎中,俾守潼关。未几,除河南道廉访副使。潼关陷,万家驴夜驰还行省,发蒙古军四千人,又金民丁,假贷富室,以济军兴。赐上尊、币帛。也先捏将兵御上都,屯于彰德,士卒以刍粟不给,将大掠。万家驴开谕之,也先捏率所部移驻卫辉,民始安堵。

擢同佥中政院事,仍赐银币。改储政院判官,拜监察御史。迁户部郎中,剔除积弊,甚有能名。累迁同知江西榷茶都转运司事。入为户部侍郎,复通州仓米三十万石。改河间路总管。卒。

万家驴疾恶严,因是忤权贵,不至大用。然笃于行义,有显官逐其子,其孙已十岁。一日,万家驴遇之,与言父子天伦,其人戚然问曰:"君之子几岁?"万家驴曰:"尚少,当令出拜。"明日,挈其孙往,显官抚爱不置。万家驴曰:"此君之孙也。"遂大恸,召其子还,卒为父子如初。

阔里帖本儿,札剌儿氏。其先世别出古,蒙古军千户,从灭金伐宋有功。卒,子札剌儿台留北边,弟孛罗台袭职。孛罗儿台卒,仍命札剌儿台袭,赐金符,为相副万户,兼本所千户,从围襄阳,卒于军。子帖木儿及哈八儿俱幼,妻孛鲁罕以所受虎符纳之官。及帖木儿长,仍赐虎符,袭父职,从伯颜平宋有功。至元十四年,进明威将军,征广东,以疾卒,无子。哈八儿嗣,移戍广州。皇庆元年卒。

子那海嗣,无子,以弟阔里帖木儿嗣。授武德将军、河南淮北蒙古军都万户。寻加万户,阶宣武将军。致和元年秋八月,奉西安王命守河中,九月,败陕西军,生擒九十八人。天历元年十一月,又败陕西军于南阳,以功赐三珠虎符。卒。

兀鲁思,钦察氏。伯父别鲁古,至元二十三年,立钦察卫,充本卫金事,佩金符。武宗镇北庭,从征杭爱,命总扈驾军为万户,力战有功。寻复为钦察卫金事,卒。子脱欢不花袭,卒,无子。

以兀鲁思袭伯父职。天历元年秋九月,从讨倒剌沙有功,赐名拔都儿。二年,从燕帖木儿护送国玺,迎明宗于漠北,赐虎符,擢明威将军大都督府副使。卒。

新元史卷二〇六
列传第一〇三

元明善　邓文原　虞集 槃
揭傒斯　黄溍　欧阳玄

　　元明善,字复初,大名清河人。父贡,有学行,累官枢密院照磨,赠吏部尚书,追封清河郡公,谥孝靖。

　　明善少颖悟,读书过目成诵,及冠,游学江南,受业于吴澄,金行枢密院事。董士选闻其名,辟为掾,待以宾礼。士选迁江西行省左丞,又辟为行省掾。从士选讨平赣州贼刘贵,士选俘贼党三百人,明善议贷其诖误,得全活者百三十人。贼籍赣、吉二州民丁十万,有司获其籍,欲株连为利,明善请火之以灭迹,二郡遂安。迁江南行台掾,擢枢密院照磨,又转中书省左右曹掾。先是,明善在江西,张瑄为行省参政,借明善马留之,致米三十斛偿其直。后瑄败,籍其家,簿载送元复初米三十斛,不言偿马直,明善坐免官。久之,事得白,复为省曹掾。

　　仁宗在东宫,擢为太子文学。及即位,授翰林待制,兼国史院编修官。时姚燧以翰林学士承旨修成宗、顺宗《实录》,使明善总之。明善所述者,燧略为窜易而已。燧尝谓有题文,吾能为之,无题者惟元复初能为之。其推重如此。擢翰林直学士、知制诰同修国史。诏节《尚书》经文,译以进,明善与直学士文升同译。升,宋丞相天祥子也。每奏读一篇,帝辄称善曰:“二帝三王之道,非卿莫闻。”皇太后既受尊号,廷臣议肆赦,明善曰:“数赦非善之人福,宥过可也。”

奉命赈山东、河南饥，余钱四万缗。明善见彭城、下邳诸驿保马民饥，欲赈之，或曰："此为流民，非为驿也。"明善曰："民与驿有分乎?《春秋》之义，大夫出疆，可以专命。"卒赈之。及复命，执政多其明决。

皇庆二年，修《武宗实录》。明年，迁翰林侍讲学士，阶中奉大夫。延祐二年，会试天下进士，明善充考试官。殿试，又充读卷官。改礼部尚书，正孔氏宗法，以五十四世思晦袭衍圣公事，上如所议。擢参议中书省事，为御史宇术鲁珊所劾，复入翰林为侍读学士。拜湖广行省参知政事。

英宗即位，召为集贤侍读学士。晋翰林学士。晋阶资善大夫，修《仁宗实录》。百官迎仁宗御容，有卿云见，诏明善为文纪之。帝亲享太室，礼官进祝册，请署御名，帝命代署者三，眷遇优渥，当世莫并焉。至治二年卒，年五十四。泰定初，赠资善大夫、河南行省左丞，追封清河郡公，谥文敏。

明善早以文章自豪，出入秦、汉之间，晚所造益邃，与姚燧并为一代文宗。著有《清河集》三十九卷。

二子:晦、暠。晦由典瑞院判出为峡州路同知。早卒。

邓文原，字善之，杭州钱唐人，其先本绵州人。文原早慧，年十五，试浙西转运司，冠其曹。至元二十七年，行省辟署杭州路儒学正。秩满，调崇德州儒学正。

大德五年，擢应奉翰林文字、同知制诰，兼国史院编修官。翰林学士承旨阎复后进少所假借，独推重文原，凡大撰著皆属之。迁修撰。成宗崩，预修《实录》，姚燧、王构等阅文原稿，互有指摘，后数日，复取视之，不能易一字，始叹服。出为江浙儒学提举。

皇庆元年，召除国子司业。建议更学校法，与执政意不合，移病去。延祐四年，擢翰林待制，兼国史院编修官。

出佥江南浙西道肃政廉访司事。平江僧憾其府判官理熙。告熙赃，已诬服，文原廉问得实，杖僧而释熙。湖州民犯夜禁，被执而逃，追者剚其右胁仆地，其兄问杀汝者谁，曰："白衣冠长身者。"语毕死，其兄诉于有司。问直初更者，曰："张福儿。"遂坐福儿杀人罪，械系三年，文原阅其牍，曰："福儿不满六尺，非长身，且素用左手，何以伤右胁？"鞫之，真杀人者张甲也，福儿之冤始白。建德民戴汝惟获盗，夜有火其居者，失汝惟所在，文原曰："此有故。"责有司推验，得其妻弟叶甲谋杀汝惟状。人以为神。

六年，移金江东建康道肃政廉访使。宁国诸路茶课钞三千锭，后增至十八万锭，皆凿空取之。民间民逋欠，则转运使以失察罪有司，凡五品以下官皆杖决。文原建言："宜罢茶司，使州县领之。"不报，饶州有告欺隐官粮者事，连数百人，数年不决，文原曰："是不难知，以官租为民田交易，抄户时因之定差徭，经理时因之定租税耳。"命据籍为证，讼始息。徽州民造楮币于僧寺，有避雨者见之，其人唼以利。使佐烘焙，事觉当死。文原曰："伪造当死者有七等，烘焙应比行使加等杖罪而已。"事闻，卒从文原所拟。州民谢兰家僮死，兰侄回赂其族人，诬兰杀之，狱已具。文原覆案后，即释兰，而坐回。其他所平反多类此。

至治二年，召拜集贤直学士。地震，诏议弭灾之道。文原奏言："今治狱之官，惟受成于吏，死囚岁上刑曹，类延缓不报，瘐死者多。宜慎选刑官，死囚应决即决，宽则释之，河北流民复业，朝廷虽计口给钱，而有司奉行不实，宜算计海运支发之羡余，随处置仓以备凶年。"又言："茶法病民，乞并罢转运司。以弭人怨，召天和。"时论韪之。晋奉政大夫，兼祭酒，依前直学士。

泰定元年，知贡举，并充读卷官。特命与平章政事张珪、翰林学士吴澄同为经筵官。俄乞病归。二年，召拜翰林侍讲学士、中奉大夫、知制诰同修国史。旋擢岭北湖南道肃政廉访使，以病不赴。天历元年卒，年七十一。

至正九年，文原门人、集贤大学士冯思温奏：文原经筵旧臣，宜加恩礼。赠中奉大夫、江浙行省参知政事、护军，追封南阳郡公，谥文肃。初，太常议谥壮康，因思温之请，改谥文肃焉。

文原家贫而行廉。安南入贡，以黄金、丹砂、象齿为私觌之礼，文原却之。其人曰："清白物也。"文原曰："尔物清白，自我受之则污矣。"为文精深典雅，施于诰命者，尤温润有体。有《巴西集》十卷。工书，与赵孟頫齐名。子衍，江浙儒学副提举。

虞集，字伯生，其先成都人，宋丞相允文五世孙也。父汲，宋黄冈县尉，宋亡，侨居临川崇仁，遂为崇仁人。集三岁即知读书，母杨氏口授《论语》、《孟子》、《左氏传》，闻辄成诵。及长，从吴澄受学。董士选除南台中丞，延集家塾。

大德初，始至京师，以大臣荐，授大都路儒学教授。除国子助教，即以师道自任，诸生时其退，每挟策趋门下卒业，他馆生多相率诣集听讲。丁内艰，服除，再为助教，除博士。监祭殿上，诸生有醉而失礼者，集请削其籍。大臣为乞免，集持不可，曰："国学，礼义之所出也，此而不治，何以为教？"仁宗在东宫，谕集勿竟其事，集以状移詹事院，竟黜其人，仁宗更以集为贤。

仁宗擢吴澄为司业，又命参知政事许师敬纲领国子监事，皆欲有所更张，以副帝意，集力赞之。后为异论所挠，澄投檄去，集亦以病免。未几，除太常博士，丞相拜住方为院使。间从集问礼，集为言先王制作，以及古今因革治乱之由，拜住叹息，益信儒者有用。

迁集贤修撰，因会议学校，集上议："宜使守令求经明行修者身师之，庶有所观感。其次则求操履近正，而不为诡异骇俗者，确守先儒经说，而不敢妄为奇论者，众所敬服，而非乡愿之徒者，延之以教学者，则他日亦当有所成就。共次则取乡贡至京师罢归者，其议论文艺犹足以耸动后学。"时论韪之。六年，除翰林待制，兼国史院编修官，仁宗尝对左右叹曰："儒者皆用矣，惟虞伯生未显擢尔。"

英宗即位，拜住为相，集以忧还江南，拜住不知也。乃言于上，遣使求之于蜀，又求之于江西。集闻命趋朝，英宗已崩。泰定初，除国子司业，迁秘书少监，天子幸上都，以讲臣多高年，命集与集贤侍读学士王结，执经以从。自是，常年扈从。拜翰林直学士，俄兼国子祭酒。尝因讲罢,论京师恃东南运粮,竭民力以航不测,非所以宽远人而因地利。京东濒海数千里,藿苇之场也,海潮日至,淤为沃壤,若筑堤捍水为田,听富民欲得官者合其众分授以地,能以万夫耕者,授以万夫之田,为万夫长,千夫、百夫亦如之。一年、二年勿征,三年视其成,以地之高下定额征之,五年命以官,十年佩之符印,得以传子孙,如军官之法。可以宽东南海运,纾疲民。帝韪其言,下省部议,为廷臣所尼。

文宗在潜邸,已知集名。既即位,命集仍兼经筵。以先世邱陇在江南,乞一郡自便。帝曰:"汝材何所不堪,顾今未可去尔。"除奎章阁侍书学士。时关中大饥,帝问集何以救民,对曰:"承平日久,人情宴安,有志之士,急于近效,则怨讟兴焉。不幸大灾之后,正君子为治作新之机也。若遣一二知民事者稍宽其禁令,使得有所为,随郡县择可用之人。因旧民所在,定城郭,修闾里,治沟洫,限畎亩,薄征敛,则流亡渐至,春耕秋敛皆有所助,一、二岁间,勿征勿徭,封域既正,友望相济,四面而至者,均齐方一,截然有法,则三代之民将见出于空虚之野矣。"帝称善。因进曰:"幸假臣一郡,试以此法行之,三、五年间,必有以报朝廷。"左右或间于帝曰:"虞伯生欲以此去尔。"议遂寝。有敕诸兼职不过三,免国子祭酒。

集以入侍燕间,无益时政,且媢嫉者多,乃与大学士忽都鲁都儿迷失等进曰:"陛下出独见,建奎章阁,览书籍,置学士员,以备顾问,臣等备员,殊无补报,窃恐有累圣德,乞容臣等辞职。"帝曰:"朕无生知之明,于国家治体,岂能周知?故立奎章阁,置学士员,以祖宗明训、古昔治乱得失,日陈于前,卿等其悉所学,以辅朕。若军国机务,自有省、院、台任之,非卿等责也。其勿复辞。"

敕采辑本朝典故,仿唐、宋《会要》修《经世大典》,以集与中书平章政事赵世延,同为总裁官。集荐礼部尚书马祖常谙习旧章,国子司业杨宗瑞素治历象、地理之学,皆可任总裁;翰林修撰谢端、应奉苏天爵、太常博士李好文、国子助教陈旅、前詹事院照磨宋褧、通事舍人王士点,俱有见闻,可裨撰录;庶几是书早成。帝以尝修辽、金、宋三史，无成绩，今修《大典》，令学士专率其属为之。集请以翰林国史院修祖宗实录时百司所具事迹参订。国史院臣言于帝曰："实录，法不得传于外，事迹不当示人。"又请以国书《脱卜赤颜》增修太祖以来事迹，承旨塔失海牙曰："《脱卜赤颜》不可传于外人。"二事皆格不行。俄世延归，集专领其事，再阅岁，书成，凡八百帙。既奏进，以目疾丐解职，不允，乃举治书侍御史马祖常自代，不报。

御史中丞赵世安乘间为集请曰："虞伯生居京师久，甚贫，又病目，幸假一外任，便医。"帝怒曰："一虞伯生，汝辈不容耶？"帝方向用文学，以集宏才博识，故重听其去。集每承诏有所述作，必以帝王之道从容讽切，问及古今政治得失，尤委曲尽言，随事规谏。一日，命集草制封乳母夫为营都王，使阿荣、巎巎传旨。二人素忌集，缪言制封营国公，集具稿，俄丞相索制词甚急，集以稿以进，丞相愕然问故，集知为所给，即请易稿进，终不自言。

龚伯璲以才俊为马祖常所喜，欲集为荐引，集曰："是子虽小有才，然非远大器，亦恐不得令终。"祖常不以为然。一日，邀集过其门，设宴，酒半，出荐牍求署，集固拒之，祖常不乐而罢。文宗崩，集在告，欲南还，弗果。大臣将立妥欢帖穆尔太子，用至大故事，召诸老臣赴上都议政，集在召列。祖常使人告之曰："御史有言矣。"乃谢病归临川。初，文宗在上都，将立其子阿剌忒纳答剌为皇太子，乃以妥欢帖穆尔乳母夫言，明宗在日，素谓太子非其子，黜之江南，驿召翰林学士承旨阿邻帖木儿、奎章阁大学士忽都鲁儿迷失书其事于《脱卜赤颜》，又命集草诏，布告中外。至是，省、台官皆文宗素所信用者，御史亦不敢斥言其事，祖常意在讽集速去而已。伯璲后以用事败，杀其身，世乃服集知人。

元统元年，遣使赐上尊酒、金织文锦二，召集还，疾作不能行。左右有以旧诏为言者，帝不怿曰："此我家事，岂由彼书生耶？"至正八年五月卒，年七十有七。赠江西行中书省参知政事、护军，追封仁寿郡公，谥文靖。

集家素贫，归老后，登门之士相望于道，好事者起邸舍以待之。

然碑志之文,未尝苟作。南昌富民伍氏娶诸王女为妻,充本位下总管。既卒,其子属丰城甘悫求集铭父墓,奉中统钞五百锭,集不许,悫愧叹而去。早岁,与弟槃辟书舍为二室,左室书陶渊明诗,题曰陶庵,右室书邵尧夫诗,题曰邵庵,故世称邵庵先生。集文章为一代之冠,论者以唐之韩愈、宋之欧阳修比之。有《道园学古录》五十卷。子安民,官吉州路安福州知州。

槃,字仲常。延祐五年进士,授古安永丰县丞。丁父忧,服除,授湘乡州判官。有富民杀人贿他人坐之,已定谳,槃独不署,杀人者卒论抵。有巫至其州,称神降,曰:“某方火。”即火。长吏以下皆迎巫至家,礼敬之。槃得放火者一人,讯之,知为巫所使。召巫至,无敢施鞭箠者。槃谓左右曰:“此将为大乱,宜急治之。”一讯而服,乃论巫并其党如法。秩满,除嘉鱼县尹,槃已卒。

揭傒斯,字曼硕,龙兴富州人。父来成,宋乡贡进士,为世名儒。至元初,赐谥贞文先生。傒斯幼贫,读书昼夜不懈,父子自为师友,早有文名,大德间,客湖南,都元帅赵淇号知人,见之曰:“君他日翰苑名流也。”程钜夫、卢挚先后为湖南廉访使,咸重之,钜夫因妻以从妹。

延祐元年,挚表荐于朝,特授翰林国史院编修官。时平章李孟监修国史,见其所撰功臣列传,叹曰:“是方可谓之史笔,若他人直誊吏牍尔!”擢应奉翰林文字,仍兼编修。迁国子助教,复留为应奉。五年,请假归。泰定元年,召还,又以丁母忧归。

天历二年,开奎章阁,擢为授经郎,以教勋戚子弟。傒斯每徒行入直,受学者欲为买马,傒斯闻之,乃自置一马,寻复屏去,以示不苟取于人。文宗幸阁中,有所咨访,恒以字呼之。中书奏用儒臣,必问曰:“其材何如揭曼硕?”间出所上《奎章政要》,以示台臣曰:“此朕授经郎揭曼硕所进也。”傒斯以翰墨受知于帝,其宠待亚于虞集、柯九思。

富州地不产金，官府惑奸民言，募淘金户三百。其人采他县金以献，岁课增至四十九两。历年既久，三百户所存无什一，又贫不聊生，有司责受役于官者代输之，多以是破产。傒斯言于省臣，蠲其赋，州人德之。

与修《经世大典》，文宗取所撰《宪典》读之，顾谓近臣曰："此岂非《唐律》乎！"擢艺文监丞，参检校书籍事，屡称其纯实，欲大用之，会帝崩而止。

惠宗即位，召对便殿，慰谕良久，赐以诸王所服表里各一，迁翰林待制，擢集贤学士，阶中顺大夫。先是，儒学官赴吏部选，必移集贤院考较。院下其事于国子监，监又下于博士，文移往复，动辄累月，傒斯奏改其法，以事付本院，人皆便之。

至元元年，奉诏祀北岳、济渎、南镇，便道归龙兴，伯颜当国，屡招之，傒斯引疾固辞。未几，帝擢为奎章阁供奉学士。乃即日就道，未至，改翰林直学士。及开经筵，再为侍讲学士、同知经筵事，以对品进阶中奉大夫。时新格超升不越二等。独傒斯进四等，转九阶，异数也。

至正三年，以年七十致仕去，诏遣使追及于潭州。又赐上尊，乃还，奉敕撰《明宗神御殿碑》，赐楮币万缗、白金五十两，中宫赐白金亦如之。复求去，不许，命丞相脱脱及执政大臣面谕之。傒斯曰："使揭傒斯有一得之献，诸公用其言，而天下蒙其利，虽死于此，不恨。不然，何益之有？"脱脱因问致治所先，傒斯曰："储材为先，养之于位望未隆之时，而用之于周密庶务之后，则无失材废事之患矣。"一日，集议朝堂，傒斯抗言："当兼行新旧铜钱，以救钞法之弊。"执政持不可，傒斯辨论愈力，脱脱虽不用其言，亦不以为忤也。

诏修辽、金、宋三史，傒斯与为总裁官。四年，辽史成，奉敕奖谕，仍命早成金、宋二史。傒斯留宿史馆，因得寒疾，七日卒，年七十一。时方有使者至自上京，赐宴史局，以傒斯卒，改日。使者以闻，帝为嗟悼，赐楮币万缗，仍给驿护其丧归。六年，赠护军，追封豫章郡公，谥文安。

傒斯为文章，叙事严整，语简而当。诗尤清婉丽密。善楷书、行、草。朝廷大典册及元勋旧德应得碑铭者，必以命傒斯。殊方绝域，咸慕其名，得其文莫不以为荣云。有文集五十卷。子浵。

浵字伯防，少从父至京师。补太学生。六馆士咸敬惮之，或哗笑，闻浵履声辄止。以荫授秘书郎，迁翰林国史院编修转博士，再入翰林为修撰，仍兼国史院编修。代祀北岳、北镇还，拜江南行台监察御史，未行，字为礼部员外郎。

至元十八年，奉诏谕江西。会陈友谅已陷江西，不得往，改金江西湖东道肃政廉访司事，治建宁。已而友谅兵入杉关，进围建宁，大军退守福州，官吏相继出奔，惟经略使普颜不花尚在。浵谒之，普颜不花曰：“金事犹未行也？”浵愤曰：“此吾与经略致死时，去将何之。”乃共议城守事，命建宁总管阮德柔将千人出战，以民兵助之，战屡捷。城外有黄华山，浵恐贼登山窥城中虚实，起层楼蔽之。命守者锻铁为长钩，又储水楼下以俟。及贼据山颠，爇火烧楼，守者以长钩曳之，随濡以水，火寻熄。贼穿地道攻城，浵命燎烟于隧熏之，隧中贼尽死。相持数月，浵曰：“贼气已餒，可击也。”乃椎牛劳将士，众皆踊跃请战。浵戎服督战阵后，士卒殊死斗，焚贼三栅，明日，福州援兵继至，贼宵遁。事平，经略上诸将功，不及浵，浵亦不以为意。

改江西行省郎中，未行，召为工部郎中，浮海趋辽东，转之山东。制下，擢秘书少监。时察罕帖木儿在洛阳，遣使招之，承制授刑部侍郎，＊不就。二十八年，至京师，未几，明兵入城，凡仕者例徙南京，＊称疾不往。洪武六年卒，年七十三。

黄溍，字晋卿，婺州义乌人。母童氏，有娠，梦大星坠于怀，历二十四月乃生溍。溍幼而颖异，迫学，为文下笔数千言如宿稿。弱冠后，从隐士方凤游，绝意仕进，凡辟举皆不就。

延祐二年，中进士第，廷对，以用真儒、行仁义为言。授台州宁海县丞。县地滨盐场，亭户不隶于有司，与民户隶漕司、财赋府者，皆暴横自恣，溍一绳以法。吏以利害白，弗顾也。有后母告前妻子弑父，狱将具，溍变衣冠访察之，知与奸僧杀其夫，而诬告其子，遂平反其狱。有名在盗籍，而实未行劫者，邑大姓执之，图中赏格。考治无澄，佐溍论如本律，免死者三十余人。部使者董士恒廉知溍治状，凡狱讼咸委溍听决，两造畏服，虽老吏自以为不及也。迁石堰西场监运。石堰视诸场尤难治，居官者率以称盘折阅及疏纵私贩被谴。溍莅任四年，无一事干吏议。

擢绍兴路诸暨州判官。巡海官船率三年一修，官费绌，责足于民，赢则总事者私取之。溍撙节浮蠹，以余钱还民，皆欢呼而去。奸民以伪钞结党，诈取人财，官吏听其谋。事觉，株连数百家，府檄溍鞫治。官吏除名，同谋者各予杖，其余尽释之。捕卒阴置伪钞于民家，白县往索之，从者百余人，溍遇诸野，叱曰："卒额仅三十，安得此曹！可缚送于州。"皆相率遁去。有贼系钱塘狱，奸民赂狱吏私纵之，假署文书，自诡为官缉贼，逮捕二十余家。溍疑而讯之，具得其实，远近以为神明。

至顺二年，御史中丞马祖常荐之，召为应奉翰林文字、同知制诰兼国史院编修官，转国子博士。出为江浙等处儒学提举。年六十有七，亟请致仕。俄召修辽、金、宋三史，丁母忧不赴。溍性至孝，营冢墓，有驯虎之祥。服除，以秘书少监致仕。未几，中书右丞相朵尔直班、左丞相太平力荐之，复拜翰林直学士、知制诰同修国史，寻兼经筵讲官。召见慈仁殿，帝语朵尔直班曰："文臣年老，正宜在朕左右。"八年，擢侍讲学士，上疏求归田里，不俟报而行。帝遣使者追之，及武林驿，敦迫还职。九年夏，始得请南还，江浙行省丞相达识帖睦尔承制起溍商议中书省事，以疾固辞。卒，年八十有一。赠江西行省参知政事、护军，追封江夏郡公，谥文献。

溍天姿介特，在州县以清白自持，月俸不给，至鬻产佐之。及为侍从，挺立无所附，不登权要之门，世称溍清节如冰壶玉尺，纤尘弗污。其学博极群书，剖析疑难，多先儒所未发。文章布置谨严，援据精切。凡典册诰命，铺述功德之辞，多出溍手。海内求文者，日踵于门，虽殊方绝域，亦知宝重焉。有《日损斋稿》三十三卷，《义乌志》七卷，笔记一卷。子梓，杭州路同知海盐州事。

欧阳玄，字原功，其先本庐陵人，后徙浏阳。父龙生，刲股以疗母疾。左丞崔斌闻其名，招之，以母老辞。官道州路教授，卒。玄幼岐嶷。八岁，母李氏授以《孝经》、《论语》、小学诸书，俱成诵。部使者行县，玄以童子见，命赋梅花诗，立成十首，晚归，增至百首，见者叹异之。稍长，从宋故老习为词章，经史百家靡不研究。

延祐二年，登进士第，授岳州路半江州同知，调太平路芜湖县尹。县多疑狱，久不决。玄察其情，皆为平反，民翕然颂之。改武冈县尹。莅任甫逾月，赤水、太清两洞蛮聚众相攻。玄单骑、从二人，径抵其地谕之，獠人弃兵伏，罗拜马首曰："我曹非不畏法，缘诉事于县，县官不为直，反以差繇赋敛困我，乃发愤就死耳。不意烦我清廉官自来。"玄喻以祸福，两洞蛮皆听命。

召为国子博士，迁国子监丞。致和元年，迁翰林待制，兼国史院编修官。时文宗自立于大都，玄掌印，摄院事，日直内廷，典发诏令书檄。既而改元天历，郊庙、建后、立储、肆赦之文，皆玄所撰拟，复条时政数十事以闻，多为帝所采纳。明年，置艺文监，以清望官居之，文宗亲署玄为艺文少监。奉诏纂修《经世大典》，迁太监，检校书籍。

元统元年，改金太常礼仪院事，拜翰林直学士，编修四朝《实录》，俄兼国子祭酒。召赴中都议事，擢侍讲学士，复兼国子祭酒。后至元五年，以病乞归。帝不允，拜翰林学士，复求去。帝仍不允，免其朝贺礼。至正改元，更张庶政事，有不便者集议廷中，玄极言无隐。科目之复，沮者甚众，玄争之尤力。未几，谢病归，复起为翰林学士。

诏修辽、金、宋三史，命为总裁官。凡史之论、赞及进呈表、奏，皆玄自为之，他人莫能属笔。五年，帝以玄历仕累朝，且有修史功，谕丞相超授爵秩，拟拜翰林学士承旨，及入奏，上称快再三。已而乞致仕,帝复不允。御史台奏除福建廉访使,行次浙西,疾作,乃请假归。复拜翰林学士承旨,奉敕定刑律,寻乞致仕,陈情恳切,特授湖广行中书省右丞致仕,赐白玉束带,给俸赐以终其身。将行,帝复降旨留之,仍前翰林学士承旨,进阶光禄大夫。

十四年,汝、颍盗起,蔓延南北,玄上招捕之策千余言,当时不能用。十七年春,再乞致仕。时将大赦天下,宣赴内府,玄久病不能步履,丞相传旨肩舆至延春阁下,异数也。是年十二月,卒,年八十五,赠崇仁昭德推忠守正功臣、大司徒、柱国,追封楚国公,谥曰文。

玄历官四十余年,两为祭酒,六入翰林,三拜承旨,两知贡举,及读卷官。朝廷高文典册,多出玄手。文宗时诏为许衡神道碑,当世知名之士,皆敛手推玄,以为文章道德非玄不称也。及请假南归,起为翰林学士承旨,玄固辞,时册立皇太子,惠宗手诏谕玄曰:"朕有一要事,待卿至赞成之。"玄始力疾入都,其为帝所宠眷如此。玄无子,以从子达老为后,先玄卒。玄文集百余卷,毁于兵,仅存《圭斋集》十五卷,出于后人之掇拾云。

史臣曰:元明善诸人,行义之方雅,议论之侃直,政事之明通,可谓台阁名臣,不独以文学擅名当世也。其后危素由书生致位宰相,尤负文学重名,晚节不终,并其文为后世所菲薄,惜哉!

新元史卷二〇七
列传第一〇四

梁德珪　　张思明　　陈颢
傅岩起　　王士宏

梁德珪,字作伯温,一名暗都剌,大都良乡人。祖守信,隆兴都
转运盐使。父国祯,内藏库提点。

德珪初事昭睿顺圣皇后,令习国语,通奏对。至元十六年,为中
书左司员外郎,擢郎中,六迁至参议尚书省事。大都地震,帝怪州县
报囚数太多,德珪曰:"当国者急于征索,蔓延收系,以致如此。"帝
悟,为免中外逋赋。二十九年,执政入奏事,帝询其本末,不能对,德
珪从旁代之,辨析明畅。帝大悦,拜参知政事。

三十一年,迁左丞。德珪在省日久,凡钱谷出纳、铨选进退、诸
藩赐予,或上命骤至,不暇阅简牍,同列莫知所对,德珪从容数语即
定。大德元年,转右丞。二年,迁平章政事。

七年,以受张瑄、朱清贿赂,与平章政事伯颜、段真、阿里浑萨
里,右丞八都马辛,左丞月古不花,参政迷而火者、张斯立等俱罢,
德珪安置湖广。八年九月,与伯颜并复为平章政事,八都马辛复为
右丞。御史杜肯构言:"伯颜等树党受赂,谪戍远方,道路相庆。方
今数月,遽闻召复相位,又与原鞫者同列,天下之人目伯颜、梁德
珪、八都马辛为三凶。三凶不除,无以谢天下,乞明正其罪。"中丞何
遹亦以为言,前后章数上,皆不报。

德珪既至,帝问卿安在?德珪涕泣不能语,赐酒馔,使往拜其

母,因以气疾,乞骸骨归。是年卒,年四十六,至元元年,赠推诚保德功臣、开府仪同三司、太傅、上柱国,追封蓟国公,谥忠哲。弟德璋,益都路总管。

张思明,字士瞻,其先获嘉人,后徙居辉州。思明颖悟过人,读书日记千言。至元十九年,由侍仪司舍人辟御史台掾,又辟尚书省掾。丞相阿合马死,世祖命尚书省簿问党与。一日,召右丞何荣祖、左丞马绍输其赋以入,思明抱牍从。日已昏,命读之,自昏达曙,帝听之,忘疲,曰:"读者声大,似侍仪舍人。"荣祖对曰:"正由舍人选为掾者。"帝曰:"斯人可用。"明日,擢大都路治中。思明以超迁逾等,固辞,乃改湖广行省都事。

元贞元年,召为中书省检校,迁户部主事。大德初,擢左司都事。有献西域秤法,思明以惑众,不用。初立海道运粮万户府于江浙,受除者惮涉险不行,思明请升等以优之。著为令。五年,转吏部郎中。九年,改集贤司直。十年,除江浙行中书省左右司郎中。至大三年,迁两浙盐运使。未上。入为参议枢密院事,改中书省左司郎中。

皇庆元年,再授两浙盐运使。岁课赢羡,僚属请上增数,思明不许,曰:"赢缩不常,万一以增为额,是我希一身之荣,遗百世之害也。"二年,召为户部尚书。

延祐元年,进参议中书省事。三年,拜中书参知政事。浮屠妙总统有宠,敕中书官其弟五品。思明执不可。帝大怒,召见,切责之。对曰:"选法,天下公器,径路一开,来者杂遝。宁违旨获戾,不敢隳祖宗成宪,使四方得窥陛下浅深。"帝心然其言,然业许之,乃曰:"卿姑与之,后勿为例。"遂授万亿库提举,不与散官。久之,出为工部尚书。帝问左右曰:"张士瞻居工部,得无怏怏乎?"对曰:"勤职如初。"帝嘉叹之,命授宣政院副使。

五年,除西京宣慰使,条和林运粮不便十一事上之,帝劳以端砚、御酒。会左丞相哈散辞职。思明谄事哈散,哈散乃白于帝曰:

"臣自揆才薄,恐误陛下国事。若必欲任臣,愿荐一人为助。"帝问:"为谁?朕能从汝。"哈散再拜谢曰:"臣愿得张思明。"即日拜思明中书参知政事。未几,迁左丞。

英宗即位,思明又党附铁木迭儿。帝造寿安山寺,监察御史观音保、琐咬儿哈的迷失、成珪、李谦亨强谏,帝震怒,杀观音保、琐咬儿哈的迷失,成珪、李谦亨属吏。思明谓铁木迭儿曰:"言事,御史职也,祖宗以来,未尝杀谏臣。"成、李既属吏,当论法,二人得从轻典。及拜住为左丞相,恶思明以不支蒙古子女口粮,饿死四百人,罪之,杖免,籍其家。

天历元年,起为江浙行省左丞。会陕西大饥,执政拨江浙盐运司岁课十万锭赈之。吏白:"周岁所入已输京师,当回咨中书省。"思明曰:"陕西饥民,犹鲋鱼在涸辙,往复逾月,是索之枯鱼之肆也。其以下年未输者如数与之,有罪吾当坐。"事闻,朝廷韪之。

二年,复召为中书左丞。监察御史言:"思明在仁宗时,阿附铁木迭儿,离间两宫,仁宗灼见其奸,既行黜罢。及英宗即位,铁木迭儿再相,援为左丞,稔恶不悛,意以罪废。今又冒居是官,宜从黜罢。"从之。

后至元三年,卒,年七十八。思明熟于律,与谢让、曹鼎新齐名。赠推忠翊治守义功臣,依前中书左丞,上护军、清河郡公,谥贞敏。

陈颢,字仲明,其先信安人。五世祖山,仕金为谋克监军,大安初,守居庸关,降于太祖,授平阳、太原等路军民都元帅,以年老致仕。金宣宗南渡,河北盗贼蜂起,有号两淮张者,据信安,山单骑谒之,谕以祸福,张不听。金亡,山复劝之曰:"今天下已定,君守一城欲何为?民且屠矣。"张感动,遂降。山卒,子孙徙清州,又为清州人。

颢幼颖悟,日诵千余言。稍长,游京师,受学于翰林学士承旨安藏,从安藏事徽仁裕圣皇后,安藏深于释教,后乃命颢祝发受戒。及仁宗奉后出居怀庆,颢从行,益见亲信。成宗崩,仁宗入定内难,迎立武宗,颢皆预密谋。

武宗即位,命以资德大夫为释教都总统。仁宗即位,颢始易冠服,拜集贤大学士,仍宿卫禁中,颢伺帝闲暇,辄取经书所载切于政治者奏之,每见嘉纳。帝尝坐便殿,群臣奏事,望见颢,喜曰:"陈仲明在列,所奏必善事。"帝欲用颢为中书平章政事,颢固辞。仁宗崩,颢谢病归。

文宗即位,复起为集贤大学士,奏请增国学弟子员,蠲其徭役,皆从之。元统初,扈从上都,至龙虎台,惠宗召见,握颢手言曰:"卿累世老臣,更事多,凡议政事宜,极言无隐。"颢顿首谢。颢素无学术,太常博士逯鲁曾议以贞哥皇后配享武宗,明宗、文宗生母不应配享,颢妄引唐太宗册曹王明之母为皇后以驳之,为当时所鄙笑。事具《逯鲁曾传》。至元四年致仕,命食全俸于家。明年卒,年七十六。至正中,赠摅诚秉义佐理功臣、光禄大夫、河南行省平章政事,追封蓟国公,谥文忠。子孝伯,清州判官;敬伯,中书平章政事。

傅岩起,晋宁汾西人。父杰,以县吏除河中府、绛州两提控案牍,有能名。故岩起亦长于吏事,辟中书省掾,历陕西行省都事,入为吏部主事。

太子太师铁木迭儿引用官僚非人,岩起缴驳之,铁木迭儿深以为憾。仁宗崩,英宗居谅暗,铁木迭儿复相,召岩起入,将坐以沮格之罪。道遇吏部尚书,告之曰:"汝以微官忤重臣,事恐叵测。若问前事,宜推于我,庶几可分罪。"岩起谢之曰:"事出于某,岂敢嫁祸。"及至,铁木迭儿诘责甚厉,即日免官。

至治二年,铁木迭儿卒,拜住为右丞相,以岩起为户部主事,改刑部。泰定元年,拜监察御史,疏劾辽王脱脱,请废之。又论太尉、司徒、司空之职,不宜滥假僧人。迁左右司郎中,参议中书省事。四年,擢吏部尚书,御史韩镛言:"吏部天下铨衡,岩起从小吏入官,不知天下贤才。又尚书三品,岩起官四品,于法亦不得迁。"由是改同知大禧宗禋院事。左丞相倒剌沙,西域人,党贾胡,售奇宝求增其价,岩起争之甚力,倒剌沙虽愠,然亦服其公直。丁父忧归。

文宗即位，起为同金枢密院事。时襄加台阻兵四川，势张甚，命同知枢密院事不怜吉歹讨之，以母老辞，岩起请代其行。帝义而许之，赐金虎符。既而襄加台降，岩起遂便道归。终制，服阕，授两淮都转运盐使，以淮漕称职，赐御酒、金币。迁湖北、燕南、山东三道廉访使，陕西行台治书侍御史，入为中台治书侍御史。以言事忤旨，谢病归。至元五年，召拜中书参知政事。六年，进左丞，阶资政大夫。累封河东郡公，卒，谥正献。

王士宏，字可毅，平阳晋陵人。

祖父泰亨，字子通，从许衡学。至元中，以平章政事、商议中书省事使高丽，不受馈遗。安南国请佛书，泰亨乞以九经赐之，为时论所称。元统二年，追谥清宪。

士宏幼事文宗于潜邸，文宗方四岁，士宏侍奉十余年，多所启沃。仁宗闻而善之，授管领诸路纳绵总管经历、翊正司丞，稍迁中政院司议。文宗迁南海，召还，复出居建康，士宏皆从之。道有饿莩，命士宏出私钱振之。文宗在建康，日饮酒为韬晦之计，士宏谏曰："内文明而外柔顺，以蒙大难，文王以之酒能败德，不节恐致疾。"文宗嘉纳焉。士宏进水饭盐齑，文宗食之美，乃曰："以此上供。"及移江陵，士宏宿卫益谨，或通夕侍立不寐。

泰定帝崩，燕铁木儿见起兵大都，遣使迎文宗于江陵。文宗即位，改元，百僚朝贺，敕士宏纠仪，殿陛肃然，授工部尚书。士宏进言："刑不可黩，赏不可滥。"每承饮赐，皆固辞。文宗问曰："闻尔兄宗敬有廉名，今何事？"对曰："臣兄宗敬，除桂阳知州，贫不能往。"即日授监察御史，又以其次兄宗让为大司农经历，旋改南台御史。士宏本名宗训，文宗为易今名，以可毅字之。天历二年，改建康潜邸为佛寺，以士宏董其工役。

至正中，与散散奉使宣抚江西、福建诸道，广招贿赂。江西儒人黄如征伏阙上书，言其罪状，惠宗为之感动，授如征江西儒学提举，士宏与散散虽释不问，然终身不加迁擢。未几，士宏以疾卒。

　　史臣曰:梁德珪,张思明之党奸,王士宏之黩货,陈颢奉母后之命祝发受戒,甘为浮屠,其人皆不足道,傅岩起从吏入官,素无学术,然鲠直敢言,较脂韦者终有取焉。

新元史卷二〇八
列传第一〇五

张起岩　许有壬　宋本 _裒
王结　仇浚　王思诚

　　张起岩,字梦臣,其先章邱人,徙家济南。高祖迪,迪子福,附见
《张荣传》。起岩,福曾孙也。祖铎,东昌领事推官。父范,四川行省
儒学提举。

　　起岩弱冠,以按察司举为福山县学教谕。值县官捕蝗,摄县事,
听断明允,民颂之。登延祐二年进士第一,除同知登州事,特旨改集
贤修撰。转国子博士,累迁翰林待制,兼国史院编修官。丁内艰。

　　服除,选为监察御史。中书参政杨廷玉以墨败,台臣奉敕就省
中逮之下吏,丞相倒剌沙疾其摧辱同列,诬台臣罔上,欲置之重辟。
起岩抗章论曰:“台臣按劾百官,论列朝政,职使然也。今以奉职获
戾,风纪解体,忠良寒心,非盛世之事,且世皇建台阁,广言路,维持
治体。陛下即位诏旨,动法祖宗。今台臣坐遣,何论法祖耶?”章三
上,不报。起岩廷争愈急,帝感悟,事始得释,犹皆坐免官。

　　迁中书右司员外郎,进右司郎中,兼经筵官,拜太子左赞善。丁
外艰,服除,改燕王府司马,拜礼部尚书。文宗亲郊,起岩充大礼使,
导引从容,帝嘉之,赐赉优渥。转参议中书省事。宁宗崩,有妄男子
上变,言部使者谋不轨。按问皆虚,法司谓唐律告叛者不坐。起岩
谓同列曰:“今嗣君未立,人情危疑,不亟诛此人以杜奸谋,恐妨大
计。”趣有司具狱。省臣列坐铨选,起岩荐一士可用,丞相燕帖木儿

不悦，起岩即摄衣而起。燕帖木儿以为忤己，左迁翰林侍讲学士、知制诰兼修国史。预纂三朝《实录》，加同知经筵事。

御史台奏除浙西廉访使，不允。已而擢陕西行台侍御史，将行，留为侍讲学士。拜江南行台侍御史，召入中台为侍御史。转燕南道廉访使，搏击豪强，不少容贷。升江南行台御史中丞，拜翰林学士承旨，知制诰兼修国史、知经筵事。右丞相别怯儿不花为台臣所纠去位，未几，再入相，讽翰林官言台劾之非，起岩执不可，闻者壮之。俄拜御史中丞，论事剀直，无所顾忌，与同僚多不合。

诏修辽、金、宋三史，复命入翰林为承旨，充总裁官。积阶至荣禄大夫，年始六十有五，上疏乞骸骨以归。后四年卒，谥文穆。

起岩面如紫玉，美髯方颐，眉目清扬，望而知为雅量君子。及临政决议，意所背向，屹然不可回夺，廷臣惮之，名闻四裔。安南使者致其世子之辞，必候起岩起居。起岩博学能文，善篆隶。有《华峰漫稿》、《华峰类藁》、《金陵集》行于世。

许有壬，字可用。其先世居颍州，后徙汤阳。父熙载，会福院照磨。

有壬幼颖悟，读书一目五行，尝阅衡州净居院碑，一览辄能背诵。年二十，畅师文荐入翰林，不报，授开宁路学正。迁教授，未上，辟山北道廉访司书吏。擢延祐二年进士第，授同知辽州事。会周王举兵，关中大乱，邻州听民出避。有壬犹闭城门，率民兵固守，一州晏然。有追逮，不用胥隶，惟令执里役者呼之，民安而事集，州大治。六年，除山北道廉访司经历。

至治元年，迁吏部主事。二年，转江南行台监察御史。行部广东，以贪墨劾罢廉访副使哈只、蔡衍。至江西，会廉访使苗好谦监焚昏钞，人畏其严，率剔真为伪，有壬覆视之，真物也，遂留其大半。召拜监察御史。

八月，英宗遇弑，贼臣铁失遣使者自上都至，封府库，收百官印。有壬知事急，速往告御史中丞董守庸。守庸谓宫禁事，非外廷

所当问,有壬即疏守庸及经历朵尔只班、监察御史郭也先忽都阿附
铁失之罪以俟。十月,铁失伏诛,泰定帝发上都,御史大夫纽泽先还
京师,有壬袖疏上之。及帝至,复上章言:"铁木迭儿之子琐南与闻
大逆,乞正典刑,其兄弟勿令出入宫禁。中书平章政事王毅、右丞高
昉横罹贬黜,四川行省平章政事赵世延受祸尤惨,皆请雪冤复职。"
继上正始十事:一曰辅翼太子,宜先训导;二曰遴选长官,宜先培
养;三曰通籍宫禁,宜别贵贱;四曰欲谨兵权,宜罢兼领;五曰武备
废弛,宜加修饬;六曰贼臣妻妾,宜禁势官征索;七曰前赦,权以止
变,宜再诏以正名;八曰铁木迭儿诸子,宜籍没以惩恶;九曰考验经
费,以减民赋;十曰撙节浮蠹,以舒国用。帝多从之。

　　泰定元年,初立詹事院,选为中议,改中书左司员外郎。京畿
饥,有壬请振之,同列让曰:"子言固善,其如亏国帑何?"有壬不听,
卒白于丞相,发粮四十万斛以振饥民。国学旧法,积分次第,贡以出
官。执政用监丞张起严议,欲废之,以推择德行为务,有壬折之曰:
"积分虽未尽善,然可得博学能文之士。若曰惟德行之择,其名固
佳,恐皆厚貌深情、专意外饰,则人才益窳不可用。"议久不决。三年
六月,迁右司郎中,起岩议遂行,已而复寝。获盗例有赏,论者多疑
其伪,有淹四十余年者,群诉于马首。有壬曰:"盗贼方炽,缓急何以
使人?但经部覆核者,皆予官。"俄移左司郎中,每遇公议,有壬屡争
得失。都事宋本退语人曰:"此贞观、开元间议事也。"明年,丁父忧。

　　天历三年,擢两淮都转运盐司使。先是,盐法坏,廷议非有壬不
能称职,故有是命。有壬询究弊端,立法维持,国课遂登。至顺二年
二月,召参议中书省事。未几,以丁母忧去。

　　元统元年,复以参议召,明年,拜治书侍御史,转奎章阁学士院
侍书学士,仍治台事。会御史劾福建达鲁花赤完卜,完卜藏御史大
夫家,有壬捕而谳之。九月,拜中书参知政事、知经筵事。帝召群臣
议上皇太后尊号为太皇太后,有壬曰:"皇上于皇太后,母子也;若
加太皇太后,则为孙矣。非礼也。"众弗从,有壬曰:"今制,封赠祖父
母,降于父母一等,盖推恩之法,近重而远轻,今尊皇太后为太皇太

后，是推而远之，岂所谓尊之邪！。又弗听。

中书平章政事彻里帖木儿奏罢进士科，有壬廷争甚苦，不能夺，遂称疾在告。帝强起之，拜侍御史。廷议欲行古剶法，立行枢密院，禁汉人、南人勿学蒙古畏吾儿字书，有壬皆争止之。

后至元初，长芦韩公溥因家藏兵器，兴大狱，株连台省，多以赃败，独无有壬名，由是忌者益甚。有壬遂谢病归。至元六年，召入中书，仍为参知政事。

明年改元至正，有壬极论帝当亲祀太庙；母后虚位，徽政院当罢；改元、命相当合为一诏；冗职当沙汰；钱粮当裁节。人皆韪之。转中书左丞。二年，襄加庆善八及孛罗帖木儿献议，开金口导浑河，逾京城，达通州以通漕运。丞相脱脱主之，有壬曰："浑河之水，湍悍易决，足以为害，又淤浅不能行舟，况地势高下不同，徒劳民费财耳！"不听，后卒如有壬言。

先是，有壬父熙载官长沙，设义学，课诸生。有壬母卒于长沙，旅殡城外，有壬庐墓三年。后诸生即有壬庐墓之地，立东冈书院，旌其孝，且以广熙载教士之泽。南台监察御史木八剌沙，缘睚眦之怨，言书院不当立，并劾有壬及其二弟有仪、有孚。有壬复称病归。

四年，改江浙行省左丞，辞。六年，召为翰林学士，既上，又辞。监察御史累章辩其诬。俄拜浙西道廉访使，未上，复以翰林学士承旨召，仍知经筵事。明年夏，授御史中丞，赐白玉束带及御衣一袭。未几，又以病归。

十三年，起为河南行省左丞。十五年，迁集贤大学士。寻改枢密副使，复拜中书左丞。有僧自高邮来，言张士诚乞降，众幸事且成，皆大喜，有壬独疑其妄，呼僧诘之，果语塞不能对。转集贤大学士，兼太子左谕德，阶至光禄大夫。有壬前朝旧德，太子颇敬礼之。一日，入见，方臂鹰为乐，遽呼左右屏去。

十七年，以老病乞致任。久之，始得请，给俸赐以终其身。二十四卒，年七十八。赠推诚守正昭德佐理功臣，银青光禄大夫、中书平章政事、上柱国，追封鲁郡公，谥文忠，著有《至正集》八十一卷。

有壬历事七朝，垂五十年，遇国家大事，无不尽言。当权臣恣睢时，稍忤意，辄诛窜随之，有壬不为巧避，事有不便，明辩力诤，不知有死生利害，君子多之。

初，有壬举进士，知贡举、平章政事李孟，读卷官参知政事赵世延，集贤学士赵孟頫，第有壬高下未定。世延曰："观此策，异日必为名臣，请置第二甲。"孟不许，世延辩论不已。孟頫立请曰：宋东南一隅，一科取数百人。以国家疆域之广，正七品多取一人，不为滥也。孟乃从之。后有壬卒为名臣，世以赵世延为知人云。

宋本，字诚夫，大兴人。自幼警拔，异群儿。至治元年，廷策天下士，本为第一，赐进士及第，授翰林修撰。

泰定元年春，除监察御史，首言："逆贼铁失等虽伏诛，其党枢密副使阿散躬为弑逆，以告变得不死，乞早正天罚。盗窃仁宗庙主，本言：民间失盗，捕违期不获犹治罪，太常及应捕官皆当罢斥。又言："中书宰执日趋禁中，兼旬不至中书，机务壅滞，乞戒饬臣僚，非入宿卫日，必诣本署治事。"又言："司空、太尉之职滥假僧徒，及会礼、殊祥二院并辱名爵，请罢之。"皆不报。

调国子监丞。夏，风烈地震，诏集百僚议弭灾之法。时宿卫士自北来者，在桓州剽劫杀人，既逮捕，丞相旭迈杰奏释之。蒙古千户夺民朱甲妻女，甲诉于中书，旭迈杰庇不问。本抗言："铁失余党未诛，仁宗庙主盗未得，桓州盗未治，朱甲冤未申，刑政失度，民愤天怨，灾异之见，职此之由。"词气激奋，众皆耸听焉。冬，迁兵部员外郎。二年，转中书左司都事。故将李庭之子尝假兵部尚书，从诸王征郁林州瑶，中道纳妾，逗留不进，兵败归。枢密副使卜邻吉台言："李平瑶有功，当迁官。"本曰："李纳妾逗留，宜置诸法，况迁官耶！"卜邻吉台色沮，不敢复言。

旭迈杰卒，左丞相倒剌沙当国，与平章乌伯都剌，皆西域人，西域贾人以其地宝石名璭者来献，估钜万，未酬其直，又官吏为御史劾罢者，多出其门下，求复官。三年冬，乌伯都剌自禁中至政事堂，以星孛地震赦天下,命中书酬累朝献物之直,擢用为御史所劾罢者,使左司员外郎以诏稿示本,本曰:“献物直未酬,有司细故,载于王言,贻笑天下。司宪褫有罪者官,世祖法令,上即位,累诏法世祖,若擢用之,是反汗前言,后再有奸赃,将治之耶?抑置不问耶?”宰执闻本言,相视叹息罢去。明日,宣诏,本称疾不出。

四年春,迁礼部郎中。天历元年冬,擢吏部侍郎,二年,改礼部。是年,文宗开奎章阁,置艺文监检校书籍,本迁大监。至顺元年,进奎章阁学士院供奉学士。二年冬,出为河西道廉访副使,未行,擢礼部尚书。三年冬,宁宗崩,惠宗未至,皇太后在兴圣宫,正旦,议循故事行朝贺礼。本言:“宜上表兴圣宫,罢朝贺。”众韪而从之。元统元年,兼经筵官。二年夏,转集贤直学士,兼国子祭酒,兼经筵如故。是年冬十月,卒,年五十四,赠翰林直学士、范阳郡侯,谥正献。

本性高抗不屈,持论坚正,不可干以私,尤以扶植文学自任。知贡举,取进士满百人额,为读卷官,增第一甲为三人。及卒,执绋者至三千人,皆门生、故吏及国子诸生,时论荣之。著有《至治集》四十卷,弟褧。

褧,字显夫,文学与本齐名,人称之曰二宋。延祐中,从本至京师,清河元明善、济南张养浩,东平蔡文渊、王士熙争荐之,登泰定元年进士第,授秘书监校书郎。安南遣使入贡,选充馆伴使。使者以金为贽,褧却之。改翰林国史院编修、詹事府照磨。寻辟御史台掾,辞。转大禧宗正院照磨,迁翰林修撰。

至元三年,擢监察御史。时灾异沓至,褧上言:“一岁之内日月薄蚀、星文垂象,正月元日千步廊火,六月河朔大水,八月京师地震,毁宗庙,震惊神灵,皆朝政未修,民瘼未愈所致。宜集廷臣,讲求弭灾之法。”从之。

出金山南道廉访使事。宜城民急刈麦,共殴田主死,赂县尹,使一人承之。褧廉知其事,坐尹及共殴者。安陆寡妇有罪自刭,诬其夫兄杀之,已诬服。褧发墓验之,寡妇尚绳系其颈,夫兄之冤始雪。

制获盗五人得官,应山民被劫,巡徼执五人坐之。骙疑而讯之,皆良民,乃释之,坐巡徼者罪,众服其明允。改陕西行台都事,旋召为翰林待制,迁国子监司业。与修辽、金、宋三史。拜翰林直学士,寻兼经筵讲官。卒,年五十三,赠国子祭酒、范阳郡侯,谥文靖。著《燕石集》十五卷。

王结,字仪伯,易州定兴人。祖逊勤,以质子从太祖西征,娶阿鲁浑氏,自西域徙家中山。父德信,陕西行台监察御史,与台臣议不合,即弃官归。不复出。

结生而聪颖,读书数行俱下,从名儒董朴受经。廉访使王仁见之,曰:“公辅器也。”

年二十余,游京师,上执政书,陈时政八事,曰:立经筵以养君德,行仁政以结民心,育英材以备贡举,择守令以正铨衡,敬贤士以厉名节,革冗官以正职制,辨章程以定民志,务农桑以厚民生。宰相不能尽用。

时仁宗在潜邸,或荐结充宿卫,乃集历代君臣行事善恶可为鉴戒者,日陈于前。武宗即位,仁宗为皇太子,置东宫官属,以结为典牧太监,阶太中大夫。近侍以俳优进,结言:“昔唐庄宗好此,卒致祸败。殿下方育德春宫,视听宜谨。”仁宗嘉纳之。

仁宗即位,迁集贤直学士,出为顺德路总管。属邑钜鹿、沙河有唐魏征、宋璟墓,乃祠二人于学,以风励学者。迁扬州路,又迁宁国路,以从弟绅金江东廉访司事,辞不赴。改东昌路。会通河堤遏旧黄河下流,夏月潦水,坏民田,结疏为斗门,以泄之,民获耕作之利。

至治二年,参议中书省事。时拜住为丞相,结言:“为相之道,当正己以正君,正君以正天下。除恶不可犹豫,犹豫恐生它变。服用不可奢僭,奢僭则害及身家。”拜住是其言,未几,除吏部尚书,荐名士宋本、韩镛等十余人。

泰定元年春,廷试进士,以结充读卷官。迁集贤侍读学士、中奉大夫。会有日食、地震、烈风之异,结昌言于朝曰:“今朝廷君子、小人混淆,刑政不明,官赏太滥,故阴阳错谬,咎征荐臻,宜修政事以弭天变。"是岁,诏结知经筵,扈从上都,结援引古训证时政之失,冀帝有所感悟。中宫闻之,亦召结等进讲,结以故事辞。明年,除浙西道廉访使,中途以疾还。岁余,拜辽阳行省参知政事。辽东大水,结请于朝,发粟数万石以赈饥民,召拜刑部尚书。

文宗即位,拜陕西行省参知政事,改同知储庆司事。二年,拜中书参知政事,入谢光天殿,以亲老辞。帝曰:"忠孝能两全乎?"是时,明宗未至,文宗以皇太子奉迎,近侍有求除拜赏赉者,结曰:"俟天子至议之。"四川行省平章囊家歹拒命,廷议发兵讨之,结曰:"蜀远,恐不知朝廷近事,可遣使谕之,如不从,讨之未晚。"后囊家歹果来朝,近侍争求籍没妻孥资产,结复论之。近侍怒,潜诋日甚。遂罢政,改集贤侍读学士。丁内艰,不起。

元统元年,复除浙西道廉访使,未行,召拜翰林学士、资善大夫、知制诰同修国史,与张起岩、欧阳玄修泰定、天历两朝《实录》。拜中书左丞,中宫命僧尼于慈福殿作佛事,已而殿灾,结言:"僧尼亵渎,当罪之。左丞相撒敦疾革,家人请释重囚禳之,结极陈其不可。先时有罪者,北人则徙广海,南人则徙辽东,去家万里,往往道死。结请更其法,移乡者止千里外,改过听还其乡,著为令。职官坐罪者,多从重科,结曰:"古者刑不上大夫,今贪墨虽多,然士之廉耻不可以不养也。"时论称其得体,后至元元年,以疾罢为翰林学士。二年正月卒,年六十有二。

结立言制行,皆法古人。张珪曰:"王结非圣贤之书不读,非仁义之言不谈。"识者以为名言,晚邃于《易》,著《易说》一卷,临川吴澄读而善之。四年五月,诏赠资政大夫、河南江北等处行中书省右丞、护军,追封太原郡公,谥文忠。有诗文集十五卷,行于世。子敏修,社稷署丞。

仇浚,字公哲,大都大兴人。

父谔,字彦中,以布衣谒安西王,王善其占对,命给事左右,授武备院库使。至元十五年，擢知威州。民张氏兄弟争财，吏受赇，事久不决，谔召谕之曰："兄弟与吏，孰亲？"曰："兄弟亲。"谔曰："竭兄弟之财以赂吏，可谓智乎？"张氏兄弟感悟，俱叩头谢罪。累迁福建闽海道副使，行省议采银征赋，闽无银，矿民买银纳之。谔劾行省欺罔，罢其役，民大悦。后卒于官，年五十一。

浚早孤，从舅氏户部尚书郝彬还京师。武宗即位，太保曲枢引见便殿，命侍仁宗说书，至大二年，授资国院照磨，转集贤院掾。延祐中，累迁中书左司掾。至治元年，擢太庙署丞。英宗新享太室，浚进退甚称上意，改礼部主事。

泰定元年，拜监察御史。先是他御史劾参知政事杨廷玉赃罪，宰相倒剌沙庇之，奏命台省宗正府杂治。浚曰："御史台职纠劾，今宰相欲变乱祖宗成法，不可。誓以死请。"竟从台鞫，廷玉杖免。二年，河决，百姓流殍，又地震、蝗旱，浚与同列上封事，谓："地宜静今动，由宰相失于调燮。又兵亦阴象，或军政不修所致。"章三上，不报。又劾御史大夫秃忽鲁奸邪不忠，曲庇杨廷玉，自隳纪纲，不胜重任。移文上都及行台御史，事闻，诏罢秃忽鲁。执政滋不说，激帝怒，逮捕治书侍御史二人，系诏狱置对。众惧祸不测，浚泰然自若。久之，事得释，置浚等不问。浚又劾也先帖木儿在枢密院受赇，不当知经筵事；太子詹事辅导元良，不当以宦者为之；奸臣帖木迭儿罪应籍没，不当给回资产；廉访使王结素廉直，为御史挟私妄论，当申雪；处士吴炳、史约当召赴馆阁；内外官有文行者参政张升、八辰等当任以风宪。言皆切直，为时论所称。四年，迁户部员外郎。明年，进郎中。

天历元年，除金燕南河北道肃政廉访司事。未几，改礼部郎中。明年，迁右司员外郎，改刑部侍郎，阶亚中大夫。俄又改中政院判官，内批进阶中大夫以奖之。至顺元年，复除江北淮东道廉访司副使。再迁吏部侍郎，命参议枢密院事。二年，拜陕西行台治书侍御史。未几，引疾归，卒于家，年五十二。

　　王思诚,字致道,兖州嵫阳人。天资过人,七岁从师授《孝经》、《论语》,即能成诵。兖后从汶阳曹元用游,学大进。登至治元年进士第,授管州判官。召为国子助教,改翰林国史院编修官。寻迁应奉翰林文字,再转为待制。

　　至正元年,迁奉议大夫、国子司业。二年,拜监察御史。上疏言:"京畿去年秋不雨,冬无雪,方春首月,蝗生,黄河水溢。盖不雨者阳之亢,水涌者阴之盛也。尝闻一妇衔冤,三年大旱。往岁伯颜专擅威福,仇杀不辜。郯王之狱、燕铁木儿之宗党,死者不可胜数。非直一妇之冤而已。宜昭雪其罪,敕有司祷于百神,陈牲币,祭河伯,发卒塞之,被灾之家死者给葬,庶几可以召阴阳之和,消水旱之变。"

　　又言:"采金铁冶提举司设司狱,掌囚之应徒配者,钛趾以春金矿,旧尝给衣与食。天历以来,因水坏金冶,罢之。啮草饮水死者三十余人,濒死者又数人。夫罪不至死,乃拘囚至于饥死,不若加杖而使速死之愈也。况州县俱无囚粮,轻重囚不决者多死狱中,吏妄报治病日月,用药次第。请定瘐死多寡罪,著为令。又至元十六年开坝河,设坝夫户八千三百七十有七,车户五千七十,出车三百九十两,船户九百五十,出船一百九十艘。坝夫累岁逃亡,十损四五,而运粮之数,十增八九,船止六十八艘,户止七百六十有一,车之存者二百六十七两,户之存者二千七百五十有五,昼夜奔驰,犹不能给坝夫户之存者一千八百三十有二。一夫日运四百余石,肩背成疮,憔悴如鬼,甚可哀也。河南、湖广等处打捕鹰房府打捕户尚玉等一万三千二百二十五户,阿难答百姓刘德元等二千三百户,可以金补,使劳佚相资。"

　　又言:"燕南、山东密迩京师,比岁饥馑,群盗纵横,巡尉、弓兵与提调捕盗官会邻境以讨之,贼南则会于北,贼西则会于东,及与贼遇,望风先遁。请立法严禁之。"

　　又言:"初开海道,置海仙鹤哨船四十余艘往来警逻。今敝船十数,止于刘家港口以捕盗为名,实不出海,以致寇贼猖獗,宜即莱州洋等处分兵守之,不令泊船岛屿,禁镇民与梢水为婚,有能捕贼以船畀之，获贼首者赏以官。仍移江浙、河南行省列戍江海诸口，以诘海商还者，审非寇贼，始令泊船。下年粮船开洋之前，遣将士乘海仙鹤于二月终旬入海，庶几海道宁息。”朝廷多韪其议。

松州官吏诬构良民，以取赂，诉于台者四十人，选思诚鞫问。思诚密以他事入松州境，执监州以下二十三人，皆罪之。还至三河县，一囚诉不已，俾其党异处，使之言。囚曰：“贼向盗某芝麻，某追及刺之，几死。贼以是图复仇。今弓手欲满捕获之数，适中贼计。其赃实某妻裙也。”思诚以裙示失主，主曰：“非吾物。”其党词屈，遂释之。丰润县一囚年最少，械系濒死，疑而问之，曰：“昏暮，三人投宿，约同行，未夜半，趣行至一家，间见数人如有宿约者，疑之，众以为盗，告不从，胁以白刃，驱之前至一民家，众皆入，独留户外，遂潜奔赴县，未及报而被收。”思诚正有司罪，少年获免。

出佥河南山西道肃政廉访司事，行部武乡县，监县来迓。思诚私语吏属曰：“此必赃吏。”未几，果有诉于道侧者，问曰：“得无诉监县夺汝马乎？”其人曰然，监县抵罪。吏属问思诚先知之故，曰：“衣敝衣，乘骏马，非诈而何？”陕西行台言，欲凿黄河三闸，立水陆站以达于关陕，使思诚会陕西、河南省台官及郡县长吏视之，皆畏险阻欲以虚辞复命，思诚怒曰：“吾属自欺，何以责人？诸君少留，吾当身历其地。”众惶恐从之，沿河滩碛百有余里，礁石错出，路穷，舍骑徒行，攀藤葛以进，凡三十里，度不可行，乃止，作诗上之执政，议遂寝。

召修辽、金、宋三史，调秘书监丞。会国子监诸生因事哄于学，复命思诚为司业。思诚黜为首者五人。罚而降斋者七十人，勤者升，惰者黜。士习为之一变。超拜兵部侍郎，丁内忧。甫禫，朝廷行内外通调法，起思诚太中大夫、河间路总管。磁河决铁灯干，真定境也。召其长吏责之，昼夜督工，期月而塞。复外筑夹堤，使濒河民及弓手庐于上，以防盗决。南皮民濒御河种柳，输课于官，曰柳课，河决，柳尽没，官犹征课，子孙贫不能偿。思诚白其事于朝，罢之。景州广川镇，汉董仲舒故里也，河间尊福乡，长苴故里也，皆请建书院,设山长。召拜礼部尚书。

十二年,帝以民多失业,选名臣巡行劝课,以思诚巡河间及山东诸路。奏进二麦豌豆,帝嘉之,赐上尊二。召还,迁国子祭酒。俄复为礼部尚书,知贡举。迁集贤侍讲学士,兼国子祭酒。应诏言事:一曰置行省丞相,以专方面;二曰宽内郡征输,以固根本;三曰汰冗兵,以省粮运;四曰改禄秩,以养官廉;五曰罢行兵马司,以便诘捕;六曰复倚郭县,以正纪纲;七曰设常选,以起淹滞。其言多见施行。寻出为陕西行台治书侍御史。辞以老病,不允。

十七年春,红巾陷商州,夺七盘,进据蓝田县。思诚移书于察罕帖木儿曰:"河南为京师之庭户,陕西实内郡之藩篱,两省相望,互为唇齿,陕西危则及于河南矣。"察罕帖木儿新复陕州,得书大喜,以轻骑五千倍道来援。贼败遁。已而河南总兵官诘思诚擅调,遣思诚亟请于朝,命察罕帖木儿专防关陕,仍便宜行事,诏从之。行枢密院掾史田甲受赂事觉,匿豫王邸,监察御史捕之急,并系其母。思诚曰:"古者罪人不孥,况母乎!吾不忍以子而累其母。"令释之,不从,思诚因自劾不出。诸御史谒而谢之。初监察御史有封事,自中丞以下惟署纸尾,莫敢问其由。思诚曰:"若是,则上下之分安在?"乃与御史约,凡上奏,必拆视其不可行者,以台印封置架阁库,后遂为例。

十七年,召拜国子祭酒。时卧疾,闻命即行,至朝邑,疾复作。十月卒,年六十七。思诚当官莅事,力矫诡随,故所至有名绩,时论以不为宰相惜之。

史臣曰:张起岩诸人之奏议,事核而词直,切于当时之务,嘉谟嘉猷,庶几无愧。王结谓:除恶不可犹豫,恐生他变。使拜住用其言,岂有南坡之祸?呜呼!可谓知几君子矣。

新元史卷二〇九
列传第一〇六

脱脱 合剌章

脱脱，字大用，蔑儿吉台氏。

曾祖称海，从宪宗征蜀，殁于军中，赠太师，追封淮王，谥忠襄。

祖谨只儿，总宿卫隆福太后宫，赠太师，追封郑王，谥忠懿。

父马札尔台，扈从武宗，后侍仁宗于潜邸，以恭谨为仁宗所亲信，及即位，授虎贲亲军都指挥使。泰定四年，拜陕西行台侍御史。文宗自立于大都，陕西行台附上都起兵，焚诏书，杀使者，及事定议罪，以其兄伯颜有功，特免之，命为上都留守，迁知枢密院事。伯颜罢黜，代为右丞相。未几，以疾辞拜太师就第，封忠王，改封德王。至正七年，卒。长子脱脱，次也先帖木儿。

脱脱，生而岐嶷。及就学，请于其师吴直方曰："与其终日危坐读书，孰若记古人之嘉言懿行而服习之。"乃扁其燕居之室曰道济书院，延纳学者，讨论义理。稍长，膂力过人，能挽弓一石。充东宫怯薛口怯薛歹。至顺二年，授忠翊侍卫亲军都指挥使。元统二年，迁同知枢密院事。至元初，唐其势伏诛，其叔父答里拥兵以叛，脱脱讨擒之。历太禧宗禋院使，拜御史中丞，提调左阿速卫。

四年，迁御史大夫。扈从上都，还至鸡鸣山之浑河，帝将畋于保安州，马惊，脱脱谏曰："古者，帝王端居九重，日与宿儒大臣讲求治道，飞鹰走狗，非其事也。"帝嘉纳之。

是时，伯颜为中书右丞相，既诛唐其势，益贪横，帝积不能平。

脱脱幼育于伯颜，数谏不听，常忧之，私请于父曰："伯父骄纵已甚，一旦天子震怒，吾族赤矣。曷若于未败图之，以报国家。"马札儿台以为然。又决于其师吴直方，直方告以《春秋》之法，大义灭亲。脱脱意始决。乘间言于帝，自陈忘身殉国之意，帝犹未之信。时左右皆伯颜党与，独世杰班、阿鲁、杨瑀为帝心腹，因遣三人日与往复论难，知其忠义，始不疑之。

五年秋，车驾留上都，伯颜出赴应昌，脱脱与世杰班、阿鲁谋拒之，惧弗胜而止。会河南范孟端矫杀省臣，事连前廉访使段辅，伯颜风台臣奏汉人不可为廉访使。时别怯儿不花为御史大夫，畏人议己，辞疾不出，故其奏未上。伯颜促之，脱脱度不能止，乃先入告于帝，言汉人为廉访使，祖制不可废。及奏上，帝如脱脱言。伯颜闻之大怒，言于帝曰："脱脱虽臣子，其心专右汉人，宜罪之。"帝曰："此朕意也。"及伯颜杀郯王，擅贬宣让、威顺二王，帝益忿。一日，与脱脱语，相对泣下，归，复谋于吴直方，直方曰："此社稷安危所系，不得不密，议论之时左右为谁？"曰："阿鲁及脱脱木耳。"直方曰："子伯父挟震主之威，若辈苟利富贵，语泄则主危身戮矣。"脱脱乃延二人于家，昼夜置酒张乐，不令出，欲俟伯颜入朝执之。戒卫士严宫门出入，殿陛间悉置兵仗。伯颜见之，惊问故。对曰："天子所居，防御不得不尔。"伯颜退，亦增兵自卫。

六年二月，伯颜请帝出猎，脱脱劝帝以疾不往，伯颜乃挟太子燕帖古思畋于柳林。脱脱等谋，以所领忠翊军及卫士拒之，拘诸门键钥，分遣亲信布列城门下，奉帝御玉德殿，召近臣及省院大臣入见，集午门听命。又召杨瑀入草诏，数伯颜罪状。诏成，夜已四鼓，命翰林学士承旨只瓦儿台赍诏赴柳林，黜伯颜为河南行省左丞相。伯颜使骑士至城下问故，脱脱坐城上应之曰："有旨，逐丞相一人，余无所问。诸从官可各还本卫。"伯颜养子知枢密院事詹因不花、尚书洛失蛮，谓伯颜曰："拥兵入宫，问奸臣为谁，尚未晚也。"伯颜曰："为尔辈与脱脱不睦，致有今日，汝辈尚欲误我邪？帝岂有杀我之意，皆脱脱贼子所为耳。"遂请入辞，使者曰："皇帝命丞相即行，勿入辞。"于是伯颜遂至河南。诏马札儿台入为右丞相,脱脱知枢密院事。马札儿台素贪鄙,于通州置糟房、酒馆,日售万余石,又广贩长芦、淮南盐以牟利。脱脱病之,谓参知政事佛家闾曰:"吾父与君善,曷谏吾父使辞丞相,不然,人将议吾父篡兄之位。"佛家闾乘间言之,马札儿台果辞职。诏马札儿台拜太师,封忠王。

至正元年,以脱脱为右丞相。脱脱悉更伯颜旧政,复科举取士及太庙四时祭,雪郯王之冤,召还宣让、威顺二王使居旧藩位,弛马禁,减盐额,蠲负逋,开经筵,遴选儒臣劝讲,中外翕然,称贤相焉。

三年,诏修辽、金、宋三史,命脱脱为都总裁官。又请修《至正条格》颁天下。脱脱欲帝亲儒臣,讲学问,左右多沮挠者。一日,帝御宣文阁。脱脱取裕宗当日所授书以进曰:"设使经史不足观,世祖岂以是教裕皇乎。"帝嘉纳之。皇太子爱猷识理达腊尝育于脱脱家,每有疾饮药,必尝之而后进。帝驻跸云州,遇暴风雨,山水猝至,车马皆漂没。脱脱抱皇太子单骑登山,乃免。皇太子至六岁始还宫。脱脱复以私钱造大寿元忠国寺,为皇太子祈福。

四年,领宣政院事。时诸山主僧请复僧司,且曰:"州县所苦,如坐地狱。"脱脱不许,曰:"若复僧司,何异地狱中,复置地狱耶!"是年,辽史成,脱脱奏上之,且请曰:"给事中所记陛下即位以来之圣政,亦宜渐加编茸,藏于石室金匮。"帝曰:"此事俟吾儿为之可也。"故元统以后之事,国史咸阙而不书,脱脱寝疾,体渐羸,以术者言行年不利,遂抗表辞职,帝不允。表凡十七上,始从之。诏封为郑王,食邑安丰,赏赉巨万,俱辞不受,乃赐兴江田,为立稻田提领所领之。

七年,别怯儿不花为右丞相,以宿憾谮马札儿台。诏徙马札儿台于甘肃,脱脱请从。又移其父子于西域撒思嘉之地,至河,召还,使就养于甘州。马札儿台寻卒。帝念脱脱勋劳,复拜太傅,总理东宫事。

先是,脱脱在甘州,皇太子与脱脱子合剌章同岁,相亲爱,故合剌章留京师侍皇太子。一日,与皇太子嬉殿外,皇太子欲负合剌章,辞曰:"合剌章奴也。皇太子使长也,奴不敢令使长负。"皇太子怒挞之,合剌章啼。声闻于帝,问之左右,具以事对,帝太息曰:"贤哉!此子也。"奇皇后因奏曰:"脱脱忠臣,不宜久在外。"帝颔之。会佛郎国贡天马,置马群中,高大如骆驼。帝曰:"人中有脱脱,马中有天马,皆一时杰出者也。"时哈麻在侧,闻之,以为脱脱旦夕复相,因乘间荐脱脱之贤。帝曰:"彼尝罪汝,杖汝一百七,奈何荐之?"对曰:"彼杖臣,臣之罪也。何怨之有。"奇皇后于殿屏后闻之,阴使人至甘州召脱脱。脱脱至京师,未见帝,皇后伺帝有喜色,因谓合剌章曰:"汝亦思汝父脱脱否?"合剌章跪曰:"思之。"帝谓皇后曰:"脱脱今何在? 而汝使思之邪!"皇后起谢曰:"脱脱去国日久,思见至尊,今闻其至都矣。"帝遂使人召之入,正色问曰:"我使汝侍汝父于甘州,谁召汝来耶?"皇后为之失色,脱脱徐对曰:"陛下使臣侍父,今臣父已卒,葬事毕,故来尔。"帝遽起抱之,相与泣下,翌日,遂有太傅之命。

九年,丞相朵尔只、太平皆罢,复命脱脱为右丞相,兼领端本堂事,于是脱脱引用乌古孙良桢、龚伯璲、汝中柏、伯帖木儿等为官属,委以腹心,无钜细悉与之谋,省臣奉行文牍而已。帝以吴直方有协赞功,由长史超授集贤大学士,御史王士点劾其躐进,直方亦力辞,乃止。

脱脱用吏部尚书偰哲笃言,更至正交钞,诏廷臣集议。祭酒吕思诚亟言不可,脱脱不从,事具《思诚传》。参议孛罗帖木儿、都水监传佐,建议于都城外开河置闸,放浑河水引船至丽正门外,可运西山煤,省薪刍负担之费。脱脱从之,役丁夫数万,迄无成功,孛罗帖木儿、传佐俱论死。然脱脱勇于任事,终不以此自悔。

时黄河决白茅堤,又决金堤,五年不能塞。脱脱用贾鲁计塞之,请身任其责,奏以贾鲁为工部尚书,总治河防,使役河南北民十七万,筑决堤成,使复故道。凡八月功竣,事见《河渠志》。帝嘉其功,赐世袭答剌罕号,又敕儒臣欧阳玄制《河平碑》以纪之。仍赐淮安路为食邑。郡邑长吏听其自用。

是时,汝、颍盗起,以红巾为号,蔓延襄、樊、唐、邓间。十一年,

脱脱奏以弟御史大夫也先帖木儿为知枢密院事,将禁卫兵讨之。驻
沙河,也先帖木儿素庸懦,军中夜惊,左右鞚马请留,也先帖木儿拔
刀斫之曰:"我非性命耶!"乃先遁,大军遂一时奔溃。也先帖木儿弃
辎重,收散卒万余人,抵开封城外,文济王蛮子在城上,遥谓之曰:
"汝为大将,未见敌而奔,吾将劾汝,不能令汝入城。"乃屯于朱仙
镇。朝廷以脱脱故,不之罪,诏他将代之。也先帖木儿径归,仍为御
史大夫。陕西行台监察御史十二人,劾其丧师辱国。脱脱听弟言,
迁西台御史大夫朵儿只班为湖广平章政事,除十二人,各府添设判
官,以杜言者之口。监察御史及河南分御史台、行院、廉访司,巩昌
总帅府、陕西都府义兵万户府,复承旨交章言也先帖木儿有功,诏
赏金带、金挺各一,银挺千、钞五千贯、布帛百匹。脱脱又用龚伯璲
等兴大狱,以谋害大臣杀高昌王亦都护及御史大夫韩嘉纳,由是为
时论所不与。

　　十二年,红巾贼芝麻李据徐州,众数万,僣号称王。脱脱请自将
讨之。师次徐州,攻其西门。贼出战,以铁翎箭射中脱脱马首。脱
脱不为动,麾军击败之,入其郛。翌日,贼弃城遁。遂复徐州。民大
悦,请于朝,愿为建生祠,从之。帝又为脱脱立勋德碑,遣大使加脱
脱太师,趣回朝。凯旋,赐上尊、珠衣、白金、宝鞍,皇太子赐燕私第。

　　十三年二月,脱脱用右丞乌古孙良桢、右丞悟良哈台议,屯田
京畿,以良桢等兼大司农卿,而自领大司农事。西至山,东至迁民
镇,南至保定、河间,北至檀、顺等州,凡官地屯田,皆募江南农夫佃
种之,岁大稔。故海运不通,而京师之食自足。

　　时张士诚据高邮,号召江淮,梗南北运道,连年用兵弗克。十四
年,诏脱脱总制诸军讨之,一切听便宜行事,台、省、院诸司听选官
属从行,西域、土番皆发兵来会,旌旗千里,出师之盛,前所未有。次
济宁,遣官诣阙里祀孔子,过邹县,祀孟子。十一月,至高邮,连战皆
捷。又用董搏霄计,分兵克天长、六合,贼势大蹙。进破高邮外城,
士诚震惧,自分亡在旦夕,俄有诏,罪其劳师费财,以河南行省左丞
相太不花、中书平章政事月阔察儿、知枢密院事雪雪代将其兵,削

脱脱官爵,安置淮安路。

　　先是,脱脱深德哈麻,引为中书右丞。是时,汝中柏由左司郎中参议中书省事,平章以下曲意事之,议事莫敢异同。唯哈麻不为之下,中柏因谮哈麻于脱脱,改为宣政院使,故哈麻衔之。及脱脱将出师,以中柏为治书侍御史,使辅也先帖木儿。中柏恐哈麻为后患,请去之。脱脱犹豫不决,令与也先帖木儿谋之,也先帖木儿不从。哈麻知之,乃谮脱脱于皇太子及奇皇后,谓脱脱不欲授皇子册宝,俟正宫皇后生子立之,皇后及皇太子皆大怒。会也先帖木儿移疾家居,监察御史袁赛因不花等承哈麻风旨,劾脱脱出师三月,无尺寸功,倾国家之财为己用,并劾也先帖木儿。章三上,乃允之。夺也先帖木儿印,命出都门外待罪,以汪家奴为御史大夫,脱脱亦有安置淮安之命。

　　诏至军中,参议龚伯璲曰:“《春秋》之义,大夫出疆,有可以安国家、利社稷者,专之可也。将在外,君命有所不受。今江淮之盗,关社稷安危,丞相出师,尝受密诏,便宜行事。今一意进讨,贼破则谗言自息。诏书且勿开,开则大事去矣。”脱脱曰:“君命岂可抗也。”遂顿首受诏,曰:“臣至愚,荷天子恩宠,委以军国重事,夙夜战兢,惧弗克胜,一旦许释重负,主恩所全多矣。”即出兵甲及名马三千,分赐诸将,俾各帅所部听新帅节制,军中大哭。客省副使哈剌答曰:“丞相既去,我辈必死于他人之手,今宁死丞相前。”遂拔刀自刎死。先是,诸大臣弟子率所部从军,哈麻阴遣使告之:诏书且至,不即散,罪至夷族,故一时迸溃,其无所归者皆从贼。官军精锐者为铁甲军,亦降于徐寿辉,贼将号铁甲吴者,即脱脱之旧部也。未几,诏移置脱脱于亦集乃路。

　　十五年,三月,哈麻恐朝廷复用脱脱,风台臣疏其兄弟罪状,谓罚不蔽辜。于是,诏流脱脱于云南镇西路,流也先帖木儿于四川碉门,脱脱长子合剌章肃州安置,次子三宝奴兰州安置,家产簿录入官。脱脱行至大理,腾冲府知府高惠欲以女事之,又欲为筑室一程外,谓倘有加害者,临时可以计自免。脱脱曰:“吾罪臣也,安敢念及此。"巽辞谢之。九月,再移置脱脱于阿轻乞之地。高惠以不受其女,惭怒,发兵围之。十二月己未,合麻矫诏,遣使鸩之,死年四十有二。讣闻,中书遣尚吉卿七十六至其地,易棺衾以敛。

脱脱仪度雄伟,器宇闳深,不矜不伐,轻财好士,功在社稷,而始终不失臣节,有古大臣之风。惟信用汝中柏等,为金人口实,君子惜之。

二十三年,监察御史张冲等上章,雪其冤。诏复脱脱官爵,并给还家资。召哈剌章、三宝奴还朝,授哈剌章中书平章政事,封申国公,分省大同,三宝奴知枢密院事。时也先帖木儿已卒。是年,台臣复言:"脱脱向在中书,政务修举,深惧满盈,自求引退,加封郑王,固辞不受。再秉钧轴,克济艰难,统军讨贼,平徐州,收六合,大功垂成,浮言诬构,奉诏谢兵就贬以没。已蒙录用其子,还所藉田宅,乞悯其勋旧,还其所授宣命。"从之。二十六年,监察御史圣鲁、也先、撒都失里等复言:"前者奸邪构害大臣,临敌易将,致我国家将士由此沮挫,盗贼由此猖獗,生民由此涂炭。设使脱脱不黜,军令不变,群贼早已荡平,何至有今日之乱,乞封一字王爵,予谥,加功臣号。"朝廷然之,未及报而国亡。

合剌章,以中书平章政事分省大同,未行,而明兵已逼。至正二十八年,帝御清宁殿,召见群臣,谕以巡幸上都。合剌章力言不可,谓车驾出城,则京师不可保。金宣宗南奔之事,可为殷鉴,请固守以待援兵。帝不听。从帝北巡,拜知枢密院事,请速召扩廓帖木儿入援,从之。尝太息曰:"亡国之臣,不可与言恢复。吾当与西北诸藩兵共图此事耳。"明年,封徐国公。未几,加太保。后不知所终。

史臣曰:"元季盗贼纵横,将相大臣出总师千,辄望风奔溃。其忠于许国,而有戡乱之才者,脱脱一人而已,乃为奸人构陷,无辜而死,国亦燼焉。岂元之亡于盗贼,天实为之,非人力所能匡救者欤!然元统以后,宰相互相倾轧,成为风气,虽以脱脱之贤,亦不免于任爱憎、售恩怨,此其所以败也。

新元史卷二一〇
列传第一〇七

彻里帖木儿　别儿怯不花
定住　太不花　刘哈剌不花
老的沙

　　彻里帖木儿,字通理,阿鲁温氏。由宿卫擢中书直省舍人,拜监察御史。时右丞相铁木迭儿用事。彻里帖木儿抗言,历诋其奸。铁木迭儿欲中伤之,未得间。会山东水,盐课大损,遂出为山东转运司副使。彻里帖木迭儿补其亏数皆足,铁木儿无以为罪。转刑部尚书。

　　天历元年,由同知枢密院事转中书左丞。二年,除右丞。寻拜中书平章政事,出为河南行省平章政事。黄河清,有司以为瑞,请闻于朝。彻里帖木儿不可曰:“吾知为臣忠、为子孝,天下治、百姓安,为瑞,余非所知也。”岁大饥,彻里帖木儿议赈之,其属谓必自县上之府,府上之省,然后以闻。彻里帖木儿慨然曰:“民饥,死者已众,乃欲拘常格耶! 往复累月,民存无几矣。”竟发仓禀赈之。文宗闻而嘉之,赐龙衣、上尊。

　　至顺元年,云南伯忽叛,以知行枢密院事总兵讨之,贼平,尝赍甚厚,悉分赐将士。师旋,除上都留守。先是,上都官买商旅之货,不即给值,商旅不得归,至有饥寒死者,彻里帖木儿为之请,出钞四百万贯偿之。迁浙江行省平章政事,寻拜御史中丞。

　　至元元年,复拜中书平章政事,首议罢科举,又欲减太庙四祭为一，监察御史吕思诚等劾之，不报，诏彻里帖木儿仍至省署事。时罢科举诏已书而未用宝，参政许有壬入争之，太师伯颜怒曰："汝风台臣言彻里帖木儿邪！"有壬曰："太师以彻里帖木儿宣力之故，擢置中书。御史三十人不畏太师，而听有壬，岂有壬权重于太师邪？"伯颜意解。有壬乃曰："科举若罢，天下人才觖望。"伯颜曰："举子多以赃败，又有假蒙古、色目名者。"有壬曰："科举未行之先，台中赃罚无算，岂尽出于举子？举子不可谓无过，较之于彼则少矣。"伯颜因曰："举子中可用者，惟参政耳。"有壬曰："若张梦臣、马伯庸、丁文苑等，皆可任用大事。又加欧阳原功之文章，岂易及邪？"伯颜曰："科举虽罢，士欲求美衣美食者，皆自能向学，岂有不至大官者邪？"有壬曰："所谓士者，初不以衣食为事，其事在治国平天下耳。"伯颜又曰："今科举取人，实妨选法"有壬曰："古人有言，立贤无方。科举取士，岂不愈于通事等出身者。今通事等凡三千三百二十五名，岁余四百五十六人，玉典赤、太医、控鹤皆入流品，又路吏及任子其途非一，今岁自四月至九月，白身补官受宣者七十二人，而科举一岁仅三十余人。太师试思之，科举于选法果相妨邪。"伯颜心然其言，然议已定，不可中辍，乃为温言慰解之，且谓有壬为能言。有壬闻之曰："能言何益于事！"彻里帖木儿时在座，曰："参政坐，毋多言也。"有壬曰："太师谓我风人劾平章，可共坐耶？"彻里帖木儿笑曰："吾固未尝信此语也。"有壬曰："宜平章之不信也。设有壬果风人劾平章，则言之必中矣。岂止如此。"众皆笑而罢。翌日，崇天门宣诏，特令有壬为班首，以折辱之。有壬惧及祸，勉从之。治书侍御史普化诮有壬曰："参政可谓过河折桥者矣。"有壬以为大耻，遂移疾不出。

初，彻里帖木儿在江浙，见请考官供张甚盛，意不能平，故入中书以罢科举为第一。事先，论贡士庄田租可给怯薛衣粮，动当国者，以发其机，至是遂论罢之。彻里帖木儿常指斥武宗为那壁，那壁者犹彼之谓也。又以妻弟阿鲁浑沙女为己女，冒请珠袍等物。于是台臣复劾其罪，伯颜亦恶其忤己，欲斥之。诏贬彻里帖木儿于南安。久之，卒。彻里帖木儿以罢科举为士大夫所不满，然强直日遂，始忤铁木迭儿,后忤燕铁木儿,卒至于贬窜云。至正二十三年,监察御史野仙帖木儿等辩其无罪,请依寒食国公追封王爵定谥加功臣之号,事不行。

别儿怯不花,字大用,燕只吉觲氏。曾祖忙怯秃,以千户从宪宗南征,有功。父阿忽台,事成宗为左丞相。成宗崩,与皇后谋立安西王阿难答,为仁宗所杀。后赠和宁王,谥忠献。

别儿怯不花蚤孤,八岁以兴圣太后及武宗命,侍明宗于藩邸。寻入国子学为生。会明宗镇云南,别儿怯不花从行,至大同而还。仁宗召入宿卫,伟其仪槊,召对慰谕之。八番宣抚司长,其世职也。至治初,授怀远大将军、八番宣抚司达鲁花赤。既至,宣布国家恩信,峒民感悦,皆喜曰:"吾贤帅子孙,其敢违命。"率其十四部来受约束。

泰定三年,入为同知太常礼仪院事。寻拜监察御史。明年,迁中书右司郎中。又明年,拜参议中书省事。久之,除吏部尚书。至顺元年,其兄自当劾明里董阿子间间不当为监察御史,执政不悦,并出别儿怯不花为广西两江道宣慰使司都元帅。未几,丁内艰,还京。起复为浙江行省参知政事。寻除礼部尚书。迁徽政院副使,擢侍御史,特命领宿卫,晋荣禄大夫、宣徽使,加开府仪同三司。凡宿卫士有从掌领官荐用者,所举多其亲昵。别儿怯不花犹推擢岁久者,众论翕服。至元四年,拜御史大夫。六年,以御史大夫、知经筵事,寻迁中书平章政事。

至正元年,拜江浙行省左丞相。行至淮东,闻杭州大火烧官廨民庐几尽,疾驰赴杭,录被灾者二万三千余户,户给钞一锭,焚死者亦如之。人给月米二斗,幼稚给其半,又请日减酒课为千二二百五十缗,织坊减元额之半,军器、漆器权停一年,泛税皆停。事闻,朝廷从之。又大营省治,民居附其劳者,增直售之。民就役,则厚其佣直。又请岁减江浙、福建盐课十三万引。民赖以济。在镇二年,召还,除翰林学士承旨,仍掌宿卫。

三年，拜中书左丞相。朝廷议选宣抚，使问民疾苦，察吏贪廉，以别儿怯不花习北藩风土，乃遣周行沙漠，慰喻诸王，赐以锦衣、重宝、命各抚其民，毋逾法制。使还，值岁大饥，流民载道，别儿怯不花命有司赈之，欲还乡者给道粮，又录在京贫民，日粜以赈之。帝至自上都，遣中使数辈趣使迎谒，比见，帝亲酌酒劳之。

七年，拜右丞相。别儿怯不花与脱脱有夙嫌，潜其父马札儿台徙于甘肃，脱脱请侍父行，复移其父子于西域，人始恶其媢嫉。是年，御史劾别儿不花调燮失宜，灾异屡见，请罢斥之，徽政院使高龙卜在帝侧，为解释，乃出御史大夫亦怜真班为江浙行省左丞相，中丞以下皆辞职，复加别儿怯不花太保。于是两台御史交章论之，别儿怯不花益不自安，诏以太保就第。御史复劾其为逆臣之子，不可为师保，不从。八年，御史张祯又劾别儿怯不花党附权奸，宜远窜，乃谪别儿怯不花于渤海。十年正月卒，后赠弘仁辅治秉文守正寅亮同德功臣、开府仪同三司、上柱国、太师，追封冀王，谥忠宣。

子达世帖木而，字原理，仕至中书平章政事，有学识，能世其家。

定住，康里氏，由宿卫累官中书参知政事。至正三年罢，寻除翰林学士承旨。七年，迁中书右丞。擢平章政事，兼治都水监事。时有司擅以通惠河闸户配各驿，闸工日坏，金口河水势泛滥，将冲决。定住以闻，诏复还闸户千余，州县之擅役者悉禁绝之，河防始固。

十四年，拜左丞相。十五年，晋右丞相。帝谓定住曰："敬天地，尊祖宗，重事也。近年以来，缺于举行，朕将亲祀郊庙，务尽诚敬。卿等其议典礼以闻。"乃奏以右丞翰栾、左丞吕思诚领其事。是年，亲祀上帝于南郊，以皇太子为亚献，定住摄太尉为终献。未几，以病辞，拜太保就第治疾。

十六年正月，复以疾辞太保，不允。是月，起为右丞相。二月，命定住依前太保，中书一切机务悉听总裁。初，哈麻兄弟擅作威福，台臣劾之，帝念其宿卫旧臣，命讨贼自赎。至是，定住与平章桑哥失里等劾其罪恶,帝命杖杀之,赐定住笃怜赤薛丹三十名。十七年,罢右丞相。十八年,复代搠思监为右丞相。卒。

定住台阁三十余年,清慎如一,熟知国家典章,世以雅量推之。

太不花,宏吉剌氏,以世胄入官,累迁云南行省右丞。历通政使、上都留守、辽阳行省平章政事。至正八年,太平为丞相,荐太不花可大用。召入为中书平章政事。明年,太平罢,脱脱复相,太不花因党于脱脱,背太平。

十二年,盗起河南,知枢密院事老章出师久无功,拜太不花河南行省平章政事。加太尉,将兵往代之。未期月,平南阳、汝宁及唐、随等州,又下安陆、德安等路,军声颇振。十四年,脱脱以太师、右丞相总大兵征高邮,寻诏夺其兵柄,擢太不花本省左丞相,与太尉月阔察儿、知枢密院事雪雪,代总其兵,山东、河北诸军悉令太不花节制。太不花以粮运不继,骄蹇不尊朝命,军士又常剽掠为民患。十五年,监察御史也里忽都等劾之,诏尽夺其职。俾率领火赤温,从平章政事答失八都鲁征讨。

顷之,拜湖广行省左丞相,节制湖广、荆襄诸军,招捕湖广沔阳等处。会朝廷复相太平。太不花闻之,意不平。叹曰:“我不负朝廷,朝廷负我矣。太平汉人,今居中书用事,受逸乐,乃使我在外勤苦耶!”贼且退,诸将皆欲乘胜渡江,太不花反逗挠,以养锐为名。其后贼犯汴梁,守臣请援兵,至十往反,太不花犹按兵不进,驻于彰德、卫辉。未几贼窜晋冀,大同亦相继陷没,朝廷以为忧,两遣重臣促之进兵,太不花不从。是时,其子寿童以同知枢密院事将兵分讨山东,久无功,尝以事入奏,语不逊。帝恶之。

十八年,山东贼愈充斥,且逼近京畿,诏拜太不花右丞相,总兵讨山东。既渡河,即上疏谓:“贼势张甚,军行宜以粮饷为先。昔汉韩信行军,萧何馈饷。方今措画无如丞相太平者,令太平至军中供给,事乃可济。”其意实衔太平,欲其至军中害之。时参知政事卜颜帖木儿、张晋分省山东,二人尝劾寿童不进兵,太不花至,诬以罪黜之，又诬奏知枢密院事完者帖木儿，加以失误之罪，擅改其官。事闻，廷议喧然。太平遂风监察御史迷只儿海、七十等劾其缓师拒命，于帝前力言之。乃下诏削太不花官爵，安置盖州，以知枢密院事悟良哈台总其兵。

太不花闻有诏，夜驰诣刘哈剌不花求援。刘哈剌不花者，太不花旧部将也，以破贼有功，拜河南行省平章政事，驻兵保定。见太不花来，因张乐大宴，举酒慷慨言曰：“丞相国家柱石，有大勋劳，天子终不害丞相，是必谗言间之，我当见上言之，丞相勿忧。”哈剌不花即至京师，首见太平。问其来意，哈剌不花具告之，太平曰：“太不花大逆不道，今诏已下，尔敢妄言耶！”哈剌不花闻言，嚗不能发。太平度太不花必在哈剌不花所，语之曰：“尔能致太不花来，吾以尔见上，尔功不细矣。”哈剌不花许之。太平乃引入见帝，赐赉良渥。初，哈剌不花与倪晦同在太不花幕府，太不花偏信晦，哈剌不花言多不听，哈剌不花衔之。及是，知事已不可解，还缚太不花父子送京师，未至，皆杀之于保定。

刘哈剌不花，本江西人，为探马赤军户，至正二十年，太不花以河南行省平章政事讨贼，哈剌不花上书于太不花，言攻守略。太不花大悦，辟为掾，旋奏除左右司都事，使统八翼军为先锋将，所向有功。

是时，答失八都鲁军溃于长葛，哈剌不花援之，中途知贼已渡河，哈剌不花曰：“我行已缓，不及事。不如断贼归路，以覆之。”贼果掠答失八都鲁辎重而归，哈剌不花伏兵四起，贼大败，尽夺其所获而归。

十八年，毛贵由河间趋直沽，遂犯漷州。已而游骑至柳林，枢密副使达国珍败死，京师大震。哈剌不花时为同知枢密院事，率所部拒之，大败贼于柳林，贵走济南。论功，哈剌不花为最。未几，迁河南行省平章，卒。

　　老的沙，罕禄鲁氏，明宗徽裕皇后之弟也。至正十三年，以哈麻荐，入侍左右。哈麻与脱脱有隙，老的沙党附哈麻，乃密谮脱脱于帝，又风太史院奏有星变，咎在宰相，后遂罢脱脱兵柄，安置淮南。

　　十五年，哈麻为中书平章政事，老的沙等进秩有差。十七年六月，擢御史大夫。九月，拜中书平章政事。十八年，又改御史大夫，奉诏作新风纪。

　　二十年正月，老的沙与御史中丞咬住奏便宜行事，官员毋得阴挟私仇，明为举索，辄将风宪官擅自迁除，沮坏台纲。从之。三月，搠思监为右丞相，老的沙复拜平章政事。初，帝谋相于老的沙，老的沙欲自为之，而难于言，遂荐搠思监。帝从之。老的沙恃推荐之恩，数有请于搠思监，搠思监不答，二人遂不相能。俄改御史大夫。二十二年，老的沙辞职，帝不允。

　　二十三年，监察御史也先帖木儿、傅公让等劾宦者朴不花蠹国，老的沙奏其事。皇太子以奇后祖朴不花，贬也先帖木儿等。陈祖仁、李国凤又上书劾之，帝大怒，左迁二人官。老的沙力争其事，言不已，太子恶之。奇后谮于帝，帝以老的沙母舅，故封为雍王，遣就国。老的沙遂奔于孛罗帖木儿。太子深衔之，索于孛罗帖木儿，不与。朴不花见台臣无力，又与其党谋曰："十八家功臣子孙，朝夕在帝侧，恐不利于我等。"搠思监曰："彼皆老的沙党也。"并执之，皆诬服。后以太子患喉痛，左右言："诸人无罪，释之则病或愈。"始缓其狱，谪诸人于外。朴不花怨孛罗帖木儿匿老的沙，又诬孛罗帖木儿与老的沙谋不轨。

　　二十四年，诏以孛罗帖木儿谋为悖逆，解其兵权。孛罗帖木儿手裂诏书，囚使者，使知枢密院事秃坚帖木儿举兵犯阙，帝不得已以搠思监、朴不花与之，秃坚帖木儿执二人送于孛罗帖木儿。顷之，孛罗帖木儿拥兵屯都门外，入见帝，请以己为中书左丞相，秃坚帖木儿为知枢密院事，老的沙为中书平章政事，帝唯唯而已。帝召见秃坚帖木儿、老的沙于宣文阁，二人诉非其罪，皆泣。帝亦泣，诏授老的沙等官。初，孛罗帖木儿犯阙，太子避之古北口，孛罗帖木儿欲追袭之,老的沙劝止,以故得免焉。

　　二十五年,平章失烈门等诛孛罗帖木儿于延春阁下,老的沙伤额趋出,拥孛罗帖木儿母妻出都,将其军合于秃坚帖木儿。帝命益王浑都帖木儿、枢密副使观音奴,擒老的沙,诛之。秃坚帖木儿走岭北八儿思之地,寻亦伏诛。

新元史卷二一一
列传第一〇八

贡奎 师泰　王守诚　李好文
孛术鲁翀 远　苏天爵
吴直方 莱　杨瑀　逯鲁曾
曾福冲 刘闻　张翥　周伯琦
孔克坚

　　贡奎，字仲章，其先大名满城人，后徙宁国宣城。奎十岁能属文，及长博通经史，浙江行省檄为池州齐山书院山长。

　　大德六年，授太常奉礼郎，兼检讨，上疏言："先王制礼，虽节文有经，而本诚贵质，惟不蔽于礼之文，而得其意，则可以对越而无歉，不然，繁为之节，无当也。"朝廷多采其议。九年，迁翰林国史院编修。

　　至大元年，转应奉翰林文学，预修《成宗实录》。丁父忧，服阕，除江西等处儒学提举。吏逮数人至，持公牒请奎署日，是学校报事迟误者。奎曰："吾以天子命，提举儒学，职在教，何以刑为？"立命释之。乃书其坐屏曰："读书之中，日有其益。饮水之外，他无所求。"与诸生揖让周旋，如师弟子礼，士论翕服。五年，迁翰林院待制，预修《仁宗实录》。书成，赐币有差。

　　至治元年，以母老，乞养归。泰定三年，复起为翰林待制，拜集贤直学士,阶奉训大夫。天历元年,奉命祀北岳南镇及淮济渎。二年,至会稽,以疾卒,年六十一。著有诗文集百二十卷。元统元年,赠翰林直学士、太中大夫、轻车都尉,追封广陵郡侯,谥文靖。子师泰。

师泰,字泰甫,肄业国学为诸生。天历元年,选授太和州判官。累迁江浙行省掾。以中书檄,不得用部下士为掾,自劾去。寻以大臣荐,擢应奉翰林文字、同知制诰兼国史院编修官。丁内艰。

服阕,除绍兴路总管府推官。山阴白洋港有无主船漂抵岸,史甲等取其篙橹,船有死人二,徐乙见之,疑为史甲所杀,告于官,史佣富民家,并逮系富民。师泰密访之,则沈丁船,以盗鱼,为渔人所杀者,其冤遂白。巡盐徐裕夺诸暨商所赍钱杀之,走白县:"我获贩私者,其人畏罪投水死。"师泰覆案之,具得裕杀人状。余姚孙国宾,以捕盗获姚甲造伪钞,受其赇纵之,诬执良民。师泰讯得实,姚处死,孙亦就法。其审断之明,多类此。治行为诸郡第一。

至正六年,复入为翰林应奉文字,预修辽、金、宋史。八年,迁授经郎,兼经筵译文官。九年,擢翰林待制,进讲经筵,明君子、小人之辨。帝悦,锡赉甚厚。十年,改国子司业。擢礼部郎中,迁吏部,拜监察御史。自世祖以后,省、台不用南人,及是,始复旧制,南人复为省、台官,自师泰始。

至正十二年,除吏部侍郎,旋调兵部,巡视口北十三站驲户,均其徭役,豪强慑服。十四年,除都水庸田使,和籴浙西以供军储。庸田司罢,擢江西廉访副使,未行,再擢福建廉访使。又改兵部尚书。旋授平江路总管。

十六年,张士诚陷平江,师泰怀印绶遁去。士诚降,浙西行省丞相达识帖木儿承制授师泰两浙都运盐使,再除江浙行省参知政事。十八年,改户部尚书。诏以闽盐与粮由海道运至京师,皇太子书务本二字赐之。二十年,召为秘书卿。

二十二年,行至杭之海宁,以道阻,遂寓于海宁,自名其里为小桃源。元亡,宋濂邀之出,师泰为置酒,饮罢,仰药而卒,年六十五。师泰工诗文,尤长于吏治,所至有名绩,著《玩斋集》十卷。

王守诚,字君实,冀宁阳曲人。少好学,从邓文原、虞集游。泰定元年,进士第一,授秘书郎。迁太常博士,续纂《太常集礼》。转艺林库使,与修《经世大典》。拜陕西行台监察御史,改奎章阁鉴书博士,迁监察御史。出为山东廉访司佥事,累迁礼部尚书。与修辽、金、宋三史。擢中书省参议,出为燕南北道廉访使。

至正五年,拜河南行省参知政事。偕大都留守答而麻识里宣抚四川。铜梁尹张文德捕斩盗魁,得怀中旗,书曰:"南朝赵王,其党聚众,焚掠双山。"文德又捕百余人。重庆知府以私憾诬之,议文德罪,比不即捕强盗例加四等,会遇赦,尚欲杖一百七。守诚至,为直其事。疏言:"四川官吏禄薄,请以户绝田及屯田之荒者,召人耕辟,收其租以赡之。"宜宾尹杨济亨请建宪宗神御殿于蟠龙山,儒学教授谢进贤请复文翁石室为书院,守诚据以入奏,皆从之。进资政大夫、河南行省左丞,未抵任,卒,年五十四。赐钞万锭,谥文昭。

李好文,字惟中,大名东明人。父永贞,国子伴读。好文少贫力学,夜就邻家磨房灯读书。一日,贷村妪米,妪讪其弗耕。好文曰:"我目耕耳。"时人为语曰:"目耕夜分李好文。"

登至治二年进士第,授浚州判官。入为翰林国史院编修、国子助教。泰定四年,除太常博士。会盗窃太庙神主,好文言:"在礼,神主当木为之,金玉祭器宜贮之别室。"又言:"祖宗建国以来七八十年,每遇大礼,皆临时取办,博士徒循故事相应答耳。往年诏为《集礼》,乃令各省及各郡县置局纂修,宜其久不成,礼乐由朝廷出,郡县何有焉!请长院者选僚属数人,仍请出架阁文牍,以资择录。"从之。三年,书成,凡五十一卷,名曰《太常集礼》。迁国子博士,丁内忧。

服阕,起为国子监丞,拜监察御史。时复以至元纪元,好文言:

"年号袭旧,古所未闻,袭名祛实,未见有益。"因言时弊逊于至元者十余事。朝廷虽是之,终弗能用。好文录囚河东,有李拜拜杀人,而凶器不获,悬十四年。好文曰:"不决之狱,有如是久者!"立出之。王傅撒都刺以足踢死人,众谓杀人不用刃,当杖。好文曰:"怙势杀人甚于刃,况因求而不遂乎!"卒论死,一道震慑。出金河南、浙东两道廉访司事。六年,帝亲享太室,召金太常礼仪院事。

至正元年,除国子祭酒。好文言宜亲祀孔子,帝纳之。会丁夜有御中中丞入礼殿,国子生阻之。明日,中丞使刑曹讯其事,好文曰:"中丞不察其由,何施鞭朴耶!"却之。丞相以闻,中丞谢罪乃已。改陕西行台治书侍御史,迁河东道廉访使。三年,郊祀,召为同知太常礼仪院事。帝亲祀太庙,乘马至里桥弗下,众不敢言,好文前跪白:"皇帝宜下马。"帝乃下马,至宁宗室,遣阿鲁问曰:"兄拜弟可乎?"好文与博士刘闻对曰:"为人后者,为之子也。"帝遂拜。由是每亲祀,必命好文摄礼仪使。四年,除江南行台治书待御史,未行,改礼部尚书。与修辽、宋、金史。除治书侍御史。俄除参议中书省事,视事十日,仍为治书,与修史。

又迁陕西行台治书侍御史,独署台事。时王守诚奉使四川,以私仇诬廉访使曾文博,佥事乌马儿、王武。文博免官卒,乌马儿诬服,武不屈,以轻侮抵罪。好文曰:"奉使代天子行事,当问民疾苦,黜邪陟正。今行省以下未闻举劾一人,独风宪之司无一免者,岂正大之体。"率御史力辩武等之枉,并劾守诚不法十余事,时论直之。

六年,除翰林侍讲学士,兼国子祭酒。迁集贤侍讲学士,仍兼祭酒。九年,出为湖广行省参知政事、湖北道廉访使。寻召为太常礼仪院使。

帝以皇太子年渐长,开端本堂,命入学,以右丞相脱脱、大司徒雅不花知端本堂事,命好文以翰林学士兼谕德。好文力辞,上书于脱脱曰:"三代圣王,莫不以教世子为先务,盖传经期以明道,出治在于为学,宜求道德之鸿儒,拂成国家之盛事。好文天资本下,人望素轻,骤膺重托,负荷诚难。"脱脱以其书闻,不许。好文言:"欲求二帝三王之道，必由于孔氏。其书则《孝经》、《四书》。"乃节其要略，释以经文，又取史传及先儒论说有关治体者，加以所见，效真德秀《大学衍义》例，成《端本堂经训要义》十一卷。诏付端本堂，令皇太子习焉。好文又集历代帝王故事，总一百六篇：一曰圣慧，二曰孝友，三曰恭俭，四曰圣学，又采历代兴亡治乱之迹，名《大宝龟鉴》，皆进呈于皇太子。久之，迁翰林学士承旨，阶荣禄大夫。

十六年，复上书皇太子曰："臣之所言，即前日所进经典大意也。殿下宜以所进诸书，参以《贞观政要》、《大学衍义》等书。果能推而行之，何忧乎天下不治。"皇太子嘉纳之。然皇太子性好佛，常谓左右曰："李先生教我读儒家书，每不了了。西僧教我佛经，则一夕便晓也。"后屡引年乞致仕，辞至再三，拜光禄大夫、河南行省平章政事，仍以翰林学士、一品禄，终其身。卒，年七十。

字术鲁翀，字子翚，邓州顺阳人，其先隆安人。金泰和中，定女直姓氏，属望广平。祖德，从宪宗南征，因家于顺阳，以功封南阳郡侯。父居谦，辟江西行省掾，生翀赣江舟中，釜鸣者三，人以为异。稍长，即勤学。居谦卒，家渐落，翀学益力。自顺阳徙居邓州，从州人李贞隐受学。复往江西，从新喻萧克翁受学。克翁有学行，为州里所敬，尝梦大鸟止其居，翼覆于轩，明日翀至。翀始名思温，字伯和，克翁为易今名，以符梦兆。后复从京兆萧斛及翰林学士虞集游，学益进。姚燧以书致贞隐曰："燧见人多矣，学问文章无与子翚比者。"于是贞隐以其女妻之。

大德十一年，用荐者授襄阳儒学教谕。迁汴梁路儒学正。会修《世祖实录》，燧首以翀荐。至大四年，授翰林国史院编修官。延祐二年，擢河东道廉访司经历。迁陕西行台监察御史，赈吐蕃饥，多所建白。

五年，拜监察御史。时英宗未出阁，翀言：宜择正人，以为辅导。帝纳之。寻劾奏中书参议元明善，帝初怒不纳，明日乃命改明善他官，而慰翀。俄以御史巡抚辽阳，敕给弓矢、环刀，后著为令。又往淮东,察宪司官声迹,淮东宪司尚严刑,翀取狱具焚之。凡以吏进者,例降二等,从七品以上不得用。翀言:"科举未立,人才多以吏进,若一概屈抑,恐未足尽持平之议。请吏进者,止于五品。"从之。

除右司都事。时宰相铁木迭儿专事刑戮,以复私憾,翀因谢病去。顷之,擢翰林院修撰,又改左司都事。拜住为左丞相,使人劳翀曰:"今规模已定,不同往日,宜早至也。"翀为强起。会国子监隶中书,俾翀兼领之。先是,周王举兵,陕西府县官多坐吏议,翀白丞相曰:"此辈皆胁从,宜宥之。"乃悉加铨叙。帝方猎柳林,驻故东平王安童碑下,因献《驻跸颂》,甚称旨,命坐,赐饮上尊。从幸上都,次龙虎台,拜住命翀宣旨中书,翀领之,行数步,还曰:"果命翀否?"拜住叹曰:"真谨密人也。"间谓翀曰:"卿可作宰相否?"曰:"宰相固不敢当,然所学宰相事也。夫为宰相者,必福德才量备,始可当之。"拜住大悦,觞翀曰:"非卿不闻此言。"迎驾至行在所,翀入见,帝赐坐,擢右司员外郎,预修《大元通制》,书成,翀为序焉。

泰定元年,迁国子司业。明年,出为河南左右司郎中。行省丞相曰:"吾得贤佐矣。"翀言:"世祖立国,成宪具在,慎守足矣。譬如乘舟,非一人之力能运也。"遂开除壅弊,省务一新。三年,擢燕南河北道廉访副使。晋州达鲁花赤有罪就逮,而奉使宣抚以印帖征之,欲缓其事。翀发其奸,奉使因遁去。入金太常礼仪院事,盗窃太庙神主,翀言:"各室宜增设都监员,内外严置扃锁,昼巡夜警,永为定制。"从之。又纂修《太常集礼》,书成,未上,命兼经筵官。

文宗入京师,大臣问以故事,翀建议从汉文帝从代邸践阼之事,众韪之。文宗尝字呼翀而不名,翀与平章政事温迪罕等十人商论大事,日夕备顾问,宿值东庑下。文宗虚大位以俟明宗,翀极言:"神器不可久虚,宜摄位以俟其至。"帝纳之。及亲祀天地、社稷、宗庙,翀为礼仪使,详记行礼节文于笏,遇至尊,不敢直书,必识以两圈。帝偶取笏视曰:"此为皇帝字乎?"因大笑还之。竣事,上天历庆诗三章,帝命藏之奎章阁。擢陕西汉中道廉访使。

会立太禧院,除金太禧宗禋,兼祗承神御殿事,诏遣使趣之还。

迎驾至龙虎台,帝曰:"子翚何缓来?"太禧院使阿荣对曰:"翀体丰肥,不任乘马,从水道来,是以缓。"帝又问阿荣:"鲁子翚饮食何如?"对曰:"与众人同。"又问:"谈论如何?"曰:"翀所谈义理之言也。"从幸上都,尝奉敕撰碑文,称旨。帝曰:"候朕还上都,当酬汝润笔资也。"

迁集贤学士,兼国子祭酒。诸生素望翀,至是相贺。翀以古者教育有业,退必有居。旧制,弟子员初入学,以羊贽,所贰之品,与羊等。翀曰:"与其餍口腹,孰若为吾党燥湿寒暑之虞乎。"命撙集之,得钱二万缗有奇,作屋四区,以居学者。诸生积分有六年未及释褐者,翀至,皆使就试而官之。

帝师至京师,敕朝臣一品以下皆乘白马郊迎,大臣俯伏进觞,帝师不为动,惟翀举觞立进曰:"帝师,释迦之徒,天下僧人师也。余孔子之徒,天下儒人师也。请各不为礼。"帝师笑而起,举觞卒饮,众为悚然。帝问翀:"三教何者为贵?"对曰:"释如黄金,道如白璧,儒如五谷。"帝曰:"然则儒贱耶?"对曰:"黄金、白璧,无亦何妨。五谷,可一日阙哉!"帝曰:"善。"

文宗崩,皇太后听政,命别不花、塔失海牙、阿儿思兰、马祖常、史惟良及翀六人商论国政。惠宗即位,大臣以为不可频赦。翀曰:"今上入继大统,当新天下耳目,岂可令新天子收怨议。"乃定。迁礼部尚书,阶中宪大夫。有大官,妻无子,面妾有子者。其妻以田尽入僧寺,子讼之,翀召其妻诘之曰:"汝为人妻,不以资产遗其子,他日何面目见汝夫于地下?"卒反其田。

元统二年,除江浙行省参知政事。逾年,以迁葬归乡里。明年,召为翰林侍讲学士,以疾辞不至。至元四年卒,年六十。赠通奉大夫、陕西行省参知政事、护军,追封南阳郡公,谥文靖。

翀状貌魁梧,不妄言笑,其为学一本于性命道德。文章简奥,深合古法。居国学久,论者谓自许衡之后,能以师道自任者,惟耶律有尚及翀而已。有文集六十卷。

子远,字朋道,以翀荫调秘书郎,转襄阳县尹。南阳贼起,远以忠义自奋,倾财募丁壮,得千余人。与贼拒战,俄而贼大至,远被害。妻雷氏亦不屈死。

苏天爵,字伯修,真定人。

父志道,有吏能,为姚天福所知,累迁中书省掾、刑部主事。延祐三年,擢岭北行省左右司郎中。时周王出镇云南,次延安,其从官与行省丞相阿思罕拥之,举兵反,兵败,周王遂出北边。和林大震,官吏俱奔散,又大雪,人畜多压没,志道受命即行,开仓振恤,募商贾运粟实边,民遂安堵。及代还,以积劳卒于京师。

天爵少从安熙学,为国子学生。又从吴澄、虞集受业。延祐四年,马祖常以御史监试国子生,试碣石赋,天爵文详实典雅,拔为第一,释褐授从仕郎、大都路蓟州判官。丁内外艰。服除,调功德使司照磨。泰定元年,改翰林国史院典籍官。擢应奉翰林文字。至顺元年,预修《武宗实录》。二年,迁修撰。擢江南行台监察御史。

明年,虑囚湖北。湖北地僻远,民獠杂居。天爵冒瘴毒,遍历其地。囚有言冤状者,天爵曰:"宪司岁两至,不言何也。"皆曰:"前此虑囚者应故事,闻御史至,当受刑,故不得不言。"天爵为之太息。虽盛暑,犹夜篝灯,治文书无倦。江陵民文甲无子,育其甥雷乙,后乃生两子,而出乙。乙俟两子卖茶,即舟中取斧,并听杀之,沈斧水中,而血渍其衣,迹故在。事觉,乙具服,部使者乃以三年之疑狱释之。天爵曰:"此事二年半耳,且不杀人,何以衣污血,又何以知斧在水中? 又其居去杀人处甚近,何谓疑狱?"仍置于法。常德民卢甲、莫乙、汪丙,同出佣,而甲误堕水死。甲弟之为僧者,欲私甲妻不得,诉甲妻与乙同杀其夫。乙不能明,诬服击之死,断其首弃草间,尸与仗弃谭氏家沟中。吏往索,果得髑髅,然无尸与仗,而谭诬证曾见一尸水漂去。天爵曰:"尸与仗纵存,今已八年,未有不腐者。"召谭诘之,则甲未死时,目已瞽,其言见一尸漂去妄也。天爵语吏曰:"此乃疑狱,况不止三年。"俱释之。其谳狱详允率类此。入为监察御史,道改奎章阁授经郎。

元统元年，复拜监察御史。在官四月，章疏凡四十五上，所劾者五人，所荐举者百有九人。明年，预修《文宗实录》。迁翰林待制，寻除中书右司都事，兼经筵参赞官。后至元二年，由刑部郎中改御史台都事。三年，迁礼部侍郎。五年，出为淮东道肃政廉访使，一道肃然。入为枢密院判官。明年，改吏部尚书，参议中书省事。是时，朝廷更立宰相，天爵知无不言，夙夜谋画，须发尽白。

至正二年，拜湖广行省参知政事，迁陕西行台侍御史。四年，召为集贤侍讲学士，兼国子祭酒。明年，出为山东道肃政廉访使。寻召还集贤，充京畿宣抚使，凡兴除者七百八十有三事，纠劾者九百四十有九人，都人有包、韩之誉。然以忤时相意，竟坐不称职罢归。

七年，起为湖北道宣慰使、浙西道廉访使，俱未行。拜江浙行省参知政事。九年，召为大都路都总管，以疾归。俄复起为两浙都转运使。时盐法弊甚，天爵所办课为钞八十万锭，及期而足。十二年，妖贼蔓延江浙，仍拜行省参知政事，总兵饶、信，克复一路六县。未几卒于军中，年五十九。

天爵为学博而知要，长于纪载。有《国朝名臣事略》十五卷，《国朝文类》七十卷，奏议五卷，文集三十七卷。

吴直方，字行可，婺州浦江人。家贫，游学京师，历三十六年，虽困厄，志气愈壮。后用荐者以说书事明宗于潜邸。明宗出镇云南，复罢去。寻授上都路学正，欲莅任，又为代者所先。留守马札尔台留教其子脱脱及也先帖木儿。

元统二年，脱脱为御史大夫，以直方尝事先朝，奏为江浙等处儒学提举。中书改副提举，御史台又改授广东廉访司永发架阁兼照磨，转中政院架阁管勾，俄迁长史。

是时伯颜专权骄恣，人情震慑，脱脱虽养于伯颜，常忧其败，私请于马札儿台，及其未败图之，马札儿台以为然。脱脱复质于直方，直方曰："传有之：大义灭亲。大夫但知忠于国家，余何顾焉。"脱脱计遂决。会河南矫杀省臣，事连廉访使段辅，伯颜嗾台臣言汉人不可为廉访使,脱脱不能争,与直方谋之。直方曰:"此祖宗法度,决不可废,盍先为上言之。"脱脱入白于帝,奏上,帝如脱脱言。伯颜知出于脱脱,大怒,谓帝曰:"脱脱虽臣之子,然其心专护汉人,宜罪之。"帝曰:"此朕意,非脱脱所言。"及伯颜擅贬宣让、威顺二王,帝不胜其愤,泣语脱脱,脱脱亦泣下。归与直方谋之,事具《脱脱传》。后伯颜请太子猎于柳林,脱脱佐帝逐伯颜,出为河南行省左丞相。

事平,赐直方黄金带,擢集贤直学士,转侍讲学士,寻又擢集贤大学士。脱脱拜右丞相,有大政咨于直方然后行,直方必引古义告之。未几,引疾归,以荣禄大夫、大学士致仕。至正中,御史劾直方躐进,夺诰命,除名。他御史复辨其诬,诏复之。卒于家。

直方深沈有谋,人莫测其涯际,性谦慎,待人如布衣时,有一饭之恩必思报之,人以是称焉。子莱。

莱,字立夫。年四岁,其母盛氏口授《孝经》、《论语》、《春秋》、《谷梁传》,即能成诵。七岁能赋诗。同县方凤,有文学重名,见而叹曰:"明敏如吴莱,虽汝南应世叔不是过也。"悉以所学授之。莱本名来凤,取《毛诗》"北山有莱"之义,为易今名。

延祐七年,举进士不第,退隐松山,益穷诸经之义,所造愈邃。至正三年,监察御史以茂才荐,署饶州路长芗书院山长,未行,卒,年四十四。门人私谥渊颖先生。

莱文章雄宕有奇气,尤工古今体诗。著有《尚书标说》六卷,《春秋世变图》二卷,《春秋传授谱》一卷,《古职官录》八卷,《孟子弟子列传》二卷,《楚汉正声》二卷,诗文集六十卷。

史臣曰:"吴直方说脱脱大义灭亲,卒屏权奸臣,安社稷。泊脱脱秉政,可以行其志矣,乃见机而作,逡巡引避。知进退存亡,而不失其正者,直方有焉。

杨瑀,字元诚,杭州钱塘人。父昌,宋邳州万户。瑀少警敏。天历间，以大臣荐，召见于奎章阁，论治道及艺文事，命瑀篆'洪禧明仁'玺文，称旨，留备宿卫。署广成局副使，擢中瑞司典簿，特赐牙符出入禁中。改广州清源县尹，帝爱其廉慎，留之。

时伯颜柄政，一日挟太子出猎，帝欲逐之，瑀与密谋，夜以牙牌宣入。瑀首以增枭官米为请，左右皆迁之，瑀曰："城门上锁，明日不开，则米价涌贵，城中必先哄噪，且使知圣王恤民之德，有何不可？"帝允之，命世杰班传旨于省臣，增米铺二十，钞到即枭，都人咸额手以颂焉。

以功授奉议大夫、太史院判官，旋擢同金院事，赐金带、貂裘。同官有以景星见，欲奏之，瑀不可曰："使人共见，始为不欺。"后数日，太白经天，众乃服瑀之有识。未几，请告归。复起为宣政院判官。

改建德路总管。属贼由歙县窥建德，有司疑淳安长乐乡民通贼，捕下狱。株连数百家，民益汹汹。主师将以兵往，瑀不可曰："倘以疑枉鼓众，乱贼乘衅而至，则事去矣。我请抚之，果不测，我当任其咎。"遂肩舆直抵淳安，又载米二百石以赈饥民，使县令谕之。明日，帅以兵至，瑀曰："敢擅动者，军法从事。"乡民欢呼，持牛酒拜瑀，事遂定。

二十年，迁中奉大夫、浙东道宣慰使都元帅。瑀以年七十，累请老。丞相达识帖木儿遣使留之，瑀谢事去，卒于家。著有《山居新话》行世。

逯鲁曾，字善止，怀庆修武人，性刚介。天历三年进士，授翰林国史院编修官，辟御史台掾。监察御史劾中丞史惟良简傲，鲁曾开实封于大夫前曰："中丞素持重，不能与人周旋，御史劾之非公论。"由是众称其直。

除太常博士。武宗皇后真哥无子，故武宗庙未立皇后主配享，至元初，集廷臣议之。右丞相伯颜请以明宗之母亦乞列氏配享，徽政院传太后旨，以文宗之母唐兀氏配享。伯颜问于鲁曾，鲁曾不能对，归问其馆客曾福仲。福仲曰："公何疑？"曰："母以子贵，是以疑之。"福仲曰:"何拘拘于《公羊》之义也,真哥皇后在武宗时已膺宝册,文、明二后何与焉?今为臣而废帝后,为子而尊父妾,有是理乎?"鲁曾悦,乃告于伯颜曰:"真哥皇后以无子之故,不为立主,而追崇妃妾,非礼也。且慕容垂即位追废母后,而立所生母为后,为万世笑,岂可复蹈其失?"集贤大学士陈颢曰:"唐太宗册曹王明之母为皇后,是亦二后也。曷为不可?"鲁曾曰:"尧母为帝喾庶妃,尧即位,不闻册封其母。皇上不法尧、舜,而法太宗邪?"伯颜趮其言,遂以真哥皇后配享。

迁监察御史。劾太尉答失海牙、阿吉剌,右丞巩卜班,刑部尚书兀突蛮,监察御史吉当普,院使哈喇完者、月鲁不花,郎中吕思诚等,皆黜之,朝廷肃然。

除枢密院都事,疏言:"前丞相伯颜专杀大臣,其党利人妻女,巧诬以罪。今大小官及诸人有罪,请止坐本身,不得籍妻女。郯王为伯颜构陷,宜雪其无辜,给复子孙。"从之。除刑部员外郎,迁宗正府郎中,出为辽阳左右司郎中,迁金山北道肃政廉访司事,入为礼部郎中。

至元十二年,丞相脱脱讨徐州贼,以官兵不习水土,募濒海盐丁五千人,使鲁曾将之,超迁资善大夫、淮南添设元帅,领征讨事。徐州平,又从讨淮东,卒于军。

曾福仲者,其先泰和人,后徙于邵阳。福仲通《春秋》、《三礼》。元统二年,以经明行修征入京师,久不报,馆鲁曾家。鲁曾从福仲言,请以真哥皇后配享,且告伯颜曰:"此馆客曾福仲之议也。"伯颜召福仲问之,对如初,乃以福仲为太常博士。福仲与刘闻同为博士,相友善,议宁宗祭拜礼,福仲助闻争之,性刚,忤丞相朵儿只歹,左迁天临路录事,弃官归,卒。

闻,字久廷,安福人。父蒙正,淹贯六籍,读书过目成诵,闻亦有学行。

张翥,字仲举,晋宁襄陵人。少受业于李存。存字安仁,江左宿儒也，其学传于陆九渊。翥从之游，学日进。未几，又从仇远学。远于诗最高，翥尽得其声律之奥。

至元末，同郡傅岩起在中书，荐翥隐逸，召为国子助教。会朝廷修辽、金、宋三史，召擢翰林国史院编修官。历应奉、修撰，迁太常博士、礼仪院判官，又迁翰林直学士、侍讲学士，以侍读兼祭酒。翥勤于诱掖后进，不以师道自尊，用是学者亲之。有以经义问者，必历举众说为之折衷，无不厌其所得。

尝奉敕诣中书议时政，众论蜂起，翥独默然。丞相搠思监曰："张先生平日好论事，今日语不出，何耶？"翥对曰："诸人之议皆是也，但事势有缓急，施行有先后，在丞相所决耳。"搠思监善之。明日，除集贤学士。俄以翰林学士承旨致仕。

搠思监削孛罗帖木儿兵权，使翥草诏。翥曰："此大事，非亲见主上不能笔。"左右或劝之，翥曰："吾臂可断，笔不能操也。"乃命危素就相府草之。及孛罗帖木儿至京师，召素责之曰："诏从天子出，相府岂草诏地乎？"素不能答，孛罗帖木儿欲斩之，左右营救始免焉。

及孛罗帖木儿伏诛，诏以翥为河南行省平章政事，仍翰林学士承旨致仕，给全俸终其身。二十八年三月卒，年八十二。

翥尝集兵兴以来死事者，为书曰《忠义录》，识者韪之。

周伯琦，字伯温，饶州鄱阳人。

祖垕，字良载，宋咸淳进士，署江东路提刑干办。大兵饶围州，谕能以城降者除郡守，众推垕署降表，昼夜遁。宋平，以程钜夫荐，授同知广州路总管，辞不拜，隐居而卒，世以鲁仲连拟之。

父应极，至大间仁宗为皇太子，召见，献《皇元颂》，授翰林待制，后为皇太子说书。仁宗即位，迁集贤待制，出为池州路同知总管府事。卒。

伯琦，以父荫授南海县主簿，为翰林修撰。至正元年，改奎章阁为宣文阁，艺文监为崇文监，以伯琦为宣文阁鉴书博士，兼经筵官，进讲辄称旨，日被顾问。帝常呼其字而不名。擢崇文监丞。会御史奏风宪宜用近臣，特命佥广东道廉访司使。未几，改福建道。八年，召为翰林待制，兼崇文少监。累擢翰林直学士，转兵部侍郎。

十二年，与贡师泰同除监察御史。时御史大夫也先帖木儿丧师失律，陕西行台御史刘希曾等十人共劾之，伯琦劾希曾等越分言事，希曾等皆左迁，由是不为公论所与。

十三年，迁崇文太监，兼经筵官，代祀天妃庙。丁内艰。十四年，起复为江东道廉访司使。长枪军琐南班等陷宁国，伯琦率僚佐迎之，寻奔杭州。除兵部尚书，未行，改浙西道廉访使。

十七年，浙江行省丞相达识帖木儿，承制假伯琦参知政事，招谕张士诚。士诚称臣入贡。先是，江南行台御史金观劾伯琦弃宁国之罪，及士诚降，行台御史又为伯琦辩释，遂除同知太常礼仪院事，士诚留不遣，改江浙行省左丞。又改江南行台侍御史，擢御史中丞。后以荣录大夫、集贤院大学士致仕。

伯琦留平江十余年，士诚败，明太祖闻伯琦名，召见之。后返饶州卒。或云明祖杀之。伯琦仪观温雅，博学，工文章，尤善书。帝命篆宣文阁宝，并题宣文阁，遍摹王羲之《兰亭序》、智永《千文》，刻石阁中。著有《六书正讹》五卷，《说文字原》一卷，诗文集四卷。

孔克坚，字景夫，孔子五十世孙也。

父思晦，延祐中为宁阳儒学教谕。仁宗崇尚儒术，一日问孔子裔袭爵为谁？廷臣以未定对，帝亲取孔氏谱牒，按之曰："以嫡应袭封者，思晦也。"特授中议大夫，袭封衍圣公。思晦性至孝，居母丧，勺水不入口者五日，受业于导江张𥱳，不为词章之学。

思晦卒，克坚袭封衍圣公。十五年，平章达识帖卜儿荐克坚明习礼教，征为同知太常礼仪院事，以子希学袭衍圣公爵。是年冬，郊祀，克坚摄太常使，登降有容，观者称其知礼。拜治书侍御史，克坚谢病归。

十六年，起为山东道肃政廉访使，丞相太平奏克坚为集贤直学士。毛贵逼京师，廷议迁都陕西。克坚曰："天子当与社稷宗庙为存亡，恶可弃而之他，且勤王兵日集，贼必败走。"后果如克坚言。

十九年，迁礼部尚书，知贡举。时四方避乱者多集京师，克坚请设流寓科，以收之。俄迁陕西行台侍御史。李思齐与察罕帖木儿相攻，行省丞相帖里木儿纳思齐降，命张良弼御察罕帖木儿。克坚及中丞袁焕言其不可，帖里木儿不听，焕亦被劫去。克坚曰："谋之不臧，乱且至矣。"遂自免归。月余，良弼败于鹿台，奉元遂陷。

二十二年，除国子祭酒，太子书大成殿额以赐之。克坚以世乱，不乐仕进，复谢病归。明洪武三十年卒，年五十有五。子希学，袭封衍圣公。

新元史卷二一二
列传第一〇九

王克敬　崔敬　韩镛　盖苗
归旸　徐奭

王克敬，字叔能，大宁人。幼颖悟，常嬉道傍。丞相完泽见之，谓左右曰："是儿貌秀伟，异日必令器也。"大宁尚朴陋，克敬独孜孜为经史之学。

辟江浙行省照磨，擢检校。徽州民汪俊上变诬富人反，省臣遣克敬往验之。克敬察其言不实，中道为开陈祸福，俊后悔，将对簿，竟仰药以死。调知顺州，以内外艰不赴。服除，授江浙行省左右司都事。

延祐四年，监四明倭人互市。先是，监者惧夷情叵测，必严兵自卫，克敬悉去之，抚以恩意，皆帖然受约束。有军士陷于倭者，至是从至中国，诉于克敬，愿还本乡。或恐为他变，克敬曰："岂有军士还乡，而不纳邪？脱有衅，吾当坐。"事闻朝廷，嘉之。

鄱阳大饥，总管王都中以官仓米减价粜之，行省欲罪其擅发。克敬曰："鄱阳距省千里，比待命，民且死，彼为仁而吾罪之，顾不自愧耶？"都中因得免。

拜监察御史，用故事监吏部。选有履历当升者，吏故抑之，问故，吏曰："有过。"克敬曰："法笞四十七以上不升转，今不至是。"吏曰："责轻，罪重。"曰："失出在刑部，铨曹安知其罪重。"卒升之。治书侍御史张升曰："往者监选，以减驳为能，今王御史乃论增品级，可为世道贺矣。"

寻迁左司都事。时英宗厉精图治,丞相拜住请更前政不便者,会议中书堂。克敬首言:"江南包银,民贫有不能输者,有司责之役户,当罢之。两浙煎盐户,当免其它役。"议定以闻,悉从之。

泰定初,出为绍兴路总管。郡中计口受盐,民困于诛求。乃上言,乞减盐五千引,运司弗从,因叹曰:"使我为运使,当令越民少苏。"行省檄克敬抽分舶货,拗蕃者例籍之,商人以风水为解,有司不听,克敬曰:"某货出某国,地有远近,货有轻重,冒重险出万死,舍近而趋远,弃重而取轻,岂人情邪!"具以上闻,众不能夺,商人德之。擢江西道廉访司副使,转两浙盐运司使。首减绍兴民食盐五千引。温州逮犯私盐者,以一妇人至。怒曰:"岂有逮妇人千百里外,与吏卒杂处者,污名教甚矣!自今毋得逮妇人。"建议著为令。

明年,擢湖南道廉访使,调海道都漕运万户。是岁,泰定帝崩,燕帖木儿起兵于大都,立文宗,海漕舟后至直沽者,不果输,复漕而南还,行省欲罪督运者,勒其还直沽,克敬谓:"督运者蹈万死,完所漕而还,出于不得已,请令其计石数,附次年漕舟达京师。"省臣从之。

召为参议中书省事。有以飞语中大臣者,下其事。克敬持古八议之法,谓勋贵可以不议,且罪状不明而轻罪大臣,何以白天下。宰相传命大长公主为皇外姑,赐钱若干,平云南军还赐钱若干,英宗皇后入觐赐钱若干,克敬乞覆奏。宰相怒曰:"参议乃敢格诏邪?"克敬曰:"用财宜有道。大长公主供给素优,今再赐钱出于无名,是不当也。自诸军征讨以来,赏格未下,平云南省独先受赏,是不均也。皇后远来,徒御众多,非大赐赉,恩意不能洽,今赐物少,是不周也。"宰相以闻,帝从其议。拜中奉大夫、参知政事,行省辽阳。俄除江南行台治书侍御史,又迁淮东道廉访使。入为吏部尚书,乘传至淮安,坠马,居吴中养疾。

元统元年,起为江浙行省参知政事,请罢富民承佃江淮田,从之。松江大姓,有岁漕米万石献京师者,其人死,子孙贫且行乞,有司仍岁征弗足,则杂置松江田赋中,令民包纳。克敬曰:"匹夫妄献米,徼名爵以荣一身,今身死家破,又已夺其爵,不可使一郡之人均受其害。"奏免之。江浙大旱,诸民田减租,惟长宁寺田不减,克敬移牒中书,谓不可忽天变而毒疲民。岭海瑶贼窃发,朝廷调戍兵往讨之,会提调军马官缺,故事,汉人不得与军政,众莫知所为。克敬抗言:"行省任方面之寄,假令万一有重于此者,亦将拘法坐视耶?"乃调兵往捕之,军行,给粮有差。事闻于朝,即令江西、湖广二省给粮亦如之。

视事五月,请老,年甫五十九。谓人曰:"穴趾而峻墉,必危无功,德而忝富贵,何以异此。"又曰:"世俗喜言勿认真,此非名言,临事不认,岂尽忠之道乎?"故克敬历官所至,俱有声绩,时称名卿。著诗文、奏议,传于世。三年卒,年六十一。赠中奉大夫、陕西等处行省参知政事,追封梁郡公,谥文肃。

子时,以文学显,历仕中书参知政事至左丞,以翰林学士承旨致仕。

崔敬,字伯恭,大宁惠州人。由掾史累迁至枢密院都事,拜监察御史。

至元六年,既毁文宗庙主,削文宗后皇太后之号,徙东安州,又放文宗子燕帖古思于高丽,敬上疏曰:"文皇获不轨之愆,已彻庙祀,叔母有阶祸之罪,亦削洪名,尽孝正名,斯亦至矣。惟念皇弟燕帖古思太子年方在幼,罹此播迁,天理人情,有所不忍。明皇当上宾之日,太子在襁褓之间,尚未有知,义当矜悯,盖武宗视明、文二帝皆亲子也,陛下与太子皆嫡孙也,以武宗之心为心则子孙固无亲疏。以陛下之心为心,未免有彼此之论。臣请以世俗喻之,常人有百金之产,尚置义田,宗族困厄者为之教养,不使失所。况皇上贵为天子,富有四海,子育黎元,当使一夫一妇皆得其所,今乃以同气之人,置之度外,适足贻笑夷狄,为中国之辱。臣原杀身以赎太子之罪,望陛下遣近臣迎归太后太子,全母子之情,尽骨肉之义,天意回，人心悦，则宗社幸甚。"不报。

又上疏谏巡幸上都曰："世祖以上都为清暑之地，车驾行幸，岁以为常，阁有大安，殿有鸿禧、睿思，所以保养圣躬，适起居之宜，存畏敬之心也。今失剌斡耳朵乃先皇所以备宴游非常时临御之所，陛下方以孝治天下，屡降德音，祗行宗庙亲祀之礼，虽动植无知，罔不欢悦。而国家多故，天道变更，臣备员风纪，以言为职，愿大驾还大内，居深宫，严宿卫，与宰臣谋治道，万机之暇，则命经筵进讲，究古今盛衰之由，缉熙圣学，乃宗社之福也。"

时帝数以历代珍宝分赐近侍，敬又上疏曰："臣闻世皇时大臣有功，所赐不过盘革，重惜天物，为后世法，虑至远也。今山东大饥，燕南亢旱，海潮为灾，天文示徵，地道失宁，京畿南北蝗飞蔽天，正当圣主恤民之日。近侍之臣不知虑此，奏禀承请，殆无虚日，甚至以府库百年所积之宝物，遍赐仆御阉寺之流、乳稚童孩之子，帑藏或空。万一国有大事，人有大功，又将何以为赐乎？乞追夺所赐，以示恩不可滥，庶允公论。"

是年，出金山北廉访司事。按部全宁，有李秀以坐造伪钞，连数十人，皆与秀不相识。敬疑而谳之，秀曰："吾以训童子为业，有司谓秀为造伪钞者，捶楚之下，不敢不诬服。"敬询知始谋者，乃大同王浊，有司误以李秀为王浊也。移文至大同，果得王浊为真造伪钞者。

至正初，迁河南，又迁江东，除江西行省左右司郎中。入为诸路宝钞提举，改工部侍郎。十一年迁同知大都路总管府事。直沽河淤数年，中书省委敬浚治之。募工万人，不三月告成。除刑部侍郎，迁中书左司郎中。十二年，历兵部尚书，为枢密院判官。

十四年，迁刑部尚书。广东宪府相仇杀，科以大逆，当连坐家人。敬谓："杀人者止一人论抵，不得连坐一家。"廷议韪之。十五年，复为枢密院判官，寻拜河南行省参知政事。复为兵部尚书，兼济宁军民屯田使。给钞十万锭，兴立营屯，岁收百万斛，以给边防。

十七年，召为大司农少卿。拜中书参知政事，与平章政事答兰、参知政事俺普分省陵州，敬兼领兵、刑、户、工四部事，供给诸军，赐上尊,仍命便宜行事。敬以民力日疲,乃请行纳粟补官之令,诏从之。积粟百万石、绮段万疋,民获少苏。

十八年,除山东行枢密院副使,俄迁江浙行省左丞。卒,年六十七。赠资善大夫,江浙行省左丞如故,谥曰忠敏。

史臣曰:惠宗援不共戴天之义,追讨文宗之罪宜也;并杀文宗皇后及其弟燕帖古思,则过矣。崔敬之疏,直而不讦,即惠宗亦无以罪之。呜呼! 安得此恺弟之言乎。

韩镛,字伯高,济南人。延祐五年进士,授将仕郎、翰林国史院编修官。寻迁集贤都事。泰定四年,转国子博士,俄拜监察御史。当时由进士入官者,仅百之一,由吏致位显要者,常十之九。帝欲以中书参议傅岩起为吏部尚书,岩起从吏入官,镛极言不可,事遂已。

天历元年,除佥浙西廉访司事,击奸暴,黜贪墨,特举乌程县尹干文传治行为诸县最,所至郡县为之肃然。二年,转江浙财赋副总管。至顺元年,除国子司业,寻迁南行台治书侍御史,历佥宣徽及枢密院事。

至正二年,除翰林侍讲学士。既而拜侍御史,以刚介为时所忌,言事者诬以赃私,乃罢去。五年,起参议中书省事。

七年,朝廷慎选守令,参知政事魏中立言于帝:“当今必欲得贤守令,无如镛者。”帝乃特署镛姓名,授饶州路总管。饶俗尚鬼,有觉山庙者,以祸福惑人,为盗贼者事之尤谨。将为盗,必卜之。镛至,即毁其庙,沈土偶于江,人初大骇,已而皆叹服。镛居官廨,自奉澹泊,僚属亦化之。先是,朝使至外郡者,供张甚侈,一不厌其欲,即衔之,腾谤于朝。其出使饶州者,镛延见郡舍中,供以粝饭,退皆无后言。有诏以织币脆薄,遣使笞行省臣及诸郡长吏,独镛获免。

十年,拜中书参知政事。十一年,丞相脱脱当国,更张庶务,镛言不见听。人或以镛优于治郡,而执政非其所长,遂出为甘肃行省参知政事。及脱脱罢,镛迁陕西行台中丞,卒。

　　盖苗，字耘夫，大名元城人。幼聪敏好学。延祐五年进士，授济宁路单州判官。州多系囚，苗请决之，知州以为囚数已上部使者未报，不可决。苗曰："使者问，请身任其责。"知州勉从之，使者果不以先决为罪。岁饥，总管遣苗至户部请赈，户部难之，苗伏中书堂下，出糠饼以示曰："济宁民率食此，况有不得此食者，坐视不救，可乎？"因泣下，宰相乃从其请。有陈官粟五百石，借于民，期秋熟还官。及期，郡责偿甚急，苗曰："官粟实苗所赍，今民饥不能偿，苗请代还。"使者乃已。其责单州税粮，岁输馆陶仓，距单五百余里，民甚苦之。是秋，馆陶大熟，苗先期令民籴粟仓下。十月初，仓券已至，省民力什之五。

　　辟御史台掾，累擢江南行台监察御史。建言严武备以备不虞，简兵卒以壮国势，全功臣以隆大体，惜官爵以清铨选，考实行以抑奔竞，明赏罚以杜奸欺，计利害以孚民情，去民贼以崇礼节，皆切于时务，公论韪之。

　　天历初，文宗诏以建康潜邸为佛寺，毁民居七十余家，仍以御史大夫督其役。苗上封事曰："臣闻使民以时，使臣以礼，自古未有不由斯道而致隆平者。陛下龙潜建业之时，居民因于供给，幸而获睹今日之运，百姓跂足举首以望非常之恩。今夺农时，以创佛寺，又废民居，使之家破产荡，岂圣人御天下之道乎！昔汉高帝兴于丰沛，为复两县。光武中兴，南阳免税三年。既不务此，而隆重佛氏，何以满斯民之望。台臣职专纠察，表正百司，今乃委以修缮之役，岂其礼哉！"书奏，御史大夫遂免督役。

　　入为监察御史。文宗幸护国仁王寺，泛舟玉泉，苗进曰："今频年不登，边隅不靖，当恐惧修省，何暇逸游，以临不测之渊。"帝嘉纳之，赐以对衣、上尊，即日还宫。台臣拟苗佥淮东廉访司事，帝曰："仍留盖御史，朕欲闻其谠言也。"以丁外艰去。免丧，除太禧宗禋院都事。

　　用荐者出知亳州。修学，完州廨。有豪强占民田为己业，民五十余人诉于苗,苗讯治之,豪民咸自引服。苗曰:"尔等罪甚重,然吾观,皆有改过意。"遂从轻议。

至元四年,入为左司都事。任左司仅十八日,已决数百事。丁内扰。宰相惜其去,重赙之。

至正二年,起为户部郎中。俄擢御史台都事。御史大夫欲以故人居言路,苗曰:"非其才也。"大夫不悦。是晚,邀至私第以谢,人两贤之。

出为山东廉访副使。益都、淄莱二路,旧产金矿已竭,民岁买金输官,至是六十年矣。民有忤其官长者,辄谓所居地有金矿,掘地及泉而后止,猾吏为奸利,莫敢谁何。苗建言罢之。

三年,迁户部侍郎。四年,由都水监迁刑部尚书。初盗杀河南省宪官,延坐五百余家,已有诏:除首罪外,余从原宥。至是,宰相欲追加诛戮,苗坚持不可,事获已。出为山东廉访使,岁饥,上救荒弭盗十二事,劾宣慰使骫骳不法者。有司援例,欲征苗所得职田,苗曰:"年荒民困,吾无以救之,尚忍征敛以肥已耶!"命勿征。

六年,复入为治书待御史。迁侍御史,寻拜中书参知政事,同知经筵事。大臣以两京驰道狭隘,奏毁民田庐广之,苗执曰:"驰道创自至元初,何今日独为隘乎?"又欲出宿卫士为郡吏,以养其贫,苗议曰"郡吏所以牧民,岂养贫之地,果不能自存,赐之钱可也。"廷议俱从之。

金四川廉访司事家人违例收职田,奉使宣抚坐其主人,宰相以为然,苗请付法司详议,勿使宪司以为口实。于是,宰相顾谓僚佐曰:"所以引盖君至此者,欲其相助也,乃每事相抗,何耶?今后有公务,毋白参政。"苗叹曰:"吾以非才,待罪执政,中书之事,皆当与闻。今宰相言若此,不退何俟?"将引去,适拜江南行台御史中丞,然宰相怒苗终不解,比至,即改甘肃行省左丞。时苗已致仕归,宰相复愬其赴任,苗舁疾就道,抵任,即上言:"西土诸王,为国藩屏,赐赉虽有常制,而有司牵于文法,使恩泽不以时及,有匮乏之忧,非隆亲厚本之意。"又言:"甘肃每岁中粮,奸弊百端,请以粮钞兼给,则军民咸利。"朝廷从之。

迁陕西行御史台中丞，到官数日，即上疏乞骸骨还乡里。明年卒，年五十八。赠摅诚赞治功臣、中书左丞、上护军，追封魏国公，谥文献。

归旸，字彦温，汴梁开封人。将生，其母杨氏梦日出东山，上有轻云掩之，故名旸。登至顺元年进士第，授同知颍州事，有能名。山东盐司遣奏差至颍，恃势为不法，旸执以下狱。时州县事盐司甚谨，旸独不为屈。转大都路儒学提举，未上。至元五年十一月，河南行省掾范孟端，诈为诏使至省中，杀平章政事月鲁帖木儿等，以段辅为左丞，使旸北守河口。旸力拒不从。贼怒，系于狱，旸无惧色。已而贼败，旸获免。

孟端，杞县人，与其党霍八失等，伪称圣旨，乘昏夜入行省中堂，召平章政事月鲁不花、左丞怯烈、理问金刚奴、郎中完者秃、黑的儿、都事拜住、廉访使秃满、万户完者不花、总管撒思等至，皆杀之，矫称除孟端为河南都元帅。有冯甲者，孟端用为宣抚使，给事于外，冯叩孟端曰："幸引我见朝廷官。"孟端醉，大言曰："何者为朝廷官，我是也！"冯觉其伪，因随孟端出，告речие镇抚闭城门勿纳，遂杀孟端于城外，霍八失等俱伏诛。当孟端反时，众官俯首听命，独旸不为贼污。同里有吴炳者，尝以翰林待制征不起，贼以炳司卬酉历，炳不敢辞。时人为之语曰："归旸出角，吴炳无光。"旸自此知名。

明年，转国子博士，拜监察御史。及入谢，台臣奏曰："此即河南抗贼者也。"帝曰："好事！卿宜数为之。"赐以上尊。已而辞官归养。

至正五年，起为佥河南廉访司事，以法绳赵王府官属之贪暴者，王三遣使请之，不为动。宣宁县有杀人者，蔓引数十人，一谳得其情，尽释之。沁州民郭仲玉为人所杀，有司以蒲察山儿当之，旸察其诬，踪迹得杀人者，山儿遂免死。六年，转佥淮东廉访司事，改宣文阁监书博士，兼经筵译文官。

七年，迁右司都事。顺江酋长乐孙求内附，请立宣抚司及置郡县二十三处。旸曰："古人有言,鞭虽长不及马腹,使郡县果设有事,不救则孤来附之意,救之则罢中国而事外夷,所谓获虚名而受实祸也。"与左丞吕思诚抗辨甚力,丞相太平笑曰："归都事善戆,何相抗乃尔邪! 然策将焉出?"旸曰："其酋长可授宣抚,勿责其贡赋,使者赐以金帛,遣归足矣。"卒从旸言。

有诉太平马前,太平索皮服予之,仍核在官所藏皮服之数,悉给贫民。旸曰："宰相当以广济天下为心,皮服有几何,而欲悉给之邪? 莫若录寒饥者赈之。"太平愧谢。

湖广行省左丞沙班卒,其子沙的方为中书掾,请奔丧。执政以沙的有兄弟,不许。旸曰："孝者,人子之同情,以有兄弟而沮其请,非所以孝治天下也。"遂许之。

广海瑶贼入寇,诏朵儿只丹将思、播杨元帅军以讨之,旸曰:"易军而将,不谙教令,恐不能决胜。若命杨就统其众,彼悦于恩命,必能自效。所谓以夷狄攻夷狄,中国之利也。"帝不从,后竟无功。

八年,迁左司员外郎。六月,迁参议枢密院事。时方国珍未附,诏江浙行省参知政事朵儿只丹讨之,一军皆没,朵儿只丹被执,将罪之。旸曰:"将失利,罪固当诛。然所部皆北方步骑,不习水战,是驱之死地也。宜募海滨之民习水者讨之。"既而国珍遣人从朵儿只丹走京师,请降。旸曰:"国珍已败我王师,又拘我王臣,力屈而来,非真降也。必讨之以令四方。"时朝廷方事姑息,卒从其请。后果屡叛,如旸言。迁御史台都事,俄复参议枢密院事。十二月,擢枢密院判官。

九年,转河西道廉访使,未上,改礼部尚书。会开端本堂,皇太子就学,召旸为赞善。未几,迁翰林直学士、同修国史,仍兼前职。旸言:"师傅当与皇太子东西相向授书,其属亦以次列坐,虚其中座以待至尊临幸。不然,则师道不立。"从之。俄以疾辞。帝遣左司郎中赵璪赐白金、文绮,不受。

初,旸在上都时,脱脱自甘州还,且入相,中书参议赵期颐、员外郎李稷谒旸私第,致脱脱之命,属草诏,旸辞曰:"丞相将为伊周事业,入相之诏当命词臣视草,今属笔于旸,恐累丞相之贤。"期颐曰:"若帝命为之,奈何?"旸曰:"事理不顺,亦当固辞。"期颐知不可屈,乃已。

十年正月,迁四川行省参知政事。十二年,除刑部尚书。十五年,再除刑部尚书。凡三迁,皆以疾辞。

十七年,授集贤学士,兼国子祭酒。使者迫之,旸舆疾至京师,卧于南城,不起。时海内多故,旸上三策:一曰振纪纲,二曰选将材,三曰审形势。亹亹数千言,朝廷不能用。十一月,以集贤学士、资德大夫致仕,给半俸终身,辞不受。明年,乞骸骨,侨居弘州。徙蔚州,后移居解州之夏县。皇太子至冀宁,强起之,居数月,复还夏县。二十七年卒,年六十三。

徐奭,字周臣,彰德安阳人。由国子生为学录,累迁户部主事,擢员外。拜监察御史,劾台臣不称职者。出佥浙西道肃政廉访司事,入为中台都事。再迁为浙东道肃政廉访使,以静治闻。入为户部尚书,参议中书省事。拜治书侍御史,与言事者不合,谢病归。后除礼部尚书,擢河东山西道宣慰使,拜河南江北等处行省参知政事,改集贤侍讲学士。至正四年卒,年六十五。

奭为人恂恂,至当官莅事,意有不可,即言之,故屡为奸人所中云。

史臣曰:王克敬之练达,崔敬、盖苗之侃直,韩镛、归旸、徐奭之刚介,皆惠宗时名臣也。当时权在丞相,左右丞、参政一忤丞相意,即斥去,镛与苗,并以忤丞相,不能久于其位,惜哉!

新元史卷二一三
列传第一一○

吕思诚 武祺　成遵　贾鲁

吕思诚，字仲实，平定人。父允，金汉中道廉访司事。母冯氏梦见神人，及寤，思诚生，有光照室，人异之。

长从萧㪤学，擢泰定元年进士第，授同知辽州事，未赴，丁内艰。改景州蓨县尹，差民户为三等，均其徭役，刻孔子象，令社学遍祀之。春行田，树畜勤敏者，赏以农器。印文簿畀社长，季月报县，不孝弟、不事生业者，悉书之，罚输作。胥吏豪猾者，窜名职田户，思诚悉革之。

天历初，军兴，豫贷钞于富民造兵器，事先集，而民不扰。天旱，道士持青蛇曰："卢师谷小青龙也。祷之雨。"思诚杀蛇，笞道士，即日雨。

擢翰林国史院检阅官，俄迁编修。文宗在奎章阁，敕取国史阅之，院长不敢言，思诚独跪阁下，争曰："国史纪当代人君善恶，天子无阅之者。"事遂寝。累擢国子监丞、司业。

拜监察御史，与斡玉伦徒等劾中书平章政事彻里帖木儿变乱朝政，疏留中不下。思诚纳印绶殿前，遂出佥广西廉访司事。巡行郡县，土官于元帅恃势陵人，恐事觉，遣其子迓思诚于道。思诚缚至县，痛惩之，一道震肃。移浙西道，达识帖睦迩为南台御史大夫，与江浙省臣有隙，嗾思诚劾之。思诚曰："吾为天子耳目，非台臣鹰犬。"不听。已而闻平章左吉贪墨，思诚劾其罪流之海南。

复召为国子司业,迁中书左司员外郎。盗杀河南省臣,诖误者三十余人,思诚言于朝,皆释之。迁左司郎中,俄以事罢,起为右司郎中,拜刑部尚书。

科举复行,与金书枢密院事韩镛为御试读卷官,改礼部尚书。御史台奏为治书侍御史。总裁辽、金、宋三史,擢侍御史。枢密院奏为副使,御史台又留为侍御史。会平章政事巩卜班不法、监察御史劾之,御史大夫也先帖木儿曰:"姑徐之。"思诚趣入,奏罢巩卜班。也先帖木儿衔思诚甚,思诚即谒告,朝廷知其事,出为河东道廉访使。未几,召为集贤侍讲学士,兼国子祭酒。拜湖广行省参知政事,中道授湖北道廉访使。

五年,入拜中书参知政事。六年,迁左丞。九年,转御史中丞。再任左丞、知经筵事,提调国子监,兼翰林学士承旨、知制诰兼修国史,加荣禄大夫,总裁后妃功臣传。会萃《六条政类》,赐玉带。又为枢密副使,仍知经筵事。复为中书左丞。御史大夫纳麟诬参政孔思立受赇,或欲连中思诚,纳麟曰:"吕左丞有廉名,勿及之。"遂止,拜集贤学士,仍兼国子祭酒。

吏部尚书偰哲笃、右司都事武祺等建言更钞法,以楮币一贯文省权钱一千文为母,铜钱为子。诏命廷臣集议。思诚曰:"中统、至元,自有母子。上料为母,下料为子。譬之蒙古人以汉人子为后,皆人类也,尚终为汉人之子。岂有纸币为父,而以铜钱为子者?"一座咸笑。思诚又曰:"钱钞用法,以虚换实也。今历代钱至正钱、中统钞,至元钞、交钞,分为五项。若商贾藏其实而弃其虚,恐不利于国家。"偰哲笃曰:"至元钞多伪,故更之。"思诚曰:"至元钞不伪,人为伪尔。交钞若出,亦有为伪者。且至元钞犹故戚也,家之童奴识之;交钞犹新戚,人未识也,其伪滋多。况祖宗之成宪,岂可轻改?偰哲笃曰:"祖宗法弊,亦可改。"思诚曰:"汝辈更法,又欲上诬世祖,是汝与祖争高下也。且自世祖以来,诸帝皆谥曰孝,改成宪可谓孝乎?"偰哲笃曰:"钱钞兼行何如?"思诚曰:"钱钞兼行,轻重不伦,何者为母?何者为子?汝不通古今,徒道听涂说耳!"偰哲笃忿曰:"我等策不可行，公有何策？"思诚曰："我有三字策，曰：行不得！"丞相脱脱见思诚言直，狐疑未决。御史大夫也先帖木儿独曰："吕祭酒之言亦是，但不当在庙堂上大声厉色尔。"监察御史承望风旨，劾思诚狂妄，夺其诰命并所赐玉带。

十四年，出为湖广行省左丞，遣太医院宣使秦初即其家迫遣之，初窘辱不遗余力，思诚不为动。贻书参议龚伯遂曰："去年许可用为河南左丞，今年吕思诚为湖广左丞，世事至此，足下得无动心乎？"未几，召还为中书添设左丞，进光禄大夫，兼司农卿。思诚去二日，武昌陷，为御史所劾，遂罢职。十五年六月，御史桑哥等复办思诚无罪，诏给还宣命、玉带。十七年三月卒，年六十五。追封齐国公，谥忠肃。有文集、《汉通纪》行于世。

与思诚争钞法者，为偰哲笃、武祺。偰哲笃，附见《偰理迦帖木儿传》。祺，字子春，太谷人。由掾吏迁知桐城县，果断有能名。入为户部左司都事，建言议钞法，曰："钞法自世祖时已行之，后除拨支料本，倒易昏钞，以布天下外，有合支名目于宝钞总库料钞转拨，所以钞法疏通，民受其利。比年以来，失祖宗原行钞法本意，不与转拨，故民间流转者少，致伪钞滋多。"廷议题之，凡合支名目准于总库转支。至正十年，丞相脱脱锐意变法，祺与吏部尚书偰哲笃请更钞法，以楮币一贯文省权铜钱一千文为母，铜钱为子。脱脱从祺等议，立宝泉提举司，铸至正通宝铜钱，印造交钞，通行天下。未几，以军兴赏犒，印钞日不暇给，物价腾涌逾十倍，度支益绌。祺寻授参议中书省事，转户部尚书，拜甘肃参知政事，以疾卒。

成遵，字宜叔，南阳穰县人。年十五丧父，贫不废学。至顺元年，至京师，受《春秋》于夏镇，遂入国子监为诸生。助教陈旅数以语学士虞集，集方有目疾，见遵来，迫而视之，曰："公辅器也，君当自爱重。"

元统改元，登进士第，授翰林国史院编修官。明年，预修泰定帝、明宗、文宗三朝《实录》。后至元四年，擢应奉翰林文字。

　　至正初，擢太常博士，转中书检校，寻拜监察御史。扈从至上京，上封事言："天子宜慎起居，节嗜欲，以保养圣躬。圣躬安，则宗社安。"言甚迫切，帝改容称善。又言台察四事：一曰差遣台臣，越职问事；二曰左迁御史，杜塞言路；三曰御史不思尽言，循叙求进；四曰体覆廉访，声迹不实，贤否混淆。帝皆嘉纳之，谕台臣曰："遵所言甚善，皆世祖风纪旧规也。"特赐上尊旌之。遵又言："江浙火灾宜赈恤"劾平章火鲁忽赤不法十事，宜罢斥。皆从之。复上封事，言时务四事：一曰法祖宗，二曰节财用，三曰抑奔竞，四曰明激劝。奏入，命中书议行。

　　三年，自刑部员外郎出为陕西行省员外郎，以母病辞归。五年，丁母忧。八年，擢金淮东肃政廉访司事、礼部郎中，奉使山东、淮北，察守令贤否，荐循良九人，劾罢贪懦者二十一人。九年，改刑部郎中。寻迁御史台都事。台臣嫉赃吏以父母之忧获免，建议："官吏凡被劾赃私，虽父母死，不许归葬。"遵曰："贪吏固可恶，然与人伦孰重？国家以孝治天下，宁失罪人，勿使为吏者不葬父母。"御史大夫是其言，擢户部侍郎。十年，迁中书右司郎中。刑部狱久不决者积数百，遵与同僚分阅之，共议轻重，各当其罪。时输粟补官者匿罪得七品杂流，为怨家所告，有司议不问，遵曰："卖官鬻爵，已非盛典，况卖与有罪之人乎？必夺其敕，著为令。"省臣从之。

　　除工部尚书。先是，河决白茅，郓城、济宁皆为巨浸，漕运使贾鲁言："必疏南河，塞北河，使复故道，役不大兴，害无已时。"廷议莫能决，乃命遵偕大司农秃鲁行视河，议其疏塞之方以闻。十一年春，自济宁、曹、濮、汴梁行数千里，掘井以量地之高下，测岸以究水之深浅，谓故道不可复，其议有八。而丞相脱脱先入贾鲁之言，及遵与秃鲁至，力陈不可，且曰：济宁、曹、郓连岁饥馑，民不聊生，若聚二十万人于此地，恐后日之忧，有重于河患者。"脱脱怒曰："汝谓民将反耶？"自辰至酉，辨论终不能入。明日，执政谓遵曰："丞相意已定，且有人任其责矣，公幸毋多言。"遵曰："腕可断，议不可易也。"由是出为大都、河间等处都转运盐使。

十四年,调武昌路总管。时大江上下皆剧盗,米直翔涌,遵言于省臣,假军储钞万锭,募勇敢之士且战且行,籴粟于太平、中兴,民赖以济。会省臣出师,遵摄省事,乃远斥候,塞城门,籍民为共得五千余人,设万夫长四,配守四门,号令严肃。贼船往来江中,终不敢近岸。

十五年,擢江南行台治书侍御史,召拜参议中书省事。时河南贼数渡河焚掠,郡县上下视若无事。遵率左右司,诣丞相言曰:"天下州县,丧乱过半,河北之民稍安者,以黄河为之障,贼不能飞渡,视河南之民,犹得保其家室故也。今贼北渡河,而官军不御,是大河之险,已不能守。河北之民,复何所恃?河北民心一摇,国势将如之何?"语未毕,哽咽不能出声,丞相已下皆为之挥涕。乃入奏,诏遣使责防河将帅。自是,守御始固。

湖广贼倪文俊质威顺王之子,遣人请降,求为湖广行省平章。廷议欲许之,遵曰:"平章职亚宰相,承平时,虽德望汉人抑而不与。今逆贼挟势要求,轻以与之,如纲纪何?"或曰:"王子,世皇嫡孙也,不许,是弃之与贼,非亲亲之道。"遵曰:"项羽执太公,欲烹之以挟高祖,高祖尚以分羹答之。奈何以王子故,废天下大计?"廷议不能夺。除治书侍御史,俄复入为参知政事。

十七年,擢中书左丞,阶资善大夫。是年九月,改除御史中丞,与中书右丞也花不先奉使宣抚彰德、大名、广平、东昌、东平、曹、濮等处。

十八年,复拜中书右丞。时太平为右相,以事忤皇太子,皇太子深衔之。以遵及参知政事赵中皆党于太平,遵与中去,则太平势孤。十九年,用事者承望风旨,嗾宝坻县尹邓守礼弟邓子初等,诬遵与参政赵中、参议萧庸等六人受赇。皇太子命御史台、大宗正府等官杂问之,煅练成狱,遵等俱坐杖死,中外冤之。

二十四年,御史台臣辩明遵等诬枉,诏给还所授宣敕。

贾鲁,字友恒,泽州高平人。幼负志节。既长,才气过人。泰定初，以乡贡授东平路儒学教授。历行省掾，除潞城县尹，选丞相东曹掾。擢户部主事，未上，一日觉心悸，寻得父书，即辞归。及至家，父已得疾，未几卒。鲁服阕，起为太医院都事。

会诏修辽、金、宋三史，召鲁为宋史局官。书成，选授奉使宣抚幕官，考最，迁中书省检校官。上言：“十八河仓，近岁没官粮百三十万斛，其弊由富民兼并、贫户流亡，非先正经界不可。然事体重大，宜处置尽善，勿轻发。”书累数万言，切中其弊。俄拜监察御史，奏：“御史言事，应专达圣聪，不宜台臣先为可否。”擢都事，迁山北道廉访副使，复召为工部郎中。

至正四年，河决白茅堤，又决金堤，立行都水监专治河防，数年不就。九年，白茅河东注沛县成巨浸，帝患之，遣使体验，仍督大臣访求治河方略。特命鲁行都水监，鲁循行河道，往复数千里，备得要领，为图以进，且献二策：其一，筑北堤，以制横溃，功省；其一，疏塞并举，挽河复故道，功数倍。会迁右司郎中，议未及上，又疏言时政二十一事。调都漕运使，复修上漕运二十事，朝廷取其八：一曰京畿和籴；二曰优恤漕司旧领漕户；三曰接连委官；四曰通州总治，豫定委官；五曰船户困于坝夫，海运坏于坝户；六曰疏浚运河；七曰临清运粮万户府当隶漕司；八曰宣忠船户付本司节制。既而河水北侵安山湖，入运河，延袤济南、河间，将隳漕司盐场。

太傅、右丞相脱脱复相，乃集廷臣议之，言人人殊。鲁复以前二策进，脱脱麾其后策，与鲁定议，以河事属鲁，固辞。脱脱曰：“此事非子不可！”乃入奏，大称帝旨。十一年四月，命鲁以工部尚书、总治河防使，进秩二品，领河南北诸路军民，发汴梁、大名十三路民夫一十五万，庐州等戍十八翼军二万供役，一切从事大小军民官，咸受节度。十一月，诸埽、诸堤成，水土工毕，河复故道。事见《河渠志》。帝遣使报祭河伯，召鲁还京师。鲁以《河平图》献，超拜荣录大夫、集贤大学士，赏赉金帛。敕翰林学士承旨欧阳元制《河平碑》，具载鲁之方略，且宣付史馆。

十二年，拜中书左丞，从脱脱平徐州。明年，脱脱旋师，命鲁剿余贼,攻濠州,同总兵官、平章月可察儿督战。鲁誓师曰:"吾奉旨统八卫汉军,已顿兵七日,尔诸将同心协力,必以今日巳午时克其城,然后食。"鲁上马指麾,抵城下,忽头眩下马,戒兵弗退,病亟,却药不肯汗。未几,卒,年五十七。赐钞五百锭以给葬事。

初,颍川妖贼刘福通埋石人于黄陵冈,且为童谣曰:"石人一只眼,挑动黄河天下反。"及鲁治河,掘得石人,役夫转相告语,民心震骇,福通等遂煽惑其众以叛。议者谓元之亡由治河,然是时群盗蜂起,即无治河之役,天下亦大乱,鲁固不任咎云。

史臣曰:脱脱为宰相,慨然以天下为己任,其变钞法、复黄河故道,皆是也。吕思诚、成遵迂儒,固不足言。然变法,钞之弊愈甚;河平,盗贼之乱日起。何则?不治其本,而治其标,欲以疗膏肓之疾,吾知为扁仓所窃笑也!

新元史卷二一四
列传第一一一

奕赫抵雅尔丁　野讷　回回
瞻思　自当　笃列图　完者都
达里麻识里　丑的

　　奕赫抵雅尔丁,字太初,回回氏。父伊速马音,大都南北两城兵马都指挥使。奕赫抵雅尔丁幼颖悟嗜学,初为中书掾,以年劳授江西行省员外郎。入为吏部主事,固辞,擢刑部员外郎。四方所上狱牍,反复披阅,多所平反。迁陕西汉中道肃政廉访司佥事,不赴,改中书右司员外郎。寻擢郎中。

　　一日,与同列议狱事,有持异同者,奕赫抵雅尔丁曰:"公等读律,苟不能变通以适事,宜譬之医者虽熟于方书,而不能切脉用药,则于病者奚益焉?"识者叹为名言。

　　大德八年,肆赦议,惟官吏受赇者不预,奕赫抵雅尔丁曰:"不可。赃吏固可嫉,比之盗贼,则有间矣。宥盗而不宥吏,何邪?"刑部有狱事上谳,既论决,已而丞相知其失,以谴右司主者。奕赫抵雅尔丁未尝署其案,因取成案阅之,窃署名于其下。或诮之曰:"公实不与,丞相今方谴怒,而公反追署其案,何也?"奕赫抵雅尔丁曰:"吾虽不署此案,岂有与诸君同事,而独求幸免者!"丞相闻而贤之,同列因以获免。

　　迁左司郎中。时左司缺一都事,平章梁德圭谓奕赫抵雅尔丁曰:"干材易得,惟笃实不欺为难得,公当举其所知。"奕赫抵雅尔丁荐王毅、李迪,时论称之。又尝论朝士,如高克恭、敬俨等可大用,后皆如其言。

迁翰林侍讲学士,兼修国史,转中奉大夫、集贤大学士。未几,除江东建康道肃政廉访使。始视事,见以狱具陈列庭下,问之,乃前官创制以待有罪者。奕赫抵雅尔丁蹙然曰:"凡逮至皋司,皆命官及有出身之吏,廉得其情,彼自服罪,毋庸狱具也。"即屏去之。

至大初,立尚书省,拜参议尚书省事,召至京师,恳辞不就,复拜参议中书省事,亦以疾辞。延祐元年卒,年四十七。

野讷,回鹘尔氏。父脱烈,集贤大学士。野讷事仁宗于潜邸,成宗崩,仁宗将自怀州入都,左右或持不可,野讷屏人启曰:"大行晏驾,社稷无主,邪谋方兴。怀宁王及殿下人心所属,宜急奉太后入都,迎立怀宁王以正神器。"仁宗即白太后,以二月至京师,遣使迎武宗于北边。武宗即位,授嘉议大夫、秘书监,赐玉带。仁宗为皇太子,以野讷兼太子右庶子。迁侍御史、崇禋院使,兼将作院使。福建文绣局工匠男女无别,吏夤缘为奸,野讷奏罢之,闽人感悦。寻兼太医院使。

仁宗即位,请召先朝旧臣,咨以时政,又请以中都苑囿还诸民。拜枢密院副使,进同知枢密院事。迁中书平章政事,辞不拜。

野讷侍禁中,条时政得失,言无不纳,然韬晦慎密,不泄其事于外。延祐四年卒,年四十。赠推诚保节翊运功臣、金紫光禄大夫、行中书省左丞相、上柱国,赵国公,谥忠靖。弟阿礼海涯,自有传。

回回,哈剌乞台氏。

祖脱密剌温,从世祖伐宋,讨阿里不哥,俱有功。又从讨李璮。师还至信都,遂家焉。

父那海,从定浙东西,以功授千户,超授潭州万户府达鲁花赤,迁宿州蒙古、汉军上万户达鲁花赤,卒。

回回，通儒书。成宗即位，召见上都慈德殿，命宿卫皇太后。累迁左司郎中。至大二年，擢中奉大夫、参议中书省事。仁宗在东宫，尝称回回为皇太后旧臣，宜供奉内廷，又嘉其在中书省能断大事，赐东宫经史。及即位，转大中大夫，仍参议中书省事。五月，驿奏便宜事于宣德行宫，仁宗奖纳之，赐御衣一，质孙三十。迁兵部尚书，寻改礼部。九月，命工部尚书郑允中锡金带一。迁正议大夫、同金枢密院事。

皇庆二年，擢中奉大夫、昭文馆大学士，仍同金枢密院事。寻命代金院刘方统兵江南，回回奏曰："人臣宣力戎行，陛下不宜遽夺其官，臣亦不宜夺同僚官，请追还成命。"帝曰："朕不食言也。"比刘归，授为礼部尚书。九月，出为淮东道宣慰使，赐钞二万锭，固辞，又赐海东白鹘，且命曰："遇天寿节、元正节，可驰驿见朕。"回回奏，国法无故不得驰驿。帝解御衣授之，以为信。回回至官，访问民所疾苦，悉革之，江淮民大悦。

延祐元年，还朝。二年，授河东陕西道宣慰使，平反冤狱百余，治行为诸道最。擢宣徽副使，进通奉大夫。复命核两淮屯田，得田千七百余顷，粮千四百余石，钞二万四千余锭。召还，拜行省参知政事。入为福寿院使。晋资善大夫。

英宗即位，拜浙江行省参知政事。至治元年，考绩，复为各行省最，赐织金段表里。丁父忧。丞相拜住奏起为大都路总管，兼大兴府尹，乞终丧，不允。

泰定帝即位，内府供亿、边臣赏赉，视常例十倍，回回仓卒立办，民不知扰。泰定二年卒，年五十九。子奴奴、童童。

回回历事五朝，尤见知于仁宗。尝朝仁宗别殿，见近臣疾趋出，回回徐入，仁宗默然，以手命回回启户，复命阖之，又命取物以献。明日，仁宗语平章萧拜住曰："朕端居深念，忧形于色，左右皆望而却走，独回回颜色如平时，彼走者皆内愧于心者也。回回自信无他，朕亦信之。"遂命工画像赐之。回回家素贫，及卒竟无以为葬焉。

　　瞻思，字得之，其先大食人，后徙丰州。祖鲁坤，太宗时以材授真定、济南等路监榷课税使，又家于真定。

　　瞻思幼警敏，弱冠以所业就正于翰林学士承旨王思廉，思廉甚誉之。泰定三年，诏以遗逸征至上都，见帝于龙虎台。时倒剌沙柄国，西域人多附焉。瞻思独不往，倒剌沙屡使人招之，以养亲辞归。天历三年，召为应奉翰林文字，赐对奎章阁，文宗问："卿有著述否？"明日，进所著《帝王心法》，文宗称善。诏预修《经世大典》，以议论不合求去，命奎章阁侍书学士虞集留之，瞻思坚以母老辞，乃赐币遣之。后命集传旨曰："卿且暂还，行召卿矣。"至顺四年，除国子博士，丁内艰不赴。

　　后至元二年，拜陕西行台监察御史，论奏十事曰："法祖宗，揽权纲，敦宗室，礼勋旧，惜名器，开言路，复科举，罢卫军，一刑章，宽禁纲。侍御史赵承庆见之，叹曰："御史言及此，天下之福也。"襄、汉流民聚居宋绍熙府故地，至数千户，私开盐井，自相部署。瞻思上言："绍熙土饶利厚，流户日增，若以其人散还本籍，恐为边患，宜设官府以抚定之。"诏即其地置绍熙宣抚司。三年，除佥浙西肃政廉访司事，按问都转运盐使、海道都万户、行宣政院等官赃罪，浙西郡县无敢为贪墨者。复以猾民自称道人、道民、行童者，皆托名以避徭役，使民力日耗，契勘嘉兴一路，为数已二千七百，请勒归本籍，俾供王赋，庶以少宽民力。朝廷韪之，著为令。四年，改佥浙东肃政廉访司事，以病免归。

　　尝与五府官决狱。咸宁民妇宋娥与邻人通，邻人谓娥曰："我将杀而夫。"娥曰："张子文行且杀之。"明日，夫果死，迹盗数日，娥始以张子文告其姑。五府官以为非共杀，且既经赦宥，宜释之。瞻思曰："张子文以为娥固许之矣，且娥夫死终旬始言之，是娥与张同谋，度不能终隐，故发之也，不可释。"枢密判官曰："平反活人，阴德也，御史勿执常法。"瞻思曰："是谓故出人罪，非平反也。且公欲种阴德于生者，奈死者何？"乃独上议，刑部卒正娥罪。

　　至正四年，除江东肃政廉访副使。十年，召为秘书少监议治河事。皆辞疾不赴。十一年卒,年七十四。二十五年,赠嘉议大夫、礼部尚书、上轻车都尉,追封恒山郡侯,谥文孝。著有《四书阙疑》、《五经思问》、《奇偶阴阳消息图》、《老庄精诣》、《镇阳风土记》、《读东阳志》、《重订河防通议》、《西国图经》、《西域异人传》、《金哀宗记》、《正大诸臣列传》、《审听要诀》,及文集三十卷。

自当,燕只吉觯氏。英宗时,以速古儿赤擢监察御史。录囚大兴县,有人见橐驼死道傍,舁至其家,醢之,置瓮中。会官橐驼被盗,捕索甚亟,乃执而勘之,其人诬服。自当审其狱辞,疑为冤,即以上御史台。台臣以为赃已具,不听,改委他御史谳之,竟处死。后数日,辽阳行省以获盗闻,冤始白。人皆服其有识。

泰定二年,扈从至上都,劾参知政事杨庭玉赃罪,不报,即纳印还京师。帝遣使追之,俾复任,即再上章劾庭玉,竟罢之。又劾奏:“平章政事秃满迭儿入怯薛之日,英宗被弑,必预逆谋。”不报,并赐秃满迭儿黄金系腰,自当遂移疾去。改工部员外郎。中书省委开浑河,自当往视之,以为水性不常,民力亦瘁,难以成功,言于朝,河役始罢。

会三皇后卒,命工部撤行殿车帐,皆新作之。自当未即兴工。尚书曰:此奉特旨,员外有误,则罪归于众矣。”自当曰:“即有罪,我独任之。”未几,帝果问成否,省臣乃召自当责问之。自当请入对,奏曰:“皇后行殿车帐尚新,若改作,恐劳民费财,且先皇后无恶疾,居之何嫌。必欲舍旧更新,则大明殿乃自世祖所御,列圣嗣位,岂皆改作乎。”帝大悦,语省臣曰:“国家用人,当如自当者,庶不误大事。”特赐上尊、金币。迁中书客省使,又改同金宣政院事。

文宗即位,除中书左司郎中。有使者自江浙还,言:行省臣意若不服。帝怒,将诛之。自当言于丞相燕帖木儿曰:“皇帝新即位,云南、四川犹未定,乃以使者一言,杀行省大臣,恐非盛德事。”燕帖木儿言于帝,事乃止。既而,迁参议中书省事。燕帖木儿议封太保伯颜王爵,众论附之,自当独不言。燕帖木儿问故,自当曰:“太保位列三公，复加王爵，后再有大功，何以处之？且丞相封王，出上意，今欲加太保王封，丞相宜请于上，王爵非中书选法也。"议遂寝。拜治书侍御史。

初，文宗在集庆潜邸，欲创天宁寺，令有司起民夫，江南行台监察御史亦乞剌台言曰："太子为好事，宜出钱募夫，若欲役民，则朝廷闻之，非便也。"至是，文宗悉召江南行台监察御史，皆入为监察御史，而欲黜亦乞剌台。自当谏曰："陛下在潜邸时，御史能为陛下净臣，今无罪而黜之，非所以示天下也。"乃除亦乞剌台金湖南廉访司事。

帝欲游西湖，自当谏不听，遂称疾不从行。帝在舟中，顾谓台臣曰："自当终不满朕此游耶？"台臣尝奏除目，帝以笔涂一人姓名，而缀将作院官闾闾之名，自当言："闾闾诙谐无行检，惟可任教坊司，若居风纪，则台纲扫地矣。"命遂不下。俄出为陕西行台侍御史。

惠宗初，改福建都转盐使。先是，自当为左司郎中时，泰定帝欲以河间、江浙、福建盐引赐中书参议撒迪，自当执不可，仅以福建盐引二万赐之。至是，自当复建言："盐引宜尽资国用，以纾民力。"时撒迪方为御史大夫，不以为怨，数遣人省自当母于京师，时人两贤之。

丁母忧。久之。起为浙西肃政廉访使。时驸马高昌王帖木儿补化为江浙行省丞相，其左右恃公主势，强有司以贱直买民物，不从即殴之。有司来白自当，自当命械以示众，自是豪奴为之敛戢。

寻召为同金枢密院事，复为治书侍御史、同知经筵事。惠宗欲加太后为太皇太后，下廷臣议之，自当以为不可。众曰："英宗何以加太后为太皇太后。"自当曰："英宗孙也，今上子也，安得同。"帝不从。

宁夏人诬告买买等谋害太师伯颜，伯颜委自当与中书枢密等官往鞫问，事不实，以诬妄坐告者罪。伯颜怒，自当曰："太师令吾三人勘之，以国法所在也，必欲罪吾三人，则自当实主其事，宜独受之。"乃左迁自当同知徽政院事。

自当历事四朝,始终一节,有古遗直之风。然卒以是忤权贵,不复柄用。未几,以病卒。

弟别儿怯不花,中书右丞相,自有传。同时以鲠直闻者,又有笃列图。

笃列图,字敬夫,捏古氏,后徙永丰。父卜里也秃思,从文宗于潜邸,官靖江路总管。

笃列图,天历三年,举进士第一,文宗览其对策曰:“是必世家子弟,何以知吾家事若是之详?”授集贤修撰。御史中丞马祖常以其妹妻之。累迁江南行台监察御史,按治湖广、江浙诸路,咸有名迹。威顺王宽彻不花素不法,夺山泽之利,民尤苦之,告于官,笃列图一无所贷,劾王罪宜削爵土,会赦免。故事,御史按部至,官吏供张甚盛,笃列图命撤去,及视事,莫不震慑,曰:“慎勿犯捏古状元。”召为内台御史,以病卒,年三十七。

完者都,朵鲁伯觯氏,乃蛮太阳罕之族也。父札忽台,蕲县翼上万户府达鲁花赤。

延祐初,完者都袭父职,以防海功,赐金织纹对衣二袭,阶定远大将军。徽泰翼万户田特哥子安童与其兄珙争袭爵,安童匿其符命,有司不能直者十有五年。行省檄完者都核其事,一讯而服,人以为神明。

日本人四十余乘夜入内港,完者都讯得其情,征所赂上官金还之。及出港,复掠商船十有四,劫民财百三十家,完者都乘巨舰追之,夺其所获而返。

岁旱,官吏有买饥民子女者,完者都要于路让之曰:“尔等政令不修,民罹灾害,尚忍奴人子女耶?”尽召其父母至,俾携去。

至元初,以亲老辞。已而海寇窃发,诏完者都回任。完者都分兵水陆并进,贼大败,漳州李志甫叛,完者都一战擒之。贼闻小万户来,皆相顾失色。常追贼周历千等,直抵琉球国界,舟几覆,贼皆乞降。下令曰："凡胁从者，皆释罪。"财货悉沉于海。赐上尊、金龙紫缎，以旌其功。拜浙东道宣慰使都元帅，加中奉大夫。至正四年卒，年四十六。

达里麻识理，字遵道，怯烈台氏，居开平。父阿剌不花，江西行省参知政事，追封赵国公，谥襄惠。

达里麻识理，幼颖敏。至正五年，经筵选充译史。转补御史台译史，除照磨。十五年，拜监察御史。出金山北道肃政廉访司事，未行，留为詹事院都事。十七年，为太子家令。又四迁为中书左司郎中。十九年，除刑部尚书，提调兵马南北司巡绰事。二十二年，拜中书参知政事、同知经筵事。二十三年冬，迁上都留守，兼开平尹。

二十四年，塔失帖木儿以前平章来为留守。时孛罗帖木儿拥兵京师，达里麻识理与塔失帖木儿皆以忠义许国，不附孛罗帖木儿。未几，塔失帖木儿入为大司农，谓达里麻识理曰："我至京师，则制于强臣，未易图也。"因留不行。既而孛罗帖木儿以善安为上都留守，使征兵于瓦吉剌部落。达里麻识理以礼待之，善安辞去。孛罗帖木儿复调帖木儿、托忽速哥至上都，以守御为名，实为牵制达里麻识理之计。达里麻识理密遣前宗正札鲁忽赤月鲁帖木儿潜通音问于行枢密院事益老答儿，又遣留守司照磨陈恭发兴州兵，约束东西手八剌哈赤、虎贲司，纠集丁壮苗军，什伍相联，布列铁幡竿山下，扬言四方勤王之师毕至，帖木儿等大惊，所将兵尽溃走，由是上都城守益严。

二十五年，皇太子在冀宁，命立上都分省，以达里麻识理为右丞，便宜行事。七月，秃坚帖木儿以兵犯上都，先遣利用少监帖理哥赤来征饷，达里麻识理戮之于市。已而秃坚帖木儿兵至，旌旗蔽野，达里麻识里婴城固守，夜遣死士缒城下，焚其攻具。又调副留守秃鲁迷失海牙引兵出小东门，败秃坚帖木儿军于卧龙冈。未几，孛罗帖木儿伏诛，秃坚帖木儿亦遁。拜中书右丞，兼上都留守，提调虎贲司，加光禄大夫，赐黄金系腰，仍命提调东西手八剌哈赤。分省罢，遥授平章政事、上都留守，位第一，力辞，不允。明年，召为大宗正也可札鲁忽赤。又明年，拜太子詹事，迁翰林学士承旨，又迁知枢密院事，兼知大抚军院事。未几，卒。

丑的，字子元，蒙古氏。祖德里山，河南行省右丞。父万僧，江浙行省平章政事。丑的，宽仁有雅量，由宿卫拜江南行台监察御史，累迁翰林侍讲学士。

至正十六年，除江南浙西道肃政廉访使，为政务持大体，慨然曰："天下太平，则纠劾官邪，职也。今日之事，宜安靖以绥辑之。"会行台移杭州，吏白檄有司供给，丑的曰："如此则扰民矣！"乃出公帑市于民，悉予其值。杭州三关曰昱岭、独松、千秋，控扼宣、歙诸郡，丑的议增筑堡垒，严兵为守御计。后贼由宣、歙来犯，辄败去。时苗军暴横，白昼杀市人，攫其金，闻丑的来，皆敛戢，且相戒曰："监司大人不可犯也。"丑的语其帅，徙营于北关外，筑五垒以居之，苗军始戢。

杭州司税者多市井无赖，布于远近，以渔猎商贾，丑的悉禁之，物价顿平，仓吏岁当更有司，辄视贫富为去取，丑的廉知其弊，革之，民大悦。张士诚乞降，行省议未决，丑的力赞其事。擢江浙行省右丞，赐上尊、金币，慰劳甚厚。寻拜荣禄大夫、江浙行省平章政事。十八年，率师援安庆，台臣劾其逗挠，褫职安置陕西，道梗，为张士诚所留。明太祖灭士诚，丑的后卒于明。

新元史卷二一五
列传第一一二

月鲁帖木儿　卜颜帖木儿
道童　达里麻识理　也速

　　月鲁帖木儿，卜领勒多礼伯台氏。曾祖贵裕，事太祖为管领怯
怜口怯薛官。祖合剌，袭父职，事世祖。父普兰奚，由宿卫为中书右
司员外郎，从丞相哈剌哈孙迎立武宗，累迁至山北辽东道肃政廉访
使。

　　月鲁帖木儿，幼警敏，年十二，成宗命与哈剌哈孙子脱欢同入
国学。仁宗时入直宿卫。一日，帝问左右曰："斯人容貌不凡，谁之
子耶？"左右忘其父名，月鲁帖木儿即对曰："臣父普兰奚也。"帝曰：
"汝父协谋以定国难，朕未尝忘。"因命脱忽台谕四怯薛，令常侍禁
廷，毋止其入。哈剌哈孙欲用为中书，月鲁帖木儿辞。哈剌哈孙曰：
"汝年幼，欲何为？"对曰："欲为御史尔。"久之，遂拜监察御史，巡按
上都，劾奏太师右丞相帖木迭儿受张弼赇六万贯贷死。帝怒，碎其
太师印，赐月鲁帖木儿钞万贯。除兵部郎中，拜殿中侍御史，迁给事
中、左侍仪、同修起居注。

　　寻为右司郎中，赐坐便殿，帝顾左右，谓曰："月鲁帖木儿识量
明远，可大用。"他日，帝语近臣曰："朕闻前代皆有太上皇之号，今
皇太子且长，可居大位，朕欲为太上皇，与若等游西山以终天年。"
御史中丞蛮子、翰林学士明里董阿皆称善，月鲁帖木儿独起拜曰：
"臣闻昔之所谓太上皇，若唐玄宗、宋徽宗，皆当祸乱，不得已而为

之者。愿陛下正大位，以保万世无疆之业，不宜慕前代虚名。"帝称善。

仁宗崩，帖木迭儿复入中书。参议乞失监以受人金带系狱，帖木迭儿使乞失监诉月鲁帖木儿为御史时诬丞相受赇。皇太后命丞相哈散等即徽政院推问，不实，事始释。帖木迭儿乃奏以月鲁帖木儿为山东盐运司副使，降亚中大夫为承事郎。期月间，盐课增以万计。丁外艰。复擢山南江北道肃政廉访副使。

泰定初，迁汴梁路总管。再调武昌，以养亲不赴。致和元年，河南行省平章伯颜矫制起月鲁帖木儿为本省参知政事，共议起兵，月鲁帖木儿固辞曰："皇子北还，若问参政受命何人，则何辞以对？"伯颜怒，会明里董阿迎文宗过河南，月鲁帖木儿为御史时尝劾其娶娼女，冒受封爵。明里董阿因说伯颜收之，丞相别不花亦与之有隙，乃谪月鲁帖木儿乾宁安抚司安置。至顺四年，移置雷州。

至元六年，召还。至正二年，入觐，帝欲留之，以母丧未葬辞。四年，起同知将作院事。寻除大宗正府也可扎鲁花赤。九年，由太医院使拜翰林学士承旨，知经筵事。

十二年，江南诸郡盗贼充斥，诏拜月鲁帖木儿平章政事，行省江浙，因言于丞相脱脱曰："守御江南，为计已缓。若得权宜行事，犹有可为。"不从。陛辞，赐尚酝、御衣、弓矢、甲胄，卫卒十人，钞万五千贯。至镇，招募民兵数千人，次建德，获首贼何福，斩于市，遂复淳安等县。是年七月，次徽州，以疾卒于军中。

卜颜帖木儿，字珍卿，唐兀吾密氏。性明锐，早备宿卫。天历初，由太常署丞拜监察御史、殿中侍御史，累除大都路达鲁花赤、都转运盐使、肃政廉访使，由行中书省参知政事擢左、右丞，行御史台中丞，遂拜江浙行省平章政事。

至正十二年春，蕲、黄贼徐寿辉遣兵陷湖广，侵江东、西，诏卜颜帖木儿讨之。卜颜帖木儿募壮健为兵，得士三千人、战舰三百艘。时湖广平章政事也先帖木儿、江西平章政事星吉、江南行台御史中丞蛮子海牙，皆以兵驻太平，宿留不进。卜颜帖木儿至，乃与俱前。贼方聚丁家洲，官军奋击，败之，遂复铜陵县，擒其贼帅。又复池州，分遣万户普贤奴屯阳陵，王建中屯白面渡，闾儿攻无为州，自率镇抚不花、万户明安驻池口，为之节度。已而江州再陷，星吉死之，蛮子海牙及威顺王宽彻普化兵俱溃而东，安庆围益急，遣使求援。诸将皆欲自守信地，卜颜帖木儿曰："何言之不忠耶！安庆与池州止隔一江，救患之义，我其可缓！且上流官军虽溃，然皆百战之余，所乏者钱谷耳。吾受命总兵，坐视其饥困，可乎？"即大发帑藏以周之，溃军大集，两军之势复振，安庆围遂解。

十三年三月，贼再攻池州，众十万，诸县皆叛应之。卜颜帖木儿会诸将谋曰："贼表里连结，若俟其筑垒成，而坐食诸县之粟，破之实难。今新至疲弊，如乘其骄惰，尽锐攻之，则顷刻之间大功可就。遂分番与战，果大败之。擒其伪帅，俘斩无算，乘胜率舟师以进。五月，战于望江，又战于小孤山及彭泽，又战于龙开河，贼皆破走，复江州。七月，克蕲州，擒伪帅邹普泰。进兵道士洑，焚贼栅，抵兰溪口。贼之巢曰黄连寨，又克而歼其众，分兵平两巴河，于是江路始通。十一月，与蛮子海牙、四川行省参知政事哈临秃、左丞桑秃失里、西宁王牙罕沙军合，湖广左丞伯颜不花等军亦来会。十二月，分道进拔蕲水县，徐寿辉之伪都也，获其伪将相而下四百余人，寿辉仅以身免。以功，诏赐上尊、黄金带。

时丞相脱脱方总大兵南征，闻贼已破，乃檄伯颜不花讨淮东，蛮子海牙守裕溪口，威顺王还武昌，卜颜帖木儿控制长江上下。十六年六月，复还兵守池州。十一月卒。

卜颜帖木儿持身廉介，人不敢干以私，所过不受礼遗宴犒，民不知有兵。性至孝，幼养于叔父阿术，事之如父，常乘花马，时称为花马儿平章云。

道童，字石岩，高昌人。以世胄入官，授直省舍人。迁监察御史，出为广东山南等路廉访司佥事。调信州路总管，移平江。

平江征夏丝二万二千余斤，岁立三限收之，吏夤缘为奸。道童改定旧法，甫六月，而夏税已竣，吏弊遂除。郡以七仓储米，岁设杴斗三百人，累年为仓蠹，道童尽逐之。民输米石加五、六斗，豪右则仅输二、三，以多输者补之。道童令大户输齐，然后征细户，豪右皆依数完纳。和顾和买，官给其直，每经岁不发，道童令物至官所，即以钞偿之，民尤称便。岁旱，道童遣属吏勘灾，戒之曰：“吾辈为民父母，听其啼饥，可乎？既履亩，必以实阅。”廉访使朵歹闻而贤之。有与道童不合者，告其以妄言凶岁诳朝廷。于是遣御史乘传至，鞫其虚实。时道童已擢江淮等处财赋都总管府达鲁花赤，逮至平江，御史按其事，则告者皆妄语，乃谴告者，复还道童官。

至正元年，迁大都路达鲁花赤。出为江浙行省参知政事。寻召入中书。顷之，又出为江浙行省右丞，拜平章政事。

十一年，诏仍以平章政事行省江西。是年，江州土贼蜂起，道童仓皇无措。左右司郎中伯颜不花曰：“今贼势冲突，城中无备，万一失守，奈何？有章伯颜左丞者，致仕居抚州，其人知军务，宜礼请之，使署本省左丞事，专任调遣军旅，庶几事可济。”道童从其言，伯颜亦欣然为起曰：“此正我报国时也。”至则设守御计甚悉。

明年正月，湖广陷。二月，伯颜不花将兵援江州，至石头渡遇贼，战败。道童闻之恐，即怀省印遁走。伯颜不花还，与章伯颜婴城固守。后数日，道童始自南昌民家归。三月，贼围城，道童素恤民，故多为之用。又用章伯颜计，密召死士，面涂青，额抹黄，布衣、黄衣为前锋。别选精锐数千为中军，命万户卜鲁哈歹章妥因领之。夜半，开门击贼，贼惊以为神，遂败走。章伯颜寻以疾卒。

十五年，以守城功，加大司徒、开府，仍锡龙衣、御酒。岁大旱，公私匮乏，道童移咨江浙行省借米数十万石、盐数十万引，凡军民约三日人籴官米一斗，入昏钞二贯，又三日，买官盐十斤，入昏钞二贯，民皆便之。

十八年夏四月，陈友谅复攻江西，时平章政事火尔赤与道童不相能，又贪忍，不得将士心，见城且陷，遂夜遁。道童亦弃城退保抚州,贼追至,遂为所害。事闻,赐谥忠烈。

达理麻识理,字正道,高昌人。祖玉赤不花,奉诏修金水河,获龟蛇之瑞。父长喜,官浙西江东道廉访使,遂家于常州之宜兴。

达理麻识理性廉介,有操行,博通经史,尤工小篆,以荫授宁国路判官。至元元年,改泰和州达鲁花赤,书十字于楹间,曰:"奉薄俭常足,官卑清自尊。"其厉志如此。十一年,江淮盗起,省檄巡防江上。未几,还泰和。

十二年,陈友谅破吉安,行省官皆委印绶宵遁,达理麻识理集民兵为城守,计料兵之日,戮贼谍二人,尸城上。分劝富室出粟数千石、钱数万缗为兵饷,声势大振。以民兵五百人送达鲁花赤纳速儿丁、总管梁克申返吉安,遂复其城。又遣赵州判御贼于石门,赵战死,麾下犹不退,贼欢曰:"此达相公兵,不可拒也。"明日遂相率来降。或请缮城堡为拒守计,曰:"坚固不如民心,民心坏,虽有坚城能独守乎?"不听。抚循丁壮如家人子弟,按行营伍,不以寒暑风雨而辍。

江淮道阻,惟参政全普庵撒里与尚书哈海赤守赣州。中丞沙嘉班以重臣宣慰司广东,慷慨有大节。达理麻识理乃近连赣州,复为书上宣慰,其词愤切,沙嘉班大喜,勉以固守,为进取计。已而岭海隔绝,达理麻识理叹曰:"天乎!吾今殆绝望矣。"

十四年,贼奄至城西门外,达理麻识理不为动。夜五鼓,先遣镇抚赵家奴率援兵出战,自辰至午,力尽几挫,乃简精卒五百人援之,贼望见,大惊曰:"黄衫军来矣。"皆奔溃,城围立解。

十五年,代者来,达理麻识理指庭下列瓮数十,谓人曰:"此吾所储俸米也。"比去,惟家僮负挈俸米及书帙而已。俄以疾卒,民绘其像祀之。

达理麻识理尝语人曰:"吾莅官有三字:曰勤,曰法,曰畏。勤以治事,法以守身,畏以奉行。"世以为名言。

　　也速，蒙古人。父月阔察儿，为惠宗宿卫。惠宗讨伯颜，使月阔
察儿夜至柳林，负燕帖古思太子归，遂见亲任。及帝安置燕帖古思
于辽东，命月阔察儿护送。月阔察儿希旨，中道拉杀之。至正十四
年，由知枢密院事拜中书平章政事。十五年，帝罢丞相脱脱兵权，加
月阔察儿太尉，与太不花、雪雪同代脱脱将兵。后罢为大宗正札鲁
忽赤，仍太尉。十六年，月阔察儿以军中受伤，请罢职，帝不允，未几
卒。

　　也速，倜傥知名，由宿卫历尚乘寺提点，迁宣政院参议。至正十
四年，河南贼芝麻李据徐州，也速从脱脱南征。脱脱用其计，以巨石
为炮昼夜攻之。贼不能支，也速又先登，破其外城，贼遂遁，以功除
同知中政院事。会贼围安丰，从月阔察往援之，策马探淮水深浅而
过，贼大骇，撤围去。也速进攻濠州，有诏班师，乃还，迁将作院使。
复从大军征淮东，取盱眙，累迁淮南行枢密院副使、同知枢密院事。

　　贼航海袭山东，也速计贼必乘胜北侵，引兵北还，表里击之，复
滕、兖二州及费、邹、曲阜、宁阳、泗水五县，贼势遂衄。未几，复泰安
州及平阴、肥城、莱芜、新泰四县。又平安水等五十三寨。进知枢密
院事。讨蒲台贼杜黑儿，擒送京师磔之。东昌贼北犯陵州，也速邀
击于景州，斩获殆尽，进复阜城县。命也速屯单家桥，断贼北路。贼
转攻长芦，也速往援，流矢贯左手，不顾，转斗无前，杀贼五百余人，
夺马三千匹。

　　拜中书平章政事，改行省淮南。雄州、蔚州贼继起，也速悉平
之。知枢密院事刘哈剌不花所部卒掠怀来、云州，欲为乱，也速以轻
骑抚之，降其众，隶麾下。

　　贼陷大宁，诏也速往讨。兵次侯家店，遇贼，即搏战，散而复合，
遣别将绕出贼后，贼腹背受敌，大败，遂拔大宁，擒贼首汤通、周成
等三十五人，磔于都市。召入觐，赏赉优渥，进阶金紫光禄大夫、知
枢密院事。既而，贼首雷帖木儿不花、程思忠等陷永平，诏也速出
师。遂复滦州及迁安县。时辽东郡县，惟永平不被兵，储粟十万，刍
藁山积，贼乘间窃入，增土筑城，因河为堑，坚守不可下。也速为连

营，绝其樵采，又复昌黎、抚宁二县，擒雷帖木儿不花，送京师。贼急，乃乞降于参政彻里帖木儿，请命于朝，诏许之，命也速退师。也速度贼必以计怠我，乃严备以侦之。程思忠果弃城遁去，追至瑞州，杀获万计，贼遂东走金、复州。

拜辽阳行省左丞相，知行枢密院事，建行省于永平，总兵如故。金、复、海、盖等州贼并起，西侵兴中州，复由海道趋大都，闻也速在永平，乃止，转攻大宁，为守将王聚所败，众溃，皆西走。也速虑贼窥上都，以右丞忽林台守之，简精锐，自蹑贼后。贼果逼上都，忽林台击败之，永平、大宁俱无贼，乃分命官属安辑遗民，使什伍相保，以事耕种，民为立石颂功德。

二十四年，孛罗帖木儿犯阙，拜也速中书左丞相。七月，孛罗帖木儿留兵守大同，自率兵至京师。命也速军于昌平御之。孛罗帖木儿前锋已度居庸关，也速军无斗志，不战而溃，皇太子寻出奔于太原。

二十五年，皇太子与扩廓帖木儿谋清内难，入讨孛罗帖木儿。孛罗帖木儿乃遣御史大夫秃坚帖木儿率兵攻上都，又调也速御扩廓帖木儿部将竹真、貊高等。也速军次良乡，不进，谋之于众，皆谓孛罗帖木儿狂悖，图危宗社，中外同愤，遂勒兵归永平，西连太原扩廓帖木儿，东连辽阳也先不花国王，军声大振。孛罗帖木儿患之，遣其将姚伯颜不花攻也速。姚伯颜不花素轻也速，不设备，也速觇知之，袭破其军，擒姚伯颜不花。七月，孛罗帖木儿伏诛。

二十七年，命也速以中书右丞相分省山东。二十八年，明兵取山东，也速与部将哈剌章、田胜、周达等御于莫州，众败溃，乃北遁。惠宗至上都，复以也速为中书左丞相，献帛万匹、粮五千石。十一月，封也速梁王，加太保。

二十九年三月，也速率精骑四万袭通州，不克，诏也速勿深入，赐龙衣、御酒，将士赏赉有差。六月与明将常遇春战于全宁，失利，明兵遂入上都。惠宗奔应昌，命也速屯于红罗山后，又为明兵所破。惠宗崩，皇太子奔和林，也速卒于漠北。

新元史卷二一六
列传第一一三

李士赡　张桢　陈祖仁

李士赡，字彦闻，南阳新野人，后徙汉阳。幼英敏好学。至正初，以布衣游京师，平章政事悟良合台、右丞乌古孙良桢皆以王佐许之。寻用度支监卿柳嘉荐，为知印，复以大都籍登至正十一年进士第。知印历十九月考满，迁库知事，中书辟充右司掾。时贼陷济宁，中书省奏分省、分院官处死，帝以知院哈剌八都儿勋戚，赦其罪，以右丞阿塔赤、参知政事贾惟贞坐之。士赡上书于执政曰：

赏罚者，国家之大柄；是非者，人心之至公。赏罚无章，虽尧舜不能以为治，况后世乎？是非混淆，虽智者不能以有为，况庸人乎？国家自太祖皇帝肇基朔方，世祖皇帝奄有区夏，一举而蹙残金，再举而混南北，使海内之人争效臣妾，豪杰之士奔走慕义，翕然如云龙风虎之相从者。此无他，赏罚明，而是非公故也。

承平以来，百年于兹，纪纲法度，日益废弛，上下之间，玩岁愒日，率以为常。一旦盗贼猝起，茫然无措。总兵者惟事虚声，秉钧者务存姑息。其失律丧师者，未闻显戮一人。是以不数年间，海内鼎沸，山东、河北莽为丘墟。此无他，赏罚不明，而是非不公故也。

近者，天子以两丞相为元老旧臣，命总万机。今日之事，正宜开诚布公，振作纲纪，明示赏罚，号令天下，一新中外之耳

目,庶几盗贼可平,四海可定,中兴之事业可计日而待也。今巨
寇在迩,败军满前,姑息之风愈胜。前日但闻今日取一招,明日
送刑部。切为阁下惑焉。

姑以一节言之,如哈剌八都儿等所犯,最为容易处置者,
乃至迁延到今,未有定论。中外之人谓,圣君贤相作事,犹且若
此,安得不觖望乎!《传》曰:"赏不逾时,罚必当罪。"斯言是矣。
何则?哈剌八都儿官虽知院,其职则总兵也。右丞阿塔赤、参
政贾惟贞名虽分省官,其职则供给也。在律,主将所犯,宜处重
刑,供给所招,应得杖流。今哈喇八都儿虽有特敕免死之文,不
过圣上宽仁,少延其死耳。

然法者,祖宗之所授,天下之名器也,虽天子不能以自私。
是故,舜为天子,皋陶为士,瞽瞍杀人,彼为舜者,祇能窃负而
逃耳。汉薄昭,太后之母弟也,昭有罪,文帝终不贷其死命。夫
虞舜大圣人也,汉文贤主也,而其所为若是。诚以恩不足以掩
义,私不可以废公。

古者,制敕一下,事有弗顺于人,而碍理者,在百官有司,
犹且封还,不即奉诏,未闻宰相秉国之钧,职当绳愆纠缪,而徒
以承颜顺旨为事者也。必不得已,其总兵官既已特敕免死,则
分省官正应坐以本罪。如此则轻重适均,后世犹惧为公道之
玷,安可使轻重失伦,以启将来纷然之议乎。

仆一介草茅,滥叨掾属,顾惟职在簿书,忝司法守,固不敢
偷容取合,以卖法误国,亦不敢畏避诡随,以陷阁下于不义。伏
惟阁下亮之!

执政韪其言,阿塔赤等遂得减死。

累迁刑部主事员外郎、枢密院经历、金山南江北道事,改吏部
侍郎,又改户部侍郎,行永平路总管,擢户部尚书,出督福建海漕。
时海贼赛甫丁降,仍据福州,诏以燕赤不花为行省平章政事,赛甫
丁拒不纳。燕赤不花攻之,三月城垂克,民恐为兵所掠,乞士赡言于
燕赤不花,与赛甫丁和解。燕赤不花从之。士赡欲复入城,众危之,

士赡曰："民候我去留为存亡。不入,且有变。"士赡入城,赛甫丁听命,一城获免。拜资善大夫、福建行省左丞。

寻入为中书参议。是时察罕帖木儿与孛罗帖木儿争冀宁,士赡与察罕帖木儿书曰:

> 士赡奉使无效,本无置喙之地。然初意不过欲暂那三晋之地,少安彼军之心。彼军既离,则云中一带自可输粟京都,以实国本。而山西之粮,既路远难运,其势亦当少缓。根本稍定,然后合两军之众,并力东南,则门庭之寇,庶可指日而靖。何意使辙未还,遽致自相鱼肉,暴横如此,良可慨也。

> 愚者诚不足论,公为当今贤者,天下之宝,安得不为天下惜之。大抵臣子之于君父,惟求其所当尽,不责于人。然后天下之为君臣父子者,由是而定。彼其怨恨日深,则是非日起,是使瞽瞍终无底豫之期,申生终无待烹之理。此非见道分明,所养素定,何以臻此。

> 三代而下,孝莫如舜,忠莫如周公,古今此两人外,固不多见。自是而下,其能处富贵而不移,当危疑而不惑,卓然所系累,一出乎千万人志虑之表者,近代惟郭汾阳为然耳。汾阳用舍进退,皆庶几中庸之道。仆谓后之殷监无过于是,当时阁下亦尝笑而许之。今背驰若秦人与越人,然夫以阁下之忠义,乃至使人不相信遽如此然,则将何时何人而可信乎?

> 谓阁下之志在公耶,则阁下之疆土乃国家之疆土也,于阁下何与焉? 谓阁下之志在私耶,彼以桓文之义举,犹不足以服当时,信后世,况欲如曹丞相,桓大司马之为哉! 仆知阁下之志,固不在是矣。

> 阁下处众人之中,获天下之盛名,四方诸侯一视公为轻重。自冬徂春,两军交恶,谤书迭积,至烦天子遣宰周公之使,至今兵不解,而使不返,其迹则类乎拒命,其心则近乎要君。自是以来,阁下之盛名,遂不能不损于前日,吾恐《春秋》之责不在彼,而在公矣!

今山东之寇未平，公不以此时提兵东向，克终前业，乃效两虎交斗，此所谓谨其小而遗其大，快私憾而弃公义，安得不见笑于蔺相如乎？天下之人，其以公为何如人耶！

且易失者机会，难得者事功，时不再来，仆为阁下惑焉。彼黄口之子，久当自毙，乌足以为公敌。某平昔辱公知待之厚，故不避言深之忌，而妄意陈之，虽获罪左右，无憾也。察罕帖木儿雅敬士瞻，虽不尽用其言，亦不以为忤也。

十二年，拜枢密副使，条上二十事曰："悔己过以诏天下，罢造作以慰人心，御经筵以讲圣学，延老成以询治道，去姑息以振纪纲，开言路以求得失，明赏罚以励百司，公选举以息奔竞，察近幸以杜奸弊，严宿卫以备非常，省佛事以节浮费，绝滥赏以足国用，罢各宫屯种归有司经理，减岁赏计置为诸宫用度，招集散亡以实八卫之兵，广给牛具以备屯田之用，奖励守令以劝农务本，开诚布公以礼待藩镇，分遣大将急保山东，依唐广宁王故事分道进取。疏上，惠宗嘉纳焉。先是，蓟国公脱火赤上言，乞罢三宫造作，帝为减军匠之半还隶宿卫，而造作如旧。故士瞻首及之。

未几，搠思监议解孛罗帖木儿兵柄，士瞻曰："兹事重大，宜先调兵以固京师。"搠思监不从。及孛罗帖木儿犯阙，也速代搠思监为丞相，士瞻为参知政事，士瞻谓也速曰："前政首祸天子，以丞相代之。如其复蹈前辙，难未已也。请亟下明诏，以彰天讨。"又不听。迁翰林学士、知制诰同修国史。

孛罗帖木儿入朝，出为辽阳行省左丞。至则传檄远近，起兵讨孛罗帖木儿。会孛罗帖木儿伏诛，复征为中书参知政事。

扩廓帖木儿奉命南征，诸王、驸马悉听节制，士瞻以为兵权太重，固争之。又与宰相言"朝廷为政，宜先正伦常。"宰相谓："国俗叔嫂相妻，盖欲守其家产。"士瞻曰："今议论政体，乃以家产为言乎？"其人惭而止。扩廓帖木儿上疏，请讨张思道等，执政莫敢言。士瞻曰："弃南征之命，而逞私憾，咎孰与归！若许之，则责在朝廷矣。"事遂寝。拜翰林学士承旨，进封楚国公。二十七年，以疾卒，年五十五。

子守成,进士;守恒,辽阳行枢密院断事官经历;守岘,太尉掾史。

张桢,字约中,汴梁开封人。元统元年进士,授彰德路录事,辟河南行省掾。桢初娶祁氏,生贵家,见桢贫,不为礼。合卺逾月,桢即出之。祁氏之兄讼于官,左右司官听之,桢因移疾不出,案牍留滞。平章政事月鲁帖木儿怒曰:“张桢刚介士,岂汝曹所当议耶!”郎中虎者秃谒而谢之,乃起。

范孟端为乱,矫杀月鲁帖木儿等,城中大扰。桢幕夜缒城出,得免。逾年,除高邮县尹,门无私谒。县民张提领武断乡曲,一日至县,有所干请,桢执之,尽得其罪状,杖而徒之,人以为快。千户狗儿妻崔氏为妾所谮虐死,其鬼凭七岁女诣县诉,备言死状,尸见瘗舍后,桢率吏卒发土,得尸,拘狗儿及妾鞫之,皆伏辜,县人颂为神明。累除中政院判官。

至正八年,拜监察御史,劾太尉阿乞剌欺罔之罪,并言:“明里董阿、也里牙、月鲁不花皆陛下不共戴天之仇。伯颜贼杀宗室嘉王、郯王十二口,稽之古法,当伏门诛,而其子弟尚仕于朝,宜诛窜。别儿怯不花阿附权奸,亦宜远贬。今灾异迭见,盗贼蜂起,海寇敢于要君,阃帅敢于玩寇,恐有唐末藩镇之祸。”不听。

及毛贵陷山东,上疏言根本之祸有六,征讨之祸有四。根本之祸:一曰轻大臣,二曰解权纲,三曰事安逸,四曰杜言路,五曰离人心,六曰滥刑狱。其言事安逸之祸曰:

　　臣伏见陛下以盛年入纂大统,履艰难而登大宝,因循治安,渐不如初。今天下可谓多事矣,天道可谓变常矣,民情可谓难保矣。是陛下警省之时,战兢惕厉之日也。陛下宜卧薪尝胆,奋发悔过,思祖宗创业之难,今日覆亡之易。于是而修实德,则可以答天意,推至诚,则可以回人心。凡土木之劳,声色之玩,皆宜痛自改悔。有不尽者,亦宜防微杜渐,禁于未然。而陛下乃安焉处之,如天下太平无事之时,此所谓根本之祸也。

征讨之祸:一曰不慎调度,二曰不资群策,三曰不明赏罚,四曰不择将帅。其言不明赏罚之祸曰:

臣伏见调兵六年,既无纪律之法,又无激劝之宜,将帅掩败为功,指虚为实,大小相谩,上下相依,其性情不一,而邀功求赏则同。是以有覆军之将,残民之将,怯懦之将,贪婪之将,所经之处,鸡犬一空,货财俱尽。及其面谀游说,反以冒功受赏。

今克复之地悉为荒墟,河南提封三千余里,郡县星罗棋布,岁输钱谷数百万,计今所存者封丘、延津、登封、偃师三、四县而已。两淮之北,大河之南,所在萧条。夫有土、有人、有财,然后可望军旅不乏,馈饷不竭。今寇敌已至之境,固不忍言,未至之处,尤可寒心。如此而望军旅不乏,馈饷不竭,使天雨粟、地涌金,朝夕存亡且不能保,况以地方有限之费而供将帅无穷之欲哉!

陛下事佛求福,以天寿节而禁屠宰,皆虚名也。今天下杀人矣,陛下泰然不理,而曰:"吾将以是求福。"福何自而至哉!

颍上之寇,始结白莲教,以佛法诱众,终挟威权,以兵抗拒。视其所向,骎骎可畏,其势不至于亡吾社稷,烬吾国家不已也。朝廷不思靖乱,而反为阶乱,其祸至惨,其毒至深,其关系至大。有识者为之痛心。此征讨之祸也。

疏奏,不省。

权臣恶其评直,二十年,除金山南道肃政廉访司事。至则劾中书右丞也先不花、参知政事脱脱木儿、治书侍御史奴奴弄权误国之罪,又不报。是时,孛罗帖木儿驻兵大同,察罕帖木儿驻兵洛阳,二将方以争晋冀为事,构兵相攻。朝廷遣也先不花、脱脱木儿、奴奴往解之。既受命,不前进。桢又言其庸懦无忧国之心,枉道延安以西,绕数千里迟迟而行,使两军日夜仇杀,黎庶肝脑涂地,宜急殛之,以救时危。亦不报。桢乃慨然叹曰:"天下事不可为矣。"即辞官,归居河中安邑。有访之者,不复言时事,但对之流涕而已。

二十四年，孛罗帖木儿犯阙，皇太子出居冀宁，奏除赞善，又除翰林学士，皆不起。扩廓帖木儿将辅皇太子入讨孛罗帖木儿，遣使传皇太子令旨，赐以上尊，且访时事。桢复书曰：

今燕、赵、齐、鲁之境，大河内外，长淮南北，悉为丘墟，关陕之区所存无几，江左日思荐食上国，湘汉、荆楚、川蜀淫名僭号，幸我有变，利我多虞。阁下国之右族，三世二王，得不思廉、蔺之于赵，寇、贾之于汉乎！京师一残，假有不逞之徒，崛起草泽，借名义尊君父，倡其说于天下，阁下将何以处之？守京师者能聚不能散，御外侮者能进不能退，纷纷藉藉，神分志夺，国家之事能不为阁下忧乎？志曰："不备不虞，不可以师。"仆之拳拳为言者，献忠之道也。

然为言大要有三：保君父一也，扶社稷二也，卫生灵三也。请以近似者，陈其一二。卫出公据国，至于不父其父。赵有沙丘之变，其臣成兑平之，不可谓无功，而后至于不君其君。唐肃宗流播之中，怵于邪谋，遂成灵武之篡。千载之下，虽有智辨百出，不能为雪。呜呼！是岂可以不鉴之乎。

然吾闻之，天之所废不骤也，肆其宠乐，使忘其觉悟之心，非安之也，厚其毒而降之罚也。天遂其欲，民厌其汰，而鬼神弗福也。阁下览观焉！谋出于万全则善矣，急则其变不测，徐则其衅可乘。通其往来之使，达其上下之情，得其情斯得其策矣。扩廓帖木儿深然之。后三年卒。

陈祖仁，字子山，汴梁开封人。父安国，常州晋陵尹。

祖仁貌寝，眇一日，然议论伟然，刚正负气节，博学能文。至正二年，举进士第一，授翰林修撰，同知制诰兼国史院编修官。历太庙署令、太常博士，迁翰林待制。出金山东肃政廉访司事，擢监察御史。复出为山北肃政廉访司副使。召拜翰林直学士，擢侍讲学士，除参议中书省事。

二十二年五月，帝欲修上都宫阙，工役大兴。祖仁上疏曰：

　　自昔人君不幸,遇多难之时,孰不欲奋发有为,成不世之功,以光复祖宗之业。苟或上不奉于天道,下不顺于民心,缓急失宜,举措未当,虽无事之时,犹或致乱,而况欲拨乱世反之正乎!

　　上都宫阙,创自先帝,修于累朝,自经兵火,焚毁殆尽。此固陛下日夜痛心,所宜亟图兴复者也。然今四海未靖,疮痍未瘳,仓库告虚,财用将竭,乃欲驱疲民以供大役,废其耕耨,而荒其田亩,何异扼其吭而夺之食,以速其毙乎!

　　陛下追惟祖宗宫阙,念兹在兹,然不思今日所当兴复,乃有大于此者。假令上都宫阙未复,固无妨于陛下之寝处,使因是而违天道失人心,则夫天下者亦祖宗之天下,生民者亦祖宗之生民,陛下亦安忍而轻弃之乎?

　　愿陛下以爱惜民力为本,以恢复天下为务,信赏必罚,以驱策英雄,亲正人,远邪佞,以图谋治道。夫如是,则承平之观不日咸复,讵止上都宫阙而已乎!

疏奏,其事遂寝。

二十三年十二月,拜治书侍御史。时宦者资正使朴不花与宣政使橐欢,内恃皇太子,外结丞相搠思监,骄恣不法。监察御史傅公让上章暴其过,忤皇太子意,左迁吐蕃宣慰司经历,它御史累疏谏争,皆外除。祖仁上书皇太子曰:

　　御史纠劾橐欢、不花奸邪等事,非御史之私言,乃天下之公论。今殿下未赐详察,辄加沮抑,摈斥御史,诘责台臣,使奸臣橐政之情不得达于君父,则亦过矣。

　　夫天下者,祖宗之天下,台谏者,祖宗之所建立。以二竖之微,而于天下之重、台谏之言,一切不恤,独不念祖宗乎!且殿下之职,止于监国抚军,问安视膳而已,此外予夺赏罚之权,自在君父。今方毓德春宫,而使谏臣结舌,凶人肆志,岂惟君父徒拥虚名,即天下苍生亦将奚望焉!

疏上,皇太子怒,令御史大夫老的沙谕祖仁,谓:“台臣所言虽

是,但曩欢等俱无是事,御史纠劾不实,已与美除。昔裕宗为皇太
子,兼中书令、枢密使,凡军国重事合奏闻者,乃许上闻,非独我今
日如是也。"祖仁复上疏曰:

　　御史所劾,得于田野之间。殿下所询,不出宫墙之内,所以
全此二人者,止缘不见其奸。昔唐德宗云:"人言卢杞奸邪,朕
殊不觉。"使德宗早觉,杞安得相。是杞之奸邪,当时知之,独德
宗不知。今二人之奸,天下知之,独殿下不知也。

　　且裕宗虽领军国重事,至于台谏封章,自是御前开拆。假
使东宫先阅,君父或有差失,谏臣有言,太子将使之闻奏乎?不
使之闻奏乎?使之闻奏,则伤其父心,不使闻奏,则陷父于恶。
殿下将安所处?

　　如知此说,则今日纠劾之章不宜阻矣,御史不宜斥矣。

祖仁疏再上,即辞职。皇太子以其事闻,朴不花、曩欢皆自免,令老
的沙谕祖仁等。

　　祖仁复上疏曰:

　　祖宗以天下传之陛下,今乃坏乱不可救药。虽曰天运使
然,亦陛下刑赏不明之所致也。且区区二竖,犹不能除,况于大
者。愿陛下俯从台谏之言,摈斥二人,不令其以辞职为名,成其
奸计,使海内皆知陛下信赏必罚,自二人始,则将士孰不效力,
天下可全而有,以还祖宗。若犹优柔不断,则臣宁饿死田野,誓
不与之同列也。

书奏,帝大怒。是时,侍御史李国凤亦上疏,言此二人必当斥逐。于
是台臣自老的沙以下皆左迁,出祖仁为甘肃行省参知政事。时天
寒,祖仁单衣就道,以弱女托于其友朱毅。

　　明年七月,孛罗帖木儿入中书为丞相,除祖仁山北道肃政廉访
使,召拜国子祭酒。迁枢密副使,累疏言军事利害,不报,辞职。除
翰林学士,复拜中书参知政事。是时,天下大乱,祖仁性刚直,与时
宰议论数不合,乃超授其阶荣禄大夫,而仍还翰林,为学士。寻迁太
常礼仪院使。

二十七年，明兵已取山东，朝廷方疑扩廓帖木儿有不臣之心，置抚军院总兵马以备之。祖仁与翰林学士承旨王时、待制黄哻、编修黄肃上书曰：

近者，南军不逾月而逼畿甸，朝廷虽命也速出师，然势力孤危，不足为京师屏蔽，宗社安危正在今日。

臣愚以为，驭天下之势，当论其轻重、强弱，远近，先后，不宜胶于一偏，狃于故辙。前日南军尚远，扩廓帖木儿近在肘腋，意将觊觎非分，不得不亟于致讨。今扩郭帖木儿势已穷蹙，而南军长驱北犯，山东瓦解。是扩廓帖木儿弱而轻，南军强而重也。陛下与皇太子，宜审其轻重、强弱，改弦更张。抚军院诸臣，亦宜以公天下为心，审时制宜。扩廓帖木儿既不能复振，分拨一军足以擒获。其余见调一应军马，宜令其倍道东行，勤王赴难，与也速等声势联络，仍遣重臣分道宣谕督催，庶几有济。如复胶于成见，动以言者为扩廓帖木儿游说，而钳天下之口，不幸猝有意外之变，则天下之事去矣。

书上，不报。

十二月，祖仁又上书皇太子言：

近降诏削河南兵马之权，虽所当然，然此项军马终为南军所畏，即使有悖逆之心，朝廷以忠臣待之，其心愧沮，亦何所施。今未有所见，遽以此名加之，彼若甘心，以就此名，其害有不可言者。朝廷苟善用之，岂无所助。然人皆知之，而不敢言者，诚恐讹以受贿，谓为之游说也。况闻扩廓帖木儿屡上书，疏明其心迹，是其心未绝于朝廷，以待朝廷之昭洒。今为朝廷计者，不过战、守、迁三事。以言乎战，则资其犄角之势；以言乎守，则待其勤王之师；以言乎迁，则假其藩卫之力。勉强策励，犹恐迟晚。岂可使数万之师，弃置于无用之地？今宗社存亡，只在旦夕，不幸有唐玄宗仓卒之事，是以祖宗之社稷人民委而弃之。臣虽碎首粉身，亦无济于事矣！

疏上，亦不报。

　　二十八年秋,明兵至近郊,诏祖仁及同金太常礼仪事王逊志等,奉太庙神主,从皇太子北行。祖仁等奏曰:"天子有大事,出则载主以行,从皇太子,非礼也。"帝然之,命祖仁守太庙以俟。未几,帝北奔,祖仁不果从。京城陷,将出健德门,为乱军所杀,时年五十五。

　　史臣曰:元季国势阽危,所恃以御贼者,惟扩廓帖木儿一人,而李士瞻犹嫌其兵权太重。扩廓帖木儿劾张思道等不听节制,士瞻又持其事不下。当时执政大臣,士瞻号为通达时务者,乃阇于机权如此,其亡国不亦宜乎! 张桢、陈祖仁屡进谠言,终无尺寸之效。祖仁请昭洗扩廓帖木儿,其言尤激切,惠宗父子屏而不用,惜哉!

新元史卷二一七
列传第一一四

李黼 韩准 泰不华 樊执敬
汪泽民 福寿 贺方 褚不华
普化帖木儿 刘鹗

　　李黼,字子威,颍州人。父守中,工部尚书。守中遇诸子严,每饮酒,辄半月醉不解。黼百计承顺,跪而自讼,常达旦不寐。

　　泰定四年,进士及第,授翰林修撰。明年,代祠西岳。公燕,黼坐省臣上,省臣曰:"敕使每后我,今可易邪?"黼曰:"王人虽微,序于诸侯之上,《春秋》之义也。"省臣不能对。

　　改河南行省检校官,迁礼部主事。拜监察御史,首言:"禘祠烝尝,古今大祭,今太庙惟一祭,而日享佛祠神御,非礼也。宜据经典行之。成均教化之基,不当隶集贤,宜中书省领之。诸侯王岁赐,宜有定额。分封易代之际,陈请恩例,世系亲疏无成书可考,宜仿先代修正玉牒。"皆不报。转江西行省郎中。入为国子监丞,迁宣文阁鉴书博士,兼经筵官。

　　寻中书省命黼巡视河渠,黼上言曰:"蔡河源出京西,宋以转输之故,平地作堤,今河底填淤,高出地面,秋霖一至,横溃为灾。宜按故迹修浚,他日东河或有不测之阻,江淮运物可分道达于京师,此万世之利也。"亦不报。迁秘书太监,拜礼部侍郎。敕详定中外所上封事。已而廷议内外官通调,授黼江州路总管。

　　至正十一年夏五月，盗起，陷蕲、黄，焚掠数千里，造船江北岸，锐意南攻。江州为大江咽喉之地，黼治城濠，募丁壮分守要害，且上攻守策。于江西行省请屯兵江北，以扼贼冲，不报。黼叹曰："吾不知死所矣！"

　　十二年正月，贼将赵普胜渡江，陷武昌，威顺王及省臣相继遁去。贼船蔽江而下，遂陷瑞昌。右丞字罗帖木儿亦遁。黼虽孤立，然志气愈壮。黄梅县主簿也先帖木儿愿出击贼，黼大喜，向天洒酒与之誓。时贼已至，黼军仓卒无号，墨士卒面以统之，出战。黼身先士卒，也先帖木儿继之，贼大败，逐北六十里。乡丁依险阻遏贼归路。杀获二万余人。黼计贼不利于陆，必由水道来薄，乃冒铁椎于木杪，植沿岸水中，逆刺贼舟，谓之七星桩。会西南风急，贼舟扬帆至，遇桩莫能动，仓惶失措。官军发火箭射之，焚溺无算。行省上黼功，拜江西行省参知政事，江州、南康等处军民都总管，便宜行事。普胜屡败，愤甚，乃益兵环攻之，黼守孤城，提孱兵，无日不与贼战，中外援绝。

　　二月，贼薄城下，平章政事秃坚不花启北门遁，黼引兵登陴。贼已至甘棠湖，焚西门，乃张弩射之。贼转攻东门，遂入城。黼引兵巷战，挥剑叱贼曰："杀我，无杀百姓。"贼刺黼坠马，黼与从子秉昭、万户黄德隆俱骂贼死，年五十五。

　　百姓闻黼死，哭声震天，相率具棺椁葬于东门外。事闻，赠摅忠秉义效节功臣、资德大夫、淮南江北等行中书省左丞、上护军，追封陇西郡公，谥忠文。诏立庙江州，赐额曰崇烈。官其子秉方集贤待制。黼兄冕居颍州，亦死于贼。秉昭，冕季子也。

　　与黼同时在江西者有韩准，亦知名。准，字公衡，济州沛县人，登进士第，授同知孟州事。三迁至太常博士。拜监察御史，出为南康路总管，擢本路廉访使。

　　至正十二年，蕲、黄贼入江西，平章以下皆遁，独准与右丞章伯颜固守相持五十四日，贼卒败退。十八年，陈友谅陷龙兴，来见准，准面壁卧。友谅曰："向为县吏，已知公名。"准不答。展转遁至福建，拜江西行省参知政事。准志在收复，舆疾以往，寓于顺昌。旋改行台治书侍御史，遂上章告老，以行省左丞致仕。既而顺昌亦陷，准籍藁堂下，以丧礼自处，有疾，不服药而卒，年七十三。

　　泰不华，字兼善，伯牙吾台氏。初名达普化，文宗赐以今名。世居白里山。父塔不台，入直宿卫，历台州录事判官，遂家台州。

　　家贫，好读书，集贤待制周仁荣养而教之。登进士第，授集贤修撰，转秘书监著作郎。拜江南行台监察御史。时御史大夫脱欢贪暴，泰不华劾罢之。文宗建奎章阁学士院，擢为典签。改中台监察御史。

　　惠宗即位，加文宗皇后太皇太后之号，泰不华率同列上疏争之。太后怒，欲杀言者，泰不华语众曰：“此事我自发之，不敢累诸公。”已而，太后怒解，赐金币以旌其直。出佥河南廉访司事，俄移淮西，又迁江南行御史台经历，辞不赴。转江浙行省左右司郎中。浙西大水，言于中书省，免其租。擢秘书监，改礼部侍郎。

　　至正元年，授绍兴路总管。除没官牛租，令民自实田以均赋役。行乡饮酒礼，教民兴让。民德之。召入史馆，与修辽、金、宋三史，书成，授秘书卿，改礼部尚书，兼会同馆事。

　　八年，台州黄岩民方国珍作乱，劫掠漕运，诏江浙参政朵儿只班总舟师捕之。官军自相惊溃，朵儿只班被执，为所逼，奏国珍乞降。朝廷从之，国珍兄弟皆授官，国珍仍不肯赴，势益横。九年，诏泰不华察其事。泰不华上招捕之策，不听。寻除江东道廉访使，改侍讲学士，知制诰，同修国史，出为都水庸田使。

　　十年十二月，国珍寇沿海诸路。十一年二月，诏孛罗帖木儿为江浙行省左丞，总兵至庆元。迁泰不华浙东道宣慰使都元帅，分兵温州，夹攻贼师。未发，贼寇温州，泰不华纵火筏焚之，遁去。孛罗帖木儿与泰不华约，以六月乙未合兵进讨。壬辰，孛罗帖木儿先期至大闾洋，兵败被执，国珍饰词上闻，泰不华闻之痛愤，数日不食。帝复遣大司农达识帖木儿等至黄岩招之，国珍兄弟皆登岸罗拜。是夕，泰不华欲命壮士袭杀之，密白于达识帖木儿，达识帖木儿曰：

"我奉诏招降国珍,君欲擅杀乎?"乃檄泰不华至海滨,散其部众,授国珍兄弟官。寻迁台州路达鲁花赤。

十二年,国珍兄弟复入海叛,泰不华发兵扼澄江,遣义士王大用至贼所示约信,使其来归。国珍留大用,以小舸二百突入舟港,泰不华语众曰:"吾以书生致位显贵,诚恐负所学。汝辈助我讨贼,克则汝功,不克则我死以报国。"众皆踊跃请行。时贼将陈仲达往来计议,伪言贼可降。泰不华率众,张受降旗,乘潮而至,与贼船遇,呼仲达申前议,仲达色变。泰不华知有异,即手斩之,直前攻贼船,射死五人,杀登船贼二人。贼欲拥泰不华过船,泰不华瞋目叱之,夺其刀,复杀二人。贼攒槊刺之,中颈死,犹植立不仆。贼投其尸于海,年四十九。时十二年三月庚子也。

其家僮抱琴及临海尉李辅德,千户赤盏、义士张君璧皆死之。泰不华死后,除江浙行省参知政事,行台州路达鲁花赤事,不及闻命。后三年,追赠荣禄大夫、江浙行省平章政事、柱国,封魏国公,谥忠介。立庙台州,赐额崇烈。

泰不华为人尚气节。初太平为台臣劾贬,泰不华独饯送都门外。太平曰:"公且止,无以我故累公。"泰不华毅然不从。后虽为时相所摈斥,人皆义之。篆书温润遒劲,师徐铉、张有,稍变其法,自成一家。著《重订复古编》十卷,行于世。

樊执敬,字时中,济宁郓城人。少颖敏好学,由国子生擢授经郎。见帝师不拜,或问之曰:"帝师,天下所崇重,王公大臣见,必俯首为礼。君独不拜何也?"执敬曰:"吾孔氏之徒,岂拜异教者!"历官至侍御史。至正七年,擢山南道廉访使,移湖北道。十年,拜江浙行省参知政事。

十二年二月,督海运于平江,将发,官宴犒,有客船自外至,验其券信,不虞乃海寇也,入港即纵火燔民居。时变起仓卒,军民扰乱,贼劫粮以去。执敬走昆山。

及还省,而江西之贼已至昱岭关,平章政事月鲁帖木儿引军拒之,贼不得进。会月鲁帖木儿以疾卒,贼遂破昱岭关,犯余杭。

执敬与平章政事定定治事,省中掾吏苏友龙素伉直,进言于执敬曰:"贼且至,城内空虚无备,奈何?"执敬曰:"吾当杀贼报国,倘不克,有死而已,何畏哉!"

俄贼入,执敬上马率众出,中途遇贼,射死二人。贼逐之,又射死三人。已而贼来愈众,呼执敬降,执敬怒叱曰:"逆贼! 守关吏不谨,汝得至此。恨不碎汝万段,何降也!"中枪坠马,仆田也先驰救之,亦中枪,与执敬俱死。

事闻,赠翰林学士承旨、荣禄大夫、柱国,追封鲁国公,谥忠烈。

汪泽民,字叔志,宁国宣城人。少警悟,家贫力学。登延祐五年进士第,授同知岳州路平江州事。州民李甲死,其妻誓不改适,兄利其财,使人诬以奸私。妇不胜搒掠,自诬服。泽民至,廉知其枉而直之。朝廷征江南包银,府檄泽民分办,民不扰而事集。秩满,题春帖云:"及瓜当此日,行李似来时。"人以为信然。

寻迁南安路总管府推官。万户朵儿赤跋扈自用,其府吏擅笞大庾令,令诉于府,同官不敢发一辞。泽民独捕府吏下狱,朵儿赤赂行台御史,召泽民诘之。泽民曰:"奸吏路人皆知,公欲骫法耶?"卒治其罪。

潮州府判官钱珍挑推官梁楫妻,不从,诬楫冒籴官米,杀之。事连廉访副使刘安仁,逮系二百余人,中书檄泽民讯之。狱具,珍自杀,诏戮其尸,安仁坐受赇除名,江西湖东道廉访使闻其名,命巡南安、赣州二路,事得专决,旋擢信州路总管府推官,丁内艰。

服除,授平江路总管府推官。僧净广与他僧有隙。一日,邀广饮,其弟子夜杀广,而诬他僧杀之。他僧诬服。狱上,泽民阅其刀,有铁工名,召工问之,乃其弟子佩刀,遂释他僧,而置弟子于法。嘉定土豪朱、管二姓为奸利,泽民与总管道童籍其家,及征帐簿,备列官吏受赇数,惟泽民与道童名下疏曰:"不受。"丁母忧,去官。

服阕,起济宁路兖州知州。衍圣公阶三品,泽民奏请增其品级,以示褒崇先圣之意,廷议韪之。

至正三年,入为翰林待制,与修辽、宋、金三史。书成,迁国子司业、集贤学士,阶大中大夫。未二月,即移书告老。大学士和尚曰:"集贤、翰林,养老尊贤之地,先生遽去何也。"泽民曰:"吾以布衣,荣叨三品,志愿已足,尚何求邪?"遂以礼部尚书致仕归。

十三年,蕲、黄盗起,廉访使道童问计于泽民,告以收人心、振士气、筑城、浚濠、储粮、简卒,凡数十事。寇再至,皆却之。

十六年夏六月,长枪叛帅琐南班、程述等渡江,欲袭宣城。城中兵不满数百,或劝泽民避去,廉访使木八沙、周伯琦亦以为言,泽民曰:"昔江万里寓都阳,大兵来,犹坐守不去,况父母之邦乎?"军费不给,泽民从容一言,获钞万锭,米三千斛。八月,江浙行省参政吉尼哥儿遣兵来援,城中恃援至,守懈,贼乘夜攀堞以上。城陷,执泽民逼之降,骂贼不屈,遂遇害,年八十三。琐南班等敬其节,具衣冠葬之。事闻,赠资善大夫、江浙行省左丞、上护军,追封谯郡公,谥文节。

子用敬、用和,皆痛父,不食,卒。

福寿,唐兀特氏。幼俊迈,读书知大义。以宿卫年劳授长宁寺少卿,累迁引进使、同知侍仪使、正使。出为饶州路达鲁花赤,擢淮西廉访副使。入为工部侍郎、金太常礼仪院事,拜监察御史,迁户部侍郎、尚书。出为燕南道廉访使,又五迁为同知枢密院事。

至正十一年,颍州盗发,事闻,时车驾在上都,执政欲驿奏其事。福寿曰:"比得请,则已不及事。"乃遣卫官哈刺章等讨之,奏上,惠宗嘉之,以为知缓急。

明年,改也可札鲁忽赤,出为淮南行省平章政事。是时,贼陷濠、泗,势张甚,福寿筑集庆城,划江自守。

十五年,迁江南行台御史大夫。初,湖广平章阿鲁灰率苗军援集庆有功,驻扬州。至是,为下所杀。苗军日事劫掠,不来援。及高邮、滁、和等州俱陷,人情益震恐,福寿乃练民兵为城守计,令有资者助饷。朝廷知其劳,数加赏赐。是年九月,贼将郭天叙、张天祐来攻,其党陈野仙杀二人以降,野仙寻为民兵所杀。从子兆先收其众屯方山,与中丞蛮子海牙相犄角。

十六年二月,朱元璋败蛮子海牙于采石。三月,进围集庆,擒兆先,降其众。福寿督兵出战,败于蒋山,城遂陷。福寿独据胡床,坐凤皇台下,或劝之去,叱曰:“吾与城为存亡,去将何之?”时百司奔溃,惟达鲁花赤达尼达思就福寿问事,留弗去。俄而乱兵至,福寿与达尼达思、参政百家奴皆死之。事闻,赠福寿金紫光禄大夫、浙江行省左丞相、上柱国,追封卫国公,谥忠肃。时殉难者,又有侍御史贺方。

贺方,字伯京,晋宁人。幼聪慧,日诵千余言,人呼为小学士。由国学生累官翰林直学士,出为江南行台治书侍御史。城陷,死之。

褚不华,字君实,隰州石楼人,沉默有器局。泰定初,补中瑞司译史。授海道副千户,转嘉兴路治中,累迁西台、南台监察御史,金河西道廉访司事,移淮东,未几擢副使。

汝颍盗起,不华行郡至淮安,先事为守御计,且请知枢密院老章、判官刘甲守韩信城,相犄角为声援。复上章劾总兵及诸将逗挠之罪,以功迁廉访使,阶中奉大夫。甲有智勇,攻贼辄胜,贼惮之,号曰刘铁头,不华恃为援。总兵者衔不华劾己,乃调甲使别击贼,以困不华。甲去,韩信城陷,贼筑长围以困淮安。

俄而天长青军普颜帖木儿所部黄军皆叛从贼,贼率以来攻,不华退入哈剌章营。贼稍引去,乃出抵杨村桥。贼奄至,杀廉访副使不答失里,啖其尸,不华以余兵入淮安。

时城东、西、南三面皆贼,惟北门通沭阳,阻赤鲤湖,指挥使魏岳、杨遢驻兵沭阳,淮安倚其刍饷。未几,赤鲤湖复为贼所据,沭阳路绝。贼遂进栅南锁桥,不华与元帅张存义、佥事忽都不花突贼栅,殊死战。贼败走,追北二十里。

城中食且尽,元帅吴德琇运粮万斛至,为贼所掠,德琇仅以身免。贼攻城日急，总兵者按兵不救。城中饿莩仆道上，即取啖之，一切草木、鱼虫、鸟兽及靴皮、鞍鞯、败弓之筋皆食尽，后老稚更相食。撤屋为薪，人多露宿，坊陌生荆棘。力尽城陷，不华中伤，见执，贼脔之。次子伴哥冒刃护之，亦见杀。时至正十六年十月乙丑。

不华守淮安五年，人比之张巡。明年御史哈剌章言不华徇忠尽节，宜加褒赠。诏赠翰林学士承旨、荣禄大夫、柱国，追封卫国公，谥忠肃。赙钞二百锭，以恤其家。

普化帖木儿，字兼善，答鲁乃蛮氏。父帖木哥，江南行台御史大夫。

普化帖木儿，累官江浙行省平章政事。至元十八年，改福建行省。十九年，陈友谅遣其将邓克明由建昌分三道寇闽。二十年，延平陷，进围建宁。时经略使伯颜不花守建宁，普化帖木儿合诸县兵援之。秋七月，克延平，建宁围始解。二十一年，邓克明复导渠帅胡廷瑞等大举入寇。三月，邵武陷，复围建宁。普化帖木儿与平章完者帖木儿、参知政事帖木烈思议，檄汀州总管陈有定援建宁。有定部将帖木烈思率数十骑突入城中，人心始固。已而有定复邵武，克明败遁，建宁前后被围一百七十余日，城卒完。诏赐普化帖木儿御衣上尊，加银青荣禄大夫，用便宜如故事。是年八月，迁江南行台御史大夫。时行台移绍兴，张士诚弟士信据杭州，普化帖木儿不能有所设施。

二十二年，士诚讽行台请于朝封己吴王，弗从，即遣人索行台印。普化帖木儿置其印于库曰："我头可断，印不可得。"又逼之登舟曰："我可死，弗可辱也。"从容沐浴更衣，与妻子诀，乃饮药死，掷杯地上曰："我死，逆贼当踵我而死。"时士诚幽丞相达识帖木儿于绍兴，达识帖木儿闻普化帖木儿自杀，叹曰："大夫死矣，吾不死何为？"亦饮鸩死。

刘鹗，字楚奇，吉安永丰人。少力学，吴澄爱重之。皇庆初，为扬州学录。

至正元年,擢湖广儒学提举。学田为有力者所据垂三十年,鹗至,白于台省而复之。未几,入为秘书郎,擢翰林修撰,丁忧归。

十二年,除江州路总管。红巾贼起,江西瓦解,鹗练兵为恢复计,威声甚著。

十七年,迁广东廉访副使。上书论江西、广东事宜曰:

伏以比岁逆贼啸聚,并合丑类,多方告警,焚我蕲、黄,陷我江州,诸路守臣皆弃城逃遁。总管李黼,以无援而战死。臣履任之日,浚治城池,缮修器械,召募丁壮,分守要害,偕诸将士百计捍御。数年之内,强寇稍却,民得安居。

十七年,荷蒙圣恩,授臣广东廉访副使。闻命之日,星夜奔驰,度岭而南,修城濠,缮甲兵,仰仗天威,军士初集,民志用宁。

十九年,迁臣守韶州,整饬军旅,抚绥地方,城郭完固,瑶獠遁避。谨将江西、广东两省事宜为陛下直陈之。

江西以鄱阳为襟喉,以江州为辅臂,袁、临、吉、赣当楚、越之要冲,抚、建、广、饶控闽、越之关隘。至于龙兴,名为省会,居中应外,宜慎简良帅,增设重兵。诸郡有警,则分兵援之。其在各府,则修筑城池,固守要隘,团练堵截,饷粮既裕,兵气自奋。又于九江、湖口各增设一营,备兵捍御,兼置战船百艘,相为应援,则荆、扬诸盗不敢窥窃矣。

若乃广东,五岭之外,号为四塞,由南雄可向荆、吴,由惠、潮可制闽、越,由高、廉可控安南。总广东一省,列郡为十,今分为三路:东惠、潮,中岭南,西高、廉,三者皆要冲也。为今之计,东路官军必屯柏林,以固要津,中路之虎头门等澳,宜严防也。而南头更为尤甚,重兵镇卫不可以已西路等对,暹罗诸番变生肘腋,是更当急为经画者也。臣所言悉地方之要害。

臣窃虑,今日大势,亦岌岌矣。自红巾贼起汝、颍,大为心腹之患,是不独江西一省也。方国珍焚掠沿海诸郡,是又不独

广东一省也。天下之敝，大抵起于因循而成于蒙蔽。臣愿陛下
严简擢之法，省参督之制，核功赏之实，奋刑威之断。举一将，
则众论必孚；任一人，则群疑莫夺。赏一功则疏远不弃；罚一罪
则贵近不贷。如是，则盗贼可平，区区江、广又何足虑哉。

疏入，不报。

二十年，擢广东道宣慰使，秩中奉大夫。二十二年，拜嘉议大
夫、江西行省参知政事。寇至，屡击却之。二十四年，韶州洞獠为乱，
鹗分兵讨之。疏请益师，不报。而江西赣州贼数万猝至，鹗守御数
月，城陷，被执。幽于赣州慈云寺，骂贼不屈而死，年七十五。著《惟
实集》四卷。

史臣曰：刘向有言："士有杀身以成仁，触害以立义，非勇断孰
能行之？"李黼、褚不华等，城孤援绝，甘以身殉。汪泽民无守土之
责，郊死而弗去。泰不华讨方国珍，普化帖木儿抗张士诚。义烈言
言，皆以勇断行之者也。呜呼！向可谓知言之君子矣。

新元史卷二一八
列传第一一五

董抟霄　余阙

　　董抟霄，字孟起，磁州人。由国学生辟陕西行台掾。时天大旱，
从侍御史郭贞谳狱华阴县。劫贼李谋儿狱已具，贿有司，以未获党
徒五年不决，人咸愤之。抟霄言于贞，论杀谋儿，天乃雨。授四川道
肃政廉访司知事，除泾阳县尹。入为户部主事，迁员外郎，拜监察御
史。又出佥辽东肃政廉访司事，累迁浙东宣慰副使。所至有称。

　　至正十一年，除济宁路总管。从江浙平章教化讨安丰贼，败贼
于合肥定林站。时朱皋、固始贼复起，官军不能分讨，抟霄奖劳民寨
及芍陂屯田兵，用之，三县悉平。官军屯安丰朱家寺，遣进士程明仲
谕城贼，招徕千余家，知贼虚实。夜缚浮桥于淝水，既渡，贼始觉，众
数万据涧自守。抟霄麾骑兵，别渡浅滩，袭贼后。贼分兵拒之，抟霄
跃马渡硐，扬言贼已溃，诸军毕渡，一鼓败之，遂复安丰。

　　十二年，命抟霄攻濠州，又命移军援江南。渡江，至湖州，而贼
已陷杭州。教化问计抟霄，请急攻之。教化犹豫未决，诸将亦难之，
抟霄正色曰：“江浙相公辖地，已陷贼，今可取而不取，谁任其咎？”
复拔剑谓诸将曰：“诸君荷国厚恩，而临难苟免。今相公在此，慢令
者斩之！”计乃决。贼阵于盐桥，抟霄麾壮士突其阵，诸军夹击之。凡
七战，追至清河坊，贼奔接待寺，塞其门焚之，贼尽殪，遂复杭州，余
杭、武康、德清亦次第平。

　　未几，抟霄受代去，徽、饶贼复自昱岭关寇于潜。行省乃假抟霄

为参知政事，使讨之。抟霄曰："讨贼不敢辞，若假以重爵则不敢受。"即日引兵至临安、新溪，分兵守之。进至叫口及虎槛，遇贼，皆败之，遂复于潜，又克昌化及昱岭关，降贼将潘大龠二千人。贼又犯千秋关，抟霄还守于潜。贼大至，焚倚郭庐舍。抟霄按军不动，左右请出兵，抟霄曰："未也。"遣人执白旗登山，约曰："贼以我为怯，必少懈，伺其有间，则麾所执旗。"又伏兵城外，授以火炮，复约曰："见旗动，然之。"已而炮发，兵尽出，斩首数千级，遂复千秋关。

贼复攻独松、百丈、幽岭三关。抟霄先以兵守多溪，三关要路也。既又为三军分出三关，会兵捣贼巢穴，乘胜复安吉县。数日，贼再至，抟霄以兵守苦岭及黄沙岭，贼将梅元来降，且言欲降者有十一人。抟霄遣偏将余思忠至贼寨，谕之，贼皆入暗室潜议。思忠持火投室内，拔剑语众曰："元帅命我来活汝等，复何议？"已而火起，焚其寨，贼惊溃来降。明日，进兵广德，克之。蕲州贼与饶、池诸贼复犯徽州，有道士能作十二里雾。抟霄伏兵要之，伏发，袭贼后，贼大溃，斩首数万，获道士，焚其妖书斩之，徽州平。

十四年，除水军都万户。俄擢枢密院判官，从丞相脱脱围高邮，分戍盐城。兴化贼寨在大纵、德胜两湖间，凡十有二，悉破之，即其地筑芙蓉寨。贼入，辄迷故道，为官军所杀。自是，不复敢至。贼恃习水，渡淮，据安东州。抟霄招善泅者五百人，与贼战于大湖，败之，进复安东。

十六年，剿平北沙、庙湾、沙浦等寨。已而战不利，贼乘胜东略，断我军粮道。乃回屯北沙，粮且绝，与贼死战七昼夜，贼卒败走。夺贼船七十余，乃渡淮，保泗州。时暑潦，湖水溢，抟霄独守孤城。贼环攻之，抟霄坐城上，遣偏将率骑士突出贼后，约曰："旗一麾，即还。"既而旗动，骑士还，步卒自城中出。夹击之，贼大败。乃结阵而行，以奇兵转战，日数十合，始得至海宁。论功，擢同金淮南行枢密院事。

抟霄建议曰：

淮安为南北襟喉，江淮要冲之地。其地一失，两淮皆未易复也。为今日计，莫若于黄河上下，并濒淮、濒海之地，南自沭阳，北抵沂、莒、赣、榆诸州县，布连珠营，每三十里设一总寨，就三十里中又设一小寨，使斥堠烽燧相望，巡逻往来。遇贼则并力野战，无事则屯种而食，然后进有援，退有守。此善战者所以常为不可胜，以待敌之可胜也。又海宁一境，不通舟楫，军粮惟恃陆运。其陆运之方，每人行十步，三十六人可行一里，三百六十人可行十里，三千六百人可行百里。每人负米四斗，以夹布囊盛之，用印封识。人不息肩，米不著地，排列成行，日行五百回，计路二十八里，轻行一十四里，重行一十四里，日可运米二百石。每运给米一升，可供二万人。此百里运粮之术也。

又江淮流民及安东、海宁、沭阳、赣榆等州县，宜设军民防御司，择军官材堪牧守者，使居其职，籍其民以屯故地。练兵积谷，且耕且战，内全山东完固之邦，外御淮海出没之寇，而后恢复可图也。

议上，朝廷不能用。

十七年，毛贵陷益都、般阳等路，命抟霄从知枢密院事卜兰奚讨之。已而济南路又告急，抟霄率所部援之。贼众自南山下攻济南，望之两山皆赤。抟霄按兵不动，先以数十骑挑之，贼悉众来攻，骑兵少却，伏兵起，合战，城中兵又大出，贼败走。泰安贼复逾山来袭济南，抟霄击败之，于是城守始固。擢淮南行枢密院副使，兼山东宣慰使都元帅，仍赐上尊、金带、楮币、名马以劳之。有疾其功者，谮于总兵太尉纽的该，令抟霄依前诏，从卜兰奚征益都。抟霄以老病，请使弟昂霄领其众，朝廷从之。授昂霄淮南行枢密院判官。未几，命抟霄守河间长芦。

十八年，抟霄以兵北行，且曰"我去，济南必不守。"既而济南果陷。抟霄屯于南皮县之魏家庄，诏拜抟霄河南行省右丞，甫拜命，毛贵兵已至，营垒未完。诸将问计，抟霄曰："我受命至此，当以死报国耳。"贼众突至抟霄前，捽而问曰："尔为谁?"抟霄曰："我董老爷也。"众刺杀之，无血，惟见有白气冲天。是日，昂霄亦战殁。事闻，

赠宣忠守正保节功臣、荣禄大夫、河南行省平章政事、柱国,追封魏
国公,谥忠定。昂霄赠推诚效节功臣、嘉议大夫、礼部尚书、上轻车
都尉,追封陇西郡侯,谥忠毅。

　　抟霄号令严肃,御将吏凛然不可犯,而四方之士归之者,礼遇
勤至,各取其长任之,故能得人死力。元末名将,抟霄一人而已。

　　余阙,字廷心,一字天心,唐兀氏,世居河西。父沙剌藏卜,官庐
州,遂为庐州合肥人。母尹氏,梦异人至,而生阙。少孤,授徒养母。
与吴澄弟子张恒游,学日进。

　　元统元年进士及第,授同知泗州事。为政严明,豪猾慑服。州
无麦,民不敢上闻,阙请于中书,著为令,凡无麦者得减赋代还。民
大悦,酿金为谢,阙不受。俄召为应奉翰林文字。转刑部主事,与上
官议事不合,阙上书宰相言状,又不报,乃弃官归。

　　未几,召修辽、金、宋三史,复入翰林为修撰。拜监察御史,疏
言:“守令为亲民之吏,欲天下治,责守令宜用殿最法。”时论韪之。
廷议遣使者巡察诸路,阙言:“使者无状,所至供帐饮食,如奉至尊,
不能宣上悯恤元元之意,宜亟罢之。”不听。改礼部员外郎,阙议复
古礼乐,援据精核,朝廷不能用。安西郭氏女受聘,夫卒,郭为行服
不嫁,有司请旌其门;阙以过于中庸,非制礼所尚,不予旌。

　　出为湖广行省左右司郎中。广西山路峻险,民输官粟费恒倍,
阙命输布帛代粟,民便之。瑶蛮叛,右丞沙班讨之,逗挠无行意。阙
面责之,沙班辞以粮刍不给,阙下令趣三日具办,沙班遂行。湖南章
宣慰以婆律香馈阙,阙疑其重,不受,箧内果置黄金。章叹曰:“余馈
达官,无辞者。洁如冰壶,独余公一人耳。”

　　复召入为集贤经历,迁翰林待制。出佥浙东廉访司事,贪吏闻
阙至,多解印绶自免。衢州长官燕只吉台贼杀无辜,阙鞫治之,狱
上,行台御史与有连,反摭事劾阙。阙复弃官归,旋丁母忧。

　　十二年,江淮盗起,行省平章政事脱忽儿不花承制起阙,权淮
西宣慰副使、佥都元帅府事,分兵守安庆。阙对使者曰:“为臣死忠,

正在今日,阙曷敢辞。"时城外皆贼栅,阙从间道入,与将吏议屯田战守事。阙自将攻双港栅,贼殊死斗,兵稍却,阙召败兵誓之曰:"死则俱死,尔何生?"为乃一鼓而进,拔之,诸栅皆次第降。阙以乡兵捍外,护民耕作,属县潜山八社土沃,垦为兵屯。贼至,辄与战,战必胜,所用者乡兵数千而已。

十四年,大饥,阙捐俸二百石,为粥以食饿者,又请于中书,得钞三万锭赈之,全活甚众。

十五年夏,霖雨,城下水涌,有物声吼如雷,阙祀以少牢,水顿平。秋,大获,得粮三万斛。阙度兵食足,乃浚隍、增陴,陴外筑大防堑三重,引江水注之,环城植木栅,城上起望楼,表里完固。是时,淮东、西皆陷,阙独守安庆,左提右挈,屹为江淮保障。贼伪作尺牍,与城中诸大姓,约为内应。阙曰:"吾民安有是?"悉焚之。贼复令阙故人甘言说降,阙牵出,以铁锥击其齿颊,斩于东门外。论功,累擢同知副元帅、都元帅,赐上尊及黄金束带。

江西官军掠州县,杀婴儿贯槊上为戏,独不敢入安庆界。广西苗军元帅阿思兰抵庐州,遣使者至,腰刀直入,胁阙供亿。阙叱左右缚付狱,抗疏言:"苗蛮素不被王化,其人与禽兽等,不宜使入中国。"诏阿思兰还军。转淮南行省参知政事,寻改左丞,赐二品服。阙益自奋,誓以死报国。立旌忠祠,集将士祠下,谓之曰:"男子生为韦孝宽,死为张巡,不可为不义屈。"闻者壮之。

十六年,池州贼赵普胜来攻,连战却之。未几又至,淮宁县达鲁花赤百家奴战死。

十七年,普胜挟青军,两道来攻,相拒月余,围始解。安庆倚小孤山为屏蔽,阙使义军元帅胡伯颜守之。十月,陈友谅自上游直抵小孤山,伯颜力战四昼夜,败还安庆。友谅追至山口镇,遂薄城下。阙遣兵扼于观音桥。已而饶州贼攻西门,友谅兵攻东门,已登闉,阙简死士击之,贼复败走。友谅恚甚,乃并军攻东、西门,阙部分诸将,昼夜捍之。十一月,普胜攻南门,友谅自攻西门,战不利。阙驻于城东练树湾,据濠为阵。贼渡濠,阙手刃数人,一贼登岸,阙复刺杀之。

友谅望见叹曰："儒者之勇如此,使天下皆余公,何患城守之不固哉。"遂退。十二月,普胜复攻东门,阙矢贯左目,昏瞀不知人事,将士卫阙还。阙苏而骇愕,谓左右曰："吾死得其地,瞑目无憾,汝奚以吾归?"于是,复卫阙出。

十八年春正月,普胜军东门,友谅军西门,饶州贼军南门,群贼蚁附,战舰蔽江而下。友谅攻西门急,阙自当之,分遣部将督三门之兵。阙身先士卒,斩馘无算,而阙亦身被十余创。俄城中火起,阙知城已陷,乃引刀自刎,坠濠西清水塘而死,年五十六。妻蒋氏、妾耶律氏、女安安,皆赴井死。子德臣,年十八,通经史大义,亦溺水死。甥福童战死。侄婿李宗可,蕲州人,为义兵元帅,手刃妻子自刎死。吏民登城楼,自去其梯曰："宁俱死此,誓不从贼。"乃纵火自焚。其知名者,万户纪守仁、陈彬、金承宗,都事帖木儿不花,万户府经历段桂芳,千户火失不花、新李、卢廷玉、葛延龄、邱昏、许元琰,奏差兀都蛮,百户黄寅孙,推官黄秃伦歹,经历杨恒,知事余中,怀宁尹陈巨济,凡十八人。

阙号令严明,与下同甘苦。尝病不视事,将士皆吁天乞以身代,阙闻之,强衣冠而出。临敌,矢石雨下,左右以盾蔽,阙却之曰："汝辈亦有命,何蔽我!"故人人为之效死。稍暇,即注《周易》,率诸生会讲郡学,立将士门外听之,俾知尊君亲上之义,有古儒将风。赠摅诚守正清忠谅节功臣、荣禄大夫、淮南江北等处行中书省平章政事、上柱国,追封豳国公,谥忠宣。

阙留意经学,五经皆有撰述。尤工诗文,门人辑为《青阳山房集》五卷。初金溪危素以文学征,或问于虞集,集曰："素事业匪所敢知,必求其人,其余阙乎?"或问:"何以知阙?"集曰："吾于阙文字见之。"后竟如其言。阙既死,陈友谅义之,以金赎其尸,具棺敛葬于安庆西门外。明太祖复为阙立庙于忠节坊,命有司致祭焉。

史臣曰:以董抟霄之智勇,而使受节制于纽的该、卜兰奚等,往来奔命,死于盗贼,悲夫! 余阙兼资文武,守孤城以抗方张之寇。阙尝曰;"男子当生为韦孝宽,死为张巡。"呜乎! 阙固巡之亚匹也,岂孝宽所敢望哉!

新元史卷二一九
列传第一一六

星吉　石抹宜孙 迈里古思　苏友龙
也儿吉尼　陈有定

星吉,字吉甫,河西人。曾祖朵吉、祖搠思吉朵儿只、父思吉,世为怯里马赤。

星吉袭怯里马赤,给事仁宗潜邸。至治初,授中尚监丞,谨于出纳,英宗奖其称职。改右侍仪、同修起居注。泰定元年,拜监察御史。疏劾御史大夫倒剌沙,直声震中外。三年,擢引进使、知侍仪事。四年,进侍仪使。

文宗即位,拜江南行台治书侍御史,赐上尊二,衣一袭、钞五十贯。至顺元年,迁河东山西道廉访使。复拜陕西行台治书侍御史,召还,除同知中政院事,改同知功德使司事。

元统二年,出为淮西江北道廉访使。明年,拜大都路总管府达鲁花赤。擢太府卿。将作院乾没锦绮一万五千匹,星吉悉责偿之,吏畏如神。昆山知州诬告总管道童,诡报岁灾,帝命星吉按之。道童廉直,属吏不能堪,故诬之,且倚前翰林学士阿鲁灰为援。星吉廉知其状,并治阿鲁灰罪。于是三台交章荐之,特授资善大夫、大都留守,仍兼太府卿,旋加荣禄大夫。帝幸太府,见其簿籍精密,善之。时星吉侍阶下,遇雨,帝命取御服油衫衣之,并赐金带。旋擢宣徽院使。四年,改湖广行省平章政事,召还为中政院使。

六年,赐金虎符,转海西辽东合思罕等处打捕鹰房怯怜口万户府达鲁花赤。累迁宣政院使。出为江南行台御史大夫，选刚明御史行十道，纠擿贪邪不少贷。秦桧裔孙夺民田，讼久不决，星吉曰："秦桧何人也？"属吏曰："宋奸臣也。"星吉阅桧传，乃署其状曰："桧之罪，百世有余戮，其遗允敢为民害！"尽返其田。浙东佥事三宝住，廉吏也，御史诬劾之，星吉怒杖御史，而白其诬。丞相脱脱与御史有连，恶之，移湖广行省平章政事。威顺王宽彻不花好田猎，民病之，又起广乐园，聚娼妇、贾人以网利，有司莫敢问。星吉至，谒王，王阖中门，启左扉召之入。星吉引绳床，坐而言曰："我受天子命为行省大臣，恶得从小门入！"闻者惧，告王，乃启中门。星吉入，责王曰："王，帝室之胄，不闻德音，而淫猎以为民病，窃为王危之。"王投几，握星吉手谢之。

十一年，汝、颍妖贼起，星吉召老将郑万户，任以战守。贼遣其党二千人诣军门降，郑诱而歼之，械其酋数十人于狱。会星吉召为大司农，平章和尚受贼赂，乃诬郑罪而释其所械者。明年，贼大至，内外响应，城遂陷。城人泣曰："大夫不去，吾岂为贼俘！"星吉入见，具言贼本末，帝喜，赐食及钞三万贯。

脱脱以宿嫌，奏为江西行省平章政事，员外置。与浙西平章政事不颜帖木儿、御史中丞蛮子海牙守江州。时江州已陷，星吉建阃太平，贼渐逼，众号百万，官吏恟惧。星吉贷富室粟募兵，一日得三千人，与贼战于池州，败之，复其城。至鲁港，威顺王之兵亦至。贼夜遁，遣神将败贼于白马湾，贼走淮西。星吉部分诸将，蹑其后，及于白湄，又败之，擒其伪丞相周驴，夺战舰六百艘。

已而贼复窜池州，星吉率所部援之，闻贼攻陷石棣，夜趣之。贼阵于县西岳溪桥，有贼将乘驴挑战，骁悍为官军所畏，星吉引弓射之，应弦而殪，贼败走，又以舟师二百艘来攻，使万户王惟恭败之。乘胜进至望江清水湾。侦者告贼船四百顺风而至，诸将失色，星吉曰："吾有以胜之。"乃伏兵横港中，风利贼船奄过，官军鼓噪出其后，复破之。贼方围安庆，捷闻，遽烧营走。星吉自驻鄱阳，命王惟恭守小孤山，扼江湖冲要以图恢复。

是时湖广已陷，江浙兵屡败，江西孤立无援。或曰："东南完实，盍因粮以图再举?"星吉曰："吾受命守江西，必死于此。"众不敢复言。

十二年九月，贼以大船四面来攻，星吉麾众殊死战，从子伯不花死之。星吉犹坚坐不动，贼射之中目，乃昏仆。贼素闻其名，欲降之。明日少苏，贼馈以食，星吉骂曰："狂贼，我国家大臣，恨不能杀汝，何谓降也。"不食而卒，年五十七。赠开府仪同三司、上柱国、录军国重事、江西行省丞相，追封威宁王，谥忠肃。

星吉公廉明决，在军中与将士同甘苦，以忠义激发人心，故能以少击众，得人死力。

子刺咱识理，利用监太卿；答里麻，佥辽东行枢密院事。

石抹宜孙，字申之，契丹人。祖良辅、父继祖，俱为沿海上副万户。

宜孙性警敏，嗜学，袭世职，及嫡母弟厚孙长，即让之。至正十一年，方国珍起海上，江浙行省檄宜孙守温州。是年，蕲、黄贼自闽犯龙泉，复檄宜孙御之。贼退，处州判官欲尽诛平民违误者，龙泉人章溢说宜孙曰："贫民迫于冻馁，故从贼，诚得一循吏抚之，皆良民。今不出此，而肆行杀戮，是扬汤以止沸也。"宜孙曰："善。"即檄判官勿擅杀。以功擢浙东道宣慰使，守台州。海贼起黄岩，宁海乱民应之，围台州。宜孙檄章溢以民兵赴援，溢得檄即起曰："吾乡非石抹公，人当尽死。此报德之时也。"率精锐数百人抵城下，内外夹击，贼溃走。顷之，处州属县贼并起，宜孙复率所部讨之。

十七年，行省左丞相达识帖木儿承制授宜孙行枢密院判官，分省治处州。以儒学副提举刘基为经历，萧山县尹苏友龙为照磨。又辟章溢、胡深、叶琛参谋军事。遣千户曹胜安攻松阳贼，降之。又遣溢等讨平丽水、青田、金华、东阳诸县贼。寻擢同佥行枢密院事。

十八年二月，明兵逼婺州，宜孙母及弟厚孙俱在城中。宜孙泣曰："食禄而不事其事，谓之无君；母在难而不赴，谓之无亲；可立于天地间乎!"遣深等率民兵数万援婺州,自以锐卒殿之,失利而还。其母与弟俱为明兵所获,令为书招宜孙降,宜孙不应。时经略使李国凤至浙东,承制拜宜孙行省参知政事,阶中奉大夫。

十九年,明将胡大海、耿再成间道攻处州。再成驻兵缙云之黄龙山,四面斗绝。宜孙遣元帅叶琛屯桃花岭,参谋林彬祖屯葛渡,镇抚陈仲亨屯樊岭,元帅胡深守龙泉,以拒之,士卒皆无斗志。深弃军降于大海,且言处州兵弱易攻。大海出兵樊岭,与再成合攻之。桃花岭最险,再成绕出其后,连拔桃花、葛渡二寨,遂薄城下。宜孙战败,走建宁,收集散卒,攻庆元,复为再成所败。还建宁,半道遇乱兵,为所害。部将李彦文葬宜孙于龙泉。事闻,赠推诚宣力效节功臣、集贤大学士、荣禄大夫、上柱国,追封越国公,谥忠愍。宜孙幕府士刘基、章溢等皆为明用,独苏友龙始终不出。与宜孙同时守绍兴者,有迈里古思。

迈里古思,字善卿,宁夏人。至正十四年进士,授绍兴路录事司达鲁花赤。抚字凋瘵,民爱之如父母。杨完者部将持露布至绍兴,无故劫照磨陈修家。迈里古思怒,率吏捕之,民欢呼。从事擒斩数人,苗军惧,不敢复至。

江南行台移治绍兴,檄迈里古思为行台镇抚,募民二千余人,号曰果毅军。处州山贼陷永康,掠东阳,迈里古思率所部讨之,命部将黄中等以奇计绐贼,擒贼首六人,斩六百余级。贼复空寨出战,迈里古思简精兵,截其冲,贼大溃,遂复永康。以功除江南浙西道廉访司知事,又迁江东建康道经历。行省丞相达识帖木儿承制授行枢密院判官,分院治绍兴。

时御史大夫拜住哥统军三千,号台军,纪律不严,民受其扰害者,诉于迈里古思,辄以法绳之,台军怨怒。拜住哥黩货,不为迈里古思所礼。或谏,迈里古思曰:"吾知上有君,下有民,遑问其它!"拜住哥衔之。会方国珍遣兵侵绍兴属县,据上虞,迈里古思曰:"国珍本海贼,今既降,又为大官,而害吾民,可乎!"乃先遣黄中取上虞,自率亲军与国珍将冯万户战，不利。是时朝廷方倚重国珍，资其粮运，拜住哥素与国珍通贿赂，情好甚笃，遂决意杀迈里古思。使人召至私第，与计事，既至，左右以铁锤挝杀之。民闻其死，皆痛哭，持服设位祭之，私谥曰越民考。

黄中率众复仇，尽杀拜住哥家人及行台官吏，独留拜住哥不杀。拜住哥自劾，纳印绶去，寻迁宣政院使。御史真童劾其阴害帅臣，几激大变，不法不忠，莫斯为甚，宜置之严刑。诏削拜住哥官职，安置湖州。迈里古思之冤始白，追封西夏郡侯，赠中奉大夫、江浙枢密院佥事，谥忠勇。

迈里古思友董旭，钱塘人，字太初，方国珍欲用之，不肯屈，为国珍所杀。

苏友龙，字伯夔，金华人。江浙行省参政苏天爵闻其名，辟为掾，遇事力争，天爵敬惮之。

贼犯杭州，省臣皆遁，参政樊执敬独以死自誓。友龙说执敬曰："明公以身殉国，义则得矣，如一城百姓何？今城中健儿不下数十万，府库银绢以万计，募兵战而不胜，死未晚也。"执敬不能用，策马赴贼而死。友龙与掾李枢募民杀贼，一贼首偿钱二百五十缗，数日内杀贼万计。未几，平章教化复杭州，友龙口不言功。

考满，谒选中书参议，汝中柏欲引为右曹掾，友龙辞不就，擢萧山县尹。县民诡名匿其田，赋日不均。友龙令民自实，辑为册，凡征发皆据册轻重之。县粮输衢、处二州，民惮其远，属吏代输，吏遂缘为奸利。友龙为立法，每乡置督运一人，趣民运于江滨，验粮多寡僦舟以载，民便之。

累迁行枢密院照磨，张士诚降，友龙持诏书往湖州，责其戍将潘允明行郊迎礼。允明欲西向坐，友龙正色曰："君敢与诏书抗礼耶？"允明耆服，临行赠米百斛、锦二十端，友龙辞不受。时士诚新授淮南平章政事，请于行省丞相曰："诏使四出，惟苏照磨廉介士，愿得为幕僚。"友龙谢不往。

擢江浙行省左右司都事。石抹宜孙分省处州，请友龙与青田刘基从。后幕下士多散去，部将胡深、章溢亦拥兵观望。友龙独左右之，复移书深等，惓惓以共济国事为言。既而明兵下处州，怨家告友龙长子仕于陈有定，徙滁阳。明丞相李善长欲奏官之，友龙以年耄辞，卒年八十二。

也儿吉尼，字尚文，唐兀氏。

至正五年，由陕西行台监察御史，入为内台御史。劾丞相别儿怯不花不可为相者五事，章再上，出为佥浙西道廉访司事，既拜命，复劾之。帝感悟，罢别儿怯不花为太保，也儿吉尼曰："是不可以为相，而可以为师乎？吾为谏官，言不用则当去。"固辞前命。由是，谪别儿怯不花居渤海。也儿吉尼丁父忧，夺情起判中政院。十一年，迁广西道肃政廉访副使。

十二年，红巾贼陷潭州，鼓行而西。也儿吉尼乃议缮城郭，扼险要。捐俸贸易海盐，数岁息至巨万，经费以充。又集诸将谓之曰："使贼长驱深入，则广西危矣，宜出军衡、湘以扼之。乃使万户黄祖显率三千人为先锋，都元帅甄崇福统五万户继之。祖显败贼于樟木镇，贼走衡山，追之，连战皆捷，斩首数万级，潭、衡二州平。既而，道州贼周伯颜陷全州，也儿吉尼使万户孙思敬赴援，贼败走，复进克道州，获伯颜诛之。又使同知普颜帖木儿等平临桂、贺州乱民，广西始定，擢湖广行省平章政事，兼广西道肃政廉访使。

二十三年，立广西行省，以也儿吉尼为平章政事。是时，江南诸行省多陷没，惟也儿吉尼守广西十有五年。

二十八年，明将杨璟等克永州，进攻靖江，别将朱亮祖亦自平乐率师来会。也儿吉尼屡败，使副使王暹乘驿至梧州，募兵无应者。复遣其子不花帖木儿至肇庆，告急于普颜帖木儿。馈以银五千两，使先归。不花帖木儿中道为明兵所获，缚至城下，招其父降。也儿吉尼登陴，下令曰："有能射杀吾子者，赏五十金。"射之，无中者。六月，璟使降将皮彦高险购把水元帅张荣为内应，荣麾下裴观缒城出，见璟约降。璟给白皮帽百余，使为识，乘夜自宝贤门人，城遂陷。
也儿吉尼出走，追执之，送于金陵，不屈死。部将陈瑜、刘永锡、曾尚
宾，皆全家自杀。

　　陈有定，字安国，汀州清流人。初病疟，及壮，仪表魁梧。家贫，
佣于同里罗氏。翁奇其貌，欲妻之，媪不可，乃分资助之。有定不能
居积益困，投身明溪寨为兵，人多服其勇略。

　　至正中，天下兵起，远近骚动。妖贼柳顺据宁化之曹坊寨，拥众
万余。一日，索马于明溪寨。有定设策，阳以牛酒犒之，潜收其兵械，
悉戮之。贼怒，自将数千人来攻，寨中恟惧。有定择壮士数百人，伏
于山麓。追顺至，伏兵猝起，盗惊扰，有定驰出击之，俘斩大半。乘
胜攻拔曹坊，擒顺归。众皆拜有定曰："非公莫可以主吾寨者。"因推
为长。

　　至正十七年，授明溪巡检。时邻县寇垒数十，有定悉平之。因
险立寨三：曰南北，曰石龙，曰平安。练兵积粟，为一方障蔽。贼曹
福山、马文甫等以兵应红军，直犯汀州，势甚锐。有定使巫扬言曰：
"神当遣兵助我。"贼信之。有定乃引兵直薄其垒，馘二贼以还。福
建行省表有定为清流尉，声威渐著。是年春，义兵万户赛补丁、阿达
黑丁据泉州叛。明年，遣礼部员外郎姜硕自海道宣慰有定，遇寇而
没。未几，他使至，拜有定延平总管。

　　二十一年，陈友谅既得江右之地，使其将邓克明帅众数万破汀
州、延平，遂围建宁。时有定屯平安寨，潜师救建宁，与福州守将阮
德柔合兵击克明，破走之，追歼其众，悉复所失地。友谅由此不敢窥
闽。

　　二十二年，安抚使李国凤表有定功，授福建行省参知政事，有
定辞。尚书李士赡以使事在闽，劝之，乃受命。福清路宣慰使陈端
孙不附有定，临以兵，端孙拒战被执。有定胁之附己，端孙不从，杀
之。

　　未几，平章普化帖木儿与泉州万户赛补丁构兵。普化帖木儿起

前平章三旦八、前总管安童，分省于兴化，以为己援，复掠泉州。亦思八夷酋阿迷里丁袭陷兴化，执三旦八，安童遁去。阿迷里丁遂大掠而还。初，浦田林德隆与惠安陈从仁并御寇有功，朝廷以德隆为兴化总管，从仁为兴化同知。二人素有隙，从仁乃计杀德隆，德隆党复杀从仁。从仁之弟同及其戚柳伯顺，与德隆子珙部将许瑛治兵相攻，同乞援于漳州罗良珙，又乞援于阿迷里丁、赛补丁，兵迭至，兴化遂大乱。五月朔，赛补丁入福州，平章燕只不花败之。赛补丁率余众航海返泉州。而阿巫那复杀阿迷里丁，败同等，杀戮尤甚。皇太子闻乱，使孙观为左丞，分省于泉州，阿巫那将听令。观处分乖剌，阿巫那益桀骜不可制。顷之，柳伯顺与珙合，以兵拒阿巫那。阿巫那遣其将白牌马合谋金阿里击杀许瑛，且暴兵海滨。伯顺乘虚入兴化。白牌诸酋闻之，即还师攻城。围既合，独不向宁真门。

　　时兵乱既久，朝廷檄有定讨之。有定使其子宗海将兵，夜从宁真门入，外寇不知也。诘朝，宗海令开西南二城门。寇骤见门开，已惧，须臾城中整师而出，愈惶惑。宗海乃直前薄之，夷兵大败，死以千计，追擒白牌诸酋斩之。有定寻至，收抚残兵，势益振，伯顺、珙同受约束，各率所部听命。遂进讨泉州，州人执阿巫那、赛补丁迎降，有定斩之。兴、泉罹寇祸殆十余年，至是乃平，故二路之民皆深德有定。

　　漳州罗良，先以左丞据漳，自以亦思八夷不敢犯其境，素不下有定。有定愤良不附己，攻之。良战败入城，城陷，良巷战死。其妻陈氏亦赴水死。于是九路之地，悉归有定矣。

　　朝廷闻兴、泉平，进有定为福建行省平章政事，其将佐皆拜官有差。有定以延平城险固，自居之，而以宗海镇将乐，又使其族弟子琦守建宁，尽以部将控制诸路，吏事则听朝廷所命官治之。有定不修威仪，常如为布衣时。为政有威惠，岁修贡赋，括闽中废寺田租由海道输于京师。惠宗嘉其忠，赐赉稠叠。时朝命独通于闽，故臣、旧帅及江右之士思勤国事者多入闽，有定皆礼而用之。初，宗海至泉，访士人赵应嘉，应嘉说之曰："夷狄为中国患，宜共驱之，奈何更为之用!"宗海然之,以告有定。有定乃聘至延平,咨以时务,应嘉多迂论,且劝有定立宗庙。有定笑其迂,而罢之。

二十三年,陈友谅败死,余贼熊天瑞据赣。有定遣江伯昂往说之,欲与之合从以抗金陵,天瑞不决。伯昂还吉水,萧寅遇之,嘉其义,乃从伯昂入闽,复渡两浙,历金陵、楚、蜀,就故封州守解若凤谋曰:"吾视群雄,独有定忠义可依也。"复之闽。有定以寅同知邵武,令参其军谋。有定用法严,诛戮亦滥,寅从容营解,多所全活。

二十五年正月,有定兵至浙东。或言于明太祖曰:"闽兵脆弱,易攻也。"乃遣胡深率兵伐之。深攻下浦城、建阳,有定与阮德柔以兵四万营于锦江,出深后。深还兵击破之,因追奔逐利,闽人乘而薄之,深众溃,被执。时明将朱亮祖攻崇安,闻深败,引兵退保紫溪。有定初得深,敬礼之,无加害意。深劝有定降明,依窦融故事,有定不答。顷之,大都使者至,趣有定杀深以明无贰,有定乃设铜驴置深其上,炽毙之,且曰:"后有犯我者,当视此。"有定既统全闽,参政阮德柔自以元旧臣,不尽受节度,有定不能容。德柔惧不自安,密通款于金陵,且请兵自救。使未报,有定掩之,德柔战死。柳伯顺以破胡深功,骄蹇,有定亦忌而杀之。时陈同将兵守潮州,有定虑同以伯顺故,必怨望,乃征同还处之福州。

二十七年,朝廷以海道辽远,出空名宣敕数十道付之,使承制封拜,勉以忠义,欲令牵制明师。有定虽受命,亦不敢轻动。是时福州鼓楼鸱吻吐气、若烟雾,见者以为不祥。冬十月,明祖使汤和等伐有定,分兵三路:一出衢州;一出建昌;一出台、温,自海道进。有定但防陆路,严兵守邵武、浦城,自提兵往来,为东、西应援。十二月,胡廷瑞、何文辉破杉关,略光泽,守将李宗茂以邵武降。寻破崇安,守将曹复畴以建阳降。

正月,明军次建宁,守将同金达里麻与参政陈子琦议曰:"金陵兵自破杉关,转斗,锋不可当。计吾兵不下万人,以战不足,以守有余,且储粟甚富,宜固守以老其师。彼攻城不克,必退,吾因而乘之,可以得志。"众善之。廷瑞等围城,数挑战,不应,遂四面急攻之。达里麻自度不支,开门降。二将整兵入城,执陈子琦送京师。有定虽失建、邵,犹恃延平之固,方与明军相持,而汤和海道之师奄至南台。陈同以伯顺宿愤,首出降。福州守将平章曲出遁,左司郎中柏帖木儿死之,和遂克福州。

于是延平孤立,首尾皆明军。和等督大军趋延平,屡遣使以诏旨招有定。有定杀使者,取血和酒中,与诸将饮之,坚守如故。和乃分兵攻其西门。有定见外兵甚锐,不敢出战。和又堰剑水之下流,水渐及城,有定犹严备以伺间,昼夜巡逻不少息。其麾下皆请决战,有定不许。数请不已,有定疑其有异志,杀数人。由是人心解体,多縋城遁去。和等悉兵攻之,有定益危蹙。城且陷,召其将邓益、谢英辅等与诀曰:“公等善为计,吾自死元尔。”乃服朱雀血而死,未绝,英辅与达鲁花赤亦具朝服,北面自经。其将赖正孙启门纳外兵,舆有定至神武门,雷震之而苏,械至金陵。

是月,汤和遣使谕兴化将王恩义等,恩义杀使者,走泉州。兴化民李子诚送款于和,杀恩义等。漳州达鲁花赤合鲁温自杀。初,延平被围,有定日望将乐之救,而宗海力不能援。延平破,单骑来归,并絷送京师。明祖问有定曰:“元亡,汝为谁守?能降仍官汝,否则伏铜马。”有定曰:“不降,愿伏铜马。”遂与宗海并遇害。宗海有膂力,善骑射,有定平诸贼,宗海之力居多。将乐既下,有定旧部曲据明溪、白头、虎头、黄龙、青龙诸寨,皆委兵降。

六月,有定故将金子隆起兵攻延平,明将沐英破斩之。萧寅从有定至京师,有定死,明祖欲官之,寅以亲老辞,家居三十年而卒。陈同归,吏侵之急,同不能容,遂假行省檄,集民兵得二千余人,拥之以叛。泉州发兵讨之,为同所败,人多应之。明驸马王克恭以大兵至,同败走光泽,明兵擒斩之。

史臣曰:星吉、石抹宜孙,皆欲延揽英豪,以纾国难,迫势穷援绝,人情乖阻,舍命不渝,无惭义烈。然宜孙幕府士,异日为明之佐命,拟迹良、平,非智于明,而不智于宜孙,凭藉之势异也。元末云南

有梁王,福建有陈有定,广西有也儿吉尼,可谓三忠,国亡而不改
节。视何真、陈均义等,何如哉!

新元史卷二二〇
列传第一一七

察罕帖木儿 扩廓帖木儿　李思齐　老保

魏赛因不花　关关　关保　刘则礼

　　察罕帖木儿,字廷瑞,本乃蛮氏。曾祖阔阔台,元初从大军定河
南。祖乃蛮台、父阿鲁温,遂家河南为颍州沈丘人,改姓李氏。察罕
帖木儿幼笃学,应进士举,有时名。身长七尺,修眉覆目,左颊有三
毫,怒则竖立,慨然有当世之志。

　　至正十一年,盗发汝、颍。不数月,江淮各路皆陷。朝廷征兵讨
贼,无功。十二年,察罕帖木儿乃起义兵,从者数百人。与信阳罗山
人李思齐合兵,复罗山。事闻,朝廷授察罕帖木儿汝宁府达鲁花赤,
自为一军,屯沈丘,与贼战,辄克捷。

　　十五年,贼陷邓、许诸州。察罕帖木儿转战而北,屯于虎牢,以
遏贼锋。贼北渡盟津,掠怀州,河北震动。察罕帖木儿进讨,大败之,
歼贼党栅河洲者。除中书刑部侍郎。苗军以荥阳叛,察罕帖木儿夜
袭之,虏其众几尽,乃东屯中牟。已而淮西贼号三十万,掠汴梁以
西,直捣中牟。察罕帖木儿严陈待之,以死生利害谕士卒。皆贾勇
决死战。会大风起,察罕帖木儿乘风势,率锐卒冲贼中坚,贼遂披靡
不能支,夜遁,军声益振。

　　十六年,擢兵部尚书。贼入潼关,陷陕、虢二州。知枢密院事答
失八都鲁节制河南诸军,调察罕帖木儿与李思齐赴援。察罕帖木儿
西拔觳陵,立栅于交口。陕州阻山带河,贼转南山粟给食以坚守,攻

之猝不可拔。察罕帖木儿乃焚马矢营中,如爨烟以疑贼,夜率兵拔灵宝。城守既备,贼始觉,不敢动,乃渡河陷平陆,掠安邑,察罕帖木儿追袭之,蹙以铁骑。贼回扼下阳津,溺死者众。相持数月,贼败遁。遂复陕州及虢州。以功加中奉大夫、金河北行枢密院事。

十七年贼出襄、樊,陷商州,攻武关,官军失利。直趋西安,至灞上,分道掠同、华诸州,陕西省台来告急。察罕帖木儿与李思齐自陕、虢援西安,与贼遇,杀获万计,贼余党入兴元。朝廷嘉其功,进陕西行省左丞。未几,贼陷兴元,据巩昌,遂入凤翔。察罕帖木儿先分兵入守凤翔,而遣谍者诱贼。贼果悉众来攻,察罕帖木儿自将铁骑,昼夜驰二百里赴之。去城里许,分军张左右翼掩击之,城兵亦开门,鼓噪而出,内外合击,呼声动天地,贼大溃,自相践蹂,伏尸百余里。余党皆奔溃。关中悉定。

十八年正月,诏察罕帖木儿屯陕西,李思齐屯凤翔。二月,复泾州、平凉,进保巩昌。三月,贼陷晋宁路,察罕帖木儿遣赛因赤等击败之,复其城。已而大同诸县相继陷,复遣关保击败之。四月,与李思齐会张良弼、郭择善、拜帖木儿、定住、汪长生奴等,共讨贼李喜喜于巩昌。李喜喜奔四川。五月,又遣董克昌复冀宁。拜陕西行省右丞,兼行台侍御史、同知河南枢密院事。诏察罕帖木儿守御关陕、晋、冀,便宜行阃外事。察罕帖木儿益练兵训农,以平定四方为己任。

是年,安丰贼刘福通等陷汴梁,号召群贼。川、楚、江淮、齐鲁、辽东所在兵起,势相联络。察罕帖木儿乃北塞太行,南守巩、洛,而自将中军军沔池。会叛将周全与福通合兵攻洛阳,察罕帖木儿以奇兵出宜阳,自率大军发新安来援。贼至城下,见坚不可攻,即引去。察罕帖木儿追至虎牢,塞成皋诸险而还。拜陕西行省平章政事,仍兼同知行枢密院事。

十九年正月,察罕帖木儿遣枢密院判官陈秉直、八不沙将兵二万守冀宁。秉直分兵驻榆次,招抚太不花溃兵,遣部将屯田于河南。五月,察罕帖木儿率大军次虎牢,游骑出汴梁,南略归、亳、陈、蔡,战舰浮于河,水陆并下。又大发秦兵出潼关,过虎牢,晋兵出太行,逾黄河,俱会汴梁城下。自将铁骑屯杏花营。诸将环城而垒,贼出战辄败,遂婴城固守。乃夜伏兵城南,旦日,遣苗军略城而过。贼易之,倾城以出,伏兵鼓噪起,大败之。又令弱卒立栅城外,以饵贼。贼攻之,弱卒佯走,薄城西,因纵铁骑击之,悉擒其众。贼自是益不敢出。八月,谍知城中食且尽,乃与诸将阎思孝、李克彝、虎林赤、赛因赤、答忽、脱因不花、吕文、完哲、贺宗哲、安童、张守礼、伯颜、孙翥、姚守德、魏赛因不花、杨履信、关关等议,分门攻之。至夜,将士鼓勇登城,斩关而入。刘福通挟其伪主从数百骑出东门遁走。获伪皇后及贼妻子数万、伪官五千,符玺印章宝货无算。不旬日,河南悉定。献捷京师,欢声动中外,以功拜河南行省平章政事,兼知河南行枢密院事、陕西行台御史中丞,仍便宜行事,赐御衣、七宝腰带。

先是,中原乱,江南海漕不通,京师苦饥。至是,河南既定,檄文达江浙,海漕复至。又请今年八月乡试河南举人,及他路儒士避乱者,不拘籍贯,依河南定额,就陕西置贡院考试。从之。

二十年正月,河南贼犯杞州,察罕帖木儿讨平之。遣兵复永城县。又复宿州,擒贼将梁绵住。察罕帖木儿既定河南,乃分兵守关陕、荆襄、河洛、江淮,而以重兵屯泽、潞,营垒旌旗千里相望。日修车船,缮兵甲,务农积谷,训练士卒,谋大举以复山东。

先是,山西晋、冀诸州,皆察罕帖木儿所定。而答失八都鲁之子孛罗帖木儿,以兵驻大同,欲并据晋、冀,遂与察罕帖木儿相争。诏以冀宁畀孛罗帖木儿。察罕帖木儿以用兵数年,惟恃晋、冀两路供军饷,乃屯兵泽、潞以拒之,与孛罗帖木儿战于东胜州,又战于汾州。朝廷使中书平章政事达实帖木儿、参知政事七十,谕二人罢兵。时搠思监当国,与宦者朴不花黩货无厌,视二人赂遗厚薄,而左右之。由是构怨日深,兵连不解。八月,诏孛罗帖木儿守石岭关以北,察罕帖木儿守石岭以南,二人始奉诏罢兵。二十一年,察罕帖木儿谍知山东群贼相攻,六月,乃舆疾自陕西抵洛,大会诸将,议师期。发晋宁军出井陉,辽、沁军出邯郸,泽、潞军出磁州,怀、卫军出白马，及汴、洛军，分道并进。察罕帖木儿建大将旗鼓，渡孟津，鼓行而东。七月，复冠州、东昌。八月，师至盐河，遣其子扩廓帖木儿、阎思孝等，会关保、虎林赤，造浮桥以济。拔长清，进捣东平。田丰遣崔世英等拒战，大败之，斩首万余级，直抵城下。察罕帖木儿以田丰据山东久，军民服之，乃遗书谕以逆顺之理。丰及王士诚、俞宝、杨诚等皆降，遂复东平、济宁。时群贼聚于济南，其贼首刘珪屯齐河、禹城以拒官军。察罕帖木儿分遣奇兵，间道出贼后，南略泰安，逼益都，北徇济阳、章丘，中循濒海郡县。自将大军渡河，与贼将战于分齐镇，大败之。进逼济南，齐河、禹城俱送款，南道诸将亦报捷。再败益都兵于好石桥，围济南。三月，刘珪出降，诏拜中书平章政事、知河南山东行枢密院事，陕西行台中丞如故。察罕帖木儿遂移兵围益都，大治攻具，百道并进，复掘重堑，筑长围，遏南洋河以灌城中。

二十二年，山东俱定，独益都犹未下。六月，田丰、王士诚阴结城中贼，图作乱。初，丰等降，察罕帖木儿推诚待之，数独入其营中。丰乃请察罕帖木儿巡营垒，众以为不可往。察罕帖木儿曰："吾推赤心待人，安得人人防之。"左右请以力士自卫，又不许。以十一骑从行，至王信营，又至丰营，遂为士诚所刺杀。事闻，帝震悼，京师及四方之士无不恸哭。

先是，有白气如索，长五百余丈，起危宿，扫太微垣。太史奏山东当大水，帝曰："不然，山东必失一良将。"即遣敕使戒察罕帖木儿勿轻举，使未至而及于难。诏赠推诚定远宣忠亮节功臣、开府仪同三司、上柱国、河南行省左丞相，谥献武。及葬，赐赙有加，改赠宣忠兴运弘仁效节功臣，追封颍川王，改谥忠襄，食邑沈丘县，所在立祠，岁时致祭。封其父阿鲁温汝阳王，后又进封梁王。

明太祖闻察罕帖木儿定山东，谓左右曰："田丰为人反复，察罕帖木儿待如腹心，是其阘也。古之名将智谋宏远，使人不可测，察罕帖木儿岂足以知之！"后竟如明祖所料云。察罕帖木儿无子，以甥扩廓帖木儿为嗣。

扩廓帖木儿,本王氏,小字保保,惠宗赐名扩廓帖木儿。察罕帖木儿既被刺,诏以扩廓帖木儿为银青光禄大夫、太尉、中书平章政事、知枢密院事、太子詹事,仍便宜行事,总其父兵。扩廓帖木儿受命,即急攻益都,穴地以入,克之,戮田丰、王士诚,剖其心祭察罕帖木儿,而执送益都贼帅陈猱头等二百余人于京师。乘胜,使关保东取莒州,山东复定。是时,东自淄、沂,西逾关陕,无一贼。扩廓帖木儿乃驻兵河南,朝廷倚以为重。孛罗帖木儿复以兵争晋、冀。扩廓帖木儿至太原,与孛罗帖木儿构兵,相持不解。

二十三年,御史大夫老的沙与知枢密院事秃坚帖木儿得罪于皇太子,奔大同,为孛罗帖木儿所匿。

二十四年,搠思监、朴不花诬孛罗帖木儿、老的沙谋为不轨,下诏罪状。孛罗帖木儿遂与老的沙合秃坚帖木儿兵同犯阙。扩廓帖木儿遣部将白锁住,以万骑卫京师,驻于龙虎台,拒战不利,奉皇太子奔太原,白锁住仍屯保定,为朝廷声援。

二十五年,扩廓帖木儿先以兵捣大同,取之。皇太子乃大举讨孛罗帖木儿,自与扩廓帖木儿率兵抵京师。会孛罗帖木儿伏诛,诏皇太子还京师,扩廓帖木儿亦扈从入朝。九月,拜伯撒里右丞相,扩廓帖木儿左丞相。伯撒里累朝旧臣,而扩廓帖木儿以新进晚出,乃与并相。居两月,不自安,即请南还视师。

是时,中原虽定,而江以南皆非朝廷所有。皇太子累请出督师,帝难之,乃封扩廓帖木儿河南王,总天下兵马,代之行,官属之盛,几与朝廷等。

二十六年二月,扩廓帖木儿自京师还河南,欲庐墓终丧。左右咸谓,受命出师,不可中止。乃北渡居怀庆,又移居彰德。时明太祖已灭陈友谅,尽有楚地。张士诚据淮东、浙西。扩廓帖木儿知南军强,未可轻进,乃驻军河南,檄关中李思齐、张良弼、脱列伯、孔兴四将会师大举。思齐,故与察罕帖木儿齿位相埒,及是扩廓帖木儿为元帅,思齐心不平。而张良弼等亦各怀异见,得檄皆不听命。扩廓帖木儿使部将讨思齐等,思齐等亦会兵长安以拒之。扩廓帖木儿受命南征,而先攻思齐等,朝廷已疑之。皇太子之奔太原,欲用唐肃宗灵武故事自立,扩廓帖木儿不可。及还京师,皇后奇氏令扩廓帖木儿以重兵拥太子入城,意欲胁帝禅位。扩廓帖木儿知其意,比至京城三十里,即留军城外,自将数骑入朝。皇太子益衔之,至是屡促其南征。扩廓帖木儿乃遣弟脱因帖木儿及部将完哲等率兵东出,而陕西诸将终不用命。帝又下诏为之和解,扩廓帖木儿愤极,杀诏使天下奴等。于是廷臣哗然,言其跋扈。

二十七年八月,帝下诏以皇太子亲总天下兵马,命扩廓帖木儿及思齐、良弼等分道出兵,收江淮、四川,以戢其争。扩廓帖木儿不受分兵之命,皇太子亦止不行。而部将貊高叛,据彰德、卫辉,罪状扩廓帖木儿于朝。先是,关保、貊高为察罕帖木儿军中骁将,扩廓帖木儿之讨李思齐,使貊高从河中渡河,欲出不意覆思齐巢窟。貊高所将多孛罗帖木儿旧部,至卫辉而军变,胁貊高叛扩廓帖木儿。貊高奏至,皇太子乃立抚军院,总制天下兵马,以貊高知枢密院事,兼平章政事,领河北军事,赐号忠义功臣。十月,乃削扩廓帖木儿兵柄,落其太傅、左丞相,以河南王就食邑于汝州,以河南府为梁王食邑,使其弟脱因帖木儿自随其从行官属悉令还朝。所总诸军在帐前者,隶白锁住与虎林赤;在河南者,隶李克彝;在山东者,隶也速;在山西者,隶沙蓝答儿。扩廓帖木儿受诏至泽州,其将李景昌、关保亦自归于朝廷,皆封为国公。朝廷知扩廓帖木儿势孤,始诏秃鲁与关中四将东出关,合貊高之军,声罪讨扩廓帖木儿。

二十八年,诏左丞孙景益分省太原,关保以兵戍之。扩廓帖木儿遂遣兵据太原,尽杀朝廷所置官吏。帝下诏尽削扩廓帖木儿爵邑,将吏效顺者免罪。皇太子乃命魏赛因不花及关保,会李思齐等兵,夹攻泽州。二月,扩廓帖木儿退守平阳,关保进据泽、潞二州,与貊高军合。护廓帖木儿势稍沮,而关中四将以明兵已尽取山东、河南地,察罕帖木儿父梁王阿鲁温又以汴梁降明兵,将入潼关,皆遣使诣扩廓帖木儿谢出师非本意,大掠而归。独关保、貊高进攻平阳,扩廓帖木儿坚壁不战。谍知貊高分军掠祁县,乃夜出师,薄其营,擒关保、貊高皆杀之。朝廷大震，罢抚军院，尽黜太子所用帖林沙、伯颜帖木儿、李国凤等，以谢扩廓帖木儿。扩廓帖木儿亦上疏自陈，诏复其官爵，令以兵会也速、思齐等南讨。甫一月，明兵陷大都，帝北奔。扩廓帖木儿自太原入援，不及。

十月，进封扩廓帖木儿为齐王。时明兵已定大都，使汤和徇山西，扩廓帖木儿拒之，败明兵于韩店。会帝命扩廓帖木儿收复大都，扩廓帖木儿奉诏北出雁门，将迳居庸以窥大都。明徐达、常遇春乘虚袭太原，扩廓帖木儿还师救之。部将豁鼻马潜约降于明，明兵夜劫其营，众溃，扩廓帖木儿仓卒将十八骑北走。明兵遂乘胜西入陕西，降李思齐等故臣，遗土皆入于明矣。惟扩廓帖木儿拥兵塞上，时时侵略西北边，明人患之。

二十九年正月，帝复拜扩廓帖木儿右丞相，欲以政事委之。十一月，扩廓帖木儿因陕西行省左丞王克勤赴行在，附奏请车驾速幸和林，勿以应昌为可恃之地。弗从。

明年，扩廓帖木儿围兰州，斩其援将于光。明将徐达出西安，以捣定西，扩廓帖木儿趋赴之，大败于沈儿峪，全军覆没。扩廓帖木儿独与妻子数人逃，乘断木济河，遂奔和林。

时惠宗已崩，昭宗复以扩廓帖木儿柄国事。明太祖使徐达将十五万兵，分道出塞，击扩廓帖木儿至岭北。扩廓帖木儿逆战，大败之，明师死者数万人，达等皆奔还。自是，明人有戒心，不敢轻出。是年，扩廓帖木儿攻雁门，明人严为之备。

宣光五年，扩廓帖木儿从昭宗徙金山。五月，卒于哈喇那。妻毛氏，自经以殉。

初，明太祖惮察罕帖木儿威名，遣使通好，以介于朝。会其被刺，事遂已。及扩廓帖木儿视师河南，明人复遣使修好，凡七致书，扩廓帖木儿辄留使者不遣。既出塞，又以书招之，亦不应。明祖由是敬其为人。刘基尝言于明祖曰："扩廓未可轻也。"及岭北之败，明祖思其言，恒举以为戒。一日，大会诸将，问曰："方今天下，孰为奇男子?"皆对曰："常遇春，将不过万人，横行天下，可谓奇男子矣!"

明祖笑曰："此固吾得而臣之,若王保保者,吾所不能臣,真天下奇男子也!"后册其妹为皇子妃。

扩廓帖木儿弟脱因帖木儿亦屡立战功,官至陕西平章政事。帝之北巡,脱因帖木儿从赴行在,后终于漠北。

史臣曰:察罕帖木儿,明太祖之所畏也。天下祚元,陨身降贼。扩廓帖木儿才不及其父,然崎岖塞上,卒全忠孝,明太祖谓之奇男子,谅矣哉。

李思齐,罗山人。与察罕帖木儿同举义兵,克复罗山。有司奏其功,授思齐县尹。惠宗曰:"人言国家轻汉人,果然!"乃授知汝宁府。从察罕帖木儿平河南、陕西。至正十七年,拜四川行省左丞。十八年,诏思齐屯凤翔。察罕帖木儿与思齐会宣慰使张良弼、郎中郭择善、宣慰同知拜帖木儿、平章政事定住、总帅汪长生奴,败李喜喜于巩昌。思齐驻斜坡,张良弼驻秦州,郭择善驻崇信,拜帖木儿驻通渭,定住驻临洮,各自除府州县官,征其赋为军需。未几,思齐、良弼同谋袭杀定住及郭择善,分总其兵,朝廷不能问

二十一年,进克伏羌等县,受韩林儿党李武、崔德降。四川贼陷川东郡县,诏思齐讨之,遣知枢密院事秃坚帖木儿赍玺书奖谕,思齐乃进兵益门镇。已而复归凤翔,与张良弼相攻,为良弼所败。二十三年,又与孛罗帖木儿相攻。二十五年正月,封思齐许国公。是年二月,皇太子复加思齐银青光禄大夫、邠国公、陕西等处行中书省平章政事、太子詹事兼知四川等处行枢密院事、招讨使。

二十六年,扩廓帖木儿遣关保攻张良弼,良弼遣子弟质于思齐,合兵拒关保。思齐请朝廷和解之。是年,礼部侍郎满尚宾、吏部侍郎掩笃剌哈自凤翔还京师。先是,尚宾等奉诏谕思齐开通蜀道,思齐不奉诏,尚宾等留凤翔且一年,至是始归。

二十七年,张良弼、脱列伯、孔兴与思齐会于含元殿基,推思齐为盟主,同拒扩廓帖木儿。先是,扩廓帖木儿檄思齐等出兵,思齐得

檄，大怒曰："我与汝父同乡里，汝父进酒犹三拜，然后饮。汝于我前无立地，今敢公然调我耶！"因与良弼等联合，不职扩廓帖木儿节制。朝廷以秃鲁为陕西行省左丞相，思齐不悦，遣其将郑应祥守陕西，自还凤翔。皇太子总天下兵马，命思齐自凤翔与侯伯颜、达世进规四川。未几，复命思齐副秃鲁安抚关中，又中分关，以西属思齐，以东属扩廓帖木儿，思齐皆不奉诏。

二十八年，诏思齐讨扩廓帖木儿，已而明兵至河南，思齐遁还关中，与张良弼会兵守潼关。会火焚良弼营，思齐移屯葫芦滩，明兵入潼关，思齐弃辎重，奔凤翔。是时，思齐部将虎林赤等据盩厔，商暠据武功，李克彝据岐山，任从政据陇州，思齐自据临洮。未几，皆降于明。明人授思齐江西平章政事。张良弼走宁夏，为扩廓帖木儿所执。其弟良臣以庆阳降于明，已而复叛。明将徐达攻克庆阳，良臣投于井，引出斩之。其后，明祖遣思齐通好于扩廓帖木儿。始至，待以宾礼，寻使骑士送归至塞下，辞曰："主帅有命，请公留一物为别。"思齐曰："吾远来无所赍。"骑士言："原得公一臂。"思齐知不免，断臂与之，还，未几卒。

老保，姓李氏，一名保保，阳武人。察帖帖木儿起义兵，老保从之，以复罗山县。授泽州路治中。从平方脱脱之乱，改授枢密院知院，守石州。又从察罕帖木儿攻取山东郡县。察罕帖木儿为田丰所害，老保与扩廓帖木儿共破田丰，擢平章政事，留守益都。明遣大将军徐达攻益都，谕老保降，不从。达谓诸将曰："老保所恃者河上援兵，吾已分兵拒黄河南岸，断其臂矣。"即督兵填坝而进，拔其城，执老保与白锁住送建康。平章普颜不花死之，老保降于明。后，明太祖遣老保招谕扩廓帖木儿，扩廓帖木儿鸩杀之。

魏赛因不花，息州人，幼卓荦不群，善骑射。至正间，红巾贼起，募义勇御之，以众属察罕帖木儿。尝单骑杀贼百余人，又从扩廓帖木儿讨孛罗帖木儿于大同，破之。累官河南江北知枢密院事。又讨秃坚帖木儿于岭北，获之，进拜中书平章政事，卒。

关关，字文祖，温县人，少沈鸷有材勇。察罕帖木儿举兵，关关募义勇万余人附之，授招讨上百户，佩银符。从破贼韩咬儿，攻拔汝宁、钧、许等州，关关皆先登。深州贼犯河南，察罕帖木儿遣关关救之，贼遁走，擢上千户。及贼据荥阳，关关大破之。贼复屯八角。时韩林儿据汴梁，分兵四掠，察罕帖木儿使关关定陕、虢等州，以功进颍、息招讨五万户。贼败走，入陕西，关关追至凤翔，复移军守高平。转河东宣慰司副使，进河南行枢密院判，又进本院同金。率所部守怀庆，绥辑流亡，远近归附。迁定远大将军。

寻改河南行省参知政事，从察罕帖木儿讨山东贼，连拔高唐、虞城，擒贼骁将王达儿等。次泺陂，夺贼船二百余艘，断其粮道。进行省左丞。攻济南，贼将刘平章等以三万人来拒，关关率羸卒诱之，贼争进，伏兵前后夹击，斩获无算。进右丞，赐金带一。移守怀庆，进同知河南行枢密院事。卒，年五十三，追赠推忠协义宣力功臣，谥康定。

关保，河南人。至正间为总兵野庵裨将。时山西盗起，调守泽、潞，与百户虎林赤破贼于泽州。及高平，又擒贼首刘子才。擢兵部侍郎，赐龙衣、金帛有差。从察罕帖木儿攻汴梁，以功加同金枢密院事。二十七年，拜中书平章政事，分省济宁。二十八年，朝廷以扩廓帖木儿抗命，封关保国公，命与貊高同攻扩廓帖木儿。师次太原，扩廓帖木儿自平阳来，袭禽貊高、关保，皆杀之。

刘则礼，临江人。从答失八都鲁平河南，擢安陆府同知，累迁河南行枢密院副使，镇白羊口。扩廓帖木儿总兵南伐，授湖广行省左丞。明兵入京师，则礼兵溃，率麾下百余人壁易州龙居山，间道谒扩廓帖木儿于大同。时将作院使田迈鲁团结沿山民寨，留则礼共守。未几，扩廓帖木儿败于太原，则礼知事不可为，欲拥众赴行在，迈鲁无去意。明兵至，迈鲁迎降，欲授则礼以官，辞不受。寓蓟州而卒。

新元史卷二二一
列传第一一八

信苴日　杨汉英 宋阿重
杨完者 曾华

　　信苴日,姓段氏,其先世为大理酋。权臣高氏当国,世祖奉命南征,诛其臣高祥,以段兴智主国事。兴智与季父信苴福入觐,诏赐金符,使归大理。宪宗五年,献地图,请悉平诸部,并条奏治民立赋之法。宪宗大喜,赐兴智名摩诃罗嵯,命悉主诸蛮白爨等部,以信苴福领其军,兴智遂以国事任之。其弟信苴日与信苴福率僰爨军二万为前锋,导大将兀良合台讨平诸部之未附者。

　　中统二年,信苴日入觐,世祖复赐虎符,诏领大理、善阐、威楚、统失、会川、建昌、腾越等城,自各万户以下皆受其节制。至元元年,舍利畏结威楚、统失、善阐及三十七部诸爨,各杀守将以叛,信苴日率众进讨,大败之;复遣孛罗败贼于统失城,遂定统失。其秋,舍利畏又以众十万谋攻大理,诏都元帅也先不花与信苴日讨之。师至安宁,遇舍利畏,击走之,遂复善阐,降威楚,定新兴。进攻石城、肥腻,皆下之。爨部平。三年,信苴日入觐,录功赐金银、衣服、鞍勒、兵器。

　　十一年,赛典赤为云南行省平章政事,更定诸路名号,以信苴日为大理总管。未几,舍利畏复叛。信苴日遣石买等诡为商,执贽见舍利畏,挺矛钬杀之,枭首于市。行省以闻,复赐金一锭及金织纹衣。

　　十三年,缅国以象骑数万掠金齿南甸,欲袭大理。行省遣信苴日与万户忽都,率骑兵千人御之。信苴日以功授大理、蒙化等处宣抚使。

十八年,信苴日与其子阿庆复入觐,帝嘉其忠勤,进大理、威楚、金齿等处宣慰使都元帅,留阿庆宿卫东宫。及陛辞,复拜为云南诸路行中书省参知政事。十九年,诏同右丞拜答儿迎云南征缅军,行至金齿,以疾卒。信苴日治大理凡二十三年。

子阿庆袭爵,累授镇国上将军,大理、金齿等处宣慰使都元帅,佩金虎符。

杨汉英,字熙载,其先太原人。唐季,南诏陷播州,有杨端者以应募起,竟复播州,遂使领之。五传至昭,无子,族子贵迁嗣。又十一传,至邦宪,世袭播州安抚使。宋授邦宪左金吾卫上将军、安远军承宣使、牙牌、节度使。宋亡,世祖遣使者谕邦宪内附,邦宪捧诏三日哭,以播州、珍州、南平军之地降。十五年,入朝,拜龙虎卫上将军、侍卫亲军都指挥使,绍庆、珍州、南平等处沿边宣抚使,播州安抚使。十八年,迁宣慰使,卒。赠推忠效顺功臣、银青光禄大夫、平章政事、柱国,追封播国公,谥惠敏。

汉英五岁而孤,二十二年,从其母田氏入朝,世祖摩其顶,谕执政曰:"是儿真国器,宜以父爵授之。"赐名赛因不花,授金虎符,拜龙虎卫上将军,绍庆、珍州、南平等处沿边宣慰使,播州安抚使,赐金缯、弓矢、鞍勒,封田氏为贞顺夫人。二十四年,汉英族众构乱,杀贞顺夫人。汉英缞绖入奏,诏捕贼缚至成都,斩之。二十七年,诏郡县上计,汉英即括户口租税籍以进,世祖大悦,加管军万户。二十八年,入朝奏罢顺元宣慰司。是年,升播州安抚司为宣抚司,授汉英宣抚使。会罗甸宣慰使斡罗思诱播州黄平诸寨酋,诈为新辟属地以献,汉英奏复之。斡罗思恚不胜,诬言旧有雄威、忠胜二军,播州匿弗奏。汉英抗言纳土。时二军已隶别籍,御史台审覆上之,世祖令寝其事。俄拜侍卫亲军都指挥使。

成宗即位,汉英三入朝。大德三年,奏改南诏驿道,分定云以东地隶播州,西隶新部,减郡县冗员,去屯丁粮三之一,民大便之。四年,部蛮桑柘叛,湖广行省议用兵,汉英言贼势盛,宜招谕之。不听。兵出无功,卒从汉英议,始相继出降。五年,宋隆济及蛇节等叛,汉英率民兵从行省平章刘二拔都等讨之。六年秋九月,连与贼战,败之。进壁蹉泥,贼骑卒至,汉英先登陷阵,大军乘之,贼遂溃,斩获不可胜计,降宋阿宜,拔笮笼,望风送款者相继。七年正月,大军屯暮窝,贼众复合,汉英又败贼于墨特川。蛇节惧,乞降,斩之。又擒斩隆济等。西南夷悉平。以功进资德大夫,赐玉带、金鞍、弓矢。

仁宗即位,加上护军,诏许世袭。延祐四年,黄平蛮刘奔及新部黎鲁等相继叛,诏汉英抚定之,置戍而还。五年,卢崩蛮内侵,汉英与恩州宣慰使田茂忠讨之。以疾卒于军,年四十。赠推诚秉义功臣、银青光禄大夫、平章政事、柱国,追封播国公,谥忠宣。汉英究心濂洛之学,为诗文典雅有则。著《明哲要览》九十卷,《桃溪内外集》六十卷。

子嘉贞嗣,至治二年来朝,赐名延礼不花。

宋隆济之叛,与汉英同时立功者,有曾竹长官宋阿重,弃家走京师,陈灭贼计。成宗赐衣一袭,授为顺元路宣抚同知。阿重深入乌撒乌蒙,至蔺州之水东,招谕木楼獠,生获隆济以献,擢靖江路总管,佩三珠虎符。旋进荣禄大夫、云南平章政事。卒。赠贵国公,谥忠宣。

阿重孙蒙古歹,亦以平贼功为八番顺元等路宣慰使。

杨完者,原名通贯,城步人。世为土官,性勇敢,多权略,所统獠瑶号为答剌罕,能以兵法部勒其众。其实完者为宋十峒首领之裔,非苗族也。

至正中,达识帖睦迩为湖南行省左丞相,使万户陶梦祯招完者,合兵复武昌。以功授管军千户,累迁都元帅,拥众不受行省节制。

十五年,平章政事阿思兰与完者顺流而下,所至劫掠,甚于盗

贼。将至庐州,淮东都元帅余阙奏止之,完者听命,众稍戢。已而张
士诚陷扬州,右丞阿鲁灰引完者来援,士诚还高邮。时完者渡江屯
广德,士诚又自福山港陷平江,东南大震。达识帖睦迩以江浙行省
守杭州,不能御士诚,奔富阳。完者趋救,击败士诚,达识帖睦迩乃
还。初,达识帖睦迩以完者为海北道宣慰使都元帅,寻擢江浙行省
参知政事。至是,遂迁左丞。然土兵无纪律,浙人怨之。

　明年,士诚寇嘉兴,屡为完者所败,遣蛮子海牙以书乞降。完者
欲纳之,达识帖睦迩不听,固劝,乃许之,承制拜士诚太尉。达识帖
睦迩倚完者制士诚,久乃厌其专恣。完者亦思挟士诚自重,然士诚
实欲图完者而未发也。是时,徽州、建德已为明太祖所取,完者出
兵,屡败,势益衰。又强取平章庆童女,事具《达识帖睦迩传》。达识
帖睦迩遂阴与士诚定计除完者,扬言使士诚复建德。完者营杭州城
外,不为备,士诚围之,众溃,完者与其弟伯颜皆自杀。事闻,赠完者
潭国公,谥忠愍;伯颜卫国公,谥忠烈。

　完者部将曾华,武冈人,累功至广东道宣慰使、金都元帅府事,
守浦阳,严戢部众,四门置守卒,非军令不得出。已而完者檄华还杭
州,一夕去,不闻人马声,其驭下过完者远甚。浦阳人思之,为立碑
于县庭。

　史臣曰:信苴日、杨汉英,咸以蛮夷酋长立功名于当世。杨完者
虽暴恣,然死非其罪,君子悯焉。故类次其事,著于篇。

新元史卷二二二
列传第一一九

李璮　王文统

李璮，小字松寿，益都潍州人，李全子也。或曰璮本衢州徐氏子，其父尝为扬州司理参军，全盖养之为子。太祖二十一年，全叛宋，举山东州郡归附国王孛罗，承制拜全山东淮南楚州行省，而以其兄福为副元帅。太宗三年，全攻宋扬州，败死。其妻杨妙真率余众北归，仍授益都行省，开府辟官属，文士多为所用。妙真死，璮袭为益都行省，专制山东，朝廷数征兵，辄诡辞不至。宪宗七年，又调其兵赴行在，璮诣行在言曰："益都乃宋航海要津，分军不便。"帝然之，命璮归取涟海数州。璮遂发兵攻拔涟水四城，大张克捷之功。

中统元年，世祖即位，加璮江淮大都督。璮言："近获生口，知宋调兵将攻涟水。且谍见许浦、射阳湖舟舰相望，势欲出胶州，向益都，请缮城堑以备。"诏出金符二十、银符五授璮，以赏将士有功者，赐银三百锭，降诏奖谕。蒙古、汉军，咸听节制。璮复扬言："宋吕文德合淮南兵七万五千，来攻涟水，且规筑城堡以临我。及得贾似道、吕文德书，辞甚悖傲。知朝廷近有内顾之忧，必将肆志于我。乞选将益兵，臣当帅以渡淮，雪慢书之辱。"执政得奏，谕以"朝廷方通好于宋，边将惟当固封圉。且南人用间，其诈非一，彼既不至，毋妄动。"璮乃上言："臣所领益都，土旷人稀，自立海州，今八载，将士未尝释甲，转挽未尝息肩，民力凋耗，莫甚斯时，以一路之兵，抗一敌国，众寡不侔，人所共患。赖陛下神武，既克涟、海二州，复破夏贵、

孙虎臣十余万之师。然臣岂敢恃此必敌人之不再至！且宋人今日
西无掣肘，得并力而东。若以陆师缀涟，而遣舟师遵海以北，捣胶、
莱之虚，然后帅步骑直指沂、莒、滕、峄，则山东非我有矣，岂可易视
而不为备。臣昨追敌至淮安，非不能乘胜取扬、楚，徒以执政止臣，
故臣不敢深入。若以枣阳、唐、邓、陈、蔡诸军攻荆山，取寿、泗，以
亳、宿、徐、邳诸军，合臣所统兵，攻扬、楚，则两淮可定。两淮既定，
则选兵以取江南，自守以宽民力，将无施不可，此上策也。"因上将
校冯泰等功第状，诏以益都官银分赏之。

二年正月，瑄言于行中书省，宋人聚兵粮数十万，列舰万三千
艘于许浦，以侵内郡，而宣抚司转输不继，恐一日水陆道绝，缓急莫
报。请选精骑，倍道来援，表里协攻，乘机深入，江淮可图也。既而
来献涟水捷，诏复奖谕之，仍给金符十七、银符二十九，增赐将士。
瑄辄发兵修益都城堑，且报宋人来攻涟水，诏阿术、哈剌拔都、阿实
克不花等悉兵赴之，瑄遂请节制诸道所集兵马，且请给兵仗，中书
议与矢三万，诏给矢十万。

三年二月，又以宋贾似道诱总管张元、张进等书来上。瑄父子
专制山东三十余年，其前后所奏凡数十事，皆恫疑虚喝，挟敌国以
要朝廷，而自为完缮益兵计。闻帝自将讨阿里不哥，料内难非旦夕
可平，反意遂决。瑄子彦简质于朝，僭为私驿，自益都至京师质子
营。至是，彦简逃归。瑄乃以涟、海三城献于宋，歼蒙古戍兵，引麾
下还攻益都，陷之。发府库以犒其死党。遂寇蒲台，陷淄州。民闻
瑄反，皆入保城郭，或奔窜山谷，自益都至临淄数百里，道路不通。

帝下诏暴瑄罪，发蒙古、汉军讨之。命水军万户解成、张荣实，
大名万户王文干及严忠范会东平；知济南府事、都元帅张宏，归德
万户邸浃，炮手元帅薛胜会滨棣；又命济南军民万户张邦彦、滨棣
路安抚使韩世安修城堑，尽发管内民为兵，以备之。以诸王合必赤
总督诸军。已而真定、顺天、河间、平滦、大名、邢州、河南诸路兵皆
至。时前宣抚副使王磐挺身走济南，驿召磐，令姚枢问计。磐对：
"竖子狂驶。即成禽耳！"帝然之。是月，诛中书平章政事王文统，以

与璮通也。璮盗据济南，命史枢、阿术各帅所部进讨。璮出掠辎重，官军邀击，大败之，斩首四千级。璮退保济南。帝又命右丞相史天泽督师，诸将皆受节度。五月，大军筑长围困之，璮自是不能复出，犹日夜拒守，取城中子女赏将士，以悦其心；且分军就食民家，发其盖藏以赡军食。然人情溃散，璮不能制，相率缒城以出。七月，璮知城且破，乃手刃爱妾，乘舟入大明湖，自投水中，水浅不得死，为官军所获，缚至合必赤帐前。史天泽言："宜即戮之，以安人心。"遂与蒙古军官囊加台并伏诛。

王文统，字以道，益都人。多机智，遍谒东诸侯，无所遇，乃往见李璮。璮与语，大喜，留置幕府，命其子彦简师事之，文统亦以女妻璮。由是军旅之事，咸与谘决，岁上边功，虚张敌势，以固其位，用官物树私恩，取宋涟、海二州，皆文统谋也。

世祖伐宋，围鄂州，闻宋宰相贾似道之才，叹曰："吾安得如贾似道者而用之。"刘秉忠以文统对。帝问廉希宪，希宪亦誉之。及帝即位，厉精求治，亟召用文统，立中书省以总内外百官之政，擢文统为平章政事，委以更张庶务。建元为中统，诏谕天下立十路宣抚司。寻诏行中书省造中统元宝交钞，立互市于颍州、涟水、光化军。是年冬，初行中统交钞，自十文至二贯，凡十等，不限年月，诸路通行，税赋并听收受。

明年二月，世祖在开平，召行中书省事祃祃与文统，率各路宣抚使俱赴阙。帝自去秋亲征阿里不哥，凡民间差发、宣课盐铁等事，一委文统等裁处。故召文统等至，询以成效，诏量免民间课程，复以所议条格颁诸路行之。如劝农桑，抑游惰，礼高年，问民疾苦，举文学才识及茂才异等列名上闻，其职官污滥不孝弟者量轻重议罚，皆当时善政焉。未几，又诏宣抚司，并达鲁花赤、管民官，课税所官，申严私盐、酒醋、曲货等禁。帝命举读史者一人，文统以中书详定官周止应其选。

文统为人忌刻，初立中书省，张文谦为左丞。文谦素以经济自负，凡讨论之时，辄相可否，文统积不能平，思有以排之，文谦竟以本职行大名等路宣抚司事而去。时姚枢、窦默、许衡，皆世祖所敬信者，文统言于世祖授枢为太子太师，默为太子太傅，衡为太子太保，外佯尊之，实不欲使朝夕侍侧。默尝与王鹗及枢、衡俱侍世祖，面诋文统曰："此人学术不正，必祸天下，不可处以相位。"世祖曰："若是，则谁可为相者？"默以许衡对，世祖不怿而罢。鹗尝请以右丞相史天泽监修国史，左丞相耶律铸监修《辽史》，文统监修《金史》。世祖曰："监修阶衔，俟修史时定之。"

又明年二月，李璮反，以涟海三城献于宋。先是，其子彦简由京师逃归，璮遣人白之中书。及反书闻，人多言文统尝遣子荛与璮通书问。世祖召文统问之曰："汝教璮为逆，举世皆知。朕今问汝所策云何，其悉以对。"文统对曰："臣亦忘之，容臣悉书以上。"书毕，世祖命读之，其间有曰："蝼蚁为命，苟能获全保，为陛下取江南。"世祖曰："汝今日犹欲缓颊于朕耶？"会璮遣人持文统三书自洺水至，为逻者所获，以书示之，文统始错愕骇汗。书中有"期甲子"语。世祖曰："甲子之期云何？"文统对曰："李璮久蓄反心，以臣居中，不敢即发，臣欲告陛下缚璮久矣，第缘陛下用兵北方，不能兼顾。比至甲子，犹可数年，臣为是言，姑迟其反期耳。"世祖曰："无多言。朕拔汝布衣，授之政柄，遇汝不薄，何负而为此？"文统犹枝辞傍说，终不自言"臣罪当死"，乃命左右斥去，始出就缚。犹召窦默、姚枢、王鹗、刘秉忠及张柔等至，示以前书曰："汝等谓文统当得何罪？"文臣皆言："人臣无将，将则必诛。"柔独疾声大言曰："宜剐！"世祖又曰："汝等同辞言之。"诸臣皆曰："当死！"世祖曰："渠亦自服矣。"乃诛文统，并戮其子荛。

文统虽以反诛，而元之立国，其规模法度，出于文统者居多。

初，廉希宪、商挺并为世祖所信任，希宪誉文统，挺亦荐其有宰相才。及文统伏诛，世祖逮挺下狱，又因事免希宪官，始疑书生不可用。阿合马、桑哥等遂以言利进焉。

史臣曰：明张溥史论，亟称李璮能盖前愆，跻之忠臣孝子之列。璮世受蒙古豢养，辜恩反噬，欲乘时徼利，自为帝王，非忠于赵氏者也。君子一言，以为不知，其溥之谓欤。

新元史卷二二三
列传第一二〇

阿合马　卢世荣　桑哥

要束木

　　阿合马，回鹘人。幼为阿勒赤那颜家奴，阿勒赤女察必皇后以为媵臣，执宫庭洒扫之役。世祖爱其干敏。中统三年，始命领中书左右部，兼诸路都转运使，委以财赋之任。四年，以河南钧、徐等州俱有铁冶，请给授宣牌，以兴鼓铸之利。帝升开平为上都，又以阿合马同知开平府事，领左右部如故。阿合马奏以礼部尚书马月合乃兼领已括户三千，兴煽铁冶，岁输铁一百三万七十斤，就铸农器二十万事，易粟输官者凡四万石。

　　至元元年正月，阿合马奏言：“太原民煮小盐，越境卖，民贪其价廉，竞买食之，解盐以故不售，岁入课银止七千五百两。请自今岁增五千两，无问僧道军匠等户，均赋之，其民间通用小盐从便。”是年十一月，罢领中书左右部，并入中书，超拜阿合马中书平章政事，阶荣禄大夫。

　　三年正月，立制国用使司，阿合马又以平章政事领之。奏：“以东京岁课布疏恶不堪用者，就市羊于彼。真定、顺天金银不中程者，宜改铸。别怯赤山出石绒，织为布火不能燃，请遣官采取。”又言：“国家费用浩繁，今岁自车驾至都，已支钞四千锭，恐来岁度支不足，宜量节经用。”十一月，又奏：“桓州峪所采银矿，已十六万斤，百斤可得银三两、锡二十五斤。采矿之费，鬻锡足以给之。”帝悉从其请。

七年正月，立尚书省，罢制国用使司，改阿合马平章尚书省事。阿合马以功利成效自负，众咸称其能。世祖急于富国，试以事，颇有成绩。又见其与丞相线真、史天泽争论，屡为所诎，由是奇其才，授以政柄，言无不从，阿合马遂专愎益甚。丞相安童言于帝曰："臣近言尚书省、枢密院、御史台，宜各循常制奏事，其大者从臣等议定奏闻，已奉命俞允。今尚书省一切以闻，似违前奏。"帝曰："汝所言是。岂阿合马以朕信用，敢如是耶！不与卿等议非是，宜如卿言。"安童又言："阿合马所用者，左丞许衡以为多非其人，然已奉命咨请宣付，如不与，恐异日有辞。宜试其能否，久当自见。"帝然之。五月，尚书奏括天下户口，既而御史台言："所在捕蝗，百姓劳扰，括户事宜少缓。"遂止。

初立尚书省，时凡铨选各官，吏部拟定资品，呈尚书省，由尚书咨中书闻奏。至是，阿合马用私人，不由部拟，亦不咨中书。丞相安童以为言，帝问阿合马。对以："事无大小，皆委之臣，所用之人，臣宜自择。"安童因请："自今惟重刑及迁上路总管，属中书，余并付尚书省，庶事体明白。"帝从之。

八年三月，尚书省再以阅实户口事，奏条画诏谕天下。是岁，增太原盐课，以千锭为常额，仍令本路兼领。九年，并尚书入中书省，又以阿合马为中书平章政事。明年，以其子忽辛为大都路总管，兼大兴府尹。安童见阿合马擅权日甚，乃奏都总管以下多不称职，乞选人代之。又奏："阿合马挟宰相权为商贾，以网天下大利，民困无所诉。"阿合马曰："谁为此言？臣等与廷辩。"安童进曰："左司都事周祥，中木取利，罪状明白。"帝曰："若此者，征毕当显黜之。"既而枢密院奏以忽辛同签枢密院事，帝不允曰："彼贾胡，不可以机务责之。"

十二年，伯颜伐宋，既渡江，捷报日至。帝命阿合马、姚枢、徒单公履、张文谦、陈汉归、杨诚等议行盐、钞法于江南，及鬻药材事。阿合马奏："枢云'江南交会不行，必致小民失所。'公履云：'伯颜尝榜谕交会不换，今亟行之，失信于民。'文谦谓："可行与否，当询伯颜。'汉归及诚皆言：'以中统钞易交会，事便可行。'"帝曰："枢与公履，不识时机。朕尝以此问陈岩，岩亦以交会速宜更换。今议已定，当依汝言行之。"阿合马又奏："北盐、药材，枢与公履皆言可使百姓从便贩鬻。臣等谓此事若小民为之，恐紊乱不一。拟于南京、卫辉等路，括药材，蔡州发盐十二万斤，禁诸人私相贸易。"帝从之。

十三年，阿合马奏："军兴之后，减免征税，又罢转运司官，令各路总管府兼领课程，以致国用不足。臣以为莫若验户口之多寡，远以就近，立都转运司，量增旧额，选廉干官分理其事。广行鼓铸，官为局卖，仍禁诸人毋私造铜器。如此，则民力不屈，而国用充矣。"乃奏立诸路转运司，尽以其私人为使。

十五年正月，帝以西京饥，发粟万石赈之。又谕阿合马宜广贮积，备缺乏。阿合马奏："自今御史台非白省，毋擅召仓库吏，毋究钱谷数。及集议中书不至者，罪之。"俱报可。四月，江淮行省中书左丞崔斌入观，奏曰："先以江南官冗，委任非人，命阿里等前往察汰。今蔽不以闻，是为罔上。杭州地大，委寄非轻，阿合马溺于私爱，以不肖子抹剌虎充达鲁花赤，佩虎符，此岂量才授任之道。"又言："阿合马先自陈乞免其子弟之任，今身为平章，而子若侄或为行省参政，或为礼部尚书、将作院达鲁花赤、领会同馆，一门悉处津要，自背前言，无以示天下。"诏并罢之，然终不以是为阿合马罪。

帝尝谓淮西宣慰使昂吉尔曰："宰相者，明天道，察地理，尽人事，兼此三者，乃为称职。阿里海牙、麦术丁等，亦未可为相，回人中阿合马才任宰相。"其为帝倚重如此。

十六年四月，中书奏立江西榷茶运司，以卢世荣为使，又以诸路转运盐使司秩尊禄重，改宣课提举司。未几，以忽辛为潭州行省中书右丞。明年，中书省奏："阿塔海、阿里言，今立宣课提举司，官吏至五百余员。左丞陈岩、范文虎等言其扰民，且侵盗官钱，乞罢之。"阿合马奏言："立提举司未三月而请罢，必行省有奸弊，故先发制人。"乃诏御史台遣能臣往案其事，具以实闻。

　　未几，崔斌迁江淮行省右丞，阿合马修旧怨，乃奏理算江淮钱谷，遣孛罗罕、刘思愈等往检覆之，诬构斌与平章阿里伯盗官粮四十万，擅易命官八百余员，及铸铜印等事，二人竟坐诛。

　　阿合马在位日久，援引奸党郝祯、耿仁，聚升同列，罔上剥下以济其私。庶民有美田宅，辄攘为己有。内通货赂，外以威劫，群臣人人切齿恨之。皇太子尤恶阿合马，尝以弓击其颊。阿合马创甚，口张不能阖，奏于帝，为马蹴伤。皇太子适至，面诘其欺。又尝于帝前殴之，帝不问。

　　十九年三月，帝在上都，皇太子从。有益都千户王著者，素任侠，因人心愤怨，密铸大铜锤，誓碎阿合马首。与妖僧高和尚合谋，以戊寅日，诈称皇太子还都作佛事，结八十余人，夜入京城。旦遣二僧诣中书省，令市斋物，省中疑而讯之，不伏。及午，著又遣崔总理矫传令旨，使枢密副使张易发兵，夜会东宫前。易不察，即命指挥使颜义以兵往。著自驰见阿合马，诡言太子将至，令省官俟于宫前。阿合马遣右司郎中脱欢彻里等数骑出关北十余里，遇其众，伪太子责以无礼，尽杀之，夺其马，南入健德门。夜二鼓，至东宫前，其徒皆下马，独伪太子立马指挥，呼省官至前，责阿合马数语，即牵去，以所袖铜锤碎其脑，立毙。继呼左丞郝祯至，又杀之。囚右丞张惠。时变起仓卒，枢密院、御史台、留守司皆莫知所为。尚书张九思觉其诈，大呼曰："此贼也！"留守司达鲁花赤博敦，持挺前，击立马者坠地，弓弩乱发，众奔溃。高和尚等逃去，著挺身请囚。

　　中丞也先帖木儿驰奏，世祖时方驻跸察罕淖尔，闻之震怒，即日至上都。命枢密副使孛罗、司徒和礼霍孙、参政阿里等驰驿至大都，讨为乱者。庚辰，获高和尚于高梁河。壬午，诛王著、高和尚于市，皆醢之，并杀张易。著临刑大呼："王著为天下除害，今死矣，异日必有为我书其事者。"

　　阿合马死，世祖犹不知其恶，令中书省毋问其妻子。及询孛罗，始尽得其罪状，大怒曰："王著杀之，诚是！"命发墓剖棺，戮尸于通玄门外，纵犬啖其肉。子侄皆伏诛，没入家属财产。其妾名引住者，籍其藏，得二熟人皮于柜中，两耳俱存，一阉监掌其扃钥，讯之，云：
“诅咒时置神座于上，应验甚速。”又有绢二幅，画甲骑数重，围一幄
殿，兵皆张弦挺刃内向。画者为陈甲。又有曹震圭，尝算阿哈马所
生年月。王台判，妄引图谶。皆言涉不轨。事闻，敕剥四人皮以徇。

　　卢懋，字世荣，以字行，大名人。阿合马专政，世荣以贿进，为江
西榷茶运使，后以罪免。桑哥荐世荣能救钞法、增课额，世祖召见，
奏对称旨。至元二十一年十一月辛丑，召中书省臣与世荣议所当
行，右丞相和礼霍孙、右丞麦术丁，参政张雄飞、温迪罕皆罢，起安
童为右丞相，以世荣为右丞。时左丞史枢，参政不鲁迷失海牙、撒的
迷失，参议拜降，皆世荣所荐也。

　　世荣既擢用，即日至中书理钞法，遍行中外，官吏奉法不虔者，
加以罪。翌日，同右丞相安童奏：“窃见老幼疾病之民，衣食不给，行
乞于市，宜官给衣粮，委各路正官提举其事。”又奏怀孟竹园、江湖
鱼课及襄淮屯田事。越三日，安童奏：“世荣所陈数事，乞诏示天
下。”帝曰：“除给丐者衣食外，并依所陈。”既而奏：“盐每引十五两，
国家未尝多取，欲便民食。今权豪诡名罔利，停货待价，至一引卖八
十贯，京师一百二十贯，贫民多淡食。宜以二百万引给商，一百万引
散诸路，立常平盐局，或贩者增价，官平其直以售，庶民用给，而国
计亦裕。又京师富民酿洒价高而味薄，且课不是输，宜一切禁之，官
自酤卖。”并从之。

　　世荣居中书未十日，御史中丞崔彧言其不可为相，忤旨，下彧
吏按问，免官。明年正月壬午，帝御香殿，世荣奏：“臣言天下岁课钞
九十三万二千六百锭之外，臣更经画，不取于民，裁抑权势所侵，可
增三百万锭。初未行下，而中外已非议，臣请与台省官面议上前。”
帝曰：“卿但言之。”世荣奏：“古有榷酤之法，今宜立四品提举司，以
领天下之课，岁可得钞千四百四十锭。自王文统诛后，钞法虚弊，为
今之计，莫若依汉、唐故事，括铜铸至元钱，及制绫券，与钞参行。”
因以所织绫券上之。帝曰：“便益之事，当速行之。”

又奏："于泉、杭二州立市舶都转运司,造船给本,令人商贩,官有其利七,商有其三。禁私泛海者,拘其先所蓄宝货,官卖之;匿者,许告,没其财半给告者。今国家虽有常平仓,实无所蓄。臣将不费一钱,但尽禁权势所擅产铁之所,官立炉鼓采为器鬻之,以所得利合常平盐课,籴粟积于仓,待时粜之,必能均物价,而获厚利。国家虽立平准,然无晓规运者,以致钞法虚弊,诸物踊贵。宜令各路立平准周急库,轻其月息,以贷贫民,如此则贷者众,而本且不失。又,随朝官吏增俸,州郡未及,可于各都立市易司,领诸牙侩计物货,四十分取一,以十为率,四给牙侩,六为官吏俸。国家以兵得天下,不藉粮馈,惟资羊马,宜于上都、隆兴等路,以官钱买币帛易羊马于北方,选蒙古人牧之,收其皮毛筋角酥酪等物,十分为率,官取其八,二与牧者。马以备军兴,羊以充赐予。"帝曰:"汝先言数事皆善,宜速行。此事亦善,祖宗时亦欲行之而不果,朕当思之。"世荣因奏曰:"臣之行事,多为人所怨,后必有谮臣者,臣实惧焉,请先言之。"帝曰:"汝言皆是,惟欲人无言,安有是理。疾足之犬,狐不爱焉,主人岂不爱之。朕自爱汝,彼奸伪者则不爱汝耳。汝之职分既定,其毋以一二人从行。"遂谕丞相安童增其导从以为护卫。

又十余日,中书省请罢行御史台,其所隶按察司隶内台。又请随行省所在立行枢密院。明日,奏升六部为二品。又奏令按察司总各路钱谷,择干济者用之,其刑名事上御史台,钱谷由部申省。帝曰:"汝与老臣共议,然后行之可也。"

二月辛酉,御史台奏:"中书省请罢行台,改按察为提刑转运司,俾兼钱谷。臣等窃惟:初置行台时,朝廷老臣集议以为有益,今无所损,不可辄罢。且按察司兼转运,则纠弹之职废。请右丞相复与朝廷老臣集议。"诏如所请。御史台又奏:"前奉旨,令臣等议罢行台及兼转运事。世荣言按察司所任,皆长才举职之人,可兼钱谷。而廷臣皆以为不可,彼所取之人,臣不敢言,惟言行台不可罢者,众议皆然。"帝曰:"世荣以为何如?"奏曰:"欲罢之。"帝曰:"其依世荣言。"

中书省奏立规措所，秩五品，所司官吏以善贾者为之。帝曰：
"此何职？"世荣对曰："规画钱谷者。"帝从之。又奏："凡能规画钱谷
者，向日在阿合马之门，今籍录以为污滥。臣欲择其通才可用者，然
惧有言臣用罪人。"帝曰："何必言此，可用者用之。"遂以前河间转
运使张宏纲、撒都丁、不鲁合散、孙桓，并为河间、山东等路都转运
盐使。余擢用者甚众。

世荣既以利自任，惧怒之者众，乃以九事说帝诏天下：其一，免
民间包银三年；其二，官吏俸免民间带纳；其三，免大都地税；其四，
江淮民失业贫困、鬻妻子以自给者，所在官为收赎，使为良民；其
五，逃移复业者，免其差税；其六，乡民造醋者，免收课；其七，江南
田主收佃客租课，减免一分；其八，添支内外官吏俸五分；其九，定
百官考课升擢之法。大抵欲释憾要誉而已。

既而又奏："立真定、济南、江淮等处宣慰司兼都转运使，以治
课程，仍禁诸司不得追摄管课官吏，及遣人辄至办课处沮扰，按察
司不得检察文卷。"又奏："大都酒课，日用米千石，以天下之众比京
师，当居三分之二，酒课亦当日用米二千石。今各路但总计日用米
三百六十石而已，其奸欺盗隐如此，安可不禁。臣等已责各官增旧
课二十倍，后有不如数者，重其罪。"帝悉从之。

三月，世荣奏以宣德、王好礼并为浙西道宣慰使。帝曰："宣德，
人多言其恶。"世荣奏："彼入状中书，能岁办钞七十五万锭，是以令
往。"四月，世荣又奏曰："臣伏蒙圣眷，事皆委臣。臣愚以为今日之
事，如数万顷田，昔无田之者，草生其间。臣今创田之，已耕者有焉，
未耕者有焉，或才播种，或既生苗，然不令人守之，为物蹂践则可惜
也。方今丞相安童，督臣所行，是守田者也。然不假之力，则田者亦
徒劳耳。守田者假之力矣，而天不雨，亦不能生稼穑。所谓天雨者，
陛下与臣添力是也，惟陛下怜臣。"帝曰："朕知之矣。"令奏行事之
目，皆从之。

世荣居中书才数月，恃委任之专，肆无忌惮，视丞相犹虚位。左
司郎中周戴与世荣不合，坐以废格诏旨，奏杖一百，复斩之，百官凛

凛。监察御史陈天祥独上章,劾其"苛刻诛求,为国敛怨,将见民间凋耗,天下空虚。考基所行与所言者,已不相副:始言能令钞法如旧,今弊愈甚;始言能令百物自贱,今百物愈贵;始言课程增至二百万锭,不取于民,今迫胁诸路,勒令如数虚认而已;始言令民快乐,今所为无非扰民之事。若不早更张,待其自败,正犹蠹虽除而木已病矣。"帝时在上都,御史大夫玉昔帖木儿以状闻,帝大悟,即日遣唆都等还大都,命安童集诸司官吏,同世荣听天祥弹文,仍令世荣、天祥赴上都。

壬戌,御史中丞阿拉帖木儿、郭佑,侍御史白秃剌帖木儿,参政撒的迷失等,以世荣所伏罪状奏曰:"不白丞相安童,支钞二十万锭,擅升六部为二品。效李瓒令急递铺用红青白三色襄转行文字。不与枢密院议,调三行省万二千人置济州,委漕运使陈柔为万户管领。以沙全代万户宁玉戍浙西吴江。用阿合马党潘杰、冯圭为杭、鄂二行省参政,宣德为杭州宣慰,余分布中外者众。以钞虚,闭回易库,民间昏钞不可行。罢白酵课。立野面、木植、磁器、桑枣、煤炭、匹段、青果、油坊诸牙行。调出县官钞八十六万余锭。"丞相安童言:"世荣昔奏,能不取于民,岁办钞三百万锭,令钞复贵,诸物悉贱,民得休息,数月即有成效。今已四阅月,所行不符所言,钱谷出者多于所入,引用憸人,紊乱选法。"

阿拉帖木儿、天祥等质世荣于帝前,世荣悉款伏。遣忽都答儿传旨中书省,丞相安童与诸老臣议,世荣所行,当罢者罢之,更者更之,所用人实无罪者,朕自裁处。下世荣于狱。十一月乙未,帝问忽剌出曰:"汝于卢世荣有何言?"对曰:"近汉人新居中书者,言世荣款伏,狱已竟矣,犹日鞫之,徒费廪食。"诏诛世荣,剐其肉以食禽獭。

桑哥,畏兀儿人,胆巴国师弟子也。能通诸国语,尝为西番译史。性狡黠,好言财利事。至元中,擢为总制院使。中书省尝令李留判市油,桑哥请以官铁往市,司徒和礼霍孙谓非汝所宜为,桑哥不服，至相殴，且曰："与其使它人侵盗，曷若与公家营利乎？"乃以油万斤与之。桑哥后以所营息钱进，和礼霍孙曰："我初计不及此。"一日，桑哥在帝前论和雇和买事，因语及之，帝大悦，始有大任之意。尝令桑哥具省臣姓名以进，省中建置及人才进退，桑哥咸得与闻。时桑哥与江南释教总统扬琏真伽相表里，请发宋诸陵，桑哥矫诏可其奏。

二十四年闰二月，复置尚书省，遂以桑哥与帖木儿为平章政事。诏天下，改行中书省为行尚书省，六部为尚书六部。三月，更定钞法，颁行至元宝钞于天下，中统钞通行如故。桑哥尝奉命检覆中书省事，凡校出亏欠钞四千七百七十锭、昏钞一千三百四十五锭，平章麦术丁即自伏，参政杨居宽谓实掌铨选，钱谷非所专任。桑哥令左右击其面，因问曰："既典铨事，果无黜陟失当者乎？"寻亦引服。帝令丞相安童与桑哥共讯，且谕："毋令麦术丁等后得以胁问诬伏为辞，此辈固狡狯人也。"

数日，桑哥又奏："鞫中书参政郭佑，多所逋负，尸位不言。臣谓中书之务，隳惰如此，汝力不能及，何不告之蒙古大臣，故殴辱之，今已款服。"帝益怒，命穷诘之。佑与居宽皆坐弃市。刑部尚书不忽木争之不得。台吏王良弼与江宁县尹吴德议尚书省政事，又言："尚书钩校中书，不遗余力，他日我曹得发尚书奸利，其诛籍无难。"桑哥闻之曰："若辈诽谤政事，不诛无以惩后。"遂并捕杀之。又有斡罗思者，以忤桑哥，被谗籍其家，惟金、玉带各一，黄金五十两，皆上所赐，乃以公用孳畜加之罪。帝曰："此口腹之事也。"释不问。

桑哥尝奏以沙不丁遥授江淮行省左丞，乌马儿参政，领泉府、市舶事，发钞千锭给行泉府司，岁输珍异物为息。又以拜降为福建行省平章。既得旨，乃言于帝曰："臣前言，凡任省臣与行省官，并与丞相安童议。今奏用沙不丁、乌马儿等，适丞相还大都，未与议，臣恐有以前奏为言者。"帝曰："安童不在，朕若主也，朕已允行，何言之有？"

时江南行台与行省，并无文移，事无巨细，必咨内台呈省闻奏。

桑哥以其往复稽留误事,宜如内台例,分呈行省。又言:"按察司文案,宜从各路民官检覆,递相纠举。自太祖时有旨,凡临官事者互相觉察,此故事也。"从之。

十月乙酉,诏问翰林诸臣:"以丞相领尚书省,汉、唐有此制否?"咸对曰:"有之。"翌日,左丞叶李以翰林诸臣言:"桑哥秉政久,宜进位丞相,以协人望。"帝大悦,遂以为尚书右丞相,兼总制院使司事,进阶金紫光禄大夫。于是桑哥奏以平章帖木儿代其位,右丞阿尔浑撒里迁平章政事,叶李迁右丞,参政马绍迁左丞。

十一月,桑哥言:"臣前以诸道宣慰司及路府州县官吏,稽缓误事,奉旨遣人笞责之。今真定宣慰使速哥、南京宣慰使答失蛮,皆勋旧之子,宜取圣裁。"敕罢其任。明年正月,以甘肃行尚书省参政铁木哥不任事,奏乞牙带代之。未几,又以江西行尚书省平章政事呼忽都铁木儿不职,奏罢之。兵部尚书忽都答儿不勤于政,桑哥殴罢之而后奏,帝曰:"若辈不罢,汝事何由得行。"

自立尚书省,仓库诸司,无不钩考,先摘委六部官,复以为不专,乃置征理司,以治财谷之当追者。时桑哥以理算为事,毫分缕析,入仓库者,无不破产。及当更代,人皆弃家避之。十月,桑哥奏:"湖广行省钱谷,已责平章要束木。外省欺盗必多,乞以参政忻都、户部尚书王巨济等十二人,理算江西、福建、四川、甘肃、安西五省,每省各二人,特给印章与之。省部官既去,事不可废,拟选人为代,听食原俸。理算之间,宜给兵以卫之。"帝皆从之。

是时天下骚然,江淮尤甚,谀佞之徒讽大兴民史吉等为桑哥立石颂德,帝闻之曰:"民欲立则立之,仍以告桑哥,使其喜也。"于是翰林官制文,题曰《王公辅政之碑》。时桑哥妇弟八吉为燕南道宣慰使,闻其事,亦讽属县为己立石颂德,使儒学教授张延撰文。延正色却之,即日谢病归,士论称之。桑哥又以总制院所统西番诸宣慰司,军民财谷,事体甚重,宜有以崇异之,奏改为宣政院,秩从一品,用三台印。帝问所用何人,对曰:"臣与脱因。"于是命桑哥以开府仪同三司、尚书右丞相,兼宣政使,领功德使司事,脱因同为使。帝尝召桑哥谓曰：“朕以叶李言，更至元钞，所用者法，所贵者信，汝无以楮视之，其本不可失，汝宜识之。”

二十六年，桑哥请钩考甘肃行尚书省及益都淄莱淘金总管府，金省赵仁荣、总管明里等，皆以罪罢。帝幸上都，桑哥言：“去岁陛下幸上都，臣日视内帑诸库，今岁欲乘小舆以行，人必窃议。”帝曰：“听人议之，汝乘之可也。”桑哥又奏：“近委省臣检责左右司文簿，凡经监察御史稽照者，遗逸尚多。自今当令监察御史即省部稽照，书姓名于卷末，苟有遗逸，易于归罪。仍命侍御史检视之，失则连坐。”帝从之，乃笞监察御史四人。是后，监察御史赴省部，掾令史与之抗礼，但遣小吏持文簿置案而去，监察御史遍阅之，而台纲废矣。

桑哥又言：“国家经费既广，岁入恒不偿所出，往岁计之，不足者余百万锭。自尚书省钩考天下财谷，赖陛下福，以所征补之，未尝敛及百姓。臣恐自今难用此法矣。何则？仓库可征者少，而盗者亦鲜，臣忧之。臣愚以为盐课每引今直中统钞三十贯，宜增为一锭；茶每引今直五贯，宜增为十贯；酒醋税课，江南宜增额十万锭，内地五万锭。协济户十八万，自入籍至今十三年，止输半赋，闻其力已完，增为全赋。如此，则国用可支，臣等免于罪矣。”帝曰：“如所议行之。”

桑哥既专政，凡铨调内外官，皆由于己，而宣敕尚由中书，桑哥以为言，帝乃命宣敕并付尚书省。由是以刑赏为市，奸谀之徒奔走其门。入贵价以贾所欲，当刑者脱，求官者得，纲纪大坏，人心骇愕。

二十八年春，帝畋于柳林，利用监彻里、浙西按察使千卢等劾奏桑哥专权黩货。时不忽木出使，帝遣人趣召之至，觌于行殿。帝以问，不忽木对曰：“桑哥壅蔽聪明，紊乱政事，有言者即诬以他罪而杀之。今百姓失业，盗贼蜂起，召乱在旦夕，非亟诛之，恐为陛下忧。”留守贺伯颜，亦为帝陈其奸恶。久之，言者益众，帝始决意诛之。

三月，帝谕大夫月儿鲁曰：“屡闻桑哥沮抑台纲，杜言者之口；又尝捶挞御史，其所罪者何事，当与辨之。”桑哥等持御史李渠等已刷文卷至,令待御史杜思敬等勘验辩论,往复数四,桑哥等辞屈。明日,帝驻跸土口,复召御史台暨中书、尚书两省官辩论。尚书省执卷奏曰:"前浙西按察使只必,因监阅烧钞受赃至千锭,尝檄台征之,三年不报。"思敬曰:"文之次第,尽在卷中,尚书省拆卷持对,其弊可见。"彻里抱卷至前奏曰:"用朱印以封纸缝者,防欺弊也。若辈为宰相,乃拆卷破印与人辨,是教吏为奸。"帝是之。责御史台曰:"桑哥为恶,始终四年,其奸赃暴著非一,汝台臣安得不知。"中丞赵国辅对曰:"知之。"帝曰:"知而不劾,何罪?"思敬等对曰:"夺官追俸,惟上所裁。"数日不决。大夫月儿鲁奏:"台臣久任者当斥罢,新者存之。"乃下桑哥于狱,仆其辅政碑。七月,伏诛。

监察御史言:"沙不丁、纳速剌丁灭里、乌马儿、王巨济、杨琏真伽、沙的、教化的,皆桑哥党,今或系狱,或释之,臣所未谕。"帝曰:"纳速剌丁灭里在狱,沙丁朕姑释之耳。"

明年二月,玉昔帖木儿等言:"纳速剌丁灭里、忻都、王巨济党比桑哥,恣为不法,楮币、铨选、盐课、酒税,无不更张变乱之。衔命江南理算者,皆严急输期,民至嫁妻卖女,祸及亲邻。维扬、钱塘受害最惨,无故而殒其生者五百余人。其始,士民犹疑事出朝廷。近者彻里按问,悉皆首实请死。乃知天子仁爱元元,而使之至此者,实桑哥及其凶党之为也,莫不愿食其肉。臣等议,此三人者既伏其辜,宜令省台从公论罪,以谢天下。"三人遂弃市。贷杨琏真伽死,其妻与沙不丁、乌马儿之妻,并没入官,送诣京师。乌马儿寻亦论死,唯沙不丁获免。

平章政事要束木者,桑哥之妻党,钩考荆湖钱谷,省臣拟授湖广平章政事。帝曰:"要束木小人,事朕方五年,授一理算官足矣。览中书所奏,令人耻之。"及至湖广,即籍阿里海涯家赀以献。正月朔,百官会,行省朝服以俟,要束木召至其家受贺华,方诣省望阙贺如常仪。又阴召卜者,有不轨之言。中书省列其罪以闻,帝命械至湖广行省,戮之,籍其家,得黄金四千两。

史臣曰：司马迁以利为害之源，然懋迁有无，肇于有虞，管仲、范蠡用货殖伯齐、越二国，无他，利天下则为利，反是则为害也。世祖才阿合马，擢为宰相。阿合马死，卢世荣继之。世荣死，桑哥继之。三凶姱戾，病国厉民，厕酷吏以重位，陷正人以刑纲，视汉、唐聚敛之臣，其毒尤甚焉。呜乎！蒙古有中原五六十年，政无纪纲，遗黎殆尽。世祖践阼，思大有为于天下，黔首喁喁，正延颈归命之时，乃用贪狠匹夫，钻膏剔髓，以剿民命，迨穷奸稔恶，始婴显戮，而苍生之祸已烈矣。司马迁之言，岂不信欤！

新元史卷二二四
列传第一二一

铁木迭儿　铁失　伯颜
哈麻　雪雪

铁木迭儿,蒙古人。曾祖唆海,赠太尉,谥武烈。祖不怜吉歹,宪宗时为大将,七年伐宋,自邓州略地至江汉,赠太尉,谥忠武。不怜吉歹二子:忽鲁不花,中统初为中书左丞相,兼中书省都断事官,赠太师,谥忠献;木儿火赤,赠太师,谥忠贞。三世并追封归德王。

铁木迭儿,木儿火赤之子也。大德间,为同知宣徽院事,兼通政院使。武宗即位,迁宣徽使,有宠于皇太后。至大元年,出为江西行省平章政事,拜云南行省左丞相,以擅赴阙,为尚书省所劾。诏诘问,寻以皇太后旨贷之。

武宗崩,仁宗在东宫,诛丞相脱虎脱等,用完泽及李孟为中书平章政事,更张庶务。而皇太后已有旨,召铁木迭儿为中书右丞相,帝不得已相之。及幸上都,命铁木迭儿留守大都。完泽等奏:"故事,丞相留京师者,出入得张盖。今右丞相铁木迭儿,请得张盖如故事。"许之。

皇庆元年三月,铁木迭儿奏:"臣误蒙圣恩,擢任中书,年衰且病,虽未能深达政体,事有创行,敢不自勉,继今朝夕视事,左右司六部官有不尽心者,当论决,再不悛者,黜勿叙,其有托故侥幸他职者,亦不叙。"帝韪其言。二年,以病罢。

延祐改元,丞相合散奏:"臣非世勋之胄,不可居右相。"举铁木迭儿自代。帝令白皇太后，授以中书省印，拜开府仪同三司、监修国史录军国重事。居数月，复拜中书右丞相，合散为左丞相。铁木迭儿奏请："内侍毋隔越妄奏，中书政务，诸司毋辄干预。富民往诸番商贩，率获厚利，商者益众，中国物轻，番货反重。请以江浙右丞曹立领其事，发舟十纲，给牒以往，归则征税如制；私往者，没其货。以经用不给，请预买山东、河间运使来岁盐引及各冶铁货，以足今岁之用。并核江南田，令田主自实顷亩状入官，诸王、驸马、学校、寺观亦如之；仍禁私匿民田，贵威势家毋得沮挠。"仁宗皆从之。寻遣使者分行各省，括田增税，苛急烦扰，江西蔡五九作乱，始罢其事。

二年七月，诏谕中外，命右丞相铁木迭儿总宣政院事。十月，进太师。十一月，大宗正府奏："累朝旧制，凡议重刑，必决于蒙古大臣，今宜听于太师右丞相。"从之。

铁木迭儿既再为首相，怙势贪虐。平章政事萧拜住稍牵制之。而杨朵儿只自侍御史拜中丞，慨然以纠正其罪为己任。上都富人张弼杀人系狱，铁木迭儿使家奴胁留守贺伯颜出之，伯颜不从。朵儿只廉得铁木迭儿所受张弼赂有显征，乃与拜住及伯颜奏之："内外监察御史凡四十余人，共劾铁木迭儿桀黠奸贪，阴贼险狠，蒙上罔下，蠹政害民，布置爪牙，威詟朝野，凡可以诬陷善人、要功利己者，靡所不至。取晋王田千余亩、兴教寺后墙园地三千亩、卫兵牧地二千余亩。窃食郊庙供祀马。受诸王哈剌班第使人钞十四万贯，宝珠、玉带、氍毹、币帛又计钞十余万贯。受杭州永兴寺僧章自福赂金一百五十两。取杀人囚张弼钞五万贯。既已位极人臣，又领宣政院事。诸子无功于国，尽居贵显。纵家奴凌虐官府，为害百端。以致阴阳不和，山移地震，灾异数见，百姓流亡，已乃恬然略无省悔。私家之富，在阿合马、桑哥之上。四海疾怨，咸愿车裂斩首，以快其心。如蒙早加显戮，庶使后之为臣者知所警戒。"奏既上，仁宗震怒，诏逮问，铁木迭儿匿皇太后近侍家，有司不敢捕。仁宗不乐者数月，又恐出皇太后意，不忍重咈之，乃罢其相位，余悉不问。

铁木迭儿家居未逾年，又起为太子太保，中外闻之惊骇。御史中丞赵世延率诸御史论其不法数十事,内外御史论其不可辅道东宫者又四十余人。然以皇太后故,终不能治其罪。

七年正月,仁宗崩。越四日,铁木迭儿以皇太后旨,复拜右丞相。又逾月,铁木迭儿宣皇太后旨,召萧拜住与杨朵儿只至徽政院,与徽政院使失列门等杂问之,责以前违皇太后旨,令伏罪。即入奏,执二人弃市。是日,白昼晦冥,都人恟惧。三月,英宗即位,中书省启:"祖宗以来,皇帝登极,中书率百官称贺,班首惟上所命。"英宗曰:"其以铁木迭儿为之。"是月,加铁木迭儿开府仪同三司、上柱国、太师。诏中外毋沮议铁木迭儿。五月,英宗在上都,铁木迭儿嫉留守贺伯颜不附己,诬其以便服迎诏为不敬,下五府杂治,竟杀之。都民为之流涕。

赵世延时为四川行省平章政事,铁木迭儿启英宗,遣使逮捕之。世延未至,铁木迭儿使讽世延,啖以美官,令告引同时异己者,世延不肯从。至是,坐以违诏不敬,令法司穷治,请置极刑。英宗曰:"彼罪在赦前,宜释免。"铁木迭儿对曰:"昔世延与省台诸人谋害老臣,请究其姓名。"英宗曰:"事皆在赦前矣,又焉用问。"数日,复奏世延当处死罪,又不允。

久之,帝觉其所谮毁者,皆先朝旧人,滋不悦,乃任拜住为左丞相,委以腹心。铁木迭儿渐见疏外,因称疾不出。至治二年,拜住奉命至范阳立《安童碑》,铁木迭儿将莅省事,入朝,至宫门,帝遣内侍赐之酒曰:"卿年老,宜自爱,待新年入朝未晚。"遂怏怏而返。是年八月卒,命给钞市葬地。

十二月,其子宣政院使八里吉思坐受刘夔冒献田亩,伏诛,仍籍其家。三年五月,监察御史盖继元、宋翼言:"铁木迭儿奸险贪污,请毁所立碑。"从之。仍追夺官爵及封爵制书。六月,毁铁木迭儿祖父碑,追收元降敕书,告谕中外。七月,籍铁木迭儿家赀。

泰定帝即位,御史言:"铁木迭儿专政,诬杀杨朵儿只等,罢免王毅、高昉、张志弼,请加昭雪。"诏有者召还录用,死者赠官有差。监察御史脱脱、赵成庆复言:"铁木迭儿在先朝,包藏祸心,离间亲

藩,诛戮大臣,使先帝孤立,卒罹大祸。其子琐南,亲与逆谋,久逞天
宪,乞正其罪,以快元元之心。”诏诛之。监察御史许有壬又言:“铁
木迭儿死有余辜,请剖棺戮尸,以谢天下。”帝不允。三年,礼部员外
郎元永贞言:“铁失弑逆,皆由铁木迭儿始祸,宜明正其罪,宣付史
馆,以为人臣之戒。”从之。

铁木迭儿五子:班丹,知枢密院事,坐赃杖免;锁南治书侍御
史,坐逆党诛;八里吉思,坐刘夔事诛;锁住,将作院使,明宗敕流于
南荒。天历二年,丞相燕帖木儿言:“锁住有劳于国,请召还。”从之。
至顺元年,锁住与弟观音奴、姊婿太医使野里牙怨望,祭北斗咀咒,
事觉,俱坐诛。

铁失,铁木迭儿义子也。其妹为英宗第二皇后。初以翰林学士
承旨、宣徽院使为太医院使。未逾月,特命领中都威卫指挥使。
至治元年,赐珍珠燕服。三月,特授光禄大夫、御史大夫,仍金
虎符、忠翊侍卫亲军都指挥使,依前太医院使。帝尝御盝顶殿,谓铁
失曰:“宣徽虽隶太皇太后,朕视之与诸司同。凡簿书,宜悉令御史
检核。”既而,又命领左右阿速卫。冬十月,帝亲祀太庙,以中书左丞
相拜住为亚献官,铁失为终献官。
明年冬十月,江南行台御史大夫脱脱以疾上请,未得旨,辄去,
铁失劾之,杖六十七,谪云南。治书侍御史锁南,铁木迭儿之子也,
改翰林侍讲学士,铁失奏复其职,帝不允。十二月,以铁失兼领广惠
司事。英宗尝谓台臣曰:“朕深居九重,臣下奸贪,民生疾苦,岂能周
知,故用卿等为耳目。曩者,铁木迭儿贪蠹无厌,汝等拱默不言。其
人虽死,宜籍其家以惩后也。”
又明年三月,申命铁失振举台纲,诏谕中外。既而,御史台请开
言路,帝曰:“言路何尝不开,但卿等选人未当尔。监察御史尝举八
里吉思可大受,未几以贪墨败;若此者,言路选人当乎?否乎?”时铁
木迭儿既死,罪恶日彰,帝委任拜住为右丞相,以进贤退不肖为急
务,铁失不自安,遂潜蓄异图。

秋八月癸亥,帝自上都还,驻跸南坡。是夕,铁失与知枢密院事
也先帖木儿、大司农失秃儿、前中书平章政事赤斤帖木儿、前云南
行省平章政事完泽、前治书侍御史锁南、铁失之弟宣徽使锁南、典
瑞院使脱火赤、枢密院副使阿散、金书枢密院事章台、卫士秃满及
诸王按梯不花、孛罗、月鲁帖木儿、曲律不花、兀鲁思不花等,以铁
失所领阿速卫兵为外应,杀右丞相拜住。铁失直犯禁幄,弑英宗于
卧内,使赤斤帖木儿、帖木儿不花驰赴大都,召集百官,收其符印。
时枢密院掾史王贞言于副使完颜乃丹曰:“大行晏驾,丞相、中书、
枢密无至者,赤斤帖木儿累朝退黜之人,帖木儿不花亦为散官,谁
使之来?兵权所在,岂可以印授之!”乃丹叹息曰:“此御史大夫铁失
所为也。”贞遍告枢府大臣,请急执赤斤帖木儿等,与中书省同讯
之。闻者皆不敢发。

九月,泰定帝即位,铁失及其党始伏诛。监察御史许有壬上言:
“铁失身领台端,妹为君配,先帝待之情逾骨肉,纵不思报效,忍为
寇仇!自古宫闱之变,未有若是之惨者。宜戮其全家,潴其居室。铁
失之妹,系是祸根,勿令污染宫围,即时逐出,从朝廷议拟区处。”奏
上,事寝不报。

史臣曰:“南坡之祸,铁木迭儿为之也。英宗知铁木迭儿之奸,
而置其义子于左右,其反噬宜矣。自古母后淫恣,昵于权臣,未有不
酿弑君之祸者。魏冯太后、元兴圣太后是已。仁宗考终,幸不为魏
之献文。然铁木迭儿之逆党,卒杀英宗。呜呼!何其酷也。

伯颜,蔑儿吉氏。年十五,奉成宗命,侍武宗于潜邸。

大德三年,从武宗北征海都。五年,从拒海都于迭怯里古之地,
又战于哈剌答之地,皆有功。

十一年,武宗入继大统,伯颜扈从至上都,赐号拔都儿。帝即
位,授吏部尚书,改尚服院使,又拜御史中丞。至大二年,拜尚书平
章政事,赐交龙虎符,领右卫阿速亲军都指挥使司达鲁花赤。三年,

加特进。延祐三年，改周王常侍。四年，拜江南行台御史中丞。五年，迁御史大夫。六年，拜江浙行省平章政事。七年，又拜陕西行台御史大夫。至治二年，复迁南台。泰定二年，迁江西行省平章政事。三年，改河南行省。

致和元年，泰定帝崩。八月，燕铁木儿起兵于大都，遣明里董阿至江陵，迎文宗，道过河南，密告伯颜，伯颜叹曰："此吾君之子，吾夙荷武宗厚恩，曷敢观望。"即集省官明告以故。于是会计乘舆供御及赏犒之用，靡不备至。即遣蒙哥不花驰告文宗，又使罗里报燕铁木儿曰："公为其内，河南事我当自效。"伯颜别募兵五千人，迎车驾于江陵，自勒所部兵以俟。参知政事脱别台曰："今蒙古兵与宿卫之士，皆在上都，而令探马赤军守诸隘，吾恐此事不易成也。"伯颜不听。是夜，脱别台欲杀伯颜，伯颜觉，拔剑杀之，夺其军，收马一千二百匹。文宗拜伯颜河南行省左丞相。车驾至，伯颜擐甲胄，与百官导入，即俯伏称万岁劝进。帝脱御铠、宝刀及海青白鹘、文豹以赐之。明日，扈驾北行。

九月，文宗即位，加银青光禄大夫，仍领宿卫。寻加太尉，赐黄金二百五十两、白金一千两，楮币二十五万缗，进开府仪同三司、录军国重事、御史大夫、中政院使。天历二年，拜太保，加储庆使，赐虎符，特授忠翊侍卫亲军都指挥使。明宗即位，文宗为皇太子，拜太子詹事。八月，拜中书左丞相。

明宗崩，文宗嗣立，加储政院使。至顺元年，拜知枢密院事。帝以伯颜功大，尚世祖女孙卜颜的斤公主，又赐黄金双龙符，文曰："广忠宣义正节振武佐运功臣。"又命宴饮视宗王礼。二年八月，进封浚仪王，加侍正府侍正，又加昭功宣毅万户、忠翊侍卫都指挥使。三年，拜太傅，加徽政院使。八月，文宗崩。伯颜与燕铁木儿，奉皇太后之命，立宁宗。十一月，宁宗又崩。

四年六月，惠宗即位，拜中书右丞相。元统二年，进太师、奎章阁大学士。十二月，进封秦王。至元元年六月，燕帖木儿子唐其势忿伯颜位己上，与其弟塔海谋杀伯颜，为伯颜所杀，遂执皇后废之。

七月，鸩弑皇后于开平民舍。帝为诏谕天下，赐伯颜答剌罕之号，太皇太后赐第时雍坊。三年，奏杀张、王、刘、李、赵五姓汉人，帝不从。四年，奏请解政务，三宫交勉慰留。诏立伯颜生祠于涿州。五年，诏为大丞相，加号元德上辅，赐七宝龙虎金符。

伯颜自杀唐其势之后，专权自恣，渐有奸谋，密与太皇太后议，废帝立燕帖古思，帝知之。初，伯颜养兄子脱脱为子，宿卫内廷，伺帝起居。脱脱见伯颜凶暴日甚，私忧之，乘间自陈忘家徇国之意，帝犹不之信。遣阿鲁、世杰班，日以忠义之言与之往复，知脱脱意无他，帝始与脱脱密谋讨之。。是年，车驾自上都，伯颜构杀郯王彻彻笃，奏赐死，帝未允，辄传旨行刑，又杀其近属百余人。复奏贬宣让王帖木儿不花、威顺王宽彻不花，帝益忿。

六年二月，伯颜自率卫兵，请帝畋猎。脱脱告帝托疾不往。伯颜挟太子燕帖古思出次柳林。脱脱与世杰班等合谋，白于帝，请罢其政事。戊戌，脱脱悉收门钥，领卫兵，阿鲁、世杰班侍帝侧。是夜，帝御文德殿，遣太子怯薛丹月可察儿率三十骑抵太子营，与太子入城。夜半，命只儿瓦台奉诏往柳林，出伯颜为河南行省左丞相。诏曰：

朕践位以来，命伯颜为太师、秦王、中书大丞相，而伯颜不能安分，专权自恣，欺朕年幼，轻视太皇太后及朕弟燕帖古思，变乱祖宗成宪，贼害天下，加以极刑，允合舆论。朕念先朝之故，尚存悯恤。今出为河南行省左丞相，所有元领诸卫亲军并怯薛丹人等，诏到时，即许散还。

明日，伯颜遣人来城下问故。脱脱倨城门上，宣言："有旨黜丞相一人，诸从官无罪，可各还本卫。"伯颜奏乞陛辞，不许，遂行。过真定，父老奉觞酒以进，伯颜曰："尔曹见子杀父事耶？"父老曰："不曾见子杀父，惟见臣弑君耳。"伯颜俯首有惭色。三月辛未，诏徙南恩州阳春县安置，至龙兴路驿舍，饮乐死。

哈麻，字士廉，康里人。母为宁宗乳母。哈麻与其弟雪雪，早备宿卫,惠宗深宠之。哈麻有口辩,尤为帝所亲幸,累迁殿中侍御史。雪雪官集贤学士。帝与哈麻以双陆为戏,一日,哈麻服新衣侍侧,帝方啜茶,即噀茶于其衣上。哈麻曰:"天子固当如是耶!"帝一笑而已。

哈麻声势日盛,自藩王戚里,皆赂遗之。寻以罪,贬南安,复召为礼部尚书,俄迁同知枢密院事。初,脱脱为丞相,弟也先帖木儿为御史大夫,哈麻日趋其门。会脱脱罢相,而别怯儿不花为丞相,与脱脱有旧怨,欲中伤之,哈麻每于帝前力加营护。

未几,别怯儿不花罢,太平为左丞相,韩嘉纳为御史大夫,谋黜哈麻,讽监察御史斡勒海寿劾其受宣让王等驼马诸物,又设帐房于御幄后,无君臣之分,恃提调宁徽寺,出入脱忽思皇后宫闱,犯分之罪尤大。脱忽思皇后,帝之庶母也。海寿,字允常,渑池人,拜监察御史,慨然曰:"张纲埋轮,先问豺狼之当道者,知所重也。台谏许风闻言事,况目击乎!"遂疏哈麻罪,对仗弹之。哈麻知其事,先于帝前辩析,谓皆为太平、韩嘉纳所撼拾。及奏入,帝大怒,斥弗纳。明日章再上。帝不得已,仅夺哈麻、雪雪官,谪居草地。而斡勒海寿出为陕西廉访副使,太平罢为翰林学士承旨,韩嘉纳罢为宣政使,寻出为江浙行省平章政事。顷之,脱忽思皇后泣诉于帝,谓御史所劾哈麻事为侵己,帝益怒,乃诏夺海寿官,禁锢终身。已而脱脱复为丞相,也先帖木儿复为御史大夫,谪太平居陕西,加韩嘉纳以赃罪,杖流尼噜罕以死。

召哈麻为中书添设右丞。明年正月,除右丞。时脱脱方信任汝中柏,由郎中为中书参议,自平章政事以下,见其议事,皆让之。独哈麻与之争辩,中柏因谮哈麻于脱脱。八月,罢哈麻为宣政院使,位居第三。哈麻由是深衔脱脱。初,哈麻尝进西天僧运气术媚帝,帝习之,号演揲儿法。演揲儿,译言大喜乐也。哈麻之妹嫁集贤学士秃鲁帖木儿,有宠于帝,与老的沙等十人俱号倚纳。秃鲁帖木儿性奸狡,帝尤爱之,荐西番僧伽怜真于帝。僧善秘密法,谓帝曰:"陛下虽尊居万乘,富有四海,不过保有见世而已。人生几何,当受此秘密大喜乐禅定。"其法亦名双修法。曰演揲儿，曰秘密，皆房中术也。帝日从事其法，广选采女为十六天魔舞，甚至男女裸居，丑声流播，虽市井之人亦恶闻之。皇太子年日长，尤深疾秃鲁帖木儿等所为，欲去之未能也。

十四年秋，脱脱出师讨高邮，哈麻乘间复入中书为平章政事。汝中柏累言哈麻必为后患，宜黜之。也先帖木儿不从。哈麻恐终不自保，诉于皇后奇氏曰："皇太子既立，而册宝及郊庙之礼不行者，脱脱兄弟之意，留以待中宫生子也。"皇后颇信之。会也先帖木儿移疾家居，监察御史袁赛因不花等即承望哈麻风指，劾也先帖木儿罪恶，章三上，帝始允之。诏收御史台印，令也先帖木儿出都门待罪，以知枢密院事汪家奴为御史大夫。寻诏数脱脱老师费财之罪，即军中夺其兵柄，安置淮安。即以雪雪知枢密院事，代领其军。

至正十五年四月，雪雪由知枢密院事拜御史大夫。五月，哈麻遂拜中书左丞相，国家大柄，尽归其兄弟二人。是年十二月，哈麻矫诏鸩杀脱脱于阿轻乞之地。

十六年，哈麻兄弟密谋奉皇太子践位，废帝为太上皇。私语其父秃鲁曰："我兄弟位居宰辅，宜自惜声名，今秃鲁帖木儿专媚上以淫亵，为天下士大夫讥笑，我将除之。且上久不亲机务，四方盗日起，皇太子年长，聪明过人，不若立以为帝，而奉上为太上皇。"其妹素诡谲，闻之，归告其夫。秃鲁帖木儿恐皇太子为帝，则己必诛死，即奏其事于帝，然不敢斥言淫亵事，第曰："哈麻谓陛下年老。"帝大惊曰："朕头未白，齿未落，遽谓我老耶！"遂与秃鲁帖木儿谋去哈麻、雪雪，计已定，秃鲁帖木儿走匿尼庵中。明日，遣使谕哈麻、雪雪毋入朝。御史大夫㧑思监，因劾奏哈麻兄弟罪恶，帝曰："彼兄弟虽有罪，然侍朕日久，且与朕弟同乳，可姑缓其罚，令出征自效。"已而中书右丞相定住、平章政事桑哥失里，复执奏不已，乃诏哈麻于惠州安置，雪雪于肇州安置。比行，俱杖死。

新元史卷二二五
列传第一二二

韩林儿　　张士诚

韩林儿，永年人。其先本栾城人，世以白莲社烧香惑众。父山童，尝为童子师，人称为韩学究。至正初，山童倡言天下将大乱，弥勒佛出世。愚民私相附从。颍州人刘福通与其党杜遵道、罗文素、盛文郁、王显忠、韩咬住等，谓山童为宋徽宗八世孙，当为中国主。时河决而南，丞相脱脱从贾鲁议挽之北流，兴大役。福通乃预埋一石人，镌其背曰：“休道石人一只眼，此物一出天下反。”开河者掘得之，转相告语，人心益摇。

至正十一年，福通等杀黑牛白马，誓众谋作乱。事觉，县吏捕之急，山童就获伏诛。其妻杨氏携林儿遁至武安。福通遂部署其众以反。杜遵道者，本书生也，尝上书请开武举，以收智勇之士，丞相马札儿台览而奇之，补为掾史，遵道不就。至是，为福通谋主。

五月，福通袭据朱皋，分兵陷罗山、真阳、确山，掠舞阳、叶县。其众裹红巾于首，故号红军，又号香军。枢密同知赫厮虎赤，率阿速兵六千，并诸路汉军讨之，不能克。

时岁大祲，萧县人李二家储芝麻一仓，发以赈饥，人呼为芝麻李，与邻人赵君用谋入福通党。君用曰：“城南彭二郎有胆勇，当先致之。”君用至其家，彭方砺斧，问之，曰：“将刘薪易粟，疗饥耳！”君用曰：“汝健儿，何患不饱。从我谋，富贵可图也。”彭喻其意，曰：“中有芝麻李乎？”曰：“有。”于是与其党八人同盟为乱，袭徐州陷之。募兵至数万人,攻陷宿、虹、丰沛等州县,以应福通。

九月,福通击败官军,杀万户朵儿、千户高安童。进攻汝宁府,陷之,知府完哲等赴水死。又攻陷光、息二州。及官军战于亳州,杀指挥秃鲁,所过焚城邑,杀长吏,众至十余万。

十二月,布王三起兵陷邓州、南阳,以应福通,号北锁红军。

十二年,朝廷遣逯鲁曾募两淮盐丁五千人,以攻徐州。又遣知枢密院事月阔察儿将兵会之。二月,与赫厮虎赤等进讨。赫厮虎赤见红军阵大,扬鞭麾其众曰:"阿卜!"阿卜者,华言走也。于是所部皆溃,贼势益炽。朝廷又遣平章巩卜班,将侍卫汉军及蒙古军数万讨之。巩卜班亦日夜纵酒,不以兵事为意,为福通所袭,大败。军中失大将所在,数日,阅死者尸,始知巩卜班已死。官军引却三百余里,屯项城。

是月,定远郭子兴等起兵破濠州,以应福通。御史大夫也先帖木儿与卫王宽彻哥,将精兵三十万讨福通,攻上蔡,拔之,擒韩咬住。诸王神保复取虹、睢阳两县,福通惧,严兵拒守。

五月,也先帖木儿屯沙河,数旬不敢进。军中夜惊,也先帖木儿先遁,左右控其马留之。也先帖木儿引佩刀斫之曰:"我非性命耶!"遂逸去。诸军皆溃散,军资山积,悉为福通所有。也先帖木儿收散卒,抵汴。汴守将谓之曰:"汝为大将,见敌奔溃,吾将劾汝,此城不能入也。"乃屯于朱仙镇。顷之,朝廷以平章蛮子代将,召也先帖木儿还,弗罪也。卫王宽彻哥军于亳州,亦以酣醉为红军所虏。

八月,丞相脱脱自请将诸军攻徐州,入其外城。贼以铁翎箭射中脱脱马首,脱脱不为动,麾军力战。城破,芝麻李死,赵君用、彭二郎遁入濠州,与郭子兴、孙德崖等拒守。

十月,平章教化、元帅董搏霄攻安丰,败贼众于合肥。太尉阿吉剌、左丞太不花攻汝宁,福通退保亳州。

是岁,沈邱探马赤察罕帖木儿起兵,攻罗山,克之。

十三年,知枢密院事老张攻克南阳、唐州。六月,诸王八秃与福通战于亳州,败殁。福通复陷安丰。

十四年，福通又陷颍州。是月，朝廷置毛胡卢义兵万户府于南阳、邓州，以御贼。十月，平章答失八都鲁及太不花会兵攻安丰，不克。

十五年二月，福通等自砀山夹河迎林儿至，僭号称皇帝，又号为小明王，都亳州，国号宋，以林儿自谓赵氏裔也。建元龙凤。尊山童为太上皇，母杨氏为皇太后。撤鹿邑县太清宫材，以造宫室。以杜遵道，盛文郁为丞相，福通、罗文素为平章，刘六为知枢密院事。刘六者，福通弟也。遵道粗有文武，既为丞相，林儿每事咨之，颇专恣自用，福通使勇士挝杀之，自为丞相，林儿不能问。七月，答失八都鲁与福通战于长葛，失利。答失八都鲁退驻中牟，又为福通所袭，获其辎重。刘哈剌不花伏兵要之，夺所获而归。八月，苗军元帅吴天保死，其部众据荣阳以叛，降于福通。冬，福通以三十万众直捣中牟，察罕帖木儿大败之。事具《察罕帖木儿传》。

十六年三月，明太祖取集庆路，林儿授为江南行省平章。九月，贼将李武、崔德等陷潼关及陕、虢二州，豫王阿忒纳失里败之。察罕帖木儿转战而北，取虎牢戍之，贼不敢过，乃焚掠河北诸州。察罕帖木儿又败之，余众栅河中洲，悉为察罕帖木儿所歼。十二月，答失八都鲁次高柴店，福通屡战皆败，官军遂进围亳州。福通出精骑五百，夜袭官军，答失八都鲁设备甚严，贼奔溃。答失八都鲁遂克亳州，擒伪丞相王显忠、罗文素及伪元帅张敏等，福通挟林儿走安丰。

十七年，李武、崔德据崤函以窥关陕，察罕帖木儿引兵赴之。李武等乃渡河，陷平陆，掠安邑。察罕帖木儿率铁骑追之，贼回扼下阳津，为察罕帖木儿所逼，溺死无算。是时，察罕帖木儿驻陕西，河南北则答失八都鲁、太不花、阿鲁三人，共为犄角，以御福通。太不花军于嵩、汝间，贼望风败走。太不花按兵不进，贼势复炽。

三月，福通将毛贵陷胶州，又陷莱州。四月，遂陷般阳、益都及滨、莒二州。六月，福通知官军在河南，河北空虚，乃分兵三道：关先生、破头潘、沙刘二、冯长舅、王士诚出晋冀，白不信、大刀敖、李喜喜趋关陕，毛贵略山东。福通自以重兵徇颍、许诸州。关先生者，名铎，崇仁人，以策干福通，福通用为军锋。七月，义兵万户田丰叛降毛贵，攻陷济宁，万户孟本周败之，复其城。盛文郁陷归德，知府林茂、万户时公权皆迎降，文郁遂陷曹州。九月，陷大名及卫辉路。未几，太不花复取大名。是月，关先生陷泽州、陵州，又陷潞州。察罕帖木儿败之。十月，白不信陷商州，直趋长安，分兵掠同、华诸州，亦为察罕帖木儿所败，前后死者数万人。白不信等以余兵入南山，察罕帖木儿使李思齐守凤翔以备之。十二月，赵君用称永义王，彭二郎之子早住称鲁淮王，同据淮安。

十八年正月，田丰陷东平路。二月，毛贵陷济南，田丰复攻济宁，陷之，遂据东昌。是时，白不信等复自兴元陷秦陇，李喜喜陷巩昌。白不信进围凤翔，察罕帖木儿来援，城兵亦开门接战，大败之，白不信遁。独李喜喜据巩昌不下，李思齐合兵围之，喜喜突围出，与白不信皆入蜀，号为青军，后降于明玉珍。

毛贵既据济南，立宾兴院，选用山东旧吏，以姬宗周等分守各路。又于莱州立三百六十屯田，造大车百辆，以运粮。公私田赋，十取其二，民颇归之。是月，贵陷清州。三月，贵由河间取直沽，陷蓟州、郭州，至枣林。京师震恐，帝议北巡以避之，又有劝帝迁都陕西者，丞相太平以为不可，征兵入援。知枢密院事刘哈喇不花大败贵于柳林，贵退走济南。

关先生等既入晋、冀，察罕帖木儿遣裨将关保追之。关先生趋潞州，太原大震。已而关保败贼于黎城，关先生由吾儿峪遁去，遂入壶关，分兵为二：一出沁州，一出绛州。察罕帖木儿使虎林赤助关保御贼。

五月，福通陷汴梁，筑宫于旧皇城之内。迎林儿居之，以福通为太保，毛贵、田丰为丞相，王士诚、杨诚、陈猱头、续继祖为平章，刘圭为知院，又进关先生、破头潘等官爵。

是月，关先生攻连州，虎林赤、关保败之。七月，关先生陷上党，虎林赤、关保夜以死士劫其营，又败之。

八月，义兴万户王信以滕州降于毛贵，于是全齐之地尽陷。

九月，冯长舅等据松子岭及杏城东山，虎林赤、关保破走之。关先生转掠保定而西，陷大同路。十二月，进陷上都，焚宫阙。留七月，北攻辽阳，陷之。太平策贼据辽阳必不能久，乃用其子也先忽都为詹事，总大兵复辽阳，冀以为功。既而关先生、破头潘无退志，也先忽都畏之，逗遛不前，师遂溃。

四月，赵君用与毛贵同在济南，置酒伏壮士杀贵。君用走益都，续继祖自辽阳入益都，执君用杀之。

五月，察罕帖木儿大举攻汴梁。自李喜喜、白不信等入蜀，关先生、破头潘入辽东，福通独抗官军，势日弱。六月，察罕以大军次虎牢，先遣游骑东略归、亳、陈、蔡，战船浮于河，水陆并进，首夺汴之外城。察罕帖木儿自将铁骑屯杏花营，诸将环城而垒。福通婴城固守。察罕帖木儿先遣苗军过城下，贼倾城追之，遇伏，败还。又令老弱立栅于外城，以为饵，贼出争之，老弱弃栅走，贼逐于城西，察罕帖木儿纵铁骑蹂之，悉为所俘，福通乃不敢复出。八月，察罕帖木儿克汴梁，福通挟林儿出东门遁去，复入安丰。

十九年，田丰陷保定路，朝廷遣使谕之，为所杀。丰又陷孟州、赵州。

是年，关先生、沙刘二等为高丽人所袭杀，惟破头潘率轻骑万余，从间道奔宣德，降于孛罗帖木儿。先是，关先生等由辽阳入高丽，高丽王奔耽罗，其臣纳女请降，将校以下皆配以女子。关先生等狎之，不以为意。高丽人悉縶其马林中，一夕，传王命，惟高丽语者不杀，余悉坑之，贼党获免者十无一二焉。

二十年，明太祖议迎韩林儿至金陵，不果。时田丰号花马王，王士诚号扫地王，共据山东。朝廷命察罕帖木儿讨之。五月，李武、崔德降于李思齐。八月，察罕帖木儿造浮桥于盐河以济师，田丰降。察罕帖木儿取东平，以丰为前锋，陈猱头战败，走益都。是月，林儿封明太祖为吴国公。

二十一年，察罕帖木儿进围益都。初，田丰之降也，遣使告察罕帖木儿曰："总兵未必信我，我不敢上谒，俟我平沿海诸州，然后来见耳。"丰定登、莱、沂、密诸州方至，察罕帖木儿厚接之，后竟为丰所刺杀。未几，扩廓帖木儿克益都，丰、士诚、猱头皆伏诛。事具《察罕帖木儿传》。

二十二年，张士诚遣其将吕珍攻安丰，林儿与福通乘风雨溃围而出。明太祖自将救之，大败珍兵，迁林儿于滁州之宗阳宫，栅而守之，日给廪饩数斗。二十三年，林儿册明太祖为吴王。二十五年，吴左丞廖永忠及朱镇抚具舟楫迎林儿及福通，归金陵，次瓜步，永忠沈之于水，以覆舟闻。林儿僭号十三年而亡。

张士诚，泰州白驹场人。以行称，曰张九四，少有膂力，厚重寡言。与弟士义、士德、士信，并驾盐纲船，业私贩。

至正七年，集庆花山贼作乱，官军不能制，募盐徒捕灭之。御史宋文瓒上言："江阴、通、泰，为江海门户，镇江、真州次之。花山盗起，官军敛手。宜亟选智勇，以防后乱，不然东南财赋之地，恐非国家所有。"不报。

泰州人王克柔，家富，喜游侠犯法，高邮知州李齐收之，其党李华甫、面张四谋劫克柔，齐乃移置克柔于扬州狱，招华甫为泰州判，张四为千户，于是乱民益无所惮。

泰州富人多侮士诚，或负其盐直，弓兵邱义尤窘辱之。士诚怒，与诸弟及壮士李伯升等十八人杀义，纵火焚富人室，因与华甫谋起事。寻杀华甫，驱盐徒为兵，旗帜皆赤，至丁溪，土豪刘子仁拒之。士义中流矢死，子仁亦败溃，遁入海。士诚兵势始振，众至万余人。

十三年，士诚攻泰州，李齐招谕之。士诚请降，且乞自效。行省参知政事赵琏命士诚治划船，趋淮泗。士诚疑惮不发，夜纵火登城，执琏拥至舟中，杀之，遂陷兴化，立栅于德盛湖。时左丞偰哲笃镇高邮。士诚率众数千噪而入，哲笃等皆遁去，士诚遂据高邮。朝廷复赦其罪，使至，不得入而还，给言士诚已降，但求名爵。行省遣照磨盛昭以万户告身授士诚，士诚闭置舟中，昭谓左右曰："此吾死所也。"官军逼高邮，士诚使昭出战，不从，士诚磔之。士诚诳言："李知府来,乃降。"行省强齐往,至则下诸狱,齐不屈,士诚亦磔之。枢密院都事石普诣行省,陈破敌之策,且曰:"高邮负重湖地,沮洳不可用骑,愿得步兵三万取之。"行省与兵一万,夜衔枚趋宝应,贼惊溃,连拔十余寨。将至高邮,分兵三队,普自将攻北门,士诚援军望之不敢进。蒙古兵千余骑突至,争先入,遇贼而逃。普兵遂为所乘,堕水中,普力战而殁,是年,朝廷仍遣平章咬住、廉访使王也先帖木儿抚谕高邮。

十四年,行省以士诚始终旅拒,始议攻讨。士诚遂自称诚王,国号大周,建元天祐,改《授时历》为《明时》。六月,士诚攻扬州,行省丞相达识帖木儿败绩,士诚陷天长诸县。右丞阿鲁恢以苗军来援,士诚还高邮。九月,丞相脱脱总大军南征,众号百万,旌旗亘千里,大败士诚于高邮城下。又用董搏霄计,分兵破天长、六合,未几拔高邮外城。士诚大惧,自分亡在旦夕。会朝廷罢脱脱兵权,诸军尽散,士诚势复振。

时江阴贼江宗三、朱英自相吞噬,宗三降,行省遣元帅孙观讨英,英求援于士诚,以妻子为质。士诚初疑,未许。英盛言江东富庶,以歆动之。乃遣士德率高邮之众,击横栅,渡福山港。

十五年正月,攻常熟,陷之。达识帖木儿使参政脱因御士德,为乱兵所杀。平江路总管贡师泰城守,士德众裁三四千人,直抵齐、娄二门,缘城而上,遂陷其城,据之。师泰绐城遁。昆山、嘉定、崇明、吴江相继降。时吴中钱谷甲仗山积,皆为所有。毁承天寺,碎佛像,以为宫,号万岁阁,射三矢于梁上。易平江路为隆平郡,立省院百司,凡甲第尽为其将士所夺。

三月,士诚自高邮至,服御皆拟乘舆。开弘宏馆,设学士员。郡称太守,州称通守,同知称府丞,知事称从事,县仍曰尹。以术士李行素为丞相,士德为平章,蒋辉为右丞,徐义、徐志坚典亲军,李伯升总军事,王敬夫、蔡彦文、叶德新为参军,三人尤贵幸用事。

常州黄氏,为士诚内应,不战而下,改为昆陵郡。分兵陷湖州,改为吴郡。王与敬亦以松江降之,改为隆平郡,以锻工周仁为隆平太守。仁习吏事，姿性深刻，士诚深倚之。又以潘元明为左丞，守吴兴；史文炳为同知枢密，守松江。置镇海万户府于太仓。

士诚颇好士，郭良弼、董绶等皆为之用。滨州杨乘以行省郎中免官，寓松江，良弼等言于士诚，招之，乘曰："汝等既失其身，又欲浼我耶！"遂自杀。孙拔与士诚将张茂先谋反正，事泄，皆见杀。

七月，士德与王与敬攻杭州，陷之，左丞答纳失里战死，达识帖木儿走萧山。士德恣意搜括，杭人苦之。万户普贤奴与苗军元帅杨完者来攻，杭人应之，皆挺身巷战，士德众大溃，十丧七八。收残兵掠海盐，又为乍浦钟民所败，乃引还。

八月，史文炳攻嘉兴，苗军大败之，文炳仅以身免。士德以苗军犷悍，乃募骁骑千余击之，斩馘无算，完者惮之。

是岁，明太祖取集庆路，又取镇江，与湖、常接壤，始开兵衅。

十六年，明太祖使徐达攻常州，士德来援，达设伏邀之，获士德。士诚请岁输粮二十万石、金五百两、银三百斤以犒军，且归杨宪，以求士德。太祖数其开衅召兵之罪，索粮五十万石。士诚不与，密使吕珍入常州，以助守御。三月，外围益急，珍拔城中之众宵遁，达遂入常州。

士德潜为书告士诚，使归命朝廷以求助，士诚然之。初，中丞蛮子海牙以采石之败，为士诚所获。至是，士诚使与周仁持书，降于达识帖木儿。杨完者请受其降，达识帖木儿谓，士诚反覆难信。完者固劝之，乃遣参议周伯琦受其降。士诚始要王爵，又请为三公，达识帖木儿皆不许。完者又以为言，达识帖木儿乃以便宜拜士诚太尉，士信枢密同知，然士诚自擅土地如故。

十七年，士诚舟师出海上，将袭镇江，败于鲇鱼口。自是，数与徐达、耿炳文交兵。士诚获廖永安，请以易士德，明太祖不许，其后士德不食而死。

十八年八月，朝廷使尚书伯颜帖木儿以龙衣御酒赐士诚，且征漕。士诚与方国珍互相猜忌，莫肯先发。伯颜帖木儿往来开谕，士诚乃运十万石粮于京师，岁以为常。

二十年,士诚与明太祖兵战于太湖,败绩,又遣李伯升攻长兴,不克。初,行省左丞汪同自集庆至平江,见士诚反覆狙诈,潜与淮安守将史椿通于察罕帖木儿,以图士诚。会察罕帖木儿被刺,复乞师于集庆,请为内应。事觉,士诚杀之。

二十三年二月,士诚遣吕珍攻韩林儿于安丰,明太祖自将救之,珍大败而还。士诚忌杨完者,达识帖木儿亦恶之,佯使士诚出攻建德,完者营于杭州城外,不为备,猝攻之,完者与其弟伯歆皆自杀。事具《杨完者传》。士诚遂据杭州。朝廷拜士信为江浙行省平章政事。自是,方面大权尽归于张氏矣。九月,士诚自称吴王,使达识帖木儿请命朝廷,不许。户部侍郎博罗帖木儿来征粮,士诚不应。参军俞思齐谏曰:“昔为贼,不贡献于朝廷犹可,今为人臣而不贡献,可乎?”士诚大怒,思齐乃谢病归。右丞答兰帖木儿、郎中真保谄事士诚,数媒蘖达识帖木儿之短。至是,使士信面数之,勒令以老病自免,士信自为丞相。御史大夫普化帖木儿及达识帖木儿皆自杀。

二十四年,士诚使李伯升攻建德,又使谢再兴围新城。明太祖将李文忠败之。文忠进围杭州,不克。

二十五年,明太祖略定两淮,命徐达、常遇春督诸军二十万伐士诚,数其八罪,败士诚兵于湖州潢口,士信奔还。达进至三里桥,士诚遣黄宝当南路,陶子实当中路,张天骐当北路,唐杰为后援,皆为达、遇春所败,擒黄宝,天骐、子实遁去。士诚遣李伯升入湖州,与天骐等固守,又遣朱暹等与其五太子率兵六万援之,筑五栅于旧馆。达、遇春营于姑嫂桥,以绝旧馆之援。士诚甥潘元绍屯于旧馆东,达袭败之,元绍遁。士诚亲率兵来援,与达战于皂林,又大败。十月,李文忠取余杭,遂围杭州。五太子及朱暹等,以旧馆六万之众降于徐达。五太子,士诚养子也,本姓梁,短小精悍,能平地跃起丈余,又能泅水。暹亦善战。至是,皆降,士诚为之夺气。已而李伯升、张天骐以湖州降于徐达,潘原明以杭州降于李文忠。达等乃进围平江。时嘉兴宋兴、绍兴李思忠,皆降于达。士诚外援尽绝,惟无锡莫天佑使其将入城,与士诚相闻。

二十六年,明太祖以书谕士诚,不答。士诚突围决战,复败,人马溺死沙盆潭甚众。其勇胜军号十条龙者,皆被银铠、锦衣出入阵中,人莫能测,至是皆溺死。士诚马蹄,堕水几死,左右舆入城中。

李伯升遣客说士诚曰:"公始以十八人入高邮,元兵百万围之,如虎坠井中,死在旦夕。元兵无故自退,公遂乘胜东据三吴,辟地千里,拥兵千余万。诚于此时,不忘高邮之危,苦心劳虑,练兵选将,收当时之豪杰,岂特保三吴之地,天下可图也。"士诚曰:"君往时不言,今复何及?"客曰:"吾当时虽欲进言,无路自效。何则?公之子弟、亲戚布列中外,歌儿舞女日夕酣饮,公又深居于内,败一军不问,失一城不知,故沦胥至今日耳!"士诚曰:"吾甚恨之,亦无及矣!今为之奈何?"客曰:"吾有一策,恐公不从。"士诚曰:"不过死耳!"客曰:"徒死无益也。公不见陈友谅乎?战于姑孰,又战于鄱阳,友谅举火欲燔敌舰,天乃反风烧之。何者?天命所在,人力无如之何。今外围益急,窃恐势急变生,祸从中起,虽欲死而不可得。公如顺天之命,遣一介之使,归命金陵,不失为万户侯,则所全多矣。"士诚良久曰:"君休矣,吾将思之。"竟不听。

八月,城破,徐义、潘元绍皆降,外兵蚁附登城。士诚使其将刘毅,收余兵三万余人,战于万寿寺,复败。士诚从数骑仓皇归府。初,士诚见兵败,谓其妻刘氏曰:"我败且死矣,若曹奈何?"刘曰:"君勿忧,妾必不负君。"乃积薪齐云楼下。至是,驱群妾登楼,使养子辰保纵火焚之,自经死。士诚独坐一室,达遣李伯升谕意,士诚闭户自经。伯升决户入,抱解之,未绝,复苏。达又令潘元绍反覆谕之,士诚瞑目不语。舁至舟中,不食,及至龙江,卧不肯起。乃舁至中书省,李善长问之,不答。已而士诚卒自经死,年四十七。

二子皆幼,其妻以白金遗乳母负之而逃,不知所终。

莫天佑,素勇悍,号莫老虎,徐达屡遣使谕降,俱为所杀。及士诚就擒,州人张翼说之降,械送金陵,磔于市。

新元史卷二二六
列传第一二三

徐寿辉　　陈友谅 _理
明玉珍 _升

徐寿辉，一名贞一，蕲州罗田人。以贩缯为业，往来蕲、黄间。

初，袁州有妖僧彭莹玉，用泉水治病多愈，远近神之。至正十年，其徒周子旺以妖术惑众，从之者五十余人，僭称国王，官军获而杀之。莹玉遁去，匿淮西民家，日夜密构异图。

寿辉浴于池，莹玉之徒见其有赤光，异之。十一年八月，乃拥寿辉为主，聚众剽掠。九月，陷蕲水县，蕲州总管李孝先败死。进陷黄州。寿辉僭称皇帝，号天完国，都蕲州，改元治平。以麻城人邹普胜为太师。其众以红巾裹首，与汝、颍妖贼同。

十二年，竹山孟海马起兵，陷襄阳、荆门以应寿辉，号南锁红巾。襄阳路总管柴兰及县尹孛术远俱败死。寿辉将丁普郎等连陷汉阳、兴国。曾法兴等陷安陆，执知府丑驴，不屈，法兴义而释之。丑驴与其妻侯氏俱自经死。湖广行省平章星吉，闻老将郑万户知兵，令募兵为守御计。寿辉遣其众千余人至武昌降。星吉知其诈，使郑万户伏兵邀之，获六百人，械以俟命。会朝廷征星吉为司农，以和尚代之，纳贼贿，释其缚，反下郑万户于狱。寿辉使赵普胜袭武昌，六百人为内应，城遂陷。沿江郡县，皆望风奔溃。

二月，赵普胜乘武昌之捷，舳舻相衔，顺流攻江西，江州总管李黼与主簿也孙帖木儿拒战，大败之。普胜又以舟师攻城，亦为黼所

败。普胜攻益急,城陷,黼死之。普胜遂陷南康。是月,孟海马陷归、
峡、房诸州。寿辉别将陷岳州,徇忠、万、夔诸州,皆下之。又有周伯
颜者,起兵陷道州,以应寿辉。

时湖南之地,多为寿辉所有。乃分道入江西,奸民乘势应之。不
旬日,众辄数万,率以天完将为名。行省右丞太不花兵至应山,广水
镇巡检王珪参其军事,三上书于太不花毋玩寇,太不花怒,使珪为
前锋。珪连败寿辉兵,以无后援,众溃。珪率麾下数百人奔孝感,县
人刘禹、吴思明方举义兵,闻珪至,从之,败寿辉将王思明于莲花
寨。思明悉众围之,逾月,珪与禹等皆战没。

是月,寿辉将欧普祥入萍乡,遂陷袁州。分宜人彭继凯与安福
人袁明东击走普祥,复袁州。已而继凯为知府宝童所嫉,使客刺杀
之,袁州复为普祥所据。彭莹玉陷瑞州。陈普文陷吉安。

闰三月,泰和州达鲁花赤达里麻失理复吉安。达里麻失理所部
号黄衫军,寿辉兵畏之。未几,项普略陷饶州、信州,游骑至婺源,江
浙震恐。朝廷以亦怜真为江西行省右丞,将兵击之。湖广行省参政
铁杰以兵复岳州。四川行省平章咬住克忠、万、夔、云阳诸州。

是月,寿辉兵攻南昌,靖安达鲁花赤湖海大败之。贼再至,湖海
与勇士黄云等且战且守。连兵八月,皆战死。寿辉兵围抚州,州人
木古丙、赵均保等倡义助官军防守,贼不能克,遂引去。时江西诸路
皆陷,独抚州坚守不下。是月,咬住克归州,进攻峡州,斩寿辉将李
太素。寿辉别将陷池州,围安庆,势张甚。平章卜颜帖木儿等败之
于丁家洲,遂复池州。复败,贼于白湄,斩其大将周驴。

十三年五月,咬住复中兴。建昌人戴良起兵,复建昌。咬住进
克襄阳,杀贼将王权。六月,行省左丞火你赤复瑞州,执彭莹玉斩而
脔之。莹玉攻城略地,所至无噍类,至是就戮,天下快之。七月,项
普胜陷婺源州、徽州,自昱岭关入浙西,遂陷杭州。八月,咬住与寿
辉将俞君正战于楼台,失利,咬住奔松滋,俞君正复陷中兴,为荆门
僧李皆等所袭败,咬住还屯石马。是时,项普胜分兵据宜兴、历阳、
丹阳、句容,前锋至钟山,平章庆童以兵来援,始败退。

先是，承平日久，寿辉兵四出，州县皆望风降附。已而民习见，不以为意，于是智勇之士多思自奋，为朝廷讨贼。寿辉所得州县旋复失之，贼势遂不振。

是年，元帅董搏霄复杭州，受代去，寿辉兵复入昱岭关，陷于潜。行省檄搏霄御之，事具《搏霄传》。九月，官军大集于中兴，以攻寿辉。初，寿辉树栅于黄州之阑溪口，积金帛其中，最号险固。至是，亦为官军所克。十月，广西元帅甄崇福复道州，周伯颜伏诛。十一月，卜颜帖木儿与中丞蛮子海牙等，率兵二十万，分道攻蕲水县。寿辉出战，大败，遁入黄梅山。官军入城，擒其伪将相以下四百余人，遂尽复武昌诸路及均房等州。朝廷以贼已溃败，檄诸将班师。

十四年，寿辉收合余众，饥民多附之，势复振。

十五年，寿辉将倪文俊败威顺王宽彻不花，纵横湖、湘间，官军屡为所挫。五月，文俊陷中兴。自兵兴以后，湖南北州县相继陷，独茶陵州坚守数年。至是，亦为文俊所陷。七月，文俊陷武昌、汉阳。

十六年正月，文俊乃建都于汉阳，迎寿辉徙都之。寿辉性宽纵，权在群下。及邹普胜死，以文俊为丞相，大权悉出其手，寿辉无如之何。是年，文俊连陷常德、澧州、衡州，又分兵陷岳州。

十七年，寿辉将明玉珍陷重庆，寿辉以玉珍为陇西右丞。文俊怙侈自专，谋杀寿辉不果，奔黄州。寿辉伪元帅陈友谅袭杀之，并其众，自称平章。文俊生时，其母梦白虎入其室将死，其母复梦白虎毙。文俊骁勇善战，官军畏之，呼为倪蛮子。

十八年，陈友谅陷安庆，龙兴、信州诸路尽为所有。寿辉欲徙都安庆，友谅不奉命。

十九年十二月，寿辉引兵至江州，友谅佯出迎寿辉，既入，门闭，悉杀其从者。自是，权归友谅，寿辉仅有空名而已。

二十年五月，友谅挟寿辉攻太平，舟至采石矶，使人诣寿辉白事，以铁挝自后击之，碎其首而死。

陈友谅，沔阳黄蓬人。其先平吉州谢氏，为黄蓬陈氏赘婿，遂冒姓陈。父普才,以渔为业,生五子。

友谅,其次子也。读书粗通大义,尝为州吏,郁郁不乐。季父普文,从倪文俊作乱,友谅亦往从之。文俊用为簿书掾,寻为元帅,将兵。

至正十六年,友谅袭杀文俊,自称平章,寿辉因而命之。文俊党在归州者,保山栅自守,友谅使其弟友能及部将欧普祥等招之,久始降。是时,余阙守安庆,寿辉兵至辄败,贼惮其威名。

十七年,友谅合赵普胜、祝宗等攻之,友谅自上游引兵直捣小孤山,守将胡伯启力战四昼夜,奔还安庆,友谅遂逼城下。阙血战当之。

十八年,友谅与普胜等合围,百道并进,城遂陷,阙赴水死。友谅乘胜薄龙兴,左丞火你赤望其军,骇曰:“贼与往时异,是恶可当?”乃弃城走。友谅自驻龙兴,规取江西,遣其将王奉国陷临江及瑞州,熊天瑞陷吉安,又分兵攻抚州,围三月,城始陷。友谅闻州人吴彤守城,多智略,令军中有生致彤者,赏百金。及得彤,友谅释而用之。八月,陷建昌。九月,遣其将辛文才陷赣州,又徇南安下之。是年,友谅之兵入福建者,其将为康泰等;陷汀州入广东者,其将为熊天瑞,陷南雄州、韶州。

十九年,王奉国陷信州。是时,明祖已称吴国公,与友谅地接壤。明祖在池州,赵普胜引兵争之,败走。未几,复败吴兵于沙子港。明祖遣俞廷玉以水陆兵攻之,至枞阳。普胜潜横铁缅于水中,舟至,柁挂缅不行,普胜蹙之,一军尽没。普胜勇决,善战,号双刀赵,名闻敌国,友谅忌之。至是,友谅将弑寿辉,惧普胜不从,乃以会师为名,自江州猝至。普胜迎于雁汊,甫登舟,友谅杀普胜,并其军。未几,挟寿辉东下,攻太平,引巨舟薄城外,士卒缘柁尾登城,遂克之。弑寿辉于采石。乃以采石五通庙为行殿,僭号皇帝,国称大汉,建元大义,以邹普胜为太师,张必先为丞相。其党班沙岸称贺,值大风雨,不能成礼。

友谅恃其兵强,欲东取集庆。吴人恐其与士诚连兵,乃用刘基策,使裨将康茂才伪降。友谅令速来,间者赍书以往。茂才与友谅有旧,其间者则尝事友谅者也。友谅大喜,引舟师东下,至江东桥,连呼老康,无应者,始知见绐。即与其弟号五王者趋龙湾,遣万人立栅岸上,势锐甚。明祖伏兵于石灰山,突起,四面蹙之。友谅兵败,走下岸,登舟。潮退,舟胶于河,溺死者又无算。其将张志雄、梁铉、喻国兴、刘世衍等皆降,友谅遁去。

张志雄者,赵普胜部将也,怨友谅杀普胜,无斗志。及降,言于明祖曰:"今降卒,皆安庆之兵。友谅败走,安庆空虚,可取也。"明祖从之,使徐达、冯胜、张德胜等追友谅至慈湖,又败之。友谅收兵再战,张德胜败死,友谅乃还。徐达等遂克太平。方友谅东下,吴人亟使衢州胡大海捣信州,以牵制之。大海克信州。十一月,友谅浮梁守将于光、鄱阳守将徐椿,以饶州降于吴。

二十年六月,友谅将李明道、王汉宝攻信州,胡大海败之,禽汉宝,明祖释之,问友谅事,汉宝尽以虚实告之。八月,明祖以王汉宝为乡导,率舟师溯流而上,以报龙江之役。攻安庆不克,刘基曰:"此不足取也。宜径袭江州!"明祖至湖口,距江州五里,友谅不虞兵至,大惊,挈妻孥走武昌。明太祖遂入江州,友谅将傅友德、丁普郎皆以所部降。南康、龙兴、袁州,皆送款于吴。

二十一年,友谅改元大定。是时,江西诸路惟熊天瑞据赣州,为友谅固守。群盗附友谅者,树白帜号为白军;降于吴者,则易红帜,号为红军;日夜相攻,死亡无算。

二十二年四月,友谅复以舟师攻龙兴,号高稍子战船,甲士六十万,载其妻孥百官,倾国而出。攻围八十五日,不克。明祖率舟师二十万以援龙兴,友谅闻之,解围东出鄱阳湖。

六月戊子,大战于康郎山。两军鼓噪,嚣声动天地,燃巨炮如震雷。至晡,友谅掷火烧明祖船,忽反风,自焚,十里之内,湖水尽赤。友谅叔父陈普略等皆死,吴将张志雄、丁普郎亦战殁。己丑,徐达焚友谅平章蒋必胜船,死者千五百人。是日,战数合,互有胜负。翌日,明祖见友谅兵强,有惧色,问刘基曰:"我气色何如?"基以必胜对。

辛卯，日光惨澹，两军咸震恐，战不力。友谅弟友仁、友贵皆死，其骁将张定边敢深入，中流矢败退。自是，相持六昼夜。

刘基劝明祖移军湖口，期以金木相犯日决胜。吴人乃移舟入港。至夕，舟置一灯，首尾相衔。比晓，兵尽渡泊于左蠡，列栅南北江岸，置火筏于中流，水陆戒严。友谅亦移军楮溪，缀敌兵使不得去。未几，友谅引兵次鞋山，吴兵亦次于湖口，相距十有五日。

八月壬戌，友谅自乘楼船，率其军下趋九江，常遇春以火筏御之。顺流而下，至禁江口，炮击明祖船，明祖适在地船，获免。友谅兵谓已死，欢呼万岁。明人遣使诈为诸将约降，友谅亲出引见使者，为流矢所中，贯睛及颅而死。兵大溃，退至江口。癸亥，明祖乘势蹙之，擒其太子善儿及平章张荣等，降士卒五万人。友谅僭位四年，死年四十八。

其太尉张定边等，乘夜以小舟载友谅尸，及其少子理，走武昌。九月，理僭称皇帝，改元德寿。明太祖征之，立栅逼其城，又联船为水栅，以绝出入之路。

二十三年，理计穷，悉众出战。其将陈金同，骁捷，善用槊，直犯中军，吴将郭英刺杀之。定边等不敢复出。其丞相张必先以湖南兵赴援，战于城下，兵败，被执。城中之援绝。明祖使降将罗复仁入城谕理降，理乃率其大将张定边等出降。明祖封理为顺德侯，普才为承恩侯，友谅兄友宁归仁伯，友直怀仁伯，追封友仁为康山王，立庙祀之。张定边、张必先等，寻皆诛死。普才徙滁州，理徙高丽，皆不知所终。

明玉珍，随州沔阳人，农家子也。身长八尺，目重瞳子，性明决，为乡人所推服。

十一年，颍州盗起，远近响应。玉珍聚众于青山，筑栅自守。徐寿辉据蕲州，遣使招之。玉珍自度不能敌寿辉，遂以众降，寿辉授为元帅，益其兵，使屯沔阳。

十二年，与哈林秃战，为流矢所中，眇其右目，人呼为明眼子。

时沅阳连年饥馑。十五年春，玉珍以斗船五十艘，率所部籴粮于夔州。明年，辰州人杨汉率精兵五千人，降于重庆帅完者都。

十七年，完者都袭杀汉，其众东走夔州，遂归于玉珍，且言重庆无重兵，守将哈林秃、完者都二人不协，兵至，可一鼓而下。玉珍疑而未行，其部将戴寿进曰："分兵输粮于沅，以麾下率杨汉余众袭重庆，济则大事可成，不济则掠其资财而归，上策也。"玉珍从之。时重庆承平日久，见贼至，远近震骇。完者都遁，获哈林秃。城中父老以香花迎玉珍入城，玉珍禁侵掠，居民安堵如故，降附日众。

十八年二月，完者都自辰州会平章囊革歹、参政赵资，以兵次嘉定之大佛崖，规复重庆。玉珍遣明二攻之，潜师登乌牛山，陷嘉定。惟大佛崖官军相持半载。玉珍自率兵攻之，遣明二倍道袭成都府，遂略定两川郡县。玉珍之出兵也，舟行过泸州，其部将刘泽民言于玉珍曰："前进士刘桢，有策略，尝官大名经历，青巾贼李喜喜入蜀，桢避乱于此。公盍往见之？"玉珍曰："尔与偕来。"泽民曰："是不可屈，宜亲往。"玉珍乃入山中访之，语未华，玉珍喜不自胜曰："吾得一孔明矣！"拜为参谋。

二十年，陈友谅弑寿辉自立，玉珍议讨之，闭夔关不与友谅通。二十一年，刘桢劝玉珍自立，玉珍不许。戴寿、张文炳复劝之，玉珍咨于部众，同心推戴。二十二年三月戊辰，遂僭称皇帝，都重庆，号大夏国，建元大统。立妻彭氏为皇后，子升为太子。仿周制，设六官，以戴寿为冢宰，明二复姓万，赐名胜，为司马，张文炳为司空，向大亨、莫仁寿为司寇，邹兴为司徒，刘桢为宗伯。又以牟图南为丞相，史天章为翰林学士。改知府曰刺史，知州曰太守。废释老，止奉弥勒佛教。定赋税，十取其一，免力役之征。

二十三年，命万胜、邹兴、芝麻李分道攻云南，胜兵不满万人，锋锐甚，遂入中庆。已而馈运不继，士卒剽掠为粮，滇民叛之。梁王乞师于大理，累战皆捷。胜度众寡不敌，乃全师而返。

二十三年，万胜攻兴元不克，遣邹胜攻巴州，陷之。石柱安抚司马克用叛，降于玉珍，乃改设永宁宣慰司，及邑海溪洞军民府。又立平茶永化军民府。独播州杨元晶坚守拒之，玉珍以重兵临其境，元晶始降。

二十四年，更六卿为中书省、枢密院，以戴寿、万胜为左、右丞相，向大亨、张文炳知枢密院。邹兴守成都，吴友仁守保宁，莫仁寿守夔州，俱为平章。窦英守播州，为参政。时明祖已灭陈友谅，遣使通好，玉珍使其参政江俨报聘。明祖闻云南之师败还，复以书贻之。

二十五年夏，玉珍死，年三十六。玉珍躬履节俭，好贤礼士，蜀人称之。然无远略，仅能自守而已。子升嗣。升僭立甫十岁，其母彭氏垂帘听政，改元开熙。万胜与张文炳有隙，胜使人杀文炳。玉珍养子明昭等，矫彭氏命，召胜入，缢杀之。胜，黄陂人，有智勇，玉珍妻以弟妇，称为明二。开国之功，胜居七、八。彭氏以刘桢为丞相。

二十六年，吴友仁移檄远近，言万胜无辜受戮，诸将寒心，友仁不得已而叛明氏。遂据保宁，附于陕西李思齐。升遣兵攻之，皆败还。

二十七年，戴寿攻保宁，友仁登城，语寿曰："使参政文彦彬来，吾即降。"及彦彬入城，友仁密与约曰："明昭等不诛，丞相必不免，奈何舍此不图，而加兵于我。我明氏旧臣，宁有他耶！"彦彬出告寿，寿然之。时昭等皆从寿讨友仁，寿乃召诸将会议，执昭等杀之，友仁即诣军门持寿而泣，偕寿至重庆谢罪，升慰谕之，复其位。明祖赐以玺书，又遣杨璟往谕之，使奉土地入朝，升不从。

二十八年，友仁攻兴元，明人乃决意用兵。是秋，升丞相刘桢死。二十九年，明人假道伐云南，升不许，乃遣汤和、廖永忠等伐之，又使傅友德由阶、文逼成都。

三十年，汤和等入峡，莫友仁以铁锁横截瞿塘口，戴寿、向大亨凿两崖为飞桥，又置大木水中，战舰将至，顺流以大木冲之。和等不能克。友德入绵州，寿、大亨悉众来援，战于汉州，败走。永忠亦败邹兴于峡口，兴战殁，遂入夔州。进次铜锣峡，升面缚衔璧，率其群臣出降。友德进攻成都，寿等闻升降，亦出降。分兵克保宁，执吴友仁，送金陵杀之。寿、大亨至夔州，亦被诛。

　　升僭立六年，父子据蜀十一年而亡。明封升为归义侯，召彭氏
入宫。后迁升于高丽，不知所终。

新元史卷二二七
列传第一二四

方国珍　　何真 邵宗愈　李质
陈均义 陈舜隆　陈良玉 　欧普祥
邓克明　熊天瑞　王宣 信

　　方国珍,黄岩洋山澳人,后避明太祖字,改名谷珍。初与兄国馨、国璋,弟国瑛,皆以贩盐海上为业。国珍与州人蔡乱头以争盐贩相仇,州不与直。已而蔡聚众海上剽掠漕运,再杀使者,势张甚。行省悬格捕之。国珍欲捕蔡以应赏格,蔡惧,自归于官。总管焦鼎纳蔡赂薄其罪。国珍恚曰:"蔡能为盗,我顾不能耶!"适以逋租,遣巡检往捕之,国珍方食,左执食案,右持挺,格杀巡检,遂与其兄弟亡入海,劫粮艘,梗运道。时至正八年十一月也。

　　行省参政朵儿只班讨之,追至福州。国珍焚舟将遁,官军自相惊溃,朵儿只班为国珍所执,使请于朝,授国珍海运千户,不受。

　　十年十一月,率水贼千艘,泊松门港,索粮。十二月,攻温州及沿海诸县,行省左丞孛罗帖木儿击之。

　　十一年六月,官军至大闾洋,国珍纵火焚之,官军大败,赴水死者过半。孛罗帖木儿及郝万户皆被执,二人乃为饰词,以国珍求招安上闻。郝故出奇皇后位下,请托得行,遂议立巡防千户所,设长贰等官,授其兄弟及党与数十人。复遣大司农达识帖木儿至黄岩,招降,国珍兄弟皆登岸罗拜,退舍民居。绍兴总管泰不华欲遣壮士袭杀之,达识帖木儿曰:"我受命招降,公欲擅命耶!"事乃止。

明年,贬泰不华为台州路达鲁花赤。时官军方讨徐州,募舟师防江,国珍疑惧,复入海。泰不华遣方大用往谕国珍留之,遣其党陈仲达来议降。泰不华具舟,建受降旗,至澄江,与国珍遇于黄林港,呼仲达申前议。仲达目动气索,泰不华知有变,手斩之,即前攻国珍船。贼党麕集,拥泰不华入其船,泰不华瞋目叱之,为国珍所杀。六月,国珍据定光观,悉毁黄岩官居民舍。八月,进攻台州,以舟师诱总管赵琬至黄岩,舍于白龙澳,琬不食而死。

十三年,遣行省左丞帖里帖木儿、南台侍御史左答纳失里招谕之。二人奏国珍已降,遂降金符,授其兄弟、党与官有差,伐石立宣德碑,国珍仍不受命。时州人潘有光挺身说国珍降,国珍使盗要于路杀之,遂据台、温、庆元三路。行省无可如何,奏以国珍为海道万户。

明年,又迁为都镇抚,兼行枢密院判官。自后,汝、颖兵起,海内大乱,累迁国珍浙江行省参知政事,诏使讨张士诚。士诚遣其将史文炳、吕珍,率兵七万御国珍。文炳与珍陈于昆山,仍以步骑夹岸为阵,士诚命游兵往来,旌旗数十里不绝。国珍曰:"濒海之地,非通衢可比,士诚参用步骑,兵虽盛,不足畏也。"国珍舟师仅五万,自率壮士数百趋谞子桥。文炳使十将军搏战,矢石如雨。国珍戒其众持苇席,涂泥,冒矢石而入。士诚兵以火箭攒射之,国珍燎及须发,横刀大呼,杀两将军及十余人,士诚兵大溃。国珍与将士追击,辏其中坚,步骑讫不得成列,文炳、珍皆弃马而遁。明日又战,七战七捷,直至平江城下。士诚遣使纳款,请奉元正朔,国珍乃还。累擢至太尉、行省左丞。初国珍作乱,朝廷出空名宣敕数十道,募人击贼。海濒壮士多应募立功,所司邀重贿,不辄与,有一家死数人,卒不得官者。国珍再受招谕,遽至大官。由是民慕为贼,从国珍者益众。国家既失江淮,藉国珍舟师以通海运,重以官爵羁縻之,国珍愈横。

十八年,明人取婺州,遣主簿蔡元刚招国珍,国珍欲藉为声援,以观事变。十九年二月,遣其郎中张仁本奉书献黄金五十斤、白银百斤、文绮百匹。明祖复遣镇抚曾养浩报之,国珍请献温、台、庆元三路,且以次子关为质。明祖曰:"古者虑人不从则为质,今既诚心归顺,何以质子为!"厚赐关而遣之,拜国珍福建行省平章政事。

是年,朝廷亦授国珍行省平章政事,已又改为淮南行省左丞。是时,国珍岁治海运,舟漕张士诚粟十余万石至京师,于是封国珍为衢国公,官为江浙行省左丞相,分省庆元。

明祖累以书谕之,国珍阳为恐怖谢罪,以金宝饰鞍马献,明祖却之。已而苗帅蒋英杀胡大海,持其首奔于国珍,国珍不受。国璋为蒋英所杀,明祖遣使吊祭。及胡深克瑞安,进兵温州,国珍惧,请岁输白银三万犒军,俟杭州下,即纳土。明祖诏深班师。国珍数通使于扩廓帖木儿及陈友定,图为犄角。明人知其事,移书数其十二罪,复责军粮二十万石。国珍日夜运珍宝,治舟楫,为航海计。

迨明人取平江,朱亮祖攻台州,进克温州,汤和以大军直抵庆元,国珍走入海。追败之盘屿,国珍始遣子关乞降。明祖赐书,许宥其罪,国珍乃谒和于军门。和送国珍等至建康入朝,明祖谯让之,国珍顿首谢罪,且曰:"臣闻天下无道,乘桴浮于海,天下有道,束带立于朝。"明祖笑而宥之,授广西行省左丞,食禄,不之官。数岁卒。疾革,遣内史问所欲,国珍以子孙愚鲁,愿赐保全为对。明祖悯之,为文赐祭葬,官其子礼卫指挥佥事,关卫千户所镇抚。关弟行,明敏善诗,宋濂尝称之。

先是,有周必达者,隐天台山,国珍造其居问之,必达曰:"当今四方大乱,君能举义除盗,名正言顺,富贵可致,余非我所知。"国珍不听。及屡败,始悔曰:"不意黄毛野人,能料事如此。"由是国珍颇敬礼文士,萨都剌等皆入其幕府。

何真,字邦佐,东莞员冈人。少孤,事母以孝闻。为人美须髯,音若洪钟。尝有相者谓曰:"君材兼文武,霸王器也。惜生南方,微带火色,位不过封侯耳。"至正初,官河源务副使、淡水盐场管勾。会增城盗朱光卿起,湖广蛮蒋丙又攻破连、桂二州,真乃弃官归。

至正十二年，王成、陈仲玉作乱于东莞，真请于行省，举义兵讨之，自擒仲玉以归。成筑寨自守，真使弟迪及骁将黄从简、高彬围之，募能生缚成者，赏钞十千。既而，成奴缚以献，真释之，引成坐，谓曰："何养虎自贻患？"成掩面愧谢曰："始以为犬，孰知其为虎耶？"奴请赏，真如数与之，而使人具汤镬，驾转轮车，置奴其上，督奴妻烹之，数人鸣钲以号于众，一号则众应之曰："四境之上，有以奴缚主求荣利者，视此奴也。"由是众心畏服。行省上其功于朝，未报。

居一年，惠州人黄仲刚与叛将黄常据惠州，民怨其虐，迎真守惠州。真乃逐常，杀仲刚，遂有循、惠二州之地。兴宁人谢以文倔强不服，真又击灭之。朝廷授真惠州路同知，寻进广东都元帅、宣慰使。

至正二十一年，邵宗愚入广州，戕杀官吏，真帅师来援，遂入广州，秋毫无犯，州人大悦。擢广东行省参知政事。真乃遣何迪击香山、增城诸盗，皆平之。未几，江西、福建合为一省，改授江西福建行省左丞，仍治广州。

二十四年，宗愚复挟廉访使广宁围广州，真拒守数月，城中粮尽，民煮蕉头、麻根以食，终无叛志。二十五年二月，真将张镇抚以兵入援，败宗愚于城北。宗愚再战，会真次子富入援，又败之。宗愚愤甚，仍坚壁不退，恃其众，日夜攻。七月，诱真将博罗、马丑寒叛真，率兵攻惠州，且绝广州粮道。真闻之，使廉访副使黑的儿守城，自将兵夜从间道出，救惠州。宗愚知真去，攻陷广州。真至惠州，围解，执博罗、马丑寒戮之，复攻诸垒之与宗愚合者。靖康李维东，诸文，七小响寨张伯宁，翁源大小张诸贼帅，或走或降，惠州境内悉平。

二十七年四月，真率兵复攻广州，宗愚不能抗，弃城走，广宁死于乱兵。真遂再入广州。朝廷进真行省右丞。始真与宗愚相轧，各倚行省以为重。二人皆再入广州，然州人莫不苦宗愚之暴，而乐属真。

　　及明祖定天下,遣汤和、廖永忠次于闽,先檄真使降。会永忠航海趋广东,而裨将陆仲亨亦自大庾岭入。真使都事刘克佐、检校梁浚初,诣永忠军,上其印绶,永忠再以檄谕之真遂迎降。明封为东莞伯,卒。

　　与真同据广东者,有邵宗愚、李质。

　　邵宗愚,南海三山人。至正二十一年,广东都元帅世杰班谋杀廉访使百家奴,事觉,金事八撒剌不花执而戮之。八撒剌不花亦专恣自用。诏除八撒剌不花江南行台侍御史,而以完者笃代之。八撒剌不花怒,杀完者笃等数人,拥兵自卫。广州内外凶惧不安。于是宗愚起三山,罗实善起龙潭,秦德用起清远,王可成起增城,皆据地自称元帅。而香山人李祖二,亦聚众攻掠县城。宣差朵罗歹不能御,县人郑荣叟徙治于古罗寨,实善数以兵攻之。广东大乱。

　　二十二年冬十月,江西平章朵列不花移檄讨八撒剌不花,宗愚声言承檄讨贼进攻广州,元帅何深力战死之,城遂陷,杀八撒剌不花。诏除宗愚江西福建行省参知政事。及何真入广州,宗愚复争之,再取广州,杀掠尤甚。既而复不能守,奔还三山。

　　二十七年,江西右丞铁里迷失按广州,宗愚遣人迎之,且指真为僭据,诱之攻真。铁里迷失遂入三山,竟为宗愚所杀。四月,明兵临广东,宗愚遣其将罗元祥诣廖永忠军约降,以觇之,实无降意。永忠语之曰:“欲降则降,毋以虚言相款。”宗愚终迁延不至。永忠夜攻破其寨,擒之,与其徒皆斩于广州市。

　　宗愚据三山,贪残嗜杀,邻境咸被其毒。再入广州,广州民尤恨之。及面缚入城,争唾其面。然真与宗愚俱受命于朝廷,真迎降而宗愚死,议者亦有取焉。

　　李质,字文彬,德庆人。通经史,有器局,浮庆府掾中。至元中,广东大乱。质亦聚众保乡里,据有肇沈、封川、新会等州县之地。一时三山、龙潭诸贼,莫能与争。朝廷嘉之,授广东枢密同金。何真恐质图之,遣其幕士孙赟说与连和。质每以安民为念,雅好儒学,衣冠之士多往从之。如江西伯颜子中、茶陵刘善、建安张智等,皆见宾礼。后亦降于明,仕至江浙行省参政,卒。

时乐昌有小张元帅者,出没邻境。廖永忠兵至虎头门,张亦迎降。

陈均义,桂阳临武人。沈毅有勇略,家丰于资。至正初,洞寇出没,均义召募土兵千余,从参知政事哈剌帖木儿等收捕之。

十二年,红巾贼廖景知等攻陷临武,均义将所募兵及陈舜隆等二千余人,破走景知。贼将唐云龙复以蓝山伪帅陈渊等来寇,城再陷,均义在家闻变,复率兵擒杀云龙,渊等遁去。

十七年,渊及艾舜等再至,众万余,屯于界上,均义出战,阵斩舜及伪镇抚梁国安等二十余人,渊败死。湖广行省以均义领义兵万户,判临武县事。复以所部,合彬州义兵,攻复宜章,走伪元帅欧阳平泰。迁永州路同知总管府事。广东廉访使八撒剌不花檄均义攻剿韶、廉诸寇,以功迁授武略将军、同知南雄路事。是时,潭州诸路相继陷没,朝廷从行省议,开设屯田水军元帅府,以均义领水军万户,从右丞荣禄攻克长衡等路,进江西等处征行副元帅。剿伪帅黄景中等克之,又以本官兼湖南宣慰使副都元帅。均义攻破永兴伪太平贼巢,因谕下彬、桂、韶、连未附诸郡,朝廷即以均义领之。

二十七年,授湖南宣慰使、都元帅,总领湖南兵事。均义以万户屡立战功,岭南、北,方千里,皆听节制。陈友谅僭据荆楚,均义控要隘,友谅不能下。明兴,湖南诸路以次平定,均义率所部归附。未几,卒。明祖以前功录其部将陈以宣等,赐官有差。

同均义俱起者有陈舜隆,以功授桂阳路同知,后从元帅李伯颜攻下韶、连等路,斩获贼首李三良等,累进征行副都元帅,年五十卒。族子陈良玉,少从舜隆斩获有功,授英德路同知,又兼常宁州判官,累官元帅、都镇抚。

均义等始与杨璟部将力战十余年,天下尽平,然后自归,明人虽授官羁縻之，颇以为憾焉。

欧普祥，黄州黄冈人。至正十一年，从徐寿辉以烧香起兵，为元帅，人称为欧道人。引兵掠江西诸郡，攻陷袁州。既而分宜人彭继凯与元帅别速坚起义兵复袁州，普祥怒，复往攻之，不克，乃陷分宜、新喻等县。

十三年二月，复攻袁州，元帅别速坚与万户宝同等坚守。十二月，城陷，普祥遂据之。分兵攻陷安福、上高等县，屡败元兵。寿辉累加普祥左丞、大司徒、袁国公。

普祥性残暴，所过焚掠无遗。陈友谅弑寿辉，征兵于普祥，普祥不听。明兵取江西，普祥令其子广迎降。明太祖厚赐之，命率所部守袁州。未几卒。

时贼将降明者，又有邓克明、熊天瑞。

邓克明，新淦人。自少无赖，恣横乡里。红巾贼陷临江，克明与弟志明亦聚众而起，陷乐安、崇仁等县，自称元帅。后降于陈友谅，遂陷建昌。道顺昌、光泽，以攻建宁，不克，还据抚州。明兵逼抚州，克明出降。明将邓愈遣志明还新淦，收其部曲。志明据麻岭、沙坑、牛陂为寨，明兵攻破之，与克明并诛死。

熊天瑞，荆州人。初以乐工从徐寿辉起兵。后攻陷临江、吉安，又攻陷赣州，据之。造战舰，欲引兵东下，署其帜曰："无敌"，自称金紫光禄大夫、司徒、平章军国重事，兼侍卫亲军都指挥使。陈友谅攻江西，檄天瑞以兵来援，天瑞坐观胜负，不应命。友谅败死，乃佯遣其子元震赴援。已而与龙泉彭师中相攻。

又欲规取广东，乃攻陷韶州，命其党袁仁仲守之，自率舟师数万攻广州。时何真据广州，以兵逆于胥江，天瑞大破之，意广东可不战而下。忽天昼晦大雨，雷震其樯，舟师不能进。天瑞惧，仰天祝曰："若广东非吾所当有，则天为明霁，当即日还师。"祝毕，天果霁。

既归赣州，望气者言将有外兵至，可厌之。天瑞不之信。是年，攻陷湖南桂阳诸山寨。明兵克临江，天瑞遣元震筑垒太壶湖头，为守御计。九月，明兵围赣州，浚长壕困之。元震窃出觇兵势，明将常遇春亦从数骑出，卒与相遇。元震不知其为遇春也，过之。及遇春还，元震始觉，奋铁挝来追。遇春遣神将挥双刀以拒之，元震且斗且却，遇春曰："壮男子也。"舍之。围五月，城中食尽，天瑞率元震肉袒诣军门降。后叛归于张士诚。士诚败，天瑞伏诛。

元震，天瑞养子，本姓田氏，遇春荐其才勇，入明为指挥。

王宣，扬州兴化人。初为司农掾。会黄河决，行省募淮扬才能之士，使召集民夫疏浚之。宣挺身自荐，授淮南淮北都元帅府都事，赍楮币至扬州市竹篾，募丁夫。数月间，得丁夫三万余，就令宣统之。数月，河工竣。时徐州芝麻李据州城，命宣为招讨使，率丁夫，从知枢密院也速复徐州。寻擢淮南淮北义兵都元帅，守马陵。调滕州镇御，且耕且战，以给军食。移镇山东益都。田丰寇益都。宣子信从察罕援之，还镇沂州，授宣父子俱为平章。

二十九年，明太祖遣徐达等伐中原，达以书谕宣父子，宣遂纳款。明授宣江淮行省平章政事。宣外请降，阴持两端，令信密往莒、密等州募兵，又遣其员外郎王仲刚、信妻父老冯等来犒明兵，达受而遣之。仲刚等还，宣以兵劫使者徐唐臣，欲杀之。唐臣脱走，达闻之，即日率师抵沂州。宣自度不能支，乃开门出降。达令宣为书，遣镇抚孙惟德招降信。信杀之，与其兄仁奔山西。达以宣反覆，并怒信杀惟德，遂执宣，杖而戮之，并杀王仲刚等。

新元史卷二二八
列传第一二五

帖木儿

　　帖木儿，巴鲁剌思氏。五世祖哈剌察儿，为太祖八十五功臣之一，封千户。父杜尔凯，与察合台汗宰相杜兰斯窝基士阿奈部喀斯庚汗友善，封以基杜戍、纳克寒克二城。

　　元统元年，帖木儿生于基杜戍，姿貌雄伟，喀斯庚汗妻以孙女窝尔戛公主。

　　至正十五年，喀斯庚汗与不赛音奎尔德部构衅，兵败，喀斯庚汗及杜尔凯俱见杀，部众离叛。帖木儿佐喀斯庚汗之孙不赛音，图恢复。会察合台后王德克尔克齐穆尔汗率师来援，部内始定。帖木儿谒德克尔克齐穆尔于境上，以忠义自奋，德克尔克齐穆尔大悦，擢为万户。师还，留其子义利阿斯赫戛守撒马尔罕城，填抚杜兰斯窝基士阿奈之地，以帖木儿为大将辅之。未几，义利阿斯赫戛之子义律亚斯与帖木儿不协，其所部皆乌斯卑克人，又与帖木儿争权。帖木儿谋杀义律亚斯父子，事泄，携窝尔戛挺身出走，欲奔货勒自弥。失道，陷沙漠中，为土尔基人所获，縶其夫妇于牛栏，地秽污，又有毒虫啮人。居两月，伺守者懈，与窝尔戛遁去。

　　招集旧部，屯于勃加拉之地。复潜入撒马尔罕，匿于姊家。为侦者所觉，乘夜去，渡阿模达律阿河，部众至千余。遂据阿富汗境坎达哈尔之地。旁掠赛斯达因部，战不利，伤足。后拓地北至巴达克伤，声威始震。以所部二千人败乌斯卑克兵二万。未几，义律亚斯

复率三万人来伐,战于君都斯坦,帖木儿大败之。义律亚斯又得父
凶问,引兵去,杜兰斯窝基士阿奈之地,遂为帖木儿所有,建都于撒
马尔罕。

　　帖木儿自以非成吉思汗之后,不敢遽称汗,乃大会诸将及部内
长老阿萨兰教士,立察合台后喀普尔西阿特为汗。既而义律亚斯复
至,帖木儿使不赛因将左翼西渡尔达利亚河,要击之,自将右翼为
后援。不赛因陷敌中,帖木儿拔出之,始转败为胜。不赛因以帖木
儿舍己而立喀普尔西阿特,意不能平,乃起兵攻帖木儿,战于巴达
克伤。不赛因大败,复自归于帖木儿,帖木儿欲宥之,众议不可,不
赛因登高塔自投于地而死。

　　帖木儿遂废喀普尔西阿特汗,自立于巴里黑,时年三十六岁。
帖木儿假护持阿萨兰教以驭众,对教士则称苏尔滩。逾二年,出兵
攻货勒自弥,围其乌尔鞬赤都城。其酋耶斯布知不敌,与帖木儿议
和,以女妻其长子辛翰塞尔特。帖木儿恐耶斯布反覆,乘间袭陷乌
尔鞬赤,以耶斯布之女归,为其子行婚礼。既而辛翰塞尔特死,和好
中绝,帖木儿再陷乌尔鞬赤,尽取货勒自弥之地。货勒自弥,钦察金
翰耳朵汗之属国也。拔都建金翰耳朵,其后人称金翰耳朵汗云。

　　帖木儿既克货勒自弥,乃决计攻波斯。初旭烈兀建国于波斯,
为阿尔玛里亚,其后分为二国:一曰伊儿汗,一曰莫萨法利汗。帖木
儿先攻伊儿汗,降其属国与圣的兰,渡阿拉克塞斯河,高加索之全
部望风纳款。又略取西尔番及机兰乌奄等地,逼阿尔玛里亚宣誓臣
服,进克西里亚斯城,有席卷波斯南境之势。闻金翰耳朵汗德克达
密杜司乘虚袭货勒自弥,始旋师。

　　先是,德克达密杜司以帖木儿之助为钦察总汗,白翰耳朵汗乌
鲁斯忌而逐之。白翰耳朵者,拔都兄鄂尔达之后也。德克达密杜司
乞援于帖木儿,出兵屡为乌鲁斯所败。乌鲁斯卒,子德克达喀耶立。
未几,又卒,其弟齐尔玛利克代之。帖木儿助德克达密杜司与齐尔
玛利克战于喀拉达尔之地,大败齐尔玛利克,禽而斩之。德克达密
杜司遂并白翰耳朵汗之地,又大败翰罗斯,焚其莫斯科都城,意寝

骄。至是分两道进兵：一循西尔达利亚河上流，一出乌斯德乌尔土之野，直抵货勒自弥，及帖木儿驰归撒马尔罕，德克达密杜司始惧，仓皇遁走。时帖木儿得国二十年，明太祖洪武二十一年矣。

帖木儿以德克尔克齐穆尔之子奎塞儿汗与德克达密杜司为声援，分兵五路攻之，败奎塞儿汗于达俊奎之地。帖木儿休兵于耶尔士乌翰城，使其子窝马儿略地至喀赤喀尔。是时西伯里亚诸部已大定，帖木儿会诸将于克律台，大举伐金斡耳朵汗。军行至达朱兰，帖木儿有疾，留不进。逾年春，经基尔基斯大漠，抵萨玛拉之北境，与德克达密杜司战于昆德乌尔札河。敌兵五十万，帖木儿所部兵三十万，力战三日，德克达密杜司败走，追奔四百余里，横尸蔽野。帖木儿入其夏宫，饮酒高会，慰劳士卒，由窝德拉儿归撒马尔罕。自是帖木儿之威名，震于远近焉。

又二年，帖木儿再伐波斯，统兵三十万。先抵波斯北境，攻拔阿穆尔寨，以其地险要，伤士卒多，屠之。南略琉璃斯坦、哈喀丹、普尔知德、帖义斯布儿等部，与莫萨法利汗戛曼斯尔战于巴齐拉之郊。戛曼斯尔自将突骑陷阵，帖木儿麾下皆望风辟易。其孙戛尔克愤怒，收集散卒，直前搏之。戛尔克手剑先登，斩戛曼斯尔于阵前，其军崩溃。帖木儿遂灭莫萨法利。亚塞尔、巴义香诸城皆降。进拔克尔齐斯坦，围巴克达城，其酋不战而降。巴克达为天方教祖国，至是三为蒙古人所躏。伊儿汗闻帖木儿兵至，乘骏马奔于尔比拉之地，其妻子皆为帖木儿所获。

帖木儿已灭波斯二汗国，乘胜北攻，略地至旻奎儿湖，宴将士于军中。侦卒报德克达密杜司奄至，诸将皆挺刃请行。帖木儿徐曰："吾将使野兽自投陷井也。"坐饮如故。俟敌近，乃麾兵出。德克达密杜司大败，奔于西伯利亚。

帖木儿长驱高加索之北境，略地至莫斯科，立乌鲁斯之子姤戛尔为汗，统治东西钦察之地。帖木儿自平波斯至此，凡用兵五年。

初，明太祖定中原，屡遣使招谕西域诸国，然未有至者。独帖木儿遣回回人满剌哈非思等来朝，贡马十五、驼五。自是，岁贡马驼，

欲觇中国虚实,非诚心款附也。洪武二十七年,贡马二匹,上表曰:

　　恭惟大明大皇帝,受天明命,统一四海,仁德洪布,恩养庶
类。万国欣仰,咸知上天欲平治天下,特命皇帝出膺运数,为亿
兆之主,光明广大,昭若天镜,无有远迩,咸照临之。

　　臣帖木儿,僻在万里之外,恭闻至德宽大,超越万古,自古
所无之福,皇帝皆有之,所未服之国,皇帝皆服之。远方绝域昏
昧之地,皆清明之。老者无不安乐,少者无不长遂,善者无不蒙
福,恶者无不知惧。今又特蒙施恩远国,凡商贾之来中国,使观
览都邑城池,富贵雄壮,如出昏暗之中,忽睹天日,何幸如之!
又承敕书恩抚劳问,使站驿相通,道路无壅,远国之人,咸得其
济。钦仰圣心,如照世之杯,使臣心豁然光明。臣国中部落,闻
兹德音,欢舞感戴,臣无以报恩,惟仰天颂祝,福寿如天地,永
永无极。

明太祖得表,悦其甘言。明年,使给事中傅安等赍书币报之。安
等至撒马尔罕,帖木儿留不遣,岁贡亦绝。是时,帖木儿国势强盛,
受群臣尊号曰成吉思可汗,以蒙古太祖自比,欲先平印度、土尔基,
再用兵于中国。

又二年,乃自将大军攻印度,号称八十万。径萨密涅,进拔土基
耶汉涅马城,与诸将会议攻铁利城。铁利城者,印度杜儿拉克王斯
尔坦马穆士之都城也。有一将进言曰:“我军渡印度河之后,俘其教
徒及犹太人已逾十万,如事有缓急必为我之大患。”帖木儿然之,杀
降众而後进兵。斯尔坦马穆士率步骑五万,阵于铁利城外,列象队
于前,以皮甲衣之,涂象牙以毒药,背负长刀,又置小橹于象背上,
以护战士。凡火攻之物,石脑、油火、树脂及火箭、药弹皆备焉。其
勇将曰戞克曼斯,跃马入帖木儿军中,为帖木儿之子窝马儿所杀。
帖木儿麾兵击其象队,斫象鼻断之,众象狂奔,敌阵乱。斯尔坦马穆
士弃众奔还。翼日,开城门而遁,城民出降。帖木儿纵兵大掠,廛市
一空。铁利城富庶甲印度,奇珍瑰宝,公私充物,悉为帖木儿所有。
进至喜马拉雅山之南,闻撒马尔罕盗起,乃班师。帖木儿入印度,兵

无留行,然所克诸城,兵退后仍为斯尔坦马穆士拒守,不能有其地云。

是时,撒马尔罕乱民揭竿者为阿塞尔、哈义香诸部,帖木儿自往讨平之。遂渡阿拉古塞斯河,攻土尔基属城。阿尔玛尼亚及朱尔查天方教禁酒,帖木儿自称往讨饮酒之国民,凡不从教者皆杀之。

是时土尔基王曰巴耶知德,自称东罗马皇帝,战屡胜,四邻畏服。埃及,土尔其之与国也。初,帖木儿遣使通好于埃及,其王普耶尔基杀之,乃兴师问罪,略取埃及属地士利阿诸部,进克齐克利斯河畔之模斯尔城。巴耶知德闻之,屯兵于阿列波耶帖萨及齐阿尔别机二地,以备之。帖木儿自率大军,壁于耶尔塞尔模,自此地攻小亚细亚。先拔奎玛儿克,进抵塞巴德城。帖木儿以山林深阻,非用兵之地,又闻土尔其兵聚于土喀德城,扼西机尔依尔玛克河以自固,乃改道至奎萨里河,留辎重为後路之根本,且绝敌军与阿尔萨都城来往之路。帖木儿进围安喀拉城,闻巴耶知德来援,退军待之。黎明,帖木儿阵于晏格拉之野,分军为左右两翼,阵前列象三十有二,又在中军后排骑兵四十队,为游击之师。巴耶知德亦分兵御之。既战,帖木儿先以右翼攻土尔其之左翼,败之。其左翼为塞尔维人,骁勇敢战,既败,全军夺气。又以左翼攻其右翼,右翼将卑律士拉被创死,所部溃走。帖木儿麾诸将追之,塞而维人败而复振,屡却帖木儿追兵,然为溃卒所躏,不能独立。巴耶知德见兵败,战益力。至夜半,欲突围走,马蹶,为帖木儿部将玛穆士所禽。帖木儿遣其孙卑尔摩哈马德,追击巴耶知德之太子索律曼,入其阿尔萨都城,索律曼败走,俘其后宫嫔妾及府藏之货币。是时,小亚细亚全部瓦解,独斯密尔奈城犹坚守不下。帖木儿攻围十余日,始克之。送巴耶知德于撒马尔罕,中道卒。帖木儿旋师,埃及已纳款,献骏马及麒麟以赎罪。西域诸国或遣使,或入朝于撒马尔罕,道路络驿不绝。撒马尔罕宫室壮丽冠西域,远近皆仿效之。

未几,帖木儿遂大举伐明,募精兵二十万,以粮运不给,载谷数百车,军行至沃野,即播种之,充异日之军食。又驱牝骆驼数千头,如饷乏,则餐其乳以济饥。中途遇大雪,士马僵毙。帖木儿亦患虐疾,至窝德拉尔城而卒,年七十二,时永乐三年也。遗命以其孙卑尔摩哈马德为嗣。

帖木儿善抚士卒,得人死力,喜怒不形于色,谋定后战,所向有功。善属文,兵事之暇,序其制胜之方略,著为成书。然性嗜杀戮,与成吉思汗相似。又笃信宗教。定新律,分国民为十二级,第一级以摩罕默特之裔当之,宗室及将相大臣不与焉。成吉思汗所创之法制,至是破坏殆尽。初,帖木儿幼时,适于野,见小虫缘草而上,屡堕不已,卒至茎端。叹曰:"人之临事,当如是矣!"故累遭困辱,折而不挠,卒建不世之功焉。帖木儿娶喀斯庚汗女孙,部人称为驸马。或曰察合台后王纳女迪勒沙的阿加公主于帖木儿以请和,部人荣之,称驸马云。

史臣曰:蒙古三大汗国,帖木儿并其二,克印度,败土尔基。卑辞厚币以诳中国,始则诇伺,终乃大举。傥不死,明人其肝食乎!《明史西域传》略见帖木儿本末,然挂漏已甚,故论次其事,著于篇。

新元史卷二二九
列传第一二六

循　吏

刘义　　谢天吉　　赵振玉　　黄顺翁

仓振　曾冲子　　张耕　　葛荣　齐克中

赵志　阎从　王琚仁　杜处愿　　刘济

周惠　　李英　　许维桢　　王德亮

田滋　　王安贞　　邢裕　秉仁

徐泰亨　陈春　耶律伯坚　陈楚仙

刘辉　　柯谦　九思　王肖翁　　卢克治

赵良辅　陈炎酉　于宏毅　孙天正

燕立帖木儿　谙都剌　　杨景行

干文传　林兴祖　观音奴　周自强

白景亮　夏日孜　聂以道　　卢琦

王大中　野仙不华　邹伯颜　刘秉直

许义夫　郭思恭　合剌不花

罗文焕　李惟闰　　叶森　孔涛

林泉生　缪思恭

古者，治民之吏，事权一而责任专，县之事专于令，郡之事专于守，故无所牵制，而吏得展其才。至元之官制，则不然，县有尹、有令，府、州，有知府、知州，路有总管，而皆设达鲁花赤以监之，凡为达鲁花赤者，非蒙古则色目人，皆懵于中国之治术者也。夫既以达鲁花赤监吏矣，则吏之权已夺于达鲁花赤，使其贤，犹将与吏争是非可否，百牵制其所为，而况懵于治术者乎！虽洁己爱民者亦时有之，然其奸贪枉法、虐杀无辜，史固不绝于书也。此元之吏治所以日窳，而盗贼所以不息欤！吾征之刻石，凡去思、遗爱之碑，颂达鲁花赤、总管以下之德政存而未佚者，尚得五六百事，大抵皆空言无实，习为谀美。呜乎！是亦吏治之窳之一端矣。今为《循吏传》，采其卓有治行者，著于篇。庶几信以传信云尔。

刘义，辽州人。父恩为金晋阳公郭文振裨将，累迁同知元帅府事，金亡，率所部来降，胡士虎那颜、杨惟中交荐之，拜辽州军民长官，佩银符，以老致仕。

义袭辽州军民长官，迁同知绛州事。再迁孟州知州，加武略将军。吏民畏爱，治绩为一路之最。至元九年，移知临州，孟州人诣阙上书，乞义再任孟州。十五年，卒于孟州。义每到官，其目有四：一劝农，二兴学，三励风俗，四不贷枉法吏。前后莅四州，未尝有败事云。

谢天吉，字钟祥，临晋人，累官昭勇大将军、镇边元帅、行河中府事，赐金符。金亡，流民多逃难于河南，知天吉以公事至，流民相谓曰："吾谢帅素有仁名，舍此曷归？"于是来附者数千人。时行省征发无度，天吉计民力必不能供，自出家资助之。复又征黄金百余笏，天吉自度无所出，乃假自投于河。家属迎丧至，观者无不泣下。征金事遂寝。后又征役，民相谓曰："若谢帅在，事必不至此。"左右或谓之曰："谢帅实在，向之死伪也。"众皆惊喜，同往谒天吉，求复领府事。天吉起，事果寝。其为人所敬信如此。卒年五十九。

赵振玉,大宁龙山人,以干局受知于史天倪,选署龙安府库使。改承安令,迁军中都提控。武仙反状已露,振玉请先图之。天倪曰:"彼鼠子,何能为?"后天倪为武仙所袭杀,振玉及其兄真定府判官真玉,脱身走满城。史天泽复真定,命振玉招降临城、杏树等寨,下邢、赵二州,州民保聚者,悉使还故居,授庆源军节度使,兼赵州观察使。庆源户不满百,振玉为招集流亡,劝耕稼,通货易。群盗时出剽掠,辄为振玉所搜捕。寻改河北西道按察使,兼帅府参谋。俄复还庆源军。有白昼杀人于市者,振玉案其罪,敕怨家妇手刃之,阖邑称快。时治郡以振玉称首云。

黄顺翁,字济川,江西建昌人。少勤学,卓荦有才气。大兵至建昌,制置使黄万石,顺翁族人也,将迎降,置酒谓顺翁曰:"明日则子女玉帛皆他人所有,君可任意攫之。"顺翁辞不肯取。后郡守请为盱江书院山长,顺翁取朱子《小学》以教授学者。授建昌路儒学教授。

旋擢武冈路新宁县尹。民失业久,顺翁招抚流亡,教以种植畜养之法,户口日增,新宁人即顺翁种竹之处,立生祠。湖南廉访副使余恁题曰"种竹堂"以文记之。湖广盗起,右丞刘国杰率兵讨之,顺翁儒服上谒,叩头曰:"请以理谕之,不从,然后用兵。"国杰从之。顺翁舆轿,从一老兵,遇峒民各予《孝经》一卷,为讲说大义,群盗皆感泣,顿首谢罪,即日诣军门降。国杰大说,遂班师。后峒民家为木主,书"生父黄公"以祀之。累迁龙兴路税务提领、抚州路金溪县丞。皇庆元年,调江州路德化县尹。皆有惠政。延祐元年,乞病归,未几卒。

同时,仓振为新州知州。时瑶贼蜂起,振深入贼窟,谕以祸福,群瑶翕然从命。暇日,诣学宫与诸生讲说经义。又于驿路夹植松、榕,以便行者,人歌曰:"高松茂榕,一道清风。"

曾冲子,字圣和,抚州金溪人。父钰,宋谏议大夫。兄渊子,参知政事。冲子以父任为浏阳县主簿、江东西宣抚使,赵葵辟佐吉州节制司,改知仁和县。累迁知南安军。宋亡。弃官归。

至元二十四年,以行台荐,除佥福建提刑按察司事。闽地险远,吏骪法,盗贼屡起。冲子行部所至,先榜谕吏民以感切之,吏悚息,或自免去。乡民啸聚山泽,欲出不敢者,得榜皆麇至,罗拜请罪。侍御史吴曼庆闻其事,大悦,非冲子分部,亦檄使按行。有囚杀人当死,行省私出其罪,使冲子苟刑,冲子曰:"如律,冲子往苟,否则不敢。"未几,以病致仕。大德九年,卒。年七十八。初,冲子至仁和,有劫盗,官论十九人死,冲子阅其状曰:"非盗也。"将理出之。都城盗发,官吏皆当坐,幸藉手以免,语共侵冲子。冲子恚曰:"吾官不足惜,如十九命何!"力辩之。已而果获真盗,赃具在,众始愧服焉。

张耕,佚其籍贯,中统初,为邢州安抚使。兵后,户不满数百。有两达尔罕,言于世祖,请选良吏抚治之。世祖从其言,承制以耕为安抚使,刘肃为副使,邢州大治,流民复业,又兴铁冶、行钞币,公私两济。裕宗在东宫,尝曰:"安得治民如张耕者乎!"后卒于官。

葛荣,淇县人。父旺,大兵南下,旺自奋,说郡守率郡人出迎,乡里得全。元帅必拉罕置县苏门,署旺为令。荣授卫、辉二州提领讥察使,改苏门主簿。苏门改辉州,复提领讥察使,擢辉州判官,苏门复县,仍主簿兼尉。中统初,调卫州军民弹压官,兼录事。三年,复辉州州判。时河北饥,部使颁区田法,郡邑不能行,檄荣察覆。荣躬率野人,相地授方略,熟得百倍。土之垲埆者,教以粪蕹。邻境法焉。课最,迁兰台县令。擢磁州判官。转平陆县令,兼诸军奥鲁,以计擒大盗党吾。擢佥岭南广西道提刑按察司事,墨吏闻风遁去。卒于官。年五十五。

同时,齐克中、赵志、阎从、王琚仁均为河南北循吏。

齐克中,至元初为扶沟县主簿,有能名。擢延津县尹,岁大祲,民流亡载道,克中抚恤招徕,咸得其所。及受代去,数岁再过,延津民感泣送迎之。

赵志，长葛尹，为政宽和，民戴之。岁比不登，志教民为水田。旱则决漯水灌之，悉为沃壤，民获其利焉。

阎从，新安县尉，有贩麦商为贼所杀，莫知主名。从集吏民至尸傍踧听，忽一人屏树立，命卒引诘之，果服。尝于道中遇数人，仆从若贵游者，从曰："此巨盗也。"讯之，果得其实。邻境号为神明。

王琚仁，涉县尹。县城为山水所圮，民不宁居，琚仁筑堤御之，患乃止。及去，民为刻石。

杜处愿，字荣季，霸州信安人。父瑛，见《逸民传》。以荐为按察司书吏，除济南经历。岁终上计京师，建言："会计有名无实，徒耗舆马物力之用。"政府韪其言，罢之。迁睢州判官。是年，睢水溢，几入城，官僚暴露城上。吏白："城巳圮，请具舟筏以逃。"处愿叱之曰："吾有官守，逃将安之？"水竟退，时论壮之。改大名路经历。官籴米二万石给民食，处愿以出纳之。时吏易为奸，不如径以钱下于民。上其议于行省，从之。岁十月，宗室例以驼马下诸路，分厩饲之。吏率建厩，费多，赋之贫民。至是，处愿均其赋于豪右，民大悦。未几，除东昌路推官。卒。年六十八。

刘济，字巨川，真定行唐人。父信，宋义兵都统，战殁。济，中统初，以荐擢中书左曹掾，迁磨勘官。真定民郭文运告白、萧二人杀其父，岁久不决，命济往谳之。不终日，而虚实辨，真定人称为神明。至元七年，授太原总管府判官。会大水，川泽泛溢，济相度形势，凿渠以泄水势。自是无漂没之患。九年，擢献州知州。下车。罪囚累累，济裁判五日，狱讼一空。迁金燕南河北道提刑按察司事。十六年，卒。子珪，大名路总管，亦有能名。

周惠，字德甫，晋州隰县人。宪宗二年，朝廷经略江淮，擢惠江淮都转运使，置转运司于胙州。四年，惠入觐，图利病上之。诏以彰德、卫辉、大名民户各五千，实胙州，复其赋，改胙州为淇州。惠治官廨、仓库及境内之廛市、阡陌,皆井井有法。民贫无食者,令习陶甓之业,躬为规劝,无倦色。西山铁官瓷灶久废,惠出资修复之。由是商贾四集。后卒于臣。子锴,淮东高邮路总管。

李英,字彦臣,滑州白马人。叔父宥,以宣武将军知滑州。宥卒,荐袭职。岁饥,民多逋赋,英率其父老见世祖于邢州曰:"兵兴,又值饥荒,民逃亡尽,敢昧死请蠲其逋赋。"世祖动色,从之。中统元年,蝗食桑,蚕赋病民,英建言:"俟秋熟,并征蚕赋,如逋负,当以身任。"民德之。至秋,悉如约以偿。州隶大名路,相距二百余里,英以转输劳费,请储于本州,候指拨,朝廷如所请,著为令。兵兴,甲仗资粮率从豪民称贷,子母旬月相倍。英入觐,诉其病民,陈词感切,执政趣之。由是官偿其本,不收倍息。至元二年,改顺德路判官,兼清丰、南宫两县尹。又改武略将军、知裕州,换房州,所至有声,卒。年六十九。

许维桢,字周卿,遂州人。至元十五年,为淮安总管府判官。属县盐城及丁溪场,有二虎为害,维桢祷于神祠,一虎去,一虎死祠前。境内旱蝗,维桢祷而雨,蝗亦息。是年冬,无雪,父老言于维桢曰:"冬无雪,民多疾,奈何?"维桢曰:"吾当为尔祷。"已而雪深三尺。朝廷闻其事,未及擢用而卒,年四十四。

王德亮,字仲明,范阳人。由中书省令史,再迁为中书掾。御史台举廉能,擢北京宣慰司都事。乃颜判,宣慰使亦而撒合知德亮才,城守之事,一以委之。论功,进一阶,执政格其事不下,德亮无愠色。未几,选授江西行省左右司员外郎,旋改辽阳行省,累转常德路总管府判官、大都税课同提举。期年,课羡四千余锭。擢奉训大夫、辽阳行省左右司郎中。秩满,迁万亿宝源库提举,出为宜兴州知州。岁大饥,德亮募官、私粟,得一万六千余石,振之,民无饥莩者,以劳致疾,卒年六十一。德亮起家掾史,然恒励其子宏以学问,曰:"吏不可为也,不从吾训者,非王氏子孙。"其爱尚儒学如此。

　　田滋,字荣甫,汴梁开封人。至元二年,由汴梁路总管府知事入为御史台掾。十二年,拜监察御史。十三年,宋平,滋建言:"江南新附,民情未安,加以官吏侵渔,宜立行御史台以镇之。"诏从其言。超拜行御史台侍御史。历两淮盐运使、河南路总管。大德二年,迁浙西廉访使。有县尹张或者,被诬以赃,狱成。滋审之。但泣而不语。滋以为疑。明日斋沐,诣城隍祷曰:"张或坐事有冤,伏愿神相滋,明其诬。"守庙道士进曰:"曩有王成等五人,同持誓状焚祷,火未尽而去。烬中得其遗稿,今藏于壁间。岂其人耶?"视之,果然。明日,诣宪司,诘成等,不服,因出火中誓状示之,皆惊愕伏辜。或得释。十年,改济南路总管。寻拜陕西行省参知政事。时陕西不雨三年,滋祷于西岳。到官,果大雨。滋开仓以麦五千余石给民之无种者,俾来岁收麦偿官。民大悦。未几卒。赠通奉大夫、河南行省参知政事,追封开封郡公。

　　王安贞,字吉乡,安阳人。由宣使掾,累擢永嘉县尹。永嘉地滨海,盐豪通外夷,贩盐官不能禁,坐是去职者相望。安贞严条禁,察尤者置之法,奸伪屏息。或诬张明一为盗,逮三十余人,察其冤,释之。同官争之,安贞曰:"理冤,令职也。失出,令自坐。"未几,得真盗。其人绘安贞像祀之。入为工部主事。宣徽院都事,掌御膳,恃不考计,并缘为奸蠹。安贞毫发不贷。众惮之。奏稽察北边部落。安贞以老疾,请出,知昆山州。时核田,行省官暴急,抑民虚承,安贞慨然曰:"民困极矣,吾岂爱一身,而置民死地耶!"上不便数十事。识者韪之。州治更徙,庙学未作,安贞倡众作新学,以旧学为玉峰书院。未几,卒,年六十二。

　　邢裕,字德卿,彰德安阳人。由录事迁潞州判官,再迁阳翟县尹。县民王氏有婢窃簪珥以逃,盗不可得,违误相连,裕密询其素所往来者,或曰:"王氏侄诱婢,度不可俱行,因杀之,而取其财。"后卒获其侄,一讯而服。迁藁城县尹。会无极县兵队长匿戍卒钞二万五千缗,绐言中夜被盗,告于官,三年不能获,捕盗官多受谴。府以白枢密院,咸曰:"是能决阳翟疑狱者。"檄裕谳之。入其室,左右视验,实无盗迹。呼其妻子别讯之,所对异辞。乃直入其室,发床下,钞具在,即日狱具。至元二十九年,卒于官,年六十七。子秉仁。

秉仁,字仁父。辟署河南廉访司掾史,累迁平江路推官,未上,改济南、莱芜等处铁冶等提举。复迁江西行中书省左右司都事。岁饥,请出廪米五十万石赈贷贫民,众难之,秉仁曰:"异日科擅发罪,秉仁愿独坐。"于是全活以数万计。擢抚州路总管。抚州,户部赋木棉织布,民病非所产,秉仁改令输直,公私称便。

调广平路总管。教士以雅乐祀先师孔子,立乡校七百余,课树桑以亿万计。民有妇妒妾,妊,嫁之,夫死,族人欲占其家资,讼久不决。秉仁断归妾子,一郡称快。盗伪以小钞贯文作大钞,事发。诖误七十余人,秉仁止坐为首者,余皆轻减。以礼部尚书致仕。泰定二年卒,年七十六。秉仁励志读书,老而益笃,工书,古隶尤长。子温,字孟直,河间路都转运使。

徐泰亨,字和甫,其先衢州龙游人,后徙余杭。泰亨性警敏,用举者试平江州掾。岁满,署归安县典史。白云宗沈明仁,冒名爵,官吏畏之。沈有怨家二人,其邻女为何人所杀,沈使以他辞引二人,傅致其罪。泰亨欲直其冤,吏白:"此沈公意,孰敢不从!"泰亨语之曰:"吾能死,不敢以滥杀媚人。"卒出之。明仁弟子私民妇,为其夫所欧。适有盗杀人,僧为飞书,诬其夫及平日怨家七人,官为捕治之,狱卒凌虐,皆诬服。泰亨命去其械扭,始垂泣自言,县令以有左验难之。泰亨亲至其地。悉得七人以己物实赃状,取其家藏布数匹,析缕以比,无不合者,釜灶及他物又合。僧乃伏罪。已而获真盗于武康,人皆叹服。

擢平阳州提控案牍,以忧去官。服除,授海道都漕运万户府提控案牍。时新法经理田赋,泰亨论田不实、役不均之弊,上之,执政大喜,使乘传白于行省。泰亨佐常州经理,又佐池州,所行一如其言,他州皆取法焉。未几,以九品官仍为本府提控案牍,兼照磨承发架阁。泰亨考漕法利弊。下至占候探测。著《海运纪原》七卷。又条漕运之弊。当更易者十事,行省采用其七。

久之,迁建安路总管府知事,擢池州路青阳县尹。有司岁征荒田租,为田一千四百顷,人苦之。泰亨募民垦辟,因地势以为蓄泄,田熟租完,民无扰。累岁饥,有告发廪粟者,吏准强盗律,泰亨曰:"以救民而抵重禁,当用法外意可也。"笞而遣之。后谢病归。大德二年,卒,年六十五。

同时,陈春,嘉兴路推官,有能名。民贩私盐,事觉,牵连者众,狱久不决。春往治之。释应坐者数百人,合境称为神明。时久旱,至是大雨,乡人称为陈公雨。

耶律伯坚,字寿之,桓州人。用荐举,入官为工部主事,至元九年,转保定路清苑县尹。初,安肃州苦徐水之害,诉于大司农司,欲夺水故道,导水使东。东则清苑境也,地势不利,水必反故道,伯坚陈其形势,要大司农司官及郡守行视可否,事遂得已。

县西有塘水,溉民田甚广,势家据为碾,民以失利来诉。伯坚命毁碾,决其水而注之田,以溉田余月,得堰水置碾。仍以其事闻于省部,著为定制。

县居南北之冲,岁为亲王大官治庐帐于县西,限以十月成,至明年,复撤而新之,吏藉以侵渔,其费不赀。伯坚命筑公馆以代帐,其弊遂绝。凡郡府赋役,于县有重于他县者,辄曰:"宁得罪于上,不可得罪于下。"必诣府力争之。

在清苑四年,民戴之如父母。擢恩州同知。卒。

同时,陈楚仙,邹平尹,役均而事集,去任,父老请留之,诏允其请,升秩以旌其贤。

刘辉，字文大，本太原人。曾祖宏，为金山西四路都万户，太宗时徙河东十大家于汴，遂占籍开封。

辉少为广西廉访司令史。会中使至宣诏，百官跪拜，听读毕，复出帝师令，使跪拜如前仪。辉不可，中使怒，径去，人皆悚惧。已而闻中使至湖南北，皆如辉言。廉访使举酒爵，辉曰：“微文大，几辱我”。累迁绍兴路同知余姚州事，辉务以德教化民，不施鞭朴而民自畏服。他县狱有疑，即移辉谳之，一讯必得情实。

礼部侍郎泰不华守杭州，首正经界。辉曰：“宽容慎密，民必输情而尽实；严急苛暴，人将畏罪而生奸。”泰不华大喜曰：“得之矣。”遂以经界事委之。辉旦夕句稽，须发尽白，越二年而后毕。为田五十五万三千七百亩，为印契以给田主，曰乌由，凡四十六万三千有奇，画之曰流水册，次之曰鱼鳞图，类之曰兜率簿，第其高下以为差徭，曰鼠尾簿，诡名自陈而得实者六千七百余亩，站户既遗而得者万一千二百余亩，因而息讼者七十余家。廉访使用其法，颁于属郡。于是，浙东人皆感颂辉之德政。初，辉承泰不华命，植柏树于厅事前，以荣悴卜事之成否，后人遂名其厅事曰瑞柏堂云。

久之，选授松江府上海县尹。上海民多豪强，轻于犯法。辉出蓝田吕氏乡约，朔望率父老子弟会坐学宫讲之，升降揖拜，彬彬有礼，民翕然化之。丁母忧。逾年，除奉训大夫、户部主事。不赴。终丧，改知绍兴路余姚州事。辉入境，老幼扶携迎谒者相属于道。未几卒，年六十一。

柯谦，字自牧，台州临海人。父采。宋国学进士。谦幼精敏，读书过目成诵。至元中，行省辟昌国州文学掾，不就。元贞初，以翰林国史院检阅官，预修《世祖实录》。书上，应得奖擢，以母老辞，转江浙儒学副提举。时江南多事，儒籍亦不复更蘸，谦援诏旨，白于行省免之。”秩满，以便于养母，改温、台检校所大使。

至大元年，擢绍兴诸暨州判官。谦初至，诚属吏毋滥刑，吏白无其事。谦即诣狱验状，多所平反，吏愧服请罪。延祐初，迁饶州路余干州判官。处州学田为僧所占，历数官不敢问，谦夺而复之，远近称快。江浙饥，谦奉檄赈台州，劝富人出谷以济官赈之不足。傍郡流民至，咸谓非谦分地，不宜赈，谦不从，全活无算。临海人相诫，不践谦之先垄，以报其德。延祐六年卒，年六十九。子九思，最知名。

九思，字敬仲，以荫补华亭尉，不就。文宗知之于潜邸，及即位，擢典瑞院都事。帝置奎章阁，特授奎章阁学士参书，阶文林郎，迁鉴书博士。赐牙章，得通籍禁署。以谦善教子，锡碑名训忠，敕虞集为文旌之，宠顾日隆。九思乘间请曰："臣以文艺遭逢圣明，孤危见忌，乞补外以自效。"帝曰："朕在，汝复何忧。"未几，御史希宰相意，劾九思，遂罢归，寓平江以卒。

九思善写竹石，始得笔法于文同，自谓写干用篆法，枝用草书法，叶用八分法。又善鉴识鼎彝古器。有《任斋诗》四卷。

王肖翁，字傅明，婺州金华人，宋左丞相淮之元孙，初辟衢、婺二州儒学录。大德中，擢婺州儒学正。秩满，当得州教授。故事，教授必年五十以上者。时蜀郡虞集亦以儒学正在选中，与肖翁年皆不及格，有司持之。廷臣言："虞集，宋丞相允文孙；肖翁，宋丞相淮孙；皆前代名家，且文学出众，宜不拘常格。"于是集得京畿教授，肖翁得静江州教授。俄以病，弃官归。延祐末，复起为南康教授。

至治初，辟江西行省令史。赣人因核田虚增粮额，激而致变。事平，肖翁谓民乱虽弭，而粮之虚额在所必除。行省韪其言，从之。积年劳，除海道都漕运万户府知事。后至元二年，转嘉兴府录事。岁饥，免荒租数万石，民德之。以松江府判官致仕。卒，年六十五。

卢克治，字仲敬，本滑州胙成人，后徙开州。克治由淮东元帅府令史，擢江西行省左司都事，以材敏见知于参知政事徐琰。调江浙行省左右司都事。时琰已迁浙东海右道肃政廉访使，亟奏荐克治署台职，未报，擢两浙都转盐副使。先是两浙盐赋，岁有减耗，克治规措有法，自常算外，得羡盐八万九百引。以最闻。

除知平江常熟州。下车，牒诉坌集，克治谈笑之顷，剖决如流，胥吏莫不畏服。岁饥，募民浚水道之湮废者，为水门，以时其蓄泄，凡役工一百一十四万，食米三万四千四百石，盐一万九千斤，民沾其利，无莩者。未几，迁江浙等处财赋都总管。常熟人相率为生祠祀之。后除知建康溧水州，以亚中大夫知汉阳府致仕。至治三年，卒，年七十四。

克治兄克柔，官至中书参知政事，追封范阳郡公，谥文昭。子恂，晋宁路潞州知州。

赵良辅，字良卿，安阳人。弱冠游京师，以荐授四川屯田令，未几，弃官归。御史大夫相威行台扬州，选为掾，除淮东道按察司经历。改镇江金坛县尹。寒食日，放狱囚归拜扫，约三日返，无一人逸者。告饥于郡，遇大风，舟几覆，良辅曰：“吾为民死，不恤也。”风俄止，运米三千石以归。朝廷在良辅治县五事布告天下，擢平江路推官。时朱清、张瑄势震中外，其徒周千户主杀沈昌妻奴三人。官莫能究。良辅捕之，置于法。擢新喻知州。民有犯恶逆者，州僚惧罪匿之。良辅行部，闻之曰：“吾不发其事，不称职，罪轻；蔽元恶，罪重。”亟执归，杖杀之。有母诉其子，良辅命杖之，立母于庭，戒伍百，喻其母曰：“今杖汝子，必死，死则汝何归？盍诉官，或矜焉。”母果流涕恳请，良辅呼子语曰：“吾欲死尔，哀尔母，故贷尔。”母子感谢如初。累迁醴陵知州、建昌路同知。请老，加中顺大夫、同知潭州路总管府事。延祐中，卒，年七十二。

同时，陈炎酉，至元中为南康路总管。修白鹿书院。岁荒赈饥，给牛具子种，招集流亡四万余户，有麦秀两歧之瑞。民立生祠祀之。

于宏毅，为海盐州知州。飓风，海水暴溢，宏毅朝服拜祷，欲自沉于水，竟反风，一州获免。

孙天正,字梦符,其先益都寿光人,后徙高唐州。父居仁,起家新昌丞,以治盗知名,官中奉大夫、河东山西道宣慰使。始,居仁两梦神人授白麻曰:"宣付孙天正。"已而生子,因以天正名之。幼嗜学,宿卫仁宗潜邸。

大德十一年,立东宫僚属,擢从仕郎、文库副使。选补太史掾、监修国史掾,除中书省管勾承发架阁库。服除,知沂州。天正始至,以三皇庙湫隘,令改作,吏民难之,已而规置有法,不三月而成。捐俸倡率,以赈岁饥。立法均役,以革吏弊。临沂民妻徐氏夫丧,自经以殉,有司四年不闻,天正白于省,旌其闾。峄州豪曹谊夺民田,凡三移,不为直,郡以属天正,天正立决之。既去,民刻石颂之。

改辽东道左右司员外郎。台除金山北辽东道肃政廉访司事。广宁刘大使诬丞杀人,天正辨释之。俄拜监察御史,擢江北淮东道肃政廉访副使。至顺四年卒,年五十。元统元年,赠中大夫、金太常礼仪院事、轻车都尉,追封乐安郡侯,谥惠肃。

燕立帖木儿,畏兀人。至治三年,由平凉府判官转西乡县尹。其民不知种木棉之利,燕立帖木儿至兴元,求种给社户,教以种植之法,民得其利。暇日,巡视郊野,以县北之田苦水潦,乃借富室钱,开渠筑堤,泄水于河,其田遂收倍息。

驿马困民尤甚,贩马者乘民之急,价至千五百贯,民以债压不复苏。燕立帖木儿知其弊,令户纳中统钞八贯,官拘之买马,周岁所纳额,计马十一匹,钱为贯七千四百三十,民便之。又以仓卒有事科征,民不能堪,创立官店于城南门外,四乡各立一店,岁入钞为贯二千有奇,以纾民力。又创碾磨,二岁课得米或麦五十余斛,代民应官用,民始有更生之庆,为立遗爱碑以颂之,未几,卒于官。

谙都剌,字瑞芝,凯烈氏。祖阿思兰,尝从大将阿术伐宋,仕至冀宁路达鲁花赤,子孙因以兰为氏。父忻都,福建行省右丞。

谙都剌通经史,兼习诸国语。成宗时,为翰林院札尔里赤,职书制诰。会有旨,命书藩王添力圣旨,谔都剌曰:"此旨非惟有亏国体,行且为民咉矣!"帝闻之,谓近臣曰:"小吏如此,真难得也。"事乃止。寻授应奉翰林文字,凡蒙古传记多所校正。升待制。时方选守令,除辽州达鲁花赤。以政闻,赐上尊、名币,加集贤直学士。

至顺元年,选襄阳路达鲁花赤。山西大饥,河南行省恐流民入境为变,檄守武关。谔都剌验为良民,辄听其度,关吏曰:"得无违上命乎?"谔都剌曰:"吾防奸耳,非仇良民,可不开其生路耶?"既又煮粥以食之,所活数万人。城临汉水,岁有水患,为筑堤城外,民赖之。

元统二年,除益都路总管。俗悍黠,谔都剌务以平易治之。有贼白昼劫人,久不能捕,谔都剌生擒之。其党赂宣慰使罗锅,诬以枉勘,纵之。已而贼劫河间,复被获,谔都剌之诬始白。命再任一考。至正六年,卒,年七十。

子燮彻坚,同知新喻州事,以孝称。

杨景行,字贤可,吉安太和人。登延祐二年进士第,授赣州路会昌州判官。会昌民素不知井饮,汲于河,故多疾疢;不知陶瓦,以茅覆屋,故多火灾。景行教民穿井以饮,陶瓦以代茅茨,民大悦。豪民十人,号十虎,武断害民,悉捕置之法。乃创学舍,礼师儒,劝民斥腴田以膳士,弦诵之声日盛。

调永新州判官。奉部府命,核民田租,除划宿弊,奸欺不容,细民赖焉。改江西行省照磨,转抚州路宜黄县尹,理白冤狱之不决者数十事。

升抚州路总管府推官。金溪县民陶甲,凶险,屡诬陷其县长吏罢去之。由是官吏畏其人,不敢诘,陶遂横于一郡。景行至,以法痛绳之,徙五百里外。金溪豪僧云住,发人冢墓取财物,事觉,官吏受贿,缓其狱,景行急按之。僧以贿动之,不听,乃赂当道者,以危语撼之,不顾,卒治之如法。由是豪猾屏迹,良民获安。转湖州路归安县尹,奉行省命,理荒田租,民无欺弊。

景行所历州县,皆有惠政,民立石颂之。以翰林待制、朝列大夫致仕,年七十四卒。

干文传,字受道,平江吴县人。祖宗显,宋承信郎。父雷龙,乡贡进士。宗显以武弁入官。教其子以文易武。故雷龙两举进士。宋亡,不及仕。及生子,乃以文传名之。

文传登延祐二年进士,授同知昌国州事。累迁长洲、乌程两县尹,并婺源知州,又知吴江州。长于治剧,所至俱有善政。

长洲为文传乡邑,文传徙榻公署,无事未尝辄出,亲旧莫敢通私谒。会创行助役法,凡民田百亩,令以三亩入官,为受役者之助。文传既专任县事,而行省又以无锡州及华亭、上海两县之事委之。文传谕豪家大姓,以腴田来归,中人之家自是不病于役。

其在乌程,有富民张申妻王氏无子,张纳一妾于外生子,未晬,王诱妾以儿来。寻逐妾,杀儿焚之。文传发其事,王厚贿妾父,买邻儿为妾所生,谓儿实不死。文传令妾抱儿乳之,儿啼不就乳,妾之父母吐实,乃呼邻妇至,儿见之,跃入其怀,乳之即饮,王氏遂伏辜。丹徒县民有二弟共杀其姊者,狱久不决。浙西廉访司使文传鞫之,既得其情,其母乞贷二子命,为终养计,文传谓二人所承有轻重,以首从论,则为首者当死,部议从之。

婺源俗,男女婚聘后,富则渝约,有育其女至老死不嫁者;亲丧,贫则不举,或停枢累数世。文传下车,即召其耆老,以礼训告之,阅三月婚丧俱毕。宋儒朱熹上世居婺源,故业为豪民所占,子孙诉之有司,莫能直。文传谕其民以理,不烦穷治而悉归之。复即其故宅建祠,俾朱氏世守焉。有富民江丙游京师,娶娼女张为妇,江客死,张走数千里,返其枢以葬,前妻之子困苦之,既而杀之,瘗其尸,贿官司不问,文传发其事,论如法。文传治行为诸州县最。

至正三年,召修《宋史》。书成,擢集贤待制,以嘉议大夫、礼部尚书致仕。卒,年七十八。

林兴祖,字宗起,福州罗源人。至治二年,登进士第,授承事郎、同知黄岩州事。三迁知铅山州。铅山素多造伪钞者,豪民吴友文为之魁。友文奸黠悍鸷,因伪造致富,乃分遣恶少四五十人,为吏于有司,伺有欲告之者,辄先事戕之,前后杀人甚众,夺人妻女十一人为妾。民罹其害,衔冤不敢诉者十余年。兴祖至官,曰:"此害不除,何以牧民!"即张榜禁造伪钞,且立赏募民首告。俄有告者至,佯以不实斥去。又有告获伪造二人并赃者。乃鞫之,款伏。友文自至官,为之营救,兴祖并执之。须臾,来诉友文者百余人,择其重罪一二事鞫之,狱立具,逮捕其党二百余人,悉置之法。民翕然颂之。江浙行省丞相别儿怯不花荐诸朝,擢南阳知府,改建德路同知,俱未赴任。

　　至正八年,特旨迁为道州路总管。行至城外,贼已迫其后,相去仅二十里。时湖南副使哈剌帖木儿屯兵城外,闻贼至,以乏军需,欲退兵。兴祖闻,即夜诣说留之。哈剌帖木儿曰:"得钞五千锭,桐盾五百,乃可破贼。"兴祖许之。明日,甫入城视事,即以恩信劝谕盐商,贷钞五千锭,且取郡楼旧桐板为盾,日中皆备。哈剌帖木儿大喜,遂留,为御贼计。贼闻新总管一日具五百盾,以为大军且至,中夕遁去。永明县洞瑶屡窃发为民害,兴祖以手榜谕之,皆曰:"林总管廉而爱民,不可犯也。"三年不入境。春旱,虫食苗麦,兴祖为文祷之,大雨三日,虫死而麦稔。宪司考课,以道州为最。年老致仕,终于家。

　　观音奴,字志能,唐兀氏,居新州。泰定四年进士。由户部主事,再转知归德府。廉明刚断,发擿如神。民有衔冤不直者,皆千里奔走来诉,立为剖决。

　　富商任甲抵睢阳,驴毙,令郜乙剖之,任以怒殴郜,经宿而死。郜有妻王氏、妾孙氏,孙诉于官,官纳任贿,谓郜非伤死,反抵孙罪,置之狱。王来诉冤,观音奴立破械出孙于狱,呼府胥语之曰:"吾以郜事祷诸城隍神,令神显于吾。"有睢阳小吏,亦预郜事,畏观音奴严明,且惧神显其事,乃以任所赂钞自首曰:"郜实伤死,任赂上下匿其实,吾亦得赂,敢以首。"乃罪任而释孙。

　　宁陵豪民杨甲，夙购王乙田三顷，未付值。王以饥携其妻就食淮南，得疾死，其妻还，则田为杨据矣。诉之官，杨行贿，伪作文凭，曰："王在时已售我。"观音奴令王妻与杨，同就崔府君神祠质之，杨先期以羊酒浇巫祷于神，及王妻诣祠质之，无显应。观音奴疑之，召巫诘问，巫吐实。观音奴因讯其得其情，坐杨罪。

　　亳州有蝗食民禾，观音奴以事至亳，民以蝗诉，立取蝗食之，仰祝于天，是岁蝗不为灾。全升都水监官。卒。

　　周自强，字刚善，临江新喻人。以文法推择为吏。泰定间，广西洞瑶反，自强往见瑶酋，说以祸福，瑶酋立为罢兵，贡方物，纳款请命。事闻，超授广西两江道宣慰司都事。

　　转饶州路经历，迁婺州路义乌县尹，性度宽厚，不为刻深。民有以争讼诉于庭者，一见即能知其曲直，然不遽加刑责，必取经典中语，反覆开譬之，令其诵读讲解。若能悔悟首实，则原其罪，若怙恶不悛，然后绳之以法不少贷。民畏且爱，狱讼顿息。田税籍多失实，以故差徭不平，自强履亩核之，民不能欺，文簿井井有考，于是赋役均平，贫富乐业。由是政治大行。部使者数以廉能誉于朝，选授抚州路金溪县尹，阶奉议大夫。以亚中大夫、江州路总管致仕。卒。

　　白景亮，字明甫，南阳人。明法律，善书算。由征东行省译史，超迁南恩知州，升沔阳府尹，奏最于朝，特授衢州路总管。

　　先是，为郡者于民间徭役不尽校田亩以为则，吏得高下其手，富民有余力，而贫弱者多至破产。景亮深知其弊，乃始核验田亩以均之，役之轻重，一视田之多寡，由是民不劳而事易集。他郡邑皆取以为法。郡学诸生无廪膳，祭服乐器不备，景亮皆增之，士风大振，搢绅称颂焉。

　　景亮性廉介勤苦，自奉甚薄，妻尤俭约，惟以脱粟对饭而已。部使者上其事，特诏褒美，赐以宫锦，改授台州路总管。卒于官。

夏日孜,字仲善,吉水人,天历元年进士,授建昌州判官。有剧寇就捕,越狱亡去。日孜使人踪迹,尽获而杀之,盗以屏息。州有三坡界南昌、新建,可溉田数千顷,废且久,日孜相度形势,浚而障之,民获其利。

改授兴国路录事,再调会稽县尹,吏循故事,越境出迎,日孜挞遣之,令非召不得见,自是一县肃然。会稽盐课侵于私鬻,日孜每乡置局,命里长董之,民给一券,画为十二月,每月令民赍券买盐,以私识验之,私鬻遂绝。山阴富民,尝以私怨杀人,沉尸于海,又仇异母弟,诬其伪造楮币。推官贡师泰委日孜治其狱,日孜收捕,穷治之,论如法,远近叹服。岁大比,行省檄日孜与师泰同考试,所得皆知名士。以母疾去官。未几卒。

聂以道,吉水人。伯父淳,有学行,与刘辰翁齐名。以道明习法律,延祐初,辟广西帅府掾。会瑶蛮反,以道单骑入贼巢,谕使降。由是知名。

累迁道州路江华县尹。邻县瑶贼相戒,毋入江华境。以道夺豪民占水利,溉良田数万顷,废黄泥渡,别通水道,使民运盐米,水潦至,不为病。民立碑颂之。

天历二年,中书省奏,江华县尹聂以道授武昌推官。文宗惊问:"聂以道廉吏,今才为推官耶!"初,文宗南迁,闻其名,召见赐宴加劳,故稔知以道治状。参政阿荣,素不喜以道。谬对:"武昌讼狱繁,非以道不能治。以道又贫,非田禄无以为养。"文宗迟回久之,卒从其请。

是年冬,河南水灾,命以道驰驿赈之。旋擢朝列大夫、海北海南道肃政廉访司经历。廉访使议改平湖书院为老子庙,以道力争不可,又议:"职官有罪,不当没其命妇为人妻孥,以励守节者。"事闻,著为令。迁中顺大夫、广东道宣慰副使、金都元帅府事。卒,年六十一。

卢琦,字希韩,泉州惠安人。至正二年进士,授台州录事。迁永春县尹。减口盐一百余引,民德之。邻县盗发,琦与义士吕用宾等大募民兵击之,屡战屡克,威惠行于境外。后琦巡县境,盗遥见,迎拜曰:"此永春大夫也。"琦立马谕以祸福,皆投刀槊请降。

十六年,改调宁德尹。迁盐司提举。以近臣荐,除平阳州知州,命下而卒。琦工诗文,著有《圭峰集》七卷。

时江州总管王大中,岁饥贷富民粟以赈贫民,免富民之徭役,民德之,其名誉与琦相埒。

野仙不华,字彦桢,顺德内邱人,性刚峭。丞相哈喇哈孙引见,成宗器之,俾事皇太子,以母老辞归,敕江浙行省丞相帖古迭儿赡养之。帖古迭儿卒,野仙不华护丧还,丞相别不花义之,属左丞张士瞻为娶邓氏女。

补中书怯里马赤,秩满,授琼山县尹。文宗潜邸饩廪衣药,皆躬自检料。文宗每顾左右曰:"野仙不华,昔蒙先皇宠遇,今复效忠于我。苟得纂大统,当以金蒙之。"五年,迁将乐尹,有惠政,民肖像祠之。

文宗即位,入觐,帝赐所啜黑汤。以奏对忤旨,竟不迁。帝崩,召除湖广行省员外郎,旋改华亭尹。民有以伪钞偿物价告者,曰:"彼偶误耳。"付诸火,易真钞予之,民感颂,取铧悬东门,以存遗爱。县当要冲,岁课钞十余万。剔蠹铲弊,税吏莫敢欺。

擢郴州路判官,行省檄总湖南一路军饷,先期而集。瑶蛮作乱,官兵进讨不克,野仙不华单骑入谕祸福,瑶悉归农。移袁州路判官,致仕,归卒。

邹伯颜,字从吉,高唐人。为建宁崇安县尹,崇安区别其田,名之曰都者五十,五十都之田上送官者,为粮六千石,其大家以五十余家,而兼五千石,细民以四百余家,而合一千石。大家之田连跨数都,而细民之粮或仅升合,有司常以四百之细民,配五十大家之役,故贫者受役旬日，而家已破。伯颜取其粮籍计之，有粮一石者，受一石之役，有粮升斗者，受升斗之役。田多者受数都之役，田少者称其所出而无幸免，贫民始得以休息。崇安赋役之均，遂为四方最。

邑有宋赵抃所凿渠，溉民田数千亩，岁久渠湮，伯颜浚之，绕枫树陂，累石以为堰，悉复抃遗迹，民赖其利。

安庆路尝得造伪钞者，遣卒械至崇安，求其党而执之，囚与卒通谋，诬良民。伯颜捕讯得其状，即执而归诸安庆，自是伪造之连逮，无滥及崇安者。调漳州路判官。卒。

刘秉直，字清臣，大都武清人。至正八年，为卫辉路总管，平徭役，兴教化。贼劫汲县民聚钞一千二百锭而杀之，贼不获，秉直祷城隍祠，使人伺于死所，忽有村民阿莲者，战怖仆地，具言贼之姓名及所在，遂得贼于汴，正其罪。

秋七月，螟生，民患之，秉直祷八蜡祠，虫皆自死。岁大饥，人相食，死者过半，秉直出俸米，倡富民分粟，馁者食之，病者与药，死者与棺以葬。天不雨，秉直诣太行山之苍峪神祠，具词祈祝，有青蛇蜿蜒而出，观者异之。及还行数里，雷雨大至。秩满，以亲老去官。卒于家。

许义夫，砀山人。为夏邑县尹，每亲诣乡社教民稼穑，见民勤谨者，出己俸赏之，怠惰者罚之。三年之间，境内丰足。

后为封丘县尹。值至正四年大饥，盗贼群起，抄掠州县。义夫闻贼近境，乃单马出郊十里外迎之，见贼数百人。义夫力言："封丘县小，民贫，已惊惶逃窜，幸无入吾境。"言辞愿款，贼遂去，民免于难。

郭思恭，字子敬，彰德安阳人，肄业国子学。故事，陪堂生输钱，乃得食。祭酒耶律有尚悯思恭贫，免其输，补伴读。授汝宁州教授，迁光山县主簿。有惠政。光山县尹马祖节亟称之。累转猗氏县。有争田久不决者，恭至即决之。召为国子助教，迁博士。拜监察御史，出佥燕南、河南两道廉访司事。转淮西道，谢病归，中途召为集贤直学士，兼国子祭酒，至任甫三月，又谢病归。至正五年，卒，年七十二。

合剌不花，杰烈宜氏，台州路达鲁花赤。与许谦友善，其为学，以诚意不欺为主。

至正四年，迁徽州路达鲁花赤。合剌不花廉平自持，专务以德化民。徽州六县输永丰仓粟，官吏攫攘，病民最甚，合剌不花亲临监视，通其利害缓急，旧弊尽除。尝曰：“法所以防奸，事苟办集，不用法可也。”官事毕，则携一羊皮，坐于山颠水涘，歌咏终日。有讼者就决于途。或自惭诬罔而退。考绩为天下第一，赐衣锦一袭，且布告诸路，使知所劝。后去官，卒于家。

罗文焕，字显卿，巨野人。以荐除胶州判官。行用库吏，应者必破产，文焕择精识楮币者十余家，以次应役，民便之。有盗金珠者，已诬服，谳而疑之。俄得真盗，尽释诬者。代去，民立去思碑。后为吴桥尹。御河岁决，文焕筑堤百余里，水患遂绝，民为立生祠。改武冈路推官，不赴。晚号独慎主人。后至元五年，卒。

李惟闰，安理人，官中书右司掾。有馈兄肉，而兄以他疾死，娣婿利其资，诬肉中有毒。狱上，惟闰疑其冤，覆讯得实，释之。其人绘像事之。累迁陕西行台御史。华州狱囚诬承强盗，惟闰平反其狱。西岳道士陷民作驱奴，惟闰出为良民。时论称之。迁福州路总管。卒。

叶森，江阴人，盐官州判官。大饥，斗粟十千，森具粟平粜，全活甚众。调新喻判官。时蒙山银场，以官估抑民市木炭，森白行省蠲之。擢上高尹，有大猾武断一乡，为民害，森搒诸市，仍疏其恶于城门，猾敛迹不敢逞。后卒于官。

孔涛，字世平，孔子五十二世孙。宋绍兴初，自曲阜徙衢州。父纯，西安县儒学教谕。涛幼慧，五岁知读书。及冠，吴与赵孟頫、巴西邓文原皆器之。

泰定元年进士，授平江路昆山州判官。丁内忧。服除，改吴江州判官。行省檄点浙东仓库，余姚仓不宿粮，官吏皆惶惧，涛知而不发，使补之粮，既充，而官吏亦得自逭，众皆感服。有张甲，以擅杀盗，逮下狱。涛谓，所杀非平民，卒贷其死。岁饥，民多剽掠，涛获数十人，皆杖而遣之，不坐以强盗律。

御史盖苗率同院，举涛治绩为诸州最，未报，调桂阳州判官。岁旱，涛按狱，出无罪者三人，天乃雨。知州方思广贪虐，獠杀人不问。反入告者罪。涛争之，不能得，即日解印绶去。廉访使韩德新知其事，劾罢思广，留涛。直入獠穴，谕以祸福，皆耆服。卒得杀人者，论如律。秩满，迁潮州路总管府知事。至正三年，卒，年五十七。著有《阙里谱系》一卷。

子思构，初，涛兄洙，宋衍圣公，至元十九年，诏赴阙廷，议使洙袭封。洙固辞，乃授国子祭酒，提举浙东学校。洙扁其室曰"存斋"。涛惜洙替其封爵，因自号"存存斋"。

林泉生，字清源，兴化莆田人，父士霆，兴化录事判官。泉生幼精敏嗜学。天历二年进士，授同知福清州事。有盗号净海王，横行海上十八年，长吏不敢诘，泉生以计禽之。盗曰："我始为盗时，梦至阴府，有神官治我，貌正类林公，诚当死无恨。"凡诛三百余人，境内始安。

迁泉州经历，擢温州永嘉尹。监郡者占无名田，在永嘉境中，泉生夺以与民。调漳州推官。汀州盗起，泉生主官军馈运，贼欲邀于半途，泉生使役夫轻赍夜行。迟明，贼追之不及。

升奉顺大夫、福清州知州。俗每杀孤幼，诬人取财。泉生立连逮法,罪及亲邻,由是民不敢犯。有媪诉其子僧为人所毙,泉生拒不受。媪诉于行省,趣符下,又不受。或问之,泉生曰:"以吾观其情,必自匿之,欲诬仇家,俟受牒,即杀之。是我杀一人,又杀一家也。"数日,僧果自出。

改翰林待制,出为福建理问官。廉访使郭兴祖妒其能,以飞语诬之,泉生乃自免归。寻擢郎中,使招抚乱党,迁漳州路总管,复召为翰林直学士、知制诰同修国史。至正二十一年卒,年六十三。赐谥文恪。著有《春秋论断》及诗文集。

缪思恭,字德谦,吴县人。至正间,为嘉兴府同知。张士诚遣其弟士德、士信攻嘉兴,杨完者使思恭于杉青关西岸积苇以待,敌船蔽江而下。思恭燔苇火延敌船,尽焚之。师大捷。

未几,士诚降,大城杭州,思恭率工徒赴役。士信欲众辱之。一日,巡工至思恭所辖地,时日已暮,工未竣,士信曰:"出作入息,汝何独劳民如此?"思恭曰:"平章礼绝百僚,犹敬共皇命,百姓敢偷余晷!"士信曰:"此人利口,何怪杉青闸畔烈火逼人。"思恭曰:"今幸太尉反正,若念杉青之役,犹恨不力,纵平章遁去。"士信曰:"别驾好将息,言及杉青,独使人肉颤。"

思恭治郡三年,有惠政,去之日,民追送数十里。寻擢淮安路总管。卒。

新元史卷二三〇
列传第一二七

忠义一

攸哈剌拔都　任志 存　刘天孚

阔文兴　张桓　萧景茂　侯彦直

布景龙　毛铎 祝兴可　樊复　张怀德

刁代　李纯　董文彦　韩心渊

周宏 李齐　周喜同　塔不台

韩因　卞琛 小十　李仲亨　乔彝

张岩起 吴德新　王佐　颜瑜　王士元

杨朴　孙扬　石普　盛昭　杨乘

纳速剌丁 宝童　海鲁丁　西山驴　胡善

　　昔宋亡,其降将入朝,世祖召问曰:"汝等何降之易?"对曰:"贾似道轻侮臣等,故皆无斗志。"帝曰:"此似道一人之罪,汝主何负焉!"符宝郎董文忠从旁责之曰:"宋主贵汝、富汝,未尝薄汝也。今坐视社稷之亡,可乎?"诸降将皆惭谢而退。大矣哉,世祖之教忠也。吾观元之亡也,民叛于下,而士死其官,捐躯糜妻子以赴国家之难者,史不绝书。盖过于辽金之季远甚。呜乎! 王者一言之予夺,而人心习尚为之转移，岂不诚然哉！作《忠义传》。

攸哈剌拔都，渤海人，初名兴哥。善骑射。金末，避地大宁。大兵至，保高州富庶寨，射猎以食，屡夺蒙古孳畜，又射死其追者。国王木华黎率兵攻之，奔高州。大兵傅城下，令曰："能斩攸兴哥首以降，则城中居民皆宥之。"守者召谓曰："汝奇男子，吾宁忍断汝首以献？汝其往降，不然吾一城无噍类矣。"兴哥乃折矢出降。诸将欲杀之，木华黎曰："壮士也！留之吾用。"从木华黎攻通州有功，太祖赐名哈剌拔都。从木华黎略地至大名，金将登城督战，哈剌拔都射之中左目，其部众开门溃走，追杀殆尽。论功，赐金符，充随营监战。

太祖十三年，授金虎符、龙虎卫上将军、河东北路兵马都元帅，镇太原。哈剌拔都招降属邑，市不改肆，远近闻之，皆相率来归。尝微服夜出，闻兵间语曰："吾属父母子女相失，死者不复生，生者不能赎，奈何？"明日下令，军中凡俘获有亲者，听赎，无资，官为赎之，民得完聚者众。木华黎由葭州渡河西行，哈剌拔都迎之，破隰州及悬窑、地洞诸寨。

十六年三月，金兵攻寿阳县王胡庄，垂陷。时左右裨将各分兵守险，城中见卒不满百人，哈剌拔都夜半引甲骑十余人救之，金兵乘虚捣太原，获哈剌拔都家属。哈剌拔都闻之，径趋西门，复夺其家属还。五月，金赵权府率兵三万围太原，哈剌拔都将骑三十出西门，令骑曳柴扬尘，声言大兵至，金人溃走。太原诸县皆平，惟石家昂及孟州陵井寨、忻州清泉寨坚守未下。十九年十月，将兵至陵井，遣卒叩寨门，诈曰纳粮刍，守者启门，哈剌拔都径入，遂平陵井寨。二十年二月，清泉寨、石家昂俱降。

二十二年五月，武仙引兵袭陷太原，哈剌拔都犹力战。仙兵大至，诸将自城外呼曰："攸哈剌拔都，汝当出！"哈剌拔都曰："真定史天倪、平阳李守忠、隰州田雄皆失守，我又弃太原，何面目见主上及国王乎！我誓与城同存亡。"遂殁于阵。太祖以其子幼，命其表弟王七十守太原。七十从攻凤翔府，中炮死。哈剌拔都长子忙兀台嗣。

任志，潞州人。太祖十三年，木华黎略地至潞州，志迎降，木华黎授以虎符，充元帅，收辑山寨之众。数与金兵战，比有功。金人擒其长子如山以招之，曰："降则尔子得生，不降则死。"志曰："我为大朝之帅，岂爱一子！"亲射其殪之。

木华黎召志议军事，道过武安，其县已反为金，志死之。木华黎令其子存袭，太宗二年，武仙攻潞州，存战死。三年正月，诏潞州元帅任存妻挐，令有司廪给，仍赐第居之。十一月，以存父子死事，子立尚幼，先官其侄成为潞州长官。成卒，授立潞州长官，佩金符。后历泽州尹，迁陈州，卒。

刘天孚，字裕民，大名人。由中书译史为东平总管府判官，改都漕运司判官，知冠州，再知许州，所至有治绩。

时检核屯田，临颍邓艾口民稻田三百顷，怨家诬为右屯，中书下天孚按实，天孚辨其诬，章数上，乃止。襄城与叶县接壤襄城，民食沧盐，叶县民食解盐，刻石湛河南岸为界。叶县令徙石于北二里，诬其民食私盐，系治百余家。两县讼辩，叶县倚漕司势凌襄城。中书遣吏察其实，天孚考元界，移石故处，叶县令以罪去。岁旱蝗，天孚令民捕之，俄群乌来啄蝗为尽。明年麦熟时，有青虫如蚕食麦，忽生大花虫啖之。许人立碑颂焉。

转万亿宝源库同提举，迁江西行省左右司郎中，以母老不赴。俄丁母忧。服除，起知河中府，视事始两月，陕西行省丞相阿思罕举兵至河中，时事起不虞，达鲁花赤朵儿只趋晋宁告乱。阿思罕军列栅河西岸，来索舟，天孚度不能拒，凡八遣人至晋宁乞援兵，不报。居七日，阿思罕缚筏河上，欲纵火屠城。同知府事铁哥与河东廉访副使明安答儿见事急，乃诣阿思罕军。阿思罕囚之，而敛船济兵。既入城，阿思罕坐府治，号令诸军。天孚佩刀直前，众遏之，不得进，退谓幕僚王从善等曰："吾家本微贱，荷朝命至此，今不幸遭大变，吾何忍从之，而负上恩！且与其辱于阿思罕之手，吾宁蹈河以死。"遂拂衣出。时天寒,河冰坚厚,天孚拔所佩刀斫冰,北望再拜,自投水中。阿思罕大怒,籍其家。郡人咸哀痛之。

事平,诏给驿归其枢。赠推诚秉节功臣、中奉大夫、河东山西道宣慰使、护军、彭城郡侯,谥忠毅。

阚文兴,漳州万户府知事。至元十三年,从贾万户戍漳州。十七年八月,陈吊眼聚众为乱,杀招讨使傅全,文兴力战死。其妻王氏,建康人,为贼所执,逼污之,绐曰:"吾不幸至此,岂敢爱吾身,愿葬吾夫,然后从命。"贼义而许之。王氏得其夫尸,焚之,遂自跃火中,并焚死。至顺三年,赠文兴英毅侯,王氏贞烈夫人,有司立庙祀之,号双节庙。

张桓,字彦威,真定藁城人。父木,知汝宁府,因家焉。桓以国子生释褐,授白马丞,入补中书掾,擢国子典簿。拜陕西行台监察御史,以言事不合去。未几,汝宁盗起,桓避之确山,贼久知桓名,袭获之,罗拜,请为帅,弗听。囚六日,拥至渠魁前。桓直趋据榻坐,与之抗论逆顺。其徒捽桓起跪,桓仰天大呼,詈吒弥厉,且屡唾贼面。贼犹不忍杀,谓桓曰:"汝但一揖,亦恕汝死"桓瞋目曰:"吾恨不能手斩逆首,肯听汝诱胁而折腰哉!"贼知终不可屈,遂刺之,年四十八。贼后语人曰:"张御史真铁汉,害之可惜!"事闻,赠礼部尚书,谥忠洁。

萧景茂,漳州龙溪人。性刚直,家贫力农。至元四年,南胜县民李智甫作乱,掠龙溪。景茂与兄佑集乡丁拒之,众败,景茂被执。贼胁使降,景茂骂曰:"狗盗,我生为大元民,死作隔洲鬼,岂从汝为逆!"隔洲,其所居里也。贼怒缚景茂于树,脔其肉,使自啖,景茂益愤骂,贼遂以刀抉其口至耳傍,景茂骂不绝声而死。有司上其事,朝廷下诏旌褒,仍给钱以葬。

侯彦直，雅州人，以骁勇仕为忠翊校尉、副千户。至元间，王虎寇雅州人。州人议分兵一路出城外，为犄角势。彦直乃将兵数百人前进，遇贼于名山县，力战二日，斩杀过当，寇尽锐来攻，彦直力疲援绝，为贼所擒。欲降之，彦直自刎死。

布景龙，新都人。笃学有大志。举进士，授芒部路益凉州同知。贼李颇驴来寇，城中军务单弱，景龙招募壮勇为义兵拒之。救援外绝，射矢且尽，知城不能守，乃北向再拜曰：“臣力竭矣。”冒刃冲敌死。

毛铎，南昌人，署富州学正。时土贼季明道据州治，欲胁为从事，铎叱曰：“幸托孔圣之门，敢偷生从逆！”遂延颈受戮。
同郡祝兴可。世业儒，与寇吴娘子战，败被执，骂不辍口而死。
樊复，亦儒士，寇攻北山，与弟文仲、侄用行率义兵拒之，俱不胜死。

张怀德，贵州知州。成宗大德五年，遣右丞刘深将兵，由顺元征八百媳妇，供亿繁重，人心惶惑。土官宋隆济激为变，怀德募民壮，合官兵千余，与隆济死战，不敌，被执。蛮素服其名，欲降之，慷慨不屈死。

刁代，元江路安抚使，有威望，勇胆过人。大德五年，从征八百媳妇有功，擢总管。时洞蛟为患，蛮民苦之，代挟利剑入洞。顷之，水赤，代与蛟并死。居民始得耕播。岁祀之。

李纯，天历初为洛阳县令。陕西兵东犯，府官命其属曰：“谁能谕西人，俾臣服者？”众皆股栗，纯独毅然曰：“臣死，忠义也。食焉，而避难，可乎？”即单骑捧诏西行，与贼会新安，贼帅挥戈而前，命其徒斩之，遂遇害。

　　董文彦,临安通海人,官威楚路知事。天历间,中庆路镇将叛,引兵攻威楚。官吏皆亡匿,文彦独死守。城陷,贼欲降之,叱曰:"汝逆天殄民,恨不杀汝,乃从汝邪!"贼怒截其耳,使啖之。文彦嚼肉,血喷贼面,遂被害。

　　韩心渊,武安人,以文学征入国子监,任衡水县尹。以德化民,蝗不入境。后调真定县尹。会扫地王作乱,心渊与子拒守数月,缮楼橹,修器械,昼夜不解甲,防御甚备。居民赖之。未几,贼益众,城陷,父子俱巷战死。

　　又有昌黎县尹周宏者,当土寇程思忠之乱,宏率其民赴永平拒守。城陷,被执,七日不食死。

　　李齐,字公平,祁州人。元统元年进士第一,历金河南淮西廉访司事,移知高邮府,有政声。至正十一年,州人秦观保造兵仗,将图劫掠,获而诛之。十三年,泰州白驹场亭民张士诚为乱,破泰州,淮南行省遣齐往招降,被拘久之,始纵齐归。泰州平,贼徒尚蜂聚,士诚复鼓变,杀参知政事赵琏,走入得胜湖。俄陷兴化县。行省以左丞偰哲笃偕宗王镇高邮,使齐守氂社湖。夏五月乙未,贼入城,省、台官皆遁,齐还救,贼已闭门拒战。已而有诏,凡叛逆者赦之,诏至高邮,不得入。贼绐曰:"请李知府来,乃受命。"行省强齐往,至则下齐狱中。齐益辩说。士诚本无降意,特迁延为城守计。官军谍知之,乃进攻城。士诚呼齐使跪。齐叱曰:"吾膝如铁,肯为贼屈耶!"士诚怒,礫齐。

　　周喜同,河西人。初为卫士,选充承徽寺经历,再调南阳县达鲁花赤。居二岁,妖贼起,陷邓州,人情汹汹。俄而贼游骑抵南阳。喜同以计获数贼,诘之,云贼将大至,悉斩之以安众心。昼夜督丁壮巡逻守备。时大司农铁木尔以兵驻诸葛庵,为贼所袭败。贼遂乘锐攻南阳。喜同守西门,望见贼势盛。即以死自许。与家人诀曰:"吾与汝等不能相顾矣,吾分死此以报国也。"已而城中皆哭。喜同策厉义兵,力与贼搏。贼退,明日复至,城遂陷。喜同突围将自拔,贼横刺其马,马蹶,喜同鞭马跃而起,手斩刺马者。已而身被数创,不能斗,遂见执,为所杀。妻邢氏闻喜同战死,率家僮数人出走,遇贼,夺贼刀斫之,亦见杀。一家死者二十余人。赠南阳路判官。

塔不台,字彦晖,元统元年进士,襄阳录事司达鲁花赤。魏王孛罗帖木儿讨贼,屯于汝宁。塔不台来供军饷,王嗜酒不为备。一夕,贼劫王,为所执。塔不台驰骑夺王,亦被获。比明,见贼酋,王拜而乞活,塔不台以足蹴王曰:"犹欲生乎?"贼复屈其拜,塔不台诟之,且与缚者角,贼支解之。

韩因,字可宗,汴梁人。盗据汝宁,官军讨之久不下。会朝廷诏赦叛逆,募能持诏谕贼者,即借以官。因应命,乃借因以唐州判使焉。贼导因止于外,纳诏不读,诘问再三,因答以恩宥宽大,祸福所系甚切,不听,乃纵因归报。因出乘马,周历贼屯,大言曰:"汝辈好百姓,何不出降归田里,而甘从逆贼驱使耶!"众愕然相顾。或以告贼帅,追因还,责其所言,因极口肆骂,贼怒,寸磔因。

卞琛,大名人,游学京师,补国子生。至正十二年,邻州盗起,来剽掠。琛与从子小十、府史李仲亨等协谋,率丁壮数百人拒之,丁壮皆民兵,无弓矢,以钩锄、白梃当贼。贼矢雨集,琛众溃散,被擒。仲亨、小十皆死。贼素知琛,谕之曰:"汝从我,解汝缚;不从,杀汝。"琛唾骂曰:"我国子生,视汝逆贼,真狗彘也!吾宁义死,不从贼生。"骂不止。贼屡胁不听,杀之。

乔彝,字仲常,晋宁人。性高介有守。至正十八年,贼由绛州垣曲县袭晋宁,城陷,城中死者十二三。彝整衣冠,聚妻子。家有大井,彝坐井上，令妻子循次投井中，而已随赴之。贼首王士诚使人邀致彝，至则彝已死矣。贼平，朝廷赠彝临汾县尹，赐谥纯洁。

同时，张岩起，字傅霖，汾州人。累举不中，用荐者征为国子助教，居一岁，免归。盗既去晋宁，复陷汾州，岩起与妻赴井死。

王佐，字元辅，晋宁人。从父居上都，教授里巷，贼至，仓卒不能避，为所获。欲降之，佐诟詈不辍，因见害。

又有吴德新者，字止善，建昌人。工医，留京师久之。尝往宁夏，会盗至，德新见执，胁使降，德新厉声曰：“我生为皇元人，死作皇元鬼，誓不从尔贼！”贼乃缚其两手，加白刃颈上，德新骂不已，曳之井边，阳欲挤之。德新偶得宽，即自投井中，仰骂贼。贼下射，矢贯其项，骂益力。贼怒，以长枪刺之，然壮其志曰：“此真丈夫也。”以土埋井而去。

颜瑜，字德润，兖州曲阜人，兖国复圣公五十七代孙。以行谊，用举者为邹、阳曲两县教谕。至正十八年，田丰起山东，瑜携家走郓城，道遇贼，以刃胁瑜曰：“尔何人？”瑜曰：“我东鲁书生也。”贼执瑜曰：“尔书生，吾不尔杀，可从我见主帅。”瑜骂曰：“尔贼，何主帅邪！”贼怒，欲杀瑜，瑜无惧色。复使之写旗，瑜大诟曰：“尔大元百姓，天下乱，募尔为兵，而反为叛逆，我腕可断，岂能为尔写旗！”贼以枪刺之，至死骂不绝口，其妻子皆为所害。

王士元，字尧佐，恩州人，泰定四年进士，由棣州判官累迁知磁州。值军兴，馈饷需索日繁，民不堪命。士元力为区画，至见陵辱诃责不避也。改知浚州。州滨黄河，尝经盗贼，城堞不完。至正十七年，贼复大至，州兵悉溃散。士元坐堂上，顾其子致微，使避贼曰：“吾守臣，居此职也。若可速逃。”子侍立，不忍去。贼前问曰：“尔为谁？”士元叱曰：“我王知州也，强贼识我否？”贼欲缚士元，士元奋拳殴贼。贼怒，并其子杀之。

杨朴，字文素，河南人，滁州全椒县尹。滁界庐江，庐江陷于寇，滁人震动。行省参知政事也先总兵于滁，不理军事，惟纵饮。至暮，城门不钥，寇入纵火，也先逾城走。朴度必死，乃尽杀其妻女，朝服坐堂上。盗欲降之，朴指妻女，示曰："我已戕家属，政欲死官守耳，尚何云云！"乃连唾之。贼縶朴倒悬树上，而割其肉至尽，犹大骂弗绝。

孙㧑，字自谦，曹州人。至正二年进士，授济宁路录事。张士诚据高邮叛，或谓其有降意，朝廷遣乌马儿招谕士诚，而用㧑为副，㧑家居，不知也。中书借㧑集贤待制，给驿，就其家起之。㧑强行，抵高邮，士诚不迓诏使。㧑等既入城，反覆开谕，士诚等皆竦然以听。已而拘之他室，或日一馈食，或间日一馈食，欲以降㧑，又令其党肆加陵辱，㧑不恤也。及士诚徙平江，㧑与士诚部将张茂先谋，将㧑所授站马刓子，遣壮士浦四、许诚赴镇南王府，约日进兵，复高邮。谋泄，执㧑讯问，㧑骂声不绝，竟为所害。后贼中见失节者，辄曰："此岂孙待制耶！"事闻，赠翰林侍读学士、中奉大夫、护军，追封曹南郡公，谥忠烈。赐田三顷，恤其家。

石普，字元周，徐州人。至正五年进士，授国史院编修官。改经正监经历。淮东、西盗起，朝廷方用兵，普以将略称，同佥枢密院事董钥尝荐其材。会丞相脱脱讨徐州，以普从行。录功，迁兵部主事，寻升枢密院都事，从枢密院官守淮安。时张士诚据高邮，普诣丞相面陈破贼之策，且曰："高邮负重湖之险，地皆沮洳，骑兵卒莫能前，与普步兵三万，保取之。高邮既平，则濠、泗易破，普请先驱为天下忠义倡。"丞相壮之，命权山东义兵万户府事，招万人以行，汝中柏方用事，阴沮之，减其军之半，初令普便宜行事，及行，又使听淮南行省节制。

普行次范水寨，日未夕，令军中具食。夜漏三下，衔枚趋宝应，其营中更鼓如平时。抵县，即登城，树帜城上，贼大惊溃，因抚安其民。由是诸将疾普功。普水陆进兵,乘胜拔十余寨,斩贼数百,将抵高邮城,分兵三队,一趋城东备水战,一为奇兵备后路,一普自将之攻北门。遇贼与战,贼不能支,遁入城。普先士卒蹑之,纵火烧其城门。贼惧,谋弃城走。

而援军迁延不进,且忌普,遣蒙古军千骑突出普军前,欲收先入之功。蒙古军惲怯,见贼即奔还,普止之,不可,遂为贼所蹂践,相率坠水中,普军乱,贼乘之,普勒余兵血战良久,仗剑大呼曰:"大丈夫当为国死,退者斩!"奋击直入贼阵,从者仅三十人,被创堕马。复步战数合,贼益至。贼指普曰:"此必头目,不可使逸,须生致之。"普叱曰:"死贼奴,我即石都事,何云头目!"左胁为贼枪所中,犹手握其枪,斫贼死,贼攒枪刺普,杀之。

盛昭,字克明,归德人。由儒学官累迁淮南行省照磨。会诏使往高邮,不得达而还,谬称贼已迎拜,但乞名爵耳。行省不虞其欺,乃遣昭入高邮,授以万户告身。士诚拒不听,拘诸舟中。昭语从吏曰:"吾之至此,有死而已。"既而官军逼高邮,士诚授昭以兵,使出拒官军。昭叱曰:"吾奉命招谕汝,汝拘留诏使,罪不容斩,又欲吾从汝为贼耶!"大骂不绝口,贼怒,先剔其臂肉,而后磔之。

杨乘,字文载,滨州渤海人。至正初,为介休县尹。民饥散为盗,乘立法招之,使自新,皆弃兵顿首,愿为良民。其后累官江浙行省左右司员外郎。坐海寇掠漕粮舟,免官,寓居松江。张士诚入平江,其徒郭良弼、董绶言乘于士诚,遣张经招乘。乘曰:"良弼、绶皆名士,今已失节,顾欲引我以济其恶耶!"且让经平日读书云何,经俯首不能对。乘日与客痛饮,竟日不言。客问:"盍行乎?"乘曰:"乘以一小吏,致身显官,有死而已,何行之有!"乃整衣冠,自经死,年六十有四。

纳速剌丁,字士瞻。其父马合木,从征襄阳,以劳擢浚州达鲁花

赤,因家大名。纳速剌丁由乡贡进士补淮东廉访司书吏。丁母忧,
服阕,补两浙盐运司掾,复辟掾淮东宣慰司。

至正十年,贼发真州,纳速剌丁以民兵往袭之,获贼四十二人。
已而泰州贼大起,镇南王府宣慰司请参议军事,纳速剌丁建议筑四
城,立外寨,建堤穿河,募兵与贼抗。

行省命率战舰六十、海舟十四,上下巡捕,以防江面,且护蒙古
军五百往江宁。道遇贼,斩馘二百余级,生获十八人,遂抵龙潭而
还。

未几,出巡江上,贼突至,纳速剌丁手射死三十贼,夺其放火小
船二百,贼遁走。俄复据龙潭口,击走之,追斩三百余级。其子宝童
擒首贼陈亚虎等,及其号旗。捷闻,赏赉甚渥,且召纳速剌丁还真
州。

已而贼犯芜湖,行台檄使来援,遂三分战舰纵击之,贼奔溃,俘
斩无算。贼不得渡江者,皆纳速剌丁之功也。因留守芜湖江口。

泰州李二起,行省移纳速剌丁捍高邮得胜湖,贼船七十余艘奄
至,纳速速丁御之,焚其二十余船,李二失援,遂降。

其党张士诚杀李二,复为乱,入据兴化,分兵袭高邮。纳速剌丁
以舟师会诸军讨之,屯三垛镇,贼众猝至,阿速卫军及真滁万户府
等官皆遁走。

纳速剌丁知必死,谓其三子宝童、海鲁丁、西山驴曰:"汝辈可
脱走。"宝童等不肯去,遂皆死之。事闻,赠淮西元帅府经历。

胡善,字师善,绍兴诸暨人。泰定间进士,以荐授松江儒学教
授。至正十五年,苗兵至,欲毁孔子庙,善坐明伦堂詈之,为所杀,庙
得不毁。先是,善题诗壁上曰:"领檄来司铎,将危要致身。"后果不
负其言。

新元史卷二三一
列传第一二八

忠义二

郑玉　　全普庵撒里　哈海赤　　王荣忠

周锽　谢一鲁　　聂炳　明安达尔

刘畊孙　　焘孙　硕　兴孙　　俞述祖

桂完泽　金德　　丑闾　冯三

孛罗帖木儿　马哈失力　　彭庭坚

王伯颜　相桢　陈阳盈　　刘浚　健

朵里不花　　达兰不花　哈乞等　　陈君用

卜理牙敦　上都　　潮海　民安图　黄绍

黄云　胡斗元　　魏中立　于大本　　章善

郑玉，字子美，徽州歙县人。祖安。至元中，官兵讨歙贼李世达，欲屠城，安至军门，与主将言之，一城获免。授歙县尹，卒，民立祠祀之。父千龄，休宁县尹。母洪氏，少寡，以节行称。

玉生，光照一室，邻里异之。及长，覃思六经，尤邃《春秋》之学，文章严而有法，虞集、揭奚斯皆推重焉。再应进士，举不第，即绝意仕进，筑室歙县师山开门讲授，弟子日众，所居至不能容。

至正十三年,江浙行省平章三旦八知其名,欲荐之,玉以病辞。
十四年,以丞相定住荐,遣使者谢嘉卿赍上尊、礼币,召为翰林待
制,阶奉议大夫。徽州达鲁花赤按敦海牙偕使者至山中,玉固辞宣
命,请以布衣入觐,行至海上,疾作,草谢表,授使者而返。因上书于
定住曰:

　　昔周公之为辅相,一沐三握其发,一饭三吐其哺,急于得
贤,以共天位,故能致成周之治,为三代之隆。然求贤之道,在
于公天下之选,不可徇耳目闻见之偏,而隳朋党之弊也。

　　伏维阁下,以宰相之重,朝夕求贤,惟恐不及,其视周公,
诚不多让。然天之职在择相,相之职在择百官。主上择于众,
而相阁下,可谓得人矣。阁下之所以择百官者,则未闻其人也。

　　迩者,朝廷以玉隐居不仕,上尊出自光禄,束帛赍于丘园,
拔之深山穷谷之中,置之玉堂金马之上,岂所谓公天下之选
哉。盖玉自幼知无用世之才,故躬耕陇亩,自食其力,暇则诵诗
读书,以著述为业。非敢不仕无义,废人之大伦也。好事相传,
目为隐逸,流布京师,至彻阁下之听。阁下又不察之,而以上
闻,玉闻命以来,揣分量才,逃避无所,仰愧俯怍,寝食不安。

　　窃维方今战士暴露,而赏赐不加,贤人在野,而弓旌不举。
乃使玉谬膺恩宠,传笑四方,为阁下累,诚非所望于阁下者也。
欲乞朝廷缴还翰林之命,俾玉以布衣躬诣阁下,吐其狂愚,少
抒报效,移其恩数,以之赏战士,则尽其力,以之招贤,则得其
用。削平盗贼,坐致太平,实天下之望,抑亦玉之愿也。以此不
敢祗受,而使者敦迫,必欲令玉面自辞缴,玉忧患余生,昏耄成
疾,行至海上,夏感风痹,不能前进。用是略布私衷,伏望钧慈
特为陈奏,遂其初心,实切幸甚。

又与三执政书曰:

　　窃维士君子之于世,固在乎人相知之深,尤在乎己自信之
笃。夫以夫子之睿圣,察弟子之学行,而许漆雕开以仕,其知之
不为不深矣。及至开以吾斯未之能信告,则夫子为之喜说。岂

夫子之知不如开哉,顾有人己之殊,而开之不自欺为可贵也。

玉江东之鄙人也,投弃山林,甘与樵牧为伍。重以乡郡累经寇盗,室庐焚毁,妻子离散,忧患惊心,遂成疾疫,景迫桑榆,昏耄日甚。近者,朝廷急于得人,不核其实,遂以隐逸见举,即所居拜翰林待制。玉自愧非才,乞让名爵,求以布衣应召,而使者坚拒不允,令自入都辞缴恩命,逼迫登程,旧患增剧。

伏维三先生以中州文献之宗,任廊庙柱石之重,爱人以德,不尚虚文,敢乞经邦论道之余,达衰朽颠连之状,使玉得老于山林,优游斯世,上不妨朝廷进贤之路,下不屈匹夫自信之心,虽不能有补圣明之治,尚可以少息奔竞之风。岂惟玉之私幸,亦世道之幸也。

十七年,明兵破徽州,主将必欲致玉。玉曰:"吾知死期矣。二雉飞入吾室,是其兆也。"吏卒逼玉见之,玉不为礼,主将曰:"尔何为不至?"玉曰:"吾岂事二姓者耶!"抗辞不屈,主将命囚之。玉七日不食,犹作诗文,从容如平日,为书谕门人曰:"人言食人之食,则死其事,不食其食,奚死?然揆之吾心,未获所安,士临事恶可不尽其本心哉!"玉妻程氏,使人谓之曰:"君死,吾相从地下。"玉曰:"吾无遗憾矣。"明日,具衣冠,北面再拜,自缢死。著有《周易大传附注》、《程朱易契》、《春秋经传阙疑》、《余力藁》,行于世。

全普庵撒里,字子仁,高昌人。初为中书省检校。时太师汪家奴擅权用事,台谏无敢言者,普庵撒里独于众中历数其过,谔谔无惧色。拜监察御史,即首劾汪家奴十罪,出为广东廉访使,寻除兵部尚书,未几,授赣州路达鲁花赤。至郡,发摘奸恶,一郡肃然。

至正十一年,颍州盗起,即修筑城垒。旬月之间,守御之具毕备,募勇士得兵三千人,日练习之。属邑有为贼所陷者,遣兵复之,境内悉安。十六年,以功拜江西行省参政,分省赣州。十八年,江西下游诸郡皆为陈友谅所据,乃与总管哈海赤戮力同守。友谅遣其将辛文才率兵围赣,使人胁之降,普庵撒里斩其使,擐甲登城拒之。力战凡四月,兵少食尽,义兵万户马合某沙欲举城降贼,普庵撒里不从,遂自刭。事闻,朝廷赠谥徽哀。

哈海赤,守赣尤有功。城陷之日,贼将胁之使降,哈海赤谓之曰:"与汝战者,我也!尔贼毋杀赣民,当速杀我耳!"遂见杀。

王荣忠,岳州人。全普庵撒里出为赣州路达鲁花赤,荐荣忠为总管府判官。

至正十二年,贼由抚州趋赣州,陷宁都据之,全普庵撒里遣荣忠御贼于小庄,连战皆捷。进屯女冠山,三路并进,遂复宁都,未几,贼再至,荣忠又败之,州境以安。全普庵撒里复檄荣忠分防兴国,败贼于方石,斩获三百余人。贼退,建尊经阁以教士,曰:"学不可废也。"

明年,会昌陷,遣荣忠分治雩都,以援之。二月,复会昌,三月,招降石城贼十五寨。贼自循梅来攻雩都,编竹箕,负以攻城,矢石不能入,荣忠冶铜汁以灌之,贼始败退。

十八年,陈友谅攻陷赣州,全普庵撒里死之,荣忠率所部入援,亦战死。

周镗,字以声,浏阳人。笃学,通《春秋》,登泰定四年进士第,授衡阳县丞。再调大冶县尹。有豪民持官府短长,号为难治。镗状若疽儒,而毅然有威不可犯。抑豪强,惠穷民,治行为诸县最。累迁国子助教。会修功臣列传,擢翰林国史编修官。

出为四川行省儒学提举,便道还家。无何盗起,湖南北郡县皆陷。浏阳无城守,盗至,民皆惊窜。镗告其兄弟,使远引,自谓:"我受国恩,脱不幸,必死,毋相累也。"贼至,得镗,欲推以为主。镗瞋目厉声大骂,贼知其不可屈。乃杀之。

同时有谢一鲁,字至道,亦浏阳人,乡贡进士,尝为石林书院山长。贼陷潭州,缚一鲁,一鲁骂贼甚厉,举家咸遇害。

聂炳，字韫夫，江夏人。元统元年进士，授承事郎、同知平昌州事。炳早孤，其母改适，自平昌还，始知之，即迎其母以归。久之，转宝庆路推官。会峒瑶寇边，湖广行省右丞秃赤统兵讨之，屯于武冈，以炳摄分省理问官。悍卒所至掠民为俘，炳言于秃赤，释其无验者数千人。

至正十二年，迁知荆门州。贼陷荆门，炳出募土兵，得众七万，复之，又与四川行省平章政事咬住复江陵，其功居多。既而，贼将俞君正合兵来攻荆门，炳率孤军昼夜血战。援绝，城陷，为贼所执，极口骂不绝。贼以刀抉其齿尽，乃断左臂而支解之。

未几，贼陷潜江县，达鲁花赤明安达尔率土兵御之，擒其伪将刘万户，进营芦洑，贼众奄至，战死，其家歼焉。一子桂山海牙，怀印绶去，得免。明安达尔，唐兀氏，字士元，炳同年进士，由宿州判官，再转为潜江达鲁花赤。

刘畊孙，字存吾，茶陵州人。至顺元年进士，授承事郎、桂阳路临武县尹。临武近蛮獠，畊孙至，召父老告之曰："吾儒士也。今为汝邑尹，尔父老当体吾，教训其子弟孝弟力田，暇则事诗书，毋自弃以干吾政。"乃为建学校，设俎豆，三年文化大兴。邑有茶课，岁不过五锭，后增至五十锭。畊孙言于朝，除其额。历建德、徽州、瑞州三路推官，所至详谳疑狱，政绩卓然。

至正十二年春，蕲、黄贼攻陷湖南，畊孙倾家资，募义兵以援茶陵，贼至，辄却，故茶陵久不失守。十五年，转宁国路推官。岁饥，劝富民发粟赈之，活者万计。会长枪琐南班、程述、谢玺等攻宁国。畊孙日署府事，夜率兵乘城固守。江浙行省遣参知政事吉尼哥儿来援。城恃有援，不为备。琐南班知之，夜四鼓引众缘堞而上，城遂陷。畊孙力战遇害。

弟焘孙，以国学生下第，授常宁州儒学正。湖南陷，常宁长吏弃城走，民奉印请焘孙为城守，城赖以完。后外援俱绝，死之。长子硕，为武昌江夏县鲁湖大使。起义兵援茶陵，亦死之。弟兴孙，官丰州同知，与寇战，仗节死于台城。

俞述祖，字绍芳，庆元象山人。由翰林书写，考满，调广东元帅府都事。入为国史院编修官。已而出为沔阳府推官。至正十二年，蕲、黄贼至，述祖率民兵守绿水洪，并力捍御之。兵力不支，城陷，述祖为贼所执。械至其伪主徐寿辉所，诱之使降，述祖骂不辍。寿辉怒，支解之。有子方五岁，亦死。事闻，赠奉训大夫、礼部郎中。

桂完泽，永嘉人。尝从江西左丞李朵儿至京师，授平江路管军镇抚，为仇家所诉，免官。会贼攻昱岭关，行省遂假前官，令从征。完泽勇于讨贼，凡再战关下，皆胜。寻又与贼斗，为所执，其妻弟金德亦被擒，皆反缚于树，临以白刃降之。金德意未决，完泽呼曰："金舅，男子即死不可听贼。"德曰："此言最是。"因大骂。贼怒，剖二人之腹而死。

丑闾，字时中，蒙古氏。元统元年进士，累官京畿漕运副使。出知安陆府。至正十二年，蕲贼鲁法兴犯安陆，时丑闾募兵得数百人，帅以拒贼，败贼前队，乘胜追之。而贼自他门入，亟还兵，则城中火起，军民溃乱。乃归，服朝服，出坐公堂。贼胁以白刃，丑闾犹喻以逆顺。一贼排丑闾下，使拜，不屈，且怒骂。贼酋不忍害，拘之。明日，又逼其从乱，丑闾疾叱曰："吾守土臣，宁从汝贼乎！"贼怒，以刀斫丑闾左肋断而死。贼愤其不降，复以布囊囊其尸，舁置其家。丑闾妻侯氏出大哭，因置酒肉款贼，绐贼使不防己，至夜，自经死。事闻，赠丑闾河南行省参知政事，侯氏宁夏郡夫人，表其门曰双节。

有冯三者，湖广省公使也。素不知书。湖广贼起，诱三从，三辞曰："贼名恶，我等岂可为！"众初强之，终不从，乃缚三于十字木，舁之以行，而刳其肉。三益骂不止，抵江上，断其喉委去。其妻随三号泣，俯拾刳肉，纳布裙中，伺贼远，收三血骸，脱衣裹之，大哭，投江而死。

孛罗帖木儿，字国宾，高昌人，由宿卫累迁江东廉访副使，以选为襄阳路达鲁花赤。

至正十一年，盗起汝、颍，均州郧县人田端子等亦聚众杀官吏，孛罗帖木儿捕斩之。未几，行省、廉访司同檄孛罗帖木儿，以所部兵会诸军于均、房，讨贼，贼始退。而谷城、光化以急告，即帅兵趋谷城，分遣樊城主簿脱因等趋光化。且遣使求粮于襄阳。不应，遣同知也先不花促之，又不应。军乏食，不能行，及驻于柴店，复遣从子马哈失力往告急。廉访分司王金事、本路总管柴顺礼怒其责望，械之，适纽真来献光化所获首级，且言孛罗帖木儿在谷城，与贼相持，未知存殁，宜济其粮，少缓，恐弗及。于是脱二人械，遣还，命也先不花与万户也先帖木儿率数千人，会孛罗帖木儿以讨贼。

明年正月，襄阳失守，也先不花等闻之奔溃。孛罗帖木儿率义兵二百人，且战且退，至监利县，遇沔阳府达鲁花赤咬住、同知三山、安陆府同知燕只不花、荆襄提举相哥失力之师。时滨江有船千余，乃纠合诸义兵丁壮、水工五千余人，水陆继进。至石首县，闻中兴路亦陷，议趋岳州，就元帅帖桀，而道阻不得前，仍趋襄阳。贼方驻杨湖港，乘其不虞击之，获船二十七艘，生擒贼党刘咬儿。进次潜江县，又斩贼数百级，获三十余船，枭贼将刘万户、许堂主等。是日，兵未食，而贼大至，与战，抵暮，咬住等军各当一面不能救，孛罗帖木儿被重创，麾马哈失力使去，曰："吾以死报国，汝无留此。"马哈失力泣曰："死生从叔父。"既而孛罗帖木儿被执，贼请同为逆，孛罗帖木儿怒骂之，遂遇害。马哈失力帅家奴求其尸，复与贼战，俱殁。举家死者凡二十六人。

彭庭坚，字允诚，温州瑞安人。至正四年进士，授承事郎、同知沂州事。毁牛皇神祠，驱邻县上马贼，免横急征敛，民甚便之。俄以平反狱囚，忤上官意，遂弃去。十年，诏选守令，起为建宁路崇安县

尹。十一年,擢同知建宁路总管府事。江西寇炽,庭坚率民兵克复
建阳,又进兵克浦城。十二年,摄佥都元帅府事,与邵武路总管吴按
摊不花夹攻邵武。庭坚设云梯、火炮,尽夜攻城,寇遁,追斩贼将董
元帅等,邵武平,迁同知福建道宣慰司副都元帅,镇邵武。冬,寇陷
建宁县。十三年,庭坚统建阳、崇安、浦城三县民兵,次泰宁,贼惧请
降,复建宁县,还师邵武。江浙行省檄庭坚节制建宁、邵武二郡诸
军。十四年,贼入政和、松溪,江南行台中丞吴铎督军建宁。庭坚部
将镇抚万户岳焕素悍,纵卒为暴,庭坚绳以法。焕惧,乘其不备,诈
为贼,突攻之,众溃,庭坚独留不去,遂遇害。死年四十三。故吏张
椿等奉柩还崇安,民哀泣如丧父母,立祠岁时祭祷,数有灵应,旁邑
立祠亦如之。赠中奉大夫、福建道宣慰使、都元帅,谥忠愍。

　　王伯颜,一名简,字伯敬,滨州沾化人。由湖广省宣使,历永州
祁阳、湖州乌程县尹,信州推官。至正九年,迁知福宁州。居三岁,
擢福建盐运副使,将行,宪府留伯颜,仍领州事。未几,贼自邵武间
道逼福宁,乃与监州阿撒都剌募土兵五万,分扼险阻。贼至杨梅岭
立栅,伯颜与子相驰破之。贼帅王善拥众直压州西门,胥隶皆奔散。
伯颜麾下惟土兵数百人,贼以长枪舂伯颜马,马仆,遂见执。
　　善说伯颜曰:“闻公有惠政,此州那可无尹,公为我尹可乎?”伯
颜诃善曰:“我天子命官,不幸失守,义当死,肯从汝反乎!”善怒,叱
左右扼之跪,弗屈,遂殴之。伯颜嚼舌出血,噀善面,骂曰:“反贼,杀
即杀,何以殴为? 吾民,天民也,汝不可害。大丞相亲讨叛逆,百万
之师雷击电扫,汝辈小丑将无遗种,顾敢尔邪!”贼亦执阿撒都剌
至,善厉声责其拒斗,嗫不能对。伯颜复唾善曰:“我杀贼,何言拒
邪? 我死,当为神以杀汝!”言讫,挺颈受刃,颈断,涌白液如乳。暴
尸数日,色不变。州人哭声连巷。
　　贼既杀阿撒都剌,欲释相官之,相骂曰:“吾与汝不共戴天,恨
不寸斩汝。我受汝官邪?”贼杀之。相妻潘氏,挈二女,为贼所获,亦
骂贼,母子同死。

伯颜既死,贼时睹其引兵出入。明年,州有僧林德诚者起兵讨贼,乃望空呼曰:"王州尹,宜率阴兵助我斩贼。"时贼正祠神,睹红衣军来,以为伪帅康将军,亟往迎之,无有也。官军四集,贼大败,斩其酋江二蛮。福宁遂平。事闻,赠嘉议大夫、济南路总管、上轻车都尉,追封太原郡侯。

长子桢,往收得父母尸,藁葬乌程。朝命以袭父爵,除绍兴路总管。张士诚陷绍兴,桢不屈死。

又有陈阳盈,字子谦,佚其籍,官泉州税课使,从伯颜率民兵拒贼,被执,亦不屈死。

刘浚,字济川,其先兴州人。曾祖海金,进士第一人,仕至河南府尹,死于国难,子孙遂家河南。浚由廉访司书吏,调连江县宁善乡巡检。

至正十三年,江西贼帅王善寇闽,官军守罗源县拒之。罗源与连江接壤。浚妻真定史氏故相家女也,有才识,谓浚曰:"事急矣,可聚兵以捍一方。"于是尽出食中物,募壮士百余,命仲子健将之,浃旬间,众至数万。贼寻破罗源,分两道攻福州。浚拒之辰山,三战三捷。俄闻福州陷,众多溃去。浚率兵遇贼于中麻,突其阵,斩前锋五人。贼兵大至,鏖战三时顷,浚中箭堕马,健下马掖之,俱被获。浚忿,戟手大骂,贼缚浚阶下,先斫手一指,骂弥厉,再斫一指,亦如之。指且尽,斫两腕,次及两足,浚色不少变,骂声犹不绝,遂割其喉舌而死。

健亦以死拒贼,善舍健,使敛浚尸瘗之。健归,请兵于师府以复父仇,弗听。尽散家资,结死士百人,诈为工、商、流丐,入贼中。夜半,发火大噪,贼惊扰,自相屠戮。健手斩杀其父者张破四,并擒善及贼首陈伯祥来献,磔之。事闻,赠浚福建行省检校官,授健古田县尹。官为浚立祠福州北门外,有司岁时致祭。

朵里不花,字端甫,蒙古人。始为宿卫官,累擢辽阳行省右丞、平章政事。

　　陈友谅陷江西，诏拜江西行省平章政事，与平章政事阿儿浑沙等分道进讨。遂由海道趋广东，驻揭阳，降土寇金元佑，招复循、梅、惠三州，承制官其酋长，俾治赋以给兵食。又募粟四千石，输送京师。自是英、肇、钦、连诸郡皆附，且治兵，由梅岭以图江西。

　　而元佑有异志，托以镇服乡土，遮道固留。先是制书命刘巨海金广东元帅府事，未发，元佑窃取，易其名，私畀徭贼刘文远，诱与偕乱。事觉，文远伏诛，而元佑及其弟元泰子荣窜匿不获。

　　俄荣率外贼突入，夺符信，杀官吏。变起仓卒，众莫能支，朵里不花与参政杨泰元等勒兵拒战。贼益众，朵里不花为枪所中，创甚，其子达兰不花率麾下力与抗，死之。朵里不花遂被执，拥至太平桥，骂不绝口，遂为贼杀。

　　其妻卜颜氏、妾高丽氏在侧不去，皆大骂曰："我平章遇尔父子厚矣，尔父子何暴逆至此。"亦皆遇害。其部将哈乞、吴普颜、阿剌不花、歹不花等，俱战死。

　　陈君用，字子材，延平人，少负气，勇猛过人。红巾入闽，闽帅授君用南平县尹，给钱五万缗，俾募千兵。君用散家财继之，导官军复建阳、浦城等县，以功授同知建宁路事。亡何，贼围福州，君用率兵往援，大败贼众。廉访佥事郭兴祖使权同知副都元帅，遂引兵逾北岭，至连江，阻水而阵。君用曰："今日不尽杀贼，吾不复生还矣！"乃率壮士六十人，徒涉，贼稍溃。既而复合，君用大呼转战，中枪死。事闻。赠怀远大将军、浙东道宣慰司同知副元帅、轻车都尉、颍川郡侯，谥忠毅。

　　卜理牙敦，北庭人，累官至山南廉访使，治中兴。至正十二年，寇犯中兴，卜理牙敦以兵与抗，射贼多死，贼稍退。明日，复拥众来袭东门，卜里牙敦兵溃被执，不屈而死。

　　又明日，贼复来攻，前中兴判官上都统兵出击之。既而东门失守,上都仓黄反斗,力屈,贼执之,使降。上都大骂,贼怒,刳其腹而死。

　　潮海,札剌台氏。由国子生入官为靖安县达鲁花赤。至正十二年,蕲、黄贼起,潮海与县尹黄绍,同集义兵,为御贼计。未几,贼数万,由武宁来寇,绍赴行省求援。潮海独率众与战于象湖,大破之。乃起进士胡斗元、涂渊、舒庆远、甘棠等共城守,而以勇士黄云为前锋。自二月至于八月,战屡捷,擒贼将洪元帅。贼党益盛,云战死,潮海遂被围,寻被贼所执杀于富州。

　　子民安图,袭父职为本县达鲁花赤。十三年,帅众败贼,复县治。十四年,贼复至,民安图战败,贼执而剐之。

　　绍,字仲先,临川人。至正八年,进士,以求援出靖安,遇官军,护绍得入龙兴。而龙兴亦被围。其后围解,绍乃与民安图招谕叛党,过建昌之高坪,遇贼,绍正衣冠,怒骂,为贼所害。

　　斗元,字元浩,靖安人。至正十年,领江西乡荐第一,下第,署鳌溪书院山长,贼至靖安,掠斗元乡里,斗元以乡兵击败之。与潮海共图战守。及被执,贼胁之使降,斗元骂不屈。乃以土埋其腰,不死。又缚置暗室,斗元仆墙以出,遁入深山,愍恚而卒。

　　黄云,抚州人,寓靖安。以勇捷称。每接战,独以身当敌,尝为数十人所围,即奋身跃出。至是,身中数十枪,喷血骂贼死。

　　魏中立,字伯时,济南人。由国子伴读,历官至陕西行台御史中丞,迁守饶州。贼既陷湖广,分攻州郡,官军多疲懦不能拒。所在无赖子,多乘间窃发,不旬日,众辄数万,皆短衣草屦,齿木为杷,削竹为枪,截绯帛为巾襦,弥野皆赤。中立率壮丁,分塞险要,戒守备。俄而贼至,达鲁花赤马来出战,不能发一矢。中立以义兵击却之。已而贼复合,遂为所执,以红衣被其身。中立叱之,须髯尽张。贼执归蕲水,欲屈其从己。中立大骂不已,遂被害。

　　未几,贼又犯信州,信州总管于大本以土兵备御,贼入,执大本至蕲水。徐寿辉释其缚，畀伪印一纽，且命以官。大本投印于地，痛詈之。遇害。大本字德中，密州人，由儒学教谕入官。

章善，字立贤，吉安龙泉人。性耿介，尚气节。摄龙泉令完者帖木儿尝授学于善。至正十二年，盗贼蜂起，善说完者帖木儿籍民兵，修城，为固守计。明年，贼攻围日蹙，城中粮尽，至取草根木皮食之，犹坚守不下。一日，山水暴至，完者帖木儿挈妻子乘小舸夜遁。比旦，城陷，善父士璧年八十余，自投北江，其妻李氏与子妇相挽赴井死，善亦投江而死。

新元史卷二三二
列传第一二九

忠义三

王翕 朵儿直班 高文鼎 解子元 罗启南

姜天祐 钱鹤皋 梁曾甫 孔昞 邓可贤

张恒 张友明 周仁 陈元善

雷灿 叶景仁 隽 李铉 马哈麻

罗良 陈端孙 张进九 赵观光

潘伯修 周诚德 刘公宽 王铨

刘良 刘溶 杨椿 李棠卿

邹世闻 刘受二 陈谦 训 李清七

清八 林梦正 夏璿 普元理

汤自愿 汪伯正 江日新 陈择

许晋 刘元谟 杨居仁 脱脱 张升

舒泰 张远 陈无咎 黄复圭 黄翊

杨本岩 彭继凯 萧同善 陈新

冯文举 郭景杞 尚景仁 束良曾

刘以忠 神保 邢飞翰 张仲仁

张名德　齐郁　邓祖胜　张士谦
吴讷 陶起祖　驴儿达德　柏帖木儿
迭里弥实 获步独丁等

　　王翕，宣城管军百户也。至正中，长枪军琐南班叛，攻郡城将陷，翕呼弟曰："我世受国恩，遇难当死，顾老母在，汝等宜出避。"语讫，即杀妻子，焚其居自刎。

　　时中兴元帅朵儿直班亦死之。

　　高文鼎，吉水人，为广东元帅。至正中，三山寇攻广州，文鼎以义激将士，力拒几一年，援兵不至，城陷，自刎，举家无一存者。

　　同邑进士解子元，起兵保乡里，与义士罗启南、姜天佑皆战死。

　　又钱鹤皋，上海人，至正中，盗发松江，鹤皋揭竿起义兵，以复本郡，不克而死。

　　梁曾甫，南海泮浦人。至正间，授番禺沙湾巡检。及盗起，曾甫据形势立垒寨，流通四归，尽散家财以饷士，不足，则质其田继之，乡人赖以安堵。贼遣使说之降，曾甫斩以徇众。贼怒，悉锐来攻，曾甫遂遇害。

　　有乌石寨巡检孔晒者，宣圣五十六代孙也。同起兵拒贼，亦被杀。

　　邓可贤，乳源人。慷慨好学。郴寇攻乳源，可贤率民立寨自保，以忠孝大义相勉，且曰："寨不能守，当急趋韶州，韶吾父母邦也。"乃遣子一源，间道上方略于同知买住，率兵破贼。由是贼深恨之，复合兵攻寨。守两月，粮尽，可贤子弟七人皆被杀。及寨破，守民四百人，无一降者，郡人建祠祀之。

　　张恒,电白人,官雷州千户。高凉瑶贼寇雷州,势猖獗,诸将皆恇怯。恒曰:"恒实专戎卫,敢偷生误国乎!"遂披甲跃马,出与贼战,奋臂杀数十人,竟以无援死。

　　张友明,吴川人。至正九年,海寇犯合浦,攻珠崖。宣慰使檄化州通判游宏道进兵会勦,宏道知友明为义士,命率师追贼于澄迈之石矍港,时贼粮尽,死战。友明为先锋,战方酣。俄而海南番兵先遁,寇乘胜四合,友明与宏道力战,殁于阵。

　　有琼山县巡检周仁者,亦战殁。

　　陈元善,龙溪人,世以儒名家。海壖逃兵作乱,贼帅以元善素行孚乡里,欲先胁之为民望。元善曰:"吾所畏者义,不畏者死。汝贼岂能久生耶!"与其妻郭氏及三子皆遇害。

　　又雷灿,进贤乡贡士,闽中乱,灿起兵讨贼,亦死之。

　　叶景仁,字天德,松溪人。至正十三年,为浦城县尹。闽中盗起,奉檄讨政和西里寨,克之。遂深入,以援不继,为贼执,断其右膊死。

　　子隽,闻父死,倾家资募壮士,从间道入贼境,杀贼帅,载父尸而还。事闻,授以官,不就。

　　同时有李铉,字伯鼎,卫县人,官郢、复二州副万户,分兵守延平。与寇战于政和泗州桥,弗克,死之。

　　又马哈麻,回鹘人,为政和尉,亦率乡兵拒战,被执,瞋目骂贼,贼怒,剖其腹,肠出,委地而死。

　　罗良,长汀人。散资募兵,捕杀漳州山寇,解福州围,功为闽将第一。又数从海道漕粟京师,赐爵晋国公,时陈有定主闽事,良贻之书曰:"足下向为参政,国之大臣,克复汀州,固其本职。燕只平章,僚长也,足下迫之;郡邑之长,朝命也,足下窜之;百司,朝廷之役也,足下臣妾之。足下所收复郡邑,得其仓库,入为家资,口言为国,心实为身耳,跬步之间,真伪甚明,不审足下将为郭子仪,抑为曹孟德耶?"有定大怒,发兵攻漳州,良迎战马岐山,败绩。进围之。良坚守旬月,城陷,死之。

又陈端孙,字伯都,福清人,武举第一。时陈有定勒兵侵州境,率众拒之,中流矢坠马,有定胁之使从,端孙曰:"我家三世事元,今从汝反邪?"有定怒,杀之,其妻孙氏,抱幼女投井死。

张进九,青田人,世业农,敦朴有至行。至正十五年,八都贼起,进九被缚,使前诱众降。进九怒呼曰:"诸君速来杀此贼。"贼加刀于颈,令如己言,卒不改,竟被杀。

赵观光,鄞人。以文学得推择为吏,署奉化州判官。寻迁昌国州。方国珍作乱,昌国孤悬海中,势甚危。守将问计,对曰:"州兵寡弱,且不谙水战。惟兰、秀二山居民悍勇善斗,素习海事,若募以厚资,示以重赏,用之擒贼无难也。"守将然其言,即以事委之。引兵出海,俄而贼船猝至,众皆畏缩莫敢前,独观光部兵与之战。至晚,短兵相接,矢石交下,官军与贼不可辨,遂死之。

潘伯修,字省中,黄岩人,尝三举于乡至春官,辄不第,遂稳居教授,以著书自娱。为诗文皆寓微意,曰:"文章不关世教,虽工无益也。"方国珍寇海上,江浙参政朵儿只班总兵至,将尽屠边海之民。伯修挺身率父老诣军前,力争曰:"倡乱者,国珍尔!吾民无罪也"乃得免。国珍闻之怒,遣人沉之于海。

周诚德,温州平阳人。父应燧,以浙东帅府同知致仕。至正十四年,盗起,蔓延温州境。浙东元帅檄诚德为平阳州同知,遂募义勇勒捕贼党李师、吴第五等,境内以安。第功迁枢密判官。时方国珍从子明善据温州,屡侵平阳,诚德率兵败之于香山,又败之于徐洋,累官浙东道副都元帅。明善深畏之,乃赂遗麾下,使狙伺于内,以计诱执之。诚德大骂,不屈,明善叱左右剐其皮。诚德曰:"虽𩐈粉犹胜从尔活,况剐皮乎!"既死,犹屹立不仆。

有义士刘公宽,团结乡兵,代诚德复仇,明善从间道脱走。

王铨,字伯衡,安仁人。登进士,历温州守。及州陷铨公服坐堂上。寇至,问曰:"何为不去?"铨曰:"方州大臣与城存亡,去将何适!吾负国托付,死有余辜。但不可延累吾民。吾当为厉鬼以报汝。"寇欲降之,乃以言激贼怒,引颈受刃死。其女闻之,亦抱子赴水以殉。

刘良,常州万户府知事也。张士诚围常州,援兵不至,遣其子毅赍蜡书,间道抵江浙求救。未及还,而城陷,良不屈,阖门赴水死者十余人。

时武进县尹刘溶,率民兵战于葛桥南,亦阵殁。

杨椿,字子寿,平江人。素有学行。张士诚攻平江,有司籍民守陴,署椿李司马宾客,佐其军。时所募皆少年良家子,椿入募之明日,寇兵即附城,椿戎衣率所部昼夜独守一隅。既而守臣遁去,寇夺门入,椿犹持弓矢督战。遂死城下。

妻王氏披发徒跣,求于乱尸中,不得见,循河而哭,忽其尸浮于水上,因载以归,抚枢大恸三日而气绝。

李棠卿,乐平人,为无锡州仓使。时张士诚寇无锡,棠卿抱印避草泽间。士诚以仓印故,购之急,棠卿度不能脱,遣人怀印间道纳之行省。寻被执,诱以仕,不降。囚系数日,死狱中。

邹世闻,字闻达,登州黄县人,世袭管军百户,戍海宁,地濒海,灶民多鬻私盐,而禁甚重,有犯者,例与管民官共谳,管民官欲按法科灶民罪,世闻曰:"民贫故耳。"卒不问。民皆称为邹父。会张士诚陷浙西，见有从逆者，世闻每为切齿。后屏居峡石，不食死。

同时，刘受二，彭泽人，以贡授池州府推官。张士诚倡乱，受二领兵战于城西渡口，败绩。婴城固守，城陷，不屈死之。

陈谦，字子平，平江人。潜心皇极之学，尤精于《易》。尝一应乡贡，既入院门，卒有解士人衣，索挟书者，叹曰：“是岂致身之道耶！”遂趋出，不就试。兄训，为江浙行省照磨，谒告还吴。适苗寇薄城急，俄闻城陷，训即与谦诀曰：“吾虽位卑，尝为王臣，义不可辱。弟处士耳，宜走避。”语讫，即拔刀自刺，家人抱止之。乱兵入胁使拜，不屈，遂刃其胸，谦翼蔽之，乞以身代。众掖之门外，复求入见，其兄已殪，伏尸号恸，并见杀。悉投于河，门弟子得其尸桥下，兄弟犹相倚立水中，若抱持然。求其所著书，皆散失，独得《周易解诂》二卷，古体诗二十四篇。

李清七，蕲水人。与弟清八，俱英迈刚果，谨守礼义。徐寿辉据蕲水为都，乡人有材识者，皆安授官爵。清七兄弟以为耻。寿辉及门辟之，匿不出。及索致之，兄弟历陈大义，辞色俱厉，并见杀。至今耆老指其地曰：“此李清七兄弟死所也。

林梦正，字古泉，台州太平人，以遗逸举为溧阳儒学教授。蕲、黄贼寇溧阳，获其魁张姓者，乃世职千户也。梦正叱之曰：“尔父祖世受国恩，而尔忍为逆邪！”既而寇势转盛，竟夺张去，令曰：“有生得林教授者，受上赏。”梦正匿他处，搜得之，张曰：“前日骂我者，非子邪？”曰：“然。”张曰：“降则俾尔为元帅。”梦正曰：“尔伪也，我何为降！”强之再三，终不可。缚于树，不解衣冠杀之。

夏璹，字希政，湘阴人。博学笃行，以气节自负。领乡荐，历湖广行省都事。布衣茹素以为常。至正十二年，蕲、黄兵变，屡为乱党所胁，愤懑自经。遗书勉妻子以忠节，语不及私。

普元理，其先高昌人，后徙公安。至正壬辰进士，历金江南湖北廉访司事。时所治郡邑皆陷，遂诣长沙，假分司印，征兵属郡。未几，授行省参政，兵溃，一门尽节死。

汤自愿，字伯恭，余干人。徐寿辉遣将项普略陷饶州，所至杀掠。自愿起兵御之。未几，州陷，自愿走港西，结连临川诸义士为保障。其子弟皆有膂力，每战必克，声大振，时号汤军。集兵复州治，三日，战败，自愿遭擒，送饶州。普略欲其降。不屈死。

汪伯正，字以德，乐平人。少通《春秋》大义，尚名节，授婺源州判官。伪将项普略陷饶、信，伯正引兵自五岭，与平章三旦八兵合剿之。兵败，三旦八仅以身免。贼乘胜长驱入州，伯正力战死。

初，潘阳胡振祖独树义旗，纠乡民自保江口，三旦八授为浮梁州同知。率兵转战，遇歙寇汪童，众数万。乃营大游山，拒之，累战不利，马蹶，被擒死。

江日新，歙州人。蕲、黄贼陷郡，日新与其弟倡义举兵，选武勇者将之。相持旬日，寇益众。兄弟迭出战，力竭皆死。

同郡程择，时为武昌路学正，蕲、黄寇至，以府檄起义兵，固守。城陷，死之。

许晋，字德绍，江阴州大姓也。有武略，仲子如璋，亦英勇。蕲贼陷江阴。晋与如璋谋潜募乡人，资以饮食，俾护里闬。贼四出抄掠，则诱使深入，殪而埋之。寻闻官军驻近郊，阴遣人约为内应。会浙东宣慰元帅以兵至，晋率所募应之，与贼战城北。贼怠，兵犄其后，如璋与家僮往救，手刃数人，陷阵入，偕父战死。乡人得其尸敛葬之，表所居曰忠孝里。

刘元谟，佚其籍贯，弋阳知州。蕲寇至，力拒之，凡十九日。众皆欲降，元谟大言曰：“吾虽死，当杀此贼。”城陷，骂贼而死。

同时，玉山监县寿安、贵溪尉张良材亦死于难。

又杨居仁，开化县尹，饶兵陷县治，谓其下曰：“我守土臣，城亡与亡，义不可去。若辈宜自为计。”众皆散，居仁独衣冠坐堂上。贼至执之。大骂被杀。

又脱脱，同知萍乡州事，蕲、黄寇起，脱脱以势必蔓延，纠集义兵勤加训练，为守御之计。及贼压境，悉力拒战。贼环攻益急，城陷，死之。

张升，建阳人，少颖悟，年十二，除正字，积官江西儒学提举。陈友谅据江西，追取诸司印，升独不从，投其印于井，不食死。

有邓椿者，吉水人，临江府吏也。城陷，亦投江死。

舒泰，奉新人。至元初进士，任分宜县丞。辨冤狱，却虎患，异政累累可纪。寇起，渠帅知其为民望，欲要致之不得。后举义兵破贼，为邻境剧寇所乘，泰被执，瞋目怒骂，遂遇害。

又张远，永丰人，世以赀自雄。盗起沔阳，所过剽掠。远保护乡里，以大义激励郡人，合兵御寇。谋泄，盗袭杀之。

时清江刘天佑，亦起义兵谋讨贼，及被贼执，骂贼而死。

又陈无咎，亦永丰人，素有文名，叛将慕其才，强之从己，使参军事。无咎不肯，固请之，乃曰：“相从可，乞与我纸笔。”乃大书一诗与寇，极诋之，寇怒，拔其舌，刳其腹，含糊骂不绝口而死。

黄复圭，字均端，安仁人。少博学，以诗鸣于时。后陷于贼，为诗写志，贼怒，将刃其腹。圭曰：“腹可剖，赤心不可剖。”贼引锥欲刺其心，圭曰：“心可灭，吾心之正气不可灭也。”贼寸磔之。

黄翊，字孟翔，新建人。辟掾庐陵郡。安城土豪横杀人，有司莫敢逮，翊请行。豪树栅自固，翊命拔去，恶少年数十辈哗而出，翊叱曰：“汝主自杀人，何与尔事，顾甘同灭族耶！”挺身呼而入，豪知势蹙，出求解，且诱以重赂。翊诺之，与俱来，置诸法。伪汉陷江西，将及郡，知府以下皆散走，翊独止孔子庙堂。盗获之，知为府掾，强之使奉行文书，翊曰：“我即死，其能官于贼耶！”盗怒，反接于树，历一日，意必自悔，抽刀砺其颈。翊大骂，甚于初，贼乃杀之。

杨本岩，庐陵人，有文武材。初为白鹿书院山长，迁庐陵主簿。往捕东固盗，所向披靡。本岩欲穷其巢穴，乘势深入，死之。

子节，闻父陷，奋勇突前，贼围之数重，不得脱，亦死。

彭继凯，分宜人，欧普祥陷袁州，继凯募义旅迎战，大败之，适安福义士袁明东引兵来会，并力克复袁城。乃下令禁杀掠，修城池，缮甲兵，吊死恤孤，民赖稍安。遣人诣赣迎旧守宝童归，宝童嫉其功，令刺客杀之。城中惊扰，义士溃散。

萧同善，万安人，以安庆路经历摄县事，龙泉彭时中寇县治，同善集义士守御，城赖以存。后复来攻，同善督众力战，被执，贼胁其跪，同善曰：“我命官也，何为跪！”贼裂其喉而死。

有彭敬叔，初为河北佥事，致仕归道，遇乱兵执之，使拜，亦不屈死。

又陈新，泰和人，初任新淦州判官。既归省，监州达正道闻其贤，使分守州之东境。时援少，食尽，坚守不去。未几，被执，解佩刀自刎。

时新淦守臣会心，亦赴水死。

冯文举，成都什邡人。初举乡试，授汉川州学正。会达鲁花赤燕寮佐，以一手称觞，文举耻之，谢病去。次年成进士，授云南儒学正提举。明玉珍攻云南，文举谓妻马氏曰：“我元进士，蒙恩厚，今天运至此,有死无二。汝光州马中丞孙女也,其从之乎?"马氏曰:"夫既义亡,妾生何益!"乃焚香北叩,相对缢于学宫。

时副提举夔理翰闻之,怃然曰:"吾其可独生乎!"亦整衣冠自经。

同时,新都人郭景杞,进士,官益源州同知,贼至,力战而死。

尚景仁,施州人。父绍荣,召集乡民守御本州。大将刘应宝奏署元帅府事。明玉珍据重庆,屡遣人招绍荣,许以官爵,不应。及遣将来攻城,绍荣败之。时副元帅覃川隆密受伪命,以城降。绍荣遁入蛮中。景仁与弟庭芳收余众,从大兵征讨有功。庭芳授夔州路总管,从攻新建,战死。景仁并领其众,守铁案城,伪丞相戴寿来攻,城陷,不屈死。

束良曾,佚其籍贯,官巩昌路总管,驻商州。闻李喜喜入蜀,慨然曰:"吾职守在此,岂可临难苟免!"遂率所部拒之。先登,陷阵而殁。

及寇焚辽阳懿州,总管吕震亦死之。

刘以忠,字恕夫,汤阴人。刘福通侵河北,以忠避地林县鹿岭山,群盗袭得之,欲推为主,拥坐盘石上,众卒罗拜于前。以忠曰:"我书生也,不能为国讨贼,反附之乎!"遂以头触石,血流满面,贼度其志终不改,刺杀之。

有扶沟进士潘炎者,贼素重其名,将辟为学士,炎叱曰:"我岂从贼者!"当贼触柱而死。

神保,北庭人,为林州达鲁花赤。刘福通兵陷林州,神保与民避守蚁尖寨。事急,怀其所授白麻投崖死。

时林州团练万户高傅,磁州人也,赴调至中途,遇盗,亦战死。

邢飞翰，霍州人。性刚介，以荐为内台御史。伯颜专政，飞翰面斥其非。参议佛家驴奸邪，复廷劾之。以不容于宰相，出为两淮盐运同知，致仕。至正末，兵乱，被执，不屈而死。

张仲仁，濠州人。读书尚气节。流寓泗州，以贾鲁召，使谕安丰，死之。子顺礼，继往谕安丰，亦死焉。世称父子完节。

同时，姜硕，乐安人，官礼部员外郎。奉诏招安陈友谅，不从。硕大骂，遇害。

张名德，淄川人，为般阳路总管。时州县丧乱过半，名德日训练其下，无少息。尝曰："此地稍安，以河为之障，贼兵卒不能来。今朝廷奏兵事者，多留中不省。万一贼众北渡，防御稍疏，吾辈死无地矣！尔等岁縻廪粟，当各存忠义，要使头颈吃一刀以报国。"未几，刘福通果遣将毛贵引兵攻山东，连破胶莱、益都，名德力战死。

时胶莱守臣释家讷、金书枢密院脱欢，陵川县尹张辅、台掾张祖信，皆死于毛贵之乱。

齐郁，博兴人。官山东佥事，分守益都。明兵至，诸路望风迎附，郁与宣慰副使于德文、总管胡浚、知行枢密院张俊，协力防守，食尽，众溃，并相约具公服自缢。俊妻子亦自投井中。

邓祖胜，佚其籍贯，以右丞守永州。明兵围其城，屡战屡屈，城中食尽，或劝暂投他郡以图后效，祖胜慨然曰："吾受封疆之寄，才力谫薄，不能御难以至此。有何面目复视息人间，分当效死报国。诸君可速为计。"遂抽刀自杀。

都事赵元隆者，兴安奇士也。素尚气节。尝读书至"士为知己者死"，拊几叹曰："烈士当如此矣！"闻永州破，祖胜自杀，乃私语同官曰："昔与邓侯同事，良荷知遇，所以不即死者，期效尺寸以报。今邓侯死矣。尚可独生乎！"即引剑自决。

　　张士谦，乐安人。由南台御史出知婺源州事。明兵至，拒守五十余日，城陷，被执。先戮其妻，仍加刃于颈，胁之。士谦曰："吾为国忠臣，岂爱身邪！"至死詈骂不绝。

　　时婺州守臣僧住、廉访使杨惠、宣城百户张文贵，亦皆自杀。

　　吴讷，字克敏，休宁人。少学兵法，习骑射。盗起徽州，待制郑玉荐其才，授建德路判官。明兵至，随元帅阿鲁辉退屯浙西，札溪源。巡逻至界首白际岭，战败，引刀自刎，年仅二十七。有《吴万户诗集》五卷。

　　同时铜陵人陶起祖，官同知，为贼所执，仗义而死。

　　驴儿达德，蒙古人。为云南行省右丞。镇帅达里麻兵败，梁王闻之，即同其母嘉僖可敦忽的斤等百余人乘舟趋昆明池，谓驴儿达德曰："我宗室子，无降理。"命取药仰之死，妻子皆从之。驴儿达德既进毒于王，号恸自杀。一时从死者几二百人。

　　柏帖木儿，字君寿，蒙古人。居官所至，以廉能著。至正中，累迁为福建行省左右司郎中。行省治福州。

　　二十七年，明以骑兵出杉关，取邵武，以舟师由海道赴闽，奄至城下。柏帖木儿知城不可守，引妻姜坐楼上，慷慨谓曰："丈夫死国，妇人死夫，义也。今城且陷，吾必死于是。若等能吾从乎？"皆泣曰："有死而已，无他志也。"缢而死者六人。

　　有十岁女，度其不能自死，则绐之曰："汝稽颡拜佛，庶保我无恙也。"甫拜，即挈米囊压之死。乳媪抱其幼子旁立以泣，柏帖木儿熟视之，叹曰："父死国，母死夫，妾与女从父者也，皆当死。汝三岁儿，于义何所从乎？为宗祀计可也！"乃命媪抱匿旁近民舍，而敛金珠畀之曰："即有缓急，可以此赎儿命。"有顷，兵入城，即自焚死。

迭里弥实，字子初，回回人，性刚介，事母至孝。年四十犹不仕，或问之曰："吾不忍舍吾母以去也。"以宿卫年劳，授行宣政院崇教，三迁为漳州路达鲁花赤。居三年，民甚安之。时陈有定据全闽，八郡之政，皆用其私人以总制之，朝廷命官不得有所与。明兵既取福州，兴化、泉州皆纳款，或以告迭里弥实，仰天叹曰："吾不材，位三品，国恩厚矣。其何以报乎？报国恩者，有死而已！"亡何，吏走白招谕使者至，请出城迓之。迭里弥实从容语之曰："尔第往，吾行出矣。"乃诣听事，具公服，北面再拜毕，引斧斫其印文，又大书手版曰："大元臣子。"即入位端坐，拔所佩刀，割喉中以死。既死，犹手执刀按膝坐，俨然如生时。郡民相聚哭于庭中。敛其尸，葬东门外。

时又有获独步丁者，回回人，进士，累官金广东廉访司事。有吕复者，为江西行省左右司都事。皆闲居，寓福州。复，以行省命，摄长乐县尹。福州既下，获独步丁曰："吾兄弟三人，皆忝进士，受国恩。今四十年，虽无官守，然大节所在，其可辱乎！"以石自系其腰，投井死。复亦曰："吾世食君禄，今虽摄官，若不以死报国，则无以见先人于地下。"引绳自经死。

获独步丁兄曰穆鲁丁者，官建康，曰海鲁丁者，官信州，亦皆死国难。

新元史卷二三三
列传第一三〇

忠义四

伯颜　朱春　谷廷珪　买住　张凤仪

仪子万里　熊义山　罗邦佐　曹彦可

陈道夫　梅实　吕复　堵简　囊果歹　完者都

赵资　周冕　刘公礼　罗辉　王成

游宏道　木薛飞　罗武德　王英

普颜不花　申荣　闵本　拜住

赵宏毅　恭　张正蒙　徐猱头　董啴

邓烈　朴赛因不花　张庸　段祯　郭庸

丁好礼　朱公选　孙德谦　叶兰

张昶　伯颜子中　王翰　蔡子英

狄琮　夏侯尚元

伯颜，一名师圣，字宗道，哈剌鲁氏。世居开州濮阳县。伯颜生三岁，常以指画地，或三或六，若为卦者。六岁，授《孝经》、《论语》即成诵。稍长，受业宋进士建安黄坦。坦曰："此子颖悟过人，非诸生可比。"因命以颜为氏，且名而字之。久之，坦辞曰："余不能为尔师。

群经有朱子说具在,归而求之可也。"至正四年,以隐士征至京师,授翰林待制,预修《金史》,既毕,辞归。已而复起为江西廉访佥事,数月,以病免。及还,四方来学者至千余人。十八年,河南贼蔓延河北,伯颜言于省臣,将结乡民为什伍以自保。俄贼兵大至,伯颜乃渡漳水北行,乡人从之者数十万。至磁州,与贼遇,贼知伯颜名士,生劫之,以见贼将。诱以富贵,伯颜骂不屈,引领受刃,与妻子俱死之,年六十四。人或破其腹,见其心数孔,曰:"古称圣人心有七窍,此非贤士乎!"乃覆墙而掩之。有司上其事,赠奉议大夫、佥太常礼仪院事,谥文节。太常谥议曰:"以城守论之,伯颜无城守之责而死,可与江州守李黼一律。以风纪论之,伯颜无在官之责而死,可与西台御史张桓并驾。以平生有用之学,成临义不夺之节,乃古之所谓君子人者。"时以为确论。

朱春,佚其籍贯。三原尹。明兵克奉元,春谓其妻曰:"吾当以死报国。"妻曰:"君尽忠,吾岂不能尽节。"俱投崖死。

同时,谷廷珪,襄阳尹。铁木哥兵入境,官吏皆遁,廷珪与主簿张德独不走,被执,不降,死之。

买住,韶州路同知,以廉介闻。至正间,郴贼陷乐昌,买住率义兵败贼,复乐昌、乳源诸县。寝疾,殁于军中,郡人义而祀之。

经历张凤仪率义兵追贼,兵溃,被执,不屈死。子万里,获贼酋,劈其肝食之。寻补父官。及赣贼围城,出战,被数创,骂贼而死。

熊义山,安乡人,累官至万户。倪文俊兵至,执县尹张继和,义山保黄山寨,一县归之。又二年,文俊袭陷之,逼使降,义山骂不绝口。文俊剖其腹杀之。

又,罗邦佐,石城人。平海寇,授廉州总管。子震,敦化州总管;次子奇,曹州路同知;子奇子元,廉州路同知;一门父子兄弟皆死节。

曹彦可，亳州人。妖贼起，群至彦可门，逼之写旗。彦可骂曰："我儒者，知有君父，宁死耳！肯从汝辈耶？"遇害，赐谥节愍。

同时，陈道夫，怀宁人，余阙辟为怀宁尹。屡抗贼，城陷，死之。

梅实，宣城人，集庆路总管府照磨。至正中，明兵围城，乃会友人李端曰："事急矣，当以死殉国。"城陷，合门遇害。

又，吕复，福清人，摄长乐县尹。明兵入福州，复曰："学古世食君禄，不以死报国，无以见先人于地下。"自缢死。

又，堵简，字无傲，金坛人，善诗歌。元末为江浙行省检校官，平章庆童辟为参议，兵败，为贼所执，不屈死。

襄果歹，四川行省平章政事。明玉珍据重庆，襄果歹与右丞完者都、参知政事赵资，各以兵次嘉定之大佛寺，规复重庆。玉珍使其弟明二攻之，相持半年，玉珍遣明二倍道趋成都，陷之，获襄果歹、赵资妻子，送于玉珍。襄果歹之妻谓舟人曰："吾家三世受羊皮宣命，吾为平章夫人，今遭辱如此，何面目见祖宗于地下！"遂自沉于江。赵资妻至，玉珍待以礼。资方守凌云山，因讽妻招资降。将战，玉珍驱资妻阵前，携子呼资曰："妾与锁儿受擒，明元帅待妾母子以礼，君宜早归，以全妾母子之命。"子亦呼父救，号泣，两军莫不堕泪。资控马弯弓，厉声曰："痴妇，汝不死何待？汝不见平章夫人耶！"一矢殪之。复欲射其子，兵拥去获免。玉珍挥兵进战，官军大败，完者都、襄果歹、赵资皆被执，玉珍劝之降。襄果歹曰："我元之懿亲，固无降理。一死之外，尚何言也！"资曰："吾为参政，不能平贼，罪不容于死，敢助贼乎！惟速死为幸。"完者都惟俯首长吁而已。后皆为玉珍所杀，蜀人谓之三忠。

周冕，字时中，庐陵龙湖人。少读书，自负奇伟。由文学起家，至连山县尹。以廉介称。贺州峒贼周满反，官兵讨之不克，曰："周县尹来，即降。"冕往，贼罗拜迎降。历官亚中大夫、广东宣慰使。至正中,监郡纳速儿丁起冕及前松江府同知刘公福,领兵至龙湖。贼大至,阳使人纳款。冕开怀受之,遂遇害,公福亦死之。纳速儿丁立祠祀之。

又庐陵人罗辉,字明远,以字行。性倜傥好义。闻红巾贼至,即散家财,招死士为战守计。贼攻吉安,明远率敢死士三百余人,与贼战于城东。贼败走,郡城立复。明远阵殁。

王成,雷州人,素骁勇,号帽儿王。瑶贼时或侵境,成常戴一皮帽,先登陷阵,瑶贼辄奔溃。他人或戴其帽临阵,贼亦骇走。瑶贼侵雷州,元帅张不儿罕字温率所部御之。贼间道径至城下,官军还救,成先驱,连斩数贼,大破之。恃胜,不设备,余贼发毒矢,中成而卒。军民附祀成于黑神祠。

游宏道,江西人。通判化州,为政廉而不苛。九年,海贼犯合浦,宏道出资购赏,率义兵吴川张友明等七百余人,会诸郡兵,御贼于澄迈之石获港。友明等战甚力。俄而瑶兵凫水走,贼乘胜围之。宏道与主簿木薛飞、同知罗武德及张友明,俱战死。

王英,字邦杰,益都人。性刚果,有大节。膂力绝人,善骑射。袭父职为莒州翼千户。父子皆用双刀,人号曰刀王。

至元二十九年,江西行枢密院檄讨南雄贼丘太老。贼突至,英力战,大破之,斩其渠帅刘把东。

元贞元年,从左丞董士选讨大山贼刘贵,擒之。

延祐二年,宁郡贼起,行省檄英率各万户军讨之。英屡战皆胜,斩获甚多。行省平章李世安遣英迓江浙平章张闾于境上。至木麻坑,擒贼蔡五九。又追贼至上虎嶂,遇贼三千余人,尽歼之。

至治元年,以大臣荐,授忠武校尉、益都淄莱万户府副万户。天历元年,授宣武将军。至顺二年,行省檄英招捕桂阳州贼张思进等二千余人。英布以威信,皆相率请降。

元统元年，授怀远大将军、同知海北海南道宣慰使司事。至元三年，万安军贼吴汝期等作乱，英至，贼皆就擒。未几，李志甫起漳州，刘虎仔起潮州，诏江西行省右丞燕帖木儿讨之。时英已致仕，平章政事伯撒里谓僚佐曰："非刀王行，不能平此贼。其人虽老，可以义激。"乃使迎致之。及贼平，英功居多。

至正中，毛贵陷益都，英年九十有六，乃谓其子弘曰："吾老不能报天子，忍食异姓之粟以求生乎！"水浆不入口者数日，遂卒。毛贵闻之，使具棺衾以葬。将敛，举其尸不动。焚香祝曰："公子弘请公归葬先茔。"祝毕，尸遂起，观者莫不惊异。山东宣慰使及宪司请恤典于朝，有曰："不食寇粟，饿死芹泉，有夷、齐之风。"芹泉谷，英所居也。

普颜不花，字希古，蒙古氏，倜傥有大志。至正五年，由国子生登右榜进士第一人，授翰林修撰，调河南行省员外郎。十一年，迁江西行省左右司郎中。蕲、黄贼徐寿辉来寇，普颜不花战守之功为多。十六年，除江西廉访副使。顷之，召还，授益都路达鲁花赤。迁山东廉访使，再转为中书参知政事。

十八年，诏与治书侍御史李国凤同经略江南，至建宁。江西陈友谅遣邓克明来寇，平章政事阿鲁温沙等皆夜遁。国凤时分镇延平，城陷，遁去。普颜不花曰："我承制来此，去将何之？誓与此城同存亡耳！"命筑各门瓮城，前后拒战六十四日，城卒完。明年，召还，授山东宣慰使，再转知枢密院事、行省平章，守益都。明兵压境，普颜不花力战，城陷，平章保保出降。普颜不花还告其母曰："儿忠孝不能两全矣！有二弟养母。"拜母，趋官舍，坐堂上。主将素闻其贤，召之再三，不往。既而缚之，普颜不花曰："我元朝进士，官至极品，臣各为其主！"不屈死之。

先是，其妻阿鲁真，历呼家人告之曰："我夫受国恩，我亦封齐国夫人，今事至此，唯有死耳。"家人莫不叹息泣下。已而普颜不花二弟之妻，名抱幼子及婢妾投井死。比阿鲁真欲下井，已不能容，遂抱子投舍北井,其女及妾女、孙女皆从死。

时有申荣者,山东行省平章守东昌,荣见列郡皆降,告其父曰:"人生世间,不能全忠孝者,儿也。"父曰:"何为?"荣曰:"城中兵少不敌,战则万人之命由儿而殒,但有一死报国耳。"遂自经。

闵本,字宗先,河内人。性刚正,早岁得推择为礼部令史,御史大夫不花奇本之才,辟为掾,平反冤狱有声,擢御史台照磨。累迁枢密院都事,拜监察御史,五转为吏部尚书,移刑、户二部。本素贫,且有目疾,尝上章乞谢事,不允,诏授集贤侍讲学士。明兵薄京师,本谓其妻程氏曰:"国事至此,吾知之久矣。愧不能立功补报,敢爱六尺躯苟活哉!"程氏曰:"君能死忠,我尚有爱于君乎!"本乃朝服,与程氏北向再拜,大书于屋壁曰:"元中奉大夫、集贤侍讲学士闵本死。"遂各缢。二女:长真真,次女女;见本死,亦皆自缢。

拜住,康里人,字闻善,累官至翰林国史院都事、太子司经。兵至,拜住谓家人曰:"吾始祖海蓝伯封河东公者,与太祖同事王可汗。太祖取王可汗,收诸部落,吾祖引数十骑驰西北而去。太祖使人追问之,曰:'昔者,与皇帝同事王可汗。王可汗今已灭,欲为之报仇,则帝乃天命,欲改事帝,则吾心有所不忍,故避之于远地,以没余生耳。'此吾祖之言也。且吾祖生朔漠,其言尚如此,今吾生长中原,读书国学,可不知大义乎?况吾上世受国厚恩,至吾又食禄。与其苟生,不如死。"遂赴井死。其家人瘗之舍东,焚其书以为殉。

赵宏毅,字仁卿,真定晋州人。少好学,家贫无书,佣于巨室,昼则服役,夜则借书读之。后受经于临川吴澄。始辟翰林书写,再转为国史院编修官,调大乐署令。明兵入京城,宏毅叹息曰:"忠臣不二君,烈女不二夫,古语也。我今力不能救社稷,但有一死报国耳。"乃与妻解氏皆自缢。

其子恭,中书管勾,与妻子诀曰:"今乘舆北奔,我父子食禄,不能效尺寸力。今父母已死,吾敢惜死乎!"或止之曰:"我曹官卑,何自苦如此?"恭叱曰:"尔非我徒也。"遂公服,北向再拜,亦自缢。

恭女官奴,年十七,见恭死,方泣,适邻妪来,相率出避,曰:"我未适人,避将何之?"不听。妪欲力挽之,女曰:"人生在世,便百岁亦须一死。"乃潜入中堂,解衣带自经。

同时,张正蒙,山阴人,官税务提领。明兵入,正蒙谓妻韩氏曰:"吾为元臣,义当死。韩氏曰:"君死忠,吾死节可也。"乃相对缢死。其女池奴,投崖死。次女越奴,日夜守父母尸侧,竟饿死。

徐猱头,大兴人。兵至,妻岳氏曰:"寇来,恐被污,奈何?"猱头曰:"惟有死耳!"夫妇俱自焚。其母王氏及二子、一女,亦同死。

董啤,字殷士,抚州金溪人。博学明经,善属文,尤长于诗。至正十七年,用左丞相太平奏,授淮南行省照磨,未行,除国子助教。迁太常博士,转国子博士,升监丞,擢翰林待制,兼国史院编修官。二十八年,京城既破,啤叹曰:"我以儒致身,累蒙国恩,为胄子师,代言禁林。今纵无我戮,何面目见天下士乎!"遂赴井而死。年六十一。有诗文传于世。

同县邓烈,字季谟。至正间寇犯金溪,率族子石,力战死。

同时,余干李弁、临州刘德余,并以起义兵战死。

朴赛因不花,字德中,肃良谷台氏。有膂力,善骑射。由速古儿赤授利器库提点,再转为资正院判官。累迁同知枢密院事,迁翰林学士,寻擢承旨,赐虎符,兼巡军合浦全罗等处军民万户都元帅。除大司农,出为岭北行省右丞,擢平章政事。至正二十四年,甘肃行省以孛罗帖木儿弑皇后、皇孙,遣人白平章政事也速答儿,即欲署榜谕众。朴赛因不花持不可,曰:"此大事,何得轻信,况非符验公文。"卒不署。既而,果妄传。会皇太子抚军冀宁,承制拜朴赛因不花翰林学士承旨,迁集贤大学士。又为宣政院使,遂拜中书平章政事。明兵逼京师,诏朴赛因不花以元官守顺承门,其所领兵仅数百羸卒而已。乃叹息谓左右曰："国事至此，吾但知与此门同存亡也！"城陷，被执，见主将，唯请速死，不少屈。主将命留营中，终不屈，乃杀之。

是时有张庸者，字存中，温州人，精太乙数。会世乱，以策干经略使李国凤，承制授庸福建行省员外郎，治兵杉关。顷之，计事赴京师，因进《太乙数图》。帝善之，擢秘书少监。皇太子立大抚军院，命庸团结房山，迁同金将作院事，又除刑部尚书。诸寨既降，庸守骆驼谷，遣从事段祯请援于扩廓帖木儿，不报。庸独拒战累日。已而寨民李世杰执庸出降，以见主将。庸不屈，与祯同被杀。

郭庸，字允中，蒙古人。由国学生历西台监察御史，劾丞相脱脱弟也先帖木儿，左迁兴中府添设判官。脱脱败，召还，累擢中书参知政事。明兵入京师。舁至齐化门，叱之拜，庸曰："臣各为其主，何拜之有！"不屈死。

丁好礼，字敬可，蠡州人。精律算，辟中书省掾，授户部主事。擢江南行台监察御史，入为户部员外郎。拜监察御史，又迁户部郎中，升侍郎。除京畿漕运使。建议置司于通州，讲求漕运利弊。著为成书。除户部尚书。拜参议中书省事。迁治事侍御史，出为辽阳行省左丞，未行，留为枢密副使。至正二十年，拜中书参知政事。京师大饥，值元寿节，朝廷仍依故事大宴。好礼言："民有父子相食者，当修省以弭天灾，不宜宴会。"不听，乞谢事，以集贤大学士致仕，给全俸。扩廓帖木儿馈麦百石，不受。二十七年，复起为添设平章。寻以议论不合，谢政去。特封赵国公。明兵陷京师，或劝好礼往谒主将，好礼叱曰："我小吏致位极品，今老矣，所欠惟一死耳！"后数日，主将召之，不肯行。舁至齐化门，抗辞不屈，遇害，年七十五。

朱公选，字克用，乐平人。累官监察御史。明兵逼京师，惠宗集三宫，议避兵北行。宦者赵伯颜不花恸哭，谏曰："天下者，世祖之天下。陛下当以死守，奈何弃之？"不听，夜半开门北遁。公选以疏留弗获，乃匍匐送帝出国门，归而自裁。

孙德谦，睢州人，官大同行省平章政事。大都既陷，惠宗北奔，明兵围大同。谦婴城固守，自知力不支，乃手书自决，作诗数章，词义激烈，饮药自杀。

叶兰，字楚庭，鄱阳人，官太常礼仪院奉礼。明初，周伯琦应召入金陵，兰以诗讽之。后伯琦以其名荐，兰曰：“吾世为元臣，义不可仕。”赴石桥水死。

张昶，宛平人，累官户部尚书。奉使招谕明祖，为明祖所留，爱其才敏，授参知政事。昶外示款城，与杨宪、胡惟庸皆友善。自以元之旧臣，心常怏怏，尝语所亲曰：“吾仍思归故土也。”朝廷谓昶已死，赠官谥，录用其子。会李文忠下杭州，擒元平章丑的、长寿等至，明祖释之，遣归京师。昶阴托二人，奏密疏于惠宗，且寄书其子存仁。会昶疾，宪候之于昶卧内，得疏稿，遂奏之。明祖令都督府按问。昶书八字曰：“身在江南，心思塞北。”乃杀昶。

伯颜子中，其先西域人。后徙江西。少好学，有司荐，不第。行省辟授东湖书院山长。迁建宁路教授。会江西盗起，行省拜子中都事，使守赣州。子中从诸生趣赣，赣已破，子中仓卒募吏民，与贼战于城。兵败，子中由间道走福建。汀州帅陈有定固熟子中名。授行省员外郎。子中出奇计，以有定兵复建昌，因浮海抵大都献捷。迁行省郎中，再进吏部侍郎。持节发广西何真兵，使救闽。至则何真已降明。子中堕马，折一足不死。至军中，主将义而释之。

子中遂变姓名，冠黄冠，游行江湖间。明祖数访求子中，不得，录其妻子，没掖庭。子中竟自匿不顾，曰：“吾元臣，死元固吾分，何妻子言哉！”出购鸩自随，曰：“此以志也。”未几，子中遁还江西，布政使沈元密言之明祖，遣使者赍玺书以币聘子中。使者至，子中大哭曰:"死晚矣,乃以诏污我。"祭祖父、师友毕,仰药死。

王翰,字用文,又名那木罕,本河西人。先世以千户镇庐州,遂为庐州人。

翰袭世职为千户,有能名。台省荐之,改除庐州路治中。又改福建路。适三魁盗起,翰造其垒,谕降之。迁同知,又迁理问,综理永福、罗源二县。泉州土官柳莽跋扈,连结旁郡,翰至,悉解散之。擢行省郎中、潮州路总管。

元亡,屏居永福山中,黄冠野服,号友石山人。有上书荐之者,闻命下,叹曰:"女岂可更适人哉!"即病,不服药,有司迫就道,引刃自绝。遗诗与友人吴海曰:"昔在潮阳我欲死,宗嗣如丝我无子,彼时我死作忠臣,覆宗绝嗣良可耻。今年辟书亲到门,丁男屋下三人存。寸刃在手顾不惜,一死了却君亲恩。"

翰性强介精敏,持身刻苦,历官二十余年,家无余积。行政以爱人为主。平居喜读书为诗。有《友石稿》行世。子偁,有才名。

蔡子英,永宁人。至正中,举进士。时扩廓帖木儿略定河南,开府,辟子英参军事。累迁行省参政,犹不离丞相幕。扩廓帖木儿兵败,子英单骑入关中,遁于南山。

明有司捕得之。传诣京师。渡江,一夕脱走,变姓名为人赁春,久之,复见捕,械送汤和。子英长揖不拜,和怒,抑使膝坐,不肯,火燎其须且尽,嫚骂自如。子英有妻流落河南,至是欲见子英,子英谬曰:"吾故鳏耳。"卒不见其妻。

至京师,明祖令置外舍,欲官之。子英上书曰:

皇帝恢廓宏度,曲宥亡国之臣,不自死,惭负皇帝。往者,军败,漏命刃下,荆棘之息延及七载,重劳吏卒搜捕,自外大化,复忤贵臣,万分不足以辱膏斧。皇帝不即下司败,使得以衣冠待罪外舍,感上恩德,死且不朽。

臣有痼疾,迷于心志,药石匪解。窃惟少本书生,奋志行

伍，过辱北帅知荐，仕底七命，跃马食肉，十有五年，进不能效
尺寸，陪国家之论，退不能毕命枹鼓，以愧封圉之臣。一遭板
荡，觍颜失节。

　　　皇帝既丕昭武功，践华苞宇，穷发臣向坚甲利兵，宿积陈
廪，犹以为歉于志。下有司饬学校褒予死节，风示后世，岂肯令
亡命俘虏，玷维新之化哉。皇帝幸哀怜臣，毋血槁街，而以投瘴
海，御魑魅无人之境。臣若茹荠。
书上，明祖益异之，阴戒守者谨事子英，且夕问起居，毋令天下谓我
有杀义士名。一夜，子英大哭不止。人问之曰：“吾自念故主耳。”乃
具状闻，明祖叹曰：“吾何苦一蔡子英，令彼喋喋泉下訾我哉。”送之
出塞。

　　狄琮，字子玉，保德州人。躯干魁梧，尚气节，读书能知大义。裕
宗在东宫，召为晋王宿卫。王开藩云南，擢奉议大夫、王府司马。府
中事，咸咨之。王镇西边，转朝列大夫、内史府司马。未几，进大中
大夫。琮因事纳规，知无不言。王薨，琮恸哭，呕血而卒。临卒，召
子东山戒之曰：“为人臣子，惟忠孝尔！其勿违。”

　　东山刚正，有父风，授中书舍人，进监察御史，出为同知大都路
都总管。以材选授礼部郎中，进大中大夫、同金宣徽院事。卒。

　　夏侯尚元，字文卿，松江华亭人。年十六，梦神人有所授，由是
为文词下笔立就。

　　后游京师，翰林学士承旨赵孟頫荐之，入见仁宗。英宗为皇太
子，召为说书。即位，授侍仪司典簿。英宗遇弑，尚元弃官归。

　　及明宗南还，尚元谒于和林。明宗暴崩，尚元为武平王铁忽思
不花所留。王卒，其兄嘉王晃火帖木儿又留之。

　　郯王彻彻秃闻其名，召见，厚礼之。彻彻秃严重，寡言笑，与尚
元语则剧谈终日不倦。王尝谓左右：“吾得斯人，如执法御史，吾有
过，彼且直言，况汝辈乎！”由是左右嫉之。尚元乃谢病归。

至元四年，彻彻秃入朝，丞相伯颜为子请婚，彻彻秃不从。伯颜怒，与知枢密院事者延不花，谋构祸于彻彻秃。明年，使人说昌王实蓝朵儿只，告郯王谋反。时彻彻秃在和林，征下枢密院狱，鞫其家奴，无证验。十二月，伯颜矫诏杀彻彻秃于光熙门外。

明年二月，伯颜以罪免，尚元至京师上书曰："郯王守国北门，十有九年，忠孝之心，神明所鉴，而乃诛戮其身，放逐其子孙，衔冤抱屈，上无由知。今知枢密院事脱脱大义灭亲，殚心国事，乞遣脱脱为郯王立庙致祭。"又上书言："郯王统大军十八万，其将帅皆素所信任者，设有他志，当与之谋。岂有走千里之外，与异姓王图之，虽儿童亦知其不然。况昌王素与郯王有隙，其言岂可听乎？"俱不报，尚元复上书，号哭阙下。执政皆叹曰："古之义士也！"为言于上。七月，诏天下雪郯王之冤，遣使致奠，还其资产于子孙。尚元慨然曰："吾报主事毕，可行矣。"遂归卒于家。

新元史卷二三四
列传第一三一

儒林一

赵复 <small>砚弥坚</small>　金履祥 <small>卫益富</small>　张瑽

胡炳文 <small>程直方</small>　许谦　张枢 <small>吕洙</small>

<small>薛玄　马道贯　吕溥</small>　陈庚 <small>潘迪</small>　牟应龙

熊朋来　车若绾　徐之纲　胡一桂

戴良齐　熊禾　马端临 <small>胡三省</small>

俞琰 <small>李简</small>　刘德渊　薛元 <small>宰沂</small>

何中　董朴　荣肇　萧㪺 <small>韩择</small>

侯均

　　自赵复至中原，北方学者始读朱子之书。许衡、萧㪺讲学，为大师，皆诵法朱子者也。金履祥私淑于朱子之门人，许谦又受业于履祥。朱子之学，得履祥与谦而益尊。迨南北混一，衡为国子祭酒，谦虽屡聘不起，为朝廷所礼敬。承学之士，闻而兴起，《四书章句集注》及《近思录》、《小学》通行于海内矣。延祐开科，遂以朱子之书为取士之规程，终元之世，莫之改易焉。是故元之儒者，服膺朱子之学，笃信谨守，言行相顾，无后世高谈性命，阳儒阴释之习。呜乎！是亦足以通六经之大义，传孔、孟之心法矣。作《儒林传》。

赵复,字仁甫,德安人。太宗七年,皇太子阔出伐宋,克德安,以其民尝拒命,俘戮无遗。时杨惟中行中书省于军前,姚枢奉诏即军中求儒、道、释、医、卜士,凡儒生挂俘籍者,辄脱之归。复在其中,枢与之言,奇之。复以九族俱没,不欲生,因与枢诀。枢恐其自裁,留帐中共宿,既觉失复所在,遽驰马追之。行及水际,见复被发徒跣,仰天而号,欲投水。枢晓以"布衣未仕,徒死无益。不如随吾而北,可以传圣教。"复强从之。先是,南北道绝,载籍不通。复至燕,以所记程、朱诸经传注,尽录付枢,学徒从游者常百余人。

世祖在潜邸,召见问曰:"我欲取宋,卿可导之乎?"对曰:"宋,父母国也,未有引他人以伐父母者。"世祖悦,因不强之仕。

惟中闻复论议,始嗜学,乃与枢谋建书院,祀周子,以二程、张、杨、游朱六子配食,取遗书八千余卷,请复讲授其中。复作《传道图》,而以书目条列于后。别著《伊洛发挥》,标其宗旨。又取伊尹、颜渊言行,作《希贤录》,示学者求端用力之方。

枢既退隐苏门,乃即复传其学。由是许衡、郝经、刘因皆得其书而尊信之。北方知有程、朱之学,自复始。

复为人乐易而耿介,与人交尤笃分谊。元好问文名擅一时,其南归,复赠之言,以博溺心末丧本为戒,以读《易》求文王、孔子用心为勉。复家江汉之间,学者称之曰江汉先生。

与复同时至北方者,有应城砚弥坚,字伯固,亦名儒。后居真定,刘因从之受业。以大臣荐,授真定路教授。至元十四年,超七阶,拜国子司业,赐五品服。后谢病归,卒于家。年七十八,有《郧城集》十卷。

金履祥,字吉父,婺州兰溪人。其先本刘氏,后避吴越钱武肃王嫌名,更为金氏。履祥事同郡王柏,从登何基之门。基学于黄干,得朱子之传。

时宋事已不可为,履祥遂绝意进取。会襄樊之师日急,宋人坐视不救。履祥因进牵制捣虚之策，请以重兵由海道直趋燕蓟，则襄樊之师不攻自解，且备叙海舶所经，凡州县及海中岛屿，难易远近，历历可据以行。宋廷臣不能用。伯颜师入临安，得其书及图，乃命以宋库藏及图籍仪器由海道运燕京。其后，朱清、张瑄献海漕之策，所由海道，视履祥图书咫尺无异。然后人服其精识。德祐初，以迪功郎、史馆编校起之，辞弗就。

宋亡，所在盗起，履祥屏居金华山中，视世故泊如也。尤笃于分义。有故人子坐事，母子分配为隶，不相闻者十年，履祥倾资营购，卒赎完之。后其子贵，履祥终不自言，相见劳问而已。何基、王柏之丧，履祥率其同门之士以义制服，观者始知师弟之礼。

履祥以司马光作《资治通鉴》，托始战国，而周以前，则秘书丞刘恕为外纪，不本于经，而信百家之说，是非颇谬于圣人，不足以传信。乃用邵氏《皇极经世历》、胡氏《皇王大纪》之例，损益折衷，一以《尚书》为主，下及《诗》、《礼》、《春秋》，旁采旧史诸子表，年系事断，自唐尧以下，接于《通鉴》之前，勒为二十卷，名曰《通鉴前编》。它所著书，曰：《大学章句疏义》二卷，《论语孟子集注考证》十七卷，《尚书表注》二卷。天历初，廉访使郑允中上其书于朝。履祥居仁山之下，学者因称为仁山先生。大德中，卒。至正中，赐谥文安。

门人卫益富，崇德人。宋亡，富益日夜悲泣，设坛为文祭故相文天祥、陆秀夫、张世杰，闻者悲之。后隐居湖州金盖山，年九十六卒，门人私谥为正节先生。

张翥，字达善，其先导江人，侨寓江左。金华王柏传朱子之学，翥从而受业焉。自六经、《语》、《孟》、传注以及周、程、张、邵之微言，朱子所尝论定者，靡不潜心玩索，久而不懈，所学益宏密。

世祖至元中，行台中丞吴曼庆闻其名，延至江宁学宫，中州士大夫皆遣子弟从游，或辟私塾迎之。在真州，来学者益众。远近尊之，称曰导江先生。以大臣荐，命为孔、颜、孟三氏教授。著《释奠仪注》。其及门知名者，夹谷之奇、杨刚中为尤显。卒。无子。有《经说》及文集行世。吴澄序其书,以为议论正,援据博,贯穿纵横,俨然新安朱氏之尸祝也。至正中,真州守臣以塑及郝经、吴澄皆常留仪真,作三贤祠祀焉。

胡炳文,字仲虎。徽州婺源人。笃志朱子之学,为信州书院山长,再调兰溪州学正,不赴,卒。学者称云峰先生。著《周易本义通释》。

同县程直方,通诸经,著书甚富,与炳文俱为东南大儒。

敬瑛,字文书,霸州人。隐河南缑氏山。世祖征为大名、彰德、怀孟等路提举,不就。著有《春秋地理原委》十卷、《语孟旁通》八卷、《皇极引用》八卷、《皇极疑事》四卷、《极演》十卷、《律吕礼乐杂说》三十卷。以孙秉彝,赠官翰林学士、魏国公,谥文献。

又,元城人潘迪,字牖民,博学能文,历官国子司业。著《易春秋庸学述解》、《六经发明》及《石鼓文音训孜》,北方学者奉为师表。

许谦,字益之,婺州金华人。父觥,宋淳祐七年进士。谦生数岁而孤,世母陶氏日授《孝经》、《论语》。稍长,肆力于学。年三十,始受业于金履祥之门。履祥语之曰:"吾儒之学,理一而分殊,理不患其不一,所难者分殊耳。圣人之道中而已,学当致其辨于分之殊,而要其归于理之一。每事每物,求夫中者而用之,道不外是矣。"又曰:"士之为学,若五味之在和。醯酱既加,则酸咸顿异。子来见我,已三日,而犹夫人也。岂吾之学无以感发子耶?"谦闻之惕然,居数年,尽得其传。

读《四书》、《尚书》各有《丛说》若干卷,读《诗集传》有《名物钞》,读《春秋》、《三礼》有《温故管窥》。其观史有《治忽机微》,仿史家年经国纬之法,起太皞氏迄宋元祐元年秋九月尚书左仆射司马光卒,备其世数,总其年岁,原其兴亡,著其善恶,盖以为光卒,则中国之治不可复兴,以附于左氏续经之义。又有《自省编》,昼之所为,夜必书之，其不可书者则不为也。

延祐初，谦居东阳，入华山讲学，随其材质，咸有成就。独不以科举之文授人，曰："此义利所由分也。"大德中，荧惑入南斗，已而旬行。谦以灾应在吴越，深忧之。是岁大祲，谦貌加瘠，或问曰："岂食不足邪？"谦曰："今公私匮竭，道殣相望，吾何能独饱！"廉访使刘廷直、副使赵宏伟皆论荐于朝，郡复以遗逸应。诏乡闱大比，请为考试官。皆莫能致。至元三年卒，年六十有八。尝以白云山人自号，世称为白云先生。朝廷赐谥文懿。谦与何基、王柏及金履祥称金华四先生。江浙行中书省为请于朝，建四贤书院以奉祠事，而列于学官。其弟子著名者有张枢、薛玄、吕洙、吕溥、马道贯。

张枢，字子长，金华人，幼居外家潘氏，尽读其藏书数万卷。尤长于史学，尝为《春秋三传归一义》三十卷，《刊定三国志》六十五卷，《林下窃议》一卷，《张曲江年谱》一卷，《宋季逸事》若干卷，诗文曰《敝帚编》。至正八年卒，谦之殁，命其子师事枢。至正十一年，朝廷纂修宋、辽、金三史，丞相脱脱奏擢遗逸之士四人，以两院次对之职使参笔削，仍辟枢为本府长史，枢力辞。后五年，命史臣纂修本朝后妃功臣传，枢以翰林修撰、同知制诰召，复不就。

薛玄，字子晦，东阳人。隐居不仕。著《中庸质疑》。

马道贯，字德珍，金华人。谦没，制服尽礼如亲丧，学者称之。著《尚书疏义》六卷。自号一得叟。性恬退，非公事不入城市。

吕洙，金华人。与弟溥俱从谦学。溥著《大学疑问》。

陈庚，字子京，平阳人。金末，四方兵起，隐庐氏山中，旋署郡教授。日与弟讲习问辨，学者日众。会中书令耶律铸奏置经籍所于平阳，命庚领校雠事。世祖征至六盘山，与语，大悦。中统初，以宣慰张德辉荐，授平阳路提举学校官。其学沈潜，贯穿先行后言。其事亲，旦暮必盛服，与兄弟妯娌序拜堂下。问起居，受训敕，然后退。与元好问、李献卿、李微、杨奂、麻革、杜仁杰、商挺诸人友善。太原李汾者，负才使气，与庾会相国寺，语侵庾。庾正色责之，汾沮而退，坐客大服。一日，语兄庾曰："吾闻财多害身。今丧乱若此，而吾廪有余粟，藏有余布，与其为他人守，孰若分诸邻里乡党乎？"兄大喜，立散之。所著书有《经史要论》三十卷，《三代治本》五卷，《唐编年》二十卷，《澹轩文》三十卷。

牟应龙，字伯成，本蜀人，后徙居湖州。祖子才，仕宋，赠光禄大夫，谥清忠。父巘，为大理少卿。

应龙当以荫补京官，尽让诸从弟，而擢咸淳进士。时贾似道当国，属马廷鸾致意应龙来谒，当处以高第，应龙拒之。及对策，具言国势危急，考官不敢置上列。调光州定城尉。沿海制置司辟为掾，以疾辞。

宋亡，留梦炎事世祖为吏部尚书，以书招之，许以馆职，应龙不受。起家教授溧阳州。晚以上元县主簿致仕。

诸经皆有成说，惟《五经音考》盛行于世。时人称曰隆山先生。

熊朋来，字与可，南昌人，宋咸淳中进士，授宝庆府金书判官，未及就而宋亡。隐居授徒，无志利禄。久之，从游日众。廉希宪之子惇为江西参知政事，以师礼终身称门人。刘宣为按察使，尤加礼敬。

会朝廷遣治书侍御史王构铨外选于江西，于是参政徐琰、李世安列荐朋来为闽海提举儒学官。而朝廷以东南儒学之士，惟福建、江西最盛，特起朋来为教授。所至考古篆籀文字，调律吕，协诗歌，以兴雅乐，制器定辞，必则古昔学者化焉。既满考，以常格调建安县主簿，改福清州判官，皆不就。自号彭蠡钓叟，又号天慵子。尝叹诗乐无传，仿朱子所得赵彦肃家十二诗谱，增二十四诗，协以律吕，俾皆可歌。每燕居，鼓瑟而歌，考槃兼葭衡门白驹诸诗，以自乐。尝著《瑟赋》二篇，学者传诵之。

延祐初，诏以进士科取士，时科举久废，有司以不称明诏为惧。

行省官谘于朋来,手条程式,四方遵用之。及请为考试官,则曰:"应试者十八九及吾门,不可。"其后,江浙、湖广皆请为考官,朋来屡往应之,及廷对,其所选士居天下三之一焉。初,朋来以《周礼》首荐乡郡,而定制,《周官》不与设科,治戴记者又鲜,朋来屡以为言,当世言礼乐者咸宗之。至治中,英宗始采用古礼,亲御衮冕祠太庙,锐意制作。翰林学士元明善以朋来荐,未及召而卒,年七十八。所著有《瑟谱》六卷,文集三十卷。

车若绾,字给臣,后更名捄,台州黄岩人。少警敏,与从兄若水同学。久之,觉胸中浩浩,发而为言,宏放无涯涘。于是,车氏之学,为一郡所崇尚。宋咸淳末,用特恩授建宁浦城县尉。宋亡,隐于马家山,卒年五十五。

若绾精于礼学,谓丧服之亲疏隆杀,深衣之续衽钩边,虽家礼之证定,注疏之援引,亦庸有所未尽,用广头在下之说,以改正深衣,辨内外正降之义,以图列服制,皆能发先儒所未及云。

徐之纲,字汉臣,济州人,少为词赋有名,久而曰:"是果为学邪?"益研究义理,以二程、朱子为根柢,治《易》、《春秋》二经。以明经选益都教授,佐省事,李璮有异志,阴练士卒,习劳苦。纲曰:"使民以时,相公不知邪!"璮默然。又曰:"周衰,战国之士知有诸侯,而不尊周。唐河北将士,知有藩镇,而不尊唐。"璮恶其言直,黜为滕县尉。中统四年卒。后璮果以反诛。有《默志》三卷,《麟台杂著》七卷。

胡一桂,字庭芳,徽州婺源人。父方平。一桂生而颖悟,好读书,尤精于《易》。初,饶州德兴沈贵珤受《易》于董梦程,梦程受朱子之《易》于黄干,而一桂之父方平及从贵珤。梦程学尝著《易学启蒙通释》。一桂之学出于方平,得朱子源委之正。宋景定中,一桂年十八,领乡荐,试礼部不第,退而讲学,远近师之。号双湖先生。所著书有《周易本义附录纂疏本义启蒙翼传》、《朱子诗传附录纂疏》、《十七史纂》,并行于世。

戴良齐,字彦肃,台州人,精通六经奥义,谓经书虽皆完具,而《礼经》独为残阙,加以汉儒诸说抵牾者多,著《礼辨》一书,特出己见,考证独为明确。吴澄常师之,以衍其说。

熊禾,字去非,福建建阳人。有志濂洛之学,受业于朱子之门人辅广。宋咸淳间进士,宁武州司户参军。宋亡,隐居不仕,筑云谷书院以教生徒。郡有考亭书院,大德十一年有司更新之,辟禾分教大小学于中,学者称勿轩先生。皇庆元年卒。

马端临,字贵与,江西乐平人。父廷鸾,宋右丞相。时休宁曹泾深于朱子之学,端临从之游。以荫补承事郎。宋亡,隐居不仕。著《文献通考》,以补杜佑《通典》之阙,二十余年而后成书。延祐四年,遣真人王寿衍访求有道之士,至饶州路,录其书上进。诏官为镂板,以广其传,仍令端临亲赍稿本赴本路校勘。初留梦炎与廷鸾同相,及梦炎降,召致端临,欲用之,以亲老辞。后为慈湖、柯山二书院山长,台州教授三月,谢病归,卒于家。

同时,天台胡三省,字身之,笃于史学。宋宝祐四年进士,以贾似道辟从军芜湖,言辄不用。及败,隐居不仕。著《资治通鉴音注及释文辩误》百余卷。

俞琰,字玉吾叟,平江人。宋亡,隐居著书,自号林屋山人。精于《易》。著《经传考证》、《读易须知》、《六十四卦图》、《古占法》、《卦爻象占分类》、《易图合璧连珠》等书,皆佚。惟《周易集说》附以《易图》、《易外传》,行于世。

时信都人李简,亦通《易》学,官泰安州通判,著《学易记》九卷。

刘德渊,字道济,内邱人。性僻直,有操守。好学,能自刻厉。及游溥南王若虚门,闻思索、辨惑等说,遂餍饫史学,为专门之业。非义理不妄言动,一介不取于人。中统初,用中书荐,授翰林待制,以不合于时,告归。立言传后,著书数万言。又通古文奇字,士多传习之。太保刘秉忠以乡曲义,来周恤,却之。许衡每过邢州,必式闾致敬而去。至元二十三年卒。年七十九。

薛元,字微之,本华州下邽人,后徙于洛阳。元少好学,负书入华山,昼夜诵之,束枯葵,学书于石上,石为之泐。

耶律楚材闻其名,辟为应州教授,使子弟从元受学。沙门万松问:"孔子之教,何者为先?"元答曰:"君君臣臣,父父子子。"松愧服。时用兵襄、邓,楚材荐授检察,使督河南馈饷,未几,改军储转运使,明年召还,赐银币、貂裘。杨奂为河南廉访使,辟置幕府。岁余,元谓同僚曰:"进不能行其道,栖栖于此无谓也。"即自免去。

元素与王文统有旧,文统聚历代奇谋诡计为一书,元见而责之曰:"士君子自有圣贤格言,此何为者!"遂绝,弗与通。

中统初,召为平阳、太原宣抚使,又除提举河南学校,俱不就。至元八年,卒。著有《道德经解》、《阴符经论说》、《适意集》、《易解》、《中庸注》、《圣贤心学编》、《皇极经世图说》。友直,龙阳州判官;友谅,翰林直学士。

与元友善者,有洛阳宰沂。王文统当国,荐沂为真定劝农使,不得已而受命,阳为不事事者,至亡其告身及金符于酒家,因自劾去官。文统败,沂竟获免。

何中,字太虚,抚州乐安人。父天声,宋咸淳进士,官主管刑部架阁文字,与兄时齐名。文天祥建都督府,兄弟皆为幕僚。

中,少颖拔,以古学自任,程钜夫、元明善皆器遇之,与门人讲《易》、《书》、《春秋》之学。吴澄与中为中表兄弟,恒推让之,不敢置弟子列。著《易象类》二卷,《书传补遗》十卷,《通鉴纲目测海》二卷,《通书问》一卷,《叶补疑》一卷,《六书纲领》一卷,《补校六书故》三十二卷,《知非堂集》十卷,《支颐集》二卷,《蓟邱述游录》一卷。卒年六十八。

董朴,字大初,顺德人,自幼强记。比冠,幡然有求道之志。至元十六年,用荐起家为陕西知法官。未几,以亲老归养。寻召为太史院主事,复辞不赴。皇庆初年,已逾八十,诏以翰林修撰致仕。延祐三年,无疾而终。

朴所为学,自六经及孔、孟微言,与凡先儒所以开端阐幽者,莫不研其旨而会通之。其事亲孝,与人交,无智愚贵贱,一待以诚,或有犯之者,夷然不与校。中山王结曰:"朴之学,告诣既深,充养交至,其为人清而通,和而介,君子人也。"所居近龙冈,学者称龙冈先生云。

荣肇,字子与,盐官州人。幼端谨,不苟言笑。既长,博通经史。服膺朱子之学,以诚意正心为学之根本。宋季,贾似道当国。应试者例自署,非假道学。肇太息曰:"君子患不力学,苟抱道自处,虽穷困,不荣于附时相以获功名乎。"遂拂衣而出。宋亡,隐居不仕。成宗即位,有荐于朝者,诏有司征之。召见,奏对称旨,帝曰:"汝宜为国子师,以表率天下。"乃补国子助教,累擢祭酒,以年老乞致仕。卒于家,年八十一。

萧斆,字惟斗,其先北海人,后徙奉元。斆性至孝。少为府史,与上官语不合,即日谢去。隐终南山下,凿土室,读书其中三十年。一言一动,必则古人。博极群书,自三礼、六书、九数以及诸史,靡不研究。及门受业者甚众。乡人有骑马自城中暮归者,遇盗逐之,诡言:"我萧惟斗也!"盗惊愕,释去。世祖分藩在秦,辟斆与杨恭懿、韩择侍秦邸,斆以疾辞。授陕西儒学提举,不赴。宪司即其家具宴为贺,使一从史先诣斆舍。斆方汲水灌园,从史至,不知其为斆也,命饮其马,即应之不拒。及冠带迎宾,从史见斆有惧色,斆殊不为意。

后累授集贤直学士、国子司业,改集贤侍读学士,皆不赴。成宗大德
九年夏,诏曰:"萧惟斗山中读书,不求名利。皇祖及朕屡召不至,岂
将命者非其人而不来乎？今特命使者前往,行者给安车一乘,楮币
百匹,挈家偕来。倘坚不欲仕,可进嘉言一二,朕当遣人送还。"于是
行省、台所在,敦遣力疾北行。会帝不豫,命宰臣以治道为问。武宗
至大元年,仁宗为太子,博选名儒辅导,以右谕德召至京师。入觐东
宫,书酒诰为献。寻以病,力请去职。人问其故,则曰:"在礼,东宫
东面,师傅西面,此礼今可行乎？"俄除集贤学士、国子祭酒,依前右
谕德,复以辞卑居尊为嫌,固辞而归。卒年七十有八。赐谥贞敏。

　　斛制行甚高,难进易退,论者谓元初逸民,惟斛与刘因二人。其
示学者入门,必自小学始,关辅之士翕然兴起。所著有《三礼说》、
《小学标题驳论》、《九州志》及《勤斋文集》,行于世。

　　斛乡人韩择,字从善,尤邃《三礼》学。有质问者,口讲指画,无
弗贯穿。士大夫游宦过秦中,必往见择。世祖尝召赴京,以疾辞。其
卒也,门人为服缌麻者百余人。

　　又,侯均,字伯仁,亦奉元人。父母早亡,独与继母居,卖菜奉
养。积学四十年,群经、百氏,无不淹贯。每读书,必熟诵乃已。尝
言:"书不千遍读,终于已无益。"貌严气刚,而应接和易。用荐起为
太常博士。后以上书,忤时相意,不待报即归关中。

　　自宋初,张载、吕大临以礼为教,至萧斛、韩择、侯均、同恕,而
关学复兴。其教大旨宗程、朱,而专精《三礼》,则出其乡先正之传
云。

新元史卷二三五
列传第一三二

儒林二

黄超然　陈应润　　王野翁　谢仲直

钱义方　丁易东　陶元干　　王申子

任士林　赵采　徐之祥　魏新之　吴霞举

丘富国　郑仪孙　董真卿　张理　　程龙

程焕　吴迂　雷光霆　陈深　吴鄡

刘整　陈宏　史蒙卿　周鼎　杨瑢

夏泰亨　刘瑾　王天与　王充耘　黄景昌

俞皋　鲁震　熊复　毛应龙　乌冲

黄泽　安熙　焦悦　同恕　第五居仁

敖继公　邱葵　孟文龙　秦玉　吴师道

王余庆　陈普　韩性　熊良辅　陈栎

保八　曹元博　吴仪　武恪

黄超然，字立道，天台人。幼有高志，尝游王柏门下，得闻性理之旨。尤深于《易》，以朱子本义欲再修而未及，乃参订互考，采之先儒，以尽其变，本之经义，以敛其归，作《周易通义》二十卷。又以读《易》之法，当先推卦义，以求六爻之情；情有难通，则参以象；象有难通，则参以位；位有难通，则参以三百八十四爻之例。别为《发例》三卷，《或问释蒙》各五卷。宋亡，不仕，筑西清道院居之。卒。世祖嘉其节，赐谥康敏。

同县陈应润，字泽云。父邦彦，家传《易》学。应润作《周易爻变义蕴》四卷，谓假老子之学者，创无极、太极之论，变炉火之术者，撰先天、后天之图，强指阴阳老少为四象，而四象之说不明妄引，复姤逆顺为八卦，而八卦之位不定；乃示人爻变之法，削去其图，辨正其说。自谓积三十年勤苦而成。黄溍序而行之。

王野翁，字太古，婺源州人。辟镇江路学正，弃官归。著《见易篇》，极卦画之所以然，而皆本河图、洛书自然之法象。既，即图书详论画卦作范之故，且援列御寇、子华子、乾凿度与黄庭经之辞，以证刘长民九为河图之说。复辨孔安国、刘向父子、班固、伪关氏《易》相承之误。又有《周易分注》，主于明象以考变。时尚程、朱《易》说，皆骇所闻见。吴澄方为国子司业，见而说之，所注《易纂言》，多采其说。

又上饶谢仲直，著《易三图》十卷，以先天八卦圆图为河图九数而九位，方图为洛书十数而五位，作五位相得之图。虞集见而善之。吴兴进士钱义方，作《周易图说》，谓河图本伏羲所取，至洛书之出，在千有余年后，圣人并陈之，不过以龙龟负文而出河、洛者，其事同，圣人则之，而即理推数，二者固可相通，因并举之以见义，非谓作《易》兼取洛书也。故其说悉本河图，而不及洛书云。

丁易东，字石潭，龙阳人。宋进士，官编修。入元，累征不起。著《周易传疏》十卷。《易》上下经，古既为二卷，通孔子所传十篇，为十二卷。至费直，分彖象二传附于经后，以便学者，今乾卦是也。后人又附爻象传文于当爻之下。今坤卦以下是也。吕微仲尝正之为十二篇，晁以道又正之为八篇，皆以经象传文言，系辞、说卦、序卦、杂卦为次。吕伯恭又定为经二卷、传十卷，合王肃本，朱子本义用之。吴斗南又谓，说卦三篇，汉初出于河内女子，今止存其一。又有系辞上下二篇，即所谓说卦上中篇，而今所传说卦，特下篇也。乃合象大象各为一卷，而以小象分上下。系辞传以今系辞合说卦为说卦三篇，然象象依本义分为二，故上下二经外，十翼之序，象上一，象下二，象上三，象下四，文言五，说卦上六，说卦中七，说卦下八，序卦九，杂卦十。其说固似有理，但改系辞为说卦，尚有可疑。而置文言于系辞前，则不可易。易东从其序，而系辞传之名，则仍依本义，考订尤确。尝建石潭精舍，教生徒。事闻，赐额沅阳书院，授山长。

时襄阳陶元干，亦尝著《易》，世称陶《易》。

王申子，字巽卿，邛州人。寓居慈利天门山。著《大易缉说》十卷。尝见魏了翁答蒋得之书，及史学斋临汝讲义，皆祖张观物语，以九其图者，见后天八卦之象，十其书者，具《洪范》五行之数，谓晦庵不及见是书，故谓十图而九书，此读《易》者一大疑事。申子力探其原而正之。取十其图者分纬之，以画先天，九其书者错综之，以位后天，不假穿凿，可以祛疑辨惑。皇庆二年，征为南阳书院山长。卒。

任士林，字叔实，绵竹人，尝作《中易》，分为上下篇，三陈其卦所以极河洛之数，成大衍之用，体天地之撰，盛德大业，显仁藏用，一本坎离颐大小过之妙，既未济随蛊之机，井噬嗑贲困之感，屯鼎革蒙之应，推圣人通变立言之旨，最为明确。又《松乡文集》十卷。以荐授安定书院山长。

同时有潼川赵采，字德亮，著《周易折衷》卅三卷，以程、朱传义为主，附以己说，间采先儒象数变互，以相发明。

饶州徐之祥，字方塘，有《读易蠡测》，其言象数，取皇极于康节，取太极于濂溪，而诸卦之中，多详其变，又名《玩易详说》。

桐庐魏新之，著《学易蠡测》，因先儒列卦为方圆图，乃以己意成三隅图,自成一家之言。

休宁吴霞举,字默室,著《周易管见》六十卷,《筮易》七卷,《太玄潜虚图》十卷,虽互有异同,皆盛行于世。

又,建安邱富国,字行可,受业朱子之门。宋亡不仕,著《周易辑解》十卷,《学易说约》五篇,《经世遗书》三卷。其徒郑仪孙,作《易图说解》、《大学中庸章句》。

董真卿,字季真,江西鄱阳人。父鼎,字季亨,私淑朱子门人黄干,著《尚书辑录纂注》,又疏《孝经大义》,悉遵朱子刊误,定为经一章、传十四章。

真卿早承家学,复受业于胡一桂、熊禾。著《周易会通》十四卷。

时江西清江人张理,官福建儒学提举,著《易象图说》三卷,《大易象数钩深图》二卷,亦有时名。

程龙,字舜俞,婺源人。宋永嘉县尹。入元不仕。著《尚书毛诗二传释疑》、《礼记春秋辨证》及《弄环余说》、《补程子三说》、《易图》,并刊行当世。

同时,丰城人程焕,字时可,学者称嶰山先生。著《易传宗》、《书传通》、《诗传微》各数十卷。

浮梁人吴迁,字仲迁,少从饶双峰学。人称可堂先生。汪克宽,其门人也。著《易学启蒙》、《书编大旨》、《左传义例》、《诗传众说》等书。

雷光霆,字友光,江西宁州人,家居教授。学士程钜夫、詹天游皆其徒也。著《九经集义》五十卷,《史辨》三十卷,《诗义指南》十七卷。至元间,遣使征之,未至而卒。学者称龙光先生。

同时,平江人陈深,字子微,沈潜问学,著《读易编》、《读诗编》及《读春秋》十二卷。与人高潭遗经,亹亹不倦,为一时耆宿。天历间,奎章阁臣以能书荐,匿不出。所著诗文,名《宁极斋稿》。

吴鄹,永新人。宋末避仇徙山西,变姓名张应珍。注《周易》,宗程、朱,而不为苟同。如参天两地而倚数,鄹谓,本义天圆地方,圆者一而围三,三各一奇,方者二而围四,四合二隅,似费拟议。盖五生数中,天数一三五,凡参地数二四,凡两,故圣人参两之以倚数。八卦之象乾坤天地,以太虚言也。震巽,天地之长男女,为雷、风,有气无形;坎离,天地之中男女,为水、火,有形无质;艮兑,天地之少男女,为山、泽,有质确定矣。驸马阔里吉思尝从之质疑,刻其书于平阳路。大德八年,官秘书少监,始更今名。

刘整,字宋举,古田人。自称蒙谷遗老。教生徒百余人。少从合沙郑少禖学《易传六十四卦图说》及《春秋元经》,著《易纂图》一卷,甫就而卒。

同邑有陈宏者,元初徙华亭,官同知吴江州事。著《易童子问》、《易象发挥》各一卷。

史蒙卿,明州人,宋咸淳进士。志行高卓。时四明之学,悉祖陆氏,而宗杨、袁,及沈焕、舒璘继起,复主其说。能表章朱子之学者,自蒙卿始。初教授江阴,著《小学绀珠》,以淑后进。其文曰《静清集》。

周鼎,字仲恒,庐陵人。早从湜溪郭正表游,六经有所疑滞,纵横叩击,多超特之见。谓:"诗分正变,固肇于汉儒,然正中有变,变中有正,其体制音节,复然不侔,策书紊乱,了然可见,必各从其类,然后可辨世道升降之由。其诗虽非盛时之作,其人既贤,其词独为近古,必附小大雅之正者,劝惩之义,庶几有托。"鼎于六经,皆有论著,独《诗经辨正》为完书。

杨璲,字元度,余姚州人。服膺朱子之学,著《诗传名物类考》。御史姚黻上于朝。历宁海、缙云学正,卒。

同郡夏泰亨,字叔通。九岁能文。官翰林编修。著《诗经音考》、《矩轩集》。

又,安城人刘瑾,字公瑾。博通经史。著《诗传通释》二十卷,采录各经传及诸儒所发要义,最为详博,其书盛行于世。

王天与,字立大,江西吉安人。研精覃思,著《尚书纂传》四十六卷,十五年而后成书。虽心薄蔡沈,然亦间择其说。

后,江西人王充耘,元统中进士,著《读书管见》二卷,考订蔡传,尤为精核焉。

黄景昌,字明远,浦江人。通《尚书》、《春秋》之旨,尝言自公、谷口说相传,至汉然后著之竹帛,故经有脱,编有错简,学者上畏圣经,下避贤传,讹舛诬漏,莫之敢较。其《春秋公谷举传》论及三代用正日夜食之辨,凛凛不可屈。后得巴州阳恪《春秋考正》一卷,言三代悉用夏时,不改月。景昌明其不然,作《周正如传考》三卷,谓周改月并改时,《左传》去夫子时近,当如《传》所云也。

俞皋,字心远,新安人,幼师宋进士赵良钧,得《春秋》大旨。自晋杜氏注《左传》,始有凡例之说,取经之事同、辞同者,计其数,凡若干,而不考其义,唐陆氏学于啖、赵,作纂例一书,虽分晰详备,亦未尝以义言之。逮程子为传,始分别义例。皋一遵程说,以义同、事同、辞同者定为例十六条,其有义不同而辞同,事同而辞不同者,则分见各事之下,名《春秋断义》。

又,鲁震,字樵南,庐陵人。时设科以《春秋》胡传与三传并用,学者困于繙阅,未有能合为一书者。震次第集之。始左氏,次公,次谷,次胡氏,而取止斋陈氏说,附于后。凡胡氏有所引用,皆分注其下,别为类编,以附于卷后,名《春秋五传》,与皋书俱有便于学者。

熊复,字庶可,南昌人。以五经教授乡里,学者称西雨先生。著

《春秋会传》，吴澄见而称之，跋其后曰："邵子曰：圣人之经，浑然无迹，如天道焉。故《春秋》书实事，而善恶形乎其中。世之学者，率谓圣人有意褒贬，三传去圣人未远，已失经意，况后之注释者乎！唐儒惟啖、赵二家独究圣人之旨，宋清江刘原父其次也。熊君所辑《会传》，合之诸家注释，未有能精择审取如此者。"

同县毛应龙，字介石。大德间，为澧州教授。著《周礼集传》二十四卷，《周官或问》五卷，总诸儒训释，而断以己意，其学亚于复云。

乌冲，大宁路川州人。

祖塔塔儿台，太祖伐金，率军民诣河北迎降，赐名侈稔虎。从太师国王南伐，累官龙虎卫上将军、易州崇宁军节度使、行川州元帅府事。

父褆，袭父职，充北京路总管，佩虎符，累官河北河南道提刑按察使。

冲明经励行。初从容城刘因受业，冠服车骑甚都改赟见师，三日不返。诸生皆曰："是岂真实为学者。"翼日，冲服儒服，执经趋席，举动如寒士。诸生啧啧称叹，因亦奇之。冲为学清苦，昼诵夜思，至忘寝食。居丧三年，不入于内家，日落日宴不食，意泊如也。真定安熙，欲从因学，不果，冲尽以所得告之，熙卒为名儒。卒，赠秘书省秘书郎。

黄泽，字楚望，本长安人。唐末，其远祖舒艺知资州内江县，子孙遂为资州人。父仪可，累举不第，从兄骥子官九江，蜀乱不能归，因家焉。

泽生有异质，慨然以明经学道为志。好为苦思，屡以成疾，疾止，复思久之，如有所见，作《颜渊仰高钻坚论》。蜀人治经，必先古注疏。泽于名物度数考核精审，而义理一宗程、朱。作《易春秋二经解》、《二礼祭祀述略》。

大德中，江西行省闻其名，授江州景星书院山长，使食其禄以施教。又改洪州东湖书院山长，受学者益众。始，泽尝梦见夫子，以为适然。既而，屡梦见之。最后，乃梦夫子手授所校六经，字画如新。由是深有感发，始悟所解经多徇旧说，为非是。乃作《思古吟》十章，极言圣人德容之盛，上达于文王、周公。秩满，即归，闭门授徒以养亲，不复言仕。

尝以为去圣久远，经籍残阙，传注家率多傅会，近世儒者又各以才识求之，故议论虽多，而经旨愈晦，必积诚研精，有所悟入，然后可以窥见圣人之本真。乃揭六经中疑义千有余条，以示学者。既乃尽悟失传之旨，自言每于幽闲寂寞、颠沛流离、疾病无聊之际得之。及其久也，则豁然无不贯通。自天地定位，人物未生已前，沿而下之，凡邃古之初，万化之原，载籍所不能具者，皆昭若发蒙，如示诸掌然。后由伏羲、神农、五帝、三王，以及春秋之末，皆若身在其间，而目击其事者。于是，《易》、《春秋》传注之失，《诗》、《书》未决之疑，《周礼》非圣人书之谤，凡数十年苦思而未通者，皆涣然冰释，各就条理。故于《易》，以明象为先，以因孔子之言，上求文王、周公之意为主，而其机括则尽在十翼。作《十翼举要》、《忘象辩》、《象略》、《辩同论》。于《春秋》，以明书法为主，其大要则在考核三传，以求向上之功，而脉络尽在《左传》，作《三传义例考》、《笔削本旨》。又作《元年春王正月辩》、《诸侯娶女立子通义》、《鲁隐公不书即位考》、《殷周诸侯禘祫考》、《周庙太庙单祭合食说》，作《丘甲辩》，以明古今礼俗不同，见虚辞说经之无益。

尝言："学者必悟经旨废失之由，然后圣人之本意见，若《易象》与《春秋》书法废失大略相似，苟通其一，则可触机而悟矣。"又惧学者得于创闻，不复致思，故所著多引而不发。作《易学滥觞》、《春秋指要》，示人以求端用力之方。其于礼学，则谓郑氏深而未完，王肃明而实浅，作《礼经复古正言》。如王肃混郊丘、废五天帝，并昆仑、神州为一；赵伯循言王者禘其始祖之所自出，以始祖配之，而不及群庙之主；胡宏家学不信《周礼》，以社为祭地之类；皆引经以证其非。其辩释诸经要旨,则有《六经补注》,诋排百家异义,则取杜牧不当言而言之义,作《翼经罪言》。近代覃思之学,推泽为第一。

吴澄尝观其书,以为平生所见明经之士,未有能及之者,谓人曰:“能言距杨、墨者,圣人之徒也,楚望真其人乎!”然泽雅自慎重,未尝轻与人言。李洞使过九江,请北面称弟子,受一经,且将经纪其家。泽谢曰:“以君子之才,何经不可明,然亦不过笔授其义而已。若余,则于艰苦之余,乃能有见。吾非邵子,不敢以二十年林下期君也。”洞叹息而去。或问泽:“自闷如此,宁无不传之惧。”泽曰:“圣经兴废,上关天运,子以为区区人力所致耶。”

泽家婆贫,且年老,不复能教授。岁大祲,家人采木实草根以疗饥,宴然不动其意,惟以圣人之心不明,而经学失传,若己有罪为大戚。至正六年卒,年八十七。

安熙,字敬仲,真定藁城人。祖滔、父松,皆有学行。熙既承家学,及闻保定刘因而向慕之。所居相距数百里,将造其门,而因已殁,乃从因门人乌冲录其遗书而还。建祠堂以奉四世,冠昏丧祭,一遵文公礼书。其教人,以敬为本,以经术为先。弟子去来,常至百人。出入闾巷,带规佩矩,望而知为安氏弟子。

家居教授垂数十年,四方来者多所成就。既殁,乡人立祠于藁城之西。其门人苏天爵辑其遗文为《默庵集》十卷,虞集序之曰:“使熙得见刘氏,廓之以高明,厉之以奋发,则刘氏之学当益昌大于时”云。

同郡焦悦,字子和,与熙讲说六经之旨,授真定学官,学者称兑斋先生。

同恕,字宽甫,其先太原人,五世祖迁陕西,遂为奉元人。祖升、父继先,俱有学行。廉希宪宣抚陕右,辟掌库钥。家世业儒,同居二百口,无间言。

至元间,朝廷始分六部,选名士为吏属,关陕以恕贡礼曹,辞不

行。仁宗践祚，即其家拜国子司业，使三召，不起。陕西行台侍御史
赵世延，请即奉元置鲁斋书院，以恕领教事。延祐六年，以左赞善
召，入见东宫，赐酒慰问。继而献书，历陈古谊，尽开悟涵养之道。明
年春，英宗继统，以疾归。致和元年，拜集贤侍读学士，以老疾辞。

　　恕之学，长于礼，平居盛暑，未尝不冠带，居父丧，哀毁几丧明，
祭必如事。生扁所居曰架庵。与人交，虽外无适莫，而中有绳尺。家
无儋石之储，而聚书万卷。时萧㪍居南山下，亦以道高当世，入城
府，必主恕。家恕自京还，家居十三年，海内并称萧、同。后，至顺二
年卒，年七十有八。赠翰林直学士。封京兆郡侯，谥文贞。其所著
曰《架庵集》，二十卷。

　　弟子第五居仁，字士安，幼师萧㪍，弱冠从恕受学。博通经史。
躬率子弟力农，而学徒满门。尝行田间，遇有窃其桑者，自引避之。
邻人借骡而死，偿其直，不取，曰：“物之数也，何以偿为？”乡里高其
行谊，率多化服，称曰静安先生。

　　敖继公，字君善，福州长乐人。后寓平江，筑一小楼，坐卧其中，
日从事于经史。赵孟頫，其弟子也。初为定成尉，以父任当得京官，
让于弟，寻擢进士，对策忤时相，遂不仕。著《仪礼集说》十三卷。大
德中，以高克恭荐，授信州教授，未仕而卒。

　　又，同安人邱葵，字吉甫，著《易解义》、《书直解》、《诗口义》、
《春秋通义》、《周礼补亡》等书。泰定中，马祖常荐之，未及用而卒。

　　同时钱塘人孟文龙，字震翁，宋浙东提举。宋亡，平章史弼等荐
起之，以死辞，不出户庭者三十年。著《周易大全》二卷。

　　盐城人秦玉，字德卿，通五经，尤邃于诗，门人私谥孝友先生。

　　吴师道，字正传，婺州兰溪人。弱冠，读宋儒真德秀书，幡然有
志于为己之学，又受业于同郡许谦。登至治元年进士，授高邮县丞。
明达文法，吏不敢欺。再调宁国路录事。会岁大旱，饥民仰食于官
者三十三万人，师道劝富民捐粟三万七千六百石，又言于部使者，

请官粟四万石、钞三万八千四百锭，振之，饥民赖以存活。迁池州建德县尹。郡学有田七百亩，为豪民所占。师道按其图籍，悉归于学。建德素少茶，而榷税重，言于所司，减榷额，民以不病。中书左丞吕思诚、侍御史孔思立，荐为国子助教，寻迁博士。六馆诸生，人人自以为得师。以礼部郎中致仕，卒于家。所著有《易诗书杂说》、《春秋胡传附辨》、《战国策校注》、《敬乡录》及文集二十卷。同郡有王余庆，字叔善，官江南行台监察御史，亦以儒学名重当世。

陈普，字尚德，宁德人。其学以四书、五经为本，三辟福州路教授，不起。著《四书句解钤键》、《学庸指要》、《孟子纂图》、《周易解注》、《尚书补微》，凡数百卷。尊闻绍言，屹然为朱子嫡派，隐居石堂山，学者称石堂先生。

韩性，字明善，绍兴人，宋魏忠献王琦八世孙也。高祖左司郎中膺胄，扈从南渡，家于越。

性七岁读书，日记万言。九岁通《小戴礼》，作大义，文意苍古，老生宿学皆称异焉。及长，博综群籍。文辞博达俊伟，自成一家言。

延祐初，以科举取士，学者多请其程式。性告以朱子学校贡举私议，俾从事根柢，以应有司之求。

性出无舆马仆御，所过，负者息肩，行者避道。巷夫街叟，至于童稚厮役，咸称之曰"韩先生"云。宪府尝举为教官，不赴。暮年愈自韬晦。

天历中，赵世延以名上闻。后十年，门人李齐为南台监察御史，力举其行义，而性已卒。南台御史中丞月鲁不花，尝学于性，为请于朝，赐谥庄节先生。其所著有《礼记说》四卷，《诗音释》一卷，《书辨疑》一卷，郡志、文集十二卷。

熊良辅，字任重，江西南昌人。延祐中乡贡。早师同县熊凯。学《易》，复得进贤龚焕之《易》学。先是，朱子本义，一遵吕祖谦所订古文,以六十四卦象爻之辞为上下经,而孔子所释象象文言及上下系、说卦、序卦、杂卦为十翼。良辅著《周易本义集成》仍旧本上下经二卷,谓之集成,十翼十卷,谓之附录。其所采摭,自唐迄元,凡八十四家,其书盛行于世。

陈栎,字寿翁,新安人。其学以朱子为师,自称东阜老人。延祐中,贡于乡,因病固辞。年八十三卒。著《四书发明》、《书传纂疏》、《礼记集义》等书,崇仁吴澄尝称栎有功于朱子,凡来受业者,澄皆谢之,使受学于栎焉。

保八,字公孟,蒙古人。少好学。为黄州路总管。精《易》理,著《易源奥义》一卷,《周易原旨》六卷。仁宗在东宫,保八进笺曰:“自龙图之画既出,而象数之学肇开,至六十四卦以成书,为百千万年之明鉴。羲、文、孔子发先天之妙,京、费、王弼广后世之传。岂但求语下之筌蹄,又当参胸中之关键。凡蠡测管窥,以探精义,皆铢积月累,以用深功。苟得其真,敢私其秘?不揆浅肤之素学,冒干投进于青宫,冀虎闱齿胄之间,特加披阅。在鹤禁延儒之顷,更赐表章。”太子嘉纳焉。

曹元博,以字行,上海人。著《左传序事本末》,杨维桢序其书曰:“左丘明受经仲尼,故作《春秋传》为圣经之案。后之传左氏者,有铎椒,作钞撮八卷,虞卿作钞撮九卷,惜其文无传。汉张苍、贾谊,复传左氏,河间王进于武帝。至成帝时,刘歆校秘书,见而存之,始立《左氏春秋》。逮晋杜预复表章之,而传有注释。后世言《春秋》者,舍左氏无以为统绪。故止斋陈氏谓,著其所不书,以见经之所书者,皆左氏功。此章指所由作也。元博既按经以证传,复索传以合经,为《左氏序事本末》,可谓采搜之精,而权衡之审矣。”其为维桢推重如此。

同时金溪人吴仪,字明善,其学以六经为归,晚尤专心《春秋》,

谓圣人之经一，而家异传，大道榛塞。职此之由，乃著三书：曰《裨传》，曰《类编》，曰《五传辨》，辞义严密。每抚卷叹曰："此书，吾积学所致，后有杨子云，其将好之矣。"仪绝意仕进，以寿卒。

　　武恪，字伯威，宣德人。吴澄为江西儒学提举，荐入国学。

　　明宗在潜邸，选为说书秀才，及出镇云南，而恪从行。明宗至陕西，欲起兵，恪谏曰："太子南行，于国为君命，于家为叔父命，何可违也？若向京师发一矢，史官必书太子反，不可悔矣！"左右恶其言，遣之归。

　　隐居教授。文宗知其名，除秘书典簿。秩满，丁忧。再除中瑞司典簿，改汾西尹，皆不就。至正间，泰不华举为沁水县尹。亦不赴。近臣又荐为授经郎，恪阳为疾病，不与人接。或问："先生之学，何以为本？"恪曰："以敬为本。"著有《水云集》。卒于家。

新元史卷二三六
列传第一三三

儒林三

刘庄孙　刘彭寿　林起宗　戚崇增
程端礼 端学　倪渊　陈澔 师凯
刘友益 冯翼翁 彭丝　宇文公谅
史季敷 赵有桂　闻人梦吉　陈刚
陈樵　牟楷　程时登 程复心
史伯璿 詹道传 黄景星 曾贯　周仁荣
仔肩 孟梦恂　钟律 黄清老 单庚金 俞汉
朱公迁　朱隐老 刘霖 陈谟
周闻孙 邵光祖 俞燮元　赵汸　汪克宽

　　刘庄孙，字正仲，天台人。在大学五年，不获释褐，以诸生卒。喜著书。《尚书》有古文、今文，陈振孙掇拾援据，确然明白，言传心者犹依违不敢置论。庄孙愤然曰："吾不能接响相附和，各为论者，不没其实。"著《书传》上下篇，二十卷。又著《易志》十卷，《诗传音指补》二十卷，《周官集传》二十卷，《春秋本义》二十卷，诗文集曰《芳润稿》，共五十卷，《和陶诗》一卷。

刘彭寿，眉州人。

父渊，经术深邃，事母以孝闻。著有《读易记》、《易学须知》、《春秋例义》、《春秋续传记》、《左氏记事本末》等书。用荐为永州路学正，卒。

彭寿有俊才，延祐三年进士，授桂阳路平阳县丞，转岳州路行用库使，擢建德路淳安县尹。每月朔日，辄幅巾深衣，升座讲书，淳安士庶听讲无惰容。卒年六十四。

彭寿教学者，必以经术为本。为文，先义理，而后词章。著有《四书提要》、《春秋泽存》、《春秋正经句释》。

林起宗，字伯始，顺德内邱人。初，四方传布程、朱遗言，起宗诵之知敬。时刘因以风节、学问著名当世，起宗欲从游，而无以为介。担簦负笈斋沐，立于其门者三日，因嘉其志，受而教之。起宗明于讲说，深思力行，极其至而后已。久之，以家贫思省其亲，因授以治家之法。

归而行之，事亲温清定省，皆有礼节。亲丧，庐墓三年。隐居教授，率其徒立为程限，以验日进之功。其言曰："学当以圣贤为准，是非得失了然，常在目前，从事于博文约礼之诲，循序渐进，至于日至之时，有不期然而然者矣。"起宗仪容奇伟，晨起正襟危坐，虽造次必依礼法。乡人有一不善，惟恐为其所知，其为人所敬畏如此。

晚号鲁庵。尝作《志学指南图》，以为学道之标准，《心学渊源图》，以为入圣之极功，及《中庸大学论语孟子诸图》、《孝经图解》、《小学题辞发明》、《鲁庵家说》，共数十卷。

至大间，王结官顺德，荐于朝。苏天爵荐知名之士十余人，起宗与焉。后至元三年卒，年七十有六。

戚崇增，字仲咸，金华人。少好学，能为诗、古文辞。年二十七，始尽弃其学，从同县许谦游。著有《春秋学讲》一卷，《春秋纂例原指》三卷，《四书仪对》二卷，《复古编》一卷，《昭穆图》一卷，《历代指掌图》一卷。以经籍之文传写讹舛，乃考许慎《说文》，参以近代诸儒之所订，用古文写《易》、《书》、《诗》、《仪礼》、《春秋》、《孝经》、《论语》、《大学》、《中庸》、《孟子》，将献于有司，未及上而卒。

程端礼，字敬叔，庆元鄞县人。庆元自宋季皆尊尚陆氏之学，端礼独从史蒙卿游，传朱子之绪论。用举者，授广德建平县、池州建德县两县儒学教谕。又为建康路江东书院山长。文宗在潜邸，遣近侍子弟来学，赐以金币，甚加礼敬。后迁铅山州儒学教授，秩满，以将仕郎、台州儒学教授致仕。至正五年卒，年七十五。

初，铅山鹅湖书院旁有道观，一日，端礼过其处，有驴跑隙地发之，得石碣十余，刻群贤像。因作群贤堂以祀之。所著有《进学规程》，国子监颁其书于郡县，以为学者法。

弟端学，字时叔，通《春秋》。至治元年进士，授仙居县丞。寻改国子助教，迁国子博士，命未下而卒。

端礼色庄而气夷，善诱学者。端学刚严方正，人皆敬惮之。当时以比河南两程子云。

端学有《春秋本义》三十卷，《三传辨疑》二十卷，《春秋或问》十卷。

倪渊，字仲深，湖州乌程人。从敖继公受《易》及《三礼》之学。高克恭为行省左右司郎中，深器之，谓渊曰："君大才不可小用也。"及迁行台侍御史，以敖继公、邓文原、陈康祖、姚式与渊，并荐于朝。授杭州路儒学教授。先是，庙学释奠多用俗乐，渊得宋太常乐工二人，使以雅乐教诸生习之。国子监闻其事，因召两乐工为国子乐师。太学备金石之乐，实自渊倡之。

秩满，调湖州路儒学教授，渊用胡瑗旧法，葺经义、治事两斋，又创仁智轩为游息之地。其后学者为渊立生祠，渊自往撤之。

迁太平路当涂县主簿，有能名。江东廉访副使元永贞按部还，谓廉访使王士熙曰："吾分按太平、池州两路，廉能之吏，惟一当涂主簿而已。"未几,以年垂七十,授承务郎、杭州路富阳县尹致仕。卒,有《易说》二十卷,《图说》《序例》各一卷。

陈澔,字可大,江西都昌人。父大猷,宋开庆二年进士,官通直郎、黄州军判官,师事双峰饶氏,以礼名家。

澔承其家学,会萃演绎,而附以己见,著《礼记集说》三十卷。隐居不仕,郡守延为白鹿洞山长。卒。金溪危素尝以《集说》与陈栎《礼记集解》质于吴澄,澄复书曰:"二陈君可谓善读书者,其说礼无可疵矣。"

子师凯,于易象、乐律多所撰述,能世其家学。

刘友益,字益友,永新人。少好学,贫不能购书,借人书穷昼夜读之。及长,贯穿六经,至天文、地志、律历、象数之学,无不研究。宋亡,兄弟遇乱兵皆死,友益绝而复苏。饥困著书,不与世接,以为圣人之志,莫大于《春秋》,继《春秋》之迹,莫尚于《通鉴纲目》。凡司马氏宜书而未书者,朱子书之;宜正而未正者,朱子正之。恐朱子之意不白于天下后世,乃著《通鉴纲目书法》五十九卷,历三十年而后成。至顺三年卒,年八十五。

同县冯翼翁,字子羽,著《春秋集解大义》《性理群书》《通鉴小录正统》《五德类编》《文章旨要》《五子旨要》《礼考正》《古正伪》等书。

彭丝,字曾叔,著《庖易》《春秋辨疑》《礼记集说》四十九卷,《黄钟律说》八篇。俱为名儒。

宇文公谅,字子贞,其先成都人,父挺祖徙湖州。公谅弱冠有操行,嘉兴富民延为子弟师。夜将半,有叩门者,问之,乃一妇人,公谅叱去之。翼日即辞归。

至顺四年,登进士第,授徽州路同知婺源州事。改同知余姚州事。省檄察实松江海淤田,公谅以潮汐不常,后必遗患,请一概免科，省臣从之。除国子助教，调应奉翰林文字、同知制诰，兼国史院编修官。改金岭南廉访司事，以疾请老。

公谅平居，虽暗室必正衣冠端坐。尝挟手记一册，昼有所为，夜必书之，其不可书即不敢为。门人私谥曰纯节先生。

史季敷，以字行，明州人。世传《夏小正》为夏书，在《大戴礼》中，传之者戴氏也，郑康成为之注。或曰卢辩注，谓为郑氏者非也。山阴傅崧卿，加以训释，多所补正。朱子集《仪礼》，尊信《小正》而用之，其论益定。季敷参考同异，作《夏小正经传考》三卷，参以傅氏本，及采《仪礼》集解，附以释音，复取先儒解经所引《小正》语，及事相附近者，缀于传文下，脱衍者列叙于后，尤称详密。

时括苍赵有桂，字诜仲，有《夏小正集解》，盖取诸家说而更为之解者。

闻人梦吉，字应之，金华人。父诜，老游王柏之门。梦吉受学家庭，父子自相师友，手抄七经传疏，深究义理，闭户逾十年，悉通奥旨，乃开门讲学。泰定间，贡授泉州教谕。平生信道既笃，涵养益纯，识与不识，莫不称为有道君子。门人谥曰凝熙先生。

陈刚，字公潜，温州平阳人。受业胡长孺之门，昼夜研索，通《易》、《诗》、《书》三经旨要，著《五经问难》、《四书通辨》、《述历代正闰图》、《说浑天仪》、《说历代官制》、《说禹贡洪范》。手抄后，两目盲，人有求其文者，独能口授。雅正高古，人称潜斋先生。

陈樵，字君采，东阳人。父取青，从乡先生石一鳌游，与闻朱子之学。樵承家传，继受《易》、《诗》、《书》、《春秋》于程直方，精思四十年，恍然有得。著《易象数解新说》、《洪范传经解》、《四书本旨》、《孝经新说》、《鹿皮子集》。樵常制鹿皮为衣，种药圆谷中，自称鹿皮子，故以名其集云。

牟楷，字仲裴，黄岩人。刻志诚正之学，论文务以性命为先，词华为后。有《九书辨疑》、《致中和议河图洛书》、《说春秋建正》、《辨深衣刊误定武成错简》、《管仲子纠辨》、《桐叶封弟辨》、《四书疑义篇》。门人名其书为《理窟》，尊之曰静正先生。

程时登，字登庸，乐平人。时德兴董铢，得朱子学，传其乡里。有程正则者，私淑之。时登从之游，深彻性命奥义。著《大学本末图说》、《中庸中和说》。集朱子之论述问答之语，审未发已发之几，而探索性情体用之极。《太极图》、《通书》、《西铭》，则错综为之互解。又有《周易启蒙辑录》、《律吕新书赘述》、《臣鉴图》、《文章原委》等书。

时婺源程复心，字子见，自幼潜心理学，会辅氏、黄氏之说，折衷成章，名《四书章图总要》二十二卷，皇庆二年，江浙省臣上其书，优诏擢用，辞不出。

史伯璿，字文玑，平阳人。幼强记，精究四书，深得朱子本意。时饶氏辑讲许氏《蘩说》、胡氏《通旨》、陈氏《发明》，有与朱子背驰者，伯璿著《四书管窥》五卷，多所辨正。

临川詹道传，亦言四书之旨，晦蚀于训诂，幸朱传出，而大义晓然。读者未易窥测，乃用许衡所定句读，著《四书纂笺》二十六卷，行于世。

又余姚黄景星著《四书集说启蒙》，发明朱子之学，尤多心得。

泰和曾贯，字传道，笃志圣贤之学，倜傥有大志。至正中，为绍兴路照磨，御龙泉贼，战殁。著有《四书类辨》、《周易变通》、《学庸标旨》诸书。

周仁荣，字本心，台州临海人。父敬孙，宋太学生。从金华王柏讲学于上蔡书院，与同郡杨珏、陈天瑞、车若水、黄超然、朱致中、薛松年等同门。尝著《易象占》、《尚书补遗》、《春秋类例》。

仁荣承其家学,又师珏、天瑞,治《易》、《礼》、《春秋》。用荐者,署美化书院山长。地在处州万山中,人鲜知学,仁荣举行乡饮酒礼,士俗为变。后辟江浙行省掾史,省臣皆呼以先生。泰定初,召拜国子博士。迁翰林修撰。卒。

弟子多知名士,以泰不华为最著。仁荣居台州,筑一室,甫落成,有友人杨公道舆疾至门,曰:"愿假君新宅以死。"仁荣让正寝居之,未几,杨死,有遗财。杨之弟诣仁荣,求分之,仁荣不许。对众封籍所贮物,遣人至平阳,呼其子至,悉与之。其笃于亲故如此。

仁荣弟仔肩,字本道,以《春秋》登延祐五年进士第,终惠州路总管府判官,亦以文学名。

同郡孟梦恂,字长文,黄岩人。与仁荣同师杨珏、陈天瑞。以荐,署本郡学录。至正十三年,授常州路宜兴县判官,未受命而卒,赐谥曰康靖先生。所著有《性理本旨》、《四书辨疑》、《汉唐会要》、《七正疑解》及《笔海杂录》五十卷。

钟律,字伯纪,开封人。元末乡贡士,不应辟召,肆力经学。元末治《春秋》者,多泥于胡传褒贬之说,其能脱去积习,一以经文为正者,于笔削精义,又往往失之律。采诸家精义,载各条之下,而间附己意,名《春秋案断补遗》,盖取程子传为案,而经为断者,一时称为通儒。

又,黄清老,字子肃,邵武人,累官湖广等处儒学提举,著《春秋经旨》、《四书一贯》,学者号为樵水先生。

剡溪人单庚金,字君范,隐居三十年,著《春秋传说集略》十二卷。

诸暨人俞汉,字仲云,著《春秋传》三十卷,辟儒学官,不就,卒。

朱公迁,字克升,饶州鄱阳人。肆力圣贤之学,以正心诚意为入德之门。至正七年,以遗逸征至京师,授翰林直学士,劝帝:"亲贤远佞、修德恤民，庶天意可回；不然，恐忧在旦夕。"执政恶其切直，不能用，出为处州学正。著《朱子诗传疏义》廿卷，《四书通旨》六卷。

朱隐老，字子方，丰城人。受业于同郡桂庄、涂应、雷远，承朱子遗绪。隐居荷山，精《易》理，及邵子《先天》、横渠《正蒙》诸书。谓："先天之学，心学也，其图皆从中起。邵子探是图，著《皇极经世》，性命物理之说，重明于世。"学者畏其难，弃而弗讲。乃作《经世书说》。张子《正蒙》，实与《太极图》、《通书》、《西铭》并传，而未有为之注者，乃作《正蒙书说》。《礼经》残缺已久，朱子虽定为《仪礼经传》，而其辑录，皆出门人，予夺多有未当，乃作《礼说》。《易》之论，精深广大，非近世儒者所知，乃作《易说》。学者称灊峰先生。

同时，刘霖，字雨苍，安福人，博通五经。元季，避地泰和，学者尊师之。性耿介，不随世俯仰。著有《太极图解》、《易本义》、《童子说》、《四书纂释》、《杜诗类注》诸书。

又，泰和陈谟，号心吾，其学亦为乡人所宗，著《书经会通》、《诗经演疏》二书，及《海桑集》。

周闻孙，字以立，吉水人。由乡贡荐入史馆，修宋、辽、金三史。同事多辽、金故臣后，不肯以正统予宋，闻孙疏争之，不报，弃职归。著《尚书一览》、《河图洛书序说》、《诗学舟楫》诸书。

同时，俞元燮，字邦亮，其先自建宁徙长洲。通蔡氏《书传》，博采群说，著《尚书集传》十卷。

又，邵光祖，字宏道，亦长洲人，博通好古，研精经传，穷六书之旨。张士诚辟为湖州学正，不赴。著《尚书集说》。俱行于世。

赵汸，字子常，休宁人。姿禀卓绝。幼读朱子四书，多所疑难，乃尽取朱子书读之。闻九江黄泽有学行，往从之游，得六经疑义千余事以归。复往，留二年，得口授六十四卦大义与《春秋》之学。又从学于临川虞集，闻吴澄之绪论。著《春秋集传》十五卷、《左氏补

注》十卷、《春秋师说》三卷,发明师说,度越唐宋诸家。学者称东山
先生。卒年五十一。

　　汪克宽,字德一,祁门人,祖华,为饶鲁门人,传黄勉斋之学。
　　克宽十岁,其父授以《双峰问答》,辄有悟。后从浮梁吴仲迁受
业。泰定中,应进士举,以策对忤直,见黜。乃弃科举业,尽力于经
学。著《春秋经传附录纂疏》、《程朱传义音考》、《诗集传音义会通》、
《礼经补逸》、《纲目凡例考异》,又《环谷集》八卷。元末,为朱子之学
者,以克宽为大师。明初,聘修《元史》,欲官之,固辞不受。卒,年六
十九。

新元史卷二三七
列传第一三四

文苑上

杨奂 员择　陆文圭 梁益　刘辰翁
黄圭 罗志仁　周密　卢挚　戴表元
陈孚 冯子振　洪希文　龚璛　宋无
白珽　刘应龟　元淮　袁易 泰
鲜于枢　郑滁孙 陶孙　姚应凤
谢晖　吾邱衍 仇远　杨载 杨刚中
李桓　刘诜 龙仁夫 刘岳申　陈旅 程文
陈绎曾　李泂 王景贤　范梈　柳贯
李孝光 朱文霆　周驰　朱德润
顾辉　马莹　黄叔英　吴福孙
胡渭　李存

　　昔金之末造，文章衰敝，至元好问出，始无愧于唐宋之作者。然蒙古初入中原，好问之学不甚显于当世。中统以后，浸尚词术，上下百有余年，称诗者推杨载、虞集、揭傒斯、范梈，称文者推虞集、揭傒斯、黄溍、柳贯，皆质有其文，彬彬然立言之君子也。

　　皇朝黄宗羲以姚燧、虞集为元文之最盛者，王士祯以吴莱之诗配苏轼,翁方纲以虞集之诗继黄庭坚,盖议论之不同如此。文章之士,因派别而为爱憎,至论定于千载之后,其言固不可易也。作《文苑集》。

杨奂,初名焕,后改为奂,字焕然,乾州奉天人。年十一,母卒,哀毁如成人。金末,举进士不第。

太宗九年,诏宣德税课使刘中试诸路儒士。奂应试东平路,两中赋论第一。耶律楚材荐为河南路征收课税所长官,兼廉访使。奂言于耶律楚材曰:"奂以书生,理财赋己非所长,况河南兵荒之后,遗民无几,愿假以岁月,使得摩抚疮痍,为朝廷万一之助。"楚材善之。奂至,约束简易。或以增税额为言,奂责之曰:"剥下欺上,尔欲我为之也!"即减原额四之一,公私便之,谓从来漕司所未有。在职十年,以老病致仕。世祖在潜邸,驿召参议京兆宣抚司事。累上书,得请而归。卒年七十。赐谥文宪。

奂博学强记,读《通鉴》,论汉魏正闰,不平其事,著书驳正之。文章务去陈言,以蹈袭古人为耻。赵复称其沉没庄、骚,出入迁、固,然后折衷于孔孟之六经,世以为知言。著有《还山集》六十卷,《天兴近鉴》三卷,《正统书》六十卷。初,奂从太宗检文,判误奂为英,不敢私改,故又名英云。

门人员择,得奂文学之传。奂文集,即择所厘订者。

陆文圭,字子方,江阴人,幼颖悟,博通经史百家之学。宋咸淳九年,以春秋中乡选。宋亡,隐居不仕。延祐设科,有司强之就试,再中乡选。其对策言救流民之策三,曰:择守令,轻赋役,议振贷;革贪吏之策三,曰:清选法,均俸给,严纠劾;拯盐法之策三,曰:恤亭户,减官额,省职员;拯钞法之策三,曰:住印造,节用度,禁奢侈,皆切中当世之弊。朝廷数遣使以币聘之,文圭老疾不果行。卒年八十五。

文圭为文,纵横变化,莫测其涯涘,东南学者皆宗师之。属圹先一日,语门人曰:"以数考之,吾州二十年后,必有兵变。吾死宜葬于不食之地,勿封勿树,庶免暴骨之患。"其后江阴之乱,冢墓尽发,人乃服其先知。有《墙东类稿》二十卷。

同县梁益,字友直,工文辞,与文圭齐名,著有《三山稿》、《诗传旁通》。

刘辰翁,字会孟,吉安庐陵人,宋太学生。廷试言:"济王无后,可悯。忠良戕害,可伤。风节不竞,可憾。"忤贾似道,置丙等。宋亡,不仕。著有《须溪文集》子尚友,亦能文。吴澄评其父子之文,谓辰翁奇诡变化,尚友浩瀚演迤,皆能成一家之言。

同县黄圭,字唐佐,罗志仁字寿可,宋末有诗名。以荐,圭授莆田丞,志仁授天长书院山长。刘辰翁尝称之曰:"黄西月五言,罗秋壶小词,它人莫能及也。"

周密,字公谨,其先济南人,后徙吴兴。密学问渊雅,为宋相马廷鸾所知。累官丰储仓所检察。宋亡,寓杭州,居癸辛街杨沂中之瞰碧园,与王沂中、张炎、仇远等相倡和。其诗感慨激发,乐府尤工。有《蜡屐集》、《弁阳诗集》、《苹洲渔笛谱》。密著书甚多,其《齐东野语》、《癸辛杂志》、《绝妙好词》,皆盛行于世。

卢挚,字处道,一字莘老,大都涿州人。至元中,以能文荐。累迁河南路总管。真人吴全节,代祀岳渎,过河南,闻其治行,力荐之。大德初,授集贤学士。出为江东道廉访使,复入为学士,迁承旨。卒。

元初能文者,曰姚、卢,谓姚燧及挚也。古今体诗,则以挚与刘因为首。著有《疏斋集》。临川吴澄曰:"卢学士所作古诗,类魏晋清言,古文出入《盘诰》中,字字土盆瓦缶,而有三代虎蜼瑚琏之色。"见者莫不改观。挚尝曰:"清庙明堂,谓之古,朱门大厦,谓之华屋可也,不可谓之古。太羹元酒谓之古,八珍谓之美味可也,不可谓之古。知此,可与论古文矣。"其自言得力如此。

戴表元，字帅初，一字曾伯，庆元奉化州人。宋咸淳中，登进士
乙科，教授建宁府。后迁临安教授，不就。大德八年，执政荐于朝，
起家授信州教授，再调婺州，以疾辞。

初，表元闵宋季文章气萎苶而辞骫骳，慨然以振起斯文为己
任。时四明王应麟、天台舒岳祥，并当代儒宗，表元皆从受业。故其
学博而肆，其文清深雅洁，蓄而始发。至元、大德间，东南以文章大
家名重一时者，表元一人而已。其门人最知名为袁桷。桷之文，体
裁、议论，皆取法于表元者。

表元晚年，翰林、集贤以修撰、博士二职论荐，不肯起。年六十
七卒。有《剡源集》三十卷。

陈孚，字刚中，台州临海人。至元中，孚以布衣上《大一统赋》，
江浙行省闻于朝，署上蔡书院山长。考满，谒选京师。二十九年，世
祖命梁曾以吏部尚书再使安南，选南士为介。朝臣荐孚博学有气
节，调翰林国史院编修官，摄礼部郎中，为曾副。陛辞，赐五品服，佩
金符以行。三十年正月，至安南，世子陈日燇以忧制不出郊，遣陪臣
来迎，又不由阳明中门入。曾与孚回馆，致书诘日燇以不庭及不出
郊迎诏之罪，往复三书，辞直气壮，皆孚笔也。使还，除翰林待制，兼
国史院编修官。帝方欲置之要地，而廷臣以孚南人，且尚气，颇忌
之，遂除建德路总管府治中，再移衢州、台州。大德七年，奉使宣抚
循行诸道。时台州旱饥，道殣相望。江浙行省檄浙东元帅脱欢察尔
振之，脱欢察尔不恤民，驱胁有司，动置重典，孚遂诣宣抚使，诉其
不法十九事，按实抵罪，发仓振民，全活者众。孚亦以此致疾，卒于
家，年六十四。赠临海郡公，谥文惠。孚天材过人，性任侠不羁，其
诗文任意疾成，不事雕斫。有文集行于世。

同时有冯子振，其豪俊与孚略同，孚自以为不及。子振尝为诗
谀桑哥，及桑哥败，子振又告词臣撰碑引喻失当，孚发其奸状，帝不
问。子振为文，酒酣耳热，命侍史二三人润笔以俟，据案疾书，随纸

数多寡，顷刻辄尽，然不尽合于法度，人亦以此少之。

　　洪希文，字汝质，兴化莆田人。父德章，宋贡士，初为兴化教谕。会兵乱，父子同居万山中，饭疏饮水，相倡和，无愠色。德章有集曰《轩渠》，希文自号《续轩渠集》，又号《去华山人稿》。其诗激宕淋漓，为闽人之冠。

　　龚璛，字子敬，镇江人。父渠，宋司农卿。宋亡，例遣北上，行至莘县，不食而卒。璛与弟理，力学不仕，当时以两龚比之。以荐为宁国路儒学教授，迁上饶县主簿，以江浙等处儒学副提举致仕，卒。为文卓伟殊绝，自成一家，著有《悔存稿》。

　　宋无，字子虚，旧字晞颜。宋末，兵起，自晋陵迁平江，冒朱姓，抢攘之际，不废学业。父国珍，领征东万户案牍，适病痿，无丐以身代入海，抵竹岛，风涛大作，无吟咏自如。至元二十四年，中丞王约荐之，以奉亲辞。著有《翠寒集》。赵孟頫称其风流蕴藉，皆不经人道语。又《啽呓集》一卷，杂咏古人轶事。《鲸背吟》一卷，乃从事征东幕府时，作七言断句，议论讽刺，有裨时政焉。

　　白珽，字廷玉，钱塘人。年十三，受经太学，即有声。甫壮，李衎为江浙平章，荐为太平学谕，珽勉起应命。秩满，迁兰溪州判官，不赴。其诗文为时所重，紫阳方回称其冠绝古今。庐陵刘辰翁言其苍然者不惟极尘外趣，兼有云山韶濩之音。晚归老栖霞，学者称湛渊先生。所著曰《经子类训》，曰《集翠裘》，曰《静语》，各二十卷。亦工书，有魏晋风。

　　刘应龟，义乌人。自少潜心义理之学，每以古人自期。宋淳祐间，游太学，丞相马廷鸾高其才，将以女妻之，坚不允，由是名称藉甚。至元初，起为月泉书院山长，升杭州学正。所著有《梦稿》、《痴稿》、《听雨留稿》共二十卷。

元淮，字国泉，别号水镜，临川人，徙家邵武。以军功官至溧阳路总管。尝有诗云：“截发搓绳联断铠，撺旗作带系金创，卧薪尝胆经营了，更理毛锥治溧阳。”溧阳，至元十三年升为溧州，继改溧阳府，已升为路。淮到省，乞改为直隶州，少苏民力。及去任，作诗云：“问归行李轻如羽，沿路吟诗有一船。”著《金困吟》一卷。

袁易，字通甫，平江长洲人。力学，不求仕进。行省使者将荐之，易固辞，辟署石洞书院山长，亦不就。居吴淞，具区间，筑堂曰静春，聚书万卷，手自校雠。著《静春堂诗集》四卷，与郡人龚璛、郭麟孙，为吴中三君子。赵孟頫尝作《卧雪图》以美之。

子泰，字仲长，为郡学教授，别号寓斋，亦有诗名。

鲜于枢，字伯机，号困学山民，大都人。官至太常典簿。学书于张天锡。偶适野，见二人挽车行泥淖中，遂悟书法。酒酣，吟诗作字，奇态横生，与赵孟頫齐名。终元世，学者不出此两家。或言孟頫妒其书，重价购而毁之。故传世不多云。著有《困学斋集》。虞集赞其画象曰：“敛风沙裘剑之豪，为湖山图史之乐。翰墨比米、薛而有余，风流拟晋、宋而无怍。”世称知言。

子去矜、孙端，皆能世其家学。

郑滁孙，字景欧，处州人。宋景定间，登进士第，知温州乐清县。累迁宗正丞、礼部郎中。至元三十年，有以滁孙名荐者，世祖召见，授集贤直学士。累擢学士，乞致仕归。

弟陶孙，字景潜，亦登进士第，监西岳祠，先陶孙征至阙，奏对称旨，授翰林国史院编修官。会纂修国史，至宋德祐末年事，陶孙曰：“臣尝仕宋，宋是年亡，义不忍书，书之非义矣。”终不书。世祖嘉之，擢应奉翰林文字。后出为江西儒学提举。

滁孙兄弟,在当时最号博洽,学者翕然推之。隆福太后制衣亲赐之,人以为荣。滁孙所著,有《大易法象通赞》、《周易记玩》等书。陶孙有文集。

姚应凤,字时和,慈溪人。自雄其才,喜驰骋,每属笔于广众中,词锋横逸,惊一座。后持以谒同郡袁桷,桷语之曰:“子文不受束缚,然法度自不可废也。”应凤领之。自是,务为简严,日益深邃。至元间,尝就试省部,时以龙虎台命题,有司得应凤赋,叹曰:“此秦汉间故物也。”置高第,著有《讷轩稿》

谢晖,字彦实,资阳人。识见通敏。早岁受业胡长孺之门,以德业自勉。或劝习举子业,答曰:“学以博通古今,资文行耳,仕奚所急?”赵孟𫖮见而爱之,授以书法,一临池遂得其神似。文章质实,皆布帛菽粟之言。

吾邱衍,字子行,由太末徙家钱塘。性凌傲,高不事之节。家于委巷中,教小学,常数十人。或请谒,从楼上遥谓曰:“吾出有间矣。”著《尚书要略》、《听玄集》、《九歌谱》、《十二月乐谱》。辞重正卦气、楚史梼杌、晋文、春秋诸书,兼通音律,工篆、隶。初,衍年四十,未娶,所知为买酒家女为妾。女有前夫,知女所在,讼之,衍遭捶辱,不胜忿,因诣仇远作别。值晨出,留诗一章,有“西冷桥外断桥边”之句。明日,有得遗履于桥上者。西湖多宝院僧可权,从衍学,知其投水死,乃葬衍遗文于后山。

同县仇远,字仁近,官溧阳州教授,好古博雅,楷书学欧阳,率更行书,亦善。著有《山村集》、《批注唐百家诗选》。

杨载,字仲弘,其先居建州之浦城,后徙杭州。幼孤,事母至年四十不仕。户部尚书贾国英数荐于朝,以布衣召为翰林国史院编修官,与修《武宗实录》。延祐初,仁宗以科目取士,载遂登进士第,授饶州路同知浮梁州事。迁宁国路总管府推官。至正二年,卒。

载博涉群书,为文以气为之。黄溍评其文,博而敏,直而不肆。载亦谓溍曰:"子之文,气有未充也,然已密矣。"溍叹服。尤工诗,尝语学者曰:"诗当取材汉魏,而格律则以唐为宗。"自载出,始洗宋季诗人之陋。载与虞集友善,每言集不能作诗。一日,集载酒,问诗法于载,酒酣,尽为集言之。后集作诗送袁桷扈驾上都,介他人,质于载,载曰:"此诗非伯生不能作也。"或问:"君谓伯生不能作诗,何以有此?"载曰:"伯生学问高。予以诗法授之,余莫能及也。"故元一代之诗,称虞、杨、范、揭云。

同时,上元有杨刚中,字志行,自幼厉志操。及为江东按察司照磨,风采凛凛。其文奇奥简涩,力矫凡俗,为元明善叹赏。仕至翰林待制而卒。有《霜月集》行世。

其甥李桓,字晋仲,同郡人,由乡贡进士累迁江浙儒学副提举,亦以文鸣。

刘诜,字桂翁,吉安庐陵人,少有文名。江南行御史台屡以教官、馆职、遗逸荐,皆不报。诗文曰《桂隐集》。桂隐,诜别号也。至正十年卒。年八十三。赐谥文敏。

同郡龙仁夫,字观复,刘岳申字高仲,其文学皆与诜齐名,有集行世。而仁夫之文尤奇逸流丽,所著《周易》多发前儒所未发。岳申用荐为辽阳儒学副提举,仁夫江浙儒学副提举,皆不就。

陈旅,字众仲,兴化莆田人。幼孤,笃志于学,于书无所不读。用荐者,为闽海儒学官。适御史中丞马祖常使泉州,一见奇之。谓旅曰:"子馆阁才也。胡为留滞于此?"使勉游京师,既至,翰林侍讲学士虞集见其所为文,慨然叹曰:"我老将休,付子斯文矣。"即延至馆中,朝夕以道义学问相讲习,自谓得旅之助为多。

中书平章政事赵世延力荐之,除国子助教。居三年,考满,诸生不忍其去,请于朝再任焉。元统二年,出为江浙儒学副提举。至元四年,入为应奉翰林文字。至正元年,迁国子监丞,阶文林郎。又二年,卒,年五十有六。

旅于文,自先秦以来,至唐、宋诸大家,无所不究。故其文典雅峻洁,必求合于古作者。有文集十四卷。笃于师友之义,每感虞集为知己。其在浙江时,集归田已数载,岁大比,请于行省参知政事字术鲁翀,亲奉书币请集主乡试。集感其来,留旬日而别,倦倦以斯文相勉。集每与学者语,必以旅为平生益友。一日,梦旅举杯相向曰:“旅甚思公,亦知公之不忘旅也,但不得见尔。”既而,闻旅率,集深悼之。

同时有程文、陈绎曾者,皆名士。文,字以文,徽州人,仕至礼部员外郎,作文明洁而精深,集亦称之。绎曾,字伯敷,处州人,为人虽口吃而精敏异常,诸经注疏,多能成诵。文辞汪洋浩博,其气烨如也。官至国子助教。论者谓,二人皆与旅相伯仲。

李泂,字溉之,滕州人。少以文受知姚燧。荐授翰林国史院编修官,转太常博士。拜住为丞相,闻泂名,擢监修国史长史。泰定初,除翰林待制,以葬亲辞归。天历初,文宗开奎章阁,延天下知名士充学士员。泂数进见,奏对称旨,特授奎章阁承制学士。泂既被知遇,乃才《辅治篇》以进。命预朝廷大议,同修《经世大典》。谒告归,复除翰林直学士,称疾不起。

泂骨清神朗,峨冠褒衣,望之如图画中人,为文挥洒纵放,去官后,历游匡庐、王屋、少室诸山,留连久之,乃去。侨居济南,有湖山、花竹之胜,构亭其间,文宗尝敕虞集记之。泂尤善书,自篆、隶、真、草,皆见重于世。卒年五十九。有文集四十卷。同时海康人王景贤,号愚谷,为邕州路教授。文宗居海南,得其诗爱之,手书“愚谷”二大字以赐,及即位,又赐以六花宫袍。

范梈,字亨父,一字德机,清江人。家贫,早孤,母熊氏守志抚之。天资颖异,所诵读辄记忆。居则固穷守节,竭力养亲。出则假阴阳之技，以给旅食。耽诗文，用力精深，人罕知者。与虞集友善。年三十六，始客京师。中丞董士选延之家塾，以荐为翰林院编修官。秩满，御史台擢海南海北道廉访司照磨。迁江西湖东道，选充翰林供奉。

御史台又改擢福建闽海道知事，闽俗素污，文绣局取良家子为绣工，无别尤甚。椁作歌诗一篇，述其敝，廉访使取以上闻，皆罢遣之。未几，移疾归。天历二年，授湖南岭北道廉访司经历，以养亲辞。明年卒。年五十九。

所著诗文，与虞集、杨载、揭傒斯齐名。椁居官廉正，不可干以私，疏食饮水，泊如也。吴澄称为特立独行之士云。

柳贯，字道传，婺州浦江人。幼有异禀，颖悟过人。稍长，受学于金履祥，又从方凤、吴思齐、谢翱游，肆力于古文词。以察举为江山县学教谕，又为昌国州学正。

考满，至京师，翰林学士吴澄语人曰：“柳君如庆云甘露，天下士将被其泽。”翰林学士承旨程钜夫以墨一笏赠之曰：“天下文章，今属子矣。”延祐四年，特授湖广等处儒学副提举，未上，改国子助教。擢博士。

泰定元年，迁太常博士。朝廷有大典礼，集诸儒讨论，贯酌古今之宜，为之折衷，人咸服其精审。沅州岁贡包茅四十一舟，茅轻，舟多覆溺。贯建议，请减其三分之一，附以他贡物，自是无覆溺之患。前临江州知州李倜为部使者所劾，倜官至集贤侍读学士，卒，当得谥。贯为谥议，其子纳金于贯，乞毋及临江事。贯辞之，而明其无罪。执政欲以其祖配食孔子庙，众莫敢言，贯独毅然持不可而止。有神降于大名，长吏白于朝，乞封爵。贯以为神奸蛊民，不治将为乱，下所部禁止之。监察御史马祖常荐贯才任御史。疏再上，不报。

出为江西等处儒学提举。抵任，吏沿旧例，纳米八十石。贯谢不受。道士庙侵学地。书院学田为僧所占者二百三十亩，悉夺而归之。南康仓吏坐飞语逮系百余人。行省檄贯谳其狱，一讯而伏，平反甚众,人尤服其明允。秩满,谢病归,家居十年,饔飧不给,泰如也。至正元年,召为翰林待制,兼国史院编修官。明年卒,年七十三。门人私谥文肃先生。

贯学问淹雅,其文春容纡除,事详而词核,蔚然成一家言。工篆籀,杜本谓其妙处不减李阳冰。有《近思录广辑》三卷,《字系》二卷,金石文字十卷,文集四十卷。

李孝光,字季和,温州乐清人。少居雁荡山五峰下,四方之士远来受学,名誉日闻,泰不华以师事之。至正七年,诏征隐士。以秘书监著作郎召,与完者图、执礼哈琅、董立同应诏,赴京师,见帝于宣文阁,进《孝经图说》,帝大说,赐上尊。明年,升文林郎、秘书监丞,卒于官,年五十三。

孝光以文章负名当世,其文取法古人,非先秦、两汉语,弗以措辞。有文集二十卷。

同时莆田人朱文霆,字原道,仕至泉州路总管,博学能文,宋濂称其言醇而理彰。著《葵山集》。

周驰,字景远,东昌人。文章雅赡。官燕南廉访佥事。尝为南台监察御史,分治过浙西,日与朋友周旋,每有往复,其书吏记于壁上以讽之。驰召谓曰:"人之读书所以明人伦,使我屏绝故旧,是为御史而废朋友一伦,其可乎?"闻者韪之。后卒于官。

朱德润,字泽民,平江人。父环,长洲儒学教谕。德润工诗文,善书,尤长于绘事。

延祐末,游京师,赵孟𫖯荐之驸马沈王以闻,仁宗召见,授应奉翰林文字、同知制诰,兼国史院编修。英宗嗣位,出为镇东行中书省儒学提举。又明年二月,大雪,上猎于柳林,驻寿安,献《雪猎赋》累万余言,上奇之。未几,英宗遇弒,德润谓人曰:"吾挟所长,事两朝而不偶,是命也。其归饮三江水乎。"旦日,遂弃官归。

至正十二年，江浙行中书省平章政事三旦八起为行省照磨，乃进言于三旦八，请贷胁从，以携贼党。既而，选为长兴尹，以病乞归。卒年七十二。

子吉，闭门教授，不应张士诚之聘。

顾辉，字德润，鄞县人。其大父应春，乡贡进士，父学海，字叔川；皆名士。

辉幼承家学，甫十岁，即善属文。郡博士俞希鲁欲以神童贡，辞不就。既长，肆力经史，卓然欲以事功自见。既而，喟然叹曰："吾身不遇矣，殆将以立言已乎！惟经以载道，史以纪事，古先哲王所藉以牖民者也。"自是，默索精思，昼夜孜孜，垂三十年。

著《释圃》一，说约六十三，图徽二十一，希言二十四，事剡六十二，治要十八体，卦八，解八，辩十二，议二十四，传七，记、论、序文、铭各三，杂著十八，赋六，骚十九，杂诗三百二十一，合三十卷，分为三集，通谓之《守斋类稿》。

马莹，字仲珍，建德人，少颖悟，精研经史，旁及诸子百家，靡不淹贯。延祐设科，莹再举进士不第，卒。

莹善为诗，措意遣词，初尚葩泽，后更脱去边幅，直窥微妙，有《岁迁集》四十卷，文集十二卷。

黄叔英，字彦闻，慈溪人。父震，宋宗正少卿，门人私谥文洁先生。

叔英传其父学，于经史百氏之书皆能成诵。为文俊拔伟丽，意气奔放，用荐者，为晋陵县教谕。卒。有《赣答暇茸》三卷，诗文集二十卷。

吴福孙，字子善，钱塘人。用荐者，为宁国州儒学正。赵孟頫以善书名，福孙得其楷法之妙，兼工篆、籀。后授潮阳县青山洋巡检，移疾归。至顺二年,赴选至京师。大学士阿荣以福孙所作小楷书进于上,召见奎章阁,命近侍引金钟酌酒以赐,将用为馆职。有沮之者而止。至元中,累迁上海县主簿。卒。著有《乐善斋集》、《古印史》。

胡渭,字景吕,绍兴诸暨人。隐居不仕。工诗,鲜于侁称其闲远清丽,稍加精密可几杜甫。赵孟頫重其高节,写《袁安卧雪图》以遗之。有《静春堂集》四卷。

李存,字明远,安仁人。颖悟该博,好为古文词。与贵溪祝蕃远、舒元易、吴尊光同游上饶陈立大之门,号西江四先生。葺书室曰竹庄。秘书李孝光举以自代,不起。有《俟庵集》三十卷。

新元史卷二三八
列传第一三五

文苑下

萨都剌　周权　陈泰　黄许

杨士弘　万白　辛敬　周贞　郑大同

史公琏　傅若金　李康　乃贤

黄玠　何失　程以临　王逢　蒲道源

岑安卿　谢宗可　郑元祐　胡天游

周霆震　吴定翁　孙辙　郭钰　舒頔

李祁　王礼　戴良　吴海　王冕

钱惟善　张昱　陶宗仪　顾德辉

郭翼　杨维桢　张宪　张雨　丁鹤年

倪瓒　黄公望　吴镇　王蒙

　　萨都剌,字天锡,答失蛮氏,后徙居河间。萨都剌本朱氏子,其
父养为己出。弱冠,成泰定四年进士,授应奉翰林文字。擢御史于
南台,以弹劾权贵,左迁镇江录事司达鲁花赤。历淮西廉访司经历。
至正三年,擢江浙行省郎中。迁江南行台侍御史。明年,左迁淮西
江北道经历。

诗才清丽，名冠一时，虞集雅重之。晚年，寓居武林。每风日晴好，辄肩一杖，挂瓢笠，踏芒跻，凡深岩邃壑，无不穷其幽胜，兴至则发为诗歌。著有《雁门集》八卷，《西湖十景词》一卷。后入方国珍幕府，卒。

周权，字衡之，处州人。磊落负隽才，持所作走京师。袁桷大异之，谓其意度简远，议论雄深，可预馆职，力荐弗就。陈旅选其诗，题曰《周此山集》。此山，权之别号也。欧阳玄序云：“季世诗人，宋之习近骫骳，金之习尚号呼。当混一之初，犹或守其故习，今则皆自刮剔而不为矣。此山诗，简淡和平，语多奇隽。”揭傒斯谓：“诗之正，如日月星辰，山川草木鸟兽；而其变，如风云雷雹，龙腾虎踯；要在尽其常，通其变而已。”惜不得与权共论之。

陈泰，字志同，茶陵州人。延祐初，与欧阳玄同举于乡。以《天马赋》得荐官龙泉主簿。生平以吟咏自怡，别号所安。有《所安遗集》一卷。好作歌行，出语清婉有致。

黄许，字与可，处州人。至正中，遣大臣宣抚各道，许以处士献救时十策，曰：“严选举，革贪污，除吏敝，抑兼并，省冗官，汰僧道，核田赋，兴武举，作士气，结人心。磊落数千言，时不能用。后中书省参政普颜帖木尔、内台治书侍御史李国凤奉诏经略江南，得许十策，叹曰：“世未尝无才，顾上无用才之人耳。”初，许及怀玉郑元善、同里叶岘、林定老相师友，三人皆第进士，而许独不遇。定老金浙东廉访司事，举为丽水儒学教谕，不就。所著有《四书会要》、《读易大意》、《诗书类要》、《天文地志官制类编》及《古今人诗文骈俪类选》。有《石壁晚稿》，不为华靡无益之言。学者称为南岫先生。

杨士弘，字伯谦，襄阳人。好古学，尝选唐诗一千三百四十首，分为始音、正音、遗响，总名曰《唐音》。其自著有《鉴池春草集》。与江西万白、河南辛敬，江南周贞、郑大同，皆以诗雄，名声相埒。

史公斑，字播叟，明州人。精易理，作文有典则。同里郑奕夫，以道学文章自命，每有论撰，必俟公斑鉴定，然后出稿。隐居数十年，助教程端学荐主甬东书院，弃去不就。自号蓬庐处士，有《蓬庐稿》、《易演义》及《象数发挥》若干卷。

同时，陈大伦，字彦理，诸暨州人。始学于从兄洙，后事吴莱，绝意仕进。尝语人曰：“吾平生无他嗜，唯攻文成癖耳。”所著有《春秋手镜》、《尚雅集》。

傅若金，字与砺，新喻人。少孤刻，励于学，能文章，受业范梈之门。甫三十，游京师，虞集见其诗，大称赏之。元统三年，介使安南，乘传至真定，若金始悟曰：“安南自陈日烜绝王封，朝廷降诏，止称世子。今不然，是无故王之也。”还白中书，更之。至安南，馆姬侍，却之曰：“吾曹非陶谷，曷为以此见污！”使还，授广州教授。卒。有文集二十卷。

李康，字宁之，桐庐人。事母笃孝，人称李孝子。工诗文，旁及书画琴奕，无不冠绝一时。至正二年，郡守马九皋遣使币聘，不起。行省官至桐庐，命县令造请议事，康不得已往，极谈当时得失。欲荐之，以母老辞。有《杜诗补遗》、《桐川诗派》、《梅月斋永言》、《看山清暇集》。

乃贤，字易之，葛逻禄氏。世居金山之西，后散处内地，随兄塔海宧江浙，遂家明州，生平不喜禄仕，独长于歌诗，不规规雕刻，而温柔敦厚，有风人之致。每一篇出，士大夫辄传诵之。时浙人韩与玉能书，王子充善古文，人目为江南三绝。至正间，用荐为编修官。有《金台集》、《海云清啸集》行世。

同时，黄玠，字伯成，定海人。幼励志操，卜筑弁山，号弁山小隐。工诗，有《知非稿》、《唐诗选》、《纂韵录》行世。

何失,昌平人,负才气,能诗文。至正间,名公交荐,以亲老不就。揭傒斯雅重其人,赠以句曰:"心事巢由上,文章陶阮间。"虞集见其所作,叹曰:"当序而传之,使后之作者,亦知世有斯人。"后卒于家。

程以临,字至可,江西宁州人。后至元间,除将仕郎,辞不就。天资超悟,尤长于诗。构别墅闭户著书,老而弥笃。选汉、魏、唐、宋诸诗,名曰《删后正音》。其自著,有《瓢丸小集》。

同时,黄庚,字星甫,天台人。著有《月屋漫稿》。其自序曰:"仆龆龀时习举子业,不暇为诗。自科目废,始得脱屣场屋,放浪湖海,凡平生豪迈之气,尽发而为诗,若醯鸡之出瓮天,坎蛙之出蹄涔,而游江湖也。其诗风致清远,时人重之。

王逢,字原吉,江阴人。才气爽俊,以能诗名于时。至正中,作《河清颂》,台臣荐之,称疾辞。晚年避乱上海乌泾,筑草堂以居,自号最闲园丁,又称席帽山人。元亡,明太祖征召甚迫,以疾辞。逢与戴良,皆眷眷有故国之思云。有《梧溪诗集》七卷。

蒲道源,字得之,眉州青神人。幼强记过人,究心濂洛之学。尝为郡学正,罢归。晚以遗逸,征入翰林,改国子博士,岁余引去。起提举陕西儒学,不就。优游林泉,病弗御医药,饮酒赋诗而逝。仲子机,为秘书少监,哀其遗文曰《闲居丛稿》二十六卷,黄溍为之序,称其以性理之学,为台阁之文云。

岑安卿,字静能,余姚人,所居近栲栳峰,号栲栳山人。与李季和、危素相善。尝作《三哀诗》,吊宋遗民之在里中者,寄托深远,脍炙人口。著有《栲栳山人集》。

同时,谢宗可,江宁人。有咏物诗百篇,传于世,皆婉秀有思致。

汪泽民题其卷,谓绮靡而不伤于华,平淡而不流于俗。

郑元佑,字明德,遂昌人。儿时以乳媪失手,伤右臂。比长,能左手作楷书,规矩备至。自号尚左生,侨居平江,诗名籍甚。所著有《遂昌山樵杂录》,其诗曰《侨吴集》。

胡天游,名乘龙,以字行,别号松竹主人,岳州平江人。有俊才,七岁能诗,具作者风力,名动一时。然负高气,孤立峻视,有沈湘蹈海之概。其诗名《傲轩吟稿》。晚岁作《述志赋》,尤为人所传诵。

周霆震,字亨远,安成人。父以道,笃志古学,宋亡,遁迹石门。霆震绩其世学,专意古文辞,每属文,不起草而用意精刻。至正中,遭乱,其感时触事之作,皆可补国史之未备。晚年自号石西子,有《石初集》十卷,谓石门吾先志,不忘本也。

吴定翁,字仲谷,临川人。工于诗。揭傒斯称其幽茂疏澹,可比卢挚。辟荐相望,终身不出。尝曰:"士毋求用于世,惟求无愧于世可也。"

同郡孙辙,与定翁齐名,吴澄序其集曰:"所谓仁义之言,蔼如也。"定翁与辙俱不仕。元统二年,辙卒,年七十三。

郭钰,字彦章,吉水人。壮年负盛气,为诗清丽有法。其于离乱穷愁之作,尤凄惋动人。年逾六十,竟以贫死。其《春夜诗序》云:"余值时危,一贫到骨。今春雨雪连旬,牛衣以当长夜,遂成痁疟。"其固穷如此。所著《静思集》,诗文甚富。

舒頔,字道原,绩溪人。年十五六,与同郡程文,讲明经史之学。后至元中,辟贵池教谕。秩满,转台州学正。遭逢世乱,奉亲归遁山中。尝避寇岩谷,被执,頔正色叱贼,贼感而释之。其诗盘郁苍古,不染纤巧织纤之习。书法尤朴拙,识者以为得汉隶法。学者称贞素先生。有《华阳贞素斋集》七卷。

李祁，字一初，茶陵州人。元统初，登进士第一，应奉翰林文字。母老，就养江南，改婺源州同知，以母忧，归隐永新山中。年七十余，遭兵乱，被伤而殁。总制新安余茂刻其遗文为《云阳先生集》十卷。

同举进士者王礼，字子让，庐陵人。元亡不仕，日以铁拄杖采诗山谷间，著作甚富，不求闻于时，故所传绝少。

戴良，字叔能，婺州浦江人。少事举子业。寻弃去，专心博古。学文于柳贯、黄溍，学诗于余阙，皆得其师承。至正中，以荐授江北儒学提举，而浙东已陷，乃避地吴中。久之，挈家泛东海，渡黑水洋，憩登、莱间。侨寓昌乐数载，访求齐鲁间豪杰，奋欲有为，而卒无所遇。后南还，变姓名，隐九灵山下。明太祖征之，召见，颇忤旨，卒于邸舍。有《九灵山人集》三十卷。

又有吴海，字鲁客，闽县人。至正末，绝意仕进，以文学自娱。与同乡王翰友善。翰事见《忠义传》。翰之死，海实劝之，又抚其子偁，俾成立，时论称之。为文严整典雅，有《闻过斋集》八卷。

王冕，字元章，号煮石山农，诸暨田家子也。年八岁，父命牧牛陇上。窃入学舍，听诸生诵书。听已，辄默记。暮归，亡牛，父挞之。已复如故。安阳韩性闻而异之，因录为弟子。通《春秋》诸传。一试不第，即焚所为文。常着高檐帽，披绿蓑衣，履长齿木屐，或骑黄牛，持《汉书》朗诵，人皆目为狂。北游燕，有欲荐以官职者。冕曰："不满十年，此中狐兔穴矣，何以禄为？"即遁归隐九里山，结茅三间，自题为梅花屋主。仿《周礼》，著书一卷，坐卧自随。赋诗千百言，立就。善画梅，题诗其上，人争宝之。明太祖闻其名，召为参军，未就而卒。

钱惟善，字思复，钱塘人。长于《毛诗》学。乡试题为《罗刹江赋》，应试者皆不知罗刹江为钱塘江，惟善引枚乘《七发》为据，谓发源太末,大为主试者所称,由是得名。号曲江居士,又自称心白道人。著有《江月松风集》十二卷。官至副提举。张士诚据吴,退隐吴江之简川,未几卒。

张昱,字光弼,庐陵人。早游湖海,为虞集、张翥所知。累官行省左右司员外。日以诗酒自娱,超然物表。后弃官归。张氏礼致不屈,策其必败,题蕉叶以寓志焉。居西湖,每放舟湖心,把酒扣舷,自歌其所为诗,笑曰:“我死,埋骨于此,题曰诗人张员外墓足矣!”著有《左司集》。年八十三而终。

陶宗仪,字九成,黄岩人。父煜为福建行院都事。宗仪幼好古,洒落不凡。少举进士,一不中即弃去。工文章,尤刻意字学。至正间,浙帅泰不华、南台御史丑闾辟举行人校官,皆不就。艺圃一区,躬耕之暇,以笔墨自随,时辍耕树阴,抱膝而叹,每记一事,辄摘叶书之,贮一破盎,去则埋于树根,人莫能测。如是者十年,遂累盎至数十。一日,尽发其藏,萃而录之,合三十卷,题曰《南村辍耕录》。又有《说郛》一百卷,《书史会要》九卷,《四书备遗》二卷。其未脱稿者不与焉。

顾德辉,字仲瑛,昆山人。性警敏,才赡思捷,下笔成诗。与一时名士张翥、李孝光、杨维桢等相酬和。年逾四十,筑草堂自居,名曰玉山草堂,集唱和诗十三,为《草堂雅集》。自号金粟道人。至大间,征为儒学教谕,不就。至正十七年,张士诚屡欲辟用之,皆以病谢。后卒。

同县郭翼,字义仲。沈潜百家,尤邃于《易》。善诗歌,杨维桢称其有乐府才。

杨维桢,字廉夫,诸暨人。泰定初进士,署天台尹,罢去。张士诚据浙西,累使招之,不能屈。且撰五论,反复告以顺逆成败之说,识者陋之。生平气度高旷,喜戴华阳巾,披羽衣,周游山水间,以声乐自随。早岁居吴山铁崖,筑万卷楼,辘轳传食,读书其上者五年,故以铁崖自号。已得铁笛于湘江,吹之,亦号铁笛子。文辞非秦、汉弗之学,久与俱化。晚年筑蓬台于松江东南,才俊士投赞求文者无虚日。当疾亟,撰《归全堂记》,顷刻立就,掷笔而逝。著有《四书一贯录》、《五经钥键》、《春秋透》、《天关》、《礼经约》、《历代史钺》二百卷、《东维子集》三十卷,《琼台曲》、《洞庭雪闲杂吟》二十卷。

张宪,字思廉,山阴人,别号玉笥生。负才不羁,尝走京师论天下事,众骇其狂。还,入富春山,混缁黄以自放。张士诚据吴,辟为都事。吴亡,变姓名走杭州。且暮手一编,人不得窥,死后视之,其平生所作诗也。杨维桢曰:“吾铁门称能诗者,南北凡百余人,求其似宪者,不能十人。”有《玉笥集》,皆怀古感时之作。

同时,杭州人张雨,亦隐于黄冠者。从虞集受学。诗才清丽。著有《句曲外史集》。

丁鹤年,其先西域人。父职马禄丁,徙居武昌,因以丁为氏。年十七,通《诗》、《书》、《礼经》。至正间,从兄吉雅谟丁为定海令,徒步往依焉。省台交荐,凡九上,皆不就。既而方国珍据浙东,鹤年深匿海岛,卖药以自给。凡忧国之念,皆发之诗歌。著有《海巢集》。

倪瓒,字元镇,无锡人。工诗,善书画。所居曰《清闷阁》,藏书数千卷,皆手自勘定。自号云林居士。有洁癖,盥濯不离手。家本素封,至正初,忽散其财给亲故,人咸怪之。未几,兵起,富室悉被祸,瓒扁舟箬笠,往来江湖上,独免于难。张士诚欲招之,不肯出。其弟士信怒,一日,与宾客宴湖上,闻苇中有异香,疑为瓒,物色渔舟中,果得之,挟几死,终无一言。明洪武初,卒。

与瓒画齐名者,有常熟人黄公望,字子久;嘉兴人吴镇,字仲圭;吴兴人王蒙,字叔明。公望辟书佐,以罪免,遂为黄冠。镇隐居不仕。惟蒙仕于明,坐法死。

新元史卷二三九
列传第一三六

笃行上

田喜 缪伦　祖浩然　徐师颜
陈斗龙　胡景清 颜应祐　赵应祥
周古象　王闰　郭道卿 佐卿　廷炜
萧道寿　郭狗狗　张闰 芮世通　丁煦
同存义　田改住　宁猪狗 李家奴等
樊渊 赖禄孙　刘德泉 朱显　吴思达
朱汝谐　郭回　孔全 张子夔等　杨一
张本　张庆　元善　却祥　赵毓
胡光远 庞遵　陈韶孙　李忠
吴国宝　李茂　羊仁 黄觉经　章卿孙
俞全　李鹏飞　彻彻　王初应 施合德
石明三　郑文嗣 太和钦　王荐　郭全
刘德　马押忽　杨晞　丁文忠
邵敬祖 李彦忠　郭成　扈铎　孙秀实
李子敬　宗杞　赵荣　吴道直　余丙

徐钰　尹莘　孙希贤　卜胜荣　刘廷让
刘通　黄镒　丁祥一　张旺舅　张思孝
杜佑　长寿　梁外僧等　孙瑾　吴希曾
张恭　汝道　赵一德

《周官》以六行教万民，曰孝、友、睦、镣、任、恤。后世旌民善行，亦《周官》之遗意。然自三代以下，犯上作乱者日逞，而未有艾。至元之季世，邪慝兴而妖乱作，社稷卒亡于盗贼。呜呼！民之失教久矣。虽有一二敦行之士，有司旌之，以为故事，无当于化民型俗也。然其人，则天理民彝所赖以维系者焉。故采其事实，著于篇。

田喜，保定清苑人。金贞祐元年，保州陷，驱居民出，喜及其父彦与焉。是夕，下令先杀老者，刃将及其父。喜潜往伏其父于下，以身覆之。两手俯据地，延颈待刃。喜脑中两刃死，夜半复苏。后令再下，无老幼尽杀。时喜以工艺被选，行次安肃，闻父死，遂归求父尸，得之负以涉水，伤胫至血出，发母冢合窆焉。

又，东平缪伦，字叔彝。当淮兵乱，执其父，将杀之。伦哀号乞免，弗听；愿倾家资赎父命，又弗听。乃自缚，请以自代，贼杀之，而释其父。

祖浩然，字养吾，建宁人，世儒家。至元中，盗黄华起政和，朝廷命将往讨，回军经浦城，掠其母全氏而北。时浩然方六岁，独与父居者。二十八年后，为三山书院山长。或告以母在河南，而不能名其处。浩然弃职辞父，抵河南。每舍逆旅，闻操南音者，必就与语。久之，知全氏已辗转至汝州。浩然遂返汝州，遍访之。或有言在别盖山者，益喜，走三百余里，果见其母，奉以归。闻者皆为歌诗美之，往往举朱寿昌事为比。

　　徐师颜，字子愚，新定人。性倜傥，急人之难。至元十四年，江南大疫，师颜出粟募民，舁尸坎瘗。可医食者，亲抚视以活之。遇一女子，扶曳气微，属问之曰：“吾衢州儒家女。”师颜载以归，疗之，后嫁为士人妻。师颜事继母至孝。一日，其妻出微语，师颜闻之，自责，不居内者数月。其母言妇无过，乃叱妻拜堂下，为夫妇如初。卒，年七十。著有《上饶集》，牟𪩘序其诗，谓事亲如徐积，诗亦似之。

　　陈斗龙，字南仲，杭州昌化人。父泽民、母盛氏，先后卒。斗龙才十三，庐墓极哀。已娶妻，有盛冲者告之曰：“若生母王氏，若未一岁，改嫁钱塘人。闻其家在清湖中。”斗龙大惊，即日与妇决，具装行，曰：“必与母俱归。”先是泽民妻无子，以币如钱塘，求宜子者，得王于清湖，生斗龙，期满遂去。斗龙至清湖，逢白发媪，告曰：“若母归，无几时，已往江东。”斗龙即入江东，往来数郡间，逾六年。一夕，舍永丰之逆旅，旅人怪其数过，问焉，告之故。其人惊曰：“吾主人妇王氏，自言家清湖。”乃走告。良久，有老妇人哭而出，斗龙亦哭，乃奉之归。会盗入昌化境，斗龙为庐百丈山，身自负母，妇拥后。逢盗数百人，斗龙置母，稽首曰：“余幼失母，行求六年，得母归，未百日。若夫妇死，谁当养母者？”盗咨嗟去。后母子俱以寿终。

　　胡景清，龙溪人。元兵下漳南，景清甫五岁，随父母逃难，仓卒失母。及长，知学，每念母，辄涕下不食。乃辞父寻母。遇其叔胡巨川，知母已至大都，而未识其处。逾年，始得之。母子不相见者凡四十年。事闻，诏旌之，仍给驿以归。

　　同县有颜应佑者，母许氏，先以患难迁徙，失所之。应佑访求无息耗，尝悲号流涕。一日，得书，知在云南，即往求之，果得母以归。士君子咸歌诗，以嘉其孝。

赵应祥，庐陵人。年十四，其父行贾不还。后闻父已死，即辞母往求。都下有曾老者，与父善，走数千里询之，知父殡滨州，墓冢累累不可辨。应祥行，哭七日，解发系马鞍，祝曰："随马所之，过吾父坟者，当发解、鞍堕。"既而经一坟，鞍果堕。发之，棺上具有父姓名，遂脱己衣，裹其骨，负之以归。

周古象，蕲水人。元初，被兵掠至蓟州，赘蒙古氏。既生子，未尝喜笑。妻询其故，曰："有母在，欲归省。"妻许之，且嘱曰："母在，当奉养，勿以妾故复来。"及归，母尚无恙，古象奉母尽孝。母殁，庐墓。妻亦终身不嫁。淮西佥按察司事韩克庄为立孝里门。

王闰，东平须城人。父卧疾，夜燃灯室中，火延竹壁。闰惊起，火已炽，烟焰蔽寝户。闰突入火中，解衣蒙父，抱之出，肌体灼烂，而父无少损。一女不能救，遂焚死。中统二年，复其役。

郭道卿，兴化莆田人。四世祖义重，至孝。宋绍兴间，有诏旌之，乡里为立孝子祠。至元初，闽盗起，居人窜匿。道卿与弟佐卿，独守孝子祠，不忍去，遂俱被执。盗将杀佐卿，道卿泣告曰："吾有儿已长，弟弱子幼，请代弟死。"佐卿亦泣告曰："吾家事赖兄以理，请杀我。"道卿固引颈请刃，盗相顾曰："汝孝门兄弟，若此，吾何忍害？"两释之。道卿年八十，子廷炜为建宁路平准行用库使，辞归侍养。道卿尝病疝，危甚，廷炜忧瘁扶护，一夕发尽白。有司言状旌之。

萧道寿，京兆兴平人，家贫，饔飧以自给。母年八十余，道寿事养尽礼。每旦，候母起，夫妇亲侍盥栉。日三饭，必待母食，然后退就食。至夕，必待母寝，然后退就寝。出外，必以告，有母命，乃敢出。母或怒，道寿自进杖，伏地以受。杖足，母命起，乃起。起复再拜，谢违教，俟色喜，乃退。母尝有疾，医累岁不能疗，道寿刲股肉，啖之而愈。至元八年，赐羊酒表其门。

郭狗狗，平阳翼城人。父宁，为钦察首领官，戍大良平。宋将史太尉来攻，夜陷大良平，宁全家被俘。史将杀宁，狗狗年五岁，告史曰："勿杀我父，当杀我。"史惊问宁曰："是儿几岁耶？"宁曰："五岁。"史曰："五岁能为是言，吾当全汝家。"即以骑送宁等往合州，道遇国兵，骑惊散，宁家俱得还。御史以事闻，命旌之。

张闰，延安延长人，隶军籍。八世不异爨，家人百余口，无间言。日使诸女、诸妇各聚一室，为女红。事毕，敛贮一库，室无私藏。幼稚啼泣，诸母见者，即抱哺。一妇归宁，留其子，众妇共乳之，不问孰为己儿，儿亦不知孰为己母者。闰兄显卒，即以家事付侄聚，聚辞曰："叔，父行也，叔宜主之。"闰曰："侄，宗子也，侄宜主之。"相让既久，卒以付聚。缙绅之家，自谓不如。至元二十八年，旌表其门。

又有芜湖芮世通，十世同居。峡州向存义、汴梁丁煦，八世同居。州县请于朝，并加旌美。

田改住，汶上人。父病不能愈，祷于天，去衣，卧冰上一月。同县王住儿，母病，卧冰上半月。其父母俱痊。

宁猪狗，山丹州人。母年七十余，患风疾，药饵不效。猪狗割股肉，进啖，遂愈。岁余复作，不能行，猪狗手涤溷秽，护视甚周，造板舆载母，夫妇共舁行园田以娱之。后卒，居丧有礼，乡里称焉。

潭州万户移剌琼子李家奴，九岁母病，医言不可治，李家奴刲股肉，煮糜以进，病乃痊。

抚州路总管管如林、浑州民朱天祥，并以母疾刲股，旌其家。

毕也速，答立迷里氏，家秦州。父丧，庐墓次，昼夜悲号，有飞鸟翔集，坟土踊起。

又有尹梦龙，中兴人。母丧，负土为坟，结庐居其侧，手书《孝经》千余卷，散乡人读之，有群鸟集其冢树。

樊渊，建康句容人。幼失父，事母笃孝。至元十二年，奉母避兵茅山。兵至，欲杀其母，渊抱母号哭，以身代死。兵两释之。三十年，江东廉访使辟为吏，母卒，奔丧，哀感行路。服阕，台省交荐，渊不忍去坟墓，终不起。

又延祐间，汀州宁化人赖禄孙，母病，值蔡五九作乱，负母避之。盗至，禄孙守母不去，盗将刃其母，禄孙以身翼蔽，曰："勿伤吾母，宁杀我。"母渴，不得水，禄孙含唾濡之。盗相顾骇叹，不忍害，反与以水。有掠其妻去者，众责之曰："奈何辱孝子妇！"使归之。事闻，并予旌表。

刘德泉，汴梁杞县人。早丧母，父荣，再娶王氏，生二子居敬、居元，俱幼。王氏病卒，德泉益相友爱。至元末，岁饥，父欲使析居，德泉泣止，不能得，乃各受其业以去。久之，父卒，兄弟相约同爨，和好如初。

又，真定人朱显，自至元间，其祖父已分财至。显念侄彦昉等年幼无恃，谓弟耀曰："父子兄弟本同一气，可异处乎！"乃会拜祖墓下，取分券焚之，复与同居。

蔚州人吴思达兄弟六人，尝以父命析居。思达为开平县主簿，父卒，还家治葬毕，会宗族，泣告其母曰："吾兄弟别处十余年矣，今多破产，以一母所生，忍使兄弟苦乐不均耶！"即以家财代偿其逋，更复共居。母卒，哀毁甚。宅后柳树连理，人以为友义所感。

又濮州人朱汝谐，父子明，尝命与兄汝弼别产。子明卒，汝弼家尽废，汝谐泣请共居。仲父子昭、子玉贫病，汝谐迎至家奉汤药，甘旨甚谨。后卒，丧葬尽礼，乡人贤之。州县各以名闻，表其闾。

郭回，邵武人。素贫，年六十无妻，奉母寄宿神祠中，营养甚艰。母年九十八卒，回佣身得钱葬之，每旦诣坟哭祭，十四年不辍。州上状，命给衣粮赡济，仍表异之。

　　孔全,亳州鹿邑人。父成病,刲股肉啖之,愈后卒。居丧尽哀,庐墓左负土为坟,日六十肩,三年起坟广一亩,高三丈余。

　　又张子夔,安西人,父丧,每夜半以背负土,肘膝行地,匍匐至葬所,筛细土为坟。

　　又陈乞儿,归德夏邑人,年九岁,母丧哀毁,亲负土为坟,高一丈、广十六步。人悯其幼,欲助之,则泣拜而辞。

　　又有峨眉赵国安、解州张琛、南阳李庭瑞、息州移剌伯颜、南阳怯烈歹,皆居丧庐墓次,负土为坟,并以有司请表其间。

　　杨一,怀州人。其叔父清,家贫,密以分契诣神祠焚之,与清同居者三十年,无间言。

　　又张本,东昌茌平人,笃孝,事伯父、叔父尤谨。伯父尝病,本昼夜不去侧,复载以巾车,步挽诣岱岳祷之。

　　张庆,真定人。善事继母。伯父泰异居河南,庆闻其贫,迎归供养,过于所生。

　　元善,大名人。父有昆弟五人,因贫流散江淮,久之,俱客死。至大四年,善往寻骸骨,并迎弟侄等十五丧而归。改葬祖父母,以诸丧序列附于茔次。州县以闻,旌其家。

　　却祥,字天瑞,真定行唐人。曾祖广,成宗时以文臣授元帅府监军,守亳州。祖温,获鹿县尹。父仲璋,监副宣课。祥官博野县助宣课提领,父病,衣不解带,日夜吁天,乞以身代。父殁,庐墓侧,以哀毁卒。教授马利用,为立孝行碑记之。

　　赵毓,本唐州人,后迁郑州管城。其先三世同爨。毓官福州司狱,满归,以母老,不复仕。一日,会诸弟泣申遗训,愿世世无异处,且祝天歃血以盟。自是,大小百口无间言,同力合作,家以殷富。毓长兄瑞早逝，嫂刘氏守志，毓率家人，事之甚恭。次兄选继殁，嫂王氏，毓母以其少许归改嫁，王氏曰："妇无再嫁之义，愿终事姑。"毓妹赘王佑，佑亡，妹念佑母无子，乞归王氏养之。人谓孝友节义，萃毓一家。元贞初旌之。

胡光远，太平人。母丧，庐墓。一夕，梦母欲食鱼，晨起，将求鱼以祭。见生鱼五尾列墓前，俱有啮痕，邻里惊异，方聚观。有獭出草中浮水去，众知是獭所献。以状闻于官，表其闾。又至顺间，永平庞遵，母病肿三年，不能起，忽思食鱼。遵求于市，不得，归途叹恨。有鲤跃入其舟。作羹以献，母悦，病瘥。

陈韶孙，广州番禺人。父浏，以罪流肇州。韶孙年十岁，不忍父远谪，朝夕号泣愿从。父不能夺，遂与俱往。跋涉万里，不惮劳苦。道过辽阳，平章塔出见而悯焉，语之曰："天子宽仁，罚不及嗣。边地苦寒，非汝所堪，吾返汝故乡，汝愿之乎？"韶孙曰："既不能以身代父，当死生以之归，非所愿也。"塔出惊异，以钱赐之。大德六年，浏死，韶孙哀恸，见者皆为之泣下。肇州万户府以闻，命韶孙还乡里，仍旌之。

李忠，晋宁人。幼孤，事母至孝。大德七年，地大震，郇保山移，所过居民庐舍皆摧压，将近忠家，分为二行，半里复合，忠家独完。

吴国宝，雷州人，性孝友。父丧，庐墓。大德八年，境内蝗害稼，惟国宝田无损，人皆以为孝感所致云。

李茂，大名人，徙家扬州。父兴寿，临卒，语茂曰："吾病且死，尔善事母。"茂泣受命，奉母孟氏益谨。母尝病目失明，茂祷于泰山三年，复明。又愿母寿，每夕祝天，乞损己年益母，孟氏年八十四而卒。大德九年，扬州再火，延烧千余家，火及茂庐，皆风返而灭。事闻，旌之。

　　羊仁，庐州庐江人。至元初，阿术兵南下，仁家为所掠，父被杀，母及兄弟皆散去。仁年七岁，卖为汴人李子安家奴，力作二十余年。子安怜之，纵为良。仁踪迹得母于颍州蒙古军塔海家，兄于睢州蒙古军岳纳家，弟于邯郸连大家，皆为役，尚无恙。乃遍恳亲故，贷得钞百锭，历诣诸家求赎之，经营百计，更六年，乃得遂。大小二十余口，复聚居为良，孝友甚笃，乡里美之。大德十二年，旌其家。

　　又有黄觉经，建昌人。五岁，因乱失母。稍长，誓天诵佛书，愿求母所在。乃渡江涉淮，行乞而往，冲昌风雪，备历艰苦，至汝州梁县春店，得其母以归。

　　章卿孙，蜀人，本刘氏，幼为章提刑养子，与母富氏相失三十八年。遍访于江西诸郡，迎归养之。

　　俞全，杭州人，幼被掠卖为刘馛家奴。后获为良，自汴步归杭，寻其母及姊得之，事母以孝闻。

　　李鹏飞，池州人。生母姚氏为嫡母不容，改嫁为朱氏妻，鹏飞幼不知也。年十九，思慕哀痛，誓学医以济人，愿早见母。行求三岁，至蕲州罗田县得焉。时朱氏家方疫，鹏飞起之，遂迎还奉养。久之，复归朱氏。时渡江省观，既卒，携子孙祭墓，终其身。

　　彻彻，捏古思氏。幼丧父，事母笃孝。稍壮，母殁，恸哭顿绝，水浆不入口者三日。既葬，居丧有礼。每节序，祭祀哭泣。年四十余，思慕犹如孺子。每见人父母，则呜咽流涕。人问其故，曰：“人皆有父母，我独无，是以泣耳。”至大三年，旌表。

　　王初应，漳州长泰人。至大四年二月，从父义士，樵刘岭山。有虎出，搏义士，伤右肩。初应赴救，抽镰刀刺虎鼻，杀之，义士得生。泰定二年，同县施合德父真祐尝出耘，为虎扼于田。合德与从弟发仔，持斧前，杀虎，父得生。并旌其门。

又绍兴人石明三,虎噬其母,明三砺巨斧杀之,并杀三虎子及牡虎,明三亦死,立而不仆,面如生。

郑文嗣,婺州浦江人。其家十世同居,凡二百四十余年,一钱尺帛无敢私。至大间,表其门。从兄太和治家事卒,文嗣继之,益严而有恩,家庭中凛如公府,子弟稍有过,颁白者,犹鞭之。部使者余阙为书“东浙第一家”,以褒之。

太和方正,不奉浮屠、老子教,冠婚丧葬,必稽朱子家礼而行。执亲丧三年,不御酒肉。子孙皆孝谨,诸妇唯事女工,不使预家政。家蓄两马,一出,则一为之不食,人以为孝义所感。太和抚弟文原子钦为后,丁太和忧,以毁卒。

王荐,福宁人。性至孝,父尝疾甚。荐夜祷于天,愿减己年益父寿。父绝而复苏,告其友曰:“适有神人黄衣红帕首,恍惚语我曰:汝子孝,上帝命锡汝十二龄。”疾遂愈。后果十二年而卒。母沈氏,病谓,语荐曰:“得瓜以啖我,渴可止。”时冬月,求于乡不得,行至深奥岭,值大雪,荐避雪树下。思母病,仰天而哭,忽见严石间,青蔓离披,有二瓜,因摘归奉母。母食之,渴顿止。兄孟翰早世,嫂林氏更适刘仲山。仲山尝以田鬻于荐,及死不能葬,且无子族。以其贫,莫肯为之后。荐即以田还之,使置后且治葬焉。州禁民死不葬者,时贫民未葬者众,畏令,悉焚柩弃其骨。荐哀之,施地为义阡,收瘗之。有死不能敛者,复为买棺。至大四年,旱,民艰籴,荐尽出储粟赈之。有施福等十一家,饥欲死,荐闻恻然,欲济之,家粟已竭,即以己田易谷百石分给之。福等德其活己,每月朔,会佛祠,为祈福。宣慰司上状旌之。

郭全,辽阳人。幼丧母,哀戚如成人。及壮,父庭玉又卒,居庐三载,啜粥面墨。事继母唐古氏至孝。唐古氏生四子皆幼,全躬耕以养。既长,婆妇各求分财异居,全不能止,凡田庐器物,悉自取朽弊者,奉唐古氏以居。唐古氏卒,全年六十余,哀痛毁瘠,庐其墓终丧。

又有刘德,奉元人。事继母何氏至孝。家贫,佣工,敢直寸钱尺帛,皆上之。四弟并何出,德抚爱尤笃。年五十未娶,称贷得钱,先为弟求妇,诸弟亦化其德,一门蔼然。乡里称为刘佛子。

又,马押忽,也里可温氏。素贫,事继母张氏、庶母吕氏以孝闻。

刘居敬,大都人。年十岁,继母郝氏病,居敬忧之,恳天以求代。状闻,并褒表之。

杨皞,扶风人。父清,母牛氏。牛常病剧,皞叩天求代,遂痊。如是者再。后牛氏失明,皞登太白山,取神泉洗之,复如故。牛氏殁,哀毁特甚。葬之日,大雨,独皞墓前后数里密云蔽之,雨不沾士。葬毕,令妻卫氏家居,养清。皞独庐墓,上负土为坟,蔬食水饮,终其丧。清卒,亦如之。

丁文忠,许州偃城人,业冶。母和氏卒,文忠庐墓侧,不与妻面者三年。父贵又疾,医不能疗,文忠车一辆,与弟文考其御之,载父祷于嵩山、五台、泰安、河渎诸祠,途遇异僧,遗药而愈。延祐七年旌之。

邵敬祖,宛丘人。父丧庐墓,母继殁。河决,不克葬,殡于城西。敬祖露宿,依其侧,风雨不去。友人哀之,为缚草舍庇之。前后居庐六年,两髀俱成湿疾。至治三年,旌其家。

其后,又有永平李彦忠,父丧,庐墓八年不至家。

茶陵谭景星,幼失父,追念之,庐墓十年。

亳州郭成,年七十一,母丧,食粥庐墓一年,朝夕哭临,人哀其老而能孝。

扈铎,汴梁兰阳人。蚤孤,育于伯父。及壮,事伯父如所生。伯父老，无子，铎为买妾。岁余，生一女。其妾熟寐，压女死。久之，伯父卒，铎哭之甚哀。遗腹生一男，铎惩前事，告其母及妻、妹护视之。已复庐户外，中夜阅视，不敢安寝。弟能食，常自抱哺，与同卧起，十年不少怠。弟有疾，铎夜稽颡星斗，哀祷曰："天不贷余家，铎父子间可去一人，勿丧吾弟，使伯父无后也。"明旦，弟愈。母卒，哀毁逾礼，庐于墓侧，不理家事。宗族劝之归，铎曰："今岁凶多盗，吾家虽贫，安知墓中无可欲乎？倘惊吾亲之灵，虽生何为！"卒守庐不去。

孙秀实，大宁人。性刚毅，喜周人急。里人王仲和尝托秀实贷富人钞二千锭，贫不能偿，弃其父逃去数年。其父思之疾，秀实日馈薪米存问，终不乐，秀实哀之，悉为代偿，取券还。得访仲和，使归，父子欢聚。闻者莫不叹美。又李怀玉等，贷秀实钞一千五百锭，度无以偿，尽还其券不复征。

又，贾进，大同人。大德九年地震，民居多伤，且乏食。进给酒药炭米济之。每岁冬，制木绵裘数百袭，衣寒者。买地为义阡，使无墓者葬之。

李子敬，陕西三原人。嫁不能嫁者五十余人，葬不能葬者五十余丧，焚逋券四万余贯。有司以名闻，并旌之。

宗杞，大都人。年十九，父内宰卒，擗踊号泣，绝而复苏，水浆不入口者三日。哀气伤心，遂成疾，伏卧床榻，犹哭不止，泪尽继之以血。既葬，疾转甚。杞有继母，无他兄弟，度不能自起，作遗书，嘱其妻杨氏曰："汝善守志，以事吾母。"遂卒。杨氏遗腹生一男，人以为孝感，天不绝其嗣云。泰定三年，旌其门。

赵荣，扶风人。母强氏有疾，荣割股肉啖之者三。复负母登太白山，祷于神，得圣水饮之，乃痊。后年七十五卒，荣号痛，不食三日，方饮水，七日乃食粥。葬之日，白云庇其墓前后十五里，葬毕而散。荣负土成坟，庐其侧终丧。

吴道直，华州蒲城人。父殁，事继母孝。兄弟尝求分财，好直劝谕不能止，即以己所当得，悉推与之。出从师学三十年，无少悔。

又有甄城人柴郁、陈舜咨，皆孝友，以己产分让兄弟。县令言状，并表美之。

余丙，建德遂安人。幼丧母，泣血成疾。父亡，不忍葬，结庐山下，殡其中，日闭户守视。有牧童遗火，延殡庐，丙与子慈殴扑不止，欲投身火中，与枢俱焚。俄暴雨，火灭。

徐珏，镇江人。始冠，侍父镇，之婺源。过丹阳小溪，镇乘舟失足，堕水中。同行者立岸上，不能救。钰投溪，拥镇出。镇获登岸，钰力愈，且水势湍急，遂溺死。尸流四十五里，得于滩上。江浙行省言状，表异之。

尹莘，开封洧川人。母卒，庐墓，蔬食，哀毁骨立。父辅臣病疫，莘侍汤药，衣不解带。尝其粪以验，差剧。至顺二年，以孝行旌门。

又高唐人孙希贤，母病，祈天求以身代，母果愈。

高邮卜胜荣，母痢，不能药，日尝痢以求愈。兄病，礼北斗，乞减己算延之。并愈。

刘廷让，大宁武平人。至顺初，北方兵起，廷让挈家避山中。有幼弟，方乳，母王氏置于怀。乱兵至，廷让乃弃己子，一手抱幼弟，一手扶母，疾驱得免。事闻，旌之。

刘通，亳州谯县人。家贫，业农。母卜氏，目失明，通誓断酒肉，祷之三十年不懈。卜氏年八十五，忽复明。

又，鄱阳黄镒、诸暨丁祥一，皆以亲丧明，以舌砥之，复能视。并荷旌表。

　　张旺舅，安丰霍邱人。幼失父，母陈氏居贫守志。旺舅九岁，卖饧以养。及长，母病，伏枕数月，旺舅无赀延医，惟日夜痛哭，礼天求代，未几遂愈。又自以生业微，不能多给，竟不娶以终母年。县令言于朝，旌之。

　　张思孝，华州人。母丧，以孝闻。父疾，以父涕洟半器，垂泣尽饮之。复洁斋致祷，乞以身代，未几遂瘥。至顺三年，表其门。

　　杜佑，邳州人，河南行省署为三义水马站提领。父成，病于家，佑忽心惊，举体沾汗，即弃职归。父病，祷神求代。且尝粪以验疾。父卒，庐墓尽哀，有驯兔之瑞。

　　长寿。父帖住，官平章政事，生五子，长山寿早世，次即长寿，次永寿、福寿、忙古海牙。元统间，帖住殁，长寿哀毁尽礼。服阕，当荫叙，与弟罗拜母前曰："吾父廉贫，诸弟未有所立，愿以职让永寿。"永寿让福寿，福寿曰："二兄能让，福寿独不能耶？"以让忙古海牙。母从之，忙古海牙遂荫为太禧宗禋院神御殿侍礼佐郎，阶奉议大夫。又河中人梁外僧，亲丧庐墓。兄那海为奥鲁官，自以尝远仕，不得养其亲，即弃职，举外僧代之。人称外僧能孝，那海能义。

　　又有畏吾氏秋秋及濠州人高中、嘉定人武进，皆以侍亲不愿仕，以祖父荫让叔父、昆弟云。

　　孙瑾，镇江丹徒人。父丧哀毁，冬常徒跣，停柩四载，衣不解带，食粥，诵佛书。事继母唐氏尤孝，尝患痈，瑾亲吮之，又丧目，瑾舐之复明。

　　又吴希曾，睢宁人。父卒，葬之日，大雨，希曾跪柩前，炷艾燃腕，火炽，雨止。既葬，庐于墓左。县上状，并旌之。

　　张恭，河南偃师人。以兵部符署鹰房府案牍。亲老，辞归侍养。父卒，侍母冯氏尤谨。岁凶，恭夫妇采野菜为食，而营甘旨无乏。母有疾，恭手除溷秽，口哺饮食，且尝粪以验疾。天历初，西兵至，河南居民悉窜，恭守母，项中一剑不去，母惊悸而殁。恭居丧尽礼。有诏旌其闾。

　　訾汝道，德州齐河人。父兴卒，居丧以孝闻。母高氏，治家严，汝道承顺甚恭。母尝寝疾，昼夜不去侧。一日，母屏人，授以金珠若干曰：“汝素孝，室无私蓄，此物可善藏之，毋令他兄弟知也。”汝道泣拜辞不受。母卒，哀毁，终丧，不御酒肉。尤友爱二弟，将析居，汝道悉以美田庐让之。二弟早世，抚诸孤如子。

　　乡人刘显等贫，无以为生，汝道割己田畀之，使食其租终身。里中尝大疫，有食瓜得汗而愈者，汝道即多市瓜及携米，历户馈之。或曰：“疠气能染人，勿入也。”不听。益周行，问所苦，然卒无恙。有死者，复赠以槽椟，人咸感之。尝出麦粟贷人，至秋，蝗食稼，人无以偿，汝道聚其券焚之。县令李让为请旌。

　　赵一德，龙兴新建人。大兵南伐，被俘为郑留守家奴。历事三世，号忠干。至大元年，拜请于郑阿思兰，归省父母，阿思兰许之，期一岁而返。一德至家，父已殁，惟母在，年八十余。一德卜地葬父毕，如期归。阿思兰义之，即裂券纵为良。

　　一德将辞归，会阿思兰以冤被诛，诏簿录其家。群奴各亡去，一德独奋曰：“主家有祸，吾忍同路人耶！”留不去，与张锦童诣中书诉枉，得昭雪，还其所籍。阿思兰母分田庐遗之，一德谢曰：“一德虽鄙人，非有利于是也。重哀主无罪而受戮，故留以报主。今老母八十余，得归侍养，主之赐已厚矣，何以田庐为？”不受而去。皇庆元年，旌其门。

新元史卷二四○
列传第一三七

笃行下

姚仲实　夏永庆　黄一清　祝大昌
叶以清　秦玉　王庸　黄赟　刘琦
刘源　陆思孝　姜兼　胡伴侣
王士宏　何从义　哈都赤
高必达 曾德　王思聪　黄道贤
史彦斌　张绍祖　李明德　张缉
魏敬益　汤霖　孙抑　石永
王克己　刘思敬　吕祐　周乐
唐毅 辕

姚仲实,河南人,官真州三务使。居半岁,慨然曰:"剥下以事上,非我志也。"弃官归,以贸易赀巨万。仲实曰:"积而不散,曷为者?"买田十余顷为义茔,以葬贫民,其不能婚嫁者以赀助之,又赎没为奴者数十家。岁饥,为食于道,以食饿者。朝廷建辟雍,献美材千章、米五千石、役夫羊裘九十袭。元贞初,诏赐彩缯百匹,复其家。初,贫民负仲实五千余缗,仲实悉还其券,人尤德之。卒年七十三。集贤大学士陈颢言于武宗,请表其墓,以风天下之为善者。诏从之。

夏永庆，字章甫，定海人。大德中，从父文德转粟京师，舟抵海洋，镇盘载喧呼，文德僵仆溺水。永庆震骇，没入洪涛，载父出，舵工以戟钩其衣，父赖不死。永庆力不支，竟沉于海。其后，诸弟伤之，居同室，食同爨。至正十三年，表曰孝义之门。

黄一清，字清夫，徽州休宁人。父元珪，早卒。母吴氏，矢志不嫁。一清事母以孝闻。母病梦人告之曰："有老妪来，当得药。"明日果有妪来，授以唊蜜法。一清乞蜜于旁村，还遇虎。一清谓虎曰："吾死不足惜，如吾母何？"虎熟视逡巡而去。集贤大学士陈颢言："母为节妇，子为孝子，宜旌表，以风天下。"有司署其家及里门，皆曰节孝焉。

一清与平章政事李孟友善，欲用为杭州教授，一清固辞。一清别字秋江，孟字秋谷，孟遗之诗曰："君钓秋江月，我耕秋谷云。逃名君笑我，伴食我惭君。"朝野传诵。赵孟頫绘以为图。陈颢又荐一清为儒学提举，亦不就。至元三年卒，年七十五。

祝大昌，字公荣，处州丽水人。孝友出于天性。母卒，敛殡奠祔之礼，悉遵古制。灶突失火，大昌力不能救，乃伏棺上悲号，且曰："天乎，吾母在，乞祐之！不然，我必与母俱焚，誓不独存也。"其火忽自灭。乡里称之。事其兄公亮如严父。公亮出仕，大昌不敢中席而坐，如其兄之在室也。

其弟卒，大昌奔视，顿仆于地，良久乃苏。抚弟遗孤逾于所出。或说以分居，大昌勃然变色曰："此言入于吾耳，必吾不睦于家，故尔！吾若计利而害义，犬彘当不食吾余。"因抚膺长恸，言者惭而退。

大昌好施与，岁歉，下粟估籴之。青田盗阻，民不能盐食，大昌出所储盐，给宗族亲姻，以及于闾井，人皆德之。江浙行省署为处州路儒学教授，不就，卒。

叶以清，字子澄，松江华亭人。贫而尚气节。德清尉刘昶诉以三丧未举，以清贷钱五千缗助之。黟县达鲁花赤伯颜御贼于昱岭关，濒行，嘱其妻子曰："吾死，汝辈奉吾母依华亭叶以清。"已而伯颜战没。后一夕，以清梦伯颜来以老幼相托。越数日，伯颜妻子果奉其母至，以清周给之如骨肉。

张士诚部将郑焕知松江府，欲燔巨室之党于苗帅者，以清与焕有旧，力谏之，获免者数百家。焕欲辟以清为华亭尹，辞不就。后焕以赇败，株连六十余人，独以清无所染。时杨瑀、贡师泰皆依以清为衣食。瑀卒，贫无以敛，以清为出赀营葬。明初，遣使者聘之，不应。卒于家。

秦玉，字德卿，崇明人。五岁，能暗诵《孝经》、《论语》。八岁丧父，哀毁如成人。及长，通五经，尤邃于《诗》。会贡举法行，县令欲举玉应之，玉曰："吾学，岂为科试计哉！"辞不就。母卒，终丧不沐浴，不食盐酪。初居丧，邻舍火，家人咸走避，独玉伏棺上恸哭。火及屋壁，遽自灭。县令欲上其孝行，玉固辞。卒年五十三。

王庸，字伯常，雄州归信人。事母李氏，以孝闻。母有疾，庸夜祷北辰，至叩头出血，母疾遂愈。及母卒，哀毁几绝，露处墓前，旦夕悲号。一夕，雷雨暴至，邻人持寝席往欲蔽之，见庸所坐卧之地独不沾湿，咸叹异而去。复有蜂数十房来止其家，岁得蜜蜡以供祭祀。

黄赟，字止敬，临江人。父君道，延祐间求官京师，留赟江南，时赟年幼。及既长，闻其父娶后妻居永平，往省之，则父殁已三年矣。庶母闻赟来，尽挟其赀去更嫁，拒不见赟。赟号哭，语人曰："吾之来，为省吾父也。今不幸吾父已殁，思奉其柩归而窆之，莫知其墓。苟得见庶母，示以葬所，死不恨矣。尚忍利遗财邪。"久之，闻庶母居海滨，亟裹粮往，庶母拒之三日不纳。庶母之弟怜之，典僧至永平属县乐亭，求父墓，又弗得。赟哭祷于神。一夕，梦老父以杖指葬处曰："见片砖即可得。"明日，就其地求之。庶母之弟曰："真是。已敛时，有某物可验。"启朽棺,得父骨以归。

刘琦,岳州临湘人。生二岁,而母刘氏遭乱,陷于兵。琦独事其父。稍长,思其母不置,常叹曰:"人皆有母,我独无。"辄歔欷泣下。及冠,请于父,往求其母。遍历河之南、北,淮之东、西,数岁不得。后求得于池州之贵池。迎以归养。其后十五年,而父殁。又三年,而母殁。终丧犹蔬食。有司上其事,旌表其门曰孝义。

刘源,归德中牟人。母吴氏,年七十余,病甚不能行。适兵火起,且延至其家,邻里俱逃。源力不能救,乃呼天号泣,趋入抱母。为火所焚而死。

陆思孝,绍兴山阴樵者。性至孝。母病痢,思孝医祷,俱不效,方欲刲股肉为糜以进,忽梦寐间,若有神人者授以药剂。思孝得而异之,即以奉其母,疾遂愈。

姜兼,严州淳安人。七岁而孤,与二兄养母至孝。母死,兼哀恸几绝。既葬,独居墓下,朝夕哭,奠荒山中,躬自樵爨,蔬食饮水,一衰麻,寒暑不易。同里陈氏、戴氏子,不能事其父母,闻兼之行,惭悔,皆迎养焉。

胡伴侣,钧州密县人。其父实尝患心疾数月,几死,更数医,俱莫能疗。伴侣乃斋沐焚香,泣告于天,以所佩小刀于右肋傍,刲其皮肤,割脂一片,煎药以进,父疾遂瘳,其伤亦旋愈。朝廷旌表其门。

王士宏,延安中部人。父挶,有疾。士宏倾家赀求医,见医即拜,遍祷诸神,叩额成疮。父殁,哀毁尽礼,庐墓三年,足未尝至家。墓庐上有鹊来巢,飞鸟翔集,与士宏亲近,若相狎然。众咸异之。终丧,复建祠于茔前,朔望必往奠祭,虽风雨不废。有司上其事于朝,旌表之。

何从义,延安洛川人。祖良、祖母李氏,偕亡。从义庐于墓侧,旦夕哀慕,不脱带,不食菜果,惟啖蔬食而已。事父世荣、母王氏孝,养尤至。伯祖、叔祖三人及叔父珍,皆无子,比卒,从义咸为治葬,筑高坟,祭奠以礼,时人义之。

哈都赤,大都固安州人。天性笃孝。幼孤,养母。母有疾,哈都赤砺其所佩小刀,拜天泣曰:"慈母生我劬劳,今当捐身报之。"乃割左胁,取肉一片,作羹进母。母曰:"此何肉也?其甘如是。"数日而病愈。

高必达,建昌人。五岁时,父明大弃家远游,莫知所适。必达既长,昼夜哀慕,乃娶妻以养母,而历往四方求其父。十余年不得,忽相传黄州全真道院中有虚明子者,学道三十年矣,本姓高氏,建昌人也,匿姓名为道人云。必达询问,知为父,即往拜之。具言家世及己之所生岁月,大父母之丧葬始末,因哀号叩头不已。虚明犹瞑坐不顾,久之,斥曰:"我非汝父,不去何为?"必达留侍左右,不少懈,辞气哀恻可矜。其徒谓虚明曰:"师有子如此,忍弗归乎?"虚明不得已,乃还家。必达孝养笃至,乡里称之。

又,曾德,渔阳人,宗圣公五十七代孙。母早亡,父仲祥再娶左氏。仲祥游襄阳,乐其土俗,因携左氏家焉。乱兵陷襄阳,遂失左氏。德遍往南土求之,五年乃得于广海间,奉迎以归,孝养甚至。有司以闻,诏旌复其家。

王思聪,延安安塞人。素力田,农隙则教诸生,得束修以养亲。母丧,尽哀。父继娶杨氏,事之如所生。以家多幼稚,侵父食,别筑室曰"养老堂"奉之,朝夕定省不息。父尝病剧,思聪忧甚,拜祈于天,额膝皆成疮。得神泉饮之愈。后复失明,思聪舐之,即能视。县上状,诏表其门闾。

　　黄道贤,泉州人。嫡母唐无子,道贤在襁褓,而生母苏以疾去。及长,思念生母屡请于父,得召之归。道贤竭力养二母,得其欢心。父病笃,道贤昼夜奉汤药,不离膝下。遍求良医莫效,乃夜祷于天,愿减己一纪之算,以益父寿,父病遂愈。至元统二年乃殁,果符一纪之数。道贤居丧尽礼,负土筑坟庐,于庐侧疏食终身。至元二年,有司上其事,旌其门曰“孝子黄氏之门。”

　　史彦斌,邳州人。嗜学有孝行。至正十四年,河溢,金乡、鱼台坟墓多坏。彦斌母卒,虑有后患,乃为厚棺,刻铭曰“邳州沙河店史彦斌母柩”,仍以四铁环钉其上,然后葬。明年,墓果为水所漂。彦斌缚草为人,置水中,仰天呼曰:“母棺被水,不知其处。愿天矜怜哀子之心,假此刍灵,指示母棺。”言讫,涕泣横流。乃乘舟,随草人所之。经十余日,行三百余里,草人止桑林中。视之,母柩在焉。载归,复葬之。

　　张绍祖,字子让,颍州人。读书力学,以孝行闻于朝,特授河南路儒学教授。至正十五年,奉父避兵山中。贼至,执其父将杀之,绍祖泣曰:“吾父者德善人,不当害,请杀我以代父死。且若等非父母所生乎?何忍害人父也?”贼怒,以戈击之,戈应手挫钝,因感而相谓曰:“此真孝子,不可犯。”乃释之。

　　李明德,瑞州上高人。读书有志操,孝行笃至。至正十四年,乱兵陷袁州,因抄掠上高。兵执其父,欲杀之,明德泣告曰:“子岂不能代父,愿勿害吾父也。”兵遂杀明德,而免其父,后以寿终。

　　张绅,字士明,益都胶州人。性孝友,能诗文。至正七年,与兄绅、弟经,同领乡荐,由泽州儒学正,转泰州幕职,弃之养亲,居扬州

十五年。扬州乱,缉母姬氏方卧病,贼突入卧内,举枪欲刺姬。缉以
身蔽姬,枪中缉胁,三日而死。

魏敬益,字士友,雄州容城人。性至孝。居母丧,哀毁骨立。素
好施与,有男女失时者,出资财为之嫁娶。岁凶,老弱之饥者,为糜
以食之。敬益有田仅十六顷,一日,语其子曰:"自吾买四庄村之田
十顷,环其村之民,皆不能自给,吾深悯焉。今将以田归其人,汝谨
守余田,可无馁也。"乃呼四庄村民,谕之曰:"吾买若等业,使若等
贫不聊生,有亲无以养,吾之不仁甚矣,请以田归若等。"众闻皆愕
眙不敢受。强与之,乃受,而言诸有司。有司以闻,丞相贺太平叹曰:
"世乃有斯人!"诏旌表之。

汤霖,字伯雨,龙兴新建人。早丧父,事母至孝。母尝病热,更
数医,弗能效。母不肯饮药,曰:"惟得冰,我疾可愈。"时天气甚燠,
霖求冰不得,累日号哭于池上。忽闻池中戛戛有声,视之,乃冰澌
也。亟取以奉母,其疾果愈。

孙抑,字希武,世居晋宁洪洞县。抑登进士第,历仕至刑部郎
中。关保之变,挈父母妻子避兵平阳之柏村。有乱兵至村剽掠,拔
白刃,胁抑母,求财不得,举刃欲斫之。抑亟以身蔽母,请代受刃,母
乃得释。而抑父被虏去,不知所之,或语之曰:"汝父被驱而东矣。然
东军得所掠民,皆杀之,汝慎无往就死也!"抑曰:"吾可畏死而弃其
父乎?"遂往出入死地,屡濒危殆,卒得父以归。

石永,绍兴新昌人,性淳厚,事亲至孝。值乱兵掠乡里,永父谦
孙年八十,老不能行。永负父匿山谷中,乱兵执其父欲杀之。永亟
前抱父,请以身代。兵遂杀永,而释其父。

王克已,延安中部人。父伯通殁,克已负土筑坟庐于墓侧。貂

高纵兵暴掠,县民皆逃窜,克己独守墓不去。家人呼之避兵,克己曰:"吾誓守墓三年以报。吾亲虽死,不可弃也。"遂不去。俄而兵至见其身衣衰绖,形容憔悴,曰:"此孝子也。"舍之去。竟终丧而归。

刘思敬,延安宜君人。事其继母沙氏、杜氏,孝养之至,无异亲母。父年八十,两目俱丧明。会乱兵剽掠其乡,思敬负父避于岩穴中。有兵至,欲杀思敬,思敬泣言曰:"我父老矣,又无目。我死不足惜,使我父何依乎?"兵怜之,父子皆免于难。

吕祐,字伯通,晋安人。至正二十六年,郡城破,有卒入其室,拔白刃胁其母林氏,索财物不得,挥刃欲斫母。祐急以身蔽母,而夺其刃,手指尽裂伤。仆地良久而苏,开目视母曰:"母幸无恙,我死无憾矣。"遂瞑目死。

周乐,温州瑞安人,宋状元坦之后。父日成,通经,能文。海贼窃据温州,拘日成置海舟上,乐随往,事其父甚谨。一日,贼酋遣人沉日成于水,乐泣请曰:"我有祖母,幸留父侍养,请以己代父死。"不听。乐抱父不忍舍,遂同死焉。

唐毅,明州人。父复礼,以事被陷,将逮赴京师。长子辕,诣吏乞代,不许,乃叩头流血,欲自经。吏哀其诚,脱父梏,梏之抵越州。遇毅回,挽辕袂,哭曰:"兄为冢子,宗祀所托,不可死,弟请代兄行。"辕不从,毅曰:"兄讷于言,此行必不免。弟可脱父之难。"兄弟争乞代父。吏白其事,诏原之。

凡为有司旌表,而无事实可见者,附著于下。

其事亲笃孝者,有临江刘良臣,汴梁陈善,同官强安,沈州高守质,安丰高泽,巩昌王钦,修武员思忠,榆县王士宁,河南朱友谅,泉州叶森,宁陵吕德,汲县刘淇,建昌郑佛生,堂邑张复亨,保定邢政,宁夏赵那海,临潼任居敬,陇西周庆、徐德兴,汝宁李从善,华州要敬,色目氏沙的。

　　其居丧庐墓者,有太原王构,莱州任梓,平滦王振,北京张洪范,登封工佐,下蔡许从政、张镒,富平王贾僧,郑州段好仁、赵璧、薛明善、张齐,汴梁韩荣、刘斌、张裕、何泰、史恪、高成、邓孝祖、李文渊、杜天麟、张显祖,泾阳张国祥,延安王旻,东昌张翚,永平梁讷,高唐郑荣、刘居敬,同州赵良,南阳周郁、陈介、刘权,大同高著,江都毛翔,归德葛祥、张德成、张逊、王珪、刘弼,汲县徐昌祖,真定宋贞、王世贤,晋宁史贵,保定耿德温、张行一、贾秉实、张勖,河南王宗道、孙裔、夹谷天祐,赵州赵德隆,安丰王德新、石思让,冀宁何溥,大都王麟、李简,华阴李宁、屈秀,怀庆荣丁用、郭天一,耀州王思,中牟阎让,曹州邓渊、吕政,徐州胡居仁、张允中,卫辉王庆,福建朱虞龙,随州高可煮,济宁魏铎,武康王子中,淮安翟谑,汶上赵恒,须城许时中,衡山欧阳诚复,江陵穆坚,蓟州王钦,定陶元显祖,绛州姚好智,宿州孙克忠,集庆傅霖,济南宋怀忠、牟克孝,汝宁张郁,谷城王福,解州靖与曾,般阳戴贞,兖州王治,沔阳徐胜祖,兴中石抹昌龄,峡州秦桂华,蒙古色目氏纳鲁丁、赤思马、改住、阿合马、拜住、木八剌、玉龙帖木儿、锁住、唐兀歹、宴只哥、李朵罗歹、塔塔思歹。

　　其累世同居者,有休宁朱震雷,池州方时发,河南李福,真定杜良,华州王显政,建宁王贵甫,句容王荣、周成,鄢陵夏全,保定成珪,开平温义,大同王瑞之,平阳汤文英,郿州员从政,江州范士奇,泾州李子才,宿州王珍。

　　其散财周急者,有河南高颜和,台州程远大,潭州汤居恭、李孔英,建康汤大有,吉州刘如翁、严用父,高唐孟恭,松江管仲德、章梦贤、夏椿,江陵陈一宁,中兴傅文鼎,永州唐必荣,济南李恭,宁夏何惠月。

新元史卷二四一
列传第一三八

隐　逸

张特立　　郑思肖　　谢翱　吴思齐

方凤　唐钰　林景熙　　王炎午　张宏毅

龚开　汪元量　　孙潼发　　赵友钦

陆钊　　张庆之　王义端　　王昌世

杜瑛　　杜本　　王鉴

《易·蛊》之上九曰：“不事王侯，高尚其事。”后汉严子陵、魏管幼安，其人也。孔子称为逸民者七人，能考论其世者，伯夷、叔齐、柳下惠而已。三子者，岂与山林遁世之士，同其志事者哉。自斯以降，列于隐逸者，其人有二：惓惓故国，不仕新朝，自附于夷、齐者也；穷居伏处，修天爵而不受人爵，合于蛊上九之义者也。

宋之亡也，士大夫多以节概相高。谢皋羽、郑所南，其尤著者，所谓不降、不辱者与！张特立，金人，而受知于世祖，然不食元禄，亦其次也。杜瑛、杜本、张枢、王鉴，隐居不仕，庶几高尚其志者。今类次诸人，为《隐逸传》，以备尚论者之采焉。

张特立，字文举，东明人。初名永，避金卫绍王讳，易今名。以进士为偃师主簿，拜监察御史。平章政事白撒犒军陕西，特立劾其掾不法。白撒诉于朝,特立遂弃官归。特立通程氏《易》,晚教授诸生。东平严实,每加礼焉。

世祖在潜邸,使右丞赵宝臣谕特立曰:"前监察御史张特立,养素丘园,易代如一,今年几七十,研究圣经,宜锡嘉名,以光潜德,可特赐号曰中庸先生。"又谕曰:"先生年老目病,不能就道,故令赵宝臣谕意,且名其读书之堂曰丽泽。"复降玺书谕特立曰:"白首穷经,诲人不倦,无过不及,学者宗之。昔已赐嘉名,今复谕意。"

中统二年,诏曰:"中庸先生,学有渊源,行无瑕玷,虽经丧乱,不改故常,未遂丘园之贲,俄兴窀穸之悲,可复赐前号,以彰宠数。"至元三年卒,年七十五。

郑思肖,字忆翁,又字所南,福州连江人。祖咸,宋枝江县主簿。父震,安定、和靖二院山长。思肖为太学上舍生,应博学宏词科。大兵南下,叩阍上书,辞意切直,忤当路,不报。

宋亡,始改今名,寓思赵氏之意。不娶,岁时伏腊,辄野哭南向而拜。闻北语,则掩耳而走。人亦知其孤僻,不以为异也。坐卧不北向,扁其室曰:"本穴世界,"以本字之十置下文,则大宋也。工画墨兰,宋亡后,画兰根不著土。或问之,曰:"地为番人夺去矣。"赵孟𫖯才名冠世,思肖恶其仕元,与之绝。孟𫖯数往候之,终不得见,叹息而去。未几,卖其田宅,惟留数亩为衣食资,仍谓佃者曰:"我死,汝则主之。"病亟,属其友唐东屿曰:"思肖死矣,烦为书木主曰:大宋不忠不孝郑思肖。"语旋而绝,年七十八。

思肖自称三外野人,著《大无工十空经》,寓为大宋经。语奇涩,如庾语,莫能晓。自题云:"思肖呕三斗血,方能书此,后当有具眼者识之。"

谢翱,字皋羽,福州长溪人,后徙浦城。父钥,居母丧,庐墓,终身不仕,通《春秋》。

翱世其家学,试进士不第,倜傥有大节。大兵入临安,宋相文天祥至闽，开府延平，檄州郡为勤王之师。翱素赢于财，散家赀，募乡兵数百人赴难，遂参天祥军事。未几，辞归。

及宋亡，天祥被执以死，翱悲不自禁。适浙东，登严子陵钓台，设天祥主，酹酒毕，号而恸者三，乃以竹如意击石，作楚歌招之曰："魂朝往兮，何极暮来归兮。关塞黑化为朱鸟兮，有味焉食！"歌阕，竹石俱碎。闻者悲之。后去依浦阳方凤。时永康吴思齐，亦依凤。三人志趣相得，以朋友道丧，无如吴季札挂剑者，欲卜钓台之南为葬地，思合同志姓名作许剑录。卒年四十七。凤等葬翱于钓台南，以文稿殉焉。

翱诗直溯盛唐，不作近代语，文尤崭拔峭劲。每语人曰："用志不分，神将避之。"其刻苦多类此。著有诗八卷，文二十卷。

思齐字子善，永康人，陈亮外孙也，宋嘉兴丞。数上书言事，论贾似道母丧，不应赐卤簿，责文及翁顾忌不力争。又言宰相附贵戚，塞言路，闻者壮之。宋亡，自号全归子。

凤，字韶卿，婺州浦阳人。宋咸淳中，举进士不第，丞相陈宜中奇其才，欲荐之而未果。后以恩授容州文学。宋亡，遂不仕。凤善为古今体诗，不缘雕琢，而体裁纯密，自成一家。翱客死，凤走数百里赴其丧。卒年八十二。

与翱友善者，又有会稽唐珏。珏字玉潜，少孤，力学，以明经教授乡里。西僧杨琏真珈发宋诸陵，珏痛愤，乃毁家，募乡里少年，告以欲收思陵以下遗骸葬之。众如珏言，瘗于兰亭山后，种冬青树为识焉。翱感其事，作《冬青引》以纪之。

时又有太学生林景熙，字德旸，当发诸陵时，伪为丐者，背竹筹，铸银牌百余，以赂僧徒，得高、孝两陵骨，纳竹筹中，归葬于东嘉。景熙仕宋为礼部架阁，宋亡，不复仕，著有《白石樵唱》六卷，文十卷。

王炎午，字鼎翁，庐陵人，宋太学生。文天祥被执赴大都，炎午作文，生祭之曰："采西山之薇，酌汨罗之水，以祭文山先生未死之灵。"

天祥死，张宏毅持其发齿归炎午，复作望祭文，著有《吾汶稿》。宏毅，亦庐陵人，别号千载心。天祥辟为幕僚，不就。及天祥被执，宏毅曰："丞相赴北，吾当偕往。"至大都，馆于天祥囚所之侧，日馈食，凡三年，终始如一。制一椟，以藏其首，付天祥家。炎午及宏毅，均隐居不仕而卒。

龚开，字圣予，山阳人。博学，负才气。著文天祥、陆秀夫二传。开，少与陆秀夫同居李庭芝幕府。宋亡，不肯求仕。家贫，坐无几席，每令其子浚，俯伏榻上，就其背，按纸作书画焉。

同时，汪元量，字大有，钱塘人。以善鼓琴，受知于宋理宗。国亡，奉宋三宫留燕，世祖欲官之，不肯，因赐为黄冠师。南归，后往来匡庐、彭蠡之间，人以为神仙云。

孙潼发，字帝锡，睦州人。少好学，工文辞。尝携所业，贽见，刘克庄大奇之，由是名动一时。宋咸淳四年进士及第，调衢州军事判官，有能名。州人留梦炎罢相，家居，爱潼发才，欲以女妻之，潼发不可，乃已。秩满，辟御前军械所干办工事。宋亡，隐居不仕。程钜夫奉敕求江南遗贤，以潼发应诏，固辞。梦炎入元为吏部尚书，荐潼发，亦不起。与乡人袁易、魏新之为三友。易与新之卒，潼发孑然独立。至大三年卒，年六十七。

赵友钦，鄱阳人。隐居自晦，不知其姓字，或曰名敬，字子公，莫能详也。因其自号，称为缘督先生，乃宋之宗室也。习天官遁甲钤式，著《革象新书》，发明《授时历》之蕴。乘青骡，从以小苍头，往来衢、婺间。后卒，葬于衢州龙游山。

弟子朱晖，龙游人，得其推步之学。

陆钊，字二思，福州人。宋丞相秀夫子。秀夫奉卫王昺至枫亭，其妾蔡氏生钊,留于枫亭。秀夫蹈海死,蔡氏招魂,葬于莆田县之松山。元贞二年,敕宣抚李文虎访秀夫子,录用钊,以诗却聘。文虎叹息而返。钊初迁莆田,后复徙枫亭,隐居不仕,卒。

张庆之,字子善,平江人。少有志操,通《春秋》为举子业。及长,乃弃之,出入经史、百氏,拟杨雄《太玄》,作《测云》。又作《孔孟衍语》,绝意仕进,号海峰野逸。仿五柳先生,作《海峰逸民传》,以伯夷、蒋诩、陶潜、司空图自况。初,文天祥以工部尚书知平江府,庆之在弟子之列。宋亡,集杜诗,述天祥平生大节,人多义之。

同时王义端,字元刚,龙兴丰城人,宋绥宁令。宋亡,弃官归。文天祥起兵江西,知义端有智略,辟为幕府参议。义端仰天叹曰:“天乎!事已至此,去将安归?”涕泣谢之。自是,终其身不出。或劝之仕,义端曰:“我不能死,可复仕乎?”卒年八十七。有《经疑》十五篇,《史论》四十八篇,《经邦谠论》二十四卷。

王昌世,字昭甫,庆元鄞县人。父应麟,宋礼部尚书。宋亡,应麟杜门不出,日取经史、百家之书,讨论之。昌世甫十岁,能传其家学。凡应麟著述,昌世皆为之校订。应麟有重名东南,学者以为宋三百年文献所存。

昌世,名父之子,台省荐之,力辞曰:“士之大节,嗣守为难。敬身所以敬亲,肥遁所以无不利,不愿乎外也。”泰定四年卒,年六十一。子原孙、宁孙。昌世尝戒二子曰:“务学以实,勿事虚文。持身以诚,勿循诡道。”晚自称静学居士。有《静学稿》二十卷。

杜瑛,字文玉,其先霸州信安人。父时升,《金史》有传。金将亡,士犹以文辞规进取,瑛独避地河南缑氏山中。时文物凋丧,瑛搜访遗书,尽读之。间关转徙,教授汾、晋间。中书粘合珪开府于相,瑛应其聘,遂家焉。与良田千亩,辞不受。术者言其所居下有藏金,家人欲发视,辄止之。后来居者,果得黄金百斤。其不苟取如此。

世祖南伐,召见问计,瑛从容对曰:"汉、唐以还,人君所恃以为国者,法与兵、食三事而已。国无法不立,人无食不生,乱无兵不守。今宋皆蔑之,殆将亡矣。若控襄樊之师,顺长江而下,以捣其背,大业可定也。"帝悦曰:"儒者中,乃有此人!"以瑛可大用。命从行,辞疾弗就。

中统初,诏征瑛。时王文统方用事,瑛固辞。左丞张文谦宣抚河北,奏为怀孟、彰德、大名等路提举学校官,又辞。遗执政书,其略曰:"先王之道,不明异端邪说害之也。横流奔放,天理不绝如线。今天子神圣,俊乂辐辏,言纳计用,先王之礼乐教化兴明修复,维其时矣。若夫簿书期会,文法末节,汉、唐犹不屑也,执事者因陋就简,此焉是务,良可惜哉!夫善始者未必善终,今不能溯流求源,明法正俗,育材兴化,以拯数百千年之祸,仆恐后日之弊,将有不可胜言者矣。"人或勉之仕,则曰:"后世去古虽远,而先王之所设施,本末先后,犹可考见,故为政者莫先于复古。苟因习旧弊,以求合乎先王之意,不亦难乎!吾又不能随时俯仰以赴机会,将焉用仕!"于是杜门著书,优游道艺,以终其身。年七十,遗命其子处立、处愿曰:"吾即死,当表吾墓曰'猴山杜处士。'"天历中,赠资德大夫、翰林学士、上护军,追封魏郡公,谥文献。

所著书曰《春秋地理源委》十卷、《语孟旁通》八卷、《皇极引用》八卷、《皇极疑事》四卷、《极学》十卷、《律吕律历礼乐杂志》三十卷、文集十卷。

杜本,字伯原,其先居京兆,后徙天台,又徙临江之清江。本博学,善属文。江浙行省丞相忽剌术得其所上《救荒策》,大奇之。及入为御史大夫,力荐于朝。被召至京师,未几归隐武夷山中。文宗在江南时,闻其名,及即位,以币征之,不起。

至正三年,右丞相脱脱以隐士荐,诏遣使赐以金织文币、上尊酒,召为翰林待制,兼国史院编修官。使者趣之行,至杭州,称疾固辞,而致书于脱脱曰:"以万事合为一理,以万民合为一心,以千载合为一日,以四海合为一家,则可言制礼作乐,而跻五帝三王之盛矣。"脱脱得书叹息,称为高士。

　　本湛静寡欲,无疾言遽色。尤笃于故旧,有贫不能养父母及无赀求学者,皆济之。平居手不释书。天文、地理、律历、度数,靡不通究。著有《四经表义》、《六书通编》、《十原》等书,学者称为清碧先生。至正十年卒,年七十有五。

　　王鉴,字明卿,真定安平人,性耿介。婺同郡李氏,资装甚盛,鉴悉归之。受学于虞集,善唐人近体诗。游京师,大臣荐其才行,授侍仪司舍人,鉴辞曰:"吾虽不敏,安能为人所役?"即宵遁。后乐吴中风土,遂隐居焉,足迹不出户者二十年。家贫,无儋石之储。然非其义,虽一毫不取。张士诚每过之,劝以忠义。士诚退谓人曰:"明卿高尚士也。"卒年七十二。

新元史卷二四二
列传第一三九

方　技

田忠良　　靳德进　　李俊民　　张康

廖应淮 傅立 周仲高 **李国同　　李杲**

罗天益 窦行冲 **朱震亨** 王履 **刘岳**

阿尼哥 刘元 **朱玉　　李时**

　　刘秉忠事世祖于潜邸，其术数之学，尤为帝所敬信。及即位，诏访奇材异能之士，秉忠亦荐其所知，虽寻常艺术，皆得亲承顾问，待以优礼。岂非雄才大略之主，其度量所包括者，无所不至乎！今博考其人，为《方技传》以存梗概焉。

　　田忠良，字正卿，中山人。父闰，精《易》理及六壬之数。世祖伐宋，召问宋亡期，对曰："丙子。"已而果然。世祖欲官之，固辞。以忠良贵，至大二年授闰光禄大夫、司徒，封赵国公，闰曰："吾不及拜也。"命下而卒。

　　忠良好学，通儒家言。识太保刘秉忠于微时，秉忠荐于世祖，遣使召至，帝视其状貌步趋，顾谓侍臣曰："是虽以阴阳家进，必将为国用。"俄指西序第二人谓忠良曰："彼手中握何物？"忠良对曰："鸡卵也。"果然。帝喜，又曰："朕有事萦心，汝试占之。"对曰："以臣术推之，当是一名僧病耳。"帝曰："然，国师也。"遣左侍仪奉御也先捏儿送忠良司天台，给笔札，令秉忠试星历、遁甲诸书。秉忠奏："所试皆通，司天诸生鲜有及者。"遂授司天官。帝曰："朕用兵江南，困于襄樊，累年不决，奈何？"忠良对曰："在酉年矣。"

至元十一年，阿里海涯奏请益十万众渡江，朝议难之。帝密问曰："汝试筮之，济否？"对曰："济。"帝猎于柳林，御幄殿，侍臣甚众，顾忠良曰："今拜一大将取江南，朕心已定，果何人耶？"忠良环视左右，目一人，对曰："是伟丈夫，可属大事。"帝笑曰："此伯颜也，汝识朕心。"赐钞五百贯、衣一袭。七月十五日夜，白气贯三台，帝问何祥，忠良对曰："三公其死乎？"未几，太保刘秉忠卒。八月，帝出猎，驻辇召忠良曰："朕有所遗，汝知何物，还可复得否？"对曰："其数珠乎？明日，二十里外人当有得而来献者。"已而果然。帝喜，赐以貂裘。十月，诏问忠良："南征将士能渡江否？劳师费财，朕甚忧之。"忠良奏曰："明年正月当奏捷矣。"

十二年正月，大兵取鄂州，丞相伯颜遣使来献宋宝，帝以玉香炉赐忠良，及金织文十匹。二月，帝不豫，召忠良谓曰："或言朕今岁不嘉，汝术云何？"忠良对曰："圣体行自安矣。"三月，帝疾愈，赐银五百两、币三十匹。五月，车驾幸上都，遣使来召曰："叛者浸入山陵，久而不去，汝与和礼和孙率众往视之。"既至，山陵如故，俄而叛兵大至，围之三匝，三日不解。忠良引众夜归，敌殊不觉，和礼和孙以为神，白其事于帝，赐黄金十两。八月，以海都为边患，遣皇子北平王、丞相安童征之，忠良奏曰："不吉，将有叛者。"帝不悦。十二月，诸王昔里吉执皇子、丞相以附海都，帝召忠良曰："朕几信谗言罪汝，今如汝言，汝祷于神，虽黄金朕所不吝。"忠良对曰："无事于神，皇子未年当还。"后果然。

十四年八月，车驾驻隆兴北，忠良奏曰："昔里吉之叛，以安童之食不彼及也。今宿卫之士，日食一瓜，岂能充饥，窃有怨言矣。"帝怒，笞主膳二人，俾均其食。十五年三月，汴梁河清三百里，帝曰："宪宗生，河清；朕生，河清；今河又清，何耶？"忠良对曰："应在皇太子。"帝语符宝郎董文忠曰："是不妄言,殆有征也。"

十八年,特命为太常丞。少府为诸王昌童建宅于太庙南,忠良往仆其柱,少府奏之,帝问忠良,对曰："太庙前岂诸王建宅所耶?"帝曰："卿言是也。"又奏曰："太庙前无驰道,非礼也。"即敕中书辟道。国制,十月上吉,有事于太庙。或请牲不用牛,忠良奏曰："梁武帝用面为牺牲,后如何耶?"从之。迁太常少卿。

二十年,将征日本,召忠良择日出师,忠良奏曰："僻陋岛夷,何足劳王师。"不听。二十四年,兼引进使。二十九年,迁太常卿。

大德元年,迁昭文馆大学士、中奉大夫,兼太常太卿。十一年,成宗崩,宰相将以皇后教,祔成宗于庙。忠良争曰："嗣皇帝祔先帝于庙,礼也。皇后教,非制也。"竟不从。

武宗即位,进荣禄大夫、大司徒,赐银印。仁宗即位,又进光禄大夫,领太常礼仪院事。延祐四年正月卒,年七十五。赠推忠守正佐运功臣、太师、开府仪同三司、上柱国,追封赵国公,谥忠献。

子天泽,翰林侍讲学士、嘉议大夫、知制诰兼修国史。

靳德进,其先潞州人,后徙大名。父祥,师事陵川郝经,兼善星历。金末兵乱,与母相失,母悲泣而盲,祥得之,舐其目,百日复明,人称其孝。刘敏行省于燕,辟祥置幕下,佩以金符。时藩帅得擅生杀,无辜者多赖祥以免。赠集贤大学士,谥安靖。

德进,幼读书,能通大义,尤精星历之学。世祖命太保刘秉忠选太史官属,德进以选授天文、星历、卜筮三科管句,凡交蚀躔次、六气祲沴,所言休咎辄应。时因天象以进规谏,多所裨益。累迁秘书监,掌司天事。从征叛王乃颜,诸将欲剿绝其党,德进独陈天道好生,请缓师以待其降。又奏言："叛王由惑于妖言,谋不轨,宜括天下术士,设阴阳教官,使训学者,仍岁贡学成者一人。"帝从之,著为令。

成宗以皇孙抚军北边,帝遣使授皇太子宝,德进从行。凡攻战取胜,皆豫克日期,无不验者。亦间言事得失,多所裨益。成宗即位,历陈世祖进贤纳谏、咨询治乱之原,帝嘉纳之。授昭文馆大学士,知太史院,领司天台事,赐金带宴服。都城以荻苫廪,或请以瓦易之,帝以问德进,对曰:"若是役骤兴,物必踊贵,民力重困,臣愚未见其可。"议遂寝。敕中书自今凡集议政事必使德进预焉。寻以病丐闲。

仁宗时在东宫,特令中书加官以留之。会车驾自上京还,召见白海行宫,授资德大夫、中书右丞,议通政院事。仁宗即位,命领太史院事,力辞,不允。以疾卒于位。赠推诚赞治功臣、荣禄大夫、大司徒、柱国、魏国公,谥文穆。子泰,工部侍郎。

李俊民,字用章,泽州人。金承安中,以经学举进士第一,授应奉翰林文字。未几,弃官归,以所学教授乡里。金南迁后,隐嵩山。再徙怀州,俄复归嵩山。既而变起仓卒,人服其先知。俊民在河南时,隐士荆先生授以皇极数学。时知数者无出刘秉忠右,亦自以为弗及。世祖在藩邸,以安车召至,延访无虚日。遽乞还山,世祖重违其意,遣中贵护送之。又尝令张易问以祯祥,及即位,其言皆验。而俊民已卒,年八十余。赐谥庄静先生。

张康,字汝安,号明远,潭州湘潭人。早孤,力学,旁通术数。宋吕文德、江万里、留梦炎皆推重之,辟置幕下。宋亡,隐衡山。

至元十四年,世祖遣中丞崔彧祀南岳,就访隐逸。彧兄湖南行省参政崔斌言康隐衡山,学通天文地理。彧还,具以闻,遣使召康,与斌偕至京师。十五年夏四月,至上都见帝,亲试所学,大验,授著作佐郎,仍以内嫔松夫人妻之。凡召对,礼遇殊厚,称明远而不名。尝面谕,凡有所问,使极言之。

十八年,康上奏:"岁壬午,太一理艮宫,主大将客、参将囚,直符治事,正属燕分。明年春,京城当有盗兵,事干将相。"十九年三月,盗果起京师,杀阿合马等。帝欲征日本,命康以太一推之,康曰:"南国甫定,民力未苏,且今年太一无算,举兵不利。"从之。尝赐太史院钱,分千贯以与康,不受,众服其廉。久之,乞归田里,优诏不许,迁奉直大夫、秘书监丞。年六十五卒。

子天祐,字吉甫,中书参知政事。

廖应淮,字学海,旴江人,号溟涬生。年三十,游临安,抗疏劾丁大全误国。大全怒,中以法,配汉阳军。应淮荷校行歌出国门,时论壮之。抵汉阳,遇蜀道士杜可大,授以邵康节先天数,并言于官,为脱其籍。应淮有神悟,可大自以为不及也。久之,复至临安,昼卖卜,夜饮辄大醉。当醉中,自语曰:“天非宋天,地非宋地,奈何?”贾似道遣门客问之,应淮曰:“毋多言。浙西地发白时,是其祥也。”似道复召至,问之,应淮曰:“明公宜自爱,不久宋鼎移矣。”似道恶其言直,应淮亦径出不顾。及宋亡,应淮又曰:“杀气将入闽广,吾不知死所矣。”其言无一不验。至元十七年,卒。

门人彭复,能传其学。复,宋进士也。复又授鄱阳傅立。应淮临卒,语其女曰:“吾死后一月中,朝命山姓鸟名者来征吾。及傅立当过吾门,汝可出吾书示之。”既而果验。所谓山姓鸟名,乃崔彧、程鹏飞也。立,鄱阳祝泌之甥。泌精于皇极数,立传其学。又受学于吴复大,以占筮著名。时杭州内附,世祖命占异日如何,卦成,立对曰:“其地六七十年后,城市将生荆棘,不如今日多矣。”自至正壬辰以后,杭州果数毁于兵。

又,周仲高,不知何许人,精天文、地理之学。时方承平,自钱塘至昆山,尝曰:“天下兵且起,吾卜地,莫如娄东善。”遂家焉。已而钱塘毁于兵,而昆山无恙。

李国同,登州人,能望气占休咎,又善相人。宋末,见赵孟頫于客坐。孟頫风疮满面,即语人曰:“我过江,仅见此人。其疮愈,即见至尊,异日官至一品,名满天下。”先是,襄阳未下,世祖命国同至军中望气。行逾三两舍,即还奏曰:“臣见卒伍中,往往有台辅器。襄阳不破,江南不平,置此辈于何地乎?”其术之神如此。

李杲，字明之，真定人，世以赀雄乡里。杲幼好医药，时易州人张元素以医名，杲捐千金从之学，不数年，尽传其业。其学于伤寒、痈疽、眼目病为尤长。

北京王善甫，为京兆酒官，病小便不利，目睛凸出，腹胀如鼓，膝以上坚硬欲裂，饮食不下，甘淡渗泄之药皆不效。杲谓众医曰："疾深矣。《内经》有之，膀胱者津液之府，必气化乃出焉。今用渗泄之剂而病益甚者，是气不化也。启元子云：'无阳者阴无以生，无阴者阳无以化'，甘淡渗泄皆阳药，独阳无阴，其欲化得乎？"明日，投以阴剂，不再服而愈。

西台掾萧君瑞，二月中病伤寒发热，医以白虎汤投之，病者面黑如墨，本证不复见，脉沉细，小便不禁。杲初不知用何药，及诊之，曰："此立夏前误用白虎汤之过。白虎汤大寒，非行经之药，止能寒腑藏，不善用之，则伤寒本病隐曲于经络之间。或更以大热之药救之，则他证必起，非所以救白虎也。有温药之升阳行经者，吾用之。"有难者曰："白虎大寒，非大热何以救，君之治奈何？"杲曰："病隐于经络间，阳不升则经不行，经行而本证见矣。又何难焉。"果如其言而愈。

魏邦彦之妻，目翳暴生，从下而上，其色绿，肿痛不可忍。杲云："翳从下而上，病从阳明来也。绿非五色之正，殆肺与肾合而为病耳。"乃泻肺肾之邪，而以入阳明之药为之使。既效矣，而他日病复作者三，其所从来之经，与肾色各异。乃曰："诸脉皆属于目，脉病则目从之。此必经络不调，经不调，则目病未已也。"问之果然，因如所论而治之，疾遂不作。

冯叔献之侄栎，年十五六，病伤寒，目赤而顿渴，脉七八至，医欲以承气汤下之，已药，而杲适从外来，冯告之故。杲切脉，大骇曰："几杀此儿。《内经》有言'在脉，诸数为热，诸迟为寒'。今脉八九至，是热极也。而《会要大论》云'病有脉从而病反者何也？脉之而从，按之不鼓，诸阳皆然'。此传而为阴证矣。今持姜、附来，吾当以热因寒用法处之。"药未就而病者爪甲变，顿服者八两，汗寻出而愈。

陕帅郭巨济病偏枯，二指著足底不能伸，杲以长针刺骱中，深至骨而不知痛，出血一、二升，其色如墨，又且谬刺之。如此者六七，服药三月，病良已。

裴择之妻病寒热，月事不至者数年，已喘嗽矣。医者率以蛤蚧、桂、附之药投之，杲曰："不然，夫病阴为阳所搏，温剂太过，故无益而反害。投以寒凉，则经行矣。"已而果然。

杲之设施多类此。元初，杲有盛名，时人皆以神医目之。

弟子罗天益，字谦甫，亦真定人，能传其学。

同县窦行冲，字和师。及见天益，得杲书读之。世祖征为尚医，亦有时名。

朱震亨，字彦修，婺州义乌人。天资爽朗，读书即了大义。闻同郡许谦之学，抠衣至门师事之。谦为开明圣贤大旨，震亨心解，抑其豪迈归于纯粹，不以一毫苟且自恕，其清修苦节，绝类古笃行士，所至人多化之。

一日，母病延医，因自悟曰："人子不知医，或委之庸人，宁无有失。"于是，研究医理，博求名师，得罗知悌之传，治症多奇效。尝著《格致余论》、《局方发挥》《伤寒辨疑》、《外科精要》、《本草衍义补》、《丹溪心法》诸书行世，学者称丹溪先生。

太仓人王履，字安道，震亨门人，得其心传。著月《溯洄集》、《百病钩元》诸书。

刘岳，字公泰，南康星子人。祖闻，宋名医。岳读书于白鹿洞书院，能世其家学。世祖定江南，有司以岳应聘，召对便殿，命以奉议大夫，官太医院使。称为刘三点，以指三下，即知受病之源也。未几，改翰林学士、知制诰同修国史。出为建昌路推官，卒。

阿尼哥，尼波罗国人也，其国人称之曰八鲁布。幼敏悟，异凡儿。稍长，诵习佛书，期年能晓其义。同学有为绘画粧塑业者，读

《尺寸经》，阿尼哥一闻，即能记。长善画塑，及范金为像。

中统元年命帝师八合斯合建黄金塔于吐蕃，尼波罗国选匠百人往成之，得八十人。末得阿尼哥，年十七，请行，众以其幼，难之。对曰："年幼，心不幼也。"乃遣之。帝师一见奇之，命监其役。明年，塔成，请归，帝师勉以入朝，乃祝发为弟子，从帝师入见。帝视之久，问曰："汝来大国，得无惧乎？"对曰："圣人子育万方，子至父前，何惧之有？"又问："汝来何为？"对曰："臣家西域，奉命造塔吐蕃，二载而成。见彼土遭兵难，民不堪命，愿陛下安辑之。不远万里，为生灵而来耳！"又问："汝何所能？"对曰："臣以心为师，颇知画塑范金之艺。"帝命取明堂针灸铜像示之；"此安抚王柽使宋时所进，岁久阙坏，无能修补者，汝能仿制之乎？"对曰："臣虽未尝为此，请试之。"至元二年，新像成，关鬲脉络皆备，金工叹其天巧，莫不愧服。凡两京寺观之像，多出其手。为七宝镔铁法轮，车驾行幸，用以前导。原庙列圣御容，织绵为之，图画弗及也。

至元十年，始授人匠总管，银章虎符。十五年，有诏返初服，授光禄大夫、大司徒，领将作院事，宠遇赏赐，无与为比。卒。赠太师、开府仪同三司、凉国公、上柱国，谥敏慧。

子六人，知名者曰：阿僧哥，大司徒；阿述腊，诸色人匠总管府达鲁花赤。

有刘元者，尝从阿尼哥学西天梵相，亦称绝艺。元，字秉元，蓟州宝坻人。始为道士，师事青州杞道录，传其艺。至元中，凡两都名刹，塑土、范金、抟换为佛像，出元手者，神思妙合，天下称之。其上都三皇像，尤古粹，识者以为造意得三圣人之微者。

仁宗尝敕元非有旨不许为人造神像。后大都南城作东岳庙，元为造仁圣帝像，巍巍然有帝王之度，其侍臣像，乃若忧深思远者。始，元欲作侍臣像，久之未措手，适阅秘书图画，见唐魏徵像，矍然曰："得之矣，非若此，莫称为相臣。"遽走庙中为之，即日成。士大夫观者，咸叹异焉。元官昭文馆大学士、正奉大夫、秘书卿，以寿终。

朱玉，字君璧，昆山人，喜绘事，闻佳山水，即翛然独往，虽数千里不以为难。永嘉王振鹏，在仁宗时，以界画称旨，跻显仕。玉往受笔法，振鹏亟称之。未几，奉中宫命，图《藏经》佛像，曲尽意态。人言振鹏之艺，不能过之。至正中，清宁殿成，敕画史图其壁。赵雍以玉名闻，遣使召之，以道阻不果至。未几，卒。

李时，字居中，大都人。伯父巨渊，工绘仙鬼，莫知其师传之所自。尝画《魔母图》，极狞悍之状。仁宗见而悦之，使待诏禁中。累官朝列大夫、诸道人匠府总管。

时，总角即知向学。年十六，从巨渊至上都，视俗工所画，辄羞赧弃去。闻饶阳刘仲谦，早从秘书少卿何澄画。澄年九十余，世祖诏见，赐以卮酒。既拜，因伏不能起。问之，对曰："臣耄矣，弟子刘仲谦可以奉诏。"许之。由是仲谦名动京师。时受学于仲谦，艺日进。又有刘道权者，庐陵人，善画山水，然恃才谩骂当世，如刘伯熙等，皆讥呵不少假借。独于时，特奖誉之。尝谓仲谦曰："是子咄咄逼人，宜少避之。"后巨渊见时所作，亦惘然自以为不及也。

至正二年，惠宗诏时画东内清宁宫殿壁。时画樊姬、冯婕好及唐长孙皇后进谏图，赏赉甚厚。或言时家贫母老，帝怜之，怀白金一锭，使左右密付时，曰："知卿贫，故相赉，慎毋令他人知。"后授为利用监照磨，擢经历，时叩头固辞。退语人曰："时事如此，吾免沟壑幸矣，其敢干天职乎。"竟不就。

先是，京师繁盛，帝欲画图以夸后世，诏时等具稿本以进。计日程工，如是将近三年，自南而东，而西，裁及其半，忽屏置不问。众莫知其故，及帝出奔，明兵入京师，以旧城太广，乃撤其北之半，而中筑焉，其界适当画稿之半，识者始叹异之。

孛罗帖木儿擅国，奏立梓潼帝君祠，命时图其九十九化事于壁，时更画四力士献俘事。孛罗帖木儿见之，问曰："此縶而拥以前者，何人也？"众错愕，不知所对。时从容踉，言曰："是不臣于国，而遗害于民者。"孛罗帖木儿大笑而去。后旬日，孛罗帖木儿竟伏诛。

新元史卷二四三

列传第一四〇

释　老

八思巴 瞻巴　必兰纳识里　**邱处机** 马钰

谭处端　刘处元　王处一　郝大通　孙不二　康泰真

祁志诚　**张宗演** 张留孙　吴全节

郦希诚 张清志　**萧辅道** 李居寿

莫起炎

蒙古崇尚释教，及得吐番之地，思因其俗而柔之，乃设官分职而领之。于帝师，又立宣政院。其院使位居第二者，必以僧为之。帅臣以下，亦僧俗并用。于是，帝师授玉印，国师授金印，宣命同于诏敕。凡即位之始，降诏褒护，必敕章佩监络珠为字以赐。及其卒而归葬舍利，又命百官出郊祭饯。大德九年，专遣平章政事帖木儿乘传护送，赙金五百两、银千两、币帛万匹、钞三千锭。皇庆二年，加至赙金五千两、银一万五千两、锦绮杂彩共一万七千匹。

其弟子之号司空、司徒，封国公者，前后相望，怙势恣睢，气焰熏灼，为害不可胜言。有杨琏真珈者，世祖为江南释教总统，掘赵氏诸陵及其大臣冢墓凡百一所；戕杀平民四人；受人献美女宝货无算；其攘夺盗取者，计金一千七百两、银六千八百两、玉带九、玉器大小百一十有一、杂宝贝百五十有二、大珠五十两、钞一十一万六千二百锭、田二万三千亩;私庇平民不输公赋者二万三千户。他所藏匿未露者,不论也。南台御史中丞亦力撒合请急诛之,以谢天下,帝不允,仍录其子暗普为江浙行省右丞,后以民怨沸腾,始罢去。

又至大元年,上都开元寺西僧强市民薪,发诉诸留守李璧,方询问其由,僧已率其徒持白挺突入公府,隔案引璧发,捽诸也,捶朴交下,拽之以归,闭诸空室,久乃得脱,奔诉于朝,遇赦以免。二年,复有僧龚柯等十八人,与诸王合儿八剌妃争道,拉妃坠车殴之,事闻,释不问。而宣政院臣方奏请:凡民殴西僧者,截其手;詈之者,断其舌。时仁宗居东宫,闻之,亟奏寝其令。

泰定二年,西台御史李昌言奏:"尝经平凉府,静、会、定西等州,见西番僧佩金字圆符,络绎道途,驰骑累百,传舍至不能容,则假馆民舍,奸污妇女。奉元一路,自正月至七月,往返者,百八十五次,用马至八百四十余匹,较之诸王、行省之使,十多六、七。驿户无所控诉,台察莫敢谁何。且国家之制圆符,本为边防警报,僧人何事而辄佩之?乞更正僧人给驿法,且令台宪得以纠察。"不报。必兰纳识里之诛也,有司籍之,得其人畜土田、金银货贝钱币、邸舍、书画器玩,及妇人七宝装具,价值钜万万云。

番僧岁时祝厘祷祠,号称好事者,其目尤不一。大者如:中统三年,作佛顶金轮会于圣安、昊天二寺七昼夜,赐银一万五千两。至元二年,诏各路设三学,讲三禅会。七年,大修佛事于琼华岛。九年,集都城僧诵《大藏经》,九会。十三年,设资戒大会于顺德府开元寺。十六年,敕诸国师、教师、禅师百有八人,即圣寿万安寺设斋圆戒赐衣。二十二年,集诸路僧四万于西京普恩寺,作资戒会七日夜。二十三年,命西僧作佛事于万寿山,三十会。明年,又作佛事于大殿寝殿及五台山,三十三会。二十五年,命亦思麻等七百余人,坐静于大护国仁王寺,凡五十四会。二十七年,命帝师坐静于厚载门及桓州双泉寺,凡七十二会。成宗初,以国忌,饭僧七万。武宗至大元年,启水陆大会于昊天寺。英宗即位,大兴佛事于文德殿四十日。已而修秘密法会于延春阁,镇雷法会于京城四门。至治三年,诏天下诸

司,集僧诵经十万部,又于京师万安、庆寿、圣安、普庆四寺,扬子江
金山寺,五台山万圣祐国寺,建水陆大会。泰定帝元年,命西僧修佛
事于寿安山,曰星吉思乞刺,曰阔儿鲁串卜,曰水朵尔麻,曰飒间卜
里南家经,三年乃罢。又修黑牙蛮答哥佛事于水晶殿,烧坛佛事于
延华阁。文宗至顺元年四月,作佛事于仁智殿,岁终乃罢。惠宗后
至元二年,创大觉海寺,塑千佛于其内。至正七年,兴圣宫作佛事,
赐钞二千锭。十四年,命加喇嘛选僧百有八人,修朵思哥儿好事,尝
以泥作小浮屠,或十万至二三十万,名曰擦擦。其大者,实以七宝珠
玉,或一所以至七所,名曰答儿刚。先是,至元中内廷佛事之目,仅
百有二。至大德七年,再立功德使司,其目增至五百有余。

延祐四年,宣徽院会计岁供,其费以斤计者,用面四十三万九
千五百、油七万九千、酥二万一千八百七十、蜜二万七千三百,他物
称是。

至累朝赐予,尤为无度。其大者如:中统初,赐庆寿、海云二寺
陆地五百顷。大德五年,赐兴教寺地一百顷,上都乾元寺地九十顷,
万安寺地六百顷,南寺地百二十顷。皇庆初,赐大普庆寺腴田八万
亩,邸舍四百间。又赐崇福寺河南地百顷,上都开元寺江浙田二百
顷,普庆寺益都田七十顷。至治初,大永福寺成,赐金五百两、银二
千五百两、钞五十万贯、杂彩万匹;又赐西番撒思加地僧,金千两、
袈裟二万匹。至正十二年,建清河大寿元忠国寺,以浙江废寺田归
之,率多强占民业。

僧徒贪利无已,营结近侍,欺昧奏请布施,岁费千万。又每岁必
因好事奏释轻重囚徒,以为福利,虽大臣有罪,皆假是以逭其诛。宣
政院参议李良弼,受赇鬻官,竟以帝师之言纵之。其余贪缘幸免者,
尤不可胜纪。

至于道教,太祖敬礼邱处机,号为神仙,世祖封张留孙为上卿,
恩宠尤渥。然其人,皆有得于黄、老之学,不汩没于权利者。党徒虽
盛,非如释氏之病民蠹国也。故备书其事,以垂鉴戒云。

　　帝师八思巴者，土番萨斯迦人，族款氏。生七岁，诵经数十万言，能约通大义，国人号圣童。稍长，学富五明，故又称班弥怛。年十有五，谒世祖于潜邸，与语大悦，日见亲礼。

　　中统元年，世祖即位，尊为国师，授玉印。命制蒙古新字。其字仅千余，其母凡四十有一。其相关纽而成字者，则有韵关之法；其以二合、三合、四合而成字者，则有语韵之法；大要以谐声为宗。其四十一之字母，曰：〼葛，〼渴，〼昕，〼诶，〼者，〼关，〼遮，〼倪，〼怛，〼挞，〼达，〼阙，〼钵，〼桼，〼聚，〼麻，〼楼，〼阙，〼惹，〼噤，〼若，〼萨，〼阿，〼耶，〼啰，〼罗，〼设，〼沙，〼诃，〼哑，〼伊，〼邬，〼医，〼污，〼退轻呼，〼霞，〼法，〼恶，〼也，〼冈，〼耶轻呼。凡借汉字释音，并开口呼之，汉字母内则去〼〼〼三字，而增入〼〼〼〼四字。初韵多本梵法，或一母独成一字，或二、三母合成一字。如：〼天，〼地，〼人，〼东，〼西，〼南，〼北之类是也。但只一字，具平、上、去三声，而无入声，轻呼则同平声矣。凡诏诰、宣敕、表笺并用之。其书右行，其字方古严重。

　　至元六年，诏颁行于天下，诏曰："朕惟字以书言，言以纪事，此古今之通制。我国家肇基朔方，俗尚简古，未遑制作，凡施用文字，因用汉文及畏兀儿字，以达本朝之言。考诸辽、金及遐方诸国，例各有字，今文治浸兴，而字书有阙，于制为未备。故特命国师八思巴创为蒙古新字，译写一切文字，期于顺言达事而已。今后凡有玺书颁降者，皆用蒙古新字，仍各以其国字副之。"遂升号八思巴大宝法王，更赐玉印。

　　十一年，请告西还，留之不可，乃以其弟亦怜真嗣焉。十六年，八思巴卒，赐号皇天之下一人之上宣文辅治大圣至德普觉真智佑国如意大宝法王、西天佛子、大元帝师。至治间，特诏郡县建庙通祀。泰定元年，又绘像十一，颁各行省，为塑像云。

　　亦怜真嗣帝师，凡六岁，至元十六年卒。答儿麻八剌乞列嗣，二十三年卒。亦摄思连真嗣，三十一年卒。乞剌斯八斡节儿嗣，成宗特造宝玉五方佛冠赐之。元贞元年，更赐双龙盘纽白玉印，文曰"大元帝师统领诸国僧尼中兴释教之印"。大德七年卒。明年,以辇真监藏嗣,又明年卒。都家班嗣,皇庆二年卒。相儿加思嗣,延祐元年卒。二年,公哥罗古罗思监藏班藏卜嗣,至治三年卒。旺出儿监藏嗣,泰定二年卒。公哥列思八冲纳思监藏班藏卜嗣,赐玉印,降玺书谕天下,其年卒。天历二年,亦辇真吃剌失思嗣。

时又有国师胆巴者,一名功嘉葛剌思,西番突甘斯旦麻人。幼从西天竺古达麻失利传习梵秘,得其法要。中统间,帝师八思巴荐之。时怀孟大旱,世祖命祷之,立雨。又咒食投龙湫,顷之奇花异果上尊涌出波面,取以上进,世祖大悦。至元末,以不容于时相桑哥,力请西归。既复召还,谪之潮州。时枢密副使月的迷失镇潮州,妻得奇疾,胆巴以所持数珠加其身,即愈。又尝为月的迷失言异梦及己还朝期,后皆验。

元贞间,海都犯西番界,成宗命祷于摩诃葛剌神,已而捷书果至。又为成宗祷疾,遄愈,赐与甚厚,且诏分御前校尉十人为之导从。成宗北巡,命胆巴以象舆前导。过云州,语诸弟子曰:"此地有灵怪,恐掠乘舆,当密持神咒以厌之。"未几,风雨大至,众咸震惧,惟幄殿无虞,复赐碧钿杯一。德寿太子之薨也,不鲁罕皇后遣使问于师曰:"我夫妇以师事汝,至矣,止有一子,何不能保护耶?"曰:"佛法如灯笼,风雨至,可蔽之。若尔烛尽,灯笼亦无如之何也。"大德七年夏,卒。皇庆间,追号大觉普惠广照无上胆巴帝师。

后又有必兰纳识里者,初名只剌瓦弥的理,北庭感木鲁国人。幼熟畏兀儿及西天书,长能贯通三藏暨诸国语。大德六年,奉旨从帝师受戒于广寒殿,代帝出家,更赐今名。皇庆中,命翻译诸梵经典。延祐间,特赐银印,授光禄大夫。

时诸番朝贡,表笺文字无能识者,皆令必兰纳识里译之。尝有以金刻字为表进者,帝遣视之。必兰纳识里取案上墨汁涂金叶,审其字,命左右执笔,口授表中语及使人名氏,与贡物之数,书而上之。明日,有司阅其物色,与所赍重译之书无少差者。众无不服其博识,而竟莫测其何所从授,或者以为神悟云。授开府仪同三司,仍赐三台银印，兼领功德使司事，厚其廪饩，俾得以养母焉。

至治三年，改赐金印，特授沙津爱护持，且命为诸国引进使。至顺二年，又赐玉印，加号普觉圆明广照弘辩三藏国师。是年，与安西王子月鲁帖木儿等谋为不轨，坐诛。其所译经，汉字则有《楞严经》，西天字则有《大乘庄严宝度经》、《乾陀般若经》、《大涅槃经》、《称赞大乘功德经》，西番字则有《不思议禅观经》，皆行于世。

邱处机，字通密，登州栖霞人，自号长春子。幼有人相之曰："神仙宗伯也。"年十九，学全真道于宁海之昆仑山，与马钰、谭处端、刘处元、王处一、郝大通、孙不二，同师重阳王真人。马钰，宁海人，弱冠举进士。妻孙氏，名不二，亦宁海人。刘处元，掖县人，著有《道德经解》、《阴符经解》。谭处端，宁海人，著有《云水前后集》。王处一，宁海人。郝大通，宁海人。时谓之七真人，独处机名最著。金、宋之季，俱遣使召之，不赴。

太祖征西域，命近臣彻伯尔、刘仲禄赍玺书，请处机至军中。处机一日忽语其徒曰："天使来召我，我当往。"翼日，二人至，处机乃与弟子十有八人同行。明年，留山北，先驰表谢，拳拳以止杀为戒。又明年，趣使再至，乃发抚州，经涉万有余里，历四载而始达于雪山。常马行积雪中，马上举策试之，未及积雪之半。既见，太祖大悦，赐食，设庐帐甚饬。

太祖方西征，日事攻战，处机每言欲一天下者，必在不嗜杀人。及问为治之方，则对以敬天爱民。问长生久视之道，则告以清心寡欲。太祖深契其言，曰："天锡仙翁，以瘳朕志。"命左右书之，且以训诸子焉。赐虎符，副以玺书，不斥其名，惟曰"神仙"。一日雷震，太祖以问，处机对曰："雷，天威也。人罪莫大于不孝，不孝则不顺乎天，故天威震动以警之。似闻境内不孝者多，陛下宜畏天威，明孝道以治天下。"太祖从之。

十七年，太祖大猎于东山，马踣，处机请曰："天道好生，陛下春秋高，数畋猎，非宜。"太祖为罢猎者久之。时大兵践蹂中原，河南、北尤甚,民罹俘戮,无所逃命。处机还燕,使其徒持牒购之,由是为人奴者得复为良,与濒死而得更生者,毋虑二三万人。

十九年,荧惑犯尾,其占在燕,处机祷之,果退舍。二十一年,又为旱祷,期三日雨,当名瑞应,已而亦验。改赐宫名曰"长春",且遣使劳问,制曰:"朕常念神仙,神仙毋忘朕也。"六月,浴于东溪,越二日,天大雷雨,太液池水入东湖,声闻数里,鱼鳖尽去,池遂涸,而北口高岸亦崩。处机叹曰:"山其摧乎,池其涸乎,吾将与之俱乎!"遂卒,年八十。其徒尹志平等,世奉玺书,袭掌其教。

至大二年,加赐金印,处机赠为长春全德神化明应真君,马钰为丹阳抱一无为普化真君,谭处端为长真凝神元静蕴德真君,刘处元为长生辅化宗元明德真君,王处一为玉阳体元广慈普度真君,郝大通为广宁通元妙极太古真君,孙不二为清净渊真虚元顺化元君,敕并付道士苗道一收执。处机弟子十八人,知名者尹志平、李志常、宋德芳、綦志远,并封真人。

时又有康泰真者,利州人,母娠二十四月而生。学道于王重阳,与邱处机、马钰诸人游。四方之士,踵门受业者,恒数百人。夏大旱,使者请祈雨,泰真端坐久之,曰:"明日雨。"既而,果然。冬常裸裎十余日,无寒色。卒年九十余。

处机第四传曰祁志诚,居云州金阁山,誉问甚著。丞相安童尝过而问之,志诚告以修身治世之要。安童感其言,故相世祖,以清静为本。及罢相,退然若无与于世者,人谓有得于志诚之言。

正一天师者,始自汉张道陵,其后四世孙来居信州之龙虎山。相传至三十六世宗演,当至元十三年,世祖已平江南,遣使召之。至则命廷臣郊劳,待以客礼。及见,语之曰:"昔岁己未,朕次鄂渚,尝令王一清往访卿父,卿父使报朕曰:后二十年天下当混一。神仙之言验于今矣。"因命坐,赐宴,特赐玉芙蓉冠、组金无缝服,赐号演道灵应冲和真人,命主领江南道教,仍赐银印。

十八年、二十五年再入觐。世祖尝命取其祖天师所传玉印、宝剑观之，语侍臣曰："朝代更易已不知其几，而天师剑印传子若孙尚至今日，其果有神明相之乎！"嗟叹久之。其实天师玉印文曰"阳平治都君所"，乃宋徽宗所赐，非汉印也。

九月，都功德使司脱因小演赤奏："曩者所毁道家伪经板本化图，多隐匿未毁，其书皆诋毁释教之言，宜甄别。"于是命前中书右丞张文谦等诣长春宫无极殿，偕宗演等证辨真伪，究其本末。惟道德二篇为老子所著，余悉汉张道陵、后魏寇谦之等伪作。文谦等奏："自《道德经》外，宜悉焚毁。"帝曰："道家经文，传讹踵谬非一日矣。若焚之，其徒未必心服。彼言水火不能焚溺，可以是端试之。候不验，焚之未晚也。"遂谕宗演等，俾推择人入火试其术。宗演等奏："此皆诞妄之说，臣等入火，必皆为灰烬，实不敢试。但乞焚去《道藏》伪书，庶几澡雪臣等。"帝可其奏。遂诏天下道家诸经，可留道德二篇，其余一切焚毁，匿藏者罪之。十月，集百官于悯忠寺，焚毁《老子化胡经》、《犹龙传》等书。

二十九年，宗演卒，子与棣嗣，为三十七世，袭掌江南道教。三十一年入觐，卒于京师。元贞元年，弟与材嗣授太素凝神广道真人，为三十八世，袭掌道教。

时潮啮盐官、海盐两州，为患特甚，与材以术治之。一夕大雷电以震，明日见有物鱼首龟形者磔于水裔，潮患遂息。大德五年，召见于上都幄殿。八年，授正一教主，主领三山符箓。武宗即位，来觐，特授金紫光禄大夫，封留国公，赐金印。仁宗即位，特赐宝冠、组织文金之服。延祐三年，加太虚辅化体仁应道大真人，卒。四年，子嗣成嗣，为三十九世，袭领江南道教，主领三山符箓如故。

其徒张留孙者，字师汉，信州贵溪人。少入龙虎山为道士，有人相之曰："神仙宰相也。"至元十三年，从天师张宗演入朝，世祖与语，称旨，遂留侍阙下。世祖尝亲祠幄殿，皇太子侍。忽暴风雨至，众骇惧，留孙祷之立止。又尝次日月山，昭睿顺圣皇后得疾危甚，亟召留孙请祷。既而后梦有朱衣长髯，从甲士，导朱辇白兽行草间者。觉而异之，以问留孙，对曰："甲士导辇兽者，臣所佩法箓中将吏也；

朱衣长髯者,汉祖天师也;行草间者,春时也。殿下之疾,其及春而瘳乎!"后命画像以进,视之,果梦中所见者。帝大悦,即命留孙为天师,固辞不敢当,乃号为上卿,敕尚方铸宝剑以赐,建崇真宫于两京,俾留孙居之,专掌祠事。

十五年,授玄教宗师,赐印。又特任其父信州路治中,寻复升江东道同知宣慰司事。是时,天下大定,世祖思与民休息,留孙待诏尚方,因谕黄老治道贵清净、圣人在宥天下之旨,深契上衷。及将以完泽为相,命留孙筮之,得《同人》之《豫》,留孙曰:"'《同人》,柔得位而进乎乾',君臣之合也;'《豫》,利建侯',命相事也。何吉如之,愿陛下勿疑。"及拜,天下果称得贤相。

大德中,加号玄教大宗师,同知集贤院道教事。武宗即位,召见,赐坐,升大真人,知集贤院,位大学士上。寻又加特进。进讲老子推明谦让之道。及仁宗即位,犹恒诵其言,且谕近臣曰:"累朝旧德,仅余张上卿尔。"进开府仪同三司、特进,加号辅成赞化保运玄教大宗道师,又封阐道宏教冲元仁靖大真人,刻玉为玄教大宗师印以赐之。至治元年卒,年七十四。天历元年,追赠道祖神应真君,其徒吴全节嗣。

全节,字成季,饶州安仁人。年十三,学道于龙虎山。至元二十四年,至京师,从留孙见世祖。三十一年,成宗至自朔方,召见,赐古珊玉蟠螭环一,敕每岁侍从行幸,所司给庐帐、车马、衣服、廪饩,著为令。大德十一年,授玄教嗣师,赐银印,视二品。至大元年,赐七宝金冠、织金文之服。三年,赠其祖昭文馆大学士,封其父司徒、饶国公,母饶国太夫人,名其所居之乡曰荣禄,里曰具庆。至治元年,留孙卒。二年,制授特进、上卿、玄教大宗师、崇文弘道玄德真人、总摄江淮荆襄等处道教、知集贤道教事,玉印一、银印二,并授之。

全节尝代祀岳渎还,成宗问曰:"卿所过郡县,有善治民者乎?"对曰:"臣过河南,总管卢贽平易无为,而民以安靖。"成宗曰:"吾忆其人。"即日召拜集贤学士。成宗崩,仁宗至自怀孟,有狂士以危言讦翰林学士阎复,事叵测。全节力言于李孟,孟以闻,仁宗意解,复告老而去。当时以为朝廷得敬大臣体，而不以口语伤贤者，全节盖有力焉。

全节雅好结士大夫，推毂善类，唯恐不尽其力。至于振穷周急，未尝以恩怨异其心，时谕称之。卒年八十有二，其徒夏文泳嗣。

真大道教者，金季道士刘德仁之所立也。其教以苦节危行为要，而不妄取于人、不苟侈于己。五传至郦希诚，居燕京天宝宫，见知宪宗，始名其教曰真大道，授希诚太玄真人，领教事，内出冠服以赐，仍给紫衣三十袭，赐其从者。

至元五年，世祖命其徒孙德福统辖诸路真大道，锡铜章。二十年，改赐银印二。又三传而至张清志，年十六从天宝李道士游，其后徒众益盛。清志事母孝，母常病疽，口吮其脓，遂愈。又患膈气，清志祷于神，进药，母吐涎块如瓜，病若失。授演教大宗师凝神冲妙元应真人。东海大珠山、牢山，旧多虎，清志往居之，虎皆避徙，然颇为人害。清志曰：“是吾夺其所也。”遂去之。后居临汾，地大震，城郭摧压，死者不可胜计，独清志所居裂为二，无少损焉。乃遍巡木石间，听呻吟声，救活者甚众。朝廷重其名，给驿致之，俾掌教事。清志徒步至京师，深居简出，人或不识其面。贵人达官来见，率告病，伏卧内不肯起。后卒于京师。

太一教者，始金天眷中道士萧抱珍，传太一三元法箓之术，因名其教曰太一。四传而至萧辅道。世祖在潜邸闻其名，命史天泽召至和林，赐对称旨，留居宫邸。以老，请授弟子李居寿掌其教事。

至元十一年，建太一宫于两京，命居寿居之，领祠事，且禋祀六丁，以继太保刘秉忠之职。十三年，赐太一掌教宗师印。十六年十月辛丑，日直元辰，敕居寿祠醮，奏赤章于天，凡五昼夜。事毕，居寿请间曰：“皇太子春秋鼎盛，宜参预国政。”且又因典瑞董文忠以为言，世祖喜曰：“行将及之。”其后诏太子参决朝政，庶事先启后闻，皆自居寿发之。

　　莫起炎，字南仲，湖州人，后更名洞乙，自号为月鼎。入青成山，见徐无极，受五雷之法。又闻南丰邹铁壁，得王侍辰《雷书》，秘不传，亟往求之，托为僮隶。邹病革，洞乙具以实告，邹惊叹，即以书授之。于是洞乙召雷雨，制鬼魅，动若有神物从之者。

　　宋宝祐中，浙东大旱，马廷鸾守绍兴，延致之。洞乙建坛场，瞑目按剑，召雷神役之，俄大雨倾注。宋理宗闻之，赐诗一首，称为神仙。

　　至元五年，世祖遣御史中丞崔彧求异人江南，物色得之。召见上都，帝赐以果肴。时天气晴霁，帝曰：“可闻雷否？”洞乙曰：“可！”即取胡桃掷地，雷应声而发，震撼殿廷，帝为之改容。复使请雨，雨立至。帝大悦，赐以金缯。洞乙碎截之，为济寒乞丐。疑其物微盛，有所赍亦不受。敕掌道教事，洞乙以年耄辞。

　　遂南归，益自放于酒。尝与客饮西湖舟中，赤日当天，客请假片云覆之。洞乙持果漂杯中，顷之云自湖畔起，翳于日下。洞乙寓道观，中秋，观中道士会饮，不及洞乙。俄有片云蔽月，道士知洞乙所为，急延之上座，且谢罪。洞乙以手指之，云即散去。山民为魅所惑，往求洞乙，遇之酒肆中。洞乙含酒僎之，及归而病已愈，卖饼者为物窃其饼，诉于洞乙。召雷击之，云中有胡孙首，下投于市。

　　洞乙佯狂避世，不妄与人交，然颇问疾病。有来告，或以蟹中黄篆符与之，或摘草木叶，嘘气授之，无不立愈，咸以真官称之。一日，谓其徒王继莘等曰：“明年正月十有三日，我将化于沙家渡。”及期，瞑目坐，夜半雷雨大作，洞乙书偈而卒，年六十有九。

　　洞乙之书不轻授人，惟继莘及潘民得其传。继莘授张善湘，善湘授步宗浩，宗浩授周元真。元真万奇特，若设醮，能使群鹤回翔坛上焉。

新元史卷二四四
列传第一四一

列女上

周术忽妻崔氏　　李伯通妻周氏

郭三妻杨氏　　刘平妻胡氏　王氏女

杨居宽继室马氏　　程鹏飞妻某氏

沈氏　　载复古妻　　贾琼妻韩氏

徐君宝妻某氏　　临海民妇王氏

武用妻苏氏　　江文铸妻范氏　柳氏

谭节妇　　刘仝祖妻林氏

霍氏二妇尹氏杨氏

袁天裕妻焦氏　任氏　田氏　　梁氏

王妙璘　周氏　　谢天与妻邓氏

陈存信妻　程氏等　　只鲁花真

宋仲荣妻梁氏等　　王德政妻郭氏　　郎氏

东平郑氏　大宁杜氏　安西杨氏　　秦氏二女

孙氏女　许氏女　张氏女　　张兴祖妻周氏

赵孝妇　　霍荣妻段氏　吴氏等

朱虎妻茅氏　俞新之妻闻氏

李五妻刘氏　马英　赵氏女　冯氏

李君进妻王氏　移剌氏等　朱淑信

葛妙真　畏氏三女　王氏

王义妻卢氏等　张义妇　郑伯文妻丁氏

葛孝女　赵美妻王氏　李冬儿

李氏　脱脱尼　李世安妻王氏

赵彬妻朱氏　安哥　贵哥

台叔龄妻刘氏　李智贞　蔡三玉

黄伯英妻雍氏　唐斗辅妻文氏

王氏　金孝女　陈道安妻徐氏

韩良可妻寇氏等　马氏　焦三妻易氏

张氏　季富妻黄氏　昆山孝节妇

　　《春秋》之义,用夏变夷,必自夫妇之伦始。世祖奄宅中夏,有意于先王之礼教,独于蒙古夫死妇再醮,或嫁夫之兄弟,则仍其旧俗而不改。然旌烈女之门,复节妇之家,有司奉行,史不绝书。殆谓礼义可以治中国,而不可以施之夷狄欤?今为《列女传》,则蒙古、色目之族,固有以节义显者。而祥哥不剌公主,以皇姑之贵,早寡,不从诸弟继尚,为文宗所敬礼。呜呼!民彝物则之性,岂分于夷夏哉。惜不以《春秋》之法进之也。

　　周术忽妻崔氏,佚其籍。太祖二十一年,从术忽官平阳。金将来攻城，克之，下令官属妻子敢匿者死。时术忽以使事在上党，崔氏急即抱幼子祯以诡计自言于将，将信之，使军吏书其臂出之。崔氏曰：“妇人臂使人执而书，非礼也。”以金赂吏，使书之纸。吏曰：“吾知汝诚贤妇，于令不敢违。”使崔自揎袖，吏悬笔而书焉。既出，有言其诈者，将怒，命追之。崔与祯伏土窖三日，得免，与术忽会。

未几，术忽以病亡，崔年二十九，即大恸，誓不更嫁，放散婢仆，躬自纺绩，悉以资产遗亲旧。有权贵欲娶之，崔自毁其面不欲生。四十年未尝妄言笑，人比之古烈妇云。

李伯通妻周氏，滦平石城人。生一子，名易。金末，伯通监丰润县，大兵攻之，城破，不知所终。周氏与易被虏，谓偕行者曰：“人苟爱其生，万一受辱，不如死也。”即自投于堑。主者怒，拔佩刀三刃其体而去，得不死。遂携易而逃，间关至汴，绩纸以自给，教易读书，卒为名儒。

郭三妻杨氏，东平须城人。三从军襄阳，杨氏留事舅姑，以孝闻。至元六年，夫死戍所，母欲嫁之，杨氏号痛自誓，乃已。久之，夫骨还，舅曰：“新妇年少，终必他适，可令吾子鳏居地下耶！”将求里人亡女合瘗之。杨氏闻，益悲，不食五日，自经死，遂与夫合葬焉。

刘平妻胡氏，渤海人。至元七年，平当戍枣阳，车载其家以行。夜宿沙河傍，有虎至，衔平去。胡起追及之，持虎尾，呼车中儿，取刀杀虎。儿甫七岁，持刀授母，亦无怖意。虎死，平亦以伤卒。县官言状，命恤其母子，仍旌之。

至大间，建德王氏女，父出耘舍傍，遇豹，为所噬。父大呼，女识父声，趋救，以父所弃锄击豹，夺父而还。

参知政事杨居宽继室马氏，杭州钱塘人。至元十四年，桑哥诬居宽死，没入其孥，以马氏赐卫士。氏托狂疾叫呼，遗粪溺不可近，竟免于辱。杨氏阴赎之归,遂削发庐墓,以死自誓。后桑哥败事,得昭雪。氏无子,日纺绩给食,凡十余年。大德七年,乳生疡,或劝医之。氏曰:"吾寡妇也,岂可令男子见。"竟死。

程鹏飞妻某氏。宋季,鹏飞被俘于兴元张万户家为奴,张以所获宦家女妻之。既婚三日,窃谓曰:"观君才貌,非在人后者,何不为去计!"夫疑其试己,诉于张,张箠之。越三日,复告曰:"君若去,必可成名,否则终为人奴耳!"夫又诉于张,张命出之。妻临行,以绣履一,易程一履,泣曰:"期执此相见。"程感悟,逸去。至元初,官至陕西参政,自与妻别已三十余年,遣使携履往兴元求之,知已为尼。使者至庵中,故遗履于地,尼见之,询所从来,曰:"吾主程参政,使寻其妇耳。"尼出履示之合,亟拜曰:"主母也!"告以参政未尝娶。终不出。程檄兴元路官,具舆马,送至陕西,重为夫妇焉。

沈氏,吴兴人。夫为军士所害,沈乘间投水。适张掾舟过,见妇人衣浮水上,引救之,易衣置后舰内。其下讽之曰:"吾张君贵人,汝能侍之,且得宠。"沈谢曰:"幸诸君见怜,然彼时见吾夫被创甚,吾已许之死,恨不及生时使之见也。且贵人安用失节妇哉!"夜以竹箸刺喉以死。

戴复古妻,江西富家女。复古流寓武宁,富家爱其才,以女妻之。居二年,欲归,妻问故,告以曾娶。白之父,父怒,妻宛转解释,尽以奁具赠之,并送以词曰:"惜才怜薄命,无计可留汝。揉碎花笺,忍写断肠句。道旁杨柳依依,千丝万缕,抵不住一分愁绪。捉月盟言,不是梦中语,后回君若重来,不相忘处,把杯酒,浇坟土。"夫既别,遂赴水死。

贾琼妻韩氏,字希孟,韩琦五世孙女。岳州破,韩为游卒所掠,献主将。韩年甫十八,自知不免,乃作五言诗曰:"皇宋缔造初,坚正

臣礼秉。开国百战功,师旅惟雄整。及侍周幼主,臣心常炯炯。帝
曰卿北伐,山戎今有警。死狗莫击尾,此行当系颈。即日辞陛下,尽
敌心欲逞。陈桥忽兵变,不得守箕颖。禅让法尧舜,民物普安静。有
国三百年,仁义过驰骋。未改祖宗法,天何肆大眚。细思天地理,中
有幸不幸。失人焉得人,垂戒常耿耿。江南无谢安,塞北有王猛。所
以戎马来,飞渡以临境。大江限南北,今此一舴艋。本期固封疆,谁
谓如画饼。烈火燎昆冈,不辨金玉矿。妾本良家子,性僻守孤梗。嫁
与尚书儿,衙署紫兰省。直以德才合,不弃宿瘤瘿。初结合欢带,誓
比日月炳。鸳鸯会双飞,双目愿常并。岂期金石坚,化作桑榆景。旄
头势正然,蚩尤气先屏。不意风马牛,复及此燕郢。一方遭劫难,六
族死俄顷。退鹢落迅风,孤鸾吊空影。簪摧折白玉,瓶沉断素绠。意
坚志不移,改邑不改井。我本瑚琏器,安肯作溺皿。志节匪转石,气
慷如吞鲠。不作爝火光,愿为死灰冷。贪生念曲蛾,乞怜羞虎阱。借
此清江水,葬我全首领。皇天如有知,定作血面请。愿魂化精卫,填
海使成岭。"遂乘间投水死。越三日,其尸上浮,得诗于练裙中。

　　徐君宝妻某氏,岳州人。被掠至杭州,相从数千里,其主者数欲
犯之,终以计脱。一日,主者怒甚,将强焉。氏告曰:"候妾祭先夫,
然后为君妇。"主者诺,即严妆焚香再拜,南向饮泣,题满庭芳词于
壁曰:"汉上繁华,江南人物,犹遗宣政风流。绿窗朱户,十里烂银
钩。一旦刀兵齐举,旌旗拥,百万貔貅长驱入。歌楼舞榭,风卷落花
愁,清平三百载,曲章文物扫地俱休。幸此身未北,犹客南州。破镜
徐郎何在,空惆怅。相见无由,从今后断魂千里,夜夜岳阳楼。"即投
池中死。

　　临海民妇王氏,美姿容。王师徇台州,被掠。千夫长杀其舅姑
与夫,而欲私之。妇阳曰:"能。俾我为舅姑与夫服期月,乃可从汝。"
师还,挈行至嵊县,过清风岭,妇仰天叹曰:"吾知所以死矣。"即啮
指出血,写诗崖石上,投崖下死。石上血偾起,不为风雨所剥蚀。浙

东元帅泰不华，为立贞妇庙。

武用妻苏氏，真定人，徙家京师。用疾，苏氏刲股为粥，以进，疾即愈。生子德政，四岁而寡。夫之兄利其资，逼之嫁，不听。未几，夫兄举家死，惟余三弱孙，苏氏育之以至成立。德政长，事苏氏至孝。苏氏死时，天大旱。德政方掘地求水，忽二蛇跃出，一东一北，随其地掘之，果得泉。有司上其事，旌复其家。

江文铸妻范氏，名妙元，奉化人。年二十一，归于江。及门未合卺，夫以痼疾死。范遂居江氏家，抚诸侄如己子。卒年九十有五。

又柳氏者，蓟州人，为户部主事赵野妻。未成婚，而野卒。柳哭之尽哀，誓不再嫁。寝疾，不肯服药，曰："我年二十而寡，今已逾半百，得死幸矣。"遂卒。

谭节妇赵氏，吉安永新人，嫁同里谭氏。年二十有七，至元十三年，江南内附。明年，宋丞相文天祥志恢复，以书约妇妹婿永新彭震龙起兵，期七月十九日内外合发，而震龙先一日起，与元军战，败。元军入城，妇抱所乳子仓卒走县学礼殿。元兵搜得，欲犯之。妇痛骂，母子俱死于礼殿之南。

时有同逃者，匿殿梁上，视妇死事甚悉，遂传于世。妇与子血影模糊，留殿阶不灭，磨去复存。其后永新知县乌斯道，为建祠于县学。

刘仝祖妻林氏，福清人。父以遇，知名士。仝祖为福建招抚使，宋亡，与妻兄林空斋同举义，共败溃。仝祖亡命，自经死。有司执林氏，命具反状，林氏叱曰："吾家世为宋臣，欲以忠义报国，何反也？汝知以指血书壁而死者乎，是吾兄也！吾与兄忠义之心一也，肯为汝等辱？"遂遇害。

霍氏二妇尹氏、杨氏，许州人。至元中，尹氏夫卒，姑命更嫁。尹氏曰："再嫁失节，妾不忍为也？"杨氏夫继卒，虑姑逼之嫁，即白舅姑，与尹同守节，共居数十年。世号双节霍家。

袁天裕妻焦氏，泾阳人。天裕祖母杨氏、母焦氏俱早寡，守志不嫁。天裕众军死于甘州，焦氏矢志不嫁。三世并以节义称。

又至元中，邠州任氏、乾州田氏，皆一家三妇，少寡不再适。事闻，并旌之。

梁氏，临川人，夫家王氏。大兵至，为一千户所掠，詈之，为所杀。及事平，夫谋再娶，夜梦王氏告以已生某地，当复为君妇。明日，遣人聘之，一言而成。询其生，与妇死日相同。

又王妙璘，海康人，王谷荣女。至元间，蛮寇雷州，执妙璘，将犯之。妙璘不受辱，投水死，有司旌之。

又雷州人朱先彬妻周氏。先彬死，周氏殉之。诏旌其门。

谢天与妻邓氏，武进人。大兵至武进，邓氏抱姑避牛阑中，投水死。又陈存信妻程氏，丹阳人。大兵攻常州，存信死之。程氏守节不嫁。子寿，为百户，亦死于贼。诏旌其门。

徐顺妻彭氏，东平人，郑腊儿妻康氏，曹州人；夫卒，俱以身殉。有司旌之。

又陈若英，高安人。年十三，同县舒璉聘为室。璉卒，若英自经死。有司旌其门曰贞节。又上犹人徐仁妻谢氏，夫卒，矢志不嫁。夫家阴卖为富室妾，谢氏诉于县，不为理，自经死。大德间，廉访司表其墓曰贞节。

只鲁花真，蒙古氏。年二十六，夫忽都病卒，誓不再醮，孝养舅姑。逾十五年，舅姑殁，尘衣垢面，庐墓终身。至元间旌之。

　　其后，又有翼城宋仲荣妻梁氏，舅殁，负土为坟；怀孟何氏、大名赵氏，并以夫殁守志，养舅姑以寿终，负土为坟。

　　王德政妻郭氏，大名人。少孤，事母张氏孝谨，以女仪闻于乡。及笄，富贵家慕之，争求聘，张氏不许。时德政教授里中，年四十余，貌古陋，张氏以贫不能教二子，欲纳德政为婿，使教之。宗族皆不谓然，郭氏顺母志竟嫁之，与德政相敬如宾，教二弟有成。未几，德政卒，郭氏年甫二十，励节自守。大德间表其家。

　　郎氏，湖州安吉人，宋进士朱甲妻也。朱尝仕浙东，以郎氏从。至元间，朱殁，郎氏护丧还至玉山里，留居避盗。势家柳氏欲强聘之，郎誓不从，夜奉枢遁归。柳邀之中道，复死拒，得免。家居，养姑甚谨。姑尝病，郎祷天，刲股肉进啖而愈。大德十一年，旌之。

　　又有东平郑氏、大宁杜氏、安西杨氏，并少寡守志，刲肉疗姑病。

　　秦氏二女，河南宜阳人，逸其名。父尝有危疾，医云不可治。姊闭户默祷，凿脑和药饮之，遂愈。父后复病欲绝，妹刲股肉置粥中，父小啜即苏。

　　又孙氏女，河间人，父病癞十年，女祷于天，求以身代，且吮其脓血，旬月而愈。

　　许氏女，安丰人。父疾，割股啖之瘥。

　　张氏女，庐州人，嫁为高垕妻。母病目丧明，张氏归省，抱母泣，以舌舐之，目忽能视。

　　州县各以状闻，旌之。

　　张兴祖妻周氏，泽州人。年二十四，兴祖殁，舅姑欲使再适，周氏不从，曰："妾家祖母、妾母并以贞操闻，妾或中道易节，是忘故夫而辱先人也。忘故夫不义，辱先人不孝，不义不孝，妾不为也。"遂髡居三十年,奉舅姑,生事死葬无违礼。其父与外祖皆无后,葬祭之礼亦周氏主之。有司以闻,并赐旌异。

赵孝妇,德安应城人。早寡,事姑孝。家贫,佣织于人,得美食必持归奉姑,自啖粗粝。尝念姑老,一旦卒,无由得棺,乃以次子鬻富家,得钱百缗,买杉木治之。棺成,置于家。南邻失火,风烈甚,火势及孝妇家,孝妇亟扶姑出避,而棺重不可移,乃抚膺大哭曰:"吾为姑卖儿得棺,无能为我救之者。"言毕,风转而北,孝妇家得不焚,人以为孝感所致。

霍荣妻段氏,隆兴人。荣无子,尝乞人为养子。荣卒,段氏年二十六,养舅姑以孝称。舅姑殁,荣诸父仲汶贪其产,谓段曰:"汝子假子也,可令归宗。汝无子,宜改适。霍氏业,汝无预焉。"段曰:"家资不计,但再醮非义,容妾思之。"即退入寝室,引针刺面,墨渍之,誓死不贰。大德二年,府上状中书,给羊酒币帛,仍命旌门,复役。

又有兴和吴氏,自刺其面;成纪谢思明妻赵氏,自髡其发;冀宁田济川妻武氏、溧水曹子英妻尤氏,啮指滴血,并誓不更嫁。有司各旌之。

朱虎妻茅氏,崇明人。大德间,虎官都水监,坐罪籍其家,吏录送茅氏及二子赴京师。太医提点师甲乞归家,欲妻茅氏,誓死不从,母子三人以裙相结连,昼夜倚抱号哭,形貌销毁。师知不可夺,释之。茅氏托居永明尼寺,忧愤不食卒。

闻氏,绍兴俞新之妻也。大德四年,新之殁,闻氏年少,父母虑其不能守,欲更嫁之。闻氏哭曰:"一身二夫,烈妇所耻。妾可无耻乎!且姑老子幼,妾去当令谁视之?"即断发自誓。父不忍强夺其志。姑病风,且失明,闻氏手涤溷秽不息,时漱口上堂舐其目,目为复明。及姑卒,家贫,无资佣工,与子负土葬之,朝夕悲号,闻者惨恻。

乡里嘉其孝,为之语曰:"欲学孝妇,当问俞母。"

又有刘氏,渤海李五妻也。少寡,父母使再醮,不从。舅患疽,刘祷于天,数日溃,吮其血,乃愈。

马英,河内人,性孝友。父丧哀毁,二兄继殁,英独事母甚谨,又与二嫂居,使得保全嫠节。及丧母,卜地葬父母、二兄,负土为四坟,手植松柏,庐墓侧终身。

又赵氏女,名玉儿,冠州人。尝许为李氏妇,未婚夫死,遂誓不嫁,以养父母。父母殁,负土为坟,乡里称之。

冯氏,名叔安,字静君,大名宦家女,山阴县尹山东李如忠继室也。如忠初娶蒙古氏,生子任,数岁而卒。大德五年,如忠病笃。引刀断发,自誓不他适。如忠殁两月,遗腹生一子,名伏。

李氏及蒙古之族在北,闻如忠殁于官,家多遗财,相率来山阴,尽取其赀及子任以去。冯不与较,一室萧然,唯余如忠及蒙古氏之枢而已。朝夕哭泣,邻里不忍闻。久之,鬻衣厝二枢藂山下,携其子庐墓侧。时年二十二,羸形苦节,为女师以自给。父母来视之,怜其孤苦,欲使更事人,冯爪面流血,不肯从。居二十年,始护丧归葬汶上。齐鲁之人闻之,莫不叹息。

李君进妻王氏,辽阳人。大德八年,君进病卒,卜葬,将发引,亲邻咸会。王氏谓众曰:"夫妇死同穴,义也。吾得从良人逝,不亦可乎!"因抚棺大恸,呕血升许,即仆于地死。众为敛之,连枢出葬,送者数百人,莫不洒泣。

又,移剌氏,同知湖州路事耶律忽都不花妻也。夫殁,割耳自誓。既葬,庐墓侧,悲号不食死。

赵氏,名哇儿,大宁人。年二十,夫萧病剧,谓哇儿曰:"我死,汝年少,若之何?"哇儿曰:"君幸自宽,脱有不讳,妾不独生,必从君地下。"遂命匠制巨棺。夫殁,即自经死,家人同棺葬焉。

大都费岩妻王氏、买哥妻耶律氏,陕州陈某妻别氏,大同宋坚童妻班氏、李安童妻胡氏,晋州刘恕妻赵氏,冀宁王思忠妻张氏,饶州刘楫妻赵氏,大宁赵胜儿妻安氏、陈恭妻张氏、武寿妻刘氏、宋敬先妻谢氏、撒里妻萧氏,古城魏贵妻周氏,任城郭灰儿妻赵氏,枣阳朱某妻丁氏,叶县王保子妻赵氏,兴州某氏妻魏氏,滦州裴某妻董贵哥,成都张保董妻郝氏,利州高塔必也妻白氏,河南杨某妻卢氏,蒙古氏太术妻阿不察、相兀孙妻脱脱真,并以死从夫。

事闻,悉命旌之,或赐钱赠谥云。

朱淑信,山阴人。少寡,誓不再嫁。一女妙净,幼哭父,双目并失明。及长,择偶者不至,家贫岁凶,母子相依,苦节自厉。士人王士贵重其孝,乃求娶焉。

葛妙真,宣城民家女。九岁,闻日者言,母年五十当死,妙真即悲扰祝天,誓不嫁,终身茹素,以延母年。母后年八十一卒。

又吴吾氏三女,家钱塘。诸兄远仕不归,母思之成疾,三女欲慰母意,乃共断发誓天,终身不嫁以养母四十余年,母竟以寿终。

事上,并赐旌异。

王氏,大都人张买奴妻也。年十六,买奴官钱塘病殁,葬城西十里外。王氏每旦被发步往奠之,伏墓大恸欲绝,久而致疾。舅姑力止其行,乃已。服阕,舅姑谓之曰:“吾子已殁,新妇年尚少,宜自图终身计。”王氏泣曰:“父母命妾奉箕帚于张氏,今夫不幸早逝,天也。此足岂可复履他人门乎!”固不从。茕居三十年而卒。

又有冯翊王义妻卢氏、睢阳刘泽妻解氏、东平杨三妻张氏,并守志有节行。

有司各旌其门。

张义妇,济南邹平人。年十八,归里人李伍。伍与从子零成福

宁,未几死戍所。张独家居,养舅姑甚至。父母舅姑病,凡四刲股肉
救之。及死,丧葬无遗礼。既而叹曰:"妾夫死数千里外,妾不能归
骨以葬者,以舅姑父母在,无所仰故也。今不幸父母舅姑已死,而夫
骨终暴弃远土。使无妾即已,妾在,敢爱死乎!"乃卧积冰上,誓曰:
"天若许妾收夫骨,虽寒甚,当得不死。"逾月,竟不死。乡人异之,乃
相率赠以钱,大书其事于衣以行。

　　行四十日,至福宁,见零,问夫葬地,则榛莽四塞,不可识。张哀
恸欲绝。夫忽降于童,言动无异生时,告张死时事,甚悲,且示骨所
在处。张如其言发得之,持骨祝曰:"尔信妾夫耶?入口当冷如冰雪,
黏如胶。"已而果然。官义之,上于大府,使零护丧还,给赀以葬,仍
旌门,复其役。

　　丁氏,新建郑伯文妻也。大德间,伯文病将殁,丁氏与诀曰:"君
脱有不讳,妾当从。但君父母已老,无他子妇侍养,妾复死,使君父
母食不甘味,则君亦不瞑目矣。妾且忍死,以奉其余年,必不改事他
人,以负君也。"

　　伯文卒,丁氏年二十七,居丧哀毁。服既除,父母屡议嫁之。丁
氏每闻,必恸哭曰:"妾所以不死者,非有他志也,与良人约,将以事
舅姑耳。今舅姑在堂固无恙,妾可弃去而不信于良人乎!"舅姑病,
丁氏夙夜护视,衣不解带。及死,丧葬尽礼。事上,表其门。

　　葛孝女,金溪人。元末,江南官吏有凿山淘河取金,以充贡者,
不足,则市于他所,必取盈而后已。民多鬻产偿官。孝女因有司强
其父,征求银冶,不忍榜掠之苦,投冶中死。官遂奏止其贡。至今邑
人祠之。危素、苏天爵皆书其事,以警献利者。

　　赵美妻王氏,内黄人。至治元年,美溺水死,王氏誓守志。舅姑
念其年少无子,欲使更适。王氏曰:"妇义无再醮,且舅姑在,妾可弃
去耶!"舅姑又欲以族侄继婚,王氏拒不从。舅姑迫之,王氏知不免,

即引绳自经死。

又，李冬儿，甄城人，丁从信妻也。年二十三，从信殁，服阕，父母呼妇问之，曰："汝年少居孀，又无子，何以自立？吾为汝再择婿，何如？"冬儿不从，诣从信冢哭，欲缢墓树上，家人防之，不果。日暮，还从信家。夜二鼓，入室更新衣，自经死。

李氏，滨州惠高儿妻也。年二十六，高儿殁，父欲夺归嫁之，李氏不从，自缢死。

脱脱尼，雍古剌氏，有色，善女工。年二十，夫哈剌不花卒。前妻有二子，皆无妇，欲以本俗收继之，脱脱尼以死自誓。二子复百计求遂，脱脱尼恚且骂曰："汝禽兽行，欲妻母耶？若死，何面目见汝父地下！"二子惭惧谢罪，乃析业而居。三十年以贞操闻。

又，王氏，成都李世安妻。年十九，世安卒，夫弟世显欲收继之。王氏不从，引刀断发，复自割其耳，创甚。亲戚惊叹，为医疗百日乃愈。

事上，并旌之。

赵彬妻朱氏，名锦哥，洛阳人。天历初，西兵掠河南，朱氏遇兵五人，被执，逼与乱。朱氏拒曰："我良家妇，岂从汝贼耶！"兵怒，提曳箠楚之。朱氏度不能脱，即绐之曰："汝幸释我，舍后井傍有瘗金，当发以遗汝。"兵信之，乃随其行。朱氏得近井，即抱三岁女赴井死。

是岁，又有偃师王氏女名安哥，从父避兵邙山丁家洞。兵入，搜得之，见安哥色美，驱使出，欲污之。安哥不从，投涧死。

有司言状，并表其庐。

贵哥，蒙古氏，同知宣政院事罗五十三妻也。天历初，五十三得罪，贬海南，籍其家，诏以贵哥赐近侍卯罕。卯罕亲率车骑至其家迎之，贵哥度不能免，令婢仆以饮食延卯罕于厅事，如厕自经死。

　　台叔龄妻刘氏,顺宁人。一日地震屋坏,压叔龄不能起,家复失火,叔龄母欲就焚。叔龄母欲就焚。叔龄望见,呼曰:"吾已不得出,当亟救吾母。"刘谓夫妹曰:"汝救汝母,汝兄必死,吾不用复生矣。"即自投火中死。火灭,家人得二尸烬中,犹手相握不开。官嘉其义烈,上于朝,命录付史臣。

　　李智贞,建宁浦城人。父子明,无子。智贞七岁能读书。九岁母病,调护甚谨。及卒,哀恸欲绝,不茹荤三年,治女工供祭祀,及奉父甘旨不乏,乡里称为孝女。父尝许为郑全妻,未嫁,从父客邵武。邵武豪陈良悦其慧,强纳采求聘,智贞断发拒之,数自求死,良不能夺,卒归全。事舅姑父母皆以孝称。泰定间,全病殁,智贞悲泣不食,数日而死。

　　蔡三玉,龙溪陈端才妻也。贼起漳州,端才走避,三玉与夫妹匿于邻祠。贼搜得之,掠至舟中,三玉投江死。越三日,尸流至其父广瑞舟侧,广瑞认其尸,哭曰:"吾女也。"事闻,旌门复役,仍给钱以葬。

　　黄伯英妻雍氏,长泰人。早寡,织纸以养舅姑。尝负豆觅水碓磨之,遇乡人夺其碓。雍氏号天曰:"吾磨豆以食舅姑者!"其碓竟不转。乡人惧而还之。

　　唐斗辅妻文氏,静江人。大德中,斗辅为宾州幕官,卒。文氏年二十余,执义自誓,孝养舅姑。其子明文早卒,妇蒋氏慕姑节行,亦不改适。至治中,诏旌其门曰贞节。

　　又马英妻王氏,夏津人。英卒,王氏二十余,誓不再嫁。冻饿而死。诏旌其门。

　　又金孝女,名汝安,鄞县人。以父母老,不嫁,终身茹素。夜则吁天祈亲寿。父母俱八十卒。孝女终不适人,卒于家。

陈道安妻徐氏,文昌人。至正间,寇乱,道安御贼为所杀。徐氏瘗其夫,哭尽哀,啖土塞口而死。

同县韩良可妻,寇至,姊妹俱赴水死。

琼山唐伯寿女丑儿,至正中,寇至乾宁,丑儿被获,时年十八。乃绐贼释其缚,请相从。贼释之,即赴水死。

柳氏女,嘉兴人,为贼所获,投水死。

钱子顺二女,亦嘉兴人,至正末寇至,二女连结衣袂,投水死。子顺妻俞氏,亦守节。旌门。

韩轨妻邢氏,安阳人。轨守黄华砦,贼攻之急,势将陷。邢氏谓其女曰:"事不济,我与汝必受辱。"遂俱投岩下死。

又萧氏,亦安阳人,杜原妻。兵乱,原挈家之官真定,道遇贼。萧氏谓原曰:"汝当避,我自为计。"乃投河而死。

马氏,汤阴人。名瑞香。幼读《孝经》、《列女传》,通大义。父母重爱之,择婿得薛毂,赘之,生一女。毂拙于家事,妇翁怒责,遂离去。逾三年,父母欲令再适,马氏言:"礼无再醮之义。"以告父母,不从,乃投井死。留纸其女怀中,书谢别父母之辞。御史王构为作传焉。

又焦三妻易氏,安阳人。三殁,易氏哭之哀,水浆不入口。及治棺,氏绐匠曰:"吾夫遗衣甚多,欲悉置之棺,可大其制。"匠信之。比敛,易乃入室自缢。遂合葬之。

张氏,昆山太仓人。年十七,始赘周姓为夫。夫之父为百夫长,尝与其伍谋刺帅,事泄,罪连其子及妇,将斩。帅之子惜张姿容,曰:"从我即活。"张怒骂,帅子拔刀磨其颈曰:"汝不从,则杀之。"张复厉声大骂,遂死。

又季富妻黄氏,崇明人。初,海寇入境,掠妇女登舟者二十余人。黄氏义不受辱,投海而死,时年二十有七。

昆山孝节妇,佚其夫姓名。年二十,夫死,誓不嫁。后同籍坐事系狱,妇当连坐。或劝改嫁可免。妇曰:"吾不忍以危难弃礼义。"有司以闻,诏旌之。

新元史卷二四五
列传第一四二

列女中

白氏　　胡孝女　　任仲文妻林氏

宁居斌妻独吉氏　　韩筠妻刘氏

傅贺妻陈氏　　刘似之妻徐氏　　张氏女

高氏　　李景文妻徐氏　　秦闰夫妻柴氏

郑琪妻罗氏　　陈淑真

左友白妻龙氏　　焦士廉妻王氏

杜氏　萧氏　　柯节妇　　月娥丁氏

钟节妇　　刘冀之　　义烈女朵那

韩氏女　　胡妙端

梁王女阿㩵公主　　女僧奴　　脱脱怀氏

辛瑜妻傅氏　　史五妻徐氏　　张春儿

秦笔妻　　吴妙宁　　孔胥妻周氏

张贞　　吴良正　　贾善妻宋娰　　何妇贺氏

费元琇　　杨节妇吴氏　　陆焘妇赵氏

徐谢氏　　李氏　　黄元珪妻俞氏　　谢氏

赵氏　林克成妻陈氏　刘公翼妻萧氏

白氏,太原人。夫慕释氏,弃家为僧。白氏年二十。留养姑不去,绩纫以供日膳。夫一日还,迫使他适。白断发誓不从,夫不能夺,乃去。姑年九十卒,竭力营葬。画姑像祀之终身。

胡孝女泰,海盐人,匠氏女也。母沈氏,患手足挛,积年不愈。家人侍疾者咸厌倦,泰旦夕奉盥栉。溲矢起卧,必抱扶之。兄娶妻,与母析居。泰遂及其婿,留母家以养母。至顺间,岁荐饥,泰夜佣作织纫以养母,至薮发鬒之以赡不足。闻郡人戴甲母有疾,刲胸肉疗之得差,一日俟家人出,即引刃刲胸肉,杂他肉以进,因病创。沈氏年且七十病如故,泰侍疾三十余年,益加谨。初,泰许嫁宋氏子,疾弗良。或谓泰宜离婚,泰不从,卒嫁之,执妇道甚谨。夫亦化其义,视外姑如母。

又任仲文妻林氏,宁海人,家贫,年二十八而寡。姑患风疾,不良于行,林氏旦暮扶侍惟谨。抚育三子,皆有成。年百又三岁卒。

宁居斌妻独吉氏,扬州总管独吉礼之女。居斌,河内人,为枢密院断事官,卒于京师。独吉氏扶其丧归河内,庐墓下三年。礼部旌其门曰"贞节独吉氏之门",表其坊曰:"贞节坊"。

又,韩筠妻刘氏,绛州正平人。筠父病,碾药石坠伤足,竟中风死。刘氏抚一子、一女皆成立。筠死时,刘氏年二十七,嫠居六十年乃卒。礼部旌之。

傅贺妻陈氏,东阳人。贺卒,陈氏年二十四,家贫,以纺绩养其姑三年。姑又卒,陈氏哀毁逾常,内外因怜其无子而贫,劝之改适。陈氏矢于众曰:"吾宁饿死,不肯幸生。"逾五年,奉舅姑与贺之枢而葬之,以从子为贺嗣,乡党贤之。

又,刘似之妻徐氏,兰溪人。归似之逾年,有孕,而似之卒。俄举一男,名潜。徐氏泣而誓曰:"刘氏之家,幸而不坠,吾敢有二心乎!"潜生二子、一女,亦早卒。姑妇俱以节行为乡人所重。

张氏女,高邮人。贼陷高邮,知女有姿,叩其家索之。女方匿复壁间,贼将害其父母,女不得已,乃出拜贼。贼即以女行,女欣然从之,过桥投水死。

有高氏妇者,同郡人也。携其女,从夫出避乱道旁空舍,脱金缠臂与女,且语夫令疾行。夫挈女稍远,乃自经。贼至,焚其舍。夫抵仪真,夜梦妇来告曰:"我已死,彼焚其舍矣。"其精爽如此。

李景文妻徐氏,名彩鸾,浦城徐嗣源之女。略通经史,每诵文天祥六歌,必为之感泣。

至正十五年,青田贼寇浦城,徐氏从嗣源匿山谷。贼至,持刀欲害嗣源,徐前曰:"此吾父也,宁杀我! 贼舍父而止徐氏,徐氏语父曰:"儿义不受辱,今必死,父可速去。"贼拘徐氏至桂林桥,拾炭题诗壁间,有"惟有桂林桥下水,千年照见影形清"之句,乃厉声骂贼,投于水。贼竞出之,既而,乘间复投水死。

秦闰夫妻柴氏,晋宁人。闰夫前妻遗一子,尚幼,柴氏抚养如己出。未几,柴氏有一子。闰夫死,家事日微。柴氏辛勤纺绩,遣二子就学。

至正十八年,贼犯晋宁,其长子为贼所掠,既而得脱。初,在贼时,有恶少与县人张福为仇,往灭其家。及官军至,福诉其事,事连柴氏长子,法当诛。柴氏引次子诣官,泣诉曰:"往从恶者,吾次子,非长子也。"次子曰:"我之罪,可加于兄乎?"鞠之,至死不易其言。官反疑次子非柴氏所出,讯之他囚,始得其情。官义柴氏,为言曰:"妇执义不忘其夫之命,子趋死而能成母之志,此天理人情之至也。"遂免其长子,次子亦得不死。二十四年,有司旌其门,并复其家。

郑琪妻罗氏,名妙安,信州弋阳人。幼聪慧,能暗诵《列女传》。年二十,归琪。琪大家,同居百余口。罗氏执妇道,无间言。琪以军功擢铅山州判官,罗氏封宜人。

至正二十年,信州陷,罗氏度弋阳去州不远,必不免于难,辄取所佩刀,淬砺令铦甚。琪问何为,对曰:"时事如此,万一遇难,为自全计耳。已而兵至,罗氏自刎死,时年二十九。

陈淑真,富州陈璧女。璧故儒者,避乱移家龙兴。淑真七岁能诵诗鼓琴。至正十八年,陈友谅寇龙兴,淑真见邻媪仓皇来告,乃取琴坐牖下弹之,曲终泫然泣曰:"吾绝弦于斯矣。"父母怪问之,淑真曰:"城陷必遭辱,不如早死。"明日贼至,乃自投东湖,水浅不死。贼抽矢胁之上岸,淑真不从,贼射杀之。衣带有刺绣字,词曰:"海水群飞,不二其行。湖水澹澹,之子澄清。视刃视饴,见衣见清。"

左幼白妻龙氏,永新人。幼白少负才名,以父荫为江西广济库使,后至元丁丑卒于军。龙氏年二十九,即劗发,勺水不入口。柩至,迎于十里外,徒跣号痛,亲挽舟以前,哭奠五年,不离几席。尝折海榴一枝,插瓶,供几上。旬日视之,根柢勃然。邻妇感慕,皆效节不嫁。翰林承旨欧阳玄为书"榴萱"二字以表之。子二人,善咏,皆力学世其家。

焦士廉妻王氏,博兴人,养姑至孝。至正十七年,毛贵作乱,官军竞出房掠。王氏被执,绐曰:"我家墓田有藏金,可取也。"信之,随王氏至墓所。王氏哭曰:"此吾死所,非藏金所也。"乃与妾杜氏皆遇害。

又,刘公翼妻萧氏,济南人。至正十八年,毛贵陷济南,萧氏自缢死。

柯节妇陈氏，长乐石梁人。至正二十一年，海贼劫石梁，其夫适
在县城，陈氏为贼所执，且行且骂。贼乱捶之，挟以登舟，骂不已，自
投江中。其父方卧病，见女至，呼之不应，骇曰：“吾岂梦邪？”既而有
自贼中归者，言陈氏死状，乃知其鬼也。明日，尸逆流而上，止石梁
岸旁。时盛暑，尸已变，其夫验其背有黑子，乃恸哭曰：“是吾妻也！”
舁敛之。

月娥，丁氏，西域人孝子丁鹤年之姊，少聪慧，通经史。及长，归
葛通甫。冢妇卢，见月娥德逾于己，一日，率诸妇、诸女请曰：“愿以
诸妇、诸女属之娣，幸早暮教之。”月娥告以妇道，及援引古烈女示
以为则。既而豫章群盗起，城陷，月娥叹曰：“吾生簪组世家，其忍出
犬彘下邪！”遂抱所生女赴水死。诸妇、诸女咸曰：“彼之死，必安于
义，吾可幸生乎！”亦相与死水中，凡九人。时夏暑，尸七日不沉，颜
色如生。郡人骇异，议曰：“十节同志，死不可异圹。”乃于故居之南
黄池里作巨穴，同葬焉，题其石曰“十节墓”。

钟节妇，宜阳黄氏女。年十六，为钟秉敬妻。秉敬父义昭，雄勇。
当红巾贼起，乡民赖保全者数万户。既而，贼大至，父子战死。贼闻
妇美，将强室之，以兵躏其里。妇随里民匿石洞中，曰：“汝等同祸，
以我故。然义不可令乡里同死，吾当自为计。”遂出临小石潭，即自
投潭中。众遽救，幸不死。乃诳贼曰：“投潭中死矣。”贼大怒曰：“死
以其首至。”众惧，无计。或曰：“婢雪儿有貌，可令之代。”众然之，乃
饰婢使出拜，曰：“此钟相公女也，愿献之将军。”贼喜，拥之去，号曰
娘子。妇得免，然竟以悸卒。

刘冀之，衡水曹泰才之妻也。年十二，通古文《孝经》，见小学
书，固请读之，母不许。一日，闻诸兄诵内，则至，姆教，婉娩听从。复

请于母,曰:"此亦女子事。"遂通经义。及笄,适泰才。红巾陷河朔,曹故大家,避兵县西聊城村。贼掩至,见刘美,驱之去。刘曰:"女人从一而终,二夫且不可,况贼乎!"贼乃出金珠置前,被以文绮,刘手裂之。贼拥上马,坠地者数四。贼怒,绳其项,系马后曳之。刘以爪据地,头触石流血,骂贼死。

义烈女朵那者,杭州畏兀家女奴也。至正中,寇陷杭,至其家无所得,乃反接主妇柱下,拔刀砺颈上,诸婢皆散走。女独身覆主妇,请代死,且谓贼曰:"汝利吾财,岂利杀人哉?凡家之货宝,皆我所掌,主母固弗知。若免主母死,我当悉与汝不吝。"寇解主妇缚,女乃出金玉等置堂上,寇争相攫取。已而又欲污之,女持刀自刎曰:"我主二千石,我誓不奴他姓,况汝贼乎?"贼舍之去,女泣拜主妇曰:"妾受命主管钥,今全身而失主人之财物,非义也。"遂自杀,人莫不难其义烈。

韩氏女,保宁人。年十七,遭明玉珍兵乱,韩为所掠。乃伪为男子服。既而果被获,隶军中。七年后,从玉珍兵攻云南,遇其叔父,赎归成都。适尹氏,犹处子也。人皆称为韩贞女。

胡妙端,嵊县人,适剡溪祝氏。至正二十年春,为苗军掠至金华,义不受辱。乘间啮指血,题诗壁上,赴水死。苗帅服其节,为立庙祀之。邑人颜曰烈女庙。

梁王女阿禧公主,大理段功妻也。功初袭为蒙化知府。明玉珍自蜀分兵攻云南,梁王及行省官皆走。功独进兵败之。梁王深德功,以公主妻之,授云南行省平章政事。功自是不肯归。

或谮之梁王曰:"段平章心叵测,盍早图之。"梁王密召公主,谓曰:"功志不灭我不已,今付汝孔雀胆,乘便可毒之。"主潸然,私语功曰:"我父忌阿奴,愿与阿奴西归。"因出毒示之,功不听。明日,邀功东寺演梵,阴令番将格杀之。

公主闻变,大哭,欲自尽。王防卫甚密。因悲愤作诗曰:"吾家住在雁门深,一片闲云到滇海。心悬明月照青天,青天不语今三载。欲随明月到苍山,误我一生路里彩。吐噜吐噜段阿奴,施宗施秀同奴歹。云片波潾不见人,押不芦花颜色改。肉屏独坐细思量,西山铁立霜潇洒。"竟死。

功女僧奴,将适建昌阿黎氏,出手刺绣文旗,属功子宝曰:"我自束发,闻母称父冤。恨非男子,不能报,此旗所以识也。"人皆敬其志节。

脱脱怀氏,枢密副使燕帖木儿妻。明兵入云南,燕帖木儿败,驰归。氏闭门不纳曰:"尔受梁王厚恩,兵败不死,何以见为?"乃鸩其二子、一女,命侍者曰:"我死,尔举火焚屋,毋令辱我。"遂饮鸩卒。

辛瑜妻傅氏,诸暨人。瑜以军兴期会迫死道上。傅匍伏抱尸归,号泣三日夜。尸有腐气,犹依尸呵舐,冀复苏。已入棺,至啮其棺成穴。及葬,投身圹中。母强挽之出,嘱侍婢谨视之。阅数日,绐婢具汤沐。既而,失所在。明日,婢汲井,见二足倒植井中,乃傅也。

又史五妻徐氏,定远人。五为义兵百夫长,兵至,五战死。氏求夫积尸中,莫能识。以口吮血,辨验得实,载之归。治大棺,将殓,乃沐浴自经其侧。

张春儿,叶县军士李青妻也。青临阵负伤归,曰:"吾殆矣,汝可善事后人。"春儿截发示信曰:"妾生寒门,颇晓大义,君勿忧。"比青卒,哭之,垢面流血。旋谕匠者造大棺,尽纳夫之衣服。匠如其言。将敛,春儿自经庭下。家人共殡之。

秦笔妻,江阴人,失其姓氏。笔遭乱,挈妻依同郡朱判官璃居吴中。笔病卒,贫无以敛。璃为具棺衾,且思所以恤养其妻。其妻泣谢曰："良人以艺游搢绅间，《诗》《书》礼义之教，妾亦尝与闻矣。妾以未亡故，累乡长者，其如义何？"璲加慰之。夜哭益哀，自经死。璲为合葬，而表其墓。

吴妙宁，上海人。年二十一，赘同里张氏子。邑大姓，以叛党连坐其父，妙宁泣曰："吾父苟无地为解，族其赤矣。吾不遄死，祸延良人，悔孰甚！"即投缳死。俄征系吏至，闻已没，嗒异而去。时人为之谣曰："红羊年，黑鼠月，张妇吴，俨遗烈。九山风酸泖波血，二气舛错愁云结，一树梅花惊飘雪。"

孔胥妻周芙，江阴人。孔素无乡曲誉，众以通贼诉于官。胥度不免，密书与妻早为计，庶免军配。周神色不乱，言笑平常。乃具酒馔祭舅姑，延亲戚剧饮。是夕，素服自缢死。

张贞，建康张叙女，嫁海县周曹，坐法下狱瘐死。先是，贞在徒籍中，惧配军，投秦淮河而死。及周尸过秦淮河，贞涌浮水上，面如生。人皆曰："此张训导女也。"闻者哀之。

吴良正，义乌儒家女。姑嗜酒，家固贫，必力致之。姑醉，乃已。姑卒未殡，贼至，家人悉窜。吴独侍侧，人呼曰："汝不爱头！"吴曰："姑未殡，妾就刃下，死不悔。"抚棺长恸。兵义之，释去。

又有乌伤里贾善妻宋嫠，性沈默。家饶于赀，平日事贾甚谨。明兵驻兰溪，贾携嫠避浦阳城窦山乡。无赖乘时肆掠，俄突至，嫠惧侵己，掷袖银于地，投绝涧死。

何妇贺氏，永新州人。蕲兵陷吉安，杀其夫，将污之。贺曰："妾闻师令严，淫虐者斩以徇，汝独不惧死乎？"兵以言诸帅，帅议聘焉。届期，帅卒至，贺闭户不纳，啮指血，题诗曰："泾渭难分清与浊，妾身不死死红巾。孤儿尚忍更他姓，烈女何曾事二人！白刃自挥心似

铁,黄泉欲到骨如银。荒村日落猿啼处,过客闻之亦怆神。"遂引刃,
自断其喉,犹端坐不仆。帅排户入,见之惊去。

费元琇,上海人,江阴知事扬州朱道存妻。先是,江阴乱,元琇
依父居松江。苗军掠郡城内,苗军手刃将入犯之,元琇叱曰:"我夫
见勤王事,汝辈奚敢犯我!"投钗珥于地,苗攫之去。既而苗沓至,欲
驱迫就道。元琇度不免,乃攀堂楹厉声曰:"苗狗毋辱我!"遂遇害。
爪入楹木,血沁于指。

杨节妇吴氏,湖州人。年二十五,有殊色。至正丙午秋,明兵逼
湖州,吴自度必不免,乃携二子投苕水中。逾月,城破,父媪见其母
子并浮水上,咸嗟异焉。

陆焘妻赵氏,邘县人。焘与赵隐居瓢湖,兵猝至,焘夫妇舍舟登
岸。兵逼之,伤刃者三,遂仆淖中。赵跃投淖同死。

徐谢氏,名蠲,松江宦家女。素凝重,不妄言笑。苗兵毁掠,谢
从夫逃,适与苗遇,驱之行。时里闬少艾被絷者相属。谢阻板桥,遽
厉声曰:"桥有柱我,侬趋救可乎!"苗怒斫其肩,以号于众。既而悔
曰:"彼乌泾之清济也。"相与喈喈而去。

李氏,行军镇抚彭九万妻,吉水人。至正戊申,五溪苗突入城,
李及其子友谅皆被执。驱之行,不从;胁以刃,不动。问所求,李曰:
"我命妇也,有死而已。"因语友谅曰:"刿无刃,经无索,奈何?"谅
曰:"当激贼怒,以就死。"李乃极口大骂,苗怒杀之。

有赵氏妇者,抱婴儿匿县学中,苗强污之,不可,死于礼殿南。
血模糊,影留殿阶不灭,铲去复存。后人立石以志其处。

又黄元珪妻俞氏,山阴人。贼火其庐,将拥氏去。氏跃入火中
死。

同时谢氏,为张弥远妻,亦遭兵执,不屈而死。

林克成妻陈氏,福宁人。至正末,兵乱,陈氏奉姑匿山洞中。后潜依母家,收克成一家遗骸葬之。时年二十四,母欲其改适,陈氏泣曰:“弃幼稚而改嫁,吾必不为也。”于是养姑抚子,卒存林氏之后。有司旌之。

刘公翼妻萧氏,济南人。至正十八年,毛贵兵至,萧氏曰:“妾誓先死。若城陷被执,悔将何追!”亡何,城陷,萧缢死。

新元史卷二四六
列传第一四三

列女下

姚氏 _{方宁妻管胜娘}　衣氏 _{曹德妻侯氏等}

王琰妻潘氏 _{蒋氏　田氏　郑氏}

汤辉妻张氏 _{汤婍}　俞士渊妻童氏

惠士元妻王氏 _{费隐妻王氏}

周妇毛氏　丁尚贤妻李氏　李顺儿

吴守正妻禹氏　黄仲起妻朱氏

_{冯氏　蔡氏}　也先忽都

吕彦能妻刘氏 _{王氏}　袁氏孤女

徐允让妻潘氏 _{王琪妻蔡氏}

赵洙妻许氏　张正蒙妻韩氏

_{季锐妻何氏}　刘氏二女 _{郑奴}

于同祖妻曹氏 _{季氏}　李仲义妻刘氏

李弘益妻申氏 _{安氏}　周如砥女

狄恒妻徐氏　李马儿妻袁氏

王士明妻李氏 _{邵琪妻华氏}　陶宗媛

宗婉　王淑　高丽氏　张讷妻刘氏

张思孝妻华氏　观音奴妻卜颜的斤

张栋妻王氏　安志道妻刘氏

宋谦妻赵氏　温氏等　齐关妻刘氏

王宗仁妻宋氏　王履谦妻齐氏

萧氏　吕氏　王时妻安氏　李氏

徐猱头妻岳氏　程徐妻金氏

孛术远妻雷氏　武管婴

王子温诸氏　蒲氏　赵氏等　李哥

　　姚氏，余杭人。夫出刈麦，姚居家执爨。母何氏，往汲涧水，久而不至。俄闻覆水声，亟出视，则虎衔其母以走。姚仓卒逐之，以手掣其尾。邻人竞从之，虎乃置何氏去。姚负母以归，求药疗之，奉养二十余年而卒。

　　又方宁妻管胜娘者，建宁人。宁耕田，胜娘馌之，见一虎方攫其夫，胜娘即弃馌奋挺连击之，虎舍去，胜娘负夫至中途而死。有司旌复其家。

　　孟志刚妻衣氏，汴梁人。志刚卒，贫而无子，有司给以棺木。衣氏绐匠者曰："可宽大其棺，吾夫有遗衣服，欲尽置其中。"匠者然之。是夕，衣氏祭其夫，毕家之所有，悉散之邻里及同居王媪，曰："吾闻一马不被两鞍，吾夫既死，与之同棺共穴可也。"遂自刭死。

　　又有侯氏者，钧州曹德妻。德病死，侯氏语人曰："年少夫亡，妇人之不幸也。欲守吾志，而乱离如此，其能免乎！"遂缢死于墓。

　　又周经妻吴氏、郭惟辛妻郝氏、陈辉妻白氏、张顽住妻杜氏、程二妻成氏、李贞妻武氏、暗都剌妻张氏，并殉夫死。有司旌之。

王琰妻潘氏，徽州婺源人。年二十八而琰卒，潘誓不他适，以其夫从兄之子元圭为后。元圭时始三岁，鞠之不啻己出。潘氏卒年六十二。元圭之子良叀，有子燕山。燕山卒时，妻李氏年二十四，无子，乃守志自誓。父母欲夺而嫁之，不听。燕山兄子惟德妻俞氏，惟德早死，二子甚幼，俞氏守节，不坠家业。人称为曰三节之门。

同郡歙县吴子恭之妻蒋氏，年廿八而夫亡，孀居五十年，年七十八卒。有司旌表其门。

又刘仲亨妻田氏，大同人。至正中，仲亨为浑源州知州卒，田氏年未三十，自经丧侧。事闻，旌表其门。又李思齐妾郑氏，思齐卒，郑氏自缢死。时人谥以贞烈。

汤辉妻张氏，处州龙泉人。兵乱，其家财移入山砦，夫与姑共守之。舅以疾未行，张归侍舅疾，且以舆自随。既而贼至，即命以舆载其舅，而己遇贼。贼以刃胁之曰：“从我则生，否则死。”张掠发整衣请受刃，贼不忍杀。张惧污，即夺其刃自剸死，年二十七。

又汤婍者，亦龙泉人，有姿容。贼杀其父母，以刃胁之。婍不胜悲咽，乞早死，因以头触刃。贼怒，斫杀之。其妹亦不受辱而死。

俞士渊妻童氏，严州人。姑性严，待之寡恩，童氏事之无少拂其意者。至正十三年，贼陷威平，官军复之，已乃纵兵剽掠。至士渊家，童氏以身蔽姑，众欲污之，童氏大骂不屈。一卒以刀击其左臂，愈不屈。又一卒断其右臂，骂犹不绝。众乃剥其面而去，明日乃死。

惠士玄妻王氏，大都人。至正十四年，士玄病革，王氏曰：“吾闻病者粪苦则愈。”乃尝其粪，颇甘，王氏色愈忧。士玄嘱王氏曰：“我病必不起，前妾所生子，汝善保护之。待此子稍长，即从汝自嫁矣。”王氏泣曰：“君何为出此言耶！设有不讳，妾义当死，君幸有兄嫂，此儿必不失所居。"数日,士玄卒。比葬,王氏遂居墓侧,蓬首垢面,哀毁逾礼,常以妾子置左右,饮食寒暖惟恐不至。岁余,妾子亦死,乃哭曰:"无复望矣。"屡引刀自杀,家人惊救得免。至终丧,亲旧皆携酒祭士玄墓。祭毕,众欲行酒,王氏已经死于树矣。

又有王氏者,良乡费隐妻也。隐有疾,王氏数尝其粪。及疾笃,嘱王氏曰:"我一子一女,虽妾所生,无异汝所出也。我死,汝其善抚育之。"遂没。王氏居丧,抚其子女。既而子又死。服除,谓其亲属曰:"妾闻夫乃妇之天,今夫已死,妾生何为!"乃执女手,语之曰:"汝今已长,稍知人事,管钥在此,汝自司之。"遂相抱恸哭。是夜,缢死园中。

周妇毛氏,松阳人,美姿色。至正十五年,随其夫避乱麻鹭山中,为贼所得。胁之曰:"从我多与汝金,否则杀汝。"毛氏曰:"宁剖我心,不愿汝金。"贼以刀磨其身,毛氏因大詈曰:"碎剐贼,汝碎则臭,我碎则香。"贼怒剖其肠而去,年二十九。

丁尚贤妻李氏,汴梁人。年二十余,有姿容。至正十五年,贼至,欲虏之。李氏怒曰:"吾家六世义门,岂能从贼以辱身乎!"于是阖门三百余口,俱被害。

李顺儿,许州儒士李让女。性聪慧,颇涉经传,年十八,未嫁。至正十五年,贼逼许州。父谓其母曰:"吾家以诗礼相传,此女必累我。"女闻之,泣曰:"父母可自逃难,勿以我为忧。"须臾于后园内自经而死。

吴守正妻禹氏,名淑靖,字素清,绍兴人。至元十六年,徙家崇德之石门。淑靖尝从容谓守正曰:"方今群盗蜂起,万一不测,妾惟有死而已,不使人污此身也。"是年夏,盗陷崇德,淑靖仓皇携八岁女登舟以避。盗趋奔其舟,将犯之,淑靖乃抱女投河死。

黄仲起妻朱氏，杭州人。贼寇杭州，其女临安奴仓皇言曰："贼至矣，我别母求一死也。"俄而贼驱诸妇至其家，且指朱氏母子曰："为我看守，日暮我当至也。"朱氏闻之，惧受辱，遂与女俱缢死。

妾冯氏，见其母子已死，叹曰："我生何为，徒受辱耳！"亦自缢死。继而仲起弟妻蔡氏，抱幼子玄童，与乳母汤氏皆自缢。

也先忽都，蒙古钦察氏，大宁路达鲁花赤铁木儿不花之妻，封云中郡君。夫坐事免官，居大宁。红巾贼至，也先忽都与妾玉莲走尼寺中，为贼所得，令与众妇缝衣，拒不肯为。贼吓以刃，也先忽都骂曰："我达鲁花赤妻也，汝曹贼也，我不能为针工以从贼。"贼怒杀之。玉莲自缢者三，贼并杀之。

先是，其子完者帖木儿年十四，与父出城，见执于贼。完者帖木儿拜哭，请以身代父死。贼爱完者帖木儿姿秀，遂挈以从。久之，乃获脱归，访母尸并玉莲葬焉。

吕彦能妻刘氏，陵州人。贼犯陵州，彦能与家人谋所往。其姊久嫠，寓彦能家，先曰："我丧夫二十年，又无后，不死何为？苟辱身，则辱吾弟矣。赴井死。其妻刘氏语彦能曰："吾为君家妇二十八年，兹不幸逢乱，必不负君，君可自往，妾入井矣。"彦能二女及子妇王氏、二孙女，皆随刘氏溺井。一门死者七人。

袁氏孤女，建康路溧水州人，年十五。其母严氏，孀居极贫，病瘫痪卧于床者数年，女事母至孝。至正十八年，贼至燔其里，邻妇强携女出避火，女泣曰："我何忍舍母去乎，同死而已！"遂入室抱母，共焚而死。

徐允让妻潘氏，名妙圆，山阴人。至正十九年，与其夫从舅避兵山谷间。舅被执，夫泣以救父，为兵所杀，欲强辱潘氏。潘氏因绐之曰:"我夫既死,我从汝必矣。若能焚吾夫,可无憾也。"兵信之,聚薪以焚其夫。火既炽,潘氏且泣且语,遂投火以死。

又诸暨蔡氏者,王琪妻也。至正二十二年,张士诚陷诸暨,蔡氏避之长宁乡山中,兵猝至,有造纸镬方沸,遂投其中而死。

赵洙妻许氏,集贤大学士有壬侄女也。至正十九年,红巾贼陷辽阳,洙时为儒学提举,夫妇避乱匿资善寺。洙以叱贼见害,许氏不知也。贼甘言诱许氏,令指示金银之处,许氏大言曰:"吾诗书冠冕故家,不幸遇难,但知守节而死,他皆不知也。"贼以刃胁之,许氏色不变。已而知其夫死,因恸哭仆地,骂不绝口,且曰:"吾母居武昌,死于贼,吾女兄弟亦死贼,今吾夫又死焉。使我得报汝,当醢汝矣。"遂遇害。寺僧见许氏死状,哀其贞烈,贼退,与洙合葬之。

张正蒙妻韩氏,绍兴人。正蒙尝为湖州德清税务提领。至正十九年,绍兴兵变,正蒙谓韩氏曰:"吾为元朝臣子,于义当死。"韩氏曰:"尔果能死于忠,吾必能死于节。"遂俱缢死。其女池奴,年十七,泣曰:"父母既亡,吾何以独生!"亦投崖而死。

又何氏者,龙泉县季锐妻。因避兵于邑之绳门岩,贼至,何氏被执,欲污之,与子荣儿、女回娘投崖而死。

刘氏二女,长曰贞,年十九,次曰孙,年十七,龙兴人,皆未许嫁。陈友谅寇龙兴,其母泣谓二女曰:"城或破,置汝何所?"二女曰:"宁死不辱父母也。"城陷,二女登楼,相继自缢。婢郑奴,亦自杀。

于同祖妻曹氏,茶陵人。父德夫,教授湖、湘间,同祖在诸生中,因以女妻焉。至正二十年,茶陵陷,曹氏谓其夫及子曰:"我义不辱身,以累汝也。顾舅年老,汝等善事之。"遂自刭死。妾李氏惊,抱持之不得,亦引刀自刭,绝而复苏,曰:"得从小君地下足矣。"未几死。

李仲义妻刘氏，名翠哥，房山人。至正二十年，县大饥，平章刘哈剌不花兵乏食，执仲义。弟马儿走报刘氏，刘氏遽往救之，涕泣伏地，告于兵曰："所执者是吾夫也，乞矜怜之，贷其生，吾家有酱一瓮、米一斗五升，窖于地中，可掘取之，以代吾夫。"兵不从，刘氏曰："吾夫瘦，不可食。吾闻妇人肥黑者味美，吾肥且黑，愿就烹以代夫死。"兵遂释其夫而烹刘氏。众莫不哀之。

李弘益妻申氏，冀宁人。至正二十年，贼陷冀宁，申氏语弘益曰："君当速去，勿以我妇人相累。若贼入吾室，必以妾故害及君矣。"言讫，投井死。

弘益既免于难，再娶安氏。居二岁而弘益以疾卒，安氏时年三十，泣谓诸亲曰："女子一适人，终身不改。不幸夫死，虽生亦何益哉！"乃窃入寝室，膏沐薰衣，自缢于柩侧。

周如砥女，年十九，未适人。至正二十年，乡民作乱，如砥与女避于新昌西之客僧岭，女为贼所执。贼曰："吾未娶，当以汝为妻。"女曰："我周典史女也，死即死，岂能从汝耶！"贼遂杀之。如砥时为绍兴新昌典史。

狄恒妻徐氏，天台人。恒早没，徐氏守节不再醮。至正二十年，乡民为乱，避难于牛囤山，为贼所执，驱迫以前。徐绐之曰："吾渴甚，欲求水一杯。"贼令自汲，即投井而死，时年十八。

李马儿妻袁氏，瑞州人。至正二十二年，李病没，袁氏年十九，誓不再嫁，以养舅姑。有王成者，闻袁氏有姿色，挟势欲娶之，袁氏曰："吾闻烈女不更二夫，宁死不失身也。"遂往夫墓痛哭，缢死树下。

王士明妻李氏，名赛儿，房山人。至正二十五年，竹贞军至，李

氏及其女李家奴皆被执。士明随至军,军怒逐之。李氏谓其女曰:
"汝父既为军所逐,吾与汝必不得脱。与其受辱,不若死。"女曰:"母
先杀我。"李氏即以军所遗钚刀杀其女,遂自杀。竹贞闻之,为之葬
祭,仍书其门曰"王士明妻李氏贞节之门"。有司上其事,为立碑。

同时,邵洪妻华氏,无锡人。兵至,谓其夫曰:"我义不可辱。"赴
水死。

陶宗媛,台州人,儒士杜思纲妻也。归杜四载而亡,矢志守节。
台州被兵,宗媛方居姑丧,忍死护柩,为游军所执,迫胁之,媛曰:
"我若畏死,岂留此耶!任汝杀我,以从姑于地下尔!"遂遇害。
其妹宗婉,弟妻王淑,亦皆赴水死。

高丽氏,宣慰副使孛罗帖木儿妻。至正二十七年十二月,其夫
死于兵,谓人曰:"夫既死矣,吾安能复事人!"乃积薪塞户,以火自
焚而死。

张讷妻刘氏,蓝田人。讷为监察御史,早卒,刘守志不二。河东
受兵,刘氏二子衡、衍俱以事出外,度不能自脱,遂与二妇孙氏、姚
氏决死,尽发赀囊分给家人,妇姑同缢焉。
又有华氏者,大同张思孝妻,为貊高兵所执,以不受辱见杀。其
妇刘氏,僵压姑尸,大骂不已,兵并杀之。后家人殓其尸,妇姑之手
犹相持不舍。

观音奴妻卜颜的斤,蒙古氏,宗王黑闾之女。大都被兵,卜颜的
斤谓其夫曰:"我乃国族,且年少,必不容于人,岂惜一死以辱国
乎!"遂自缢而死。时张栋妻王氏语家人曰:"吾为状元妻,义不可
辱。"赴井死。其姑哭之恸,亦赴井死。

安志道妻刘氏,顺州人。志道及刘氏之弟明理,并登进士第。刘

氏避兵匿岩穴中，军至，欲污之。刘氏曰："我弟与夫皆进士也，岂受汝辱乎！"军士以兵磨其体，刘大骂不辍，军士怒，乃钩断其舌而死。

宋谦妻赵氏，大都人。兵破大都，赵氏子妇温氏、高氏，孙妇高氏、徐氏，皆有姿色，合谋曰："兵且至矣，我等岂可辱身以苟全哉。"赵即自经死，诸妇四人，诸孙男女六人，众妾三人，皆赴井而死。

齐关妻刘氏，河南人。关应募为千夫长，战死泽、潞间，刘氏贫无所依，守志不夺。有来强议婚者，刘氏绐曰："吾三月三日有心愿，偿毕，当从汝所言。"是日，径往彰德天宁寺，登浮图绝顶，祝天曰："妾本河南名家刘氏女，遭世乱，适湖南齐关为妻。今夫已死，不敢失节也。"遂投地而死。

王宗仁妻宋氏，进士宋聚之女也。宗仁家永平。永平受兵，宋氏从夫避于铧子山。夫妇为军所虏，行至玉田县，有窥宋氏色美欲害宗仁者，宋氏顾谓夫曰："我不幸至此，必不以身累君。"言讫，遂携一女投井死，时年二十九。

王履谦妻齐氏，太原人。治家严肃，守妇道。贼陷太原，齐氏与二妇萧氏、吕氏及二女避难于赵庄石岩。贼且至，度不能免，顾谓二女曰："汝家五世同居，号为清白，凯可亏节辱身以苟生哉！"长女曰："吾夫已死，今为未亡人，得死为幸。"吕氏曰："吾为中书左丞之孙，义不受辱。"齐氏大哭，乃与二妇二女及二孙女，俱投岩下以死。

王时妻安氏，名正同，磁州人，平章政事祐孙女也。至正十九年，时以参知政事分省太原，安氏从之。及贼兵寇太原，城陷，众皆逃，安氏与其妾李氏同赴井死。事闻，赠梁国夫人，谥庄洁。

徐猱头妻岳氏，大都人。兵入都城，岳氏告其夫曰："我等恐被驱逐,将奈何?"其夫曰:"事急,惟有死耳,何避也。"遂火其所居,夫妇赴火以死。其母王氏,二女一子,皆抱持赴火死。

金氏,详定使四明程徐妻也。京城既破,谓其女曰:"汝父出捍城,我三品命妇,汝儒家女又进士妻,不可受辱。"抱二岁子及女赴井死。

孛术远妻雷氏,南阳人,孛术鲁翀子妇也。远为襄阳尹,拒贼被害。雷为贼所执,欲妻之,乃骂贼曰:"我鲁参政冢妇,肯从汝狗彘生乎!"遂见杀。

武管婴,太原人。年十七未嫁。至正末,避兵山洞,其父被执。女走至父所,谓:"兵勿杀我父,请以身代。"父脱去,又言:"我有金,早瘗井边。"兵往掘之,女投井死。

王子温妻诸氏,华亭人。子温家贫,诸氏以女工资给。贼入松江,子温欲挈之逃,诸氏泣曰:"岂可以我一妇人,致累汝等耶?我自为计。"乃与邻姬避贼。贼至,不屈而死。

蒲氏,行唐人,嫁樊氏。山贼至,逼为妻,蒲氏投塘而死。乡人号曰义姜,称其地为玉女塘。
又赵氏,平阳人。年二十,未嫁。贼至,投于厕而死。诏旌之。
李宗颐妻夏氏,富州人;季铝妻何氏,龙泉人;至正中,贼至,俱不屈死。

李哥,霸州倡家女。年十三,母教之歌舞,不肯从。母告以倡业不可废,哥曰:"若此,听母。母亦当从我好。"自是不粉泽茹荤,所歌多道情仙曲。有召者,必询主客姓名,乃往。人亦预戒毋戏狎。
孟津监县赂母,夜抵舍,哥怀利刃,闭卧内曰:"汝职风化首,而狗彘行，恐血污吾刃也！"监惭去。

明日，知州闻之，曰："此间有贞女不知，吾过矣。吾子明经，举秀才，真若配。"以礼娶之。

未几，红巾入寇，夫妇皆见执，觇哥美，将杀其夫。哥前抱夫颈，大呼曰："吾断不斯须求活！"寇并杀之。

新元史卷二四七
列传第一四四

宦 者

李邦宁 张仲骞 野先帖木儿
赵伯颜不花 朴不花

　　蒙古以功臣子弟给事内廷,虽间用宦者,不为上所亲信,故弄权病国者无闻焉。至惠宗之世,朴不花始以孽后乡里,贪缘柄用,遂与奸臣同恶相济,譬之鸩酒,稍濡口吻,而毒已溃裂矣。李邦宁请武宗亲祀太室,可谓昌言。野先帖木儿、赵伯颜不花谏惠宗,尤无愧于吕强、张承业。备著其人,以为彰瘅焉。

　　李邦宁,字叔固,钱塘人,初名保宁,宋之小黄门也。宋亡,从瀛国公入见世祖,命给事内庭,警敏称上意。令学国书及诸番语,即通解,遂见亲任。授御带库提点,迁章佩少监、礼部尚书、提点太医院使。成宗即位,进昭文馆大学士、太医院使。帝尝寝疾,邦宁不离左右者十余日。

　　武宗立,命为江浙省平章政事,邦宁辞曰:"臣以奄腐余命,无望更生,先朝幸赦而用之,使得承乏中涓,高爵厚禄,荣宠过甚。陛下复欲置臣宰辅,臣何敢当。宰辅者,佐天子共治天下者也,奈何辱以寺人。陛下纵不臣惜,如天下后世何,诚不敢奉诏。"帝大悦,使大臣白于太后及皇太子以褒之。

帝尝奉皇太后燕大安阁，中有故箧，问邦宁曰："此何箧也?"对
曰："此世祖贮裘带者。臣闻圣训曰'藏此以遗子孙，使见吾朴俭，可
为华侈之戒。'帝命发箧视之，叹曰："非卿言，朕安得知之。"时有宗
王在侧，进曰："世祖虽神圣，啬于财。"邦宁曰："不然。世祖一言，无
不为后世法；一予夺，无不当功罪。且天下所入虽富，苟用不节，必
致匮乏。先朝以来，岁赋已不足用，又数会宗藩，耗费无算，且暮不
给，必将横敛于民，岂美事耶?"太后及帝深然其言。俄加大司徒、尚
服院使，遥授丞相，行大司农，领太医院事，阶金紫禄大夫。

太庙祭祀，皆遣官行礼，至是复如故事，邦宁谏曰："先朝非不
欲躬亲飨祀，诚以疾废礼耳。今陛下继成之初，正宜开彰孝道，以率
先天下，亲祀太室，以成一代之典。循习故弊，非臣所知也。"帝称
善。即日备法驾，宿斋宫，且命邦宁为大礼使。礼成，加恩三代，皆
赠官谥。

仁宗即位，以邦宁旧臣，赐钞千锭，辞弗受。国学释奠，敕遣邦
宁致祭于文宣王。点视毕，至位立，殿户方辟，忽大风起，殿上及两
庑烛尽灭，烛台底铁镡入地尺，无不拔者，邦宁悚息伏地，诸执事者
皆伏。良久，风定，乃成礼，邦宁惭悔累日。

初，仁宗为皇太子，丞相三宝奴等用事，条画新政以乱旧章，畏
仁宗英明，邦宁揣知其意，言于武宗曰："陛下富于春秋，皇子渐长，
父作子述，古之道也，未闻有子而立弟者。"武宗不悦曰："朕志已
定，汝自往东宫言之。"邦宁惧而退。仁宗即位，左右请诛之，仁宗
曰："帝王历数，自有天命，其言何足介怀。"加邦宁开府仪同三司，
为集贤院大学士。以疾卒。

又宦者张仲翥，亦钱塘人，累官翰林学士承旨，工行、草书。

野先帖木儿，佚其氏族，事惠宗为宦者。帝制龙舟，自后宫至琼
华岛，往来游戏，水浅不能行舟，命野先帖木儿浚之，辞曰："频年水
旱，盗贼纷起，不宜从事游嬉，妄兴工作。"帝大怒，放之高丽，改命
宦者答失蛮浚之。

又有赵伯颜不花，亦惠宗宦者。至正二十八年，帝御清宁殿，集三宫皇后、皇太子、大臣，同议北巡。赵伯颜不花与知枢密院事黑的等谏，帝不听。赵伯颜不花恸哭曰："天下者，世祖之天下也。陛下当以死守，奈何弃之？臣愿率军民及怯薛官，背城一战。"帝又不听。后从帝北巡，卒于和林。

朴不花，高丽人。皇后奇氏微时，与不花同乡里，及选为宫人，有宠，遂为第二皇后，居兴圣宫，生皇太子。于是不花以阉人入事皇后，皇后爱幸之，累迁至荣禄大夫、资正院使。

至正十八年，京师大饥，时河南北、山东郡县皆被兵，流民避乱聚于京师，死者相枕藉。不花欲要誉一时，请于帝，市地收瘗之，帝赐钞七千锭，中宫及兴圣、隆福两宫，皇太子、皇太子妃，赐金银及他物有差；不花出玉带一、金带一、银二锭、米三十四斛、麦六斛、青貂银鼠裘各一袭以为费。择地自南北两城抵卢沟桥，掘深及泉，男女异圹，既覆土，就万安寿庆寺建无遮大会。至二十年四月，前后瘗者二十万，用钞二万七千九十余锭、米五百六十余石。又以大悲寺修水陆大会三昼夜，凡居民病者予之药，不能丧者给棺木。翰林学士承旨张翥为文颂其事，曰《善惠之碑》。

帝在位久，军国之事皆取决于皇太子。皇后乃谋内禅，使不花喻意于丞相太平，太平不答。及太平罢去，搠思监为丞相。时帝益厌政，不花乘间用事，与搠思监相为表里，四方警报，皆抑而不闻，内外解体，然根株盘固，气焰薰灼，内外百官趣附者十九。又宣政院使脱欢，与之同恶相济。

二十三年，监察御史也先帖木儿、孟也先不花、傅公让等乃劾奏朴不花、脱欢奸邪，当屏黜。皇太子执不下，皇后尤庇之，御史皆坐左迁。治书侍御史陈祖仁，连上皇太子书切谏之，台臣大小皆辞职，皇太子乃为言于帝，令二人辞职。祖仁言犹不已，又上惠宗书言："二人乱阶祸本，今不芟除，后必不利。汉、唐季世，其祸皆起此辈，而权臣、藩镇乘之。故千寻之木，吞舟之鱼，其腐败必由于内，陛下诚思之,可为寒心。臣愿俯从台谏之言,将二人特加摈斥,不令以辞职为名,成其奸计。"语具《陈祖仁传》。

会侍御史李国凤亦上书皇太子,言:"不花骄恣无上,招权纳赂,奔竞之徒,皆出其门,駸駸有赵高、张让、田令孜之风,渐不可长,众人所共知之,独主上与殿下未之知耳。自古宦者,近君亲上,使少得志,未有不为国家祸者。望殿下思履霜坚冰之戒,早赐奏闻,投之四夷,以快众心,则纪纲可振。纪纲振,则天下之公论为可畏,法度为不可犯,政治修而百废举矣。"帝大怒,国凤、祖仁等亦皆左迁。

时御史大夫老的沙执其事颇力,皇太子因恶之,而皇后又谮之于内,帝乃封老的沙雍王,遣归国。已而复以不花为集贤大学士、崇正院使。老的沙至大同,遂留孛罗帖木儿军中。是时,搠思监、朴不花方倚扩廓帖木儿为外援,怨孛罗帖木儿匿老的沙不遣,遂诬孛罗帖木儿与老的沙谋不轨。二十四年,诏削其官,使解兵柄归四川。孛罗帖木儿知不出帝意,皆搠思监、朴不花所为,怒不奉诏。宗王伯颜帖木儿等复言之,朝廷亦畏其强不可制,下诏数搠思监、朴不花互相壅蔽簧惑主听之罪,屏搠思监于岭北,窜朴不花于甘肃,以快众愤,复孛罗帖木儿官爵。然搠思监、朴不花皆留京城,实未尝行。

未几,孛罗帖木儿遣秃坚帖木儿以兵向阙,声言清君侧之恶,驻于清河。帝遣国师问故,往复数四,言必得搠思监、朴不花乃退兵。帝度其势不可解,不得已,执两人畀之。朴不花遂为孛罗帖木儿所杀。

新元史卷二四八
列传第一四五

云南湖广四川等处蛮夷

云南溪洞诸蛮　　大理金齿蛮
罗罗斯　　车里　　乌撒乌蒙东川芒部
禄余　　八番顺元诸蛮　　田万顷
宋隆济　　广西上下江诸蛮　　黄圣许
岑毅　　海北海南诸蛮
四川溪洞诸蛮

　　至元十三年,罗匐甸官禾者阿禾必降。是年十月,云南行省调蒙古、爨、僰诸军征白衣和泥一百九砦,得户四万。又攻金齿落落广甸、瑶甸及斜乌蒙秃老蛮,高州、筠连等州。乌蒙阿谋归旧侵藤串县地,是月,与安南邻境七十城门部酋答公,遣其人名摩耳者来乞降。又提吕、提邦两部来降,饥,行省发廪赈之。未几,提吕子达量,为提索所禽,行省给榜招提索,使释达量,提索听命。

　　二十三年,蒙乃土官长子殆昔,邻境土官弗里皮之婿也,蒙乃不以位与长子,而与次子,弗里皮与殆昔同攻之。朝廷谕弗里皮,如得蒙乃地,许令其婿统之。是岁,又征骠甸大部马。

　　二十四年,木龙蛮奴他谋告阿勒沙村阿加之子杀凹村头目刺些,行省下丽江路军民宣抚司,命出见云南王,免其罪。是年,云南右丞爱鲁以蒙古军一千,师宗孙勒寸白军一千,农士富民丁三千,征维摩蛮者我灭铁赤必匝,寻出降。

三十年,行省征习普蛮阿浪普龙华扎山些贼土官生,皆破之。逃者,命普安路总管步木普丁府嶍峨头目矣豆等,赍榜招出。是年,七十城门蛮密察挟仇杀大甸土官阿邻,继遣其弟牟平林侵其境。阿邻逃入临安路纳楼建水城,避之。行省不能救。又参政阿叔,招捕花角蛮。蛮恃险率众拒敌,杀令史一人、裨将十五人。

元贞元年,习普、马儿等寇边,行省招出习普、肥昌等砦蛮,及马儿部不旧觯、旧能二砦蛮。的井、的探等有必乖豆来者,不肯降,杀的井从者二人,的井等惧不敢出。

二年,蒙光路军民总管答面乞蓝的头目答剌吉瓦农开阳两寨自来不奉命,行省差道奴攻破之。十一月,车里蛮军弁兴兵,据夺甸砦十三所,结八百媳妇蛮欲攻倒龙等,行省遣兵招捕。

大德元年,行省参政忽速剌攻破花角蛮等寨,其酋长韦郎遁走。初,广南西道宣慰使兼知特磨道事农士富上言:“安宁州沈法昔,招引唐兴州黄梦祥、深碎县林言,与花角蛮,围士富所居,夺虎符,执其子信以去。又攻其峨州隘。”既而,又言:“梦祥结晔暧州岑聪,引归仁州、归洛州、上降州、利州军四千人,焚掠罗佐州官农郎生所辖那闷村及那寡州南村、鲁谷村,付州那罗村,复夺其那环射隘剥笋罗波射布那哈那等十村。”行者觇知花角蛮去特磨四日程,安宁州十日程,唐兴州、晔暧州皆八日程。十月,忽速剌进讨之。十二月,过昔阳江,经杜箐。九日,至花角蛮木苇砦,破之。攻其正砦第一门,贼败,夺门而遁。其砦十有二重。十四日,分九道进攻,破其砦,贼众散走。蛮酋韦郎达不知所在。韦郎达素不奉命,至元二十七年,阿叔招之不服,讨之复失利,以此狂纵,僭称大号,以其婿郎满为平章,其余有万户等官。至是始败。寻又破其卒罗磨诚,获架歌雅木算等砦,招出韦郎达妇翁,继村火头普及,把事希古郎竹干,哥雅砦火头郎满及其弟郎状。郎满称韦郎达中伤败走,不知存亡。又攻撒都砦，其火头图希古郎甚出降，及罗其砦火头统干希古都鸡韦，郎达弟韦郎动，子韦郎应，把事希古通干知干，不弄砦火头郎勤，皆出降。移军攻安宁州，沈法昔降，移攻梦祥，败之，弃砦走。

七年春，永宁路阿永蛮雄挫反。初，云南、四川、陕西、湖广四省会兵讨顺元、罗鬼、乌撒、乌蒙，东川芒部叛蛮雄挫，匿顺元蛇节贼党阿毡，及其妻折射折利，并芒部蛮纳郎弟卧踏。事觉，遂结把事阿都、阿牟等，于赤水河作乱，杀永宁府判官常珪、行省宣使南家台、千户卜速鲁，拒暮晖关。官军至，蛮拒战，阿都死，获其金裹甲、镞子枪。贼退走。自暮晖至普市关，九战，杀蛮三百余，破海落、越寨二洞，阿牟亦死。行省以天暑班师，扼其鱼槽、长宁军、梅岭等关，闻于朝，以为雄挫东接罗鬼，西邻芒部，南近乌撒，姻亲相结，滋蔓力强，合以十月初，云南省军入暮晖，湖广军自播州打鼓寨入蛮地蔺州，四川省军自鱼槽、长宁进讨，会于赤水河雄挫巢穴。从之。闰五月，军中遣永宁同知蔡闰、行省左右司员外郎撒班赤等，招雄挫。雄挫遣阿加、阿抱出降，称病不出。又令其属委界入朝。宰相奏雄挫不至，乞再伐之。雄挫乞以十二月八日狗日出见。八年五月，赴阙，原其罪，仍充土官，遣还。

九月，罗雄州军火主阿邦龙少、麻纳布昌结广西路豆温阿匡、普安路营主普勒下军火头阿只阿为及亦左乡阿甫等叛，烧他罗迷驿，降旨招谕，仍督兵进讨，阿邦龙少拒远雄山，官军进攻，败之。虏阿那勇答等，阿非、阿楼、阿邦龙少子龙豆皆降，豆温阿匡与弟阿思、火头者哇亦降，未几获阿邦龙少，追麻纳布昌，不获。十一年，阿迷土官日苴、火头抽、首领落落军劫爽人，夺官马以叛。又纳楼茶甸土官师禾希古、阿夷落圭，阿立甸必信、怪齿村火头阿则、判村火头阿提、纳填村火头身和、苴善村火头阿次亏、抽倮村火头双、茶嵩村火头咱休、菁笠乡火头阿豆加、矣杰村火头阿主、矣北村火头抽、皆床村火头遮奴、元江路日纳村火头个忙、茫部火头亏抽、维摩州土官者欧茅者文大布婆等并起应之，官军寻皆讨定。

至大元年，教合二部步少来龙砦火头渐恐等叛，遣本部达鲁花

赤阿里招谕，不服。贼尝党答挂杀阿里，官军破其巢，斩渐恐、答挂，
枭其首。

延祐七年七月，花角蛮韦郎达纠合五十三村山獠众万余，劫阿
用村，呼其人曰："尔急来降，我即退兵，尔之皇帝甚远，我亦作皇帝
甚近，若不降我，必破尔砦。"火头农郎胜等降贼，行省遣官招谕。九
月，永宁路曲村头目和俄等杀渠津州吏目李荣贵，夺良渠州同知敕
牒，行省遣官招谕。

至治元年十月八日，良渠州知州刺俄杀其兄刺秋。初，刺秋祖
刺都降附，行省立州县，令刺秋父刺陶作土官，充良渠州知州。后刺
秋伯父刺落袭职，寻为火头木落所杀，刺落子刺定幼，依其舅子合
住于绵绵村，因持刺陶、刺落宣命及州印以去。刺俄谓己当袭职，二
次诉于行省，捕刺定不获。刺俄以计诱刺秋赴破寺村，潜于道，射之
中左目坠马，又以刀斫其左额。刺秋死，刺俄集众，依摩些俗，杀马、
牛各一，焚刺秋尸。明日，逼其嫂梳蛮塔为妻，及占夺刺秋所部百
姓。梳蛮塔父刺资来取其女，刺俄欲杀之，刺资惧遁至柏兴府。

二年，刺定自绵绵村与子合起兵，夺刺俄地和山砦。刺俄纠合
头目子首居砦等合兵，射死刺定，复夺和山砦。本州官往招之，刺俄
拒砦，遥谓曰："父祖宣命俱在子合处，又藏印不与我。兄弟自相仇
杀，争夺山砦，不关尔番汉官事。梳蛮塔系我嫂，我杀兄刺定、刺秋，
故以嫂为妻。我出官，尔欲何说？"再三招谕，不肯出。行省乞以千
人讨之，枢密院不听，咨本省招谕。

二十年四月，马龙乡蛮普万作乱。初，普万父哥祛，马龙他郎甸
人也，任普日思摩甸长官，致仕。长男普奴承荫，父子皆居木用村。
普万乃次子，愤不得立，与哥祛婿抽丑、孙婿阿连，结蒙古逃军白夷
顾顾等人，攻烧木用甸。哥祛出奔，普万杀哥祛弟阿笠、弟子阿占、
婿可当等，劫掠百姓，求哥祛欲杀之。行省委官招谕。是年，蒙化州
兰神场落落磨察、火头过生琮结庆甸蒲火头阿你通，起蒲军三千五
百、磨察军五百劫镇南州定远县当布户计罗黑加等，杀九十九人，
虏男女百余人。

泰定二年,开南州阿都剌火头大阿哀,引车里陶剌孟等万余人,围剌砦,攻破十四处。木邦路土官八庙等领白衣军,攻破倒入潢砦。朝廷遣斡尔端等赍诏,招大、小车里。车里寒赛子尼雁、构木子刀零出降。

至元七年,征金齿、骠国五部未降者,破其二部,酋长阿愿福勤丁、阿愿爪降,献马、象。

二十四年,金齿孟定甸官俺嫂、孟缠甸官阿受、夫鲁砦官木拜,共率民二万五千来降。又林场蒲人阿礼、阿怜叔阿郎,及阿蒙子雄黑,降于行省。阿礼岁承差发铁锄六百,雄黑布三百疋。

二十九年,木忽甸土官忽都马遣其子阿鲁,进金索、鳞胆、毡衣、虎豹皮,诣阙朝觐。

三十年,遣使赍诏,谕漆头金齿。

延祐五年,永昌南窝蒲贼阿都众阿艮等作乱,杀镇将,夺驿马。行省遣参政汪申,会右丞朵尔只讨之。自八月至明年五月,破其寨,贼走人箐中。阿楼艮降,余不可得,以天暑班师。其枯柯甸等皆降,愿岁纳赋千索。

至治元年,怒谋甸主管故侵芒施路鲁来等砦,烧百四十一村,杀提控按牍一人。有司奉诏书开读,招谕管故,不跪听,亦不出降。

二年,镇西路大甸火头阿吾与三阵作乱,夺不岭、雷弄二砦。初,三阵父阿兰为镇西总管,叛,要斩。其弟你谷南赴阙贡献,得袭职。你谷南死,子鼐朵袭位。三阵使少头倒缅、招思二人求朵鼐,少分土地人民,不予,遂投阿吾诉之,共作乱。诏使往谕,迎至一楼,楼上下周围悬人首,听诏毕,阿吾怒曰:“三阵,吾孙也。吾破不岭寨,杀伤甚众,虏五十人,破雷弄甸,烧四百余户,管别砦惧而降我。我迁其民二百五十家于我弟拜法砦中。不岭所虏人,其族各以银三两赎一人,尽赎去讫。今官招谕,我终不出,亦不受榜,所夺地亦不回付,须与之相杀。”诏使无如之何。

是年,南甸路木甸火头鼐院,先夺罗左甸火头阿赛妻阿衣为妻,取之,不肯与。又夺阿赛弟莽古妻纳衣,妻其子阿你。阿赛怒,使莽古领兵三百,夺其妻不得,烧爵院砦。

至元十五年,定昌路总管谷纳叛,八刺即安古马杨古剌乞剌蒲等皆应之,毁桥梁,夺驿马及屯田牛。明年,官军击谷纳,斩之。

大德二年,小车里结八百媳妇为乱,累年不下。数遣使招之,不听命。

延祐三年,车里兀竹鲁侵阿尼必爵砦、阿白出麻砦。又罕旺及其弟胡念弟爱俄等,侵银沙罗甸兀里盐井,陪日女具落索等甸,取官所征差发。既而,爱俄死,其兄弟子侄罕塞昭爱剌构木力梦兀仲等五人,分党争爱俄位。相杀久之,遣火头郭力看,赍象牙一、金信花一,来降。

大德五年,左丞刘深奉命征八百媳妇,征顺元递运人马。土官宋隆济、蛇节等拒命作乱。朝廷征湖广、河南、四川三省兵,与田、杨二氏士兵,会云南兵收捕。于是乌撒士官宣慰使普利、总管那由,与东川芒部乘衅俱叛。其接罗罗斯及武定、威楚、曲靖、仁德、普安、临安、广西诸蛮,皆以朝廷远征,供输烦劳为辞,反形已具。车里白衣八里日等杀掠普腾、江尾二甸,夺麦亢、忙龙二砦,烧忙阳等二十四砦,扬言:“我与吕也沟思麻部日共议浑侯连漠桑军,来攻普腾砦。”

二月,梁王出驻陆梁州,乌撒蛮阿都普信及乌蒙蛮桂阿察多等杀太后,及梁王位下人畜。乌撒宣慰使僧家奴逃入中庆,东川土官阿葵乌撒逃之陆梁州,依梁王。阿车、阿苗分军二道,欲执宣慰使阿忽台,约白由落吉度口,会阿乃吉乌蒙军,先攻阿都百姓,次攻建昌,烧乌蒙总管廨舍。乌撒蛮犯曲靖沾益州,烧荡坦驿,驻兵阙渡桥,又与东川马湖四族聚众四千,复起罗罗斯军,渡金沙江,刻日攻建昌。

三月,贼逼雅州、邛部州,陕西行省遣左丞脱欢御之。诏:“也速觯儿陕西省平章政事,汪阿塔赤充参知政事,也速忽都鲁充湖广参知政事,与平章刘二拔都等进讨叛蛮。阔里吉思为湖广平章,与左丞散竹觯、陕西杨参政,给军需。凡有军事,听也速觯儿、刘二拔都两人节制,并便宜行事。"

四月,那由、普利逼乌撒乌蒙宣慰使兼管万阿都合弃城走。时陕西调军二千人,会合收捕三百人,守播州小溪,以遏乌撒蛮充斥之路。云南调军三千人,屯陆梁州,五百人驻西曲靖州,二千人护中庆。也速儿与云南兵共进,悉次第讨平之。

至顺元年,诸王秃坚叛于云南,诏以禄余为行省参知政事,使助官军讨之。禄余杀宣慰使,降于万户伯忽,秃坚党与也。初,秃坚在上都,兵败而逃,与伯忽、阿禾等陷中庆路,寻又陷仁德府,至马龙川,秃坚自立为云南王,至是禄余应之,以蛮兵据顺元。

五月,罗罗斯土官撒加伯、阿漏、阿刺里,州土官德益等,皆附禄余以叛。会四川军至云南雪山峡,遇罗罗斯,败之。

廷议复立行枢密院,发朵甘思、朵思麻及巩昌诸军,命河南平章彻里帖木儿同武靖王搠思班由四川,陕西平章教化从豫王阿刺忒失里由八番,夹攻之。撒加伯合乌蒙蛮兵攻建昌,右丞跃里帖木儿败之。四川军又败撒加里于芦沽。然秃坚、伯忽势张甚,禄余令伯忽弟拜延顺袭顺元路,撒加伯遣把事曹通,潜结西番,欲据大渡河,进寇建昌。跃里帖木儿执曹通斩之。

诏趣两省各进兵。于是四川平章塔出引兵出永宁,左丞孛罗引兵由青山芒部,以邛部州土官马伯为向导,进至周泥驿,禄余众溃。撒加伯复攻建昌,跃里帖木儿败其兵于木托山。仁德府权达鲁花赤曲术,纠义旅讨伯忽,杀其弟拜延顺于马金山。再战于马金山,获伯忽,诛之。

独禄余犹据金沙江,塔出抵乌撒境,与禄余战于七星关,六日十七战,贼大溃。

俄而搠思班师次罗罗斯,与跃里帖木儿期至三泊浪。跃里帖木儿兼程而进,夺金沙江,阿禾引蒙古叛军至,败之,阿禾夜遁。官军直趋中庆,擒阿禾,斩于军前。

既而,秃坚拒战于伽桥古壁口,跃里帖木儿中流矢,洞耳,拔矢复战,大败之,遂克中庆。分兵追秃坚于嵩明州。

明年正月,彻里帖木儿、孛罗等败蛮兵,射中禄余肩,降其众。秃坚使其弟必剌都失迷伪降于豫王,阴以兵围之,平章乞住妻子皆被掠。秃坚固守嵩明,诸军亟攻,克之。秃坚不知所往。未几,撒加伯复叛,禄余又会伯忽俿阿福,杀乌撒官吏。朝廷遣西域指挥使锁住,以陕西兵直抵罗罗斯,碉门兵趋邛部州,大败蛮人。元帅怯烈破其海中山栅,必剌都迷失举家投海死。

又名亦奚卜薛。至元十五年,罗殿酋罗阿察、河中府方番酋韦昌盛,皆纳土来降。

十六年三月,西南八番等卧龙番酋龙昌宁、大龙番酋龙延三、小龙番酋龙延万、武盛军番酋程延随、遏蛮军番酋龙罗笃、太平番酋石延异、永盛军番酋洪延畅、静海军一番酋卢延陵,皆来降。其部曲有龙文貌、龙章珍、黄延显、卢文锦、龙延细、延回、龙四海、龙助法、龙才零、龙文求等。朝廷立八番宣慰使司以统之。

十一月,宣慰使至新添,遣千户张旺招罗氏国,惟贺宗一寨投降,余皆迎敌,旺败之。至罗崩寨,贼又与总管王采战,皆披甲、戴红毡帽,采遇害。未几,又战于大吴。

十二月,宣慰使至番中,召集土番酋,以四日,集卧龙番,受宣命。至期俱来,惟诸番卢番延陵,为罗氏酋阿察执去。阿察初已纳款,后与鬼国结婚,鬼国言:“我未降,尔奈何先降?”罗氏遂毁虎符以叛。罗氏,又名罗殿。事闻。

十七年,四川蛮吕告部酋阿济上言,乞招阿察,从之。既而,命湖广省及云南、四川进讨。八月,阿察遣阿惟、阿麻二人至四川诸蛮夷部宣慰使司,自言无反意,但云南平章听我仇人乌锁纳之言,罗织我罪,朝廷不知我,今赴阙听圣裁。云南左丞爱鲁、四川都元帅也速僠儿,期以十一月十五日,会亦奚卜薛。至期,爱鲁与阿察战,也速僠儿命万户彭天祥、药刺海、帖木儿脱欢分三道攻会宁关,亦奚卜薛遣其部落阿侯拒战,败,逃入山箐。亦奚卜薛奔雕飞砦,阿宁走大宁。爱鲁等进兵,也速僠儿曰:"贼已离巢穴,今发乌撒、播州及南省近地兵,足以剿除。我等可回,不然旷日持久,粮乏瘴起,不便。"事闻,上命药刺海守其地。久之,贼穷困,以二十年二月纳款。

二十九年,降诏招怀溪洞蛮夷曰:"中书省奏:金竹知府臊胪言,先奉圣旨招谕平伐山齐砦主谵薛约定夺,今有百眼左阿吉谷各当各迪等,自以外荒,久欲内附,乞颁圣旨,容许自新。朕嘉其诚,遂俞所奏。今谕尔众,咸听朕言。惟尔邻封,率多臣服,自番方而入贡,寻万国以来庭。南顺丹州,北怀金竹,陈蒙烂土,顷已从风。新添葛蛮,久皆款化。咸膺宝命,仍佩金符,赏赉有加,官守如故。尔等如能率众效顺,同仁一视。倘尔迷之不悟,是伊戚之自贻。勉思转祸之言,发体好生之意。"

元贞二年六月,平伐邻界平珠泸洞砦主王二原、谢鸡公、韦巴郎、杨义等十八处等官,来云南省告降。行省差官入洞抚谕。

至大德元年四月,平珠洞宿家、沙家二族赍进呈礼物,出洞道,经新添葛蛮宋氏之村头水底砦,宋氏怒二族不由己以降,乃遣上都云长官落冒,率众遮道,夺进物,二族逃散,破劫韦巴郎砦。五月,宋氏复令平浪巡检欧阳濯龙与其下大洞李巴林竹哥等,率木梿六十余人,劫平珠洞蛮官足万金婆南大砦,逼使背云南之命,从己求降,不从,濯龙掠去足万金从人足万雷等。及进献方物,实招到平林独山州摇和洞唐开珠罗等处八百四十四砦,民五万余,朝廷立长官司以统之,而以蛮妇阿初充长官。

大德二年四月,八番桑柘蛮王二万、马虫等叛,杀巡检。三万寻出降,马虫聚七千余人,陷平包砦,围重奥砦,又与叛猫犵狫必际等,结连瓮槐了江等处猫人作乱。三年,命湖广平章刘国杰征之。

四年正月,猫桑拓遣所部文何,持竹契、长刀及方物来降。播州宣慰司以为,蛮苟逃禽戮,亦须招抚。而黄平府亦上言,桑柘附近之

重奥必际都阵狣狫必梅等二十二砦,刻契来降。七月,桑柘蛮及思
官贼梅金匣、播州杨金万、必梅砦王娘报等三百余砦,皆降。

五年六月,八番宣慰使言:党兀自降至今,八年不供赋役,所部
娘祖大盘小盘白定白药等蛮,先结连平伐蛮,叛劫先宗砦,围吴卜
弄砦,射猫民阿羊、金埧皆死,官军捕班夏沈家蛮,党兀遮道助其拒
敌。今年正月,又使板桥郎来重陂等砦猫,烧劫百纳砦。宣慰使令
马上桥、金竹府备之,且以兵讨之。党兀年七十九,老不能出,遣其
砦主的拗及子党砦的沙勇强砦的福三人出降。的拗等又与党幼鬼
砦王陈醒、朱盖砦主楼地之弟杨八、小盘砦主腾香等共誓不叛。

至大二年三月,八番蛮割和寨主谷皱、谷霞砦主洛骠、刺客砦
洛卜傍、吾狂砦的捣、谷浪砦只验,皆降,诣阙朝觐。三年,八番玩西
猫蛮阿马害作乱,诏捕之。四年春,阿马与其洛罗洛登各替,及胁从
蛮官卜制头之子哥暮,出降。

至治二年六月,八番蛮官闭罗蘭与其属十岩仇杀。七月,百眼
佐等处蛮夷长官司言:康佐砦主老康纠合谷耸砦主恰信等,杀巡检
王忠,拘长官洛邦,又杀土官蒙卜郎作乱,宣慰使发官兵讨之。三年
正月,八番呈周砦主韦光正等,杀牛祭天,立盟归降。自言:有地三
千里,九十八砦,系畅黄五种人氏,二万一千五百余房,光一等二十
三人领之,愿岁出土布二千五百匹为租入。

田万顷,泊崖洞蛮酋也,其地界辰、澧二州,至元末内附,以其
地为施溶州,万顷为知州。未几,扇诱诸蛮,与楠木洞酋孟再师、桑
木溪洞酋鲁万丑等,同叛。

成宗即位,遣行省平章政事刘国杰讨之,辰、澧二州总管府供
给馈饷。上均州副万户田兴祖,谙习蛮洞地理,国杰命绘图以进。使
部将唆木兰,万户阔脱、忽都海牙、拜蓝、冯继祖从澧州武口进兵,
自率万户别里哥不花、朵落鼾儿、田兴祖从会溪施溶口进兵。是年
十二月,破泊崖、楠木诸洞,获万顷、再师等,斩于军门。元贞元年二
月,振旅而归,留兴祖搜捕余党。二年春,鲁万丑降。

宋隆济，雍真葛蛮土官也。大德五年叛。

初，朝廷诏湖广、云南兵二万征八百媳妇，湖广兵命左丞刘深等领之，取道顺元番进讨，令云南左丞月忽乃，招答剌罕军，入境调用，命新添葛蛮军民宣慰使，自琅诩驿，经平规蛮峡，至顺元哝耸等砦，斟酌日程，分六处安营，备馈运、丁夫、马匹，俟月忽乃至点视。而雍真葛蛮、乖西等部，当出丁夫、马百匹，文书至，隆济乃言猫人犵狫，谓官欲髡其发，印其面上，送军三四年不返，宁死不往，虽就砦见杀可也；以此观之，夫不可差。同官雍真总管府达鲁花赤也里干曰："然则起尔宋氏尽行。"隆济曰："吾往诉之宣慰司。"遂行。

六月，隆济构木娄等族作乱。其侄腊月、宋六分、靳斤等告也里干，使为备。也里干遂避于底窝杨黄砦。明日，隆济率腊月弟不奴部家童农帻、洛中、段剌、答洛、忙中等五百人，攻杨黄砦，烧雍真总管廨舍。奴都保葛海又报隆济以一仇二天，与阿昔长官为号，纠其同叛。又有紫江贼助兵四千，破杨黄砦。也里干走，掠去总管府印，杀也里干奴阿麻妻忙葛农等。是日，龙骨长官阿都麻杀生祭鬼，誓众应隆济，亦谓官拘壮士，黔面髡发充军，或杀房我家亦不可知，宁死不离此土。又胁底窝总管龙郎，与古龙马阿都所部不这罗鬼阿开阿娇等犵狫，抵阿䰇砦，拒落邦剾佐长官可止十里，声言欲攻剾佐，遂破底窝砦。又欲攻陇儿砦，自贵州至新添界哝耸陂，北至播州界刀项路及卜邓加鹤鸣等站，皆被焚劫。又遣中火紫江笃猫，胁巡检同叛。寻攻贵州，杀散普定龙里守令军，烧官粮，杀张知州。

七月，梁王下令湖广、云南、四川三省，会兵讨捕。

八月，云南平章床兀儿入顺元，与贼战，数败之。时水西、水东蛮俱叛，床兀儿遣人招水西土官之妻蛇节，不出。蛮人洛暮报云：者阿泡言，蛇节已反，统青衣军围贵州甚急。

十一月，诏："宋隆济妄说惊扰事端，纠合蛇节及罗鬼酋长阿合女仇，相扇作乱，特遣湖广行省平章政事刘二拔都、指挥使也先忽都鲁卒兵，及思、播宣慰赛因不花等土兵，与四川、云南省分道并

进。别敕梁王率兵进讨。悔罪来归者,复其官爵。能杀贼酋或擒献
者,赏。执迷不悛者,杀无赦。一切事宜,并从刘二拔都等区处。"初,
官军调人夫马匹,亦奚卜薛之子� 日,人马不辨,官锁其项。夥日耻
忿,与隆济议,纠合阿八阿纳许波泥帖等反。乌撒总管那由言:"尔
兵若破贵州,鸭池之事容易,我将图之。"遣其族阿雄、阿行、头佐助
兵。至是,贼益滋蔓。行省令土官普利,买马助军。普利称,军马价
不用贝只,非金不可。观望不肯进。是月,土官鸟犀叛,行省讨之,败
走禄丰砦,劫梁王位下财贝只。

六年正月,官军以隆济九次攻贵州,粮尽退还,贼邀于花猫、牛
场二箐,及长脚木猪,截万溪山杪木南箐、铁门关沙树猫北箐,杀伤
甚众,去掠行装文卷。时江头、江尾、和泥等二十四砦,龙冯蹄一十
八村,皆叛。

二月,四川宣慰使汪惟勤与湖广平章会兵播州。三月,至打鼓
砦南木爪埧,遇贼阿毡,败之。

九月,刘平章使土官侠者,潜刺杀阿泡。蛇节驻兵折剌危木,以
待官军。十月,蛇节败,遁去。陕西兵败芒部叛蛮鬼旺纳济等,与云
南、湖广军合,过泊飞关,追蛇节。

七年正月,刘平章至阿加砦,追及蛇节。二月,蛇节出降,党曲
捧阿暮等四十余人皆出。诏斩蛇节及曲捧阿暮等。寻擒斩宋隆济。
惟金竹贼月下卜兰遁去。

至元十三年,知来安军李潍屏、知来安军兼知冻州事岑从义
降。

十五年,田州上隆州下隆州武隆州兼州黄汉槐思恩州,八中温
闰砦,频洞、计洞、漾洞、在洞、上下雷洞、上下影洞,皆降。

十七年,广州海港贼霍公明、苏俄、细麦、婴上等,杀招讨马应
麟,捕斩之。

大德七年四月,藤州大任洞贼黄德宁,杀牛犬祭兵,僭号,造妖
言,劫掠。伪称皇帝李龙神,定国公黄佐,丞相黄德宁,立国公皇罗

荣，开国飞童黄京夫，王朝化民衙主黄汝妙，六部尚书潘罡、玉精，光禄大夫兼管生民殿前太尉彭元吉，殿前引兵斩斫使莫道名，都统干、太师黄劝。贼设醮筵，门前横写大字牌曰"建庆贺新君登极太平道场醮筵"，呼万岁，又曰"愿我皇帝早登九五之位"。四月九日，以黑漆木椅为亭屋，持兵张旗帜，鸣金鼓，至巫烈山，迎李龙神，进银庆贺。德宁家有大字黄纸神牌，写"上祝新君李万岁"。其晓民榜示曰："照会穹庭，发下宝物，付李皇帝掌握。日后统九五之位，运半千之庆，统成一天。今李皇帝编排得力，得衙主，差一十八司及府额六百十四军州，七十余县。后安天之日，命令衣、冠、圭、简、靴、帽、杀活杖、玉玺，计七事，给付李皇帝掌管。今十分之民，七分不信，三分须信。五月轻差兵车，收不信中民一千之数。尚虑累及信民，今发晓民榜一道，付右蛮衙晓示信民。至日，兵马行，令有诰者免罪，无诰者定行诛戮。玉印朱文，预先榜示。故榜，并令知悉。"

九年四月日，榜封民仓帖云："逆民禾仓德宁，又名万顷，与父璋信，先曾叛逆出降。有司谓其三代为寇，六次叛伏。今不可赦。"寻皆捕获伏诛。八年，都窝洞贼叛。

至大二年，常丰洞蛮大弟什用，纠集洗王不鬼散毛等洞蛮，劫掠永宁之阿那禾砦。

延祐二年，靖江古县罗蛮洞瑶贼，劫掠烧架阁库文卷，纵狱囚。四年，招出瑶人赵你十七潘仔等，杀获石仓团侯重用，及秀秀岭头团、白团、提江团、淋背团、领豚团等贼。重用能祭雷雨通阴阳，至是就禽。十年十一月，左州黄郎君劫掠渌查村。

至治元年，太平路贼赵郎陈叛屯粘村。二年，广西宣慰使燕牵言："瑶族非一，生于深山穷谷者，谓之生瑶，野处巢居，刀耕火种，采山射兽，以资口腹，标枪药弩，动辄杀人，其杂处近民者，曰熟瑶，稍知生理，亦不出赋；又有撞瑶，则号为兵官守隘通道，于官有用。自宋象州王太守，始募熟瑶，官供田牛，以供此役，至今因之。为今之计，莫若置熟瑶与撞瑶，并为撞户，分地遏贼为便。"从之。

　　黄圣许,上思州知州。至元二十九年,圣许反,聚二万人,断道路,结援交趾,借兵攻邕州。遣副枢程鹏飞讨之,圣许败率三十人奔交趾。既而,复至边地攻劫。三十一年,同知两江宣慰司事杨兀鲁台上言,能不用兵招降圣许。从之。八月,圣许劫帮团长山隘,又与交趾兴道王结婚。未几,诏赦圣许罪,许其自新。圣许经一月不肯出,复以二万人讨之。时贼屯上思州那答栅、三忒栅、细良栅、石佛栅、那结栅、那次栅等处,杨兀鲁台上言:“圣许两招不出,令子志宝,同大小头目一千余人来言,圣许曾对天陈誓,不肯出官。赍到降状称,杨兀鲁台赍圣旨来招,岂不欣悦,望北谢恩外,圣许虽有誓不出,实愿投降,当令儿孙头目出官,圣许还本州,招集逃户复业。”行省以圣许不出,依前进讨。三月十九日,圣许生日,坐草房正厅,紫罗盘领衫,裹布,金带,据银交椅上,悬朱漆金字阙碑,参贺,人三呼万岁。明年正月,圣许驻上牙六罗茅山林,既而兵败,自兜半山走交趾亨村晚梦。久之,闻官军回,复还,由旁村至峙细潜居。官军约十月一日会合,进讨,圣许败,获其妻女。

　　大德元年二月,圣许遣其子志宝赍状赴广西两江道宣慰司出而赴阙。寻诏圣许朝京师,圣许不肯,挟志宝走交趾万宁寨。志宝不听,逃回诉于官。六年,圣许复回故地,居凤凰旧巢,攻团诺屯、仙洞屯。既而,又使人来告降,且乞还其所虏之妾,朝廷羁縻之。

　　延祐元年正月,圣许陷忠州,杀黄知州等。六年,圣许族人黄万山、万松寿攻古能村、戈村,劫杀归龙团皮零洞。至治三年,圣许婿黄县官攻劫邕州渠乐墟,后不知所终。

　　岑毅,镇安州镇抚。至元十八年,举兵反,与特磨道农士贵书曰:“设有达达军马来起差税,吾与尔皆一家之人,围里战杀,实不愿作大元百姓。”于是放兵攻劫,杀顺安州李显祖。官军讨之,出降。

　　大德十一年,左江来安路总管洞兵万户岑雄作乱,杀其侄世杰。

　　延祐七年,来安总管岑世兴反。十二月十七日,烧田州上林县那齐村。明年二月，杀怀德知州溪顺武，夺州印，又攻那带县。世兴寻出降。称洞溪事体与内郡不同，自唐、宋互相仇杀，并不曾杀官军，侵省地。广西道又上言：世兴尝杀兼州知州黄克仁，分食其尸。世兴，雄之子也。

至元二十八年，琼州安抚使陈仲达上言，乞招生、熟二黎，许之。招到本州生黎大踢、小踢、端赵、麻山等四洞王氏平等出降。

皇庆二年，黎贼王奴殴等反，伪称平章、元帅，焚劫百姓。三年正月，奴殴等降，刻箭誓，不复乱。使之归业。然罗袄等处兵未散。延祐二年十二月二十三日，黎盗百余人入横州永淳县，杀达鲁花赤，伤县尉，走宾州古辣村。

至治元年九月，黎贼犯茶洞，烧民居。二年七月，黎人王火烧攻劫百姓，捕获其党蒙毡甘佛龙彭瘦等，火烧劫狱夺去，又陷南偏洞砦，杀夯采等。

至元十四年五月，降旨付西川诸蛮夷部宣慰使昝顺，使招思州田景贤、泸州可南番蛮王阿永、叙州笃连胆串、豕鹅、昔霞等处诸族蛮夷。十五年，叙州剥骨蛮杀使者。十七年六月，施州市备大盘散毛等洞溪纳款。十九年，发都掌阿永等民为兵，征答马剌。都掌等上言：“宋时未尝金军，乞以马牛助军需。”从之。未几，征亦奚卜薛，起军酋长阿峻等，亦不从命。二十二年正月，讨降又巴耸农洞诸蛮。三十年十月，西川行枢密院奉诏征铁茂州汝州西番蛮夷，其杀戮降下者，必力溪等十五砦。其砦酋曰：“牛特、蛇必、鸟麦、蒲雪韦吠、舍具、得轮、只禅、非曰、东非、勾巴等也。其未附者：西番螳磨、鹦成、独奏罢、强獐彻垓、颜苏、五则、客客昔多、坡必力、元剌、新而元、立山等也。

六年，陕西平章也速答儿奉命讨顺元、罗鬼、乌撒、乌蒙、东川芒部叛蛮。九月，也速答儿自叙州庆符直冲矣娘州乌严，参政阿答赤自长宁直冲芒部，降者十有八九。回军就粮，至永宁，阿永蛮雄挫，藏八番反蛮蛇节部曲阿毡，及其妻折射折利，及芒部纳即弟卧蹜故，于七年二月反于赤水河。也速答儿就讨之，射死阿毡，夺其金里甲、镶子枪，九战得出叛境。闰五月，雄挫妻苏池与招降官蔡闰文字一纸，略曰："阿其阿卑赍得榜文，我住在山箐，别无同伴蛮官，我自来不管官事。顺元结连诸夷作乱，差人邀我同叛，我虽是亲戚，不曾听信。"又言："听得羿子杀使臣，不是蛮官本情，我亲去单洛具与众蛮官报知，然后出来军中。"再令闰往招雄挫。六月，遣阿加阿抱持文字来，大意谓，我不反，使臣贪婪所致。十四日，雄挫遣牌头阿底下夷人阿大，递文字降。陕西省右丞称病不出，但令永宁路同知阿况之子委界赴官，盖其叔父也。又与必能阿模同行。朝廷必欲令雄挫入朝，移文行省，不出则进讨。十一月，雄挫呈，择二十四日起程。续又呈，再择十二月初三日狗日出部。二十四，到鲁槽，与其部曲他阿、把事头目各省、未未等二十九人，赴京都，赏衣服、弓矢，鞍辔放回。

　　至大元年二月，大弟什用集洗王、不鬼、散毛等洞兵，侵者等洞。既而，出降，遣墨施什用、答昃什用赴阙。五月，归州巴东县唐伯圭言："十七洞之众，惟容米洞、罔告洞、抽拦洞有壮士兵一千，余皆不足惧也。若官军讨之，可分四道，其一自红钞赛，直趋容米、玩珍、昧惹、卸加、阿惹、石驴等洞，其一从苦竹砦，抵桑厨、上桑厨抽拦洞，其一由绍庆至掌摩大科、阳蔓师、大翁迦洞，其一征又巴洞，大弟什用洞兵接应，如此可平。"行省上其事，不报。

　　至治二年，散毛洞大望什用，劫掠黔江县五里荒。三年五月，顺元洪番安抚劫掠卜哥所管砦民。

新元史卷二四九
列传第一四六

外国一

高　丽

　　高丽自后唐明宗长兴元年，王建始代高氏，明宗封建为高丽国王，世次俱见前史。自建传至暾，三百余年未易姓。

　　太祖十一年，暾即位之三年也，契丹人鹅儿乞奴等叛，蒙古引兵数万渡鸭绿江，侵宁朔。是时，金宣抚使蒲鲜万奴据辽东，僭称天王，国号大真。金人再牒高丽乞粜，以济军储，高丽不应。鹅儿乞奴等进寇安、义、龟三州，据江东城，移书高丽，自称大辽。西京兵拒战，互有胜负。

　　十二年，金人再牒曰："叛贼万奴本与契丹同心，若并兵侵入贵国，其患不小，请彼此夹攻之。"既而，万奴果以兵陷大夫营。

　　十三年，太祖遣哈真及札剌亦儿台率兵一万，与万奴所遣完颜子渊兵二万，合攻契丹。

　　十四年春，暾遣大将赵冲、金汝砺率兵，会哈真等围江东城，契丹开门出降。哈真遣蒲里岱完等十人赍太祖手诏来议和，暾遣侍御史朴时允迎之。蒲里岱完至馆外，迟留不入，请国王出迎，译者再三敦劝，始就馆。明日，引见蒲里岱完上殿，出怀中书，执暾手授之。暾变色，左右皆遑遽。及还，赠金银器、绸布、水獭皮有差。是年，哈真遣属官十一人，万奴亦遣使九人，至高丽督岁币。十六年，斡赤斤大王遣著古与等十三人来颁诏书于高丽,与万奴使同至。著古与等索獭皮万领、绸三千匹、绵一万斤,他物称是。乃下殿,各出怀中物投于地,前年所贡粗细布也。又出元帅札剌亦儿台书,亦索獭皮、绸、棉诸物。未几,斡赤斤又遣使者别将命至,暾欲拒之,其群臣曰:"彼众我寡,不可侮也。"暾不悦。

十九年,万奴牒高丽曰:"成吉思老师绝域,不知存亡。斡赤斤贪暴不仁,请绝其使命。"暾不从。斡赤斤遣札古也来等十人,又遣著古与等十一人至,俱征岁币。

二十一年,著古与等返至鸭绿江,为盗所杀。札剌亦儿台疑暾所为,遂绝好。

太宗三年,札剌亦儿台来讨杀使者之罪,围咸新镇,克铁州,屠之。进围西京,高丽兵拒战,败之。暾遣使犒师,札剌亦儿台乃自称权皇帝,责之曰:"汝国能守则守,能战则战,以投降则降,宜速决!"自十月至十二月,大兵攻西京不下,议和。暾遣其淮安公侹以金银器及獭皮遗札剌亦儿台,又遗唐古迪巨及札剌亦儿台之子银纻鞍马。札剌亦儿台遣使,以太宗玺书来索金银、衣服,马二万匹,男女各千人;乃以黄金七十斤、白金一千三百斤、襦衣一千领、马一百七十匹及獭皮等物遗之,又以金银等物赠其妻子及麾下诸将,奉表称臣。

四年,复遣通事池义深等致书于札剌亦儿台。四月,遣上将军赵叔昌、侍御史薛慎如奉表来朝,献土物。札剌亦儿台执义深等送于行在。是年,权臣崔瑀胁暾迁都江华岛,瑀遣宦者尹复昌至北边诸城,逐蒙古所置达鲁花赤。复昌为宣州达鲁花赤所射杀。闵曦与崔滋温谋杀西京达鲁花赤,城民叛执崔滋温等来降。是年,札剌亦儿台攻处仁城,有一僧避兵城内,射杀之。

五年,太宗以高丽五罪,布告远近曰:"自平契丹贼,杀札剌亦儿台之后,未尝遣使赴阙,罪一也。命使赍训言省谕,辄敢射回,罪二也。尔等谋杀著古与,乃称万奴部众杀之,罪三也。命汝入朝,尔敢抗拒,窜于海岛,罪四也。汝等民户不拘执见数,辄敢妄奏,罪五也。"是年，西京人毕贤甫、洪福源等杀宣谕使郑毅、朴禄金，以西京叛。崔瑀遣其家兵，与闵曦讨之，获贤甫，腰斩于市，福源来奔，擒其父大纯及弟百寿，迁遗民于海岛，西京遂为邱墟。

八年，大兵渡义州江，克黄州，掠价定慈诸州。十年，大兵至东京，暾遣其将军金宝鼎、御史宋彦琦来乞和，且上表自辩。十一年，太宗遣甫可阿叱等二十人，又遣甫加波等一百三十七人，赍玺书谕暾入朝。明年，又遣多可等十七人赍玺书谕之，暾乃以族子永宁公綧为己子，率大臣子十人入质为秃鲁花。

乃马真皇后称制二年，再遣使来献方物。

定宗二年，元帅阿母侃以兵入盐州。

宪宗二年，遣多可阿士等三十七人来，宪宗密敕使人曰："汝至，国王出迎于陆，虽百姓未出，亦可恕。不然，当俟汝归，发兵讨之。"及多可等至，暾遣其宗子新安公佺出迎，请使者从梯浦馆，暾乃出见。多可等怒，不成礼而还。帝乃使阿母侃、洪福源等分道伐高丽。元帅也窟大王遣人传诏于暾，以六事责之，暾复书于也窟曰："小邦臣服上国以来，一心无二，竭力供职，庶蒙庇荫。不意天兵奄临敝邑，举国竞惕，罔知其由，惟大王哀怜之也。"窟谓使者崔东植曰："皇帝虑国王托病不朝，欲辨其真伪耳。"暾复遣其大将军高悦致书于也窟，也窟留悦及崔东植，遣其副归。暾召其文武四品以上议却兵之策，皆曰："宜请太子使于蒙古。"三月，暾传位于太子倎倎尊暾为上王，遣其子暠及大臣金文衡入朝，留暠为秃鲁花。也窟与暾书，欲置达鲁花赤及毁江东城，使者胡花亦索金银、獭皮。暾答也窟书曰："前者仆射金宝鼎还，大王谕以若能出迎，使者即当回军。窃惟出迎使者，近无其例，况值天寒风劲，以老病之躯，岂能涉海。然大王之教不敢违也，祇率臣僚出迎使者，意为大王不违旧约，即日班师。今承明教，有留兵一万，置达鲁花赤之语。若果如此，安得保无后患，请寝此事，以惠东民。又小邦俗不露居，兼防海贼卤掠，是以未即堕毁城垣，后当如令。"十二月，遣安庆公淳入朝。

明年，淳至营中，设宴犒师阿母侃等南还。也窟又遣多可等来，谕以陆侍中、崔沅等不出，未为真降。暾征赵邦彦等议其事。是年，大军所过，俘男女二十余万，死者不可胜计，郡县皆为煨烬焉。

六年，暾闻大军将攻诸岛，遣李广率舟师御之，大军战不利。永宁公綧等遣使来言，若国王迎使者，太子入朝，兵可罢。暾曰："倘得退兵，何惜一子。"已而群臣请遣太子讲和，暾又不听。自是，使命往返。

至八年四月，始遣太子倎奉表入朝，以李世材、金宝鼎等四十人从之。倎至虎川，大雨，从者请留，倎不许，遂至东京。东京人曰："大军明日将赴江华，幸早至一日也。"倎见松吉大王，松吉曰："王京犹在江华，安能罢兵。"倎曰："大王尝言，太子入朝则罢兵，故今日我来。兵如不罢，百姓畏惧逃窜，后虽敦谕，谁复听大王之言者。"松吉等然之，遣使来言堕城之事。于是堕江都外城，使者督役急，百姓不堪其苦。俄又堕内城，使者始返。是年六月，暾卒。暾在位凡四十六年，谥曰安孝王。暾既卒，其大臣金仁俊以倎入朝，乃戎服率甲士奉大孙谌入宫，权监国事，遣朴天植来告哀。七月，大兵入青松安岳丰海诸州，宪宗赐谌诏曰："每年尔以出岛为言，依尔所奏居于陆地，已降宣谕讫。尔自违原奏，屡发狂词，将不恤生灵之命。今崔令公已行杀讫，尔未降时，凡归附之高丽人，令尔管领或不令管领，临时朕自裁焉。"崔令公者，崔谊也，擅政权。是年，柳璥金仁俊等诛，谊复政于暾，故诏书及之。初，朴希实等入贡，觐宪宗于行在，帝曰："尔国王每食言，尔等何为来耶？"希实具陈暾意，仍奏请罢西京义州屯兵。帝曰："尔等既诚心归附，何惮兵驻尔境内。且西京尝为我兵驻处，第勿令侵扰耳。太子之行，不出尔国，可与俱还。如入吾境，其单骑来朝。"是年，宪宗崩。

明年，世祖自鄂班师，倎赴宪宗行在，道过潼关，官吏迎于华清宫，请浴温泉。倎谢曰："此唐玄宗所浴者，虽异代人臣安敢亵乎！"至六盘山，闻宪宗崩，遂南谒世祖于襄阳。世祖惊喜曰："高丽万里之国，自唐太宗亲征不能服之，今其世子自来归我，此天意也！"命倎从车驾至开平府，及闻暾卒，乃命达鲁花赤东里带等护送倎返高

丽。江淮宣抚使赵良弼言于世祖曰："高丽虽名小国,依山阻海,国
家用兵二十余年,尚未臣附。及太子来朝,适先帝西征,留滞者二年
矣。供张疏薄,无以怀辑其心,一旦得归,将不复至,宜厚其馆谷,待
以亲藩之礼。今闻其父已死,诚能立倎为王,送之还国,必感恩戴
德,原修臣职。是不劳一兵,而得一国也。"陕西宣抚使廉希宪亦言
之。世祖然之,即日命改馆礼遇有加。未几,使荆节等二十五人赍
玺书赐高丽曰:

> 我太祖皇帝肇基大业,圣圣相承,先降后诛,未尝嗜杀。凡
> 列邦诸侯,分茅锡土,传之子孙,敦非向之仇敌。观乎此,则祖
> 宗之法不待言而彰彰矣。今普天之下未臣服者,惟尔国与宋
> 耳。宋所恃者长江,而长江之险已失,鼎鱼幕燕,亡在旦夕。

> 尔初以世子奉币纳款,束身归朝,含哀请命,良可矜悯,故
> 遣尔归国,完复旧疆。用是戒饬边将,敛兵待命。迨逾半载,乃
> 知尔国内乱渝盟,边将复请戒严,此何故也?以谓果内乱耶,权
> 臣何不自立,而立世孙?以谓传闻之误耶,世子何不之国,而盘
> 桓于境上?岂以世子之归愆期,则左右自相猜疑,私忧过计而
> 然耶?今申命边阃,断自予心,惟事推诚,一切勿问。宜施旷荡
> 之恩,以新遐迩之化。自尚书金仁俊以次,中外枝党、官吏、军
> 民,令旨到日已前,或有首谋内乱,旅拒王师,已降附而旋返,
> 因仇雠而擅杀,罪无轻重咸赦除之。

> 世子其趣装归国,解仇释憾,布德施惠。出彼沧浪,宅之平
> 壤。凡可援济,闵悼勤劳。大号一出,予不食言。於戏! 世子
> 其王矣,往钦哉,恭承丕训,永为东藩,以扬我休命。

时世祖尚未即位,闻倎至西京,留八九日,疑有变故,故肆赦以安反
侧云。四月,倎即位,世祖复遣奇朵台以玺书赐之。倎流其刑部侍
郎李凝于远岛。初凝从倎至大都,谓永宁公绰曰:"公若欲为王,谁
曰不可?"倎衔之,故及于罪。倎为世子时有美誉,及嗣位,聚宫女于
水房,恣为淫泆。其御史大夫金仁俊乃移置水房于外。是年,倎改
名植。

中统三年,遣其判秘书省事朴伦等来贡方物。四年,遣其礼宾卿朱英、郎将郑卿甫来献獭皮等物,又遣其大司成韩就来贺正旦,兼谢赐羊。明年,就还,帝以历日及西锦赐之。

至元元年,禃入朝。九月,至大都,世祖禃赐骆驼千头。十二月,禃还。

至元三年,帝遣黑的、殷弘赍玺书赐禃曰:"尔国人赵彝来告,日本与尔国为近邻,汉唐而下,亦时通中国。故今遣黑的等往日本,欲与通和。卿其导使者以达彼疆,勿以风涛险远为词,勿以未尝通好为解,恐彼不顺命,有阻去使。卿其勉之!"禃乃命宋君斐等偕黑的、殷弘至日本。

四年,黑的等至巨济松边浦,畏风涛而返。禃又命君斐从黑的入朝,奏其事。世祖复使黑的等来,禃遣舍人潘阜赍玺书及高丽国书如日本,日本不答。

五年,世祖使也孙脱、孟甲等来,谕禃以大军伐宋,量助兵力船舰。禃奏调发万人,其战船则委沿海官吏营造。是年,黑的、殷弘又赍玺书赐禃,遣其知门下省事申思佺等偕黑的、殷弘如日本。黑的等至对马岛,执日本二人以归。

十年,权臣林衍率三别抄等诣安庆公淐,第奉淐为王,逼迁禃于别宫。衍遣舍人郭汝弼进禃逊位表,淐尊禃为太王。世祖疑之,遣斡脱儿不花、李谔与世子书状官金应文偕来,察其事之真伪。诏有敢将国王世子并其亲属加害者,杀无赦。是年,兵马使营记官崔坦等以诛林衍为名,聚众入椵岛,杀分司御史沈元涛等以叛。未几,又杀西京留守及龙、灵、铁、宣、慈五州官,西北诸城皆没于贼。坦诡言于使者脱朵儿曰:"高丽卷土将入海岛,吾故杀诸城长吏,欲入告于上国。"于是执义州副使金孝巨等二十二人来降。十一月,世祖诏谕高丽臣民曰:"顷以王禃称疾,擅令王淐权总国事,遣使者询问。今使者还言,林衍称此事俱传臣之所为。臣位在七人之下,有何权力能行此事?朕不信其言,王可与淐及林衍同诣阙下面陈实情,朕听其是非,自有区处。且闻禃无恙,禃之存亡亦未可保;必待赴阙,

朕方信之。已遣头辇哥国王率兵压境,如逾期不至,即当进兵。"禃
惧,会百官废泪,复立禃为王。禃入朝,过西京,崔坦等献酒食,禃不
受。

十一年春,林衍疽发背死,洪文系、宋松礼等诛其子惟茂。禃
还,仍都王京,其宫嫔亦自江华至。头辇哥国王遣朵剌歹,以兵二千
至江华。禃请勿入,朵剌歹不从,纵兵大掠。时宫室未备,禃与其群
臣皆列幕以居。六月,将军裴仲孙叛,率三别抄等,立承化侯温为
王。三别抄入据珍岛,金方庆与蒙古元帅阿海以兵讨之。阿海懦不
敢战,方庆为贼所围。将军杨东茂援之,围始解。世祖召阿海还,免
其官。

明年,以忻都、史枢代之。裴仲孙使告忻都,有密议,请暂临珍
岛。忻都曰:"我不受帝命何敢入!"奏言叛臣裴仲孙负固不服,乞与
忽林赤、王国昌分道讨之,帝从之。四月,忻都、洪茶邱与金方庆大
败贼于珍岛,斩王温,贼党金通精走耽罗。

十三年,世子谌入朝。及归,辫发胡服,国人皆叹息泣下。世祖
问讨耽罗之策于洪茶邱,奏言:"金通精之党多在王京,招之不从,
用兵未晚。"从之。茶邱遣通精之侄金赞等谕之,通精不肯降。禃以
帝许世子谌婚,遣带方侯澄、谏议大夫郭汝弼入谢。忻都与金方庆
至耽罗,贼败溃,留兵戍其地而还。五月,世子谌尚帝女忽都揭里迷
失公主。六月,禃卒,在位十五年,年五十六,谥曰顺孝王,后赠谥忠
敬。时谌方入觐,其群臣遥立为王。八月,谌还。十月,使金方庆等
从元帅忽敦征日本,败日本兵于一岐岛,以兵少引还。忽都揭里迷
失公主至,谌与公主同辇入城,父老相庆以为复见太平。达鲁花赤
来诘曰:"称宣旨,称朕,称赦,何僭也?"谌使金方庆对曰:"非敢僭,
但循祖宗之旧耳。于是改宣旨曰王旨,朕曰孤,赦曰宥,奏曰呈。

十五年,帝遣忽剌歹召谌及公主入朝。有投匿名书诬告贞和宫
主诅咒公主,又言齐安公淑、金方庆等四十二人将谋不轨。于是囚
贞和宫主及淑、方庆等。柳璥泣涕力谏,公主感悟,皆释之。

十六年,韦得儒等又诬告金方庆谋叛,谌与忻都、洪茶邱鞫之,

方庆不服。流方庆于大青岛。谌与公主入朝,次香河。帝遣皇子脱
欢,皇后遣皇女心哥歹及阿伊哥赤大王妃,来迎于三十里之地。又
设大穹庐于开平府东门外待之。七月甲申,谌上谒,奏曰:"日本岛
夷,恃险不庭,敢抗王师,臣自念无以报德,原造船积谷,声罪致
讨。"帝曰:"王归与宰相熟计,遣人奏之。"又奏曰:"陛下降以公主,
抚以圣恩,小邦之民方有聊生之望。然茶邱在焉,臣之为国不亦难
乎?如茶邱者,只宜理会军事,至于国家之政,皆欲擅断,非臣所知
也。上国如欲置军于小邦,宁以达达、汉儿,如茶邱之军,惟乞召
还。"帝曰:"此易事耳。"既而曰:"惟尧、舜、禹、汤能行帝王之道。其
后君弱臣强,衣食皆仰于臣。昔有一君食羊,其臣与之则食,不与则
不食。宋度宗在,此幼儿之父也。贾似道擅权,使度宗出其爱妾,不
得已从之。安有君而畏臣,去其宠妾者乎?王之父,亦不免于林衍
之废立。朕闻王亦信宰相之言,如此而能治国则固善,如其不能,可
勿愧乎?"对曰:"茶邱之妄言也。"谌又奏曰:"今奸人以金方庆为谋
叛,告于忻都,忻都引兵入王京,执而讯之,无他,惟东征将士有不
纳兵器于官者。臣咎其疏慢,流于海岛。然此乃有憾于方庆者所谗
也。后有若此者,臣请罪之。"帝曰:"然。"又谓众大臣曰:"可速召茶
邱还。"谌又告平章政事哈伯,王京达鲁花赤秩满,请以郎哥歹代
之。哈伯奏闻。帝曰:"何用达鲁花赤郎哥歹幺麽小人也,亦不胜
任。"帝赐谌海青一、驸马金印、鞍马,谌辞归。九月,至王京。是行
也,凡其国不便事一切奏而除之,国人感泣。十二月,谌复求朝,帝
赐以亡宋宝器、凤瓶、玉笛等九十事,又赐谌及从臣彩币。

　　十六年二月,谌还,帝赐马一百五十匹,命郎哥歹送之。

　　十七年,遣校尉郑之演来贡环刀三百七十八口。夏,又遣中郎
将简有之来贡方物。平章政事阿合马求美女,殿直张仁冏请以其女
行。于是除仁冏中郎将。阿合马以张氏非高丽名族,不受。八月,
谌入朝上都。先是,谌使朴义奏曰:"东征之事,臣请入朝禀旨。"帝
许之。至是,谌以七事奏:一,以高丽兵戍耽罗者,补东征之军。二,
减高丽汉军,使阇里迭木儿益发蒙古军以进。三,勿加洪茶邱职任,

待其成功赏之未晚。四，小国军官，皆赐牌面。五，以滨海之汉人充艄工、水手。六，遣按察使廉问百姓疾苦。七，臣躬至合浦阅边军。帝优诏答之。九月，谌还，以将军赵仁璠女归阿合马。既而金方庆与日本人战，斩首三百级。再战，茶邱败绩。范文虎亦以战舰三千五百艘来会。值大风，败没。自是，屡诏谌备军粮造战舰，以图再举，耗费不赀，国人始怨矣。

二十五年，谌闻乃颜叛，遣将军柳庇来，请举兵讨之。谌亲率前军出，次开城，谌潸然泣下，左右皆掩泣。及乃颜平，公主遣使来，请与谌俱入朝。

二十六年，帝以乃颜余党复叛，命高丽以兵戍东沈，诏以谌为征东行省左丞相。时右丞塔出遣使，请发兵五千及军粮赴建州。建州距高丽三千余里，饷道不通。谌召群臣议，皆曰："从之则力不堪，违之则恐负前奏之意。宜声言发兵助战，以缓运粮。"乃使吴仁永等来贡方物，并奏其事。

二十七年，帝以海都犯边，亲讨之，遣阿旦不花来征兵。十一月，谌及公主世子入朝，是年，哈丹以余众奔高丽，阇里帖木儿来戍双城。谌与公主世子至自上都，帝诏曰："讨贼军至高丽，则道里回远，宜自咸平出南京海阳，截贼归路。"谌遣大将军柳庇来乞师，且奏避贼江华。哈丹陷和、登二州，脯人肉为粮。

明年，哈丹逾铁岭入交州道，攻陷杨根城。帝命诸王乃蛮台将兵一万讨之，谕使者吴仁永曰："尔国，唐太宗亲征尚不克，今此小寇，何畏之甚耶？"仁永奏曰："古今强弱不同耳。"哈丹略地至王京，大将薛阇干击败之。又战，哈丹复大败，与其耆老之溃围遁去。薛阇干军令严肃，士卒用命，所过秋毫不犯。闻贼逼王京，并日而行，出贼不意，故连战皆捷。

三十年，谌及公主来朝，至大都，帝疾笃不能召见，宠赉之厚，诸王、驸马无与伦比。是年，改名昛。

三十一年春正月，帝崩，昛与公主以羊十、马一祭于殡殿。国制，非蒙古人不能入殡殿，惟高丽得与焉。成宗即位，以昛年高，诏出入乘小车至殿门。

元贞二年，昛与公主再来朝。

大德元年，公主卒。昛有宠妾曰无比，世子湜疑公主之死由无比，乃杀之，又杀阉人陶成器等数十人。湜尚宝塔实怜公主，晋王甘麻剌之女也。昛上表，请传位于湜。

二年正月，成宗授湜开府仪同三司、征东行中书省左丞相、驸马、上柱国、高丽国王。加封昛逸寿王，以示优崇。是时，昛践位二十四年矣。湜嬖妾赵妃有宠，宝塔实怜公主妒之。公主乳媪与左右潜谋，以公主失爱，使阔阔不花、阔阔歹与大将军金精、吴挺圭等诉于皇太后。帝遣孛鲁兀等召湜及公主入朝。八月，昛饯湜于金郊，酒酣，孛鲁兀传帝命，取国王印授昛。于是，昛复为国王，湜留京师宿卫凡十年。帝诏昛曰：“闻湜莅政以来，处决失宜，众心疑惧，盖以年未及壮，经历尚少，故未能副朕亲任之意。卿宜依前统理国政，使湜入侍阙庭，明习于事。”孛鲁兀来十日，国人不知有此诏也。

三年，帝以阔里吉思为征东行省平章政事，耶律希逸为左丞。时使者哈敬还奏，昛不能服其众，朝廷宜遣官佐之，故帝有是命。阔里吉思不能和辑国人，又多受贿赂。五年，复罢之。昛表请改嫁宝塔实怜公主，使者至京都，不敢进表而返。

七年，昛闻朝廷欲复湜王位，乃表请入朝，又欲以公主改嫁瑞兴侯琮。帝不许，遣刑部尚书塔察儿、翰林直学士王约来。约谓昛曰：“天地间至亲者父子，至重者君臣，彼小人但知自利，肯为王国家地耶？”昛感泣，谢曰：“臣老耄，听信金邪，是以至此。愿改过，且请湜复位。”乃执宋璘、吴祈等，囚于行省。塔察儿、王约询于众，流吴演等十余人于海岛，释宋璘。

八年，帝复遣参知政事忽怜、翰林直学士林元来。明年，忽怜疾笃，有进药者，忽怜曰：“汝国奸臣执命，父子相仇，故帝遣我来监汝国。若我饮药死，其得无后言乎？”竟不饮而卒。

十年，昛来朝。王维绍、宋邦英、宋璘等谮湜，又言于皇后及左丞相阿忽台、平章政事八都马辛，欲使湜削发为僧，以瑞兴侯琮继尚宝塔实怜公主。崔有渰等诣中书省,论维绍奸恶,省臣执维绍囚之。高世全等劝眶还国,眶不可曰:"我闻谞遣人于路要我,沉于河。我虽老,独不畏死乎?"既而,朝廷趣眶,乃服药致痢,自夏至秋不起。

十一年,谞奉皇太子命,迁眶于庆寿寺。自是,国政复禀命于谞。五月,眶归国。明年,卒。眶在位三十五年,年七十三,赐谥忠烈。谞又名璋,蒙古名曰益智礼普化,齐国大长公主子也。

至大元年,谞来朝,留大都二年。崔有渰等上笺请谞归,时武宗及皇太子待谞甚宠,三年,谞信左右之谗,杀其世子鉴及鉴从官金重义。

仁宗即位,复诏谞还国,不欲行,请俟至秋、冬。帝允之。

皇庆二年,谞以子焘入见,请传位于焘,帝策焘为高丽国王。谞又以其侄暠为世子,谞前封沈王,故以暠为沈王世子焉。谞构万卷堂于燕邸,招致姚燧、赵孟頫、虞集等,与之游,以典籍自娱。右丞相秃鲁罢,帝欲以谞为相,谞固辞。焘,谞之第二子,蒙古名阿剌讷忒失里。焘既嗣位,尊谞为上王,奉谞及公主归。

延祐元年,谞复入朝。

明年,谞奏请传沈王位于世子暠,自称太尉。王焘入朝,谒帝于上都,尚营王女亦怜真八剌公主。先是,魏王阿木哥流于大青岛,其庭砖光彩班烂。有人白焘曰:"魏王庭中砖,皆成牡丹诸花卉状。"谞甚喜,命图之。事闻于帝,遣吏部尚书卜颜、必阇赤买驴来责问,并慰藉魏王。

延祐六年,谞降香于江南,行至金山。英宗趣召谞返命,甲士拥之以行,从臣皆奔窜。谞至大都,命中书省护送还本国,谞仍迟留不即行。十月,下谞于刑部狱。既而,祝其发置之石佛寺。十二月,流谞于吐蕃撒思吉之地。高丽群臣上书于中书省,讼谞之冤。是年,诏焘入朝,以焘不奉行帝敕,遣翰林待制沙的等讯之。

至治三年,帝命量移谞于朵思麻之地。是年,泰定帝即位,大赦天下,召谞还。

泰定元年，敕焘还国，复赐国王印。以金元祥、赵延焘等贰于沈王，并杖流海岛。是年十二月，谖卒于大都。谖在位五年，年五十一，赐谥忠宣。时沈王暠之党柳清臣、吴潜诣中书省，诬焘盲聋暗哑，不亲政事，且云："上王奏仁宗皇帝，以焘为高丽王，以暠为世子，已有定命。至英宗时，焘与伯颜秃古思令金怡止王，夺暠世子印，又夺暠田宅。"帝遣买驴质问，焘辞疾不出迎。买驴意焘实聋哑，径入王宫，宣诏诘问。焘对曰："世祖皇帝赐我先王高丽王世子印，武宗皇帝又授以沈王爵，未几袭封高丽王。洪重喜来曰一身不宜兼绾两王印，奏于帝，命我为高丽王。延祐三年，我入朝，先王授我世子印，谓曰：'世祖皇帝赐此印曰：待允子长，传之。'今党暠者言：先王听金怡言，以印与我。然仁宗宾天二年，先王窜吐蕃时，予在国，何暇与伯颜秃古思谋。且印为延祐三年所授，而言英宗时所与，谬妄如此，但愿吾父子相夷耳。先王以世祖外甥，又有累朝佐命之功，重喜尚曰：'一身不可兼两王。'况暠有何功德，既为沈王，又索高丽世子印耶？先王田宅，已与暠者，曾有帝命，敦敢违异？但懿州所置廨、典库、店铺、江南田土，先王所与者，文契俱在。营城、宣城两埸里，世祖为高丽王朝见往来供给置之，子不得传之于父，而他人有之，岂其礼也？"买驴见焘礼容严肃，言辞有叙，乃曰："帝所以命臣来者，察王疾也。以今所见，向者之言皆诬。"于是颀等皆惶愧。时使人络绎，焘皆不接见。其人擅作威福，多纳贿赂，买驴疾其所为，并趋之速返。

天历二年，焘遣定安君琮贺文宗复位，又遣金之镜请传位于世子祯。

明年，帝册祯为高丽王，遣七十坚来取国玺授之。祯，焘之长子也，蒙古名普塔失里，尚诸王焦八女德宁公主。是年五月，帝遣祯之国。

至顺三年，辽阳行省来索朱帖木儿、赵高伊二人。先是，二人诬谮祯于帝曰："辽阳与高丽谋奉妥权帖木儿太子叛。"已而来奔。未几，盗杀二人于市。二月，帝遣理问郎中蒋伯祥等来，祯郊迎，伯祥传帝命曰："已命上王复位。"燾及左右皆失色。伯祥收国玺,封于库,燾遂入朝。初,祯以世子来朝,丞相燕帖木儿悦之,视如己子。伯颜恶燕帖木儿专权,不礼祯。惠宗即位,燕帖木儿卒,伯颜待祯益薄。祯与唐其势等淫湎,伯颜益恶之,目为泼皮,奏言:"王祯无行检,不宜宿卫。"帝从之。

元统三年,燾以梦,改名为卍,后至元五年,燾卒,在位二十五年,年四十六,赐谥忠肃。燾遗命传位于祯,伯颜寝其事不奏,且言:"王燾本非好人,且有疾,宜死久矣。泼皮虽嫡长,亦不必复为王。惟暠可。"

明年,伯颜贬死,脱脱奏复祯王位。是年,祯始还高丽。

至正三年,李芳、曹益清等上书中书省,极言祯荒淫无道,请立行省以安百姓。冬十月,帝遣资政院使高龙普、太监朴帖木儿不花,赐祯龙衣御酒。十一月,又遣乃住等八人来,又以颁赦遣大卿朵赤、郎中别失哥六人来。祯欲托疾不迎,龙普曰:"帝尝谓王不敬,若不出迎,帝疑滋甚。"祯乃率百官朝服郊迎,听宣诏于征东省。朵赤、乃住等蹴祯缚之,祯急呼高院使,龙普叱之,使者皆拔刃,百官奔避。朵赤掖祯,载一马驰去。至京师,诏以槛车流祯于揭阳县。谕祯曰:"尔剥民已甚,虽以尔血饲天下之狗,犹不蔽辜。然朕不嗜杀,是用流尔揭阳,尔无我怨。"

四年正月,祯行至岳阳县卒,或云遇鸩焉。祯死,高丽人无悯之者。祯在位六年,年三十六,后赐谥忠惠。长子昕,蒙古名八思麻朵儿只,母为德宁公主。昕性聪慧,高龙普抱之见帝。帝问曰:"汝学父乎?抑学母乎?"对曰:"愿学母。"帝称其好善、恶恶,遂命袭王位,时年八岁。五月,遣李麻、泰瑾册昕为高丽国王。至正八年卒,在位四年,年十二,赐谥忠穆。昕卒,德宁公主命德成府院君奇辙、政丞王煦摄行征东省事。王煦等遣李齐贤来,表请以祯母弟祺、祯庶子眡,皆可为国王,请简一人以嗣。

九年诏以元子眡嗣高丽国王。

十一年,帝又以江陵大君祺为国王,遣断事官完者不花来封仓库宫室,取国玺以归。眠逊于江华,未几遇鸩而卒,在位三年,年十四,后赐谥忠定。祺,蒙古名伯颜帖木儿,尚鲁国公主。既嗣位,命李齐贤摄政丞,权征东行省事。齐贤综核名实,进贤黜佞,声誉翕然。

十二年,日本兵船至,王京大震。先是,日本屡犯高丽境。至是,乃大举入寇,境内骚然。

十三年,册立皇太子,赦天下,遣太府监山童等来颁诏。太子,奇皇后所出也。奇氏,高丽人,本微贱。至是,帝追封皇后父荣安王,母李氏为荣安王夫人,皇后兄子奇辙授为大司徒,富贵震一时。辙尤骄横,祺不能堪。

十六年,有密告辙潜通双城叛民谋逆,祺杀之,夷其族。适帝使直省舍人送大司徒宣命、印章于辙,西北面兵马副使辛询遇诸涂,夺其宣命、印章,杀傔从,使者逃归。事闻,遣断事官撒迪罕、奉御朵歹宣诏,询问情伪。祺斩其西北兵马使以谢,并附奏奇辙之罪状。自是,使命通好无间。

十九年冬,红巾贼渡鸭绿江,陷义州,又陷静州、麟州及西京。

二十年,祺卜迁都避之,不吉,仍营白岳宫阙为新京,移居之。

二十一年,红巾贼潘诚、沙刘、关先生等率众十余万渡鸭绿江,祺走福州,遂陷王京。

至次年,安祐、崔莹等合兵二十万,围王京,贼大败,斩沙刘。关先生余党渡鸭绿江而去,贼遂平。

二十三年,皇太子欲为奇皇后复仇,乃立德兴君塔思帖木儿为国王,奇三宝奴为太子,发辽阳行省兵送之。先遣李家奴赍诏来。祺闻其事,陈兵卫以迎之,以百官耆老上中书省书,付李家奴。其书曰:"世祖皇帝嘉我忠敬王先天下朝觐之功,厘降帝女于忠烈王,且许以不革国俗,以至于今。塔思帖木儿,乃忠宣王出宫人嫁白文举所产者也。奸臣崔濡诬告朝廷,夺我王位,至烦天兵。其如世为甥舅之义何?伏望敷奏天聪,执塔思帖木儿、崔濡等归之小邦,以快国人之愤。"

　　二十四年,崔濡、塔思帖木儿以大兵一万围义州,为崔莹等所败,一军皆没。十月,遣翰林学士承旨奇田龙诏王复位,送崔濡于高丽,祺杀之。

　　二十五年,公主卒,祺更名颛。

　　二十八年,明兵至,帝与皇后奔上都,遣利用监卿蛮子罕来,命颛分遣诸将以图恢复。颛使李成瑞至上都贺朔。

　　二十九年,遣使进颛右丞相。是年五月,颛奉表于明太祖,以停至正纪元告于国中,自是遂与元绝。

新元史卷二五〇
列传第一四七

外国二

日　本

日本,岛国也。自宋以前事,具各史。

世祖中统元年,封高丽世子倎为高丽王,遣还国,遂欲价高丽以通日本。时日本国主为龟山天皇,建元文应。

至元三年秋八月,世祖选可使日本者,以兵部侍郎黑的佩虎符,充国信使,礼部侍郎殷弘佩金符,充国信副使,并赐高丽国王书曰:“今尔国人赵彝来告,日本与尔国为近邻,典章政治有足嘉者,汉、唐而下,亦或通使中国。故今遣黑的等往日本,欲与通和。卿其导达去使,以彻彼疆开悟东方向风慕义。兹事之责,卿宜任之,勿以风涛险阻为辞,勿以未尝通好为解。恐彼不顺命,有阻去使,故托卿之忠诚。卿其勉之!”高丽王禃乃遣其枢密院副使宋君斐与礼部侍郎金赞,为黑的等向导。

四年春正月,至高丽巨济县松边浦,畏风涛之险而还。王禃乃使宋君斐偕黑的等,诣阙上书曰:“诏旨所谕使臣通好日本事,谨遣陪臣宋君斐等伴使臣以往。至巨济县,遥望对马岛,大洋万里,风涛蹴天,意谓危险若此,安可奉上国使臣冒险轻进。虽至对马岛,彼俗顽犷无礼义,设有不轨,将如之何?且日本素与小邦未尝通好,但对马岛人时因贸易往来金州耳。小邦自陛下即位以来,深蒙仁恤,三十年兵革之余，稍得苏息，绵绵存喘，圣恩天大，誓欲报效。如有可为之势，不尽心力，有如天日。"世祖怒，王禃以辞为解。

八月，复遣黑的等，赐王禃书曰："向者遣使招怀日本，委卿向导，不意遂令徒还。意者日本既通好，则必尽知尔国虚实，故托以他辞。然尔国人在京师者不少，卿之计亦疏矣。且天命难谌，人道贵诚，卿先后食言多矣，宜自省焉。今日本之事，一委于卿，卿其体朕此意，通谕日本，以必得要领为期。"王禃意犹豫未决，其国人李藏用上书黑的，请期以岁月，徐观日本之至否，至则奖其内附，否则置之度外，其辞甚恳。至王禃，以藏用上使者书，不先与己言，疑有贰心，即配流藏用。其接伴起居舍人潘阜，亦坐不告，配流，阜与黑的对谈，武士突入执之。黑的怒，诘知其故，乃还藏用书曰："我归奏此事，幸皇帝听之，天下之福。如不听，于汝国亦无罪。"由是藏用、阜俱获宥。

王禃不得已，使潘阜赍世祖玺书至日本，并与日本主书曰："我国臣事蒙古大国，禀正朔有年矣。皇帝仁明，以天下为一家，日月所照，咸仰其德。今欲通好于贵国，而诏寡人云，勿以风涛险远为辞，其旨严切。兹不获已，遣起居舍人潘阜奉皇帝书前去。贵国通好中国，无代无之，况今皇帝之欲通好贵国者，非欲其贡献，盖欲以无外之名，高于天下耳。若得贵国之通好，必厚待之。其遣一介之使，以往观之，何如？幸贵国商酌焉。"阜至日本，留太宰府五月，不得报而还。时日本政在大将军惟康，年幼，为相模守北条时宗所拥立。至是，时宗执政权，以为牒状多失礼，莫如不答，故抑而不遣云。

高丽遣藏用来朝，帝谓藏用曰："朕视尔国犹一家，尔国有难，朕不救乎。朕征不庭之国，尔国出师助战，亦宜也。宜造战舰一千艘，其大可载米三四千石者。尔于宋风顺，则两三日可至日本，则朝发夕至。此汝国与蛮子人言也。尔归，以此言告于王。"

秋七月，高丽遣潘阜来朝上书曰："向诏臣以宣谕日本，臣即差陪臣潘阜奏皇帝玺书并赍臣书及国赆往谕。其边吏不纳，留置西偏太宰府者凡五月，馆待甚薄，授以诏旨，又无报章，以故不得要领而还。未副圣虑，惶惧实深。”九月，帝复遣黑的、殷宏赍玺书使日本，命高丽人导之。

六年春三月，黑的等至对马岛，岛民拒之。黑的等忿斗，虏岛民塔次郎、弥四郎二人而返。四月，黑的、殷宏复命，献其所执二人。帝大喜，谓塔次郎等曰：“尔国朝觐中国，其来尚矣。今朕欲尔国王来朝，非以逼汝也，但欲垂名于后世耳。”资给甚厚。六月，帝命高丽送塔次郎、弥四郎还，且命中书省牒日本国，言其事。日本人仍不报。

七年十二月，帝择廷臣可使日本者，陕西宣抚使赵良弼请行，授良弼秘书监，充国信使，给兵三千人为护从。良弼辞，独与书状官二十四人发。

八年九月，高丽使通事别将徐称吉偕良弼至日本之筑前今津津，吏欲击之，良弼舍舟登岸喻旨，乃延良弼等入板屋，严兵守之。翼日，其筑后长官藤原给资率兵往，诘难不已，求国书。良弼曰：“国书宜献于王所，若不允，则传之大将军。不然，不敢释手。”数日，给资复往，谓良弼曰：“我国自太宰府以东，上古使臣未有至者。今汝国遣使至此，而不以国书授，何以示信？”良弼曰：“随文帝遣裴清来，王郊迎成礼。唐太宗、高宗遣使，皆得见王。何独不见我国使臣乎？”乃出国书录本授之。日本人仍不答，令太宰府遣人送良弼等于对马岛。良弼既见拒，无以复命。太宰府守护官亦恐开衅于中国，异日兵祸不易弭，乃私与良弼定约，遣弥四郎等十二人，伪称使介，从书状官张铎入朝。帝召见铎，宴劳之。铎奏曰：“赵良弼遣臣来言，去岁九月与日本国人弥四郎等至太宰府西守护所。守者云：‘曩为高丽所绐，屡言上国来伐，岂知皇帝好生恶杀，先遣行人下示玺书。然王京去此尚远，愿先遣人从使者回。’故良弼遣臣偕弥四郎等至京师。”帝疑其诈，命翰林学士承旨和礼霍孙问姚枢、许衡，皆对曰：“诚如圣算，彼惧我加兵，故发此辈侦吾强弱耳。宜示之宽仁，且不应听其入见。”帝从之。

十年三月，赵良弼复至太宰府，又为日本人所拒。六月，良弼归，帝问其始末。良弼曰：“臣至太宰府，数其不恭罪，谕以礼意，太宰府官愧服,求国书。臣曰:必见汝国王始授之。往复数四,至以兵胁,臣终不与,但以副本示之。后又声言大将军以兵十万来求书,臣曰:"不见国王,宁持我首去,书不可得也。日本知臣不可屈,遣使介十二人入觐。"帝曰:"卿可谓不辱君命矣。"良弼具记日本君臣爵号、州郡、名姓、风俗土宜上之。帝又问用兵之策,良弼具奏,不宜以有用之民力,填无穷之巨壑,请勿击。帝不从。

十一年正月,日本主龟山天皇传位于其太子,号为俊宇多天皇,改元建治。三月,帝以凤州经略使忻都、高丽军民总管洪茶邱等,将屯军及女真军并水军共一万五千人、战船九百艘,期以七月攻日本,又命高丽发兵千六百人助之。

八月,元帅忽敦、右副元帅洪茶邱、左副元帅刘复亨抵高丽,高丽以都督使金方庆等将三翼军,共八千人,与忽敦等由合浦攻对马岛。日本将允宗助国率八千骑御之,使译人至船上问来故。忽敦等不答,遂登陆,薄日本军,助国战死。忽敦等转攻壹岐岛,登岸立赤帜,日本将平经高败走,婴城自守。翌日,城陷,经高死之。忽敦等连破三岛,肆行杀戮,获妇女以索贯手心,系于船侧。

日本人大震,征其藩属兵十万二千余人赴援。忽敦等与日本战于博多,诸将凭高鸣鼓,指挥兵士,进退应鼓声。敌有陷阵者,则围而击之。又发铁炮,歼敌兵无算。日本人败走,忽敦等进至今津,佐属与日本将菊池康成等战于赤坂,又与少贰觉惠战于百道原,均败之。觉惠子景资善骑射,射刘复亨坠马。忽敦等列阵松林,日本将大坂赖康来拒,复败走。会日暮,诸将乃次第登舟。

金方庆谓忽敦、洪茶邱曰:"我兵虽少,已入敌境,人自为战,即孟明焚舟、淮阴背水计也,请复决战。"忽敦曰:"小敌之坚,大敌之擒,策疲兵入敌境,非完计也,不若班师。"刘复亨疮重,乃引所部先归。是夜大风雨,官军战船触崖石多破坏,忽敦等乃乘夜引去。

十二年二月,帝复使礼部侍郎杜世忠、兵部郎中何文著、计议官撒都鲁丁赍玺书通好于日本,高丽人郎将徐赞及挡工上佐等三十人导行。四月,杜世忠等至长门室津,既而移筑前太宰府。八月,太宰府护送世忠等至镰仓。九月,北条时宗斩杜世忠、何文著、撒都鲁丁及书状官董畏、高丽人徐赞于龙口,枭其首。

十四年,日本遣商人持金来易铜铁,许之,于是日本人始知宋亡。

十五年七月,高丽王晭入朝,面奏曰:"日本一岛夷耳,恃险不庭,敢抗王师!臣原造船积粟,声罪致讨。"帝曰:"卿归,与宰相熟计,遣兵讨之。"十一月,立淮东宣慰司于扬州,谕沿海官司通日本市舶。

十六年六月,宋降将范文虎、夏贵使周福、栾忠及日本僧灵果、通事陈光赍书至日本,俱为日本人斩之博多。七月,宋旧臣牒告日本曰:"宋朝已为蒙古所灭,恐又危及日本,敢来告。"

十七年二月,帝始闻日本杀使者之事,忻都、洪茶邱请自率兵往。帝谕,姑缓其事。八月,高丽王晭入朝,请以高丽兵戍耽罗者补东征之师,帝许之。时忻都、洪茶邱皆受帝策画,茶邱曰:"臣若不举日本,何面目复见陛下!"遂约曰:"洪茶邱、忻都率蒙古、高丽、汉军四万人发合浦。范文虎率蛮军十万人发江南,俱会一岐岛,两军毕集,直抵日本城下,破之必矣!"帝乃以阿刺罕为左丞相,范文虎、忻都、洪茶邱为中书右丞,李庭、张拔都为参知政事,兼行中书省事。九月,遣也速达儿、崔仁著以水达达之在开元、北京、辽阳者移置东宁府,以赴征日本之役。十月,遣使括开元等路兵三千人从行,得兵十万,命范文虎将之。十二月,以高丽王晭为开府仪同三司、中书左丞相,行中书省事,以金方庆管领高丽都元帅,朴球、金周鼎为昭勇大将军、左右副都统,并授虎符,赵仁规为宣武将军、王京断事官,授金符,朴之亮等十人为武德将军、管军千户,授金符,赵抃等十人为昭信校尉、管军总把,金仲成等二十人为忠显校尉、管军总把。

十八年春正月,帝召阿刺罕等同受训谕,以张珪、李庭留后,命忻都、洪茶邱取道高丽陆行,是为东路军,其军实则舟运之。范文虎请马二千,给秃失忽军及回回炮匠。帝曰:"水战安用此!"不从。三月,给征东善射者及高丽兵钞四千锭。以耽罗新造船付洪茶邱。以刑徒减死者付忻都为军士。帝谕范文虎等曰："彼留我使不还,故使卿辈为此行。朕闻汉人言,取人家国,欲得百姓土地,若尽杀百姓,得地何用。又有一事,朕实忧之,恐卿等不和耳。若彼国人至,与卿等有所议,当同心协谋,如出一口答之。"仍申严军律,乃给衣甲、弓矢、海青符。是时,忻都、洪茶邱先发,已抵高丽。高丽王晛令士卒,虽遭父母丧,过五十日者,即从军。

五月,忻都、洪茶邱及金方庆、朴球、金周鼎等以蒙古、高丽、汉军四万人,战船九百艘,发合浦。丙辰,攻日本对马岛及壹岐岛,杀岛民三百余人。岛民匿山中者,军士闻儿啼,辄寻而杀之。日本将少贰资时、龙造寺李时等率兵数万,与诸将战于壹岐岛之濑浦。大军发火炮,日本人败走,杀其将少贰资时。六月己巳,复战于筑前志贺岛,洪茶邱几为日本人所获,禅将王万户救之,茶邱仅免。庚午,复战,又失利。时军中大疫,病死者已三千余人。诸将进至宗像海,北条时宗遣其将秋田城次郎等来援。大军联战船为圜营,外列巨舟,设石弩,俟薄击乃发。日本战船小,不能敌,前后来攻者皆败退。国中人心汹汹,市无粜米。日本主亲至八幡祠祈祷,又宣命于太神宫,乞以身代国难。

先是,诸将相约:忻都、洪茶邱由高丽泛海至壹岐岛,范文虎、李庭等由庆元至平户岛,平户周围皆水,可以屯兵,先据此岛,使人乘轻舟如壹岐,召忻都、洪茶邱合兵共进,以六月望前,会于平户。会阿剌罕军行次庆元,病卒,帝命左丞相阿塔海代总军事,未至,而文虎与庭已发。至是,忻都、洪茶邱等相议曰:"向约江南军与东路军会于壹岐岛,今南军失期,我军先至,大战者数矣,船坏粮尽,将奈何?"金方庆不答。经十余日,又言之。方庆曰:"奉命赍三月粮,今一月粮尚在,俟南军至,合而攻之未晚也。"诸将不敢言。

既而范文虎、李庭以船三千五百艘、兵十余万至次能、志贺二岛,忻都、洪茶邱率所部会之,舳舻相衔而进,屡为日本人所却,招讨使忽都哈思等战没。诸将以累失利,乃移于肥前鹰岛,见山影浮波,疑暗礁在海口,不敢近。会青虹见于水上,海水作硫黄气,怪异百出，军心震骇。

八月甲子朔，飓风大作，战船皆破坏覆没，左副都元帅阿剌帖木儿以下溺死者无算，流尸随潮汐入浦口，积如邱陵。漂流免死者尚数千人，至鹰岛，缮治坏船，欲逃归，皆为日本人所杀。范文虎、李庭等船亦坏，庭抱船板漂抵岸上，以余众由高丽北还。

先是，行省平章政事张禧与右丞范文虎、左丞李庭等同率舟师至肥前，禧舍舟筑垒于平户，约束战舰相去各五十步，以避风涛撞击，故禧所部独完。范文虎议还，禧曰：“士卒溺死者大半，其脱者皆壮士也，曷若乘其无回顾心，因粮于敌，以求一逞。”文虎等不从，曰：“还朝问罪，我辈当之，公不与也。”禧乃分船与文虎等乘之去，军士不返者凡十余万人，高丽兵死者亦七千余人。

八月，文虎等至高丽合浦，收散卒而归，诳言于帝曰：“至日本，欲攻太宰府，暴风坏舟，犹议战。万户厉德彪、招讨使王国佐、水手总管陆文政等不听节制，辄逃去。故本省载余甲至合浦，散遣之，使各归原籍”云。未几，败卒于闾脱归，言曰：“七月至平户岛，移五龙山。八月一日，飓风坏舟，诸将各择坚好船乘之，弃军士十余万人于山下。众议，推张百户为主，听其约束。方伐木作舟欲还，日本人来战，尽败没。余二三万人，为其所虏，至八角岛，悉杀之，惟谓新附军为唐人，宥为奴，闾等是也。”既而，军人莫青与吴万五等亦逃归，所言与闾略同。于是范文虎等皆获罪，惟张禧独免。帝以不得志于日本，复命阿塔海发兵，一时无敢谏者。江南行台御史大夫相威极论其事，帝始命罢兵。

十九年三月，南军总把沈聪等六人逃至高丽，高丽遣印侯柳庇送之归。

二十年正月，帝复欲发兵，以阿塔海为征东行中书省丞相，以高丽王晴为左丞相，命枢密院集军官规画事宜，发所造回回炮及匠人张林等付征东行省，给钞及衣甲于诸军。既而，民间骚动，盗贼频发，忽都帖木儿、忙古带乞益兵击寇，乃谕阿塔海曰：“所造战船宜少缓，所拘商船其悉还之。”

是岁，南海补陀寺僧如智言于帝曰："今复兴师致讨，多害生灵，彼中亦有佛教、文学之化，岂不知大小强弱之理？如令臣等赍圣旨宣谕，彼必欣心归附。"帝从之，乃使如智及提举王君智赍玺书至日本。八月，过大洋，遇飓风，不能达而返。

二十一年正月，复遣如智及王积翁至日本，由庆元航海。会舟人杀积翁，仍不果至。自后，帝屡欲兴兵，为群臣所谏而止。

成宗即位，丞相完泽力主罢兵，自此征日本之议始寝。

大德二年，日本主传位于太子，号为后伏见天皇。大德三年，江浙行省臣劝帝复讨日本，帝曰："今非其时也。"使江浙释教总统补陀僧一山，赍诏使于日本，诏曰："比者有司陈奏，尝遣补陀僧如智等两奉玺书通好，咸以中途有阻而还。朕自临御以来，绥怀属国，薄海内外，靡有遐遗。日本之好，宜复通问。今补陀僧一山，戒行素高，可令往谕，附商舶以行，期于必达。朕特从其请，并欲道先皇意也。至于敦好息民之事，王其图之。"一山至太宰府，日本人拘之于伊豆，不报命。

大德五年，日本主传位于太子，号为后二天皇。冬十二月，日本讹言，有兵船二百艘将攻萨摩甑岛，然实无出兵之事。

惠宗至正中，日本屡寇濒海州县。二十三年，掠蓬州，万户刘暹击败之。

新元史卷二五一
列传第一四八

外国三

安　南

　　安南,古称交趾,本汉日南郡地。唐高宗调露元年,改安南都护府,隶岭南道,安南之名始此。后梁贞明中,始为土豪曲承美所据,南汉刘隐伐承美执之,并其地。寻为爱州将杨延艺所据,州将吴昌岌复夺之,传其弟昌文。宋开宝七年,遣使朝贡,始封交趾郡王,自是弃为外域。后为其将黎桓所篡,桓之后又为大校李公蕴所篡。公蕴之后昊旵无子,以女昭盛主国事。理宗绍定三年,昭盛让位于其夫陈日煚,陈氏遂有其国。宋景定三年,封日煚为太王,以其子光昺为国王。

　　宪宗七年,大将兀良合台既平大理,移兵向交趾,三遣使谕降,皆不返,于是分道进攻。师抵洮江,日照遣兵乘象拒战。兀良合台子阿术,年十八,率善射者射其象,象惊奔反蹂,其众遂大溃。明日,日煚断扶卤桥对岸而陈。大军未测水深浅,沿江仰空射之,矢坠水而不浮,知为浅处,即以骑兵济。日煚败走,斩其宗子富良侯。入都城,得前所遣三使,出之狱,以破竹束体入肤,比释缚,一使死。遂屠其城。留九日,以炎暑班师,更遣二使招日煚来归。日煚自海岛还,见国都残毁,大愤,乃缚二使遣还。会日煚传国与子光昺,改元绍隆,遣其女婿以方物来见。兀良合台送诣行在所,别遣纳剌丁往谕之曰："昔吾遣使通好,尔等执而不返我,是以有去年之师。以尔主播越草野,复令二使招安还国,又缚还我使。今特再加开谕,如果矢心内附,则国主亲来。若犹不悛,明以报我。"光昺得书,遂纳款,且曰："俟降德音,即遣子弟为质。"

世祖中统初,以礼部郎中孟甲、员外郎李文俊充正副使,持诏往谕曰："祖宗以武功创业,文化未修。朕缵丞丕绪,鼎新革故,务一万方。适闻尔邦有向风慕义之诚,念卿昔在先朝已尝臣服,远贡方物,故颁诏旨,谕尔国官僚士庶,凡衣服典礼风俗一依本国旧制。已戒边将不得擅兴兵甲,侵尔疆场,乱尔人民。各宜安治如故。"光昺即其通侍大夫陈奉公等诣阙献书,愿臣附。帝封光昺为安南国王,赐西锦三、金熟锦六,并授虎符。复降诏曰："卿既委贽为臣,其自中统四年为始,每三年一贡,可选儒士、医人及通阴阳卜筮、诸色人匠,各三人,及苏合油、光香、金、银、丹沙、沈檀香、犀角、玳瑁、象牙、绵、白磁盏等物同至。"仍以纳剌丁充达鲁花赤,往来其国。光昺遣其员外郎杨安养等入谢,帝赐玉带、缯帛、药饵、鞍辔有差。

至元二年,赐光昺历并颁改元诏。光昺复遣杨安养上表三通,一定所贡方物,二免索儒医工匠人,三原请纳剌丁长为本国达鲁花赤。帝许之。四年,复下诏谕以六事曰："凡亲附之国君长亲朝,子弟入质,编民数,出军役,输纳赋税,仍置达鲁花赤统治之。以数事表来附之,深诚也。乡令来贡不逾三年之期,其诚可知,故告以我祖宗之法,亦以诚谕。且君长来朝,子弟入质,籍民、定赋,出军相助,古亦有之,岂今日之创制哉?略举出军一事,无以征行远戍为虑。但来人杨安养称,有占腊、山獠之患。彼二寇如能降伏,复有何事?交兵之道,孰以为易!倘不用命,必当讨伐。况汝来奏,尝有一家人之言。今闻纳剌丁在彼中,多回鹘禁约,不使交谈。果如所言,一家之礼,岂有如此耶?君臣之义,实同父子,岂有臣子而背其君父者!当熟思以全终始之义。

五年,以忽笼海牙代纳剌丁为达鲁花赤,张庭珍副之。光昺立受诏,庭珍责以大义,使下拜,既而曰："汝朝官尔,我王也,何得与抗礼？"庭珍曰："王人虽微，序于诸侯之上，况天子命我为安南之长，位居汝上邪！"光昺语塞。中书省复移牒光昺，言其受诏不拜，待使介不以王人之礼，引《春秋》之义责之。光昺复书言："本国钦奉天朝，已封王爵，岂非王人乎？天朝奉使复称：王人与之均礼，恐辱朝廷。况本国前奉诏旨，悉依旧俗，凡受诏令，奉安正殿而退避别室，此本国旧典也，惟阁下察之。"中书省复移牒切责曰："考之《春秋》，叙王人于诸侯之上，《释例》云：王人盖下士也。夫五等邦君，外臣之贵也。下士，内臣之微者也。以微者而加贵者之上，正以王命为重也。后世列王为爵，诸侯之尤贵者，顾岂有以王爵为人者乎？王宁不知而为是言耶，抑辞令臣误为此言邪？至于天子之诏，人臣当拜受，此古今通义。乃循旧俗，奉安正殿而退避别室，王岂能自安于心乎？前诏所言，盖谓天壤间不啻万国，国各有俗，骤使变革，有所不便，故听用本俗，岂以不拜天子之诏为从俗哉？且王之教令行于国中，臣子有受而不拜者，则王以为何如？"是年，光昺遣范崖、周览入贡。

七年，以叶式捏为安南达鲁花赤。光昺遣黎佗、丁拱垣入贡表言："微臣僻在海隅，得沾圣化与函生，欢抃鼓舞。乞念臣自降附上国，虽奉三年一贡，然往来使臣疲于奔命，未尝一日休息。至天朝所遣达鲁花赤，辱临臣境，动有挟持，凌轹小国。虽天子明并日月，安能照及覆盆。且达鲁花赤可施于边蛮小丑，臣既席封为一方屏藩，而反立达鲁花赤以监临之，宁不见笑他国？复望圣慈矜恤，凡天朝所遣官，乞易为引进使，庶免达鲁花赤之扰。"

十二年，帝复降诏曰："祖宗定制，凡内附之国君长亲朝，子弟纳质，籍户口，输岁赋，调民助兵，仍置达鲁花赤统治之。此六事，往年已谕卿矣。归附逾十五年，未尝躬自来觐，数事竟未举行。虽云三年一贡，所贡之物，皆无补于用。谓卿久当自悟，略而不问，何为迄今犹未知省？故复遣合撒儿海牙往尔之国，谕卿来朝。倘有他故，必不果来，可令子弟入朝。此外本国户口，若未有定籍，输赋、调兵，何由斟酌？苟尔民实少，多取之，力将不及。今籍尔户口，盖欲量其多寡，以定兵赋之制。其所调兵，亦不令远适他所，止从云南戍兵，相与协力而已。”光昺遣黎克复、黎文粹上表谢罪。八年，遣冯庄、阮元入贡。九年，又遣童子野、杜本入贡。十一年，遣黎克复、黎文粹入贡。会大兵平宋，克复等由湖广还国。

十四年，光昺卒，国人立其世子日烜，遣中侍大夫周仲彦、中亮大夫吴德邵来朝。帝遣尚书柴椿等持诏，趣日烜赴阙。先是，使传之通，止由鄯阐、黎化间。至是，帝命椿自江陵直抵邕州，以达交趾。椿等至邕州永平寨，日烜遣人上书，谓："近闻国使辱临敝境，边民无不骇愕，不知何国人使。”椿回牒曰："礼部尚书等官奉上命，以事由邕州入尔国，所有导护军兵，合乘驿骑，宜来界首远迓。”日烜使御史中赞知审判院事杜国计先至，其太尉率百官自富良江岸来迎。日烜就馆，见使者。宣诏毕，椿谓曰："汝国内附二十余年，汝父受命为王，汝不请命自立，今复不朝，异日朝廷加罪，将何以逃其责？”日烜仍旧例设宴于廊下，椿等弗就宴。既归馆，日烜遣范明宇来谢罪，改宴集贤殿，自言："先君弃世，予初嗣位。天使之来，使予忧惧交并。窃闻宋主幼小，天子怜之，尚封公爵，于小国亦必加怜。若亲朝之礼，予生长深宫，不谙风土，恐死于道路。俟天使归，谨上表达诚，兼献异物。”椿曰："宋主年未十岁，亦生长深宫，如何亦至京师？但诏旨之外，不敢闻命。且我实来召汝，非取赂也。”椿等还，日烜遣范明宇、郑国瓒、杜国计奉表陈情，言："孤臣禀气衰弱，且道路险远，徒暴白骨，致陛下哀伤，无益天朝之万一。伏望怜臣，得与鳏寡孤独保其性命，以终事陛下。此孤臣之至幸，小国生灵之大福。”兼贡驯象二。廷议以其饰辞抗命，延引岁月，宜进兵境上，遣官问罪。帝不从，复遣尚书梁曾再谕日烜来朝，若果不能亲至，则积金以代其身，两珠以代其目，副以贤士、方技、工匠各二，以代其民。不则修尔城池，以待天兵之至。日烜遣其叔父遗爱来朝。

十八年，立安南宣慰司，以卜颜帖木尔为使，别设僚佐。日烜拒弗纳。帝下诏曰："曩安南国王陈光昺生存之日，尝以祖宗收抚诸蛮旧例六事谕之，彼未尝奉行。光昺既没，其子又不请命而自立。遣

使召之，托故不至。今又以为词，故违朕命，止令其叔父入觐，即欲
兴师致讨。缘尔内附入贡有年矣，其可效尔无知之人枉害众命！尔
既称疾不朝，今听汝以医药自养，故立汝之叔父遗爱代汝为安南国
王，抚治尔众。其或与汝百姓辄有异图，大兵深入，戕害性命，无或
怨怼，实乃与汝百姓咎！"是年，日烜仍遣阮道学来贡。于是加柴椿行
安南宣慰使都元帅，李振副之，以新副军千人送遗爱之国，日烜戕
杀之。

　　二十一年，又遣中大夫陈谦甫贡玉杯、金瓶、珠缘、金领及白
猿、绿鸠等物。初，镇南王脱欢奉命征占城，遣荆湖行省左丞唐兀
觮、右丞唆都将兵来会。帝疑安南与占城通牒，令军行假道于其国，
且责日烜运粮至占城助军。仍命鄂州达鲁花赤赵翥往谕之。比官
军至衡山县，闻日从兄兴道王陈峻提兵拒守境，上言本国至占城水
陆俱不便，原献粮退军。及至永州，移文令日烜除道迎谒。至思明
州，王复下令督之。至禄州，闻日烜阻兵邱温县、邱急岭隘路，遂分
军两道并进，万户李罗合答儿、招讨使刘深为西路，由邱温县进，怯
薛撒略儿、万户李邦宪为东路，由邱急岭进，王以大兵继之，复遣总
把阿里谕以兴兵之故，实为占城，非为安南也。至急保县，安南兵阻
不得前，东军破可离隘婴儿关，获间谍人杜伟等斩之。至洞板隘，又
遇安南兵，败之。闻峻在内傍隘，进兵至变住村，谕其收兵辟路以迎
王师，不从。官军分六道进攻，至万劫江，尽破诸隘。峻尚拥船千余
艘，距万劫十里而阵，各翼水军连战俱捷。王与行省官亲临东岸督
之，夺船二十余艘，峻败走。官军乘间缚筏为桥，渡富良江，时西军
亦破支凌隘。明年正月，日烜自将十万众，与官军大战于排滩，元帅
乌马儿、招讨使纳海、镇抚孙林德等败之。日烜退守泸江，又败走，
乃令阮效锐奉书谢罪，且请班师。大军渡江，壁于安南城下。

　　明日，王入其国都，知日烜僭称大越国主宪天体道大明光孝皇
帝，禅位于太子，用"昊天成命之宝。"日烜即居太上皇位。见立国
王，系日烜之子，行绍宝年号。所居宫室五门，额书大兴之门，左右
掖门，正殿九间书天安御殿，正南门书朝天阁。时安南兵弃船登岸

者犹众，日烜引宗族官吏于天长、长安屯聚，峻复领兵船聚万劫江口，整军以待。

会唐兀𪿫、唆都等兵回自占城，与大军合。分遣右丞宽彻，引万户忙古𪿫、孛罗哈答尔由陆路，左丞李恒引乌马尔由水路，败其兵船。日烜遣其弟文昭王陈通侯、郑廷瓒拒战于乂安，又败。其兄子彰宪侯陈键复败于海口，键以其兵降。越三日，镇南王追败日烜于大黄江。日烜惧，遣宗人忠宪侯陈阳请和，继遣近侍陶坚奉国妹至军中，乞罢兵。镇南王遣艾千户谕之曰：“既请和，曷不躬来自议。”日烜不听，至安邦海口，弃舟楫甲仗，匿山谷间。官军获船万艘，择善者乘之，余皆焚弃。

日烜走清化府，其弟昭国王陈益稷率宗人秀嵘及妻子官吏迎降。日烜遣宗人忠宪侯陈阳及阮锐等来请和，王留之军中。

诸将以安南人虽数败，然增兵转盛。暑雨疫作，死伤亦众，占城既不可达，决计退兵。王不得已，引军还。

至如月江，日烜遣兵蹑其后，行至册江，未及渡，林箐伏发，唆都、李恒皆中流矢死，官军力战，始护王出境，亡者过半。阮锐逃伏草泽中，欲罢去，官军获斩之。此至元二十二年之一败也。事闻，帝震怒，乃罢征日本兵，大举伐安南。

二十三年四月，诏曰：“曩以尔国既称臣服，岁输贡献，而不躬亲入朝，因彼叔父陈遗爱来，以安南事委之，至则为其戕害，所遣达鲁花赤又却之不纳，至于用兵占城，略不供给，以致镇南王脱欢进兵。今因尔国近亲陈益稷、陈秀嵘虑宗国覆灭，殃及无辜，屡劝尔来朝，终不见从，自拔来归，朕悯其忠孝，特封益稷为安南国王，陈秀嵘为辅义公，以奉陈祀。申命脱欢、奥鲁赤兴兵平定其国。前此罪戾，止于尔之身，吏民无有所预。诏书到日，其各归田里，安生乐业。”

是年，日烜遣阮义全、阮德荣入贡，帝留义全等于京师。湖南省臣线哥上言：“连岁征日本及用兵占城，百姓罢于转输，士卒触瘴疠多死伤，群臣愁叹，四民废业。今复有事交趾，动百万之众，非所以恤士民也。宜宽百姓之力,积粮饷,缮甲兵,俟来岁天时稍利,然后大举未晚。"诏今岁令益稷暂驻鄂州。

明年,以阿八赤为征交趾行省左丞,发江淮、江西、湖广三省蒙古、汉、券军七万人,船五百艘,云南兵六千人,海外四州黎兵万五千人,海道万户张文虎等运粮十七万石,分道讨安南。以奥鲁赤平章政事,乌马尔、樊楫参知政事,并受镇南王节制。日烜遣中大夫阮文通入贡。

十一月,师次思明州,留兵二千人以万户贺祉、张玉统之,令右丞程鹏飞将汉、券兵万人由西道入永平,奥鲁赤将万人从王由东道入女儿关。楫与乌马尔帅舟师由海道,经玉山、双门、安邦口,遇敌船四百余,击败之,夺其船。鹏飞经老鼠、陷沙、茨竹三关,十七战,皆捷。镇南王进次茅罗港,攻浮山寨破之。王命鹏飞以兵二万人守万劫口,且修普赖、至灵二山栅。命乌马尔、阿八赤合水陆兵径薄安南城。王帅诸军渡富良江,次城下。日烜走敢喃堡,王攻城下之。

二十五年正月,日烜及其子走入海,追之不及。遣乌马尔由大滂口迓交虎粮船。会文虎船至云屯山,遇敌兵,杀略相当,至绿水洋,敌船益众,度不支,且船胶不可行,乃沈米于海,而自趋琼州。时官军乏食,分道入山求粮。王自引兵还万劫。阿八赤将前锋夺关系桥,破三江口,攻下堡三十二,得米十一万三千余石。乌马尔由大滂口趋塔山,遇敌船千余,败之,至安邦海口,迎文虎粮船不至,复还万劫,得米四万余石,分兵屯普赖、至灵二栅。日烜遣从兄兴宁王陈嵩屡来约降,故老我师。夜,又遣敢死士劫诸将营。镇南王怒,命万户解震焚其都城,左右谏止之。

神挈总管贾若愚献言曰:"师可还,不可守。"诸将又言天时已热,粮且尽,宜还师。王从其言。命楫与乌马尔由水道先发,为安南兵所邀截,全军覆没。鹏飞简锐卒护王还,次内傍关,安南兵大集,赖万户张均以精锐三千人殿,力战出关。谍知日烜分兵三十余万,守女儿关及邱急岭,连亘百余里,遏归路。诸军战且行,安南人乘高发毒矢,张玉、阿八赤皆死之。王由单已县趋盝州,间道至思明州,命奥鲁赤以诸军北还。日烜随遣近侍官李修、段可容贡方物，且进代身金人赎罪，并归所获俘，悉黥其额曰"天子兵"，或黥曰"投南朝"云。此至元二十五年之再败也。

是年十二月，帝复召谕日烜曰："尔表称伏罪，似已知悔。据来人代奏，谓尔自责者三：被召不来，一也；脱欢抚军而不迓，二也；唆都根底遮当，三也。若蒙赦宥，当遣质子、进美姬、岁贡方物。凡兹缪敬，将焉用此？若果出诚款，何不来此面陈。安有闻遣将，则遂事遁逃；见班师，则声言入贡。以斯奉上，情伪可知。尔试思，与其岭外偷生，无虑兵祸，曷若阙庭归命，被宠荣归。二策之间，孰得孰失？尔今一念违误，系彼一方存亡，故遣辽东提刑按察司使刘廷直、礼部待郎李思衍、兵部郎中万奴，同唐兀觯、合散、瓮吉利觯等，引前差来阮全等二十四人回国亲谕。朕当悉宥前愆，复尔旧封。或更迟疑，决难宽恕。"

明年三月，廷直等至安南，日烜遣其中大夫陈克明等上表谢罪，具言："已差从义郎阮盛从昔里吉大王赴阙。其乌马儿、樊楫参政，方行津遣。樊参政病卒，火葬讫，千户梅世英、薛文正等护其妻妾还家。乌马儿参政途中舟覆，溺于水而卒，其妻妾救出，俟续后资遣。军人陷没者八千余人，更行搜索得头目若干名、军人若干名，并从天使回中国。"乌马尔、樊楫实为安南人所杀，表云楫病卒、乌马尔溺死，皆掩饰之词云。

二十七年，日烜卒，子日㷜遣其臣严仲维、陈子良等来告哀，且请袭爵，表言："六尺微孤，夙受父训，于臣事天朝毋废，岁贡一事，切切在怀。特遣中亮大夫严仲维、右武大夫陈子良等奉纲贡信物进献。"帝简张立道为礼部侍郎，征日㷜亲朝。日㷜遣其臣阮代之、何维严等上表乞赦罪，且约来岁诣阙。廷议：必先朝，而后赦。日㷜惧，卒不至。

复遣尚书梁曾、郎中陈孚再往谕曰："汝国罪愆既已自陈，朕复何言。若云畏死道路不敢来朝，且有生之类宁有长久安全者乎，天下亦复有不死之地乎。朕所未喻，徒以虚文巧饰见欺，于义安在？"

日燇复遣陪臣陶子奇请罪,上万寿颂、金册表。

帝恶其抗命,又议兴师,遂拘子奇于江陵,命刘国杰与诸王昔里吉等同出师,分立湖广安南行省,给二印,市蜑船百斛者千艘,用军五万六千五百七十人。粮三十五万石,马料三万石,盐二十一万斤,预给官军俸赏,军人、水手各钞二锭,水陆分道齐发,令益稷随军至长沙。

会世祖崩,成宗嗣立,罢兵,乃遣子奇归国。日燇上表慰国哀,并献方物。遣侍郎李衎、郎中萧泰登持诏谕之,曰:"朕嗣守大统,践祚之始,大肆赦宥,无间远近。惟尔安南,亦从宽恤,已敕有司罢兵。自今以往,所以畏天事大者,其审思之。"

元贞二年,日燇上表求封王爵,不允;乞《大藏经》,赐之。

大德元年,遣阮文籍、范葛入贡。自此至十年,安南凡五人贡云。

三年,丞相完泽等奏:"安南来使邓汝霖,窃画宫苑图本,私买舆地图及禁书,且私记北边军情、山陵诸事,宜责以大义。"遣尚书马合马、侍郎乔宗亮谕以"汝霖等所为不法,理宜穷治。朕以天下为度,敕有司放还。自今使介,必须选择,有所陈请,必尽情悃。勿惮改图,致贻后悔。"

五年,命尚书马合马等送来使邓汝霖等还国,谕安南依前三年一贡。

武宗即位,遣礼部尚书安鲁威、兵部侍郎高复礼,颁即位诏于安南曰:"惟我国家,以武功定天下,文德怀远人。乃眷安南,自乃祖乃父世修方贡,朕甚嘉之。迩者先皇晏驾,朕方抚军朔方,为宗戚元勋所推戴,谓朕乃世祖嫡孙,裕皇正派,宗藩效顺于外,臣民属望于下,人心所共,神器有归。朕俯徇舆情,已于上都即位。今遣尚书阿里灰谕旨,尚体同仁之视,益坚事大之诚。辑宁尔邦,以称朕意。"

是年,安南遣阮克遵、范敬资入贡贺即位。至大二年,又遣童应韶、谢大薰入贡。

仁宗即位,世子陈日㷻遣使来朝,以礼部尚书乃马台、吏部侍

郎聂古伯、兵部侍郎中杜与可使安南,颁改元诏曰:"惟我祖宗受天
明命,抚有万邦,威德所被,柔远能迩。乃者先帝龙驭上宾,朕以王
侯臣民不释之故,已即位于大都。其以明年为皇庆元年,今遣尚书
乃马台等赍诏宣谕,仍颁新历一本。卿其敬授人时,益修臣职,毋替
尔祖事大之诚,以副朕不忘柔远之意。"

皇庆二年,安南兵三万余人,突犯镇安州,复分兵犯归顺州,屯
聚未退。其世子复亲领兵陷养利州,声言知州事赵珏擒我思浪州商
人,取金一碾,侵田千余顷,故来仇杀。枢密院使千户刘元亨赴湖广
询察。元亨亲诣上、中、下由村。牒谕安南国曰:"昔汉置九郡,唐立
五管,安南实声教所及之地。况献图奉贡,上下之分素明,厚往薄
来,怀抚之惠亦至。圣朝果何负于贵国,今乃自作不靖,狡焉启疆。
虽由村之地所系至微,而国家舆图所关甚大。兼之杀掠者,皆朝廷
属籍编户,省院未敢奏闻。未审不轨之谋,谁实主之?"安南回牒云:
"边鄙鼠窃辈,自作不靖,本国安得而知?"且以重赂至。元亨复牒责
以饰辞不实,却其赂,且曰:"南金、象齿、贵国以为宝。而使者以不
贪为宝,请审察事情,明以告我。"然道里辽远,情词虚诞,终莫得其
要领。元亨上言:"曩者安南人尝侵永平边境,今复仿效成风。为今
之计,莫若遣官宣谕,归我土田,返我人民,仍令当国之人,正其疆
界,究其首谋开衅之人,戮于境上,申饬边吏毋令侵越。更于永平置
寨募兵,设官统领,给田土、牛具,令自耕食,编立部伍,明示赏罚,
令其缓急首尾相应,如此则边境安静,永保无虞。"事闻,敕俟安南
使至谕之。

延祐三年,命湖广行省谕安南归占城国王。先是,安南人攻占
城国,执其王以归,兵还。迎拜诏书,乃上表谢罪焉。七年,日套卒,
世子日𤏭遣陪臣邓恭俭、杜士游来贡。

英宗至治元年,遣吏部尚书教化、礼部郎中文矩,颁登极诏。

泰定帝即位,诏安南国世子陈日𤏭曰:"我国家诞膺景命,抚绥
万邦,德泽普加,靡间华夏。乃者先朝奄弃臣民,朕以裕皇嫡孙,为
宗室大臣推戴,爰自太祖肇基之地入承天叙,其以甲子岁为泰定元

年。今遣尚书马合谋、礼部郎中杨增瑞赍诏播告,赐尔《授时历》一
帙。惟乃祖乃父修贡内附有年矣,我国家遇卿良厚。以占城守臣上
表,称卿之边吏累发兵相侵,朕为恻然于中。不知卿何为至是,岂信
然邪?朕君临天下,视远犹迩,务辑宁其民,俾各得所。卿其体朕至
怀,戒饬士众,慎保乂民,俾毋忘尔累世忠顺之意。"日爌遣陪臣莫
节夫入贺。

二年,宁远知州添插言:"安南士官押那攻掠其本末诸寨。"敕
押那归其俘。三年,安南将阮叩侵思州路,命湖广行省饬兵备之。

先是,陈益稷久居鄂州,遥授湖广行省平章,其妻子皆为本国
所害。当成宗朝,赐汉阳田五百顷,俾自赡,既而夺之。武宗悯其老,
重加恩命,制曰:"委贽归朝,既去逆而效顺,以爵驭贵宜崇德而报
功,诞播明纶,用孚众听。尔陈益稷,知畏天者事大,期保境以安民,
慕帝王之有真,见几而作,惧祖宗之不祀,自拔而来,以忠孝之诚,
受知于世皇,蒙天地之德,锡封于故国。始者周王之赫怒,伐罪吊民
终焉。尧、舜之诞敷班师振旅。彼迷不复,尔守弥坚。拯溺救焚,从
王师凡一再举,授餐适馆,留湖右几三十年。身历事于四朝,志不渝
乎初节。肆朕即祚,亟其来庭。是用加新秩,以示恩,仍旧封而授职。
於戏!内宁外抚,朕不忘铜柱之南,近悦远来,尔益拱星辰之北。对
扬休命,永坚一心。可加金紫光禄大夫、安南国王,给田如故。"文宗
天历二年卒,年七十六,赐钱五千缗,谥忠懿。三年,世子陈日爌遣
其臣邓世延等二十四人来贡。

至顺元年,有广源贼闭覆寇龙州罗回洞,龙州万户移文诘安
南,其回牒言:"自归天朝,恪共臣职,彼疆此界,尽属一统。岂以罗
回原隶本国,遂起争端,此盖边吏生衅,假闭覆为名,尔理宜即加穷
治。"命龙州万户仍还所掠。次年,日爌遣其臣段子贞、黎克逊来贡。
三年,遣吏部尚书撒只瓦等使安南。

惠宗元统二年,遣尚书帖住、礼部郎中智熙善使安南,以《授时
历》赐之。安南遣童和卿、阮固夫入贡,贺即位。

后至元元年,封其世子陈端午为国王。日爌退而学道,自号太

虚子,惟章表犹署己名。四年至六年,再遣使入贡。初朝廷以日烜不请命自立,故日烜以下四世,俱称安南世子。至端午,始封为国王焉。

　　其国制度:分十三道、五十二府、二百一十九州县,其实一道不及中国一郡。所至皆设学校。惟谅山有城,砖色红紫,相传为马伏波所筑。王宫用黄瓦,檐高不过丈,民房以草苫覆门,仅三尺许,俯首出入。文字与中土同,外别作数十字,多加土傍以示异,亦止行于国中。其物产多稻,无麦,重蚕桑,有绸布,不植棉花。所在竹木成林,蔽天日。其用人:文职有三公、太尉、平章政事、辅国、左右仆射、参知政事、御史台、翰林院、尚书等,武职有都元帅、节度使、大将军、内殿前指挥使、招讨使等。又有方镇及世袭乡邑官。每三年一考试,初试经义,次试四六,三试诗,四试策。各道取中三场者曰生徒,中四场者曰贡生,至会试中四场者曰进士,无定额。其氏族如阮、裴、吴、杨、陶、黄、武、宋、陈、程、梁、胡之属,外无他姓。男女皆披发,以香蜡敛之,不令散乱。又以药涂其齿,使之黑而有光。无阴晴俱戴笠,见贵人曰翁茶,译言大官也。食生肉,不设几席,豪家始有床褥。平民率籍草而卧。好怪异,尚巫鬼,不奉二氏教。婚姻:富贵家用媒妁,遵礼制,贫家男女相悦,即备钱成夫妇,虽同姓不避。独丧祭各依古礼,禁官民不得卜地,止许葬田中。惟国王始择地于山上。兵无甲胄,止用火器、长刀、标枪、藤牌之属。临阵以象为重。草木四时不凋。昼夜无长短,古所称日南者,殆不虚云。

新元史卷二五二

列传第一四九

外国四

缅　暹罗　八百媳妇

缅国为西南夷，不知其族类所出。有城郭宫室以居，有象马以乘，舟筏以济。其文字进上者，用金叶写之，次用纸，又次用槟榔叶，谓之缅书。

世祖至元八年，大理宣慰司遣乞台脱因等招之，不得见其酋，见其长官，导使者偕来。

十年二月，以乞台脱因充礼部郎中，与勘马剌失里及工部郎中刘源、工部员外郎卜云失，充国信使，赐以玺书曰：“间者大理、善阐等路宣慰司导王国使诣京师，且言至王国，但见其臣下，未得见王，又欲观吾大国舍利。朕矜悯远来，即命来使觐见，又令纵观舍利。益询其所来，乃知王有内附之意。朕一视同仁，今再遣使往谕王国，诚能谨事大之礼，当遣子弟大臣来朝，彰我国家无外之义，用敦永好，时乃之休。至若用兵，夫谁所好？王其思之。”不报。

十二年，建宁路安抚使贺天爵奏：“金齿头目阿郭言：入缅有三道，一由天部马，一由骠甸，一由阿郭地界，俱会缅之江头城。又阿郭族人阿提范在缅掌五甸，户各万余，欲内属，请用为引导。”因言缅王无降云南行省意，去使不返，必须征讨。帝曰：“姑缓之。”

既而，金齿千额总管阿禾来附，具言国使前为蒲贼阻道，今蒲人降，国使已达，缅王留之不遣。无何，缅人以阿禾内附，怨之，攻其地，欲立砦腾越、永昌间。时万户忽都、总管信苴日，总把脱罗脱孩方奉命伐永昌之西腾越、蒲骠、阿昌、金齿未降诸部族，驻兵南甸。阿禾来告急，忽都等遂昼夜兼行，与缅军遇，阻河为阵，众约四五万，忽都等兵仅七百人。缅人前乘马，次象，次步卒，象被甲，背负战楼，两傍挟大竹筒及短枪。忽都下令："贼众我寡，当先冲河北贼。"亲率二百八十骑为一队，信苴日以二百三十三骑傍河为一队，脱罗脱孩以一百八十七人依山为一队。战良久，蛮兵败走。追之三里，抵砦门，阻淖而返。有蛮兵万余绕出官军后，忽都复列为三阵，进至河岸击之，又败走。连破十七砦，逐北至窄山口，转战三十余里，蛮兵为象马所践蹂，故大败。日暮，忽都中伤，始收兵。明旦，追之至千额，不及而还。俘获甚众，军中以一帽、一靴、一毡衣易一俘。其脱者又为阿禾、阿昌邀杀，归者无几，官军惟一蒙古人获一象，不得其性被击死，余无死者。时十四年三月也。

十月，云南宣慰使都元帅纳速剌丁率蒙古、爨、僰、摩些军三千八百人征之，至江头城，招降具木、朵要、蒙帖、木耳、木充、磨欲等三百余砦，土官曲腊蒲折户四千、孟磨爱吕户一千，磨奈蒙匡黑答八剌户二万、蒙忙甸土官甫禄保户一万，木都弹图户二百，凡三万五千二百户。以暑热班师。

二十年，大军再伐缅，缅人请降。先是，帝听纳速剌丁言，发四川军万人，命药剌海领之，又金思、播、叙三州军及亦奚不薛诸蛮军征缅，不果行。至是，诏宗王相吾答尔、右丞太卜、参政也罕的斤率诸将征之。是年九月，大军发中庆。至南甸，太卜由罗碧甸进军。十一月，王命也罕的斤取道阿昔江，达镇西阿禾江，造舟二百艘，顺流至江头城，断缅人水路，自将一军从骠甸径抵其国，与太卜军会。令诸将分攻，破其江头城。遣人说降缅王，不应。进攻建都太公城，捣其巢，建都及金齿十二部俱降，得珍珠、珊瑚、异彩、七宝束带无算。

二十二年，缅王遣其盐井大官阿必立相至太公城，请纳款，为孟乃甸白衣头目繖塞阻道，不得行，遣腾马宅者持信札来乞。骠甸土官匿俗报上司，免军马入境。匿俗给榜遣腾马宅回江头城，招阿必立相赴省，且报镇西、平缅、丽川路宣慰司、宣抚司，差三参持榜至江头城付阿必立相、忙直十弄二人，期两月至江头城，宣抚司率蒙古军至骠甸相见议事。阿必立相先乞言于朝廷，降旨许其悔过，后差大官赴阙。

朝廷寻遣镇西平缅宣抚司达鲁花赤兼招讨使怯烈诣其国，宣上威德。又以张万为征缅副都元帅，也先铁木儿为征缅招讨使。敕造战船将兵六千人，以图满带为都元帅总之，由中庆抵永昌，经阿昔甸，以至忙乃甸。

二十四年正月，缅王为其庶子速速古里所执，囚于昔怯答剌之地，又害其嫡子三人，与大官木浪周等四人同为逆。云南王所命官阿难答等，亦遇害。帝决意再征之，以脱满答尔为都元帅，李海剌孙为征缅行省参政，将新附军五千、探马赤一千以行，仍调四川湖广军五千赴之，募能通白夷、金齿道路者从征，令驻缅近郊，俟进止。既而云南王与诸将进至浦甘，缅人诱使深入，大军失利，死七千余人。缅遣使谢罪纳款，云南王允之，就命其渠长为帅，定三岁一贡。二十六年，始遣委马剌菩提班的来进方物。

成宗元贞元年，缅国阿剌札高微班的来献舍利。二年，缅王遣子僧伽巴叔撒邦巴来贡。

大德元年，缅王请岁输银二千五百两、帛千匹、驯象二十头、粮万石，始封其主的立普哇拿阿迪提牙为缅国王，赐银印，子僧哈八的为缅国世子，赐虎符。又赐王弟撒邦巴一珠虎符，头令阿撒三珠虎符，遣之。

逾年，复遣其世子奉表入谢，自陈部民为金齿杀掠，率皆贫乏，以致上贡金币愆期。帝悯之，止命间岁贡象，仍赐衣遣还。

是年，云南省先遣管竹思加使登笼国，其国王遣其舅兀剌合兀都鲁新合二人从管竹思加赴阙。二月，至蒲甘，缅王帖灭的，令可瓦力引兵登舟，执兀剌合兀都鲁新合，劫掠贡物。六月，管竹思加至太公城，缅人阿只不伽阑等来言："旧缅王帖灭的实劫夺于尔，今已去位,新王为邹聂,遣我辈召尔议,遣使入朝。"管竹思加至蒲甘,邹聂曰:"帖灭的引八百媳妇兵破我甘当散当只麻剌班罗等城,又劫夺登笼国贡物。尔等回朝,不知其故,必加兵于我。今帖灭的已废,特差大头目密得力信者章者思力三人奉贡物入朝。"又移文云南省,称:"木连城土官阿散哥也,皇帝命佩大牌子为官人,初实无罪,前缅王欲杀之。圣旨令安治僧民,前缅王却通叛人八百媳妇,引兵来坏甘当散当只麻剌班罗四族百姓,又劫夺登笼国贡物,故阿散哥也、阿剌者僧吉蓝、僧哥速等废前缅王,令我为王。"行省以闻。

三年八月,太公城总管细豆,移文江头站头目逮的剌必塞马加剌言:"阿散哥也兄弟三人,领军三万,杀缅王以下世子、妻妾、臣仆百余人。"云南省问其持文来者我文哥,言:"缅王就弑时,谓阿散哥也曰:'我祖以来,不死于刃,可投我水中,或缢死。'遂缢之,埋尸于屋下,七日风雨不止。见梦于国人曰:'吾埋不得其地,若焚尸弃骨于水,则晴。'从之,果然。"我文哥出十余日,又闻世子及逃出次子之母,与前此随国信使留缅回回、畏吾儿、汉人百余,皆被害。阿散哥也又逼淫新王之母。是月,缅王之子及其师来奔,陈辞于云南省,乞复仇,大概谓:"阿巴民叛,缅王乞朝廷讨之,叛人怒,谓王请兵来杀掠我等,遂修城聚兵,谋废其王。又僧可速左右及阿剌者僧吉蓝从人相继从叛者,杀密里都拜加郎等族,王谓其兄阿散哥也,可劝汝兄弟勿尔。对曰:'我说必听,不听我亲伐之。'王悉以国事付阿散哥也,因此得众,遂生二心。王执而囚之。僧哥速等于不雨宿吉老亦之地,筑大城拒守,水陆进兵,来逼蒲甘王释阿散哥也,出见僧哥速等,夺象马,掠百官,求钱物,烧城池,锁王足置豕牢中,分其妻妾。王为皇帝奴,冤若如此,望拯救。"云南行省左丞忙兀都鲁迷失又上言:"缅王归朝十一年矣,未尝违生。今其臣阿散哥也兄弟三人以三罪加其身,置父子缧绁,又通新王之母,据旧王之妻妾。假三罪皆实,亦当奏从朝廷区处,乃敢擅权废立,岂有此理。今其子来求救,且小甸叛人劫虏官民尚且赴救,答麻剌的微王乃上命为国主,叛臣囚之,岂可不救?抑使外国效尤为乱,将至大患。"行省以闻。已而又闻新王亦被弑,阿散哥也篡立。九月,中书闻于上,上曰:"忙兀都鲁迷失之言是也,速议奏行。"十二月,阿散哥也犯边,攻阿真谷马来城,距太公城二十里,兵寻退。

四年正月,召忙兀都鲁迷失赴阙,议兵事。五月,故缅王婿马来城土官纳速剌上言:"大德元年,朝廷遣尚书教化的伴送世子僧加八的还国,国王集众听诏,惟阿剌者僧吉蓝、僧哥速不至。二年二月,兴兵叛逆,驻蒲甘近境。王亦整兵,谕叛贼之兄阿散哥也曰:'尔二弟不听诏,又敢为乱。尔今退兵从命则已,否则治尔同谋之罪。'阿散哥也谕之不从,王遂囚阿散哥也。二人引兵逼城,王遣纳速剌等出战,纳速剌败,被擒。王令国中诸僧出谓二人曰:'毋徒苦百姓。尔欲害我乎?若无此心,当释尔兄,复乃职。否则,明以告我。'阿散哥也及二弟皆曰:'王是我主,岂有异心。如不信,请如大寺为重誓。'从之。誓毕,释之。贼退,纳速剌亦得归。至五月,三人合兵攻蒲甘,执王及世子僧加八的、次子朝乞力朝普,囚于木连城,凡十有一月。三年四月十日,阿散哥也令弟阿难答速杀缅王并二子,余子康吉弄古马剌加失巴遁去,放世子于蒲甘,而夺其妻。又分据王妻妾。共立王孽弟邹聂,方十六岁,诛不附己者。十二月,又攻破阿真谷马来两城,纳速剌逃来。"

五月十五日,中书枢密奏:"征缅事,忙兀都鲁迷失请用六千人。臣等谓,缅与八百媳妇通好力大,非一万人不可。"敕:"所拟犹少,可增为一万二千人。"又奏:"忙兀都鲁迷失乞与薛超兀儿、刘都元帅德禄同事,及求云南土官高阿康从军。又请命亲王阔阔监军,以振兵威。"皆从之。上曰:"阔阔虽去,勿令预军事。"

四年闰八月,云南平章政事薛超兀儿、忙兀都鲁迷失等发中庆,期至大理西永昌、腾冲会集。十月,入缅境。十二月五日,至马来城大会。十五日,至阿散哥也兄弟三人所守木连城,三城相接,贼出战,败之,贼闭门拒守。忙兀都鲁迷失、刘左丞据城东北面,薛超兀儿、高阿康参政据西面,正南无军守之。贼日出战,城内四面立三梢单梢炮,向外攻击。官军寻立排沙傅其城。

五年正月，分军破石山寨，又召白衣催粮军二千人攻其城南面。十九日，城上发矢石擂木，杀官军五百余人。

二月二日，阿散哥也令十余人呼曰："我非叛人，乃皇帝良民。以缅王作违理三事，我等收之，彼自饮药而死，非我等杀之。我等与蒙古人无甚作恶，若许我投降，顾永受约束。"又使人持金银礼物出见。分省官谕贼，三人亲出方可，不然难信，若一年不出，我军亦住一年。贼竟不肯亲出。

二十七日，万户章吉察儿等言："炎天瘴发，军劳苦，不还实惧死伤获罪。若令我等住夏瘴死，不如赴上前就死。若明白有旨，孰敢不住。在法，口传圣旨勿行，我等今当回军。"二十八日，分省官方议事，章吉察儿等遽率所部退走。二十九日，分省官亦回。三月五日，至阿占国城，追及章吉察儿等。忙兀都鲁迷失移文称："大事未成，岂可回军。若尔等果不肯住，可留军一半或三千住夏守贼。"平章薛超兀儿、刘左丞、高参政皆言："平章能住夏，我辈愿遍告军官，俱令住夏。"是日，新王之母乘象追及分省官，诉："贼拘我于木连城，今始放出，若大军五日不退，必出降。"章吉察儿等宣言："病军已先行，我等明日亦去，无可议者。"分省官命追回先行军，皆言："已去远，无及矣。"次日，分省官遂下令班师。薛超兀儿、忙兀都鲁迷失上言："贼兵困屈，且夕出降。参政高阿康、土官察罕不花、军官章吉察儿等，同称军人多病，不可住，拟合回军。分省官留之不听，彼既行，分省官亦不能住。"又言："贼馈阿康酒食，阿康受之，疑是宝货。"又军回五程，阿康出银三千两曰："此阿散哥也赂诸将校者。"薛超兀儿等言："此银尔实受之，我辈未尝知也。欲与诸将，尔自处之。"盖因阿康与察罕不花等预此行，故功不成，乞置对以惩受赂者。

八月八日，丞相完泽等奏遣河南平章政事二哥等赴云南，杂问之。自宗王阔阔、平章政事薛超兀儿、忙兀都鲁迷失，左丞刘德禄，参知政事高阿康，下至一二大将，校幕官，令史皆受贼赂，共为金八百余两、银二千二百余两，遂不能号令偏裨。阿康因于察罕不花，令诸将抗言不能往夏，擅回。于是阿康、察罕不花俱伏诛。忙兀都鲁迷失前死。薛超兀儿、刘德禄遇赦，皆追夺宣敕，永不叙用。忙兀都鲁迷失子万户咬咬、忽都不丁，千户脱脱木儿真，杖决有差，皆夺所居官，籍其家产之半。其余将校，各以轻重被笞。察罕不花者，丽江路军民宣抚使也。是役也，自宗王以下皆以纳赂丽于罚，辱国莫甚焉。

武宗至大元年，缅使贡白象。帝命朵尔只为兵部侍郎，使其国。

仁宗延祐二年，缅王遣其子脱剌合来朝。六年，复遣其臣赵钦撒入贡。

英宗至治元年，帝御大明殿，受缅国使者朝。

泰定元年，缅国王子吾者那等争立，岁贡不至，命云南宣谕之。三年，缅国王答里耶伯以国乱来乞师，诏云南就近安抚之。四年，答里必牙请复立行省于迷郎崇城，不允。

文宗至顺三年，缅王遣使阿落等十人来贡方物。

惠宗后至元四年，又遣使来贡方物。立邦牙等处宣慰司都元帅府并总管府。

缅国东至八百宣慰司，南至海，西至孟养，北至猛密宣抚司，自司东北三十八程至云南省治。其山曰小豹，其水曰金沙江，缅人恃以为险。其欲狙诈慓悍。男子善浮水，绾髻顶前，用青白布缠之。妇人绾髻顶后，不施脂粉。事佛敬僧，有大事则抱佛说誓，或诣僧誓之，然后决。其产，象、犀、马、椰子、白毡、布、兜罗绵。树类棕，高五六丈，结实如掌。土人以面纳罐中，以索悬罐于实下，划实取汁，熬为白糖。其叶即贝叶，写缅书用之。石油自石缝流出，臭恶而黑色，可涂疮。都会：有江头城，至腾冲十五日。太公城在江头南十日。马来城在太公城南八日。安正国城在马来城南五日。蒲甘，缅王城，在安正国城西南五日。所谓缅中五城也。

遏与罗斛，古之扶南国也。遏国，北与云南徼外八百媳妇接壤，东界安南，西北距缅国。罗斛，在遏之南，滨大海。遏土瘠，不宜稼稼。罗斛地平衍，种多获，暹人仰给焉。有大河，自暹达于罗斛，东南入海。每夏有黄水自海港涨入内河，农民乘时擢舟播种，苗随水以渐而长，水尺苗亦尺，水退苗熟。有播植无耕耘，故谷丰而贱。《晋书》："扶南国，西去林邑三千余里，在海大湾中，其境广袤三千里，人以耕种为务，一岁种，三岁获。"是也。历晋、宋、齐、梁、隋、唐，屡通贡献。后分为暹、罗斛二国。

世祖至元二十六年，罗斛遣使入贡。成宗元贞初，暹国进金叶表。暹人与麻里予儿旧相雠杀，至是皆归顺。英宗至治三年，暹国来入贡。惠宗至正间，暹始降于罗斛，因合为暹罗国。暹罗南境，斗入大海中，形如箕舌，延袤约三千里，远出占城、真腊之西南，隔海相望，成一大湾云。

八百媳妇者，夷名景迈。世传其长，有妻八百，各领一寨，故名。自古不通中国。

世祖中统初，命将征之，不能达而还。后遣使招徕，置八百大甸军民宣慰司。

又有大、小彻里，本古产里。伊尹四方献令曰："产里以象齿短狗献周公，作指南车导之归。"故又名车里，后讹为彻里云。其地在元江南，与八百媳妇犬牙相错。

成宗元贞二年，大彻里胡会来降，立彻里军民总管府，又置耿东路耿当、孟弄二州。大德元年，八百媳妇叛，寇彻里，遣野老不花讨之，不克。

四年，用云南右丞刘深计，发兵二万，立征八百媳妇万户府二，出四川、云南囚徒从军，人给贝子六十索。深等将兵，取道顺元路，调民供给。土官宋隆济绐其众曰："官军征发汝等，将尽剪发黥面为兵，身死行阵，妻子为奴，势所必至。"众惑其言，遂反。深复胁水西土官之妻蛇节，出金三千两、马三千匹。蛇节不能堪，联结隆济，率苗猡紫江诸蛮，围深穷谷中，攻破杨黄寨，杀掠甚众。朝命陕西平章也速带尔、湖广平章刘国杰，将兵合讨之，大败隆济兵于墨特川。其兄子顺元路同知阿重,缚之来献,蛇节亦乞降,并斩之。深坐弃市。
于是,罢所置万户府,留蛇节养子阿阙于水西,以抚其民,而升阿重
为宣抚使。

武宗至大二年,八百媳妇与大、小彻里作乱,威远州土官谷保
夺据木罗甸,遣云南右丞算只尔威招之,私受谷保赂,竟以败还。

仁宗皇庆初,八百媳妇再寇边,帝降诏招抚之,始献驯象、白
象,继遣其子招三听来朝,时大彻里哀用亦遣贡使七十五人诣阙,
赐衮帽、靴袜有差。

泰定二年,以土人寒赛为彻里军府总管。四年,八百媳妇请官
守,置蒙庆宣慰司都元帅及木安、孟杰二府于其地。

文宗嗣位,八百媳妇使者昭哀入贡。

其地东至老挝,南至波勒蛮,西至大吉剌,北至孟艮府。自姚关
东南行五十程,至其国,有南格剌山,下有河,南属八百,北属车里。
平川数千里,幅员广远。其产:巨象、安息、白檀诸香。民皆僰种,刺
花样于眉目间,雕题也。好佛恶杀。每村立一寺,每寺建塔,约以万
计。有敌人来侵,不得已举兵应之,得其仇即止。俗名慈悲国也。

新元史卷二五三
列传第一五〇

外国五

占城　爪哇　流求　岛夷诸国

占城,本秦象郡林邑县地,东滨海,西际爪哇,南通真腊,北与安南之骧州接壤,东西五百里而赢,南北三千里。都城去海一百二十里,近琼州,舟行顺风一日可至。其南曰施备州,西曰上源州,北曰乌里州。领大小州凡三十有八,亦有县、镇诸名。宋淳熙中,占城以舟师袭真腊,入其国都。庆元五年,真腊大举复仇,俘其主以归,国遂亡,其地悉归真腊,因名占腊。舂后国王或曰真腊人,或又谓占城恢复云。

至元十五年,世祖既平宋,将有事海外。时荆湖行省左丞唆都遣人至占城,还言其王舍利咱牙信合八剌麻哈迭瓦愿内附。诏封占城郡王,遣侍郎教化迪、总管孟庆元、万户孙胜夫与唆都同往,谕其王来朝。

十七年,国王保宝旦拿啰耶邛南卭占巴地啰耶遣使奉表降,兼贡珍物及犀、象。初,朝廷以占城国王孛由补剌者吾称臣内附,命唆都就其国立占城行省抚之。既而,其子补的专国,不听命。会万户何子志、千户皇甫杰使暹罗,宣慰使尤永贤、亚阑等使马八儿国,道占城,皆被执。事闻,命唆都讨之。

兵出广州,航海至占城港。港口北连海,旁有小港五,通其国大州,东南皆山,西傍木城。官军依海岸屯驻。蛮兵治木城,四面约二十余里,起楼棚,立炮台百余。又木城西十里建行宫,其国王亲率重兵屯守。遣都镇抚李天佑招之,七往,终不服。

分遣琼州安抚使陈仲达以兵由水路攻木城北面,总把张斌、百户赵达攻东面沙觜,省官分二道攻南面。舟泊岸,为风涛所碎者十七八。蛮兵开木城南门,建旗鼓,乘象拒战,败之。官军入木城,与东北二军合。其王弃行宫,烧仓廪,杀永贤、亚阑等,与其臣逃入山谷,遣使者阳乞降,许之。官军入大州,王遣其舅宝脱秃花奉国王信物、杂布二百匹、大银三锭、碎银一瓮为质。又献金叶九节标枪,言:"国王欲来,病未能起,先使持其枪来,以见诚意。"复令第四子利世麻八都八德剌、第五子舍利印德剌来见,诡言世子补的被伤死,王颊中箭未愈,故先使二子来议入觐事,以款我师。省官疑非真王子,听其还,遣千户林子全偕往觇之。二子在途先归。子全入山两程,国王遣人来拒,不果见。又杀何子志、皇甫杰等百余人。

宝脱秃花俄又至,自言:"我祖父、伯、叔,皆为国王,传至我兄字由补剌者吾,杀而夺其位,我实衔之。愿禽其父子以献,请给大元服色。"唆都不虞其诈,赐衣冠抚谕而行。有居占城唐人曾延者来言:"国王逃于大州西北鸦侯山,诣交址、真腊、阇婆诸国借兵未至,惧唐人泄其事,将尽杀之。延等觉而逃。"未几,宝脱秃花偕其宰相报孙达儿及撮及大师等五人来降。省官引曾延与见,宝脱秃花曰:"此奸细也,国军皆溃散,安敢复战。且今未附州郡凡十二处,每州遣一人招之,无不服者。"

唆都犹信其言,遣子全等同赴大州。比至城西,宝脱秃花背约间行,自北门乘象去。万户张颙等领兵赴国王所栖之地,近木城二十里。贼浚濠堑,拒以大木,官军斩刘超距,奋击。转战至木城下,山林阻隘不能前,蛮兵旁出截归路,官军殊死战,得脱。

朝廷更命阿塔海发兵万五千人、船二百艘助讨,以安南道阻,不果至。又命万户忽都虎、乌马儿率江淮军二万人赴唆都军前,而唆都已回军。忽都虎等至占城,知官军退,令百户陈奎招其国王来降。其王遣阿不兰纳款，具言被官军劫掠，贫无以献，俟来年当备物，令嫡子入朝。未几，果遣其孙济日理勒蛰奉表归顺。朝廷未知也，再命镇南王脱欢发兵假道交趾征之。国王乞回军，愿出土产，岁修职贡，使大盘亚罗日加翳大巴南等十一人诣阙献驯象，并贺圣诞节。旧州主宝嘉娄亦奉表入附。自是，终元之世，贡使不绝。

英宗至治三年，遣其弟保佑八剌遮贡方物。泰定帝致和元年，遣使来贡，兼言屡为交趾所侵。帝下诏和解。文宗至顺三年，遣其臣阿南那那里沙等奉金书表入贡。惠宗后至元元年，遣使献方物，且言交趾遏其贡道。诏遣使开谕。

其所贡云龙形通犀带、菩萨石、蔷薇水、猛火油皆贮琉璃瓶中以进。有火珠大如鸡卵，正午承日影，取艾燃之，立见火。其王每坐见官属，一膜拜即起白事，事毕复一膜拜而退。亲近之臣见王跪，疏远者拱手而已。王脑后鬏髻，散披吉贝衣或大食锦或川法锦大衫，戴金花冠七宝装璎珞为饰，胫股皆露，红革履，无袜。男子以白氎布缠胸下，垂至足，衣袖甚窄，撮发为髻，散垂余髻于后。妇人亦脑后撮髻，无笄梳，其服饰与男子同。人多乘象，食山羊、水兕。国无城郭，无丝蚕，有米、粟、豆、麻。每岁稻熟，王自刈一把，从者及群妇女竞刈之。其王或以兄为副王，或以弟为次王。设高官八员，分掌东西南北各二。无奉禄，所管土俗资给之。别置文吏五十员，有郎中、员外、秀才等，管资储宝货。又司帑廪者十二员，主军卒者二百余员，皆给龟、鱼以充食，免其调役而止。其大姓号婆罗门。兵万余，人月给粳米二斛，岁给布三五匹。王乘木杠，四人舁之，从者十余辈，一人执槟榔样合前导。乐有胡琴、笛、鼓、大鼓。乐部亦列舞人。兵器则刀、枪、弓矢、手牌。夜卧，惟王有床，诸臣则施地蓐。以十一月十五日为冬至，相贺。十二月十五日，祀天缚木为塔，王及官民用衣物香药焚其上，州县各以土产献王。人有疾病，采生药服食。地不产茶，饮椰子酒。刑，小过以藤杖，当死者标枪抉其喉，或令象蹈之，或以鼻卷扑，皆驯习随人意。世与交趾相恶，数攻杀。两国使者并至，则分东、西赐宴。朝则交人入垂拱殿，占城趋紫宸以避，若誓不相见者。占城属国曰宾章龙，即佛书之舍城，其地与占城相连。

爪哇在海外，视占城益远。其名为诸史所不载。自泉南航海者，先至占城而后抵其国。

世祖出师海外，惟爪哇之役最大。自至元十七年，始降旨招谕其国。二十三年，遣必剌蛮等至爪哇，自是通使往来无间。后遣孟祺持诏往，国王剌其面遣归，帝怒，决意伐之。

二十九年二月，诏史弼、高兴、亦黑迷失，并为福建行省平章，会福建、江西、湖广三省兵凡二万，发海舟千艘，赍粮一年，降虎符、金符、银符以百计，用备功赏。大军会泉州，自后渚启行。风急涛涌，舟掀簸，士卒数日不能食。过七洲洋、万里石塘，历交趾、占城界。

明年正月，至东董、西董山，牛崎屿，入混沌大洋，橄榄屿，假里、马答、枸阑等山，驻兵伐木，造小船以入。遣宣抚官杨梓、全忠祖等带五百余人先往慰谕。大军继进，弼等至爪哇之杜并足，议分军水陆进攻。弼率都元帅那海等水军，自杜并足，过戎牙港口，至八节涧。兴与亦黑迷失帅马步军，自杜并足陆行，遣副元帅土虎登哥等乘钻锋船，由戎牙路至麻喏巴歇之浮桥。

时爪哇方与邻国葛郎构怨，其王为葛郎酋哈只葛当所杀。其婿土罕必阇耶攻葛郎不胜，退保麻喏巴歇，闻弼等至，以其国山川、户口，并献葛郎国地图纳降。先令杨梓、全忠祖引其宰相昔剌难答吒耶等五十余人来迎大军，会八节涧。涧上接杜马班王府，下通莆奔大海，乃爪哇咽喉要地。其谋臣者希宁官沿河泊舟楫，观望成败，再三招之不降。乃于涧边设偃月营，留万户王天祥守河津，土虎登哥等水陆齐发。者希宁官惧，弃船宵遁，获鬼头大船百余艘。令都元帅那海等镇八节涧海口。

大军方行，土罕必阇耶遣使诈称葛郎主追杀至麻喏巴歇，乞官军救援。亦黑迷失信之，先遣都元帅郑镇国引军赴章孤援之。高兴抵麻喏巴歇，却称葛郎兵未知远近，兴回至八节涧。寻报贼兵夜当至，兴仍赴麻喏巴歇。

未几，葛郎兵果三路来攻。亦黑迷失率万户李明迎贼于西南，不遇。兴与万户脱欢由东南路接战，杀伤数百人，余贼奔溃山谷。俄西南路贼奄至，兴再战至晡，又败之。乃分军三道伐葛郎，土虎登哥将水军溯流而上，亦黑迷失由西道，兴等由东道，土罕必阇，耶以本军继其后。期会答哈城，葛郎国主将兵十余万拒敌，三战，贼败溃，拥入河死者亡算。进围其城。是夕，哈只葛当出降，并俘其妻子。

土罕必阇耶求归，具降表，兼贡所获珍器，遣万户捏只不丁、甘州不花率兵护送之。至中途，杀二使叛去，且合众来攻。弼等且战且行三百里，得登舟，行六十八日夜，达泉州，士卒亡者三千余人。帝怒弼等玩寇无功，各杖之。

成宗大德元年，爪哇国遣舍剌班直木达奉表乞降，始授宣敕。元贞元年，来献方物。仁、英两朝，皆遣使天寿节。泰定二年，亦奉表入贡。致和元年，诏优护爪哇国王札牙纳哥，仍赐衣物、弓矢。文宗至顺三年，遣其臣僧伽剌等，奉金书表以献。惠宗至正二十三年，遣使澹蒙加伽殿来进方物，帝赐其王三珠虎符及织锦文币。

其地平坦，宜稻、麻、粟、豆，不产茶。煮海为盐，出金银、犀牙笺、檀香、茴香，亦务蚕织。室宇壮丽，多饰金碧。剪银叶为钱。其酒出虾蟆丹树，甚香美。其俗有名而无姓。王则椎髻，戴金铃，衣锦袍，蹑革履，坐方床。官吏入谒，三拜而退。国人见王出则坐，俟其过，乃起以为敬也。

流求亦海中岛也，当泉州东，水行五日而至。其王欢期氏。自隋时，王名渴剌兜，始见于史。国人呼王为可老羊，妻曰多拔荼，所居曰波罗檀。堑栅三，三重，环以流水，树棘为藩。土无赋敛，有事则均税。用刑无枷锁，缚以绳。死刑以铁锥尺许，入其顶杀之。俗无文字，望月亏盈以纪时，候草荣枯以纪岁。人深目长鼻，有小慧。男女皆以白绖绳缠发，从项后绕盘至额。男去髭鬓，鸟羽为冠，装以珠贝，簪以赤毛，形制不一。妇人黥手，虫蛇文，以罗纹白布为帽。土产多斗镂树，似橘叶，密条，纤丝下垂，织其皮并杂色纻可为衣，缀毛、垂螺为饰，杂色相间下垂。小贝声如珮环，悬珠于颈。编藤为笠，出入必戴之。有刀、槊、弓箭、剑、铍之属。铁刃皆薄小，以骨角辅之。组纻为甲，或用熊豹皮。王出则乘木兽，舆之而行。人骁健善走，好格斗，耐创而难死。收斗死者祭神，群聚食之，以髑髅告王，王则赐之冠，使为队帅。王所居壁下，多聚髑髅。土宜稻、粱、黍、豆。以石为钟。火耕水耨。气候与岭南相类。无牛、羊、驴、马。煮海水为盐。酿木汁为酢，米面为酒。食皆用手。

凡宴会，必待呼名，然后饮。上王酒，亦斥其名歌呼。一唱众和，其音哀怨。嫁娶以酒肴、珠贝为聘，相悦便为匹偶。所产无他奇异，故市舶罕至。

隋大业三年，炀帝令羽骑尉朱宽入海访求异俗，海帅何蛮言："每天清风静时，东望隐约，若烟若雾，远不知几千里，未知何国。"遂与宽俱往，语言不相通，掠一人并取其布甲而还。时倭国来使见之，曰："此彝邪久国人所制也。"明年，遣武贲郎将陈棱等自义安浮海击之。至高华屿，又东行二日，至𪚰鼊屿。又一日，至琉求。军中有昆仑人，颇解其语，遣慰谕之。琉求不从，出兵抗拒，击走之。入其都，焚宫室，俘男女数千人归。历唐、五代，皆与中国绝。宋淳熙间，琉求巨豪率数百人猝至泉州水澳围头等村杀掠，人闭户则免，刓其门圈以去。掷以匙箸，则纵拾之。见铁骑，争刓其甲。官军追袭之，泅水而遁。其境在漳、泉、福、兴界，与彭湖诸岛相对，西、南、北岸皆水，水至澎湖渐低，近琉求则谓之落漈，漈者，水趋下而不回也。凡西岸，渔舟到澎湖以下，遇飓风漂流落漈，回者百一，故其地小而最险。

世祖至元二十八年，海船万户杨祥请以六千军往，降则受之，不听命则伐之。朝廷从其请，命祥为都元帅，将兵抵其国。有书生吴志斗者，上言生长福建，熟知海道利病，若欲收附琉求，且就澎湖发船前往，相水势地利，然后兴兵未晚。乃命祥充宣抚使，志斗假礼部员外郎，捧诏以行。诏曰："朕收抚江南已十七年，海外诸番罔不臣属，惟琉求密迩闽境，未曾归附，议者请即加兵。朕惟祖宗立法，凡不庭之国先遣使招降,来则安堵如故,否则必致征讨。今命使宣谕尔国,果能慕义来朝,存尔国祀,保尔黎民。若不效顺,自恃险阻,舟师奄及,恐贻后悔。尔其慎择之。"明年三月,自汀州尾澳东行,至海洋中,远望有山长而低者,约去五十里。祥言是琉求,独乘小舟至山下,见其部众。令军官刘闰等二百余人,以小舟,偕三屿人陈辉登岸。众不解三屿人语,为其杀死者三人。还至澎湖,觅志斗弗能得。初,志斗尝斥言祥生事邀功,言诞妄难信。至是,疑祥害之。祥顾称志斗惧诛逃去,志斗妻子诉於官,敕发福建行省置对。后遇赦,不竟其事。

成宗元贞三年,福建行省平章高兴言琉求可图状。遣省都镇抚张浩、新军万户张进赴其国,擒生口百三十人而返。自是,终元之世,史不再见也。

史臣曰:琉求今之台湾。今之琉求,至明始与中国通。或乃妄合为一,误莫甚矣。

海外岛夷之族,澎湖最近,分三十六岛,有七澳介其间。其地属泉州晋泉县。土人煮海为盐,酿秫为酒,采鱼虾为食。至元初,设巡检司,东为琉求,与澎湖相对。

自琉求以南,曰三岛,居大崎山之东,又名三屿,其人常附海舶至泉州贸易。世祖至元三十年,选人招抚之。平章政事伯颜等言:"臣等与识者议,此国之民不及二百户,时有至泉州为商贾者。入琉求军船,过其国,国人馈以粮食,馆我将校,无他意。乞不遣使。"世祖从之。

其附近小国曰答陪,曰海瞻,曰巴弄吉,曰蒲里咾,曰东流里。

其西南为麻逸国,男女椎髻,俗尚节义。妇丧夫,则截发绝食七日,多死,不死则终身不再醮。舶商守信,终不爽约。

在阇麻罗华之东南,为无枝拔,汉言五山也。男女编发缠头,民种薯以食。有酋长,知信义,失信则罚金。煮海为盐,酿椰浆蕨粉为酒。

有龙涎屿，群龙出没海滨，故其地产龙涎香，一名撒八儿也。

西南为丹马令国，地与沙里佛来安为邻。

又有日丽国，地少稔，仰食於他国。

麻里噜，即吕宋岛，俗尚节义。番官死，其妇不再嫁于平民，必阀阅相称乃嫁之，否则削发为尼。

遐来物，即吉利门之异译。至元中，大兵攻爪哇，自枸栏山进至吉利门，即此地也。俗尚怪妖，男女挽髻，人死以生脑灌其尸，欲葬而不腐。

彭坑，俗亦如之，男女稚发。石崖周匝如山栅，田沃谷登。

吉兰丹国，属三佛齐。俗尚礼。男女束发。外有小港，水深而盐鱼美。

又有丁家庐国，与三角屿相对，亦三佛齐之属国。俗尚怪妖，男女椎髻，刻木为神，杀人沥血祭之，以禳旱疫及卜吉凶。

曰戎国，俗陋，男女方头，盖儿生之后以木板夹之，四季祝发。

曰罗卫，在其南，风俗勤俭，男女文身为礼，即唐罗越国也。曰东冲古剌，俗轻剽，男女断发，人死撒于海。

曰苏洛鬲，曰针路，曰八都马，曰淡邈，皆附近罗斛之岛国也。

尖山国，在小东洋中，因山建国，有属地八节涧。史弼伐爪哇，由戎牙路港口至此。

三佛齐国，人多蒲姓，习水陆战，服药，刃不能伤。

啸喷，本属三佛齐，后自立为王。

浡泥，崇佛像，爱中国人，去三佛齐四十日程。

其西南有国曰明家罗，分三岛。

曰重迦罗，产盐敷树及石楠，田沃，亚于爪哇，男女撮髻，无酋长，年尊者统摄之。其附近诸番曰孙陀，曰琵琶，曰丹重，曰员峤，曰彭里。史弼帅水军由戎牙路至八节涧，重迦罗即戎牙路之异译也。

曰都督岸，曰文诞，曰苏禄，曰龙牙犀角，曰苏门傍，皆近暹诸岛国也。

曰旧港，爪哇属国也。男女披长发。

曰龙牙菩提，四面皆山。

曰毗舍耶，男女撮髻，以墨汁刺身，伏荒山穷谷，虏他国人而售之。

曰班卒，俗尚质，披短发，煮海为盐，酿米为酒，有酋长率之。

曰蒲奔，风俗果决，男垂髻，女拳发，有酋长。所谓莆奔大海，盖因此国而得名欤。

假马里打，俗浇薄，男女髡头，不知廉耻，地产番羊，高大可骑。

文老古，俗薄，男女椎髻，煮海为盐沙糊为食。

古里地闷，俗浮滥，男女断发。

龙牙门，俗好劫掠，男女人多椎髻。

昆仑山，远截于大海中，人无居室，怪形异状，无衣褐，日食果及鱼虾。刘深追宋端宗，执其戚俞廷桂之地也。

灵山，民以结网为生计，田野辟，宜耕种。

东西竺，俗朴陋，男女断发，田瘠，岁仰淡洋米谷以足食。

花面，其地沮洳，田沃宜耕种，男女以墨汁刺于面，故谓之花面国，俗淳，有酋长。

淡洋，一名毯阳，俗淳，男女椎髻，港口通贸易，有大溪之源二千余里，奔流合于海，其海水清淡，故名淡洋。元贞元年，遣使奉金字表来朝。

须文答剌，地硗谷少，男女系布缦，俗薄。其酋躯干长修，一日之间必三变色，或青、或黑、赤，每年杀十余人，取血浴之，以免疾病。所谓速木都剌是也。

僧加剌，俗信佛。土人长七尺余，面紫，身黑，巨眼而长手，温而壮。所谓信合纳帖音是也。又名狮子国。

幻栏山，气候热，俗尚射猎。国初，史弼征爪哇，遭风于山下，舟幸，多坏，一舟免，唯存钉灰，见其山多木，大军乃造舟十余艘，若樯舵等靡不备。有病卒百余人不能去，遂留此，至今汉、番杂处。

特番利，俗淳，男女椎发。田沃，称为乐土。

班达里，与鬼屈波思国为邻，俗尚怪妖，有鬼为灾年，必祭之。男女椎髻。

曼陀郎国之西北隅，与播宁接壤，二国不事侵伐，故累世婚姻。酋长七尺余。男女挽髻。

南巫里，地当南洋要冲，民环山而居，田谷少，以劫掠为俗，男女椎髻。至正二十一年十一月，福建行省遣八合鲁思招降南巫里及别里剌、里伦、大力四国。北溜地势下千屿万岛，潮流迅急，水中有石，槎利如锋刃，不能行舟。番民以𠳋子权钱用。

下里国，居小呗南古里佛之中，又名小港口。俗淳，民尚气，出入必携弓矢及牌。男女削发。

高郎步，在大佛山之下。地湿。男女撮髻。

沙里八丹国，在古里佛山之后，地沃衍，俗美，男女系布缠头。民有罪，以石灰画圆于地，令人立圆内，不令转，此极刑也。

金塔，古崖下有金塔，高十丈，国名因之。土瘠，民贫。男女椎髻。女业织，寿至百余岁。

东淡邈，近希苓数日程，俗重耕，男女椎髻。

大八丹国，居西洋后，一名雀婆领，俗淳，男女短发。

加里那国，近具山，产白牛，俗淳，男女髡发。

土塔，居八丹之平原，俗好善，民事桑麻，男女断发，其身如漆。

第三港，古号马渊，今名新港。风俗与八丹同。

华罗国，俗尚怪妖，民间常塑泥牛，刻石像，讽经敬之。男女皆黝黑，额搽牛乳、檀香。

麻那里，在迷黎国东南，居海中之绝岛。俗侈，男女辫发。

加将门里，去加里国二千余里，其地堰水潴田宜谷，俗薄，男女挽髻，杂回回人。

波斯离，与大夏连境，地方五千余里，俗尚侈丽，男女编发。

挞吉那国，居达里之地，俗同戎、羌，男女黝黑，眼圆白发。髦鬃千里马，北接大奋山，田瘠谷少，俗淳，男女断发。

须文那，与班支尼那接界，俗鄙薄，男女蓬头，又译为须门那。

小呗南,风俗男女与古里佛同。元贞初,禁海商以细货与马八儿、呗南、梵答剌亦纳三国交易。

古里佛,当巨海之要冲,西洋都会也,俗近古,其用法至谨。

朋加剌,俗淳,女缠头。铸银钱名唐加,每钱重八分,𠯢子一万五百二十八余以权小钱用。

巴南巴西,在大响山南,男女体小,俗浇薄。

放拜,居巴隘乱石之间,风尚朴厚,男女身黑,有酋长。

大乌麦,近巴南西洋中,俗淳,人修长,女有髭焉。然善斗,用标枪、毒矢,他族皆畏之。铸金为钱。即宋乌然泥国也。

万年港,俗同之,人椎髻。

马八儿屿,在加将门之右,濒山而居,俗淫气热,男女散发,其地产珠,民以涂黑为美,裸而居。曰拔忽,曰里达那,曰骨里傍,曰安其,曰伽忽,皆附庸于马八儿。海外诸国,惟马八儿与俱蓝为之纲领,而俱蓝又为马八儿后障。其地产黄金、苏方木及椒,气热而俗淫。至元间,行省左丞唆都等奉玺书往招诸番,马八儿、占城降,俱蓝不降。复遣广东招讨使杨庭璧招之,行三月,至其国,国王必讷的遣其弟首那本不剌木奉表降,约来岁入贡。寻授哈撒儿海牙为俱蓝宣慰使,偕庭璧再往。自泉州入海,复行三月,抵僧伽耶山,舟人以阻风乏粮,劝往马八儿,或可假陆路达俱蓝。乃至马八儿新村马头登岸,其国宰相马因的问:"官人以何事至此?"庭璧告其故,因及假道事,以不通为辞。与其宰相不阿里相见,又言假道,亦以他事辞。诘旦,二人至馆,屏人,令其译者通情实言:"我算滩兄弟五人皆聚加一之地,议与俱蓝交兵,及闻天使来,对众诡称本国贫陋。其实回鹘金珠宝玉尽出本国,算滩兄弟皆有降心。若马八儿既下,我使人持书招之,可使尽降。"时庭璧以风不得至俱蓝,遣哈撒儿海牙入朝计事,期以冬至候北风再举。

至期,朝廷遣庭璧独往。抵俱蓝,其国主迎拜玺书,遣其臣祝阿里沙忙里八的奉表,进宝货及黑猿一。其后,贡使时至。未几,马八儿果遣僧撮及班入朝,将至上京,帝遣使迓之。继遣福建平章亦黑迷失诣其国取佛钵舍利,浮海行一年乃至,与其国使偕来,进奇兽一,似骡而巨毛黑白间错,名阿塔必。又贡花牛、水牛、花驴、土豹,岁以为常。

成宗元贞二年,遣乐也奴等使马八儿,赐其国王塔喜二珠虎符。仁宗延祐初,马八儿国王昔剌丁遣其臣爱思丁入贡。

其附近诸国:曰放拜,曰大乌爷,曰阿思里,曰俚伽塔,曰天堂,曰天竺,曰层摇罗,曰马鲁涧,曰甘埋里,曰麻呵斯离,曰波罗斯,曰罗婆斯,曰乌爷。大率皆西印度之地焉。

新元史卷二五四

列传第一五一

外国六

西域上

西域为唐波斯、昭武九姓、吐火罗等地。唐初，大食灭波斯，其
酋本阿剌比人奉谟罕默德之教，自称为哈里发，都报达，在波斯西
境。至波斯东境，非哈里发所属也。或谓报达即波斯者，非也。阿
剌比人游牧于西里亚者，西里亚人称之若曰大抑，波斯人称之若曰
大希，其后阿眛尼亚人、突耳基斯单人称之若曰塔起克，皆与大食
音类。大食之名，盖由於此。

大食既灭波斯，益拓土而东，分设大酋治各地。未及三百载，权
日替，诸酋弱肉强食，建邦启土，国姓屡易，曰他海尔，曰萨法尔，曰
萨蛮，曰赛布克的斤，曰布叶，曰塞而柱克，虽受哈里发册封，然虚
名羁縻，惟祈祷上帝文与铸钱，必用哈里发名，国之政令则不预焉。

塞而柱克者，乌古斯之部长也，亦作乌斯，又作古斯，居锡尔河
及咸海、里海间。北宋中叶，据地自立。塞而柱克之孙率其部族，灭
布叶，尽并其地，西至地中海。

后王玛里克沙，有仆曰奴世的斤，执刀卫左右，甚见宠任，除仆
籍，为货勒自弥部酋。其子库脱拔丁谟罕默德，乘塞而柱克之衰，诸
酋裂土，自王，亦借称货勒自弥沙。沙为部长之称，突厥、回纥可汗
以下曰设、曰察，僭曰杀，皆别部将兵酋，即沙也。辽耶律大石西来，

败塞而柱克之兵,复遣将征货勒自弥。时库脱拔丁已卒,其子阿切斯战败被获,誓臣服於西辽,岁贡方物,始得归。阿切斯子曰伊儿阿斯兰。伊儿阿斯兰子曰塔喀施,於南宋绍熙五年,灭塞而柱克,杀其王托古洛耳,受兰报达哈里发那昔尔之封,是为货勒自弥王,本其始起部落为名,以别于塞而柱克。

庆元六年,塔喀施卒,子阿拉哀丁谟罕默德嗣位,复并巴而黑、海拉脱、马三德兰、起儿漫各部之地,战败奇卜察克。自谓地广兵强,本国奉谟罕默德教,而西辽奉释教,以服属于异教为大耻。其时撒马尔干酋锷斯满亦叛西辽。西辽使者至货勒自弥,故事,使者坐王侧;王斥辱之,使者忿争,即杀之。举兵伐西辽,兵败,王与其大将俱被获,王乃伪为大将之奴得逸去。而货勒自弥之地讹传王已死,王弟阿立希耳与其伯叔将分国自立。王归,乱始定。次年,复与锷斯满合兵伐西辽,败之,凯旋。以女妻锷斯满,逐西辽监治官,遣使代之。未几,锷斯满与使者不相能,杀使者。阿拉哀丁轻兵掩袭,破撒马尔干,锷斯满颈系刃、首幂布,以乞降。王女以锷斯满先娶西辽女,怨其夫宠礼不相等,使父杀之。于是撒马尔干、布哈尔悉为所有,建新都于撒马尔干,称货勒自弥之乌尔鞬赤城为旧都焉。

乃蛮古出鲁克攘西辽直古鲁之位,阿拉哀丁实助之,故突耳基斯单之地,向属西辽者,亦归于货勒自弥。其东南境有郭耳国,酋曰希哈泼哀丁,与阿拉哀丁相攻,旋败死。从子马赫模特嗣位七年,为国人所戕,或谓阿拉哀丁使人刺杀之。阿立希耳前以讹传兄死、分国自立之嫌,避于郭耳非洛斯固都城。至是,请于兄,欲得马赫模特之位。阿拉哀丁遣使锡冠服,乘其迎受,突前杀之,遂并郭耳之地。其国东北至锡尔河,东南至印度河,北至咸海、里海,西北至阿特耳佩占,西邻报达,南滨印度海,奄有波斯、昭武九姓、吐火罗故地,无以名之,循汉之旧名,称为西域云。

西域王既灭郭耳后,简其属地曰嘎自尼,检文卷获哈里发那昔尔与郭耳酋书,告以货勒自弥人志在囊括席卷,宜慎防之,惟谋于西辽,南北合攻,庶可得志。始知从前希哈泼哀丁之构兵,乃哈里发嚓之，大怒。遣使告于报达，欲如塞而柱克故事，遣官莅治，专以教事属哈里发，祈祷文增己名，并封己为苏尔滩。苏尔滩犹言皇帝，曰沙、曰汗、曰玛里克次之。那昔尔不允。

王乃传集教士，数那昔尔不能广阐教化之罪，报达之阿拔斯实夺忽辛之位，今宜废那昔尔，别立阿里后为哈里发。众教士应曰然。遂起兵先平义拉克之乱，败法而斯兵，擒其酋沙特阿塔毕，割地输财而后释之。阿特耳佩占部酋鄂思伯克败遁，旋亦请成，遂进攻报达。中途大雨雪，士马僵毙，前锋在库儿忒山中为土人所攻，一军尽没。

乃引还，至义拉克，分封诸子。以义拉克畀屋肯哀丁，以起儿漫、克赤、梅克蓝畀吉亚忻丁，以嘎自尼、八迷俺、波斯忒、郭耳之地畀札剌勒丁，以鄂斯拉克沙为王母土而堪哈敦所钟爱，畀以货勒自弥、呼拉商、马三德兰三部。国人皆议其私。

王有兵四十万，皆康里与突厥人，与国人不洽。土而堪哈敦为康里巴牙乌脱部酋勤克石之女，康里人多从至西域入伍籍，勇于战阵，王倚重之，屡有功。以是康里将多跋扈，土而堪之权亦以是埒于其子。国虽大，而上下之情未孚。

先是，太祖伐金，倾国远出，乃蛮、蔑儿乞得以其暇，复然余烬，煽结远近。太祖十一年，自引大军北还，次第命将讨乃蛮、蔑儿乞，平秃马特，自将征西夏克之，使哲别征古出鲁克，西辽境内悉定。于是，东惟蒙古，西惟货勒自弥，两大国壤错界接，而西征之役起。

当西域王自报达东归，既定诸子封地，遂至布哈尔。是时，天山西北西辽之地已入蒙古，有西域商三人自东来，赍太祖所馈白骆驼、毛裘、麝香、银器、玉器，述太祖语，若谓："予知贵国为极大之邦，君治国才能远迈于众，予慕悦君，等于爱子，君亦应知予已平女直，抚有诸部。予国之兵如武库，财如金穴，予亦何必再攘他人地耶！愿与君缔交，通商贾，保疆界。"即夕，王召三人中一人曰马黑摩特入见，谓："汝为我民，当以实告。闻彼征服大贺氏，然否？"因启盒取珍珠与之。马黑摩特对以实然。王又曰："蒙古汗何等人，乃敢视

我如子！彼兵数几何?"马黑摩特见王有怒意,乃曰:"彼兵虽众,然
与苏尔滩相衡,犹灯火之与日光也。"王意释,令往报如约。

　　未几,又有西域商自东还,太祖命亲王、诸延各出赀,遣人随之
西行购土物,众四百余,皆畏兀人。行至讹脱喇儿城,城酋伊那儿只
克为土而堪哈敦之弟,悉拘之,以蒙古遣细作告于王。王令尽杀之,
惟一人得逸归。

　　初,报达被兵,哈里发思报复,环顾列邦,无可与谋者。闻蒙古
盛强,乃遣使来,道以西伐。然太祖方修邻好,无用兵意。既闻逸者
归报,惊怒,免冠解带,跪祷于天,誓雪仇恨。时古出鲁克余孽犹未
靖,乃先遣西域人波合拉为使,偕蒙古官四人往诘责,谓:"先允互
市交好,何背约?如讹脱喇儿城酋所为,非王意,请杀之,返所夺货。
不则以兵相见。"王箠死波合拉,剃蒙古官须发,释归以辱之,自聚
兵于撒马尔干。已而锡尔河北警至,蔑儿乞部人自康里窜入境内。
王亟由布哈尔至毡的城,又北行抵海哩、哈迷池两河间,见蔑儿乞
人被杀者相属于道,一人伤未死。询之,则云:"蒙古军戕我等而东
去,计程当未远也。"进军追之,越日追及。蒙古将遣使来告:"我所
仇者蔑儿乞,与他国无衅。出师时奉主命,若遇货勒自弥人,当待以
友谊。今请分所掠以犒师。"王轻其兵少,乃曰:"汝虽不仇我,上帝
令我仇汝。"遂战。蒙古兵败其左翼,攻至中军。扎剌勒丁以右翼败
蒙古兵,来援中军。至夕,始罢战,胜负相当。蒙古兵多然火于营,
乘夜疾驰去。王亦归撒马尔干,知蒙古为大敌,心怯,集诸将议,以
与野战不利,不如深沟高垒为自守之计。议既定,乃以其军分守锡
尔河、阿母河各城。

　　太祖十四年,会师于也儿的石河,以马乏刍秣,缓师期,众号六
十万。侦者归报:"蒙古兵不可胜纪,饥餐羊马之乳,渴不得水,则饮
其血,行不赍粮,战不反旆,万众一心,有进无退。"王亦惶惧,计无
所出。有西域人贝铎哀丁,以全家受戮,逃至蒙古献策,伪为康里将
与成吉思汗书云:"我等所以尽力辅王,成大业者,为土而堪哈敦故
也。今王乃不孝其母,大军如来,我等当内应。"故遗其书,使王见

之。王果大疑，遂不敢在军中，而为分地自守之计。太祖军至锡尔河，无御者。

秋，薄讹脱剌儿城，分军为四：察合台、窝阔台一军留攻城，术赤一军西北攻毡的城，阿剌黑、速客图、托海一军东南攻白讷克特城，皆循锡尔河，太祖自与拖雷将大军，迳渡锡尔河趋布哈尔，以断其援兵。

察合台、窝阔台之攻讹脱剌儿也，伊那儿只克部兵数万，缮守完备，王分军万人，令其将哈拉札率之，助守讹脱剌儿。大兵攻五月不下，哈拉札以力困议降。伊那儿只克自知生理，誓死守。哈拉札夜率亲军溃围遁，被获，乞降。因询得城内虚实，数其不忠之罪而诛之。遂克其外城。伊那儿只克退守内城，又一月，城始下，槛致撒马尔干，大军镕银液灌其口耳，以报前仇。

术赤一军先至撒格纳克，遣畏兀人哈山哈赤谕降，被杀。力攻七昼夜，城破，大俘馘，以哈山哈赤之子守其地。复下奥斯恩、八儿真、遏失那斯三城。毡的守将先遁，招降，未及复命，兵已至，树云梯以入，命阿里火者守其地，即西域商三人中之一也。西距咸海二日程，有养吉干城，亦下之。

阿剌黑三将至白讷克特，攻三日，降其城。分康里兵与民于两处，尽杀康里兵，取工匠随军，驱民间壮丁以往忽毡。城酋帖木儿玛里克守河中洲，矢石不能及，与城为犄角，造船十二艘，裹毡涂泥，以御火箭，日与蒙古军战。三将以兵力不足，请济师。师至，驱民运石于山，填河筑堤，以达于洲。帖木儿玛里克见事急，以船七十二艘载军士辎重，奔白讷克特。大军先以铁索锁河两岸，帖木儿玛里克断之，路始通。舍船登陆，且战且行，兵死伤殆尽，仅余三人，射追者中目，乃得脱。遂至乌尔鞬赤，取其兵以往养吉干，杀术赤所置守吏，复回乌尔鞬赤。

太祖大军先至赛而奴克城，遣丹尼世们谕降之，签壮者为兵。循沙漠僻路，至努尔城，前锋将岱尔巴图招城人出降，城中无备御，即纳款。太祖令速不台收抚，令如向日赋额，输金钱千五百底那。

十五年春,师抵布哈尔,昼夜攻城。城中兵二万,突围遁,追及于阿母河,歼之,民出降。太祖入至教堂,以回教戒饮酒,命取酒囊置教堂上,以经卷藉马足,又使教士执马缰,以辱之。出城登教士讲台,谕众以背约杀使、起兵复仇之事:"上帝生我如执鞭之牧人,用以箠挞群类。非汝等得罪上帝,天何生我?"丹尼世们译其语,以令于众,籍富民,令出窖藏财物。时犹有康里兵据内堡,驱民填濠以进。十二日,堡破,取其民为奴。

大军循赛拉甫散河至撒马尔干,凡五日程。分军下河滨寨堡。西域主先驻撒马尔干,督民修城浚池,闻兵至,大惧,谓敌军锋锐,我不可以居此,即先去。城有兵四万,守具完备。太祖见不易攻,先合围以困之。术赤等三路兵亦皆傅城下。城兵塔起克人居三之一,康里人居三之二。及出战,塔起克兵先进,中伏,康里兵不救,遂大败。康里人自以与蒙古同类,事亟则降,故无斗志。太祖诱其降,俾先以妻孥出城,发不得已亦降。守将阿儿泼汗引亲军溃围遁。内外城两重,五日悉下。以康里兵三万别居一处,令薙发结辫,示将入军籍,夜乃尽杀之。取工匠,分于各营。民丁三万任役作,余民五万,令出钱二十万,复其故居。

命哲别由北路,速不台由南路,各率万人追西域主。戒以"遇彼军多,则不与战,而俟后军。彼逃,则亟追弗舍。所过城堡,降者勿杀掠,不降则攻下之,取其民为奴。不易攻,则舍去,毋顿兵坚城下。"

西域主之去撒马尔干也,大兵甫渡锡尔河。智谋之将,劝其速征货勒自弥等处之兵,同心御侮,力扼阿母河,则锡尔河外险虽失,内险犹可守。或劝往嘎自尼,如敌兵深入,则赴印度,其地暑热多山险,蒙古人不敢进;王以其计万全,从之。使人至乌尔鞬赤,告其母、妻往马三德兰避兵。王渡阿母河,行抵巴尔黑,其子屋肯哀丁自义拉克遣使至,迎父西行,王又改计从之。札拉勒丁时从父,愿假统帅之职,守阿母河。王斥其少不更事,弗之许。旋闻布哈尔陷,继闻撒马尔干亦陷,王亟往义拉克。从兵皆康里人,阴谋叛去。王有戒心,宿辄易处。一夕,已他徙,而空帐为箭所攒射几满。至你沙不儿,闻大兵已渡阿母河,伪言出猎,奔于义拉克。

时哲、速二将抵烹绰克,欲渡阿母河,而无舟。伐木编为箱篚,裹牛羊皮于外,系马尾,将士攀援以济。既渡河,分道行。哲别入呼拉商,巴而黑民纳币输款。进拔萨伯城,询王踪踪,分遣人招降各城。前锋至你沙不儿,民馈粮,请俟其主就擒后归附。哲别至城下,亦馈粮,令贵绅出见,予以太祖榜示,大意谓天已畀我西域,降者得安,不降者杀无赦。速不台军经徒思、枯母、噶部珊、伊斯法楞、塔蜜干、西模曩等地,不遇西域主,欲西赴义拉克。哲别自马三德兰逾山而南,两军遇于合而拉耳城,军复合。

西域主与屋肯哀丁率数万人,守义拉克之可斯费音城,军警至,父子分路遁。王与吉亚代丁入喀隆堡,遇追兵,射伤其马。居堡中一日,即西往报达。改道西北,入虽而哲寒山堡,驻七日,至基兰,复东至马三德兰,辎重尽失。

大军亦入马三德兰,破其会城曰阿模尔,掠阿士特拉拔特。王窜匿海滨,忧穷追无已,谋入海,舣舟以待。马三德兰旧有部酋,为王所杀,其子思复仇,白王所在。大兵奄至,王亟登舟,有三骑入水追之,溺而毙,射以矢,亦不及。舟至东南小岛,王忧愤,兼胸胁中塞,岛民供粗粝不能食,又无医药。病革,召其子札剌勒丁、鄂斯拉克沙、阿克沙,命札剌勒丁嗣位,以佩剑系其腰。越数日,卒,无以为殓,埋尸土中。

屋肯哀丁遁入起儿漫,居半载,率众至合而拉耳,蒙古将台马司台纳尔来攻,败走苏吞阿盆脱堡,攻半年,堡破,杀之。

王母土而堪哈敦,居乌尔鞬赤。太祖自撒马尔干遣使者丹尼世们往,谓:“哈敦之子,不孝于母,开罪于我,我欲得而甘心焉。哈敦所主地,我不相犯,速遣亲信人来与面议。”土而堪置不答,而遁去。以兼并诸部落故酋皆居旧都,恐为变,悉投之阿母河。凡杀忒耳迷酋、八迷俺酋、斡克石酋、巴而黑酋父子、塞而柱克王托古洛耳二子、郭耳酋马赫模特二子、雪格纳克酋二子。惟倭马尔酋未杀,使导

行,仍害之中途。土而堪入马三德兰伊拉耳堡,哲、速二将追西域主
经其堡,知土而堪在内,留军绝其汲道,逾月不雨,堡民渴欲死,乃
出降。当夕即雨。以王母、妻送太祖军中,杀其幼孙。土而堪后随
大军东返,太宗六年卒于和林。

札剌勒丁与二弟既藁葬其父,由芒格世拉克之地至乌尔鞬赤。
城兵六万多康里人,闻札剌勒丁嗣位,皆不服,谋杀之。事觉,札剌
勒丁与帖木儿玛里克以三百骑出奔,南逾沙漠,入呼拉商。遇游兵
七百人于讷萨城,败之。将至你沙不儿,大兵追及,令其将拒战,自
从间道逸去。追败退,札剌勒丁已去久,追者乃止。札剌勒丁出奔
后三日,大兵至乌尔鞬赤,鄂斯拉克沙、阿克沙不能守,亦出奔。至
讷萨,遇游兵,避人喀仑特耳堡。堡人出战,令乘间遁去。行抵勿世
特之地,又有游兵自他道至,杀之。惟札剌勒丁得脱,由海拉脱东
南,遁人嘎自尼。

太祖既定撒马尔干,夏,避暑于渴石。秋,命术赤、察合台、窝阔
台攻乌尔鞬赤,自将大军至忒耳迷,呼城人开门纳降,不应。攻十
日,破之,大杀掠。一老妇有大珠,不肯献,而吞于口,剖其腹取之。
于是,死者多遭剖腹。至赛蛮,分军入巴达克山,命拖雷将兵往呼拉
商,为哲别、速不台后援,平其未定之地。阿母河北悉定,遂渡河。巴
而黑城迎降,太祖以将南行,恐留为后路患,令民悉出城,焚其庐
舍。遂由塔里堪山中,攻诸司雷脱柯寨,守兵溃遁,屠而隳之。

十六年夏,术赤、察合台、窝阔台攻乌尔鞬赤,城民举库马尔为
首领。前锋至,守兵出战,中伏,大败。术赤下令军中禁焚掠,言:
"我父将以此地封我。"遣使招降。初,西域主谕城民:力不能御蒙
古,任民降敌纾祸,而守将不愿降蒙古,遂坚守。近城无石,伐大木
为冲车,填城濠而进。城跨阿母河,为桥以通往来,遣兵断其桥。三
千人往,皆战殁,守者益胆壮。术赤、察合台素有违言,师不和,阅六
月不克,使人告太祖于塔里堪。太祖廉得其实,改命窝阔台总诸军,
乃调和两兄,并力攻城。城破后,巷战七昼夜,民始降。既而,悉戮
之,惟工匠、妇女、幼稚得免。决河水浸其城。察合台、窝阔台赴塔

里堪会师,术赤仍驻咸海、里海间。

拖雷一军,以脱忽察儿为前锋,渡阿母河至讷萨,攻半月克之,恣行屠戮。驻三日,往喀仑特耳堡,以险峻不易下,令献衣裘万袭以免。至你沙不儿城,城兵射死脱忽察儿,别将代统其众。以兵少,不攻城。分二军:一军攻克萨伯自洼,一军至徒思,降其属堡。

马鲁者,塞而柱克之故都也。哲、速军至,马鲁守将巴哈夷倭儿先遁,马鲁民约降。其守将木直而倭儿从西域主西奔,王卒,回至马鲁,议守御。民之不欲降者,奉为城主,士卒亦归之。其欲降者,惧祸及,告于昔剌思大军:"巴哈夷倭儿已降,请往收其地。"助以兵而行,至则尽为所杀。

十六年春正月,拖雷下安狄枯城,遂讨马鲁,先逐城外突厥人,奋力攻城。木直而倭儿知不支,乃乞降。大军入城,并其亲族杀之,城民惟工匠、妇女,童稚得免,发塞而柱克王散者耳之墓。西讨你沙不儿城,有炮军三千,炮五百,拖雷亦以炮军三千人运石至,辅以云梯、火箭,百计环攻。乞降,不允。三月,城破,脱忽察儿之妇率万人入城,遇人畜悉杀,以报夫仇。拖雷闻人伏积尸中,令悉断其首,分男女髑髅堆二阜,惟工匠四百人未死。分军毁徒思城外哈里发墓。自苦亦斯单至海拉脱,力攻八日,两军死伤甚众,守将亦战殁。民乃请降,惟诛守兵万二千人。旋奉太祖命,东往塔里堪会师。

太祖以札剌勒丁居嘎自尼未下,议率三子新征。秋,自塔里堪南行,经凯而徒俺城,下之。逾印度固斯大山,至八米俺,以其城当冲要,留攻之。命失吉忽都虎东南往喀不尔山,阻札剌勒丁旁抄之兵。

当札剌勒丁之奔嘎自尼也,其地数有内乱,守将迭被杀。札剌勒丁至,众情推戴,复有西域主母弟阿敏玛里克、库拉起人赛甫曷丁阿格拉克率众助之,喀不尔土人亦起兵相应,有众六七万。闻大军南来,御之巴鲁安。遇蒙古兵攻堡者,败之,杀千人。越八日,失吉忽都虎至,战竟日,互有胜负。次日,再战。札剌勒丁先使兵下马以待,战酣,齐令上马冲突,失吉忽都虎大败而退。

阵获一骏马,二将争欲之,阿敏以马策挝阿格拉克之面,札剌
勒丁以其为王母弟,不能禁抑。阿格拉克怒,率库拉起人去之,喀不
尔众亦散。札剌勒丁无如之何,乃还至嘎自尼,复退至印度河。

太祖攻八米俺,皇孙谟阿图堪死之,太祖怒屠其城。失吉忽都
虎既败,太祖卷甲南行,军中不及炊,皆啖生米。至嘎自尼,则札剌
勒丁已去。仍疾追之,及于印度河。札剌勒丁屡招阿格拉克等来助,
犹未至,而太祖追及。闻其欲渡河,即夕列阵围之。晓而战,先败其
右翼,获阿敏玛里克,杀之。未几左翼亦败,中军仅七百人,犹死战。
太祖欲生禽札剌勒丁,命诸将环攻,勿发矢。札剌勒丁策其马,自数
丈高崖投入印度河,泅水而逸。获札剌勒丁妻、子,尽杀之。时十六
年冬也。

寻遣巴剌、土尔台渡印度河追之,破壁耶堡,蹒轹木而滩、拉火
耳、费耳沙波儿、薆里克波儿等地,不知札剌勒丁所在,攻木而滩城
未下,大暑,遂班师。

十七年春,以札剌勒丁未获,军退后,嘎自尼民必复叛,命窝阔
台往,伪为查阅户口,令民出城,尽戮之,取工匠从军。巴鲁安之败,
海拉脱城亦叛,命按只吉歹往攻之,六月城始下,屠之。师旋,恐有
遗孽,复遣兵突往,再杀二千人,惟十六人以乡居得免。

太祖自循印度河西岸北行,捕札剌勒丁余党。时阿格拉克与他
族相仇杀,先死。诸部悉平。窝阔台既定嘎自尼,请进兵昔义斯单,
太祖以天暑止之。是夏,太祖避暑于巴鲁安,巴拉等自印度来会。六
月,以西域大定,设达鲁花赤监治其地。

秋,旋师。窝阔台来会于古南柯而干。自此渡阿母河,历布哈
尔,召天方教士曷世哀甫等二人来见,详述教规。太祖谓:“所言亦
是,惟赴麦哈礼拜,我不谓然,上帝降鉴,无在不周,何为拘拘一
地?”今此后祈祷文用己名,免教士赋役。渡锡尔河,令西域主母妻
及其亲族辞故土,向国而哭。

哲别、速不台既迫西域主入海岛,复获王之母妻,由马三德兰
南至义拉克,所向无前。降合而拉耳,掠枯姆,定哈马丹,下赞章。破

可斯费音，以民坚守，多伤士卒，杀四万人。北入西域之邻部，曰阿特耳佩占。部酋鄂思贝克年老，不敢御，迎馈衣马，二将纳其降。以部内莫干之地饶水草，遂驻冬。角儿只闻大敌近境，亟谋设备，不知阿特耳佩占已降，无斗志，遣使约鄂思贝克，明春合力夹攻蒙古。而是冬，二将即往角而只。鄂思贝克之将阿库世反为前锋，突厥人、库而忒人皆从征，钞掠其境。未及帖费利司，角儿只人来御，阿库世战不利，大军继进，败之。南还，再经台白利司，进攻梅拉喀，数日，城破，大杀掠。

欲从梅拉喀往哀而陛耳，以山路险隘，改而南行。报达哈里发那昔尔闻警，征哀而陛耳、毛夕耳、美索卜塔米牙各部兵，仅哀而陛耳、毛夕耳兵至。大军闻有备，亦退至哈马丹，征民贡献。民以去年已输纳，不堪需索，遂杀留守官以叛。大军攻城两日，守将遁，民无固志，城破，纵兵大掠。

北行，破爱而达必尔城。又西至台白利司，鄂思贝克畏而遁去，守将纳币请成。复北下赛拉白城。遣使招下阿而俺之贝列堪城，使人被害，破其城而屠之。西北入角儿只，复败其众。

时哲、速二将已奉太祖命北征奇卜察克，以角儿只境内多山险，不欲假道，退而东行，渡库耳河，破失儿湾之沙马起城。又破得耳奔特。失儿湾部酋拉施忒守山堡未下，二将令以乡导人来，即罢攻。拉施忒遣十人至，以不善导军，杀一人以徇。遂逾高喀斯山而北。

太祖东归，定四子分地，以和林封拖雷，以叶密尔河滨之地封窝阔台，以锡尔河东之地封察合台，以咸海西南货勒自弥之地，并咸海、里海之北，封长子术赤。

新元史卷二五五
列传第一五二

外国七

西域下　角儿只　罗马　小阿昧尼亚　阿特而
佩占　克儿漫　海拉脱　土耳基　印度

　　太祖既定西域,置达鲁花赤监治之。命四子各出兵千人,分屯八迷俺、嘎自尼、塔里堪、石泼干、阿里阿拔脱、格温,皆阿母河以南地,兵少,控驭阔疏。西域主第三子吉亚代丁,匿于喀仑堡,俟大军退,潜出纠合余众。时义拉克为西域二将所据,曰阿塔毕托干太石,曰也特克汗。吉亚代丁先欲得也特克为助,许妻以女弟。已而托干太石杀也特克,夺亦思法杭之地。吉亚代丁至亦思法杭,托干太石奉以为主,吉亚代丁即以女弟归之。遂据义拉克,复取呼拉商、马三德兰二部。吉亚代丁无才,不能驭众,惟以爵位笼络,向为密米尔者晋为玛里克,为玛里克者晋为汗。诸将专恣自擅,无饷给之,任其掠夺,故部众有思札剌勒丁者。

　　札剌勒丁既泗水获免,沿途掠衣食,败印度别部之众。闻巴拉等来追,谋入得里,请于其酋伊勒脱迷失。酋畏之,婉词以拒,使赴木而滩。札剌勒丁不敢往,退至朱堤之地,败其酋喀阿札之兵。伊勒脱迷失联合他部,率众逐之。札剌勒丁谋归货勒自弥复旧业,其部将欧思别吉谓:“蒙古兵不易御,与其北归,遇大敌而败,不如处此,可以图存。”札剌勒丁不从。

十八年，太祖旋师，札剌勒丁亦返，留欧思别吉守郭耳，自引兵循印度、克儿漫中间大沙漠以向西北，道亡士卒颇众，惟余四千人。先是，西辽故将薄拉克哈儿泼事吉亚代丁为大将，与其用事者不相能，自请迎札剌勒丁，吉亚代丁许之。方渡漠，克哇希儿之守将受吉亚代丁密旨，率所部拒之，败死。薄拉克进攻克哇希儿，闻札剌勒丁至，赍厚币奉迎，且献女焉。克哇希儿人亦开门纳降。札剌勒丁居一月，知薄拉克有据地自王意，诸将请袭杀之。札剌勒丁以其归附在先，忍而不发，仍西行，入法而斯。

将至设剌斯，遣使告其酋沙特阿塔毕，令其子阿蒲贝壳耳以众来迎。时吉亚代丁夺法而斯地，沙特怨之，乃迎札剌勒丁，亦妻以女。札剌勒丁进至亦思法杭，旗帜纯白，冒为蒙古军。吉亚代丁来拒，望见即遁。而其部将侦知非蒙古军，以札剌勒丁英武，不如吉亚代丁庸懦易制，仍悉力拒之，众三万。札剌勒丁见众寡不敌，乃诱以甘言：“非来争国，欲助弟复旧物也。”吉亚代丁信之，迎以入，自返辣夷休息士马。札剌勒丁请便宜用其名义立誓约，阴以厚赂啖其将校，使附己，人赐一指环以为信。俄事泄，吉亚代丁大惊，急捕杀受指环者，而札剌勒丁兵已至。吉亚代丁据宫城自守，札剌勒丁遣使慰谕，乃让位于兄，避居游牧旧地。于是，义拉克、呼拉商、马三德兰三部，皆望风款附。

札剌勒丁以蒙古之来，哈里发导之也，首谋攻报达以复世仇。二十年，引兵至库昔斯单，围呼思特拉城，以攻具未备，不能下。西北至牙库拔，距报达不及百里。达思马格酋谟阿杂姆，埃及苏尔滩撒勒丁之从子也，札剌勒丁约与夹攻报达。谟阿杂姆复书，谓苏尔滩仇视哈里发，不敢预知，他事惟命。札剌勒丁乃独进，哈里发使其将希古帖木儿率二万人拒之。札剌勒丁分兵设伏，自将五百骑挑战，佯却。敌来追，伏兵夹击之，希古帖木儿败死。札剌勒丁知报达不易取，乃北攻达枯克城，拔之。哈里发先以鸽书征哀而陛耳兵，酋以兵至，战败，为札剌勒丁所获，释之。

北入阿特耳佩占，次蔑儿剌伽城。会哈里发封托干太石于哈马

丹,以惎札剌勒丁。托干方驻冬于阿剌温,札剌勒丁闻之,潜师夜薄
其营。比晓,托干见札剌勒丁立于麾盖之下,大惊,遣其妻迎降。托
干妻,札剌勒丁之妹也。其众遂属于札剌勒丁。阿特耳佩占酋鄂思
贝克望风而遁,奔甘札,留其妃蔑里克守台白利司。札剌勒丁围城
三日,民出降,迁蔑里克于倭向米湖北之库页城。

　　札剌勒丁既入台白利司,乃进攻角儿只,拔其土并城。又败角
儿只兵于夏而尼谷,角儿只大将意万乃退保克格寨。札剌勒丁方分
兵劫掠,而台白利司之降众复叛。先是,札剌勒丁留大将舍里弗乌
儿蔑里克守阿特耳佩占。台白利司之连斯阴谋拥鄂思贝克,使复
位。舍里弗以报,札剌勒丁秘之,既战胜,始告其事于诸将,以吉亚
代丁统行营,自返台白利司,捕连斯杀之,而娶蔑里克,并收甘札之
地。

　　复返角儿只,则角儿只酋已纠阿兰、勒斯克、奇卜察克等部助
战,仍为札剌勒丁所败。乘胜攻帖弗利司,天方教人为内应,引兵
入,胁民从谟罕默德教。事定,移军向凯辣脱。是时,克儿漫酋薄拉
克已输款于蒙古,谓札剌勒丁势大,宜亟除之。札剌勒丁闻其事,分
兵南至亦思法杭,薄拉克遣使来迎,卑辞解免。札剌勒丁乘机抚谕,
还其旧职,且赐锦袍一袭,以悦之。疾返帖弗利司,进围孤尼城及伽
儿斯城,又声言伐黑海东之阿勃哈齐部,而潜回攻凯辣脱,仍不克。
凯辣脱酋阿释阿甫先与其兄达马思格酋谟阿杂姆不相能,至是归
诚于兄,谟阿杂姆为之和解,兵始退。

　　札剌勒丁有部将屯甘札,为木剌夷人所杀,札剌勒丁怒,欲东
伐木剌夷。时大军已抵塔密干,前锋为札剌勒丁所败,多所斩馘。未
几,阿特耳佩占人厌札剌勒丁之暴虐,密召凯辣脱守将忽桑儿丁,
蔑里克亦以归札剌勒丁为耻,乞援于忽桑儿丁。于是,忽桑儿丁以
兵至,连拔哿伊、买儿兰、那黑察哇三城,挈蔑里克而去。札剌勒丁
不得已再回攻凯辣脱。大军道遂至阿剌黑之地。

　　札剌勒丁以四千骑侦敌,为大军所却,退守亦思法杭。大军亦
筑垒于亦思法杭东,相距仅一日程,凡五队,领队者曰托海,曰巴

康,曰阿萨徒干,曰台马司,曰台纳耳。札剌勒丁军中有星者卜,四日内战不利,过此则吉。札剌勒丁用其言,闭城不出。大军疑札剌勒丁怯,议进攻,分遣二千人掠罗耳之粮。札剌勒丁遣部将据险要之,获四百人,脔其肉以饲鹰犬。观星择日,定期出战。吉亚代丁以前杀一文士,与其兄龃龉,及是率所部去之。

札剌勒丁兵分左右翼,相距远,大军亦分右右翼当之。日暮,右翼败大军之左翼,逐北至柯伤,左翼犹未遇敌。札剌勒丁意气甚逸,顿兵憩于谷口,部将伊兰不花请亟进。札剌勒丁从之,麾左翼搏战,大军以突骑冲之,乘高而下,左翼奔溃,走中军,中军阵亦动,遂大败。札剌勒丁单骑遁。右翼闻左翼败,亦溃。然大军虽胜,所亡失乃过于敌。太祖疾大渐信至,遂退北趋合拉耳,又东至你沙不儿,行甚疾,弃所虏户口,渡阿母河而去。

札剌勒丁不敢入城,匿于罗耳,八日始出。亦思法杭已谋立托干太石为主,札剌勒丁归,人心始定。遣兵蹑大军后,觇其所向。赏右翼将士,罚败将有差。

吉亚代丁驻义昔斯单,讹传札剌勒丁战没,遣使请于哈里发复其位,哈里发馈以五万的那。既而知札剌勒丁审不死,乃奔于木剌夷。札剌勒丁索之,木剌夷酋不与,吉亚代丁又奔于克儿漫。薄拉克欲妻其母,吉亚代丁不得已从之。未几,薄拉克左右密劝吉亚代丁袭杀薄拉克,事觉,薄拉克以弓弦缢杀之,从者五百人尽死。

角儿只闻札剌勒丁新败,图复仇,聚高喀斯山南北各部族:曰阿昧尼亚,曰阿兰,曰赛而里耳,曰勒斯克,曰奇卜察克,曰苏散,曰阿勃哈齐,曰苦,凡九部,四万余人,屯于阿而俺之北。札剌勒丁兵少,大将舍里弗乌儿蔑里克请坚守,俟敌粮尽自退。札剌勒丁以为怯,罚舍里弗五万底那,赎其妄言之罪。明日,两军相遇,札剌勒丁登山瞭敌,见奇卜察克人最众,居敌之半。乃遣使告曰:“昔者,我父欲伐汝,以我劝释得免,今相迫何无情义!”奇卜察克遂引去。又告角儿只:“汝所仇者惟我,请单骑鏖战,勿多伤士卒。”角儿只允之,迭遣骁将出,皆为札剌勒丁所杀。乘胜麾军进击,大败之。于是阿尼忒、麻而顿、爱而西楞三部皆降。

哈里发遣使来议和，要以二事：一，毛夕耳、哀而陛耳、阿蒲亦、哲泻耳四部，本属哈里发，不得胁为属地；一，祷祝文仍用哈里发名。札剌勒丁从命，遂受波斯可汗之封。造大墓于亦思法杭以葬父，先迎其椟，置于哀阿特汗堡。

以凯辣脱人侵夺阿特耳佩占之地，并挟蔑里克去，兴兵围凯辣脱，逾半年，克之，纳阿释阿甫之妻。初达马思格酋谟阿杂姆卒，其子纳薛儿嗣，埃及苏尔滩夺其地以畀阿释阿甫。至是，阿释阿甫在达马思格，闻札剌勒丁陷凯辣脱，而纳其妻，大怒，遂与埃及苏尔滩、罗马苏尔滩并毛夕耳、阿勒波诸部连兵来伐。战于爱而靖占城，札剌勒丁病新愈，兵又未集，为所败。回至凯辣脱，载所得军俘及阿释阿甫之妻，往阿特耳佩占。阿释阿甫既入凯辣脱，贻书舍里弗乌儿蔑里克，谓有札剌勒丁，可以东御蒙古，我诚不愿戕害，请再勿相扰。舍里弗以告札剌勒丁，许之，甫欲议和，而大军至。时太宗二年也。

帝以西域未定，命绰儿马罕统三万人西征，由伊斯法楞至合拉耳。札剌勒丁方在台白利司，以天寒，大军未必骤至，遣小校率十四骑向阿剌里，诇敌行。至赞章、阿八哈耳两界之地，与大军前锋遇，从骑尽没，小校疾驰获免，归报。札剌勒丁即弃台白利司，仓卒走莫干征兵。

是年冬，札剌勒丁驻莫干北设里汪之地，昼出猎，夜归纵饮，帐下仅卫卒千人。大军乘夜袭之，卫卒溃散，札剌勒丁奔于阿剌黑。大军疑其渡阿母河，北向追之，故不及。

先是，札剌勒丁释阿释阿甫之弟，修好于阿释阿甫，使舍里弗偕往莅盟。舍里弗怨札剌勒丁之罚已也，承命不行，以傔人代之，使反，尽修好之词。及札剌勒丁走莫干，其妃侠重宝居台白利司，舍里弗迁之于阿剌温之辛忒苏克寨，夺其赀。闻札剌勒丁自莫干出奔，舍里弗遂以甘札叛，传檄各城，毋纳莎尔滩。札剌勒丁闻之，不以为意。

明年春，札剌勒丁由莫干突至甘札，遣使召舍里弗。舍里弗仓卒不知所为，乃系颈以组，出迎请罪。札剌勒丁阳为不知其事，赐宴慰谕之。大臣赐宴，货勒自弥之殊礼也。及将赴札纳阿卜秃，始召舍里弗至，数其叛逆之罪拘之。札剌勒丁去，守者乃缢杀舍里弗。

是时，札剌勒丁遣纳萨斐乞师于丹马斯克、阿尼忒、麻而顿等部，皆不应。与诸将议往亦思法杭，议已定，阿尼忒酋马素忽脱遣使者至，劝西取罗马，用其众，可以御敌，且愿发四千骑以从。札剌勒丁信之，乃改赴阿尼忒。中道张幕，夜饮大醉。土人来告，昨夕有兵队过此，形状不类，宜为备，札剌勒丁不谓然。黎明，大军奄至，围已合。部将窝勒汗突围而入，扶札剌勒丁上马，宿醒未解，犹谓左右善护法儿思公主，札剌勒丁之次妃也。大军急追之，使窝勒汗力战，趋别道以误敌，自率百余骑至阿尼忒，门者不纳。又迂道向小亚细亚，至梅而法定，为大军所邀截，从者尽死。札剌勒丁单骑入阿儿忒山中，土人劫之，自言：“我货勒自弥苏尔滩也。”乃送于酋长家。札剌勒丁谓其酋曰：“能送我至哀而陛耳者，必获厚赏，官爵、土地惟所择，否则送我归货勒自弥。”酋喜，谓愿送苏尔滩归，使其妻护视，自出求马。俄顷，有一曲儿忒人入见之，询知为货勒自弥莎尔滩。其人曰：“彼诚为苏尔滩，则攻围凯辣脱时杀我兄者，乃我之仇人也。”遂以枪刺杀之。货勒自弥亡。

札剌勒丁躯干不逾中人，性沈毅，寡言笑，临阵决机，虽众寡不敌，而意气自若。然自恃其勇，过示整暇，饮酒作乐，往往败事。又驭下严，将士多怨之。盖战将才，非人君之度也。或谓札剌勒丁实未死，被刺者乃其厮卒云。

角儿只，亦译为谷儿只，在里海、黑海之间，高喀斯山南。太祖二十年，哲别、速不台由阿特耳佩占侵角儿只，败其兵。

札剌勒丁入阿特耳佩占，以角儿只奉天主教，屡与天方教争，遂来伐，破土并城，败其兵七万。角儿只大将意万乃遁于克格里堡，攻之，分兵围其台白利司都城，天方教人为内应，遂克台白利司，部

众降于札剌勒丁。后札剌勒丁为大军所败，角儿只图复仇，征兵于
高喀斯山南北各部，与札剌勒丁战于阿而俺之北，复为札剌勒丁所
败。

　　绰儿马罕既灭札剌勒丁，太宗七八年间由莫干伐角儿只，女主
鲁速檀遁于乌治讷特堡。太宗十年，绰儿马罕部将分下阿拉斯河、
库耳河中间角儿只各属地。嘎达罕克闻达巴古城、法而沙拿速忒
城；谟拉耳克商喀耳城；绰儿马罕弟笠拉克喀程城；察格塔克罗黎
城。图格塔攻盖恒城，其守将阿拔克为意万乃之子，以城降。

　　太宗十二年，阿拔克偕其女兄汤姆塔入朝。汤姆塔者，凯辣脱
部长阿释阿甫之妃，札剌勒丁陷凯辣脱，娶为妇者也。太宗厚抚之。
既归，诏绰儿马罕尽返角儿只侵地。未几，又谕绰儿马罕："角儿只
国及其属地，岁贡外勿苛敛。"

　　乃马真皇后称制四年，贝住取凯辣脱城，遵太宗之命，使汤姆
塔主其地。是时，鲁速檀仍居乌沙讷忒部，贝住招之不出。拔都亦
遣使招之，鲁速檀以子达比特为质于拔都，求自附。贝住闻之，怒。
鲁速檀夫弟私于外而有子，亦名达鄙忒，鲁速檀嫁开廓苏，挈以俱
往，拘于罗马者十年。至是，贝住令商喀耳酋索之归，使主角儿只
国，即位于麦兹他起耳之礼拜堂。以兵向乌沙讷忒堡，鲁速檀仰药
死。

　　定宗即位，贝住令达鄙忒入朝，拔都亦令达比特入朝。定宗乃
以达鄙忒主角儿只东境，达比特主西境，皆封王号，而达鄙忒位次
在上。

　　罗马，在黑海南，本东罗马属地，古拂菻国也。宋神宗元丰三
年，塞而柱克王玛里克沙之弟素立蛮沙率突厥人、古斯人八万帐自
撒马尔干西来，夺其地，建都于枯尼牙，仍东罗马之名，名其国曰罗
马。第八世国主开廓苏嗣位五年，而大将贝住兵至，以炮毁爱而西
楞城，复陷其内城，兵民尽死，惟工匠及妇女获免。开廓苏率二万骑
至舍挖司城，有佛郎兵二千人为助，复乞师于小阿尼亚国与希姆

斯、梅法而定二部，皆不至。开廓苏与贝住战于爱靖而占城，大败，弃辎重而遁。贝住恐有伏，不追。翌日，乃追至舍挖司，民乞降，贝住宥不杀，惟堕其城而去。西北略塔略特城，西南至恺撒里牙城。开廓苏遣其大将来议款，纳岁贡金钱四十万的那，他物称是，贝住许之。

又二年，开廓苏卒，国人立其子亦思哀丁开喀而甫司，以弟屋肯曷丁开立蚩阿思兰与阿拉哀丁开柯拔脱为执政。国人有欲立开立蚩阿思兰者，其宰相社姆萨丁娶开喀而甫司之母，故助其子嗣位，令开立蚩思兰入贡和林，既行，诛其党羽。开立蚩阿思兰从官巴海曷丁台而术满诉于定宗，言社姆萨丁有三罪：一娶王妃，一妄杀，一立嗣君未请命于可汗。定宗令开立蚩阿斯兰为王，而废开喀而甫司。

定宗崩后一年，还至罗马，贝住以兵卫之，杀社姆萨丁，令开喀而甫司与开立蚩阿思兰分国而治，以舍挖司河为界。兄弟仍不相下，乃议兄弟三人三分其国。

宪宗二年，召开喀而甫司入朝，畏其弟不敢行，令开柯拔脱代往，以二使从之。绕黑海而北，先谒拔都，然后至和林。开立蚩阿思兰之党伪为开喀而甫司书，遣二使持谒拔都，谓先所遣二使，一残疾，恐其失仪，一藏毒物，恐不利于可汗。拔都考验无实，乃令后二使为从官，前二使赍贡物，分道以往。开柯拔脱道卒。四使至，各誉其主。宪宗仍命分治其国，岁赋亦均为二，诏书未至，兄弟已开战，开立蚩阿思兰被禽下狱。

宪宗五年，贝住以罗马岁贡不入，兴师问罪。开喀而甫司奔东罗马，贝住出开立蚩阿思兰于狱，使主全境。

旭烈兀至西域，开喀而甫司上书求内附。旭烈兀遵宪宗前命，分其国为二焉。

至东罗马，不与元通使命，惟定宗即位和林，天主教王遣使来贺，旭烈兀建国波斯，与东罗马修好，欲娶其王女，东罗马王以私生女玛里亚许字之。事具《旭烈兀传》。

小阿昧尼亚,在阿昧尼亚国西南。货勒自弥末代,阿昧尼亚分裂,各部酋长皆受封于角儿只,小阿昧尼亚尚为货勒自弥属国,贝住攻罗马,罗马乞师于小阿昧尼亚,王海屯第一畏蒙古兵强,观望持两端。及贝住败罗马,乃介喀程堡酋札剌尔,纳款于贝住,载币而行。初,罗马国王开廓苏之妃与其子避兵于小阿昧尼亚,至是贝住令献,以为信。海屯第一如约,贝住乃允其降。

定宗即位,遣其弟生拔特入朝。小阿昧尼亚有数城,先为罗马所夺,定宗令贝住返其地。海屯第一请拔都达其诚款,拔都劝使入朝,惮道远,又恐内乱,不果往。

阿儿浑为行省,定小阿昧尼亚赋则重,民不堪命。海屯第一欲入朝申诉,其妃卒,又不果。

宪宗三年,始来朝,先见贝住于喀而斯城,又往见拔都及拔都之子撒里答。既至和林,宪宗优礼之。居五十日,辞归,取道撒马儿干以返。

阿特耳佩占在货勒自弥西北,都城曰台白利司。其先世本塞而柱克王之仆,后为阿特耳佩占、阿而俺两部长官。塞而柱克亡,遂自立为国,称阿塔毕,下于苏而滩,并下于沙。

哲别、速不台追货勒自弥苏而滩,乘胜入阿特耳佩占,其阿塔毕曰鄂思贝克,衰老,遂迎降,并遣其将阿库世导哲别等攻角儿只。后哲别等欲攻报达,闻有备,回至哈丹马城,纵兵大掠。复北行,破爱而达必尔城,皆阿特耳佩占之属城也。进至台白利司,鄂思贝克出奔,守将纳币获免。蒙古遣使招降阿而俺之贝列堪城,城人杀使者,及城破,无男妇悉屠之。阿而俺都城曰甘札,望风纳款。

太祖二十年,札剌勒丁来攻,鄂思贝克奔甘札,留其妃蔑里克守台白利司。城民降于札剌勒丁,已而复叛。札剌勒丁自往平之,娶蔑里克为妇,遣别将攻克甘札。鄂思贝克遁走,阿特耳佩占遂亡。后其地复为绰儿马罕所取。

　　克儿漫，本货勒自弥属地。太祖平西域，克儿漫守将薄拉克据其地，自为一国，请命于报达哈里发，封为苏而滩。薄拉克为西辽故将，故又称黑契丹。大军败札剌勒丁，薄拉克先纳款于蒙古。及吉亚代丁来奔，薄拉克娶其母倍鲁克阿伊为妻。已而薄拉克近侍二人谋杀薄拉克，奉吉亚代丁为主。事觉，薄拉克磔杀二人，以弓弦缢吉亚代丁杀之。倍鲁克阿伊往救，并遇害。函吉亚代丁首，遣使献于太宗。

　　及岱尔巴图用兵于昔义斯单，招薄拉克，趣其入朝。薄拉克以年老，遣子洛肯哀丁火者代往。未至，而薄拉克卒，其兄弟之子库特贝丁嗣位。太宗封洛肯哀丁火者为克儿漫苏尔滩，使归国，征库特贝丁至和林，命随牙剌瓦赤赴汉地治事。

　　定宗即位，库特贝丁谋返国，未果。及宪宗立，牙剌瓦赤为言于上，治事有功，且无罪被废。乃封库特贝丁为苏尔滩，遣归。洛肯哀丁火者奔罗耳避之，后又奔报达。寻入觐，自言。宪宗召库特贝丁至，使质对，不直洛肯哀丁火者，令库特贝丁杀之。

　　旭烈兀西征，库特贝丁迎至毡的城，从旭烈兀讨木剌夷。

　　海拉特，本郭耳国属地歇萨尔城，郭耳国王封其大将之弟台术哀斯蛮，卒，子屋肯纳丁嗣。札剌勒丁灭郭耳，歇萨尔城以险固，独坚守自保。屋肯纳丁自结于蒙古，常率其子入觐。

　　太祖卒，子射姆斯哀丁嗣。定宗元年，偕撒里诺延与木而滩、拉火耳二部议和，定贡献数：木而滩金钱十万的那拉，火耳三万、布三捆、奴仆百名。蒙古他将嫉之，诬以与印度得里部酋交通，得里兵至，则为内应。射姆斯哀丁惧，往见岱尔巴图，遂留于岱尔巴图营中。二年，岱尔巴图卒，射姆斯哀丁申诉于察合台后王也速蒙哥，为所逐，乃往依拔都。

　　宪宗即位，入觐和林。帝欲藉其力以抚定郭耳之地，北至阿母河、东南至印度河，皆畀之。称臣纳贡，锡以命服、宝剑、刀斧。又命阿儿浑畀以金钱五十万，为建国之资。

旭烈兀西征，姆斯哀丁迎谒于撒马尔干，从讨木剌夷，招降赛耳塔石堡，因属于旭烈兀，传国百余年，后为帖木耳所灭。

土耳基，又名倭斯曼利，语讹为倭土曼，地在黑海之南，波斯之西，地中海之北。其部族初居土耳基斯坦。王师西徇，其酋色娄曼沙乃由波斯入于亚美尼亚，而立国焉。

色娄曼沙卒，子尼尔土国罗耳，继领其众。时木剌夷王阿拉爱丁方与大兵拒战，将败矣。尼尔土国罗耳援之，大败王师。于是阿拉爱丁赐以近东罗马之地，有二名城：曰色格德爱司，日基希黑尔。

尼耳土国罗耳卒，子倭斯曼立。小亚西亚王遂封之为王，赐用马尾纛旗，备王礼。乃自号其族曰倭斯曼利，建都于於叶尼希黑尔旗，与东罗马战，大败之，取其六部。时武宗与东罗马修好，以诏书谕之。倭斯曼利不答，侵掠弥甚，复降其大将马吉耳。既而，王师来伐，马吉耳与倭斯曼子奥尔汗合兵败之，遂攻白鲁撒城，八年，白鲁撒降。未几，倭斯曼卒，时年七十。倭斯曼善于治国，持法廉平，为倭斯曼利之令主。相传东罗马国人有襁负而至者。

子奥尔汗立。先是大兵既下小亚西亚而弃其地，于是小国蜂起。至奥尔汗时，遂渐并吞之，土尔基益强大。

奥尔汗卒，子摩招德立，为敌人所刺死，子贝叶西德立。贝叶西德善战，时人号之曰霹雳，从父西征。既嗣位，又尽灭诸小国。佛郎西诸国恐其再西略也，先之。贝叶西德急归，败之。帖木儿乘虚入其名都西伐司，贝叶西德回军与战，大败被擒，逾年卒于囚所。或谓帖木儿获贝叶西德，置诸铁笼中以死。然自是土耳基人席其数世之武烈，浸以强大矣。

印度，东北与波斯界，西濒阿剌伯海，西南濒大海，都城曰得里，亦译为铁利。其酋曰哥挞伯亭，篡其主麦尼而自立，始迁都于得里。太祖平西域，别将以兵侵印度，取数城而返。自此至宪宗，大兵屡伐印度，皆不得志。叛王笃哇子库脱洛克火者入印度东界，自立一国，旋为得里酋所逐。

及世祖时，得里酋曰巴林，察合后人来奔。蒙古兵渡印度河，巴林子谟罕默德败之。次年，诸王帖木儿复引兵至拉火耳，又失利，然谟罕默德亦阵殁。

大德初，得里酋只拉儿哀丁非鲁慈败诸王兵于比拉母小河边。又五年，笃哇兵至火拉耳，为得里酋阿来曷丁合勒赤之弟伊立施所败。未几库洛脱克火者引军直至得里，印度将昔费尔不能御。阿来曷丁哈勒赤以象军冲之，库洛脱克败走。大德七年，察合台后王土尔该引兵围得里城，逾两月不能克，乃退。明年，诸王阿里与火者塔失率四万骑伐印度，至阿母罗失，为印度将士克洛克所邀获，置阿里、火者塔失于象足下毙之。已而笃哇将葛贝克复仇，蹦木而滩，直至西瓦而克而退。及渡印度河，又为士克洛克所败，蒙古兵逃入沙漠，皆渴死，骑兵五万七千仅余三千人，为印度所俘，尽毙于象足下，葛贝克亦死，印度人聚其首为塔，以识武功。是年，土克洛克又败蒙古别将，获三千人，亦置象足下毙之。自是，蒙古兵不复入印度。

泰定帝末，笃哇子合尔迷失攻印度，尽取其北边诸城，进围得里，时得里酋为奇克洛卜之子谟罕默德，与议和，纳女于合尔迷失，国内空虚，始行铜币焉。

其后驸马帖木儿攻印度，战于得里城下，大败之，直至古直拉德，印度全境俱为所蹦，事具《帖木儿传》。

新元史卷二五六
列传第一五三

外国八

木剌夷　报达　西里亚

　　木剌夷,非国名也,译义为舍正路者,盖其同教之人诋之如此。其人自称则曰伊思马耳哀。伊思马耳哀者,天方教主阿里之后,其父曰札非而沙,卒,伊思马耳哀嗣位,以嗜酒为教民所黜。十叶教民又奉伊思马耳哀之子别为教主,是为伊思马耳哀之教,其后遂为国名。

　　北宋中,伊思马耳哀教民相率至波斯之地,其酋曰哈山沙巴哈,居于低楞,自称为东方之伊思马里惕,即后来之木剌夷也。宋哲宗五年,逐阿剌模忒堡酋,而夺其堡。西域塞而柱克王马里克沙,使鹿忒巴耳堡酋阿儿兰阿旭就近讨之,不克。未几,马里克沙之相尼匝姆乌儿蔑里克被刺死,马里克沙亦中毒卒,皆哈山沙巴哈为之。又筑堡于里海西南,及里海东南苦亦斯单之地,声威始盛。哈山沙巴哈教规:其徒党必杀教主仇人,阴谋行刺,杀其人而后已。马里克沙之子散者耳嗣位,屡遣兵攻苦亦斯单诸堡。夜寝,有人卓刃于地,遗书于案上,散者耳见之大恐,始罢兵。哈山沙巴哈死,传位于伦白塞而堡酋曰基牙布速而克乌米特,蓄刺客益众。于所居堡内筑宫室苑囿,务极华丽,供张豪侈,为出力杀人者乃得入。蓄童子自十二岁至二十,择其有胆勇者,日谕以天堂福地享用之乐,既而醉以酒,乘昏迷时载之入，恣所欲为，俟饮醉仍载以出。其人醒，询所遇，则告以谟罕默德所云天堂福地也，乃命往杀某某，事成复其故处，不幸身死，灵魂升天，乐亦如是。故人人踊跃用命，或为商贾，为奴仆，不远千里以行其志焉。

宋宁宗庆元四年，复取可斯费音附近之阿斯兰堡。货勒自弥王喀塔施以兵至，伪请降，而夜从地道入，尽杀其兵。及兵再至，又乞降，请分先后行，以纳还侵地。先行者不被杀，则以次出堡，否则死守，许之。迨前队去后，无继者，诇之，则已尽行矣。其诡谲类如此。

基牙布速而克乌米特死，子基牙谟罕默德嗣位，死，子哈山第二嗣位。哈山第二性放诞，多嗜欲，且奖诱同恶者。于是，教徒始有木剌夷之名，哈山第二为其妻弟刺死，子谟罕默德第二嗣位，中毒死，子札拉儿哀丁哈山嗣位。

太祖西征大军渡阿母河，札拉儿哀丁哈山遣使来送款。明年，又中毒死，子阿剌爱丁嗣位。时货勒自弥王札剌勒丁建国，使其将土而堪侵掠木剌夷，为刺客所杀。蒙古五将西伐之役，木剌夷乘机取塔密干城。札剌勒丁将伐之，木剌夷使者至，其相饮使者酒。及醉，使者曰："公等军中，皆有我国人，特公等不觉耳。不信，请证诸从者。"呼其五仆至，一为印度人，具言某月日某地，左右无他人，即可加刃，以未奉命，故不敢。其相大惧，札剌勒丁闻之，投五仆于火，议用兵，以输赋纳贡获免。

宪宗二年，以木剌夷凶悍无道，使皇弟旭烈兀讨之，乃蛮人怯的不花率万二千人先行。次年，怯的不花至苦亦斯单，攻下数堡。复进至塔密干，攻吉儿都苦堡。其地高据山巅，为矢石所不及，怯的不花筑垒两重，使其将布里守之，自引兵攻附近城堡。未几，吉儿都苦人潜出，陷其垒，杀布里，伤士卒甚众。怯的不花闻之，引还，攻益急。吉儿都苦堡病疫，木剌夷酋阿剌爱丁谟罕默德遣精锐百余人，持疗疫药，突围入，仍坚守不降。

五年冬，阿剌爱丁谟罕默德死，子兀克乃丁库沙嗣位。阿拉爱丁谟罕默德之立甫九岁，既长，有心疾，清狂不慧。十八岁，生兀克乃丁库沙,定为嗣,众望属之。而其父忌兀克乃丁库沙得众,待之虐,兀克乃丁库沙告于部人:"我父不能理事,故民心涣散,致蒙古之兵祸。"众然之。一日,阿剌爱丁谟罕默德醉卧,为人所杀。咸谓其子弑之。未几,兀克乃丁库沙迁居梅门迭司堡。

六年,旭烈兀至西域,命怯的不花、库喀、伊而喀分攻苦亦力斯单各城堡,遂克枯姆城。旭烈兀至噶部姗,遣使谕降。其相火者纳昔儿哀丁,及数医士,皆劝兀克乃丁库沙降,乃遣其弟萨恒沙偕使者来谒。旭烈兀谕以尽堕城堡,亲来纳降,则汝父从前虐待蒙古人之咎,可以恕。已而兀克乃丁库沙不至。旭烈兀进至波斯单,复遣使求宽期一岁,兀克乃丁库沙当自来请命,吉儿都苦堡及他堡均谕以纳款。旭烈兀知其意在缓兵,仍进攻各堡,抵迭马温脱城。再遣使招降,兀克乃丁库沙始谕吉儿都苦堡出降,而仍不自至。梅斤迭司、阿剌模式、伦白赛耳三大堡仍坚守如故。旭烈兀命布喀帖木儿、库喀、伊而喀自马三德兰进,为北军;台古塔儿、怯的不花自胡瓦耳、西姆囊进,为南军;旭烈兀将中军自塔勒干进。兀克乃丁库沙又使其幼子来请降,尚未及十岁,旭烈兀遣归。

六年冬,进军至梅斤迭司,诸将以冬寒,马乏食,请班师。布喀帖木儿不从,复遣人谕兀克乃丁库沙,限五日内出降,许以不死。兀克乃丁库沙计穷,遂与火者纳昔耳哀丁等出降,尽献其金玉宝货。旭烈兀命兀克乃丁库沙遣人偕蒙古官谕下四十余堡,尽隳之。而阿剌模式、伦白赛耳二堡犹拒命。旭烈兀自至阿剌模式,攻之,始降。阿来曷丁阿塔玛里克志费尼得其内藏书籍、测量仪器。分遣诸将围伦白赛耳,久始克之。木剌夷人居于西里亚者亦来降。兀克乃丁库沙从旭烈兀至哈马丹,复遣至西利亚说降伊思马里哀诸堡。

事定,旭烈兀欲杀之,恐负约为天下笑,迟未发。兀克乃丁库沙内不自安,请入朝。既至,宪宗拒不见,遣归,行至通噶脱山,并其从者皆为蒙古官所害。

旭烈兀之出师也,宪宗谕尽除木剌夷人。故旭烈兀分其人隶于各营,俟其酋入朝,下令无少长悉行诛戮。在苦亦斯单,杀一万二千人，他处亦如之，间有得脱者，皆窜匿山谷以自活。其居西里亚者，不曰木剌夷，曰哈施身，能以麻叶酿酒迷人。其叶名哈施设，故称其人为哈施身，又讹为阿杀辛。西域人称谋杀者曰阿杀辛，语本于此。木剌夷建国传七世，共一百七十六年而灭。

报达，直波斯海湾西北，临体格力斯河，天方教哈里发之都城也。天方教创于阿剌比人谟罕默德，其族分二派：一为柯勒奚施，一为倭马亚。谟罕默德则系出柯勒奚施。谟罕默德卒，其妻阿夷舍之父阿部倍壳耳嗣为教主，始名曰哈里发，译言代天治事也。阿部倍壳耳立二年卒，倭马亚人倭马尔嗣为哈里发十年，为刺客所杀，谟罕默德之女婿奥自蛮嗣十二年，为其僚婿阿里所杀。阿里遂嗣为哈里发。阿夷舍与奥自蛮同族大怒，集奥自蛮旧部，与阿里战于蒲斯拉，不胜。丹马斯克大酋谟阿费牙起兵助之，与阿里战于西芬，相持不下。二人遂分国而治：谟阿费牙治达马思格，阿里治苦法。未几，阿里为阿孛赌阿满所害，子哈山嗣。甫半年，部众溃乱，哈山逊位，还居默德那。谟阿费牙乃独握政权。谟阿费牙为倭马亚人，故称为倭马亚国。十五传至末而换第二，逐其兄伊孛拉希母，而夺其位。旋为谟罕默德族人阿蒲而阿拔斯所杀，称为阿拔斯国。是时西里亚、埃及、阿非利喀、阿剌比、波斯、小亚细亚、阿眛尼亚等部，皆为哈里发属地。阿拔斯衣尚黑，唐人所谓黑衣大食是也。自末而换第二以前，则为白衣大食。唐代宗时，尝借兵于大食，以平两京之乱。至德宗贞元二年，哈里发哈里突以谟萨，始迁都于报达，故又以报达为国名云。哈里突以谟萨卒，三子曰阿敏、曰麻谟讷、曰谟阿塔逊，分国而治。阿敏攻谟阿塔逊，为其将他海尔所杀，立麻谟讷为哈里发，卒，谟阿塔逊嗣，以土耳基人为左右亲军。浸久为亲军所挟制，其后哈里发之废立，率出于亲军大将之手，纪纲陵替，国势日衰。

太祖平西域，哈里发东方属国存者无几。时哈里发为那昔儿累丁，与西域主阿剌哀丁谟罕默德有隙，西域主以兵侵报达，至呼耳汪阻风雪而退，那昔儿累丁怨之，构于蒙古。太祖征西域，阿剌哀丁

谟罕默德窜于海岛，死后五年，那昔儿累丁亦卒，子哀脱塔海壁拉
立一年卒，子木司丹锡尔壁拉嗣十六年卒，子木司塔辛壁拉嗣。

乃马真皇后称制四年，大将贝住攻克罗哈你夕班等部兵及舍
海而苏耳城，距报达仅八日程，鸽书告于哈里发，报达大震。值盛
暑，驼马多毙，贝住遂班师。五年，贝住攻牙库拔城，为报达兵所败。
定宗崩后一年，贝住复攻克达枯克城，杀报达所置官吏。是时蒙古
屡侵其境。

木司塔辛壁拉之十五年，宪宗即位六年也，旭烈兀既灭木剌
夷，谋攻报达。木司塔辛壁拉嗜音乐，尝患头痛，伶人作新琵琶七十
二弦，听之病顿愈，其国事皆决于群臣。属国若罗马，若法而斯，若
克而漫，尽降于蒙古；若哀而陛耳，若毛夕耳等尚依违不定。报达有
十叶教人聚居一地，木司塔辛壁拉纵亲军掠之。其用事大臣谟牙代
丁亦奉十叶教，怨哈里发残其同类，遂输诚于旭烈兀，愿为大军向
导。旭烈兀惩贝住之失利，疑报达不易攻，又恐谟牙代丁为诱敌之
计，贻书责以要约。谟牙代丁复其书，具以虚实告之，劝旭烈兀亟进
兵，又劝哈里发裁兵以省饷，有警则征属国之兵入卫。木司塔辛壁
拉吝于财，从之。哈里发之相曰低瓦答儿，置正副各一人，低瓦答儿
之副名哀倍克，与哈里发不协，谋废立。谟牙代丁知其谋，哀倍克亦
知谟牙代丁通蒙古，各言于木司塔辛壁拉，皆不问。

旭烈兀遣使以书谕之曰："我征木剌夷，令汝助兵，非有他意，
欲缔好也，而汝之兵终不至。汝席祖业为哈里发，但日入之后，月始
有光，日出则月没矣。我蒙古自我祖西征，灭货勒自弥，服塞而柱
克，平低楞，收抚诸阿塔毕。凡此诸国逃人入汝境者，汝开门纳之。
我蒙古人至，则称兵以拒。今我自至，汝如见机，毁平城堡，亲来纳
降，或先遣将相大臣来议，汝位得保，我兵自退。如欲战，则速集众
以待。届飞走路穷，汝无后悔。"

木司塔辛壁拉复书曰："汝以偶然得志，便藐视天下。自西自
东，凡信上帝崇正教者，皆我管属。我一震怒，则义而阗之人皆群起
逐汝，特我不愿众庶罹于锋镝，故相容耳。汝安得令我平毁城堡。"

蒙古使者出城，报达人皆怒目视之，欲加刃，谟牙代丁以兵护之，始
获免。

旭烈兀得书，议进兵，木司塔辛壁拉问计于谟牙代丁，劝以纳
贿行成，而哀倍克不允。久之始命其大将素黎曼沙集兵，谟牙代丁
管财赋，不急筹兵饷，逾五月兵始集，而饷仍迁延不发。木司塔辛壁
拉复遣二使往言，自来攻报达者无不受天谴，历引列国故事为证。
旭烈兀斥其妄。

报达东界有山为义拉克阿剌比部分界之地，有得而屯克堡守
将曰勿姆姗哀丁，以事怨哈里发。旭烈兀知其事，招之，果来降，使
攻夺旁堡，为大军前驱。忽姆姗哀丁归而悔之，旭烈兀闻其中变，使
怯的不花诱擒忽姆姗哀丁，命招堡中人出降，怯的不花悉杀之，并
杀忽姆姗哀丁。

宪宗遣星者洼杀哀丁至军前，询攻报达事。洼杀哀丁曰：“如攻
报达，日不出，雨不降，士马亡，年岁荒，风霾地震，国有大丧。”旭烈
兀问奉释教人及将士，皆曰：“吉。”询纳昔儿哀丁，则素仇哈里发，
力言无此六祅，引往时哈里发为人致死之事，以折洼杀哀丁。纳昔
儿哀丁者，为木剌夷酋近侍，以书献哈里发，报达之相致书木剌夷
酋，谓其交通邻国，乃拘纳昔儿哀丁于阿剌模忒堡，后从木剌夷酋
降于旭烈兀者也。

旭烈兀乃决计深入，以贝住为右翼，自罗马涉毛夕耳，自报达
西北境进；不花帖木儿、苏衮察儿，偕术赤孙三人曰布而嘎、曰土拉
尔、曰库里，将别队佐之。以怯的不花、库图逊为左翼，自报达东南
罗耳之境进。旭烈兀将中军，自报达东境进，库喀、伊而喀、鄂勒克
图、阿而衮阿喀、喀而拉克笔帖齐、赛甫曷丁、火者纳昔儿哀丁、阿
拉哀丁阿塔玛里克志费尼皆从，法而斯之阿塔毕遣其侄谟罕默德
率兵助之。

七年冬，大军蹰乞里茫沙杭城。召贝住等东渡体格力斯河上
游，来议军事。以羊胛骨卜之吉，旭烈兀进至呼耳汪河，贝住等仍西
渡体格力斯河，率所部进发。是时，哈里发遣哀倍克、费度曷丁、喀

拉辛酷耳等守体格力斯河东之牙库拔城及八奇赛里城,闻贝住军
已在河西,行渐近,亦引兵西渡,遇前锋将苏衮察克于盎瓦拔耳城
,蒙古军败退。费度曷丁老于军事,持重不轻进,哀倍克不从。追及
于堵者耳河,蒙古军背水为阵,战竟日,无胜负。及暮,两军皆营河
上。报达营地低下,大军夜决堤淹之。次日进攻,覆其众,费度曷丁、
喀拉辛酷耳死之,哀倍克逃归报达。

　　贝住等至报达西域外,据其街市。是时怯的不花已平罗耳,与
贝住会兵城下。旭烈兀中军进驻报达城东。围遂合。报达跨体格
力斯河,分东、西二城。西城有子城,东城壁尤峻厚,城上筑敌台百
六十三。中军营于阿郑门,怯的不花等营于开而拔提门,布而嘎等
营于苏克苏而滩门,皆围东城军也。西则不花帖木儿、贝住等军于
体格力斯河上下游,列炮船上游,以防其逸。筑垒掘濠,一昼夜工
毕,取居发屋甓为炮台,攻具亦备。

　　哈里发惧,遣谟牙代丁等见旭烈兀,乞如前议纳降。旭烈兀曰:
"此我在丹马时之议,今我在报达城下矣。速令素黎漫沙、低瓦答儿
来见我。"迟日,又遣使至旭烈兀,拒不见。攻克阿郑门敌台,城遂
陷。哈里发先后遣长子、次子出城乞降,旭烈兀拒之如前,遣人召低
瓦答儿及诸将出城,哈里发来否听之。哀倍克、素黎漫沙不得已乃
出谒,旭烈兀悉诛之。越日,哈里发挈其三子暨官吏三千人出降。时
宪宗八年正月也。

　　旭烈兀置哈里发父子于怯的不花营,兵入城大杀掠,至第七日
居民求免,乃下令停刃,死者已八十万人。旭烈兀至哈里发宫内,命
毕献库藏复诘窖金,目于井而出之,黄金珠玉充牣其中。旭烈兀以
城中伏尸积秽,移驻郊外,遣使招谕库昔斯单。木斯塔辛壁拉自知
不免,请沐浴就死,同死者其长子及宦者五人,皆裹以毡置衢路,驱
战马蹴踏而毙。木司塔辛壁拉在位十六年,报达阿拔斯传三十七世
而灭。

　　次日,又杀其次子及亲族等。幼子谟拔来克沙以倭而采哈屯乞
免,得不死,后娶蒙古女生二子焉。

自谟罕默德创立天方教，从者风靡，招徕不至，济以兵力，辟地万余里。东西各国颓首臣伏，莫敢抵抗。有国者非受其册封，即无以自立于臣民之上。册封之礼，哈里发遣人赐以缠头巾一、约指一、刀一、骒一，鞍辔备，饰以珠宝。使者至，官吏郊迎，国主迎于国门之内，以口嗫使者手背，如卑幼见尊属，或云以口嗫骒蹄云。使者宣命，首以护卫其教为勖，国主听命惟谨。历六百余年，而哈里发之位始绝。

先是，哀脱塔海而璧拉之子阿卜而喀辛阿黑昧脱逃至阿剌比，旋至西里亚境。世祖中统二年，埃及国王迎至国中，立为哈里发，受其策封为苏而滩，谋复报达。以骑兵二千及阿剌比兵护以东行，遇其族人哀而哈勤以众七百人会之，攻克歇拉城。蒙古将喀拉布哈与报达守将阿里巴图皆以兵至，战于盎拔城，大败之。阿卜而喀辛阿黑昧脱走死。哀而哈勤遁归埃及，嗣为哈里发。然窃号一隅，托人宇下，不复能自立矣。

西里亚，埃及属国，以他木古斯为都城。埃及与蒙古隔绝，不通使命。宪宗初，西里亚酋纳昔儿商拉哀丁耶思甫取埃及之塔木司古司之地，后为埃及苏尔滩哀倍克所败，纳昔儿乃割基纳斯列母克渣及纳蒲列斯海岸以请平。

初，埃及苏尔滩散里卒，玛葭里忽之长哀倍克代立，玛葭里忽，波斯语雇兵也。散里之先祖曰散拉赤，有骑兵一万二千，皆购突厥之奴以供役，称为玛葭里忽。至散里，为第六世，乃重用玛葭里忽，由是玛葭里忽之威权日重。至哀倍克，遂代散里为苏尔滩。

已而哀倍克之部下七百骑，及所统巴阿里亚兵，逃于西里亚。巴阿里亚兵官见纳昔儿巽懦不足恃，乃约埃及别部酋摩黑德阿马儿攻哀倍克杀之。摩黑德阿马儿，埃及前苏尔滩阿扎儿之子也。

是时，纳昔儿以蒙古强盛，遣其宰相塞伊哀丁耶儿哈甫基来贡方物。及旭烈兀平报达，纳昔儿愈恐。宪宗七年，遣其幼子阿基斯，并乞毛夕耳酋贝特累丁罗鲁，奉书于旭烈兀，为之和解。旭烈兀问：

"纳昔儿曷不自来?"答以纳昔儿出境,恐邻国乘虚袭之。旭烈兀命阿基斯等返,以书谕纳昔儿降,不应。

旭烈兀乃进兵攻西里亚,以毛夕耳酋笃老,使其子蔑里克散里伊思马哀从行。怯的不花率沙古鲁人为前锋,贝住将右翼,苏衮察克将左翼,旭烈兀自将中军。

八年,由巴喀克山入赤乌鲁俾克,攻拔扎基勒图。旭烈兀子台古塔儿牙世摩特别将攻拔蔑雅尔克。伊思马哀攻阿兀忒,不下,去之。旭烈兀进至哀甫拉特,西里亚人大震。

纳昔儿方与摩黑德构兵和议,甫成,返他木古斯。旭烈兀至哈儿纳,会诸将,克期决战。纳昔儿兵虽众,内有阿剌伯人、突厥人,实不用命。其宰相劝纳昔儿降,大将哀密伊耳卑伊巴儿斥之,议未决。纳昔儿与其弟撒鲁屯于他木古斯城外,西里亚之玛蔑里忽乘其无备围之。卑伊巴儿遣使告于埃及苏尔滩,又求援于摩黑德及加伊罗。会玛蔑里忽将绰马哀丁等复请降,围始解。

是时旭烈兀已拔哀而陞忒,乃于玛纳扎亚克尔乌脱罗姆、哀而陞忒及吉尔札亚造桥梁,济师进掠玛勒忽,遂围阿列娑城。大军至阿列娑附近之沙米哀特城,以城中无兵,引去。败西里亚兵于巴库逊山,拔阿列娑北之阿沙司城。旭烈兀谕阿列娑守将降,不从,攻七日克之,杀戮五日,隳其城。其内城后一月始下,获纳昔儿之母及其子。

当旭烈兀入哀而陞忒,其酋玛斯尔谟罕默德奔他木古斯,代治木剌夷。及大兵克阿列娑,乃逐谟罕默德后裔哈玛脱之贵族,至阿列娑请降。旭烈兀以波斯人木司列乌沙为哀而陞忒长官。

纳昔儿闻阿列娑已失,退至加扎耳,复求援于埃及。埃及苏尔滩为哀倍克之子玛司儿,仅遣将守他木古斯,令城人携家赀避兵于埃及。纳昔儿至半途,为大军所袭败,乃奔于哀而阿库奚。其宰相塞伊哀丁里列伊玛伊布阿里,以他木古斯降,返旭烈兀之使者。旭烈兀受其降,下令城中安堵无恐。

九月,旭烈兀率大军入他木古斯,其内城仍坚守不下,久始克之。又谕降哈列姆城。旭烈兀返阿列娑。明年，闻宪宗大渐，乃班师，以怯的不花留镇西里亚，甫鲁哀丁为阿列娑长官，贝特那为他木古司长官。

后旭烈兀与术赤后王伯勒克相攻，埃及苏尔滩遂与伯勒克连合。旭烈兀卒，阿八哈嗣位，埃及复以兵夺西里亚滨海之地。阿八哈与埃及构兵十年，屡失利，事具《阿八哈传》。

新元史卷二五七
列传第一五四

外国九

斡罗斯　钦察　康里　马札儿　波兰

　　斡罗斯,其族曰司拉弗哀。北齐末,日耳曼人南侵罗马,日耳曼之地遂为司拉弗哀人所据。唐以前为西北散部,属于柔然、突厥。

　　唐末,司拉弗哀人柳利哥兄弟三人皆有智勇,侵陵他族,为众部之长。其所居之地曰遏而罗斯,遂以此为部落之名,遏而罗斯急读为斡罗斯,亦译为兀鲁斯,又曰厄罗斯。柳利哥建国在唐咸通三年,其部初无城郭,至是筑诺物哥罗特。诺物谓新,哥罗特谓城也。柳利哥亦译为鲁立克。其弟曰西纳非,曰忒鲁博尔,分据倭齐罗湖之北与伯位斯之地。后西纳非、忒鲁博尔皆卒,无子,柳利哥收其地,自立为斡罗斯王,在位十七年,卒。

　　子依哥尔幼,其相阿列克摄政,拓地而南,迁都于计掖甫。阿列克为毒蛇所啮而卒,依哥尔始亲政,以兵四十万、船万艘伐希腊,溯泥泊河渡黑海,至君士坦丁,希腊人败之。依哥尔至属部征饷,为部人所杀。

　　子萨威亚得司拉夫亦幼,王后哦辖听政。后有智略,始分立郡县,设官征税,国中大治。萨威亚得司拉夫年长,乃归政焉。萨威亚得司拉夫再伐希腊,又大败,殁于阵。

　　子雅尔波拉克嗣,后为其弟弗拉得莫尔所杀。弗拉得莫尔自立为王,时宋太平兴国五年也。弗拉得莫尔卒,子斯昧挨多彼睦嗣,其弟雅儿阿司拉夫与之争,分为两部。兄卒,雅儿阿司拉夫始有全国之地。卒,子衣士埃阿司拉夫嗣,卒,弟威司埃乌拉嗣,卒,衣士埃阿司拉夫之子斯昧埃多彼睦嗣,卒,威司埃乌拉之子弗拉得莫尔第二嗣,卒,子斯的斯拉嗣。

自后,诸部皆拥兵自立,壤土分裂,斡罗斯王国仅有物拉的迷尔。历十余王,至威司埃乌拉第二,与诸部连和,兵争始息。卒,子攸利第二嗣。

时太祖已平西域,斡罗斯邻部曰奇卜察克,纳蒙古逃人,太祖索之,不与。十六年,命哲别、速不台进军里海之西,以讨奇卜察克,杀奇卜察克酋霍滩之弟玉儿格及其子塔阿儿。十七年,遂自阿索富海踏冰以至黑海,入克勒姆之地。霍滩遁入斡罗斯境,乞援于其婿哈力赤王穆斯提斯拉甫。

穆斯提斯拉甫能用兵,屡胜同族,视蒙古蔑如也,允其妻父之请,遣告计掫甫王穆斯提斯甫拉罗慕诺委翅,集列邦议兵事。于是,扯耳尼哥王穆斯提斯甫拉司瓦托司拉甫勒委翅与南境诸王皆至计掫甫议,出境迎击,勿待其至,并告于首邦物拉的迷尔王攸利第二,请出兵为援,分军自帖尼博耳河、特尼斯特河以至黑海东北。

哲别、速不台闻斡罗斯起兵,遣使十人来告:“蒙古所讨者奇卜察克,夙与斡罗斯无衅,必不相犯。蒙古惟敬天,与汝国宗教相若。奇卜察克素与汝有兵怨,盍助我攻仇人!”诸王谓:“先以此言饵奇卜察克,今复饵我,不可信。”杀其使。二将复遣使至,谓:“杀我行人,其曲在汝,天夺汝魄,自取灭亡!今以兵来请决胜负。”霍滩又欲杀之,斡罗斯人释之归,刻期约战。

哈力赤王先以万骑东渡帖尼博耳河,败蒙古前锋,获裨将哈马贝杀之。蒙古军退,追至喀勒吉河,遇二将大军。时斡罗斯兵八万二千分屯南北,南军为计掫甫、扯耳尼哥等部之兵,北军为哈力赤等部及奇卜察克兵。哈力赤王轻敌贪功,不谋于南军,独率北军渡河,战于孩耳桑之地,胜负未决。而奇卜察克兵怯敌先退,阵乱,蒙古军乘之,斡罗斯人大败。哈力赤等王得脱,渡河而西,即沈其舟。后至者不得渡,悉被杀。南军不知北军之战,亦不知其败。蒙古军猝至,攻其营,三日不下,诱令纳赂行成。俟其出,疾攻之,歼馘略。尽获计掖甫、扯耳尼哥等部之王,缚置于地,覆板坐其上,饮酒欢会,多压毙者。哲别令曷思麦里槛致扯耳尼哥王于太子术赤,诛之。是役也,斡罗斯亡六王、七十侯,兵士十死八九。

攸利第二得请兵信令,其侄遏罗斯托王瓦西耳克康斯但丁诺委翅率兵往援,至扯耳尼哥,闻军败,亟引退。是时,列城无备,不能为战守,惟俟兵至乞降,举国大震。而哲别等西至帖尼博耳河,北至扯耳尼哥城、诺拂郭罗特、夕尼斯克城而止。是冬,大军东返。斡罗斯虽败于蒙古,境内未遭蹂躏,迨兵退,各部内讧如故,不复虑外患。

太宗七年,以奇卜察克、斡罗斯诸部未服,遣诸王出师,以拔都为统帅,速不台副之。

八年,速不台首入不里阿耳。九年,入奇卜察克。是年冬,遂入斡罗斯。自孩耳桑之战至是,已十有四年,斡罗斯人久不以蒙古为意。毛儿杜因人与斡罗斯有兵怨,导大军自东南入,取勃栾思克、别儿郭罗惕等城。南境诸王呦里与其弟罗曼分主列也赞、克罗姆讷二城,乞援于攸利第二,兵不亟至。蒙古军招降列也赞,令出民赋什一为岁贡,呦里不从,城陷,呦里阖门殉之。攸利第二遣子务赛服洛特帅众来援,而列也赞已破,乃援克罗姆讷,战于城下。罗曼阵没,务赛服洛特逃归物拉的米儿,大军遂攻拔克罗姆讷。

进至莫斯科,长驱直入,获攸利第二之孙,东趋物拉的米儿。时攸利第二令其子务赛服洛特木思提思老弗哀居守,而自引兵北驻锡第河,以待计掖甫王牙罗思剌弗哀、珀列思剌弗哀勒王士委阿脱思剌弗哀之援兵。大军至,令攸利第二之孙在城下,招降不肯下,乃杀之。分军下苏斯达耳城而归。

十年春,合围物拉的米儿,凡七日,城陷。连拔攸利、计掖甫、遏罗斯托弗哀、雅洛思剌弗哀、喀辛特弗哀耳、的弥特洛甫勒、佛洛格

的赤等城,所至成墟。时攸利第二尚军锡第河上,大军至,攸利第二
与二侄皆战没,兵士得脱者才什二三,拔都益北趋诺物哥罗特,未
及城百余里,阻潦而退。是为斡罗斯极北境,始立国时定都于此。

一军攻秃里思哥城,其王瓦夕里坚守不下,杀蒙古军数千,阅
四十九日始克,屠之,流血成渠。获瓦夕里,投血渠中,毙之。谓其
城曰卯危八里。是冬,围阿速蔑怯思都城。

十一年春正月,攻拔之。略不里阿耳北境,直至乌拉岭西北地。
计掖甫者,斡罗斯旧都,南部之大城也。攸利第二王既战殁,其弟计
掖甫王牙罗思剌弗哀往援不及,乘大军退,遂入物拉的米儿,嗣其
兄位。而扯耳尼哥王米海勒,亦乘其北行,转据计掖甫。

十二年,拔都至珀列思剌弗哀勒城,降之,攻下扯耳尼哥城,东
掠戞鲁和城,至于端河。既绝计掖甫旁援,而帖尼博耳河不得渡,蒙
格驻河东,遣人谕降计掖甫,使者被杀。冬,帖尼博耳河冻合,大军
渡河,米海勒逃往波兰,令其将狄米脱里居守,设备甚严。大军昼夜
环攻,克之,释不诛。复下哈力赤城,达尼耳王亦遁。进攻波兰、马
札儿,分军西循奥斯大里亚境,直抵地中海北维尼斯国界。又一军
扰奥斯大里亚之柯伦城、韦儿乃斯达特城,皆旋退。会太宗崩,壬寅
春,凶问至军中,拔都下令班师。时斡罗斯北部已尽降,其列邦并受
蒙古封。

定宗即位,召物拉的米儿王牙罗思剌弗哀、扯耳尼哥王米海勒
入觐,米海勒至,以不肯拜跪被杀,牙罗思剌弗哀归而道卒,或谓在
和林中毒。拔都立其子安德累第一主斡罗斯北部,岁入贡赋。其南
部哈力赤王达尼耳,乘拔都入马加,仍回所部,计掖甫等地皆为所
属。拔都归后,遣使谕降,达尼耳乞援于天主教王。教王胁以去东
教,入西教,乃肯援。达尼耳从之,而援仍不至,复返东教,臣服蒙
古。定宗元年,自至斡儿朵,谒拔都。二年,又来谒拔都,厚礼之,使
主南部,纳岁赋。

拔都卓帐亦的勒河下游,曰萨莱,其顶用金。凡斡罗斯诸王嗣
位,必先至金斡尔朵谒见,再至上都朝觐,锡以册命。路远往返经

年,所部或叛乱,不能猝制,咸惮苦之。

宪宗七年,拔都弟伯勒克嗣为金斡儿朵汗,始遣官吏括斡罗斯
户口,计出赋,每丁岁输狐皮一、白熊皮一、黑貂皮一、常貂皮一、獭
皮一。以八思哈三人总其事,一治苏斯达尔,一治勒冶赞,一治谟洛
姆。田赋十取一,牛羊马百取一,教士皆免赋。诺拂郭罗特城不服,
他城应之。斡罗斯王阿拉克三德知不能抗镇抚其民,复谒伯勒克,
请减赋,伯勒克拘之,旋遣归,卒于中途,或谓为伯勒克所毒。

伯勒克不受朝廷约束,斡罗斯诸王乃朝觐于萨莱,不复至上
都。既而,哈力翅王达尼尔逐蒙古官吏,吞并他部之众。伯勒克遣
忽仑萨赫来讨,以兵弱不敢轻进,复以布仑台代之。布仑台者,从拔
都征马加之旧将也。布仑台谕达尼尔归命,助攻力拖部,达尼尔畏
而从之,使其弟瓦西里克从布仑台平力拖。时宪宗八年也。逾年,
拔都诸弟诺垓等伐波兰,达尼尔之子弟复从征,平森他米尔以至克
拉克。

及忙哥帖木儿嗣为金斡尔朵汗,斡罗斯诸王互相诿构,洛斯多
王喝来伯瓦夕里克委特,潜勒冶赞王罗曼倭尔格委特信回回教。至
元十六年,忙哥帖木儿召勒冶赞王至,杀之。洛斯多王之子又潜勒
冶赞王子于诺垓,引兵伐勒冶赞。是年,阿剌叛,征兵于物的米尔王
狄迷特里,遣其弟安得累从军,平阿速之乱,焚高喀斯山北脱甲柯
甫城。

十七年,哈力赤王勒辅从金斡尔朵兵,攻波兰柳勃林城,进至
森地米尔,为波兰人所败。既而物拉的米尔王之北安得累阿来三德
勒委特,诉其兄之逼于金斡尔朵汗脱脱蒙哥。十九年,脱脱蒙哥出
兵,攻物拉的米尔,直至诺拂哥罗特,狄迷特里奔于诺垓。二十年,
诺垓仍立狄迷特里为物拉的米尔王,时库尔斯克王附于脱脱蒙哥,
诺垓怒伐之,又杀配思克服洛郭尔王士委托司拉拂哀,皆斡罗斯之
诸王也。二十七年,斡罗斯诸王又诉物拉的米尔王狄迷特里之过,
金斡尔朵汗脱脱讨之,狄迷特里奔于诺物奇罗特。

是年,狄迷特里卒,其叔父弥海勒第二嗣。莫斯科王攸利第三

欲得首邦之位，脱脱以弥海勒第二年长，不允其请。未几，月思别为金斡尔朵汗，攸利第三娶其妹孔察哈，遂与蒙古将喀瓦惕，攻物拉的米尔，弥海勒第二退于持威亚之地。攸利第二追之，兵败，孔察哈及蒙古将士皆为弥海勒第二所俘，知为贵主，礼而归之，中道卒。攸利第三乃以鸩杀公主诉于金斡尔朵汗月思别。月思别本庇弥海勒第二，及闻鸩杀孔察哈，大怒，召弥海勒第二至，囚之。已而知其无罪，遣归。攸利第三赂月思别左右，矫命杀之，袭位受封。

至治三年，攸利第三贡不如额，月思别召而让之，中途为弥海勒第二之子德弥特里所杀。月思别以其擅杀论抵，而封其弟阿来克三得为特威尔王，以雪其父之冤。阿勒克三得嗣位三年，欲尽杀蒙古人之居忒菲尔者，事闻，金斡尔朵汗命攸利第三弟伊葛为王，诸藩尽受约束。进讨阿勒克三，得伊葛率诸藩之众，攻陷忒菲尔，械送阿勒克三得及其子于金斡尔朵，杀之。伊葛知欲灭蒙古，非联合诸藩同心御之不为功，以人心未一，故奉蒙古之命惟谨。又以各城赋税，皆由蒙古官征收，乃以计绐之，请变通税法，由莫斯科王额征转输蒙古。于是利权在握，益富强，诸藩之贫乏者售其地为己有。国人以伊葛喜牟利，称为界利带云。时希腊教最盛，其至贵者曰主教长。凡主教长所居之地，即为都城。伊葛欲以莫斯科为都，赂金斡尔朵汗，命主教长由弗拉得莫尔移居莫斯科，供张甚盛，以动诸藩之观听。伊葛卒于至正元年，子西面嗣，卒，其弟伊葛第二嗣，卒。

子底米丢嗣，时至正二十一年，与宗族立约，王位以父子相承，著为令，违者以兵讨之。时金斡尔朵与白斡尔朵、蓝斡尔朵诸汗相攻，不能兼顾斡罗斯诸部。底米丢乃下令曰："凡藩部皆吾一本，宜共相和协，以蓟仇敌，凡军国诸务宜禀命于吾。若恃蒙古为援，抗不遵命者，诸藩共讨之。"于是诸王咸奉底米丢之号令，国势始振焉。

其后，金斡尔朵汗集兵六十万来伐，至敦河，斡罗斯兵二十万阵于北岸。底米丢询于众曰："候彼济而攻之，与我渡河迎击，孰利？"皆曰："愿渡河一战。"众遂渡。既登岸，斩缆沈舟，誓无退志。阵甫合，杀伤相当。底米丢密以奇兵从上流济，抄蒙古兵之后，蒙古兵望见，疑为援兵大至，遂溃走。是役也，斡罗斯人虽幸胜，然死伤亦众。

越二年，白斡尔朵帖米斯汗乘其不备，进围莫斯科，忒菲尔叛降蒙古，底米丢乃遣使乞和，贡献如初。

钦察，其先为武平北折连川按答罕山部族。唐以前称其种曰库莫奚，后徙西北居玉里伯里山，本游牧之国，与蒙古同。其酋有曲出者，号其部为钦察，亦曰乞卜察克。曲出生唆末纳，唆末纳生亦纳思。

太祖讨平蔑儿乞，蔑儿乞酋之子忽都西奔钦察，亦纳思纳之。太祖使人往索曰：“汝奚匿吾带箭之麏？亟以相还，不然祸且及汝！”亦纳思曰：“逃鹨之丛薄，犹能覆之，我顾不如草木耶？”不予。太祖乃命者别、速不台移军讨之。

时亦纳思已老，国内大乱，其子忽鲁速蛮与钦察别部酋库滩弟玉儿格、子塔阿儿及阿速、撒耳柯思等部来拒。大军入高喀斯山，迫于险，乃甘言诱其诸酋曰：“尔我同类，无相害意，何为助他族？”忽都速蛮引军退，哲别、速不台败阿速等部，又追袭玉儿格、塔阿儿杀之。其别部酋八赤蛮窜亦的勒深林间，太宗命拔都等讨之，禽杀八赤蛮。忽鲁速蛮率其子班都察举族迎降。

康里亦曰康邻，古高车之后，赤狄之余种也。或曰其先为匈奴之甥。无总汗，各有君长。迁徙随水草，衣皮，食肉，牛羊畜牧与蠕蠕同，惟车轮高大，轮辐至多。后徙于鹿浑海西北，或谓其部侵掠他族，虏获骑不胜负。有部人能制车高大，胜重载，故以高车名其部云。蒙古初，康里之名始著其地，直咸海北，而西及于里海，与钦察为邻。

太祖十六年，命哲别、速不台讨钦察。十九年，乘胜东入，康里部众迸散，与钦察并为皇子术赤封地。

马札儿,亦曰马加,与波兰俱在斡罗斯之南,两国相依如辅车。马札儿之境,三面环山,形势尤为险固。初为匈奴别部,北宋时,马札儿人循北海之南,据其地有之。

太宗十二年,拔都平斡罗斯,遣贝达尔等进攻波兰、马札儿二国。时波兰王波勒斯拉物卒,分地与四子。昆弟构兵,波勒斯拉物之孙波勒斯拉物第四为克拉考部主,娶马札儿王贝拉第四之女,属地有珊特米而。波勒斯拉物之子康拉忒为库牙费部主,都城曰孛洛此克,属地曰马速费。又有一子曰亨力第二,为昔来齐部主。其东南鄂喷拉谛波,而部主为昔斯拉物,都城曰拉谛波。

拔都五道分进,前锋入路孛林城,退还。是冬,又至费斯伦而河,履冰而渡,掠珊特米而,进至克拉考。其大将物拉狄米而与大兵战于泼兰尼也之地,败溃。大军分为二:一往伦昔斯克、库牙费,一留珊特米而。于是珊特米而、克拉考之兵合攻大军于昔夺洛城,又大败。波勒斯拉物第四与其母妻遁入喀而巴脱山中,大兵遂入克拉考,进克珊特米而。

时亨力第二集众三万,分五军;第一军为日耳曼人,谟拉费牙王子波勒斯拉物领之;二军为波兰人,克拉考将苏立斯拉物领之;三军亦波兰人,米昔斯拉物领之;四军日耳曼人,其部长泊破渥斯台仑奥耳领之;五军亨力第二自将。战于乃寒河边瓦而司达忒之地。日耳曼人先进,大败。亨力第二马伤,欲易马,为我兵所刺杀,悬首竿上,以徇各部。南至倭忒莫捓甫城,驻军十五日,西攻拉谛波而,又移屯波勒昔斯克。西南入奥斯大里亚国,至白吕门部之谟拉费牙城。白吕门王曰文测斯拉物,惧大兵至,以重兵守白吕门及劳昔司二城,以五千人往援拉谟费牙。其将为日耳曼人斯德姆贝而克,有勇名,文测斯拉物戒以平地勿与蒙古战,但守鄂而谋次、白伦二城。既至白伦,分城兵千人与己兵往鄂而谋次。斯德姆贝而克入城,大兵已傅城下,城中缚草为人以守陴,须臾矢蝟集草人上。大兵诱以出城,不肯应。贝达克以为怯,不设备,斯德姆贝而克乘夜袭之,我军失利,贝达克殁于阵,遂解围东南,入马札儿,以应拔都之军。

初,拔都自将攻马札儿,其王为贝拉第四,在位五年,拔都遣使招降,不应,又不设备,仅遣部将守喀而巴脱山口,伐木塞涂。马札儿都格兰城,亦曰布达城,滨杜恼河,河东为丕思城,王宫在焉。钦察王库滩来奔,从者四万家。贝拉喜于得众,而马札儿人怨其王纳库滩以致寇,乃大哗。贝拉不得已,下库滩于狱。

十二年春三月,拔都至,斧其塞涂之木,长驱而入。贝拉下令征兵,集西北部之兵于丕思,以俟诸路之援,送妃嫔辎重于奥国。拔都从东北喀而巴忒山,逾达罗斯门。贝达克所部,从西北谟拉费牙,逾马札儿门。合丹、速不台从东,至莫而陶,逾山以进,直抵丕思城下。贝拉坚守不出,有教士乌哥领以为怯,率所部出战。大兵退,诱入淖中,马札儿人被重铠,陷于淖,不能出,尽为大兵所殪。乌哥领仅以身免,怒贝拉不出援兵,让之。马札儿人以兵祸由于库滩,大军中又多钦察人,疑其与库滩通,遂杀之。库滩余众渡杜恼河,奔于布噶而牙。

贝拉在丕思城俟援兵。大兵破丕思北之委琛城。贝拉兵既集而出,大兵退,贝拉从之,屯于赛育河西,以千人守河桥。大军在河东,出其不意,夜攻之,以炮兵逐守桥兵,又由上游泗渡。天晓,围贝拉营。贝拉弟廓落蛮与乌哥领力战,不能出,俱负重伤。晡时,大军故开一路,使之出。马札儿人溃走,大军逐于后,斩馘略尽。乌哥领战殁,廓落蛮逸归丕思西南,入地中海,创发亦死。贝拉以有良马,奔至土洛斯,遇其婿克拉考王波勒斯拉物第四。

大兵攻丕思城,民坚守不降,逾三日,克而屠之。合丹自莫而陶逾山,入脱兰吾西而伐尼,袭破路丹城,选日耳曼人六百为向导,至滑拉丁,为马札儿要害之地,外城为木城。大兵至,即破之,又以炮攻破内城。城民入教堂,尽焚之,有遁入林中者,出觅食,又为逻者所杀,殆无噍类焉。别军入札纳忒城,又至丕勒克,以斡罗斯、钦察、马札儿人为先驱,蒙古人自后督之,践积尸登城。前无坚堡,与定宗军合于拔都。

拔都渡杜恼河,攻格兰,使合丹追贝拉。贝拉自土洛斯入奥斯大里亚境,至勒泊斯波而克,遇奥王勿来特吕希第二,劝以过杜恼河,贝拉从之。复乘机索贿,以国界三城为质。贝拉携其孥至阿格拉拇城,伺敌动静,复往塔而马西之司巴拉城,其妃自往克立萨堡,后与贝拉俱入地中海岛中。合丹追贝拉不及,乃引军东趋塞而维亚,旋奉拔都命班师。是时,太宗凶问至军中,乃马真皇后称制元年也。拔都与合丹东返杜恼河,诸军亦退。

明年,贝拉始返丕思。初,贝拉屡求救于日耳曼王勿来特吕希,以与教主构兵,不能赴援,令其子严兵守境上。又以书告英吉利诸国,若塔塔儿来,我兵不能御,则各国皆危,不能保,请并力敌之。值太宗崩,拔都亟率兵东返,故日耳曼诸国皆未受兵祸云。

后,金斡耳朵汗屡伐波兰,焚珊特密而。至元二十二年,脱脱哥王伐马札儿,败绩而归。次年,复入波兰无城堡之地,焚掠殆遍,以病疫班师。